금공품으로 본
고대 동아시아 세계

대한문화재연구원 엮음
김도영 지음

진인진

일러두기

1. 일본의 행정지명과 인명은 국립국어원의 외래어 표기법으로, 중국의 행정지명과 인명은 한자음으로 표기하였음. 단, 일본의 행정지명과 인명이 정확하지 않을 경우 한자음으로 표기하였음.
2. 그림의 출전을 밝히는 것을 원칙으로 하였으나, 개별 그림의 수가 많아 모두 표기하기 어려운 경우에는 참고문헌을 참조하기 바람.
3. 참고문헌은 국문, 중문, 일문 순으로 배치하였고, 개별 문헌의 순서는 가나다 순으로 배열하였음.

금공품으로 본 고대 동아시아 세계

초판 1쇄 발행 | 2022년 3월 2일

지　음 | 김도영
엮　음 | 대한문화재연구원
발행인 | 김태진
발행처 | 진인진
등　록 | 제25100-2005-000003호
편　집 | 배원일, 김민경

주　소 | 경기도 과천시 별양상가 1로 18 614호(별양동 과천오피스텔)
전　화 | 02-507-3077~8
팩　스 | 02-507-3079
홈페이지 | http: //www.zininzin.co.kr
이메일 | pub@zininzin.co.kr

ISBN 978-89-6347-491-5 93910

* 연구 성과 중 일부는 대한민국 교육부와 한국연구재단의 지원을 받아 수행되었음(NRF-2019S1A6A3A01055801).

목차

표목차

그림목차

제8장 신라 대장식구의 전개와 의미

제9장 백제 대장식구의 전개와 특질

제10장 고훈시대 대장식구의 전개와 특질

Column 2 유물의 관찰과 실측, 그리고 사진 촬영

제Ⅲ부 고대 동아시아의 금공기술

제11장 한·일 모조의 전개와 특질

제12장 삼국·고훈시대 금공품의 생산과 유통

제13장 삼국~통일신라시대 각명기술의 특징과 변천

Column 3-1 실험고고학 ①: 용봉문환두대도 외환의 제작 방법과 복원실험

Column 3-2 삼국시대 금공품 제작의 협업 체계

Column 3-3 실험고고학 ②: 황남대총 북분 출토 '夫人帶'명의 선조기술

Column 3-4 삼국시대의 조금기술과 조각끌의 열처리

발간사

코로나-19로 세상이 뒤숭숭한 새해 1월.

뜻밖에 기분 좋은 소식이 진인진 배원일팀장으로부터 날아왔다.

드디어,

김도영 교수의 역작이 마무리되었다는 전화였다.

새해를 계획하는 시간을 갖던 짬에

다시금 내게 활력이 된 소식이었다.

참,

선한 고고학자로 심지가 굳은 사람으로 기억된 동료다.

본문을 펼쳐보는 순간

입가에 미소가 절로 나온다.

감히 말하건대 역작이 틀림없다.

한국 고고학계에 큰 도움을 줄 것이란 기대엔 의심의 여지가 없다.

아무튼

김도영 교수에게 감사를 드린다.

이런 좋은 책을 연구원 총서 목록에 올릴 수 있도록 허락해 줌을.

그리고 축하도 드린다.

혼신의 힘을 다해 책 한 권을 완성해 줌에

끝으로

우리 모두가 넓은 세상을 자유스럽게 돌아다니는 시간이 빨리 오기를 희망한다.

간절히 희망한다.

그리고

연구원 총서 출판으로 늘 귀찮게 해도 항상 웃음으로 최선을 다해준

진인진 식구들에게도 정말 감사하다는 말씀을 드린다.

대한문화재연구원장 이영철

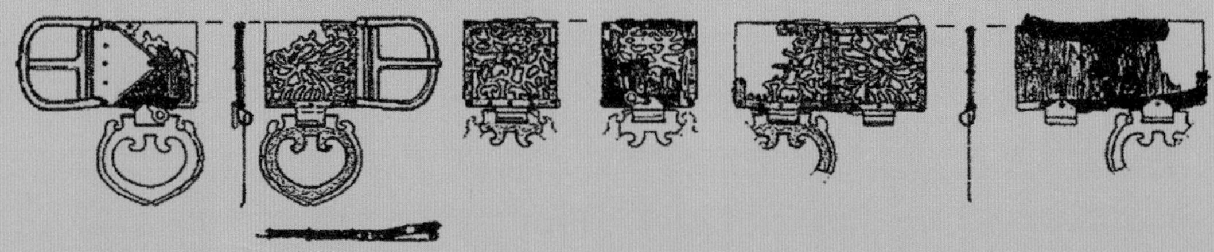

금공품으로 본 고대 동아시아 세계

서장

고대(古代) 금공품(金工品) 연구(研究)의 현상(現狀)과 과제(課題)

동(銅)으로 완성한 기물에 금(金)을 입힌 금동제품(金銅製品)이 동아시아에서 처음 등장한 것은 대륙의 춘추전국시대부터이다. 이후 중국 동북지방을 거쳐 동아시아의 동쪽 끝에 위치한 일본열도까지 금동제품이 확산된 것은 한반도 북부의 고구려와 남부의 백제, 신라, 가야가 경쟁·협력하는 삼국시대가 되고 나서이다. 이 시기는 대략 중국의 위진남북조, 일본열도의 고훈시대와 병행한다.

한국 고고학계에서는 동에 도금(鍍金)한 이런 제품을 일찍부터 금공품(金工品)이라 불러왔다(최종규 1983). 금공품이란 고분에 부장된 비철금속제품 가운데 금은과 같은 귀금속을 고도의 금공기술로 만든 장신구나 장식마구, 장식무구, 금속용기를 총칭하여 일컫는 용어이다. 일본 고고학계에서 처음 사용되었는데 이후 한국에도 도입되어 정착되었다. 최근에는 재질에 기반에 둔 '금공품'보다 사회적 관계에 의미를 둔 '위세품(威勢品)'이라는 용어를 사용하기도 한다(이성주 2012). 금공품 외에도 철기와 토기, 나아가 횡혈식석실과 같은 유구도 중앙과 지방의 관계를 설명하는 위세품으로 간주되는 것을 고려한다면 금공품은 위세품의 큰 범주 속에 포함된다고 볼 수 있다.

원삼국시대 한반도 중남부지역에서 본격적으로 생산되기 시작한 철기(鐵器)에 비해 가시적으로 화려하고 가벼운 소재인 금은이 가치재로 이용되기 시작하면서 백제, 신라, 가야에서는 본격적으로 금공품을 제작하기 시작한다. 특히 금공품은 각 정치체의 대형고분에서 피장자가 주로 몸에 착장한 채 대량으로 발견되는 사례가 많아 당시의 수장층이 한정적으로 소유할 수 있었던 기물(器物) 가운데 하나였던 것으로 인식된다.

서장에서는 우선 삼국시대의 수장층이 소유한 금공품 관련 연구사를 검토하여 그간의 연구 동향을 간단히 정리하고 그 배경에 대해서 살펴보고자 한다. 다음으로 최근 한일학계를 중심으로 진행된 금공품 연구의 새로운 경향을 소개함으로써 이 책에서 해결하고자 하는 금공품 연구의 여러 과제를 부각시킨다. 마지막으로 이 연구의 목적과 대상을 언급한 후 책의 구성과 내용에 대해 간단히 설명한다.

제1절 연구사와 배경

1) 연구사

삼국시대 금공품에 관한 연구는 발굴 성과가 일찍부터 축적된 신라고고학에서 일찍 시도되었다. 1970년대 기초적인 형식과 변천에 관한 연구(이인숙 1974)가 주를 이루던 금공품이 나름의 역사적 의미를 지닌 채 해석되기 시작한 것은 1980년대 이후라 할 수 있다. 최종규는 삼국시대를 크게 전기, 중기, 후기로 구분[1]하고 이 가운데 중기고분에서 출토된 특징적인 유물 가운데 하나로 금공품을 꼽았다. 또 금공품을 생산하기 위해서는 전문화된 공인집단과 이를 유지하기 위한 세력 집단이 필요하므로 소수의 유력집단이 금공품을 집중적으로 제작한 것으로 보았다. 나아가 신라의 지방 고분에서 출토된 금공품은 유력 단위집단(경주)이 연맹관계를 맺은 타지역집단(동래, 창녕)에게 연맹의 표식으로 분배한 것으로 보았다.

이 연구는 금공품이라고 하는 고고자료가 한국고고학계에서 나름의 역사적 의미를 갖고 해석되기 시작하였다는 것만이 아니라 신라 중앙과 지방의 관계를 이해하는 데 금공품이 유효한 수단이라는 점을 최초로 언급하였다는 점에서 그 의의가 적지 않다(최종규 1983).

최종규가 제안한 금공품에 대한 기본적인 해석 틀은 이후 신라 고고학을 전공하는 여러 학자에 의해 계승된다. 토기양식, 위세품, 고총고분에 주목하여 4~5세기 신라의 영역화 과정을 검토한 연구가 대표적이다(이희준 1996). 이 연구에서는 낙동강 이동지역에서 확인되는 고분자료의 정형성을 추출하고 이를 경주를 중심으로 하는 신라 세력과 낙동강 이동지역의 지방 세력이 정치적 관계(간접지배)를 맺었다는 것을 나타내는 고고학적 증거로 이해한다. 착장형 위세품의 성격을 띤 금공품은 신라 중앙이 영역을 확장해 나가는 가운데 이용되었으며 지방에서 출토된 위세품 역시 경주로부터 분여된 것으로 파악하였다(**그림 1-1**).

신라의 중앙(경주)과 지방에서 출토된 장신구(이한상 1995)와 장식대도(이한상 1997)를 분석하여 지방 출토품을 중앙(경주)에서 제작된 후 분여된 것으로 결론짓고 이를 중앙과 지방이 정치적 관계를 맺은 것으로 이해한 견해 역시 유사한 맥락이라 볼 수 있다(**그림 1-2·3**).

신라의 중앙과 지방에서 출토된 금공품과 이를 둘러싼 역사적 해석 틀은 2000년대 이후 금공품이 증가한 백제고고학에도 그대로 적용된다. 관모, 이식, 대장식구, 식리, 장식대도 등 한성기 백제의 위세품이 중앙에서 제작되었으며 필요에 따라 지방으로 하사하였다는 견해(성정용 2001; 이한상 2005; 이남석 2007; 이훈 2012)는 웅진기, 사비기의 금공품까지 확대 적용된다(이한상 2008·2009a·2009c)(**그림 1-4**). 대가야권에서 발견된 이식이 중심지(고령이나 합천)에서 제작되어 각지로 분여되었다거나(이한상 2000·2003·2009b) 중앙(고령)에서 제작된 용봉문

1 삼국시대를 전기, 중기, 후기로 분기한 것은 이 시기와 대략 병행하는 일본 고훈시대의 시기구분을 의식한 것으로 생각된다.

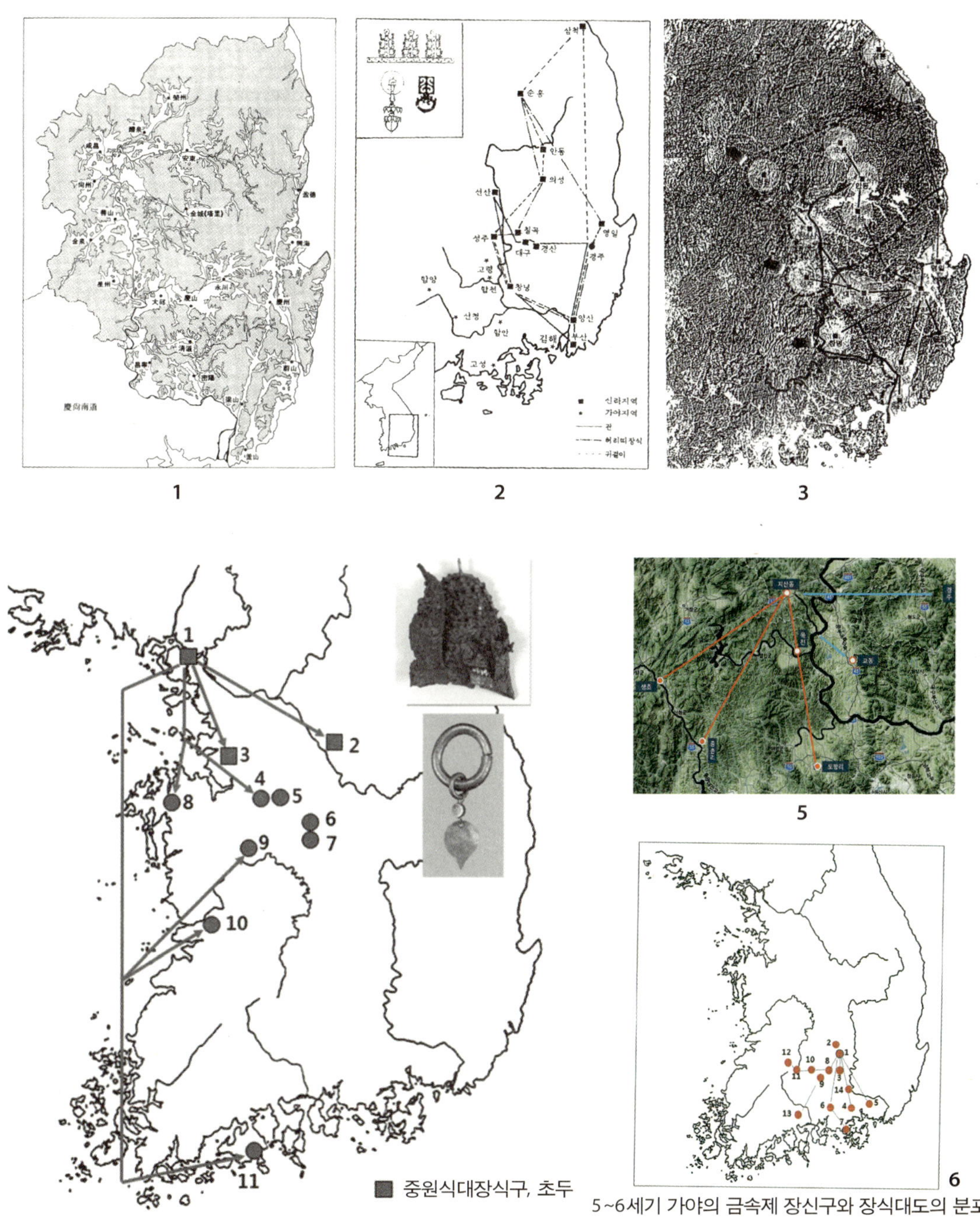

1. 한성(풍납토성, 몽촌토성) | 2. 법천리 | 3. 사창리 | 4. 용원리 | 5. 화성리 | 6. 주성리 | 7. 신봉동 | 8. 부장리 | 9. 수촌리 | 10. 입점리 | 11. 길두리

4

1. 고령(지산동) | 2. 성주(가암동) | 3. 쌍책(옥전) | 4. 함안(도항리) | 5. 창원(다호리) | 6. 진주(중안동) | 7. 고성(율대리) | 8. 봉산(반계제) | 9. 산청(중촌리) | 10. 함양(백천리) | 11. 남원(두락리·월산리) | 12. 장수(봉서리) | 13. 순천(운평리) | 14. 의령(경산리)

그림 1 삼국시대 금공품의 사여론

1. 이희준(1996: 16) | 2. 이한상(1995: 63) | 3. 이한상(1997: 21) | 4. 이한상(2008: 111) | 5. 이한상(2010: 342) | 6. 이한상(2009: 11)

환두대도가 지방지배를 위해 사여된 위세품이라는 견해(이한상 2010)에서도 알 수 있듯이(그림 1-5·6) '금공품의 중앙 제작과 지방 하사'라는 가설은 점차 백제, 신라, 가야 고고학에서 통설로 자리 잡는다.[2]

금공품을 비롯한 '위세품의 제작과 하사'라는 해석 틀은 일찍이 일본 고훈시대의 연구 성과에서 찾아볼 수 있다. 고훈시대 전기, 규슈(九州)부터 간토(關東)까지 걸쳐 부장된 동범경(同笵鏡)을 중앙세력(야마토정권, 大和政權)이 각지로 분여한 것으로 보는 고바야시 유키오(小林行雄)의 동범경론은 고훈시대 중·후기 갑주, 도검, 장식부대도, 장식마구 등 '배포형 위신재'(北條芳隆 2013)의 생산과 유통에 큰 영향을 끼쳤다. 전기부터 후기까지 위세품의 종류는 변하지만, 생산과 배포의 중심에 항상 왜왕권을 상정하는 것은 신라, 백제, 가야 고고학과 그 본질이 다르지 않다.

2) 배경

이처럼 한일 고고학계에 뿌리깊게 자리잡은 '금공품(위세품)의 제작과 하사'라는 해석 틀은 일찍이 니시지마 사다오(西嶋定生)가 제창한 '책봉체제(册封體制)'에서 그 기원을 찾을 수 있다. 책봉체제란 중국 황제가 국내의 공신(功臣), 귀족 및 주변 민족의 수장과 국왕에게 왕(王) 또는 공(公), 후(侯)라는 관작을 내림으로써 형성된 중국 황제 중심의 신분 질서를 말한다(西嶋定生 2002: 119). 한(漢)왕조 초기에 성립된 책봉체제는 이후 분열된 중국대륙을 통일한 당(唐)왕조가 멸명할 때까지 동아시아의 각 세계를 조공과 책봉이라는 수단으로 맺어진 군신관계로 파악한다. 중국왕조로부터 책봉된 외번국(外藩國)은 매해 사자를 파견하여 조공할 의무가 있고 동아시아 세계의 중심인 중국왕조는 주변국에 의책, 인수와 같은 물품을 하사한다.

도다이지야마(東大寺山)고분 출토 '中平'(중평)명철도(184~189)는 후한 왕조가 왜국의 여왕 히미코(卑弥呼)에게 동경 100매와 함께 하사한 '오척도이구(五尺刀二口)'로 비정되면서 왜가 일찍부터 중국왕조의 책봉체제에 편입되었다는 것을 증명해주는 유물로 평가되었다(西嶋定生 1994). 天明(덴메이)4(1784)년 후쿠오카현 시카노시마(福岡縣志賀島)에서 발견된 '漢委奴國王'(한위노국왕) 금인(金印) 역시 동아시아 책봉체제에 편입된 왜국의 실상을 알려주는 유물로 이해된다. 이후 고훈시대 중기의 명문대도 3점(지바현 이나리다이(稻荷台) 1호분, 구마모토현 에다후나야마(江田船山)고분,

---

2 위세품의 제작과 하사라는 해석 틀은 금공품만이 아니라 토기, 철기, 석실 등 다방면에 걸쳐 적용되고 있다(權五榮 1988, 李盛周 2006, 김규운 2017).

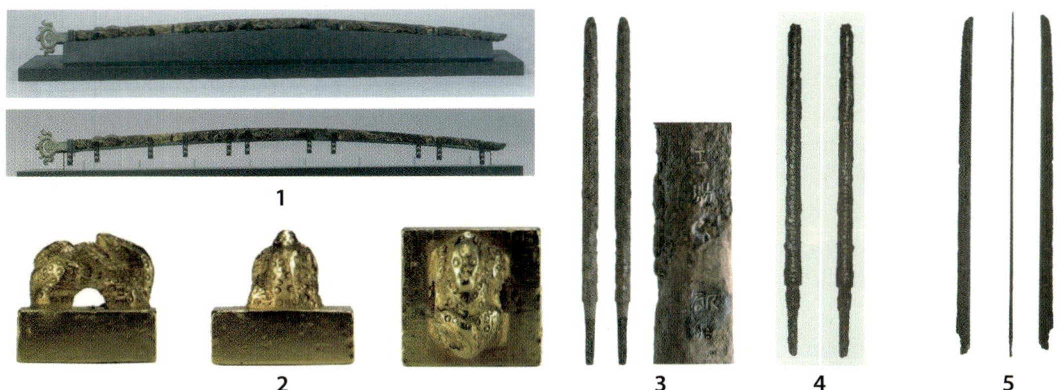

그림 2 야요이~고훈시대의 위세품(위신재)

1. 도다이지야마 '중평'명철도 | 2. '한위노국왕' 금인 | 3. 지바현 이나리다이 1호분 | 4. 사이타마현 이나리야마 고분 | 5. 구마모토현 에다후나야마 고분

사이타마현 이나리야마(稻荷山)고분)이 기나이(畿內)에서 제작되어 각각 지방으로 하사되었다는 견해가 일본 고고학계에서 통설로 자리잡는다(그림 2). 앞서 언급한 왜왕권의 일원적 생산론과 더불어 '기나이정권(畿內政權)의 위세품 제작과 지방으로 하사'라는 큰 해석의 틀이 일본 고고학계에서 더욱 공고하게 굳혀진다.

이처럼 동아시아라는 넓은 지역을 중국대륙 위주의 '중심'과 그 '주변'으로 이해하는 책봉체제론이 삼국시대와 고훈시대 '금공품의 생산과 유통'이라는 주제에 큰 영향을 끼쳤다는 것은 부정하기 어렵다. 중국 양진(兩晉)에서 제작된 중원식대장식구가 동아시아 전역에 분포하는 배경에 조공책봉관계를 염두에 두는 견해(이한상 2011) 역시 같은 맥락에서 이해할 수 있다.

3) 문제 제기

책봉체제론에서 비롯된 '금공품의 중앙 제작과 지방 하사'의 근본적인 문제는 유물(금공품)에 대한 정치한 분석을 시도하기도 전에 제작지를 비정하기 위해 필요한 여러 가지 질문을 애초부터 차단하는 데 있다. 이미 정해진 역사적 맥락 속에서 거대 담론이 형성되기 때문에 중앙에서 확인되지 않는 새로운 자료가 지방에서 출토되어도 제작지가 이미 중앙으로 정해진 채 논의가 시작된다.

사실 중앙에서 금공품을 일괄적으로 제작하여 지방으로 배포하였다는 '사여론'에 대해서는 일찍부터 의문이 제기되었다. 박보현은 신라권역에서 출토된 금(동)관과 행엽을 분석한

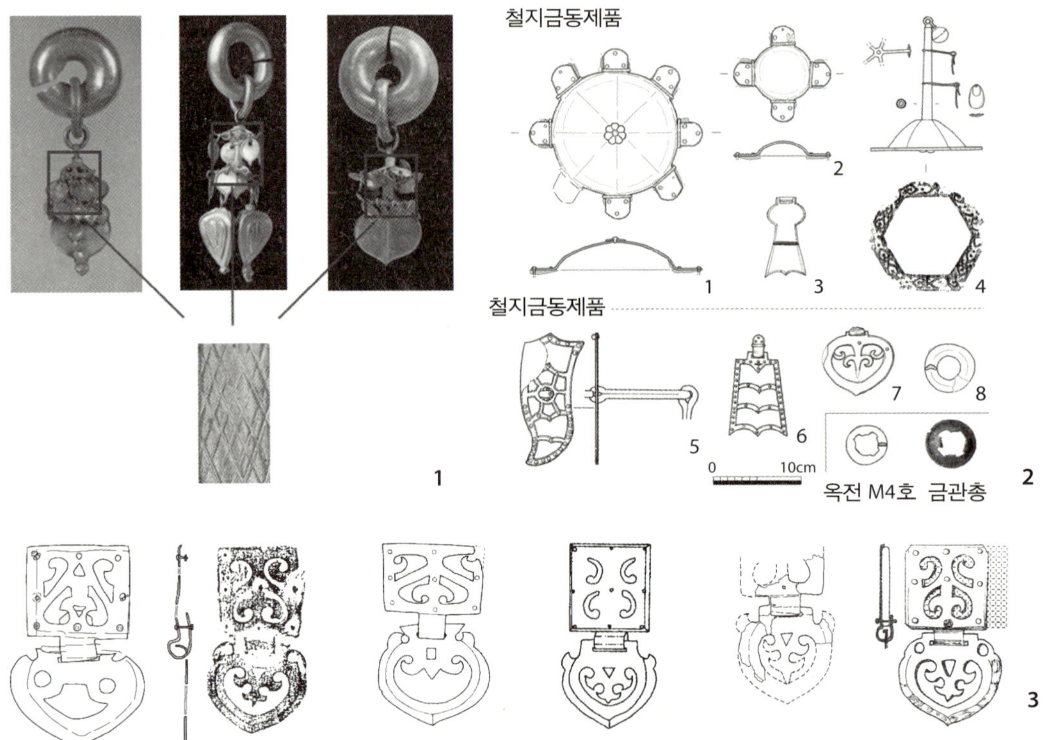

그림 3 창녕에서 제작되었을 가능성이 있는 금공품
1~2. 이현정·류진아(2011) | 3. '창녕형'대장식구(김도영 2018)

결과, 경주 출토품과 지방 출토품 사이에 계통성이 인정되지 않으므로 지방 출토품은 경주로부터 '분여'된 것이 아니라 지방에서 모방 제작된 것이라고 주장하였다(박보현 1987, 1990). 이후 창녕(**그림 3**), 의성 등 지방의 고분에서 출토된 독특한 형태의 금공품와 마구가 자체적으로 제작되었을 것이라는 견해는 현재까지 지속되고 있다(이한상 2004; 이희준 2005; 이현정·류진아 2011; 이성주 2012; 김우대 2017; 김재열 2019). 이미 지적된 것처럼 '(중앙세력의) 생산과정 장악 내지는 독점화'와 같은 전제가 증명되지 않는 한 위세품 '사여론'이 사실 체계적인 검증을 거쳤다고 보기는 어렵다(김두철 2014). 주로 신라의 금공품을 대상으로 지적된 위세품 사여론의 문제는 최근 백제 금공품을 대상으로도 지적되고 있다(박보현 2017).

제2절 금공품을 둘러싼 연구 동향

각자 나름의 논리 구조를 지닌 채 주장된 '사여론' 찬성론과 반대론이 1980년대 이래 지금까지 평행선을 달려온 가장 큰 이유는 연구자마다 삼국시대 사회상에 대한 인식이 다를 뿐만 아니라 적절한 고고학적 방법론도 없었기 때문일 것이다. 특히 큰 관심의 대상인 금공품의 '제작기술'에 대해서는 찬성론과 반대론은 크게 충돌한다. 원료 산지의 확보, 복잡한 제작공정과 전문화된 공인, 공인집단을 움직일 수 있는 생산조직을 모두 갖출 수 있는 곳은 정치체의 중앙세력뿐일 것이라는 '사여론' 찬성론은 단조와 끌질, 가위질과 같은 비교적 단순한 금공기술만 있으면 지방에서도 금공품을 생산할 수 있었을 것이라는 '사여론' 반대론과 크게 어긋난다. 당시의 한반도 정세를 의식하여 금공품의 제작지를 항상 각 정치체의 중앙으로 비정하는 찬성론이든, 중앙의 출토품과 형태 및 제작 방법이 다르므로 지방에서도 금공품을 제작할 수 있었을 것이라는 반대론이든, 양 견해 모두 결코 고고학적인 분석을 바탕으로 얻어진 결론이라 보기 어렵다.

양 견해의 근거로 제시된 '형태 차이=제작지의 차이'라는 등식이 성립하기 위해서는 그 사이에 논리적으로 한 단계가 더 필요하다. 단지 형태가 다르다는 이유만으로 제작지를 달리 본다면 경주에서 출토된 다양한 형태의 금공품도 모두 경주 이외에서 제작된 것으로 보아야 하기 때문이다. 형태의 차이가 제작지를 결정할 수 있는 결정적인 근거가 될 수 없다는 점에 충분히 유의해야 할 것이다.

생산지(가마, 제철유구)와 소비지(고분, 주거지)가 분명한 철기, 토기와 달리 제작 공방[3]이 발견되지 않는 금공품의 제작지를 비정하기 위해서는 '제작기술'에 관한 새로운 연구 방법이 절실하다. '사여론'과 같은 거대 담론은 금공품에 대한 기초적인 분석의 결과로 제시할 수 있는 하나의 가설이지, 연구자의 주관과 선험적인 판단이 앞서서 주장될만한 연역적 모델이 아니라는 점에 주의할 필요가 있다.

1) 제작기술에 관한 논의

그렇다면 금공품의 '제작기술'에 대해 어떻게 이해해야 할까. 사실 고고학계에서 가장 많이 언급되는 용어 중 하나가 제작기술임에도 정작 제작기술 자체에 대한 개념이나 정의는 의외

3 익산 왕궁리유적이 현재 발견된 금공품 생산유적으로 유일하다.

표 1 제작기술의 구성 요소

이성주(2004)	鈴木勉(1998)
① 지식체계 - 물품을 만드는 데 필요한 재료, 제작의 환경, 도구의 작동원리, 제작행위의 개념화, 물품의 형태, 질감에 대한 지각	① 공구
② 행위요소와 그 연쇄 - 물품을 완성하는데 필요한 일련의 행위요소	② 요소기술 - (ex) 도금기술, 구멍뚫기기술, 투조기술, 선조(線彫)기술
③ 숙련도	③ 기준정도(基準精度)
-	④ 기술에 대한 평가 - 역사적 수준, 사회적 수준

로 찾아보기 어렵다. 그런 가운데 기술 자체를 정의한 이성주와 스즈키 쓰토무(鈴木勉)의 견해는 주목된다(표 1). 각자 정의한 기술의 여러 요소 가운데 특히 공통된 속성은 '공구'와 공인의 '숙련도(몸짓)'라고 할 수 있다.[4] 이미 지적된 것처럼 실제 중앙에서 제작된 금공품이 지방으로 사여되었다면 지방에서 출토된 금공품에서 중앙의 제작기술, 즉 '공구'와 중앙 공인의 '숙련도(몸짓)'를 읽어낼 수 있어야 하지만(이성주 2012) 아직 이런 관점에서 금공품의 제작기술 비교 연구는 시도되지 않고 있다.

2) 금공품 연구의 신경향

금공품에 관한 새로운 연구 시각은 금공사(金工史)에서 제기된다. 귀금속을 매일같이 직접 만드는 조금사(彫金師)의 일상을 고려하면 금공품에 관한 새로운 연구 방법론이 역사학이 아닌 분야에서 제기된 것은 사실 그다지 놀라운 일은 아니다. 기념비적인 논고는 후지노키(藤ノ木)고분 제2·3차 조사보고서의 고찰에 수록된다. 저자들은 후지노키고분에서 출토된 금공품을 관찰하고 크기, 재료, 형상만이 아니라 표면에 남은 공구의 가공흔까지 매우 자세히 기록하였다(鈴木勉·松林正德 1993). 이전까지 고고학계에서 금공품의 표면에 남은 공구의 가공흔을 이렇게 확대하여 제시한 적은 없었다. 중요한 점은 가공흔을 단순히 제시한 것에 그치는 것이 아니라 실험을 통해 고훈시대 금공 기술자가 사용한 공구를 복원하고 그 제작공정을 추론한 데 있다.

①동판의 제작, ②문양 전사(傳寫), ③도금(鍍金), ④조금(彫金), ⑤투조(透彫), ⑥연마(研磨), ⑦병류(鋲留) 공정을 거쳐 완성되는 금공품 가운데 저자들이 주목한 것은 조금기술, 그

4 이성주는 토기를, 스즈키 쓰토무는 금공품을 기술체계에 접목하여 설명한다.

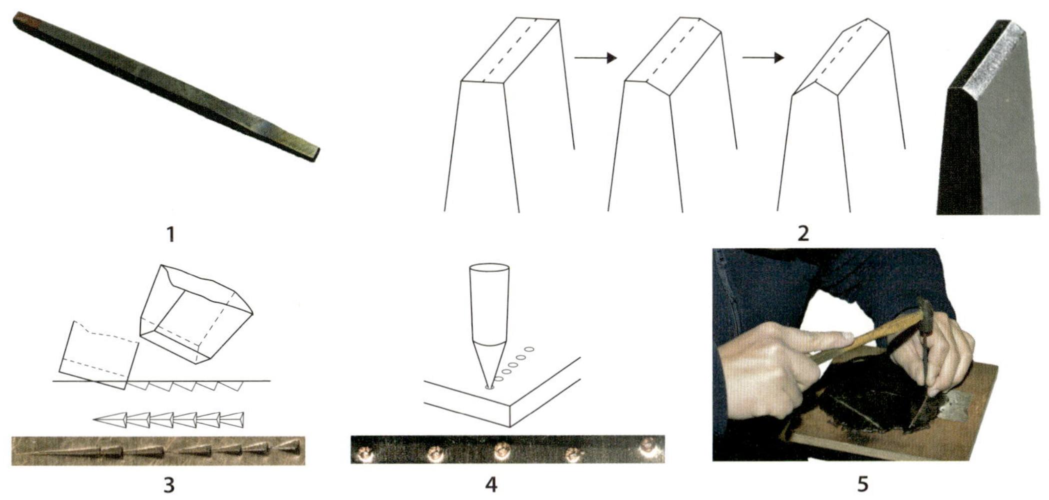

1. 축조끌 | 2. 축조끌의 제작 공정 | 3. 축조끌의 모식도와 흔적 | 4. 점문끌의 모식도와 흔적 | 5. 조금(彫金)의 작업

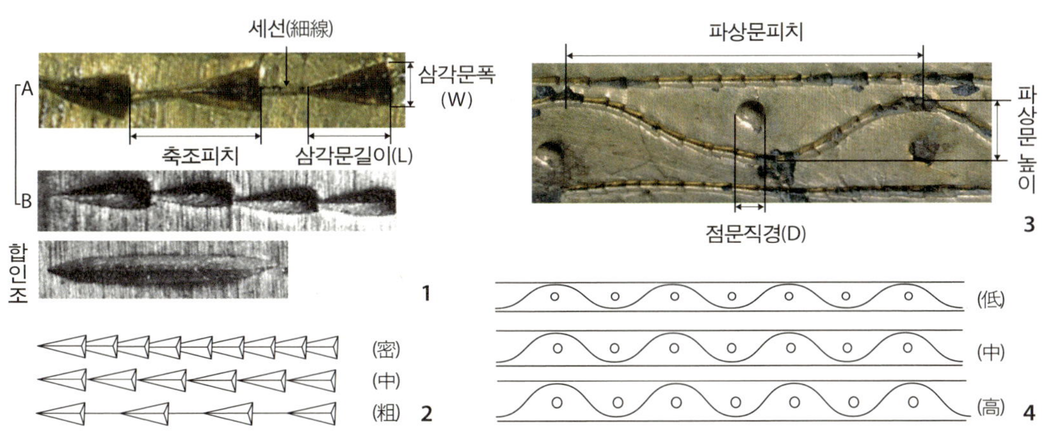

1. 선조(線彫)종류와 계측 부위 | 2. 축조피치의 밀도 | 3. 파상열점문의 계측 부위 | 4. 파상문비

그림 4 축조와 계측 부위

중에서도 축조(蹴彫)였다. 공인의 무의식적인 동작이 반복되는 축조는 가공 흔적을 관찰하여 당시 사용된 공구를 복원할 수 있을 뿐만 아니라 삼각문의 간격(피치)을 계측함으로써 공인의 행위(리듬)도 추정할 수 있다**(그림 4, 제12장 참조)**.

이처럼 금공기술, 특히 조금기술에 관한 치밀한 분석과 새로운 연구 시각이 고고학계에서 주목받기 시작한 것은 의외로 최근의 일이다. 다만 조금기술을 구체적으로 확인할 수 있는 확대 사진을 제시하는 것만으로는 금공품을 제작한 공인의 기술 수준을 바르게 평가하였다고 보기 어렵다. '기술적으로 수준의 차이가 크다'(權香阿 2000)라든가, '(조영동)CII-1호 금

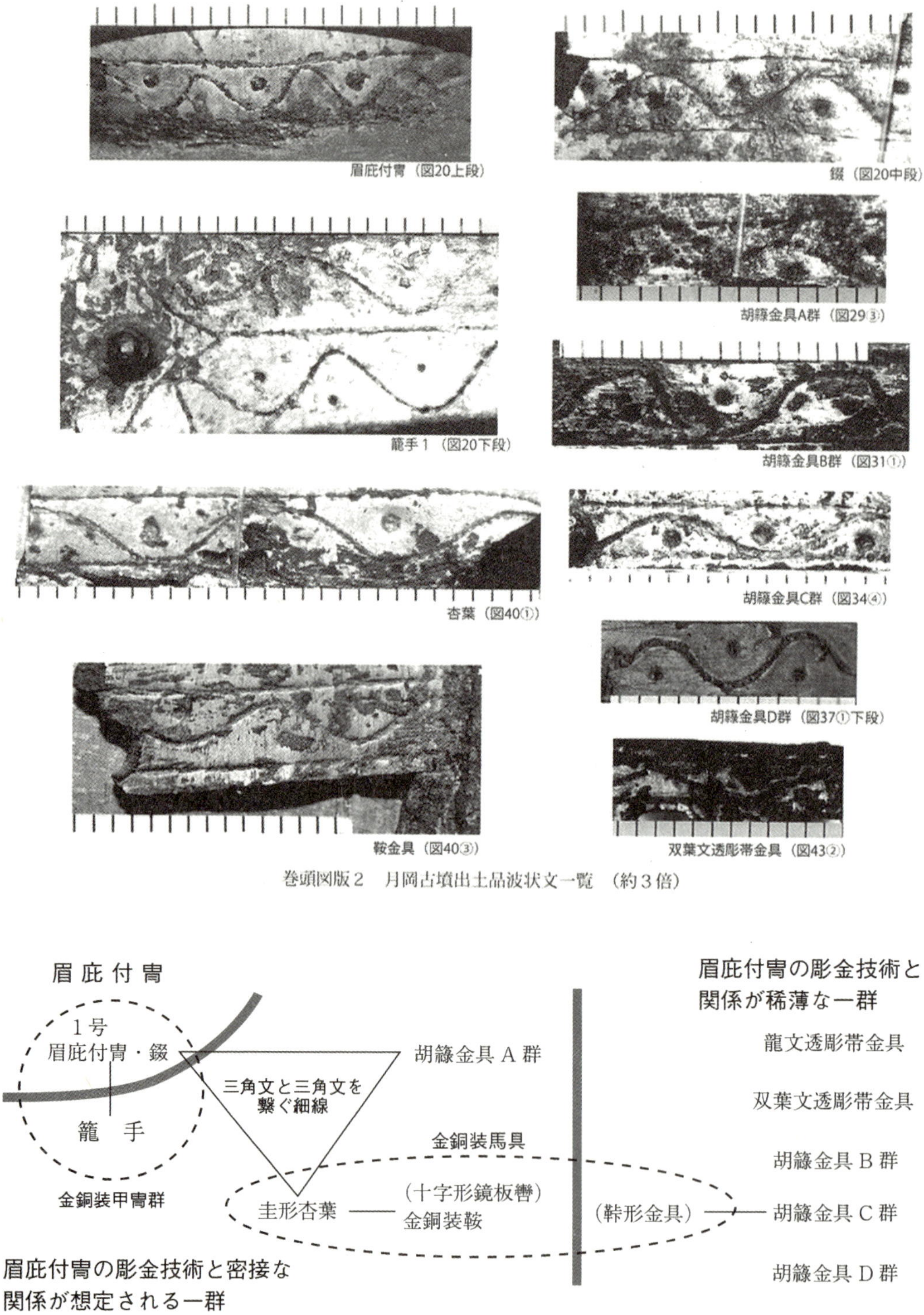

眉庇付冑（図20上段）

鋲（図20中段）

胡簶金具A群（図29③）

籠手１（図20下段）

胡簶金具B群（図31①）

杏葉（図40①）

胡簶金具C群（図34④）

胡簶金具D群（図37①下段）

鞍金具（図40③）

双葉文透彫帯金具（図43②）

巻頭図版２　月岡古墳出土品波状文一覧　（約３倍）

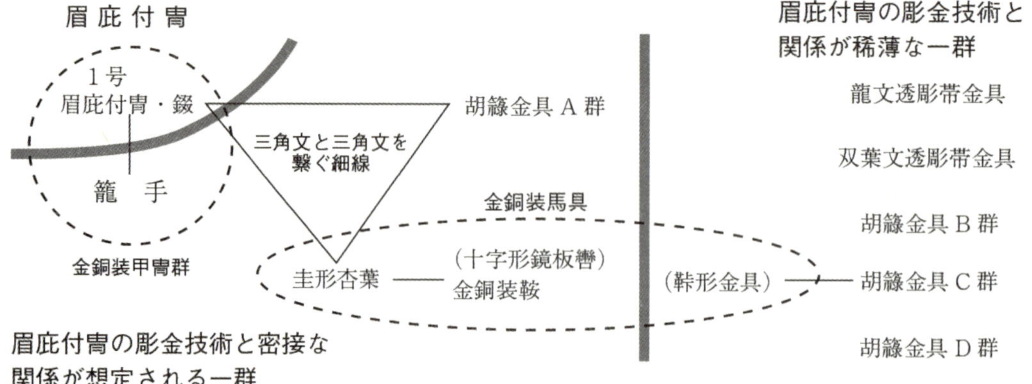

그림 5 후쿠오카현 쓰키노오카고분 출토품의 축조기술(諫早直人·鈴木勉 2015)

동관 제작 공인의 실력이 7A호 금동관 제작 공인보다 높은 편'(金載烈 2010)이라는 표현에서도 엿볼 수 있듯이 조금기술을 평가할 때는 관찰자의 주관이 쉽게 개입되기 때문이다.

조금기술 연구의 문제점을 인식하고 막대한 자료의 계측과 분석을 토대로 당시 금공품의 생산체계를 명확히 하고자 하는 최근의 연구 경향은 주목할 만하다. 연구 경향은 크게 두 가지로 나누어진다.

첫째, 폐기의 동시성이 담보된 유물, 즉 한 고분에서 출토된 일괄유물을 분석하고 그것이 동일 수준의 기술인가를 판단하여 제작지를 비정하는 연구이다. 이사하야 나오토(諫早直人)·스즈키 쓰토무는 후쿠오카현(福岡縣) 쓰키노오카(月ノ岡)고분 출토품의 조금기술을 상세하게 분석하고 무구와 금공품의 조금기술에 개성이 존재함을 밝혔다. 그 가운데 일본 내에서 생산되었을 가능성이 큰 미비부주(眉庇付冑)를 기준으로 이와 유사한 수준의 조금기술이 적용된 일군(一群)과 그렇지 않은 일군으로 대별하였다**(그림 5)**. 전자에 대해 미세한 차이가 있어 한 명의 공인이 모든 제품을 만들었다고 보기는 어렵지만 적어도 미비부주와 매우 가까운 환경에서 제작되었으며 일본열도 내에서 제작되었을 가능성이 큰 것으로 판단하였다. 이에 반해 후자는 일본열도에서 제작되지 않았다고는 단언할 수 없으나 적어도 전자와는 다른 공방에서 제작되었으며 박재품의 가능성까지 염두에 둘 필요가 있다고 보았다(諫早直人·鈴木勉 2015).

후속 논고에서는 경주 황남대총에서 출토된 장식마구, 무구, 금공품의 조금기술을 분석하여 다양한 개성이 존재하는 것을 확인함으로써 기술 수준이 다른 복수의 공인이 동일 공방에서 협력하였을 것으로 보았다(諫早直人 2016, **그림 6**). 나아가 왜의 초기 금공품 생산에 신라가 직접적으로 영향을 끼쳤을 가능성을 지적하였다.[5]

둘째, 멀리 떨어져 출토되었음에도 유사한 환경에서 제작된 것으로 생각되는 금공품의 조금기술을 분석하는 연구이다. 4세기 동아시아에서 유행한 중원식대장식구(諫早直人 2018),

5 이 연구의 분석 대상은 황남대총 남분에서 출토된 50여 점의 금공품 가운데 일부에 지나지 않는다. 향후 50여 점에 달하는 황남대총 남분에서 출토된 모든 금공품을 동일한 수준으로 분석할 수 있다면 신라 마립간기의 금공품 생산시스템을 한층 선명하게 복원할 수 있으리라 기대된다. 다만 황남대총 남분에서 출토된 모든 금공품의 조금기술을 한 개인이 조사·정리하는 것은 결코 쉬운 일이 아니다. 관련 기관의 허가를 얻은 후 장기간에 걸친 연구 프로젝트를 진행하여 체계적으로 조사할 필요가 있다. 동시기 가야와 신라의 초기 금공품 생산과 관련하여 고령 지산동 30호분 출토 금동관과 성시구**(그림 7)**, 경산 임당7B호분 금공품의 조금기술 분석도 참고할 필요가 있다.

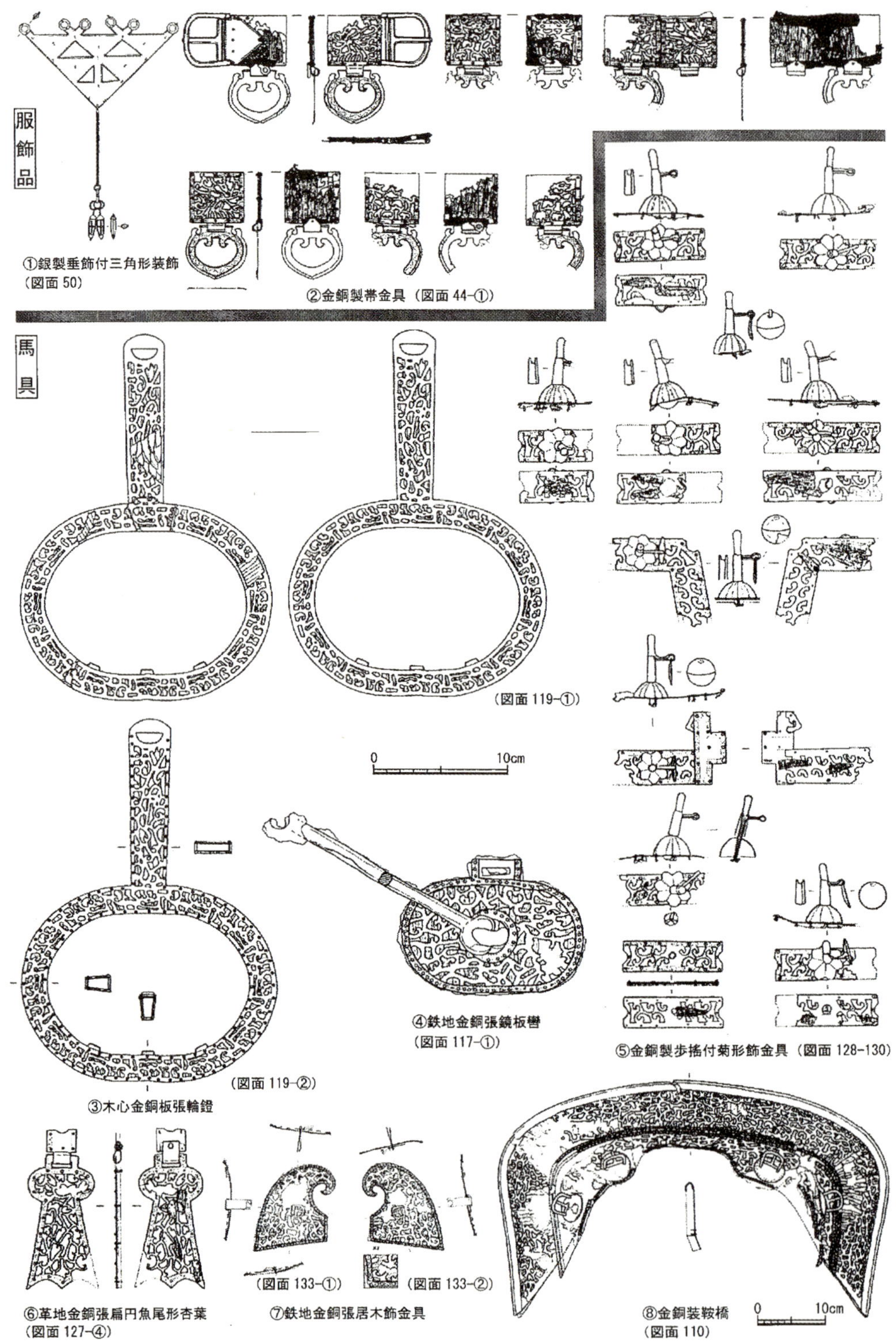

그림 6 경주 황남대총 출토 금공품(諫早直人 2016)

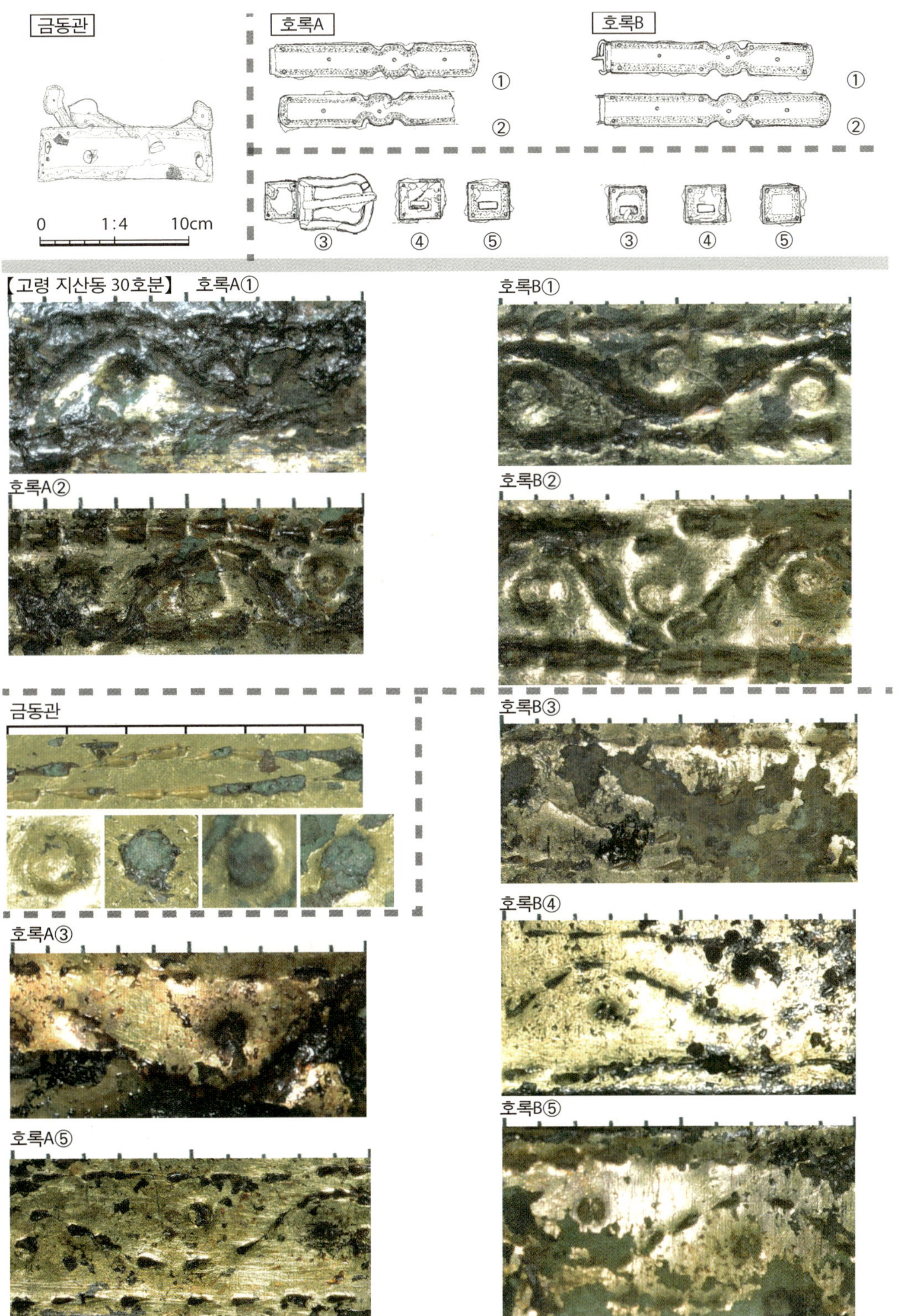

그림 7 고령 지산동 30호분 출토 금동관과 성시구의 조금기술

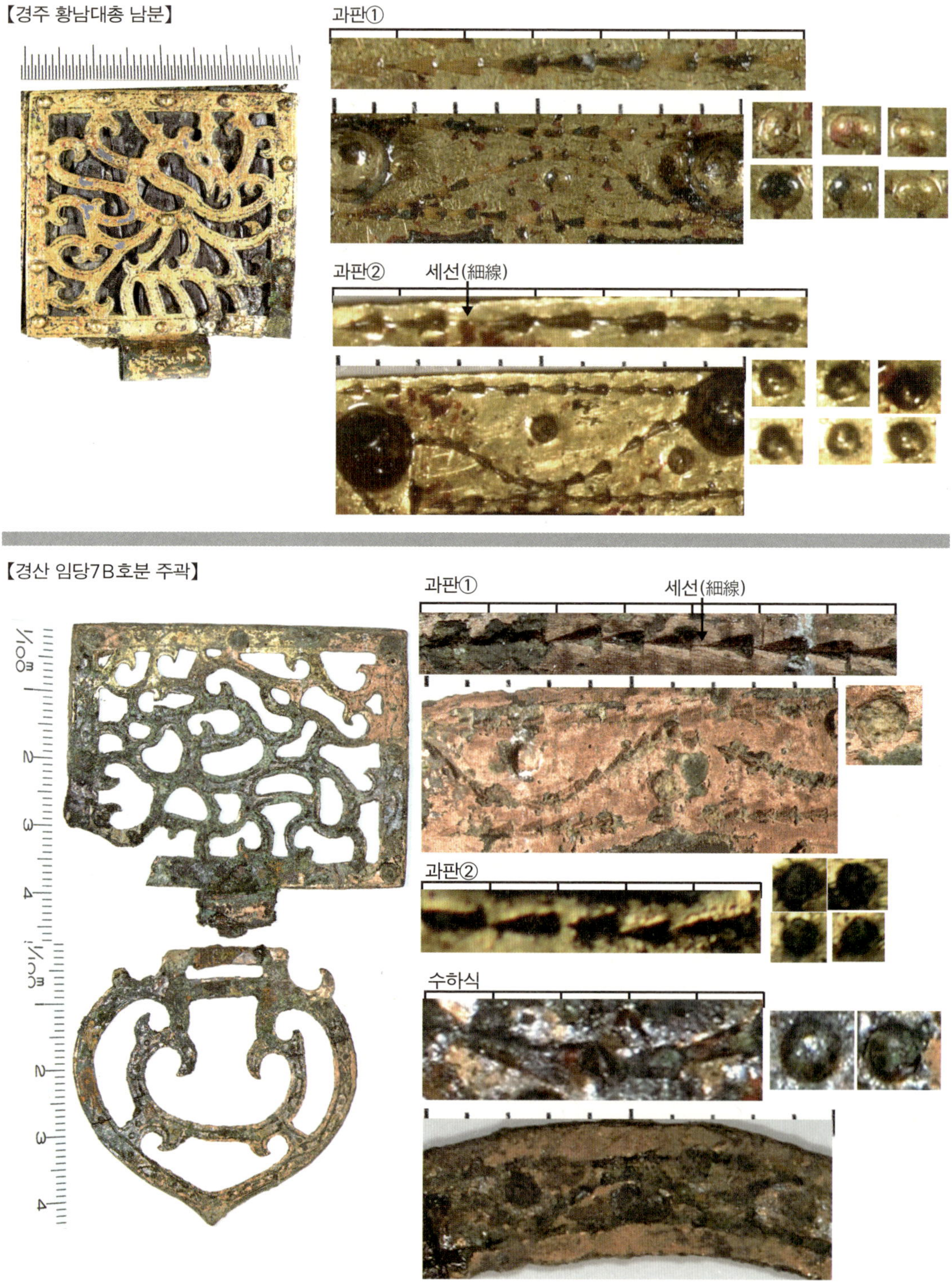

【경주 황남대총 남분】
과판①
과판②
세선(細線)
【경산 임당7B호분 주곽】
과판①
세선(細線)
과판②
수하식

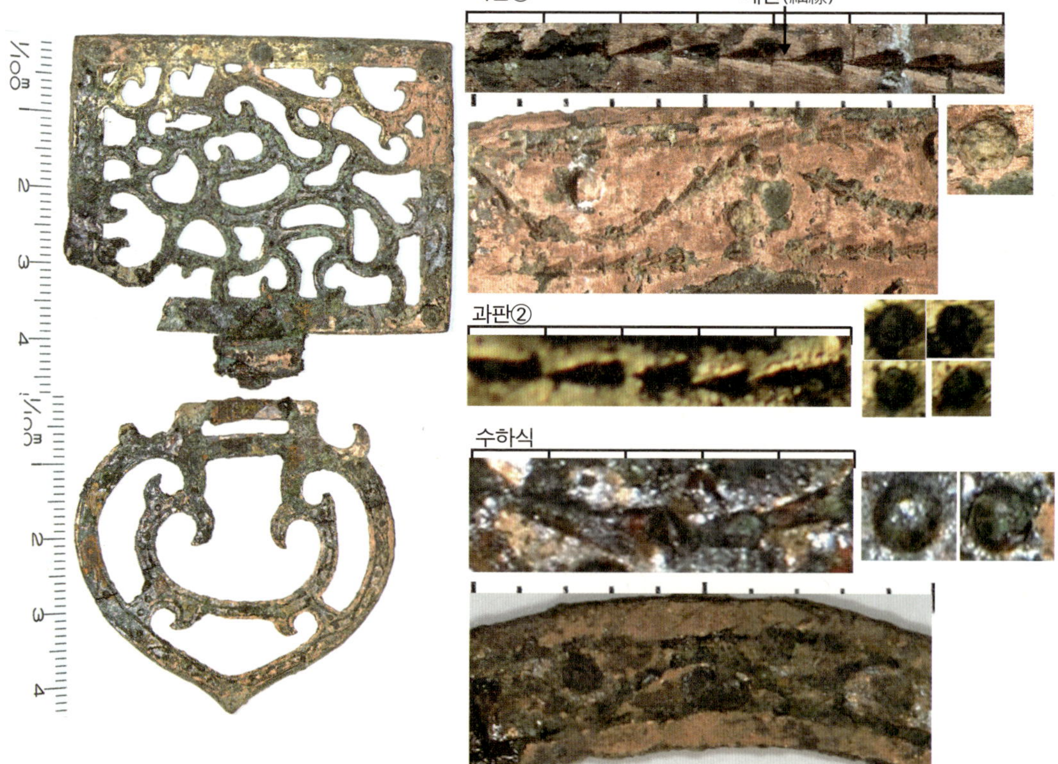

그림 8 한반도 출토 용문투조대장식구의 조금기술

5세기 한반도와 일본열도에서 출토된 용문투조대장식구의 조금기술 분석 사례가 대표적이다(제12장 참조). 특히 후자에서는 일본에서 출토된 용문투조대장식구의 조금기술 수준 역시 한반도제(그림 8)와 크게 다르지 않다는 분석 결과 외에 여러 정황을 종합적으로 판단하고 그 제작지를 한반도 내일 가능성이 크다고 결론지었다.

이상에서 언급한 최신의 연구 경향은 실견한 금공품의 macro촬영(栗山雅夫 2020), 사진 계측을 통한 조금기술의 수치화를 기본 전제로 한다. 금공품의 표면에 남은 공구의 가공 흔적을 세밀하게 계측함으로써 지금까지 '뛰어난', '고도의'와 같이 다소 막연하게 표현된 공인의 행위와 고대의 금공기술을 수치화하여 데이터로 제시할 수 있다는 점에서 종래의 궁곰품 연구와는 일선을 달리한다. 지금까지 연구자의 주관에 의해 좌우된 금공품 제작기술의 수준을 객관적으로 제시하였을 뿐만이 아니라 정밀한 분석을 토대로 제작지를 추정한다는 점은 기존 연구에도 시사하는 바가 크다. 이처럼 가공 흔적 분석은 오랜 시간 매장되어도 부식되지 않는 금공품의 장점을 적극적으로 활용한 것이라 볼 수 있다. 금공품의 제작지도 유물 자체에 대한 정치한 분석을 바탕으로 추론되어야 할 것이다.

3) 새로운 가능성 – '편력(遍歷)'하는 공인

공인이라고 하면 공방에 정주하였으리라는 이미지가 강하지만 '편력(遍歷)'하는 공인을 상정하는 견해가 여러 곳에서 제기되었다. 제품의 제작지 비정과 관련해 주목할 만하다.

스즈키 쓰토무는 '원호상(圓弧狀)조각끌'[6](그림 9-1)이 사용된 고훈시대 철제품에 주목하고 이를 조각을 전문으로 하는 공인의 존재를 상정하였다. 또 '원호상조각끌'이 상감대도, 철촉 등 여러 지역의 고분에서 출토된 것을 근거로 '(도래계)공인 네트워크'를 제안하였다. 즉 '(도래계)공인들은 당시 지방 정권이나 왕권과 전혀 다른 논리에 의해 이동하고 생활하는 가운데 기술이 지방으로 확산'되었으며 '때로는 지방 정권의 요구에 따라 금공품을 만들고 제작이 끝나면 다음 장소로 이동'한다고 본 것이다. 일반적으로 공인이라고 하면 왕권과 지방 정권 아래서 정주(定住)하였을 것이라는 이미지가 강하지만 도래계공인과 그 금공품 제작기술은 왕권과 다른 네트워크에서 이동하고 전파되었을 것이라 추정한 것은 경청할만하다(鈴木勉 2014).

후속 논고에서는 삼각연신수경을 분석하였다. 하나의 고분에서 다양한 형식의 삼각연

6 선단이 원호 형태는 띠는 특수한 조각끌을 말한다. 원문은 '円弧狀なめくりたがね'이다.

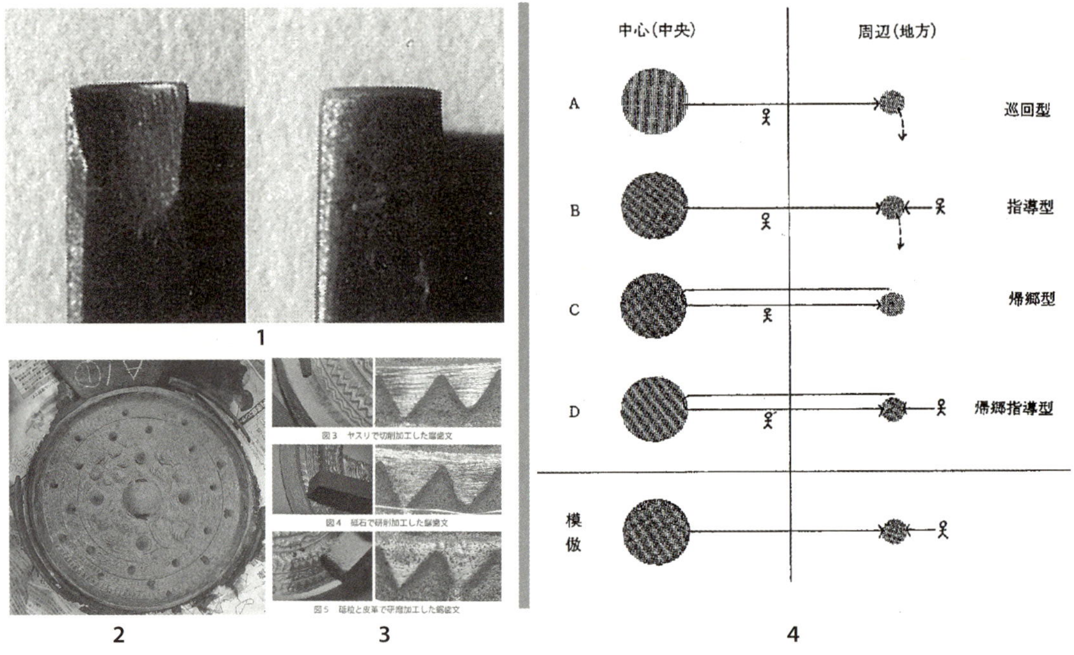

그림 9 '편력'하는 공인과 관련된 연구 경향

1. 원호상조각끌(鈴木勉 2014) | 2~3. 삼각연신수경과 거치문 가공흔적(鈴木勉 2016) | 4. 공인이동의 모델(菱田哲郎 1992)

신수경이 출토되었는데 그 표면에 남은 최종 연마 흔적을 분석한 결과(**그림 9-2·3**), 연마 흔적이 모두 같다는 결론을 얻는다. 만약 통설대로 삼각연신수경이 왜왕권 아래에서 일괄적으로 제작된 후 각지의 수장층에게 배포되었다면 같은 형식의 거울에서 동일한 연마 흔적이 확인되어야 하지만 실제로 분석해 본 결과, 그렇지 않고 하나의 고분에서 출토된 다양한 형식의 거울에서 동일한 연마 흔적이 확인된 것이다. 이러한 분석 결과를 바탕으로 지금까지 왜왕권 아래에서 일괄적으로 제작된 후 각지로 배포한 것으로 간주된 삼각연신수경은 사실 거울이 출토된 고분 근처에서 거주한 공인에 의해 제작되었거나 또는 이동하는 공인집단이 각 지역 정권의 의뢰를 받아 제작하였을 것이라 결론 내렸다. 앞서 언급한 '(도래계)공인 네트워크'와 마찬가지로 거울을 만드는 공인 역시 각지를 이동하면서 물품을 제작하는 '이동형 공인집단'을 상정한 것이다. 나아가 나라시대에는 존재한 '데후키(出吹き)', 즉 제품을 사용할 장소로 공인집단이 이동하여 제품을 주조하는 실제 사례를 들어 '이동형 공인집단'이라는 가설의 근거를 보강하였다(鈴木勉 2016).

실제로 고훈시대 중기에 축조된 군마현(群馬縣) 오타텐진야마(太田天神山)고분에는 기나이의 전방후원분에 사용된 나가모치형석관(長持形石棺)과 흡사한 석관이 사용되었는데 석재는 군마에서 직접 구한 것이 분명하므로 재지 수장층의 죽음에 즈음하여 기나이의 석관 제작 공인이 군마까지 파견되어 재지에서 나가모치형석관을 만들었을 것이라는 견해(白石太一郎 2000)는 '이동형 공인집단'의 존재를 유추케 한다. 고훈시대 스에키의 생산체제와 관련하여 고배의 각부 접합 부위를 세밀하게 관찰하고 그 결과를 바탕으로 중앙과 지방의 공인이 이동하는 모델을 제시한 연구도 주목된다(그림 9-4). 일본 중세시대의 사례이기는 하나 주물사(鑄物師)가 선박을 이용하여 서일본을 돌아다니면서 철을 배급하거나 소금을 판매한 '편력하는 장인집단'(網野善彦著 1980: 133) 역시 공인의 생존 형태와 제품의 제작지를 생각하는 데 참고할만하다.

금공품의 사례는 아니지만 '편력'하는 공인은 한국 고고학계에서도 제기된 바 있다. 심재연은 한강유역에서 발견된 많은 철기 생산유적 가운데 연천 삼곶리유적, 가평 대성리유적, 춘천 우두동유적을 거점 생산유적으로 비정하고 이 유적에 거주한 단야 장인이 주변지역을 '순회'하면서 주변 지역의 철기 생산을 주도한 것으로 보았다(심재연 2016). 단야와 관련된 자료가 출토되었다고 해서 이를 곧바로 철기를 생산한 것으로 볼 수 있는지, 순회할 때 어떤 공구를 소유하였는지 등 별도의 다양한 논의가 필요하겠지만 단야 장인이 주변 지역을 순회하면서 철기를 제작하였다는 발상의 본질은 위에서 언급한 '편력'하는 공인과 크게 다르지 않다.

한편 이양수·이영훈은 전 망덕사지에서 출토된 촉범을 사찰의 창건 당시 사천왕상과 같은 신상이 들고 있는 무기의 장식과 사실성을 높이기 위해 제작된 것으로 보았다. 또 이를 다양한 성격의 청동공방 가운데 사영공방(寺營工房)에 속하는 것으로 보고 통일신라시대 공방 운영의 방식 중 하나로 공인이 정해진 공방에서 만들어 보급하는 것보다 원하는 곳으로 나가 거기서 직접 제작하는 방식을 상정하였다. 공인의 이동을 지적한 점은 동일하다(이양수·이영훈 2015).

금공품의 생산체계, 제작지를 생각하는데도 위에서 언급한 '편력'하는 공인 사례는 염두에 둘 필요가 있다. 만약 '편력하는 공인'이 삼국시대에도 존재하였고 중앙과 지방을 넘나들며 제품(금공품)을 만들었다면 그 제품의 제작지는 중앙인가 아니면 지방인가. 중앙 또는 지방이라는 이분법적인 사고에 얽매이지 않고 생산 유형의 다양한 실태를 유물을 분석하여 밝히는 것은 앞으로 연구 과제라 하겠다.

이상으로 금공품을 둘러싼 연구사를 검토하고 최근 한일학계를 중심으로 진행된 금공품 연구의 새로운 경향을 간단히 소개하였다. 특히 조금이라는 공구의 가공흔 분석을 통해 금공품의 제작지 비정과 관련된 다양한 논의에 대해 살펴보았다.[7]

사실 현재 발간되고 있는 보고서의 내용만으로는 이 글에서 언급한 수준의 금공품 분석은 불가능하다. 조금기술과 같은 미세한 가공 흔적을 도면으로 표현하는 작업은 지난하기 때문이다. 그럼에도 2000년대 이후 발간된 한국과 일본의 도록과 일부 보고서에서 축조기법과 같은 미세한 공구의 가공 흔적까지 관찰할 수 있는 확대 사진이 수록되어 공인, 공구에 대한 풍부한 정보를 제공하는 점은 매우 고무적이라 하겠다.[8]

다만 뚜렷한 연구 목적 없이, 가공 흔적의 확대 사진만 게재하는 것은 그다지 생산적이지 않다. 어떤 목적을 가지고 무엇을 밝히기 위해 조금기술의 가공 흔적을 확대하고 보고하는지, 이를 통해 알 수 있는 사실이 무엇인지 그 연구 목적을 명확히 설정할 때 비로소 좀처럼 얻기 어려운 금공품 실견 조사의 기회를 놓치지 않고 의미 있는 성과를 올릴 수 있을 것이다. 고고학에서 말하는 역사적 맥락과 배경은 이처럼 유물에 대한 기초적인 분석과 축적된 데이터를 바탕으로 만들어가야 한다.

제3절 연구의 목적과 대상

위와 같은 문제의식과 시각을 바탕으로 본 연구에서는 삼국시대 한반도를 중심으로 중국대륙과 일본열도에서 출토된 금공품을 분석하여 당시 동아시아 여러 정치체의 사이에서 이루어진 교섭과 교류, 그리고 금공품을 만든 사람(공인)에 대해 살펴보고자 한다. 다만 동아시아에서 발견된 금공품은 그 종류와 수량이 많아 모든 금공품을 일정한 수준으로 분석하기는

7 여기서 주목한 가공흔의 분석은 비단 금공품 연구에만 한정되지 않는다. 석기, 목기, 토기 등 시대와 유물의 종류를 막론하고 어느 분야에서나 시도될만한 연구 방법론이다. 전방후원분을 축조할 때 일시에 대량으로 만든 하니와 표면의 공구 흔적(ハケメ)을 분석하여 생산조직의 복원을 시도한 연구(犬木務 1995)는 대표적인 공구흔 분석 사례이다.

8 吉井町教育委員會, 2005, 『若宮古墳群III』-月岡古墳- 吉井町文化財調査報告書, 第19輯; 國立春川博物館, 2008, 『권력의 상징 관』; 慶山市立博物館, 2011, 『압독국의 왕[干], 영원불멸을 꿈꾸다』; 國立公州博物館, 2011, 『百濟의 冠』; 豊橋市美術博物館, 2011, 『黃金の世紀』; 國立中央博物館, 2014, 『慶州 瑞鳳塚I(遺物篇)』, 日帝强占期 資料調査報告 13輯; 大成洞古墳博物館, 2015, 『金海 大成洞古墳群 -85號墳~91號墳-』, 博物館學術叢書 第15冊; 國立慶州博物館, 2016, 『慶州 金冠塚(遺物篇)』, 日帝强占期 資料調査 報告 23輯 등.

어렵다. 그래서 이 책에서 주목한 금공품이 유기질제의 허리띠 위를 장식하는 대장식구(帶裝飾具)[9]이다.

허리띠에 고정하여 무언가를 매달거나 허리띠를 화려하게 장식하기 위해 제작한 대장식구는 한대(漢代)에 이미 확인된다(孙机 1994). 한반도에도 원삼국시대에는 전해져 마한, 진변, 변한에서는 마형대구와 호형대구를 제작, 사용하였다(金邱軍 2000). 삼국시대가 되면 더욱 다종다양한 대장식구가 성행한다. 일본열도에서도 5세기에 한반도의 영향을 받은 대장식구가 무덤에 부장된다. 허리띠를 장식하는 문화는 늦어도 삼국시대에는 동아시아 전역에 확산된 것이다. 이를 동아시아의 '대장식구 문화'라 부를 수 있겠다. 동아시아의 국제정세와 사람(공인)을 연구하기 위해 여러 금공품 가운데 굳이 대장식구에 주목한 이유는 아래와 같다.

첫째, 오랜 존속기간이다. 현재까지 보고된 자료로 보아 삼국·고훈시대 대장식구의 직접적인 조형은 금동제라는 재질, 투조, 조금, 도금과 같은 금공기술로 보아 늦어도 진대(晋代)에 제작된 중원식대장식구에서 구할 수 있다. 중국에서 성립된 '대장식구 문화'가 중국 동북지방의 삼연과 고구려로 전해졌고 나아가 한반도 중·서남부, 그리고 일본열도까지 확산된다. 또 한반도에서 더는 금공품이 활발하게 제작되지 않는 6세기 중엽 이후에도 대장식구만은 지속해서 만들어졌고 수(隋)·당(唐)으로부터는 당식(唐式) 대장식구가 이입되기도 한다. 대장식구는 다른 어떤 금공품보다 길게 존속한 셈이다.

둘째, 다양한 형식의 대장식구가 광범위한 지역에 분포한다. 허리띠를 장식하는 공통된 기능임에도 지역과 정치세력마다 다양한 형태의 대장식구가 제작, 보급된 것은 대장식구의 제작과 사용에 여러 세력의 정치적 의도가 강하게 반영된 것을 뜻한다. 대장식구의 전개 과정을 밝히고 그 특질을 밝히는 것은 당시의 국제정세, 물건과 사람의 이동을 밝히고자 하는 본 연구의 목적과도 잘 부합한다. 양진(兩晉), 삼연(三燕), 고구려, 백제, 신라, 가야, 왜 등 동아시아 전역에 걸쳐 착종된 상태로 출토된 다양한 대장식구에는 당시의 복잡하고 미묘한 국제관계가 첨예하게 반영되었을 가능성이 크다.

따라서 본 연구에서는 동아시아에서 출토된 대장식구를 집성하여 분석하고 그 전개 과정과 특질을 밝힘으로써 당시의 국제정세와 교류 관계를 고찰하는 것을 첫 번째 연구 목적

9 허리띠를 꾸미는 금속제 장식구를 일본 고고학의 영향을 받아 대금구라고 부른다. 그러나 이미 지적된 것처럼 금구라는 말이 한글 사전에도 없으며 장식 도구라는 뜻을 나타내지 못하므로(李熙濬 2002, 2016) 본 연구에서는 대장식구라는 명칭을 사용하도록 한다.

으로 삼는다.

이와 동시에 본 연구에서 대상으로 삼은 것이 금공품을 만든 사람(工人), 그리고 기술이다. 대장식구과 같은 금공품을 제작하기 위해서는 재료인 동판을 얇게 만들어야 할 뿐만 아니라 문양의 전사, 투조, 주조, 조금, 도금, 병류 등 다양한 금공기술이 필요하다는 것은 앞서 언급한 대로이다. 이처럼 대장식구를 제작하는 데 사용된 금공기술은 금동관, 성시구, 식리 등 다른 장신구만이 아니라 무기와 마구에까지 구사된다. 금공기술에 주목하면 기종(≒기능)을 횡단한 연구를 할 수 있는 셈이다. 형식학적 분석만으로 해결하기 어려운 공인의 행위와 기술이전과 같은 문제 역시 제작기술이라는 관점에서 접근할 수 있다. 수천 년이 지나도 부식되지 않아 당시 사용한 공구의 흔적을 자세히 분석할 수 있는 금공품 연구를 통해 이를 만든 사람(工人)과 그 기술에 관한 다양한 정보를 추출하는 것이 본 연구의 두 번째 목적이다.

제4절 이 책의 구성과 내용

앞서 언급한 두 가지 연구 목적을 달성하기 위해 본 연구를 크게 Ⅰ부(제1장~제5장), Ⅱ부(제6장~제10장), Ⅲ부(제11장~제13장)로 나누어 논지를 전개하고자 한다. 각 부와 장의 내용은 아래와 같다.

제Ⅰ부 '고대 철기문화의 전파와 동아시아'에서는 금공품을 제작하기 위한 기반이라 할 수 있는 철기문화에 대해 주목한다. 가시적으로 화려한 금공품을 제작하기 위해서는 귀금속의 입수만이 아니라 이를 가공하는 데 필요한 다양한 철제 공구와 전문지식이 필요하다. 본격적인 분석에 앞서 금공품을 제작하기 위한 전제 조건이라 할 수 있는 동아시아 철기문화를 거시적·미시적·실험적으로 살펴본다.

제1장 '동북아시아 철기문화의 전개와 한야공철(限冶供鐵) 정책'에서는 중국을 중심으로 발생한 제철기술이 한반도를 거쳐 일본열도로 전개되는 현상을 기술의 전파가 아닌 통제라는 관점에서 일관되게 해석해 보았다.

우선 한반도와 일본열도에서 철이 생산되기 이전에 등장하는 전국계 철기에 대해서는 문헌에서 확인되는 철의 전매제와 관련지어 해석하였다. 한반도와 일본열도에 등장하는 전국계 철기는 중국 정부가 고도의 기술로 제작해 유통한 것으로 자국의 경제적 이득과 상권의 보호, 주변 세력의 견제라는 다수의 목적을 동시에 달성하려는 의미가 내포되어 있다. 이와 같은 정책을 성공적으로 시행하기 위해서는 주변 지역으로 제철기술이 유출되는 것을 방지하는 것이 가장 중요한 과제였다. 철의 전매제는 철 생산기술을 억제하는 대신 철기의 유통을 통해 경제적 이익을 추구하는 한야공철 정책과 동일한 맥락에서 이해할 수 있다.

그러나 낙랑군 설치를 비롯해 중국대륙과 한반도가 육지로 이어진 지리적 환경 등 다양한 요인에 의해 한반도 남부 지역으로 철 생산기술이 유출됨으로써 중국 정부의 한야공철 정책은 오랫동안 지속하지 못한 것으로 보인다.

이후 철 생산을 기반으로 형성된 고구려, 백제, 신라, 가야 등 한반도의 제 정치세력들은 서로 격심한 전쟁을 치르는 가운데도 왜를 대상으로 한야공철 정책만은 일관되게 고수하였다. 일본열도 내에서 자체 철 생산이 이루어지지 않는 4~5세기대 한반도로부터 건너간 것으로 생각되는 철정과 칠지도, 철 방패 등 수많은 한반도제 철제품의 이면에는 한반도 내 존재하고 있던 철 생산기술을 왜로 유출하지 않음과 동시에 철로 왜를 견제한다는 삼국의 의도가 숨겨져 있다.

6세기 중엽 한반도에 존재하던 철 생산기술이 일본열도로 유출되면서 900년간 동아시아에 존재했던 한야공철 정책은 사라졌다. 일본서기 황극기 원년(642) 왜로부터 백제로 전해진 철정 20매는 동아시아에 존재했던 일본열도 내 철 생산과 동시에 한야공철 정책의 소멸을 의미한다.

제2장 '후쿠오카현 미야지다케(宮地嶽)고분 두추대도(頭椎大刀)의 도신(刀身) 복원'에서는 필자가 일본에서 유학하면서 참여한 두추대도의 도신 복원 과정에 관해 서술하였다.

도신의 재료로 옥강(玉鋼)을, 연료로는 소나무 숯을 사용하였다. 도신은 일본도 제작공정과 동일한 방법으로 제작되었다. 옥강은 미즈베시(水減し)와 고와리(小割り) 과정을 통해 탄소가 많이 포함된 고탄소 옥강과 적게 포함된 저탄소 옥강으로 분리해 두었다. 옥강을 단련해 심금(心金) 1개와 피금(皮金) 3개를 만들고 이것들을 재단련하여 대형의 철괴를 만들었다. 단련 시 가열하기 전에 볏짚을 태운 재와 진흙을 발라 옥강이 감량되는 것을 막았으며 충분한 접쇠 단련을 통해 옥강 내 불순물을 제거하였다.

완성한 대형의 철괴는 단조 과정을 통해 도신과 같이 길게 늘인 후, 칼끝과 날, 관부를 제작하였다. 이후 특별 제작된 대형 가열로에서 풀림과 담금질, 뜨임의 열처리 과정을 거친 후 표면을 연마함으로써 도신을 완성하였다. 복원을 통해 삼국시대 제강법, 한반도 중남부지역에서 출토된 철제 대도와 관련된 몇 가지 연구 과제 등에 관하여 언급하였다.

제3장 '고대의 제강법에 대하여'에서는 종래 원삼국~삼국시대 강철을 만드는 방법으로 제기된 다양한 견해를 비판적으로 검토하였다.

철은 함유된 탄소량에 따라 연철, 강철, 주철로 나눌 수 있다. 탄소량에 따라 성질도 모두 다르다. 실용적인 철기를 제작하기 위해서는 성질이 다른 철을 적절히 사용해야 한다. 특히 무기와 같이 날카로운 날이 있어야 하는 철기에는 담금질을 통해 높은 경도를 지닐 수 있는 강철이 필수이다. 현대처럼 철의 입수가 쉽지 않은 고대에는 강철이 지금보다 훨씬 가치 있는 소재임이 틀림없다. 제3장에서는 이처럼 강철의 중요성을 인식한 후 지금까지 고대에 존재한 것으로 상정된 여러 가지 제강법에 대하여 살펴보았다.

침탄과 탈탄은 고대의 대표적인 제강법이다. 금속학적 조사에 따르면 괴련철의 침탄, 주철의 탈탄기술은 한반도에도 일찍부터 존재했던 것으로 보인다. 다만 침탄과 탈탄을 통한 제강법은 육안 관찰만으로 분석이 어렵다.

많은 연구자는 고대의 획기적인 제강법으로 초강법을 상정하였다. 초강제로 생각되는 철기의 금속학적 성분, 초강과 관련된 문헌, 한반도 각지에서 발견되는 초강로를 근거로 늦어도 삼국시대에는 초강법이 실존한 것으로 여겼다. 다만 지금까지 제기된 근거들을 종합적으로 검토해 보면 고대에 실제로 초강법이 존재했을 것이라 입증할만한 뚜렷한 증거는 부족한 상황이다.

이에 반해 관강법은 연철과 주철의 혼합을 설명하는 다수의 문헌자료, 연철과 주철이 한데 섞여 출토된 실제 사례, 주거지에서 고·저탄소철기가 파손된 채로 공반되는 양상으로 보아 실제로 존재했을 가능성이 크다. 중부지역의 주거지유적에서 주철과 연철이 파손된 채 공반되는 양상으로 보아 늦어도 원삼국시대에는 관강법이 이루어졌을 것이다. 이후 삼국시대가 되면 한반도는 물론 일본열도에도 관강법이 성행한 것으로 보인다.

관강법은 철기의 탄소량을 자유롭게 조절할 수 있는 점, 폐철기의 재활용을 가능하게 한 점에서 제철사 상 큰 의의를 지닌다. 한반도로 철기가 유입된 이래 다양한 물질문화가 전개될 수 있었던 배경에는 강철을 자유롭게 획득할 수 있는 관강법의 개발이 있었을 것이다.

제4장 '삼국·고훈시대 상감기술의 전개와 한일교섭'에서는 5~6세기 한반도와 일본열

도에서 출토된 상감유물을 분석하여 한일교섭의 일 단면을 밝히고자 하였다. 우선 상감기술의 핵심이 철제품 표면의 홈가공이라는 점에 주목하고 홈의 가공에 사용된 철제끌의 흔적을 분석할 필요성을 강조하였다. 그리고 상감 홈의 가공방법을 분석하여 백제에 크게 두 가지의 상감기술 계통이 존재하였으며 이 기술이 인접한 가야와 신라, 그리고 왜까지 전파된 것으로 이해하였다.

다음으로 삼국시대 상감유물의 전개 과정과 그 분포를 정리하였다. 백제와 가야에서는 주로 5세기대 다수의 상감유물이 제작되었으며 그 분포가 반드시 각 정치체의 중앙에 한정되지 않는다는 점을 분명히 하였다. 그리고 고훈시대 중기의 상감대도가 한반도 출토품과 기술적으로 깊은 관련을 맺고 있어 완제품이 이입되었을 가능성이 큰 것으로 보았다. 특히 기나이에서 제작되어 지방으로 하사된 것으로 여겨진 명문대도의 상감 작업에는 한반도계 공인이 참여하였을 가능성이 크므로 제작지를 판단하는 데는 좀 더 신중할 필요가 있다.

마지막으로 5세기대 한일교섭의 일 단면을 상감기술의 핵심인 철의 가공기술에 주목하여 해명해 보고자 하였다. 상감기술과 동일한 역사적 수준으로 평가할 수 있는 선각철촉, 철부, 끌, 종장판갑, 철련이 5세기를 즈음하여 한반도와 일본열도에 넓게 확인되는 현상은 한·일에 걸쳐 형성된 공인 네트워크를 이용하여 철제끌과 같은 전용 공구가 서로 공유되고 있었기 때문으로 추정하였다.

제5장 '원삼국~삼국시대 철제도검의 제작기술과 그 의미'에서는 제Ⅱ장의 실험 과정을 토대로 원삼국~삼국시대에 만들어진 철제도검의 제작기술과 그 의미에 대해 살펴보았다.

철제도검은 연철과 강철로 각각 심금과 피금을 만들고 이를 합친 철괴(鐵塊)를 도신 형태로 단조한 후 열처리를 통해 완성된다. 이 가운데 중요한 공정이 연철과 강철의 분별, 즉 철의 탄소량 판단과 열처리(담금질)이다. 이같은 제작공정에 주목하면 원삼국~삼국시대 고분에서 출토된 상감대도, 만도(彎刀), 구부러진 철기, 주조제 철기 등은 당시 공인들의 뛰어난 철기제작기술을 보여주는 사례로 평가할 수 있다.

우선, 상감기술의 핵심은 도신에 그려진 문양을 따라 홈을 새기는 것이다. 문제는 홈을 새기기 위하여 사용하는 조각끌도, 그리고 상감 문양이 표현된 제품도 모두 철이라는 점이다. 그러므로 도신에는 부드러운 연철 소재를 사용해야 하며 조각끌은 강철 소재로 제작한 뒤 반드시 담금질해야만 표면에 홈을 새길 수 있다. 상감대도의 등장은 탄소량에 따라 철을 분류할 수 있는 기술, 그리고 철소재에 따른 의도적인 담금질을 이미 당시의 공인들이 획득한 것을 의미한다.

만도와 구부러진 철기는 그 형태로 보아 실용적인 무기라고 보기 어렵다. 아마도 철기 제작 공인은 애초부터 연철 소재(저탄소강)를 사용하여 만도와 구부러진 철기를 만든 것으로 생각되며 담금질도 하지 않았을 것이다. 만도와 구부러진 철기가 저탄소강으로 제작되었다는 금속학적 분석 결과는 이를 방증한다.

한편, 철제도검이라고 하면 흔히 단조제를 떠올리나 단면 볼록 렌즈형 철검은 단조로 만들기 어렵다. 주조로 제작된 칠지도와 오사카부 오다케니시(大竹西)유적 SK501토갱 출토 주조제 철검을 고려하면 원삼국시대 영남지방을 중심으로 등장하는 단면 볼록 렌즈형 철검 역시 주조로 제작되었을 가능성을 염두에 두어야 한다.

제Ⅱ부 '대장식구로 본 고대 동아시아'에서는 동아시아에 출토된 다양한 금공품 가운데 대장식구에 주목한다. 중원과 중국 동북부(兩晉, 三燕), 한반도 북부(고구려), 중·남부(백제, 신라, 가야), 일본열도(왜)에서는 다양한 형식의 대장식구가 제작, 사용되었다. 허리띠를 꾸며 착장자의 신분과 위계를 가장 가시적으로 드러낸다는 점에서 결코 그 의미가 적지 않을 것으로 예상되는 대장식구를 분석하여 그 전개 과정과 지역별 특질을 검토한다.

제6장 '동아시아 중원식대장식구의 전개와 의의'에서는 동아시아 전역에 걸쳐 분포하는 중원식대장식구를 분석하고 그 전개 과정과 의의에 대하여 살펴보았다.

중원식대장식구는 형태와 제작기술을 조합하여 총 8개의 형식으로 분류할 수 있다. 각 형식은 총 4단계로 정리할 수 있으며 각 단계는 공반된 기년명 자료로 보아 3세기 말에서 4세기 중엽으로 비정된다.

중원식대장식구는 후한부터 삼국시대까지 점재한 중원의 대장식구 요소에 마제형타출교구(馬蹄形打出鉸具)의 요소가 가미되면서 성립한다. 전국을 통일한 서진왕실에서 이전까지 제작된 대장식구의 여러 요소를 통합함으로써 의도적으로 창출한 것이 중원식대장식구였다. 이후 활발하게 제작된 중원식대장식구는 중원은 물론 중국동북부지역, 한반도와 일본열도까지 확산된다.

서진(西晉)과 동진(東晉)을 중심으로 제작된 중원식대장식구는 이후 전진(前秦), 전연(前燕) 등 5호16국에서 모방 제작되기도 하고 한반도와 일본열도에서는 중원에서 이입된 대장식구를 계기로 독자적인 대장식구 문화가 전개되어 나간다. 큰 형태적 차이 없이 고도로 규격화된 중원식대장식구가 지역마다 서로 다른 의미를 지닌 채 이입되거나 모방되고 나아가 삼국, 왜의 대장식구 문화에 큰 영향을 끼쳤다는 사실이야말로 동아시아에서 중원식대장식구가 지닌 본질적인 의의라 할 수 있다.

第7장 '삼연·고구려 대장식구의 전개와 특질'에서는 삼연과 고구려 고분에서 출토된 대장식구에 주목하였다. 기년명 자료를 참고로 삼연 대장식구의 제작 연대를, 기존의 고분 연대관을 참고로 고구려 대장식구의 존속 시기를 추정하고 각각의 특질에 대해 살펴보았다.

삼연의 대장식구는 현지로 이입된 중원식대장식구를 모델로 하여 모용선비가 자신들만의 독창적인 복식 세트를 만들어가는 과정에서 창출된 정치색 짙은 기물이었다. 4세기 전엽~중엽, 전연에서는 왕권의 의도 아래 장식마구와 함께 제작된 '모방 제1유형'과 모용선비 고유의 전통적 문양과 모티브가 강하게 반영된 '모방 제2유형'이 함께 제작되고 있었다.

삼연의 대장식구는 인접한 고구려에도 영향을 끼쳤다. 중원과 삼연에서 보이지 않는 다양한 형식의 고구려 대장식구는 현재까지 자료로 보아 대부분 고구려에서 창출되었을 가능성이 크다. 특히 요패를 사용하여 수하식을 아래로 길게 연결하는 방식은 중원과 삼연에서 확인되지 않고 신라에서 성행하였으므로 고구려 대장식구가 중원과 한반도를 연결하는 가교 역할을 충실히 수행하였음을 엿볼 수 있다.

4세기 전엽, 양진에서 제작된 중원식대장식구는 동아시아 전역으로 확산된다. 이를 계기로 5세기가 되면 백제와 신라, 바다 건너 왜에서 독자적 양식의 대장식구가 제작된다. 동아시아의 동단(東端)까지 허리띠를 장식하는 대장식구 문화가 성행할 수 있었던 계기는 중원과 한반도 및 일본열도를 지리적으로 이어준 삼연과 고구려의 대장식구에서 찾을 수 있다.

第8장 '신라 대장식구의 전개와 의미'에서는 신라 고분에서 출토된 대장식구를 분석하여 그 전개 과정을 명확히 하고 그것이 갖는 역사적 의미를 해석하였다. 6세기 중엽 이전 신라에는 용문투조대장식구, 초엽문대장식구, 역심엽형대장식구 등 다양한 종류의 대장식구가 존재하였다. 각 부품의 선후 관계를 예상하고 병행 관계를 분석한 결과 신라의 대장식구를 Ⅰ~Ⅵ기로 나눌 수 있다.

Ⅰ기는 삼연과 고구려로부터 대장식구 문화를 수용한 후 자체적으로 대장식구를 제작하는 시기이다. 전진으로 견사, 광개토대왕비에 기록된 고구려 남정으로 볼 때 당시 신라가 고구려의 강한 영향 아래 있었던 것은 분명하다. 신라에 대장식구 문화가 본격적으로 수용되

고 자체적으로 제작할 수 있었던 계기는 삼연 및 고구려와 이루어진 대외 교섭이었다.

Ⅱ~Ⅲ기는 신라 대장식구가 성립되며 경주를 중심으로 낙동강 이동 전 지역으로 확산되는 시기이다. 고구려의 군사적 압박을 받고 있던 신라는 5세기 중엽 이후 탈고구려화와 함께 낙동강 이동지역의 간접 지배를 시도한다. 그 과정에서 경주를 중심으로 대장식구가 분포하게 되었을 것이다.

Ⅳ~Ⅴ기는 경주를 중심으로 대장식구의 장식성이 증가하고 다양한 형식의 대장식구가 제작되는 시기이다. 동시에 지방에서 자체적으로 대장식구를 제작하며 백제와 가야, 왜로 신라의 대장식구가 이입되기도 한다. 금공품을 매개로 한 각 국의 교류는 이 시기에 들어 활발하게 이루어졌을 것이다.

Ⅵ기는 초엽문대장식구가 쇠퇴하고 누암리형대장식구, 철 및 청동제 대장식구가 출현하는 시기이다. 대장식구의 변화는 지증왕5년(504) 시행된 상복법의 시행, 그리고 법흥왕7년(520)에 반포한 율령 및 새롭게 제정된 복식제도와 관련이 있다.

이후 신라에는 교구, 과판, 대선금구를 동으로 주조한 황룡사형대장식구가 등장한다. 7세기 후반부터는 당식 대장식구를 받아들여 통일신라 이후에도 대장식구 문화는 지속된다. 통일신라시대 대장식구는 마립간기 대장식구와 달리 관복으로 기능한다.

제9장 '백제 대장식구의 전개와 특질'에서는 삼국시대 금공품 중 백제지역에서 출토된 대장식구에 주목하고 그 전개 과정과 특질을 정리하였다. 한성기 자료의 공백으로 지금까지 백제 대장식구의 변천에 대해서는 웅진기 이후 자료에 집중되었다. 그러나 공주 수촌리 고분군의 발굴로 한성기와 웅진기를 거쳐 사비기까지, 백제 대장식구의 변천을 체계적으로 이해할 수 있게 되었다. 특히 대장식구의 제작기술에 주목함으로써 백제 대장식구의 특질을 부각하고 신라, 백제, 가야, 왜와 교섭의 일단을 유추하였다.

가장 다양한 양식의 대장식구가 공존했던 시기는 한성기이다. 중원식대장식구와 함께 용문투조대장식구, 귀면문대장식구, 그리고 원삼국시대부터 제작된 마형대구가 공존하였을 가능성이 크다. 특히 타출과 정밀 주조 기술로 제작된 귀면문대장식구는 현재까지 확인된 자료로 보는 한 백제에서 가장 먼저 출현한 후 가야와 왜에 완제품이 이입된 것으로 보인다.

웅진기의 대장식구는 왕릉으로 비정되는 송산리고분군에서만 출토되어 백제의 왕족이 대장식구를 본격적으로 사용하기 시작했음을 알 수 있다. 한성기에 제작된 귀면문대장식구가 웅진기에도 확인되고 있어 한성기의 금공품 생산기반은 웅진기까지 지속되었으며 신라와의 교섭도 이루어진 것으로 추정된다.

이후 사비기가 되면 웅진기까지 다양했던 대장식구는 역심엽형과판과 교구, 대선금구로 간략화된다. 관인의 상징물로 관복의 부속품인 사비기의 대장식구는 부여를 중심으로 영산강유역까지 널리 분포하므로 백제왕권의 지방 지배와 관련된 것으로 이해할 수 있다.

제10장 '고훈시대 대장식구의 전개와 특질'에서는 중국대륙 및 한반도와 관련된 일본열도의 대장식구를 분석하고 그 전개와 특질에 대해 살펴보았다. 고훈시대에 출토된 대장식구는 여러 양식으로 분류할 수 있는데 다양한 양식에 비하여 각각의 개체 수는 그다지 많지 않다. 지금까지 이루어진 한반도 대장식구의 연구 성과를 참고로 하면 고훈시대의 대장식구는 크게 왜Ⅰ~Ⅴ단계로 구분할 수 있다.

왜Ⅰ단계는 고훈시대 전기에 해당하며 중국에서 제작된 중원식대장식구가 일본열도로 이입된다. 중원식대장식구가 출토된 무덤에서는 재지계 유물과 함께 금관가야와 왜의 교류를 시사하는 외래계 물품이 부장되는 경향이 강하므로 대장식구에 과도한 정치적 의미를 부여하는 것에는 주의가 필요하다.

왜Ⅱ~Ⅲ단계는 고훈시대 중기 전반에 해당하며 일본열도 내에서 본격적으로 대장식구 문화가 전개되는 시기이다. 이 단계에 등장하는 용문투조대장식구, 초엽문대장식구는 삼연이나 한반도에서 제작되어 이입되었으며 그 입수 주체와 부장 배경에는 왜왕권이 깊게 관여하고 있었을 가능성이 크다. 다만 이 단계의 대장식구는 갑주, 찰갑과 같은 무구에 부착되거나 관 밖에서 출토되는 사례가 많아 당시 일본열도의 위세품이었던 갑주에 비하여 객체적 존재였으며 재질은 대부분 금동제여서 피장자 신분에 따른 재질 차이도 확인할 수 없다.

왜Ⅳ~Ⅴ단계는 고훈시대 중기 후반에 해당하며 용문투조대장식구, 초엽문투조대장식구가 자취를 감추는 대신 용문반육조대장식구가 대거 등장한다. 조금기술, 교구 형태, 수하식의 방울로 보아 용문반육조대장식구는 일본열도 내에서 제작된 것으로 보이는데 그 기술은 도래계 공인에 의해 전해졌을 가능성이 크다. 용문반육조대장식구가 등장하는 배경에는 유랴쿠(雄略)의 치세라는 일본 국내적 상황 외에도 한성백제의 멸망, 5세기 후엽 대가야의 발전 등과 같은 한반도의 정세도 함께 고려할 필요가 있다.

이후 고훈시대 후기가 되면 대장식구가 자취를 감추는 대신 대대(大帶)가 일시적으로 유행한다. 이와 함께 왜의 독자적인 가치가 반영된 장식대도, 이식, 식리가 국산화되는 것으로 보아 대대는 이 과정에 발맞추어 왜왕권에서 독자적으로 생산, 분배한 물품으로 평가할 수 있다.

제Ⅲ부 '고대 동아시아의 금공기술'에서는 금동제품을 만들기 위한 다양한 금공기술 가운데 특히 조금기술에 주목한다. 실견 조사를 바탕으로 금공품을 제작하기 위해 사용한 공구를 치밀하게 분석하여 지금까지 다소 막연하게 추정된 고대 금공기술을 실증적으로 입증해 보았다.

제11장 '한·일 모조(毛彫)의 전개와 특질'에서는 삼국·고훈시대에 제작된 금공품의 제작기술 가운데 모조라고 하는 조금기술에 주목하고 그 전개와 특질에 대해 살펴보았다. 우선 연구사를 검토하여 모조를 정의한 후 모조끌의 제작 과정과 그 특징에 대해 살펴보았다. 그리고 모조가 6세기 전반까지 확인되는 소성가공보다 높은 수준의 조금기술이라는 것을 종래의 연구 성과를 인용하여 설명하고 모조가 확인되는 제품 사이에는 기술적으로 강한 유대관계가 있을 것으로 보았다.

다음으로 한반도와 일본열도에서 전개된 모조의 양상을 크게 Ⅰ~Ⅲ단계로 나누어 정리하였다. Ⅰ단계(6세기 후반)에 중국 북조(北朝)의 금동소불 제작기술이 한반도로 유입되면서 고구려와 백제를 중심으로 등장한 모조는 금동소불, 장식대도, 투조장식금구, 탑지 등 다양한 제품에서 확인된다. 이후 Ⅱ~Ⅲ단계(7세기 이후)가 되면 일본열도에서 모조마구를 비롯하여 금동소불, 대도의 부속구와 장식금구, 묘지, 범종, 골각기 등 다양한 제품의 표면에 모조로 문양과 문자를 새기게 된다.

이처럼 6세기 후반 이후 한반도와 일본열도에서 전개된 모조의 특질은 다음과 같다. 첫째, 절삭가공인 모조는 문양뿐만 아니라 문자를 새기는 데도 애용되었다. 둘째, 모조로 문자를 표현하는 방법이 점차 발전한다. 셋째, 모조는 특정 문양과 세트로 사용되는 사례가 많다.

제12장 '삼국·고훈시대 금공품의 생산과 유통'에서는 제Ⅱ부에서 살펴본 다양한 대장식구 가운데 백제, 신라, 일본열도에서 출토된 용문투조대장식구의 제작기술을 분석함으로써 금공품의 생산과 유통에 대해 고찰하였다.

삼국·고훈시대의 중앙 정치세력은 지방의 수장층에게 사회적으로 높은 가치를 지닌 금공품을 사여하여 자신들의 권력을 유지하고 이윽고 지방 지배를 달성한 것으로 이해된다. 그러나 실제로 금공품이 어디에서, 어떻게 생산되고 유통·사용되며 고분에 매장(소비)되기까지 어떠한 과정을 거쳤는가에 관한 연구는 그다지 활발하지 않다.

제작기술의 분석결과, 한반도와 일본열도에서 출토된 용문투조대장식구를 제작한 공인(공방) 사이에서 금공기술에 관한 정보 교환이 활발히 이루어졌으며 공방 간 거리도 비교적 가까운 것으로 추정해 볼 수 있었다. 이 외에 일본열도에서 출토된 용문투조대장식구가 한반도로부터 박재(舶載)되었을 것이라는 연구 성과, 경주에서 제작된 것이 거의 확실한 황남대총 남분의 사례, 삼연 혹은 신라에서 계보를 구할 수 있는 경판의 계보 등 여러 정황증거를 종합적으로 고려하면 일본열도의 용문투조대장식구는 현지에서 제작된 것이라기보다 제품 자체가 한반도로부터 유통된 것으로 보는 편이 합리적일 것이라고 결론 내릴 수 있었다.

第13장 '삼국~통일신라시대 각명기술(刻銘技術)의 특징과 변천'에서는 삼국~통일신라시대 금(청)동제품의 각명기술을 분석하여 그 특징과 변천을 밝히고 그 배경을 국내 정세, 대외교류라는 관점에서 해석하였다.

5세기 신라에서 확인되는 금(청)동제품의 합인조긁기는 문자의 획을 선으로 표현하는 단순한 수준에 머무른다. 각명기술이 등장할 수 있었던 배경에는 고구려의 영향을 상정할 수 있다. 이후 6세기 중엽이 되면 고구려와 백제를 중심으로 모조끌로 새긴 문자가 등장한다. 획의 굵기를 조절할 수 있어 전 단계에 비해 문자를 표현하는 데 유리한 모조는 중국 산둥지역을 중심으로 한 북조 금동소불의 제작기술이 이입되면서 한반도에 등장하였다. 백제에 이입된 모조는 큰 시차 없이 일본열도까지 전해진다.

삼국통일 직후에는 다양한 각명기술이 동시에 등장한다. 이러한 양상을 당시 국내 정세와 결부시키는 데는 주의가 필요하다. 다만 신라에 등장한 모조와 관련해서 만큼은 백제로부터 강한 영향이 상정된다. 이후 획의 윤곽을 새겨 문자의 형태를 가장 충실하게 재현한 점에서 공인의 의도가 가장 잘 반영된 것으로 평가할 수 있는 쌍구체법은 금속공예품으로 보아 당과 신라의 인적·물적 교류 속에서 도입되었다.

이처럼 삼국~통일신라시대 각명기술은 시대가 지나면서 문자의 원래 형태를 최대한 사실적으로 표현하고자 하는 방향으로 발전해 나간다. 그 변화와 발전의 배경에는 항상 중국과 북방지역의 영향을 상정할 수 있다.

참고문헌

국문

권오영, 1988,「4세기 百濟의 地方統治方式 一例 -東晋青磁의 流入経緯를 中心으로-」,『韓國史論』18, 서울大學校國史學科 pp.3-28.

권향아, 2000,「三國時代 金屬遺物의 線彫技法 樣相 -蹴彫技法을 중심으로 -」,『文物研究』4, 동아시아 문물연구학술재단 pp.109-164.

김구군, 2000,「虎形帶鉤의 形式分類와 編年」,『慶北大學校 考古人類學科 20周年 紀念論叢』慶北大學校 人文大學 考古人類學科 pp.163-220 .

김규운, 2017,「한성기 백제 횡혈식석실(橫穴式石室)의 전개 양상」,『서울학연구』66, 서울시립대학교 서울학연구소.

김도영, 2018,「신라 대장식구의 전개와 의미」,『韓國考古學報』第107輯, 韓國考古學會.

김도영, 2019,「三國·古墳時代 金工品의 生産과 流通 -韓日古墳 出土 龍文透彫帶裝飾具를 중심으로-」,『韓國考古學報』第110輯, 韓國考古學會 pp.72-107.

김두철, 2014,「신라·가야의 경계로서 경주와 부산」,『嶺南考古學』70號, 嶺南考古學會.

김재열, 2010,「5~6세기 新羅 慶山地域 政治體의 冠」,『新羅史學報』20, 新羅史學會 pp.45-91.

김재열, 2019,「금성산 고분군 신라 장신구의 특수성」,『嶺南考古學』83號, 嶺南考古學會.

박보현, 1987,「樹枝形立華飾冠의 系統」,『嶺南考古學』第4號, 嶺南考古學會 pp.13-33.

박보현, 1990,「心葉形杏葉의 型式分布와 多樣性」,『歷史教育論集』第13·14輯, 歷史教育學會 pp.109-135.

박보현, 2017,「高興 雁洞古墳 金銅冠으로 본 分與說의 限界」,『科技考古研究』第23號, 아주대학교 박물관 pp. 5-24.

성정용, 2001,「4-5세기 百濟의 地方支配」,『韓國古代史研究』24, 韓國古代史學會.

심재연, 2016,「한강 유역 원삼국시대 유물 양상」,『금강·한강 유역 원삼국시대 문화의 비교 연구』, 호서고고학회·중부고고학회.

이남석, 2007,「백제 금동관모출토 무덤의 검토」,『先史와 古代』26, 韓國古代學會.

이성주, 2004,「技術, 埋葬儀禮, 그리고 土器樣式 -尙州地域 洛東江以東 土器樣式의 成立에 대한 理解-」,『한국고고학보』제52집, 한국고고학회.

이성주, 2006,「原三國時代 土器에 대한 理論的 論意의 方向 -영남지방의 토기를 중심으로-」,『先史와 古代』26, 韓國古代學會.

이성주, 2012,「고대 창녕지역집단의 고고학적 논의」,『군사연구』제133집, 육군군사연구소.

이양수·이영훈, 2015,「傳 望德寺址 出土 鐎範」,『友情의 考古學』, 故孫明助先生追慕論文集刊行委員會, 진인진.

이인숙, 1974, 「古新羅期 裝身具에 대한 一考察」, 『歷史學報』第62輯 歷史學會 pp.35-73.

이한상, 1995, 「5~6世紀 新羅의 邊境支配方式 -裝身具 分析을 중심으로-」, 『韓國史論』33, 서울大學校 國史學科 pp.1-78.

이한상, 1997, 「裝飾大刀의 下賜에 반영된 5~6世紀 新羅의 地方支配」, 『軍事』35, 國防部軍史編纂委員會 pp.1-37.

이한상, 2000, 「大加耶圈 裝身具의 編年과 分布」, 『韓國古代史研究』18, 韓國古代史學會.

이한상, 2001, 「황금장신구를 통해 본 신라와 신라인」, 『신비한 황금의 나라 신라 황금』, 국립경주박물관.

이한상, 2003, 「加耶의 威勢品 生産과 流通」, 『가야 고고학의 새로운 조명』, 혜안 pp.653~702.

이한상, 2005, 「威勢品으로 본 漢城百濟의 中央과 地方」, 『고고학』4-1, 중부고고학회.

이한상, 2008, 「百濟 金銅冠帽의 製作과 所有方式」, 『韓國古代史研究』51, 韓國古代史學會 pp.87-121.

이한상, 2009a, 「裝身具로 본 熊津百濟 地方支配의 推移」, 『百濟研究』50, 忠南大學校 百濟研究所 pp.55-81

이한상, 2009b, 「金屬工藝品을 통해 본 加耶王權의 位相」, 『考古學探究』6號, 考古學探究會.

이한상, 2009c, 『장신구 사여체제로 본 백제의 지방지배』, 서경문화사.

이한상, 2010, 「大加耶의 성장과 龍鳳紋大刀文化」, 『新羅史學報』18, 新羅史學會 pp.353-319.

이한상, 2011, 「허리띠 분배에 반영된 고대 동북아시아의 교류양상」, 『동북아역사논총』33, 동북아역사재단 pp.349-382.

이현정·류진아, 2011, 「마구와 이식을 통해 본 창녕지역의 금공품 제작 가능성」, 『慶北大學校 考古人類學科 30周年 記念 考古學論叢』, 慶北大學校 考古人類學科 30周年紀念 考古學論叢 刊行委員會 pp.963-994.

이훈, 2012, 「金銅冠을 통해 본 百濟의 地方統治와 對外交流」, 『百濟研究』第55輯, 忠南大學校 百濟研究所 pp.91-112.

이희준, 1996, 「낙동강 以東 지방4, 5세기 고분 자료의 定型性과 그 해석」, 『4, 5세기 한일고고학』, 영남고고학회·구주고고학회 제2회 합동고고학대회.

이희준, 2005, 「4~5세기 창녕 지역 정치체의 읍락 구성과 동향」, 『嶺南考古學』第37號, 嶺南考古學會 pp.5-42.

최종규, 1983, 「中期古墳의 性格에 대한 약간의 考察」, 『釜大史學』第7輯, 釜山大學教史學會 pp.1-45.

중문

孙机, 1994, 「先秦汉晋腰带用金银带扣」, 『文物』1994年第1期, 文物出版社.

일문

諫早直人, 2016, 「新羅における初期金工品の生産と流通」, 『日韓文化財論集』Ⅲ, 奈良文化財研究所學報第95冊, 奈良文化財研究所 pp.101-127.

諫早直人, 2018, 『古代東北アジアにおけ金工品の生産·流通構造に關する考古學的研究』, 平成26~29年度科學研究費(學術研究助成金(若手研究B))研究成果報告書.

諫早直人·鈴木勉, 2015, 「古墳時代の初期金銅製品生産-福岡縣月岡古墳出土品を素材として-」, 古文化談叢』第73集, 九州古文化研究會 pp.147-209.

犬木努, 1995, 「下総型埴輪基礎考」, 『埴輪研究會誌』第1號, 埴輪研究會.

金宇大, 2017, 『金工品から讀む古代朝鮮と倭』, 京都大學學術出版部.

菱田哲郎, 1992, 「須恵器生産の擴散と工人の動向」, 『考古學研究』第39卷第3號, 考古學研究會.

鈴木勉, 1998, 「古代史における技術移轉試論Ⅰ-技術評價のための基礎概念と技術移轉形態の分類-(金工技術を中心として)」, 『橿原考古學研究所論集』第13 吉川弘文館 pp.507-529.

鈴木勉, 2014, 「九州の円弧狀なめくりたがねと(渡來系)工人ネットワーク」, 『文化財と技術』第6號, 工芸文化研究所 pp.5-28.

鈴木勉, 2016, 『三角緣神獸鏡·同笵(型)鏡論の向こうに』, 雄山閣.

鈴木勉·松林正德, 1993, 「石棺內出土金屬製品の金工技術」, 『斑鳩藤ノ木古墳第二·三次調査報告書』, 斑鳩町教育委員會.

網野善彦著, 1980, 『日本中世の民衆像』, 岩波新書.

北條芳隆, 2013, 「副葬品の型式學と編年學」, 『古墳時代の考古學4 副葬品の型式と編年』, 同成社.

白石太一郎, 2000, 『古墳の語る古代史』, 岩波現代文庫.

西嶋定生, 1994, 『邪馬台國と倭國』, 吉川弘文館.

西嶋定生, 2002, 『東アジア世界と冊封体制』, 西嶋定生東アジア史論集, 第3卷　岩波書店.

栗山雅夫, 2020, 「彫金技術を資料化するMacro撮影」, 『東アジア考古學論叢Ⅱ-遼西地域の東晋十六國期都城文化の研究』, 奈良文化財研究所·遼寧省文物考古研究院.

古代 鐵器文化 傳播 東亞細亞

고대 철기문화의 전파와 동아시아

제1장

東北亞細亞 鐵器文化

동북아시아 철기문화의 전개와 한야공철 정책

展開 限冶供鐵 政策

제1절 머리말

"철은 국가다"라는 말에서도 알 수 있듯이 제철 및 철기 생산은 고대국가를 형성하고 지탱하기 위한 필수적인 기반 산업이었다. 특히 한반도와 일본열도에서 철기가 등장하기 시작하는 초기철기·야요이시대부터 직접 철을 생산하기 시작했던 것으로 보이는 삼국·고훈시대의 제철·철기제작기술은 현대산업사회에서 제철기술이 지닌 의미보다 훨씬 중요한 기반 산업이었을 것이다. 이와 같은 인식하에 고고학계에서도 고대의 철과 관련된 수많은 연구가 진행되고 있다.[1]

그중에서도 한반도 중·남부 지역에서 언제부터 철기가 등장하는지 그리고 해당 지역 내에서 언제부터 철을 본격적으로 생산하였는지에 대한 연구는 일찍부터 많은 연구자의 주목을 받아 왔다. 연구자마다 견해차가 있어 지역별 철기의 등장 시기와 제철개시 시기, 그리고 그 역사적 배경에 대해 한마디로 단언하기는 어렵지만 대략 서기전 3~2세기경 중국 동북지방의 철기문화가 한반도 및 일본열도에 전파된 것으로 보는 견해에 대해서는 큰 이견이 없는 듯하다. 특히 한반도 서북부에 설치된 낙랑군은 철기문화가 전개되는 과정에서 하나의 중요한 획기로 인식되었다(이남규 1993).

이처럼 고대 철기문화가 중국대륙을 중심으로 동북아시아 전역으로 퍼져 가는 고고학적 현상의 의미에 대해서는 그간 다소 추상적인 형태로 이해되었던 것 같다. 연구의 관심은 한반도 남부지역에 철기가 유입된 시기, 동북아시아 전역으로 철기문화를 전파한 세력의 주체, 한반도 남부 철기문화와 직접적으로 관련이 있을 것으로 생각되는 낙랑군 철기문화에 대한 평가 등에 집중되었으며 중국에서 발생한 철기문화가 한반도를 거쳐 일본열도로 동진(東進)해 가는 현상 자체에 대해서는 자연스러운 결과로 간주한 것이다. 이와 같은 이해는 선진기술을 소유한 주민의 이주 등에 의해 중국에서 발생한 제철 및 철기제작기술이 한반도를 거쳐 일본열도까지 전파되었을 것이라는 문화전파론적 인식을 전제로 하는 듯하다.

그러나 한반도와 일본열도에 본격적으로 철기가 등장할 시기를 즈음해 중국에서 실시된 철의 전매제와 마노관 설치 등 선진기술의 외부 유출을 엄격히 통제했던 정책들을 고려하면(川越哲志 1993: 9) 철기문화의 동진 현상을 단순한 기술의 전파 과정으로만 보기는 어렵

1 한반도 내 철기의 유입 시기와 이를 둘러싼 역사적 배경, 제철기술, 형식학을 기반으로 한 지역별 철기의 전개과정, 철기의 금속학적 분석 등이 대표적인 연구들이라 할 수 있을 것이다.

다. 철을 생산하고 철기를 제작하는 기술은 철광석의 채취, 연료의 확보, 제철로의 제작, 주조와 단조, 철기실용화를 위한 철의 열처리 기술 등 다양한 조건과 고도의 기술이 동시에 확보되어야 한다. 그러므로 다양한 기술들이 철저한 통제정책에도 불구하고 서서히 동북아시아로 동진하는 현상의 이면에 철기기술을 주고받는 상호 간의 정치·경제적 의도가 반영되어 있을 가능성이 크다.

삼국시대 사회가 고훈시대 사회에 대해 철기 생산의 전제가 되는 철 생산기술과 정련공정을 개방하지 않고 일정한 통제를 시행한 것을 인정할 수 있다면(村上恭通 2007: 190) 중국에서 생산된 철기와 제철기술이 한반도 및 일본열도로 동진하는 과정에 대해서도 동일한 해석의 틀을 대입해 볼 수 있을 것으로 생각된다. 또 그러한 의미를 추론하는 데 있어 선진기술을 받아들였던 것으로 생각되는 한반도와 일본열도만의 입장이 아니라 제철기술을 보유함으로써 기술이전의 주도권을 쥐고 있었을 것으로 생각되는 중국 측의 입장에서도 당시 철기를 유통시킨 의도를 음미해 볼 필요가 있을 것 같다.

이상과 같은 문제의식을 토대로 제1장에서는 동북아시아라는 넓은 시각에서 한반도와 일본열도에 최초로 등장하는 중국제 철기의 의미, 일본열도에서 제철개시 시기 이전에 등장하는 한반도제 철기의 의미, 그리고 각 지역에서 철기의 등장 시기부터 제철이 개시되기까지의 기간에 대해 주목해보고자 한다.

우선 기존의 연구 성과를 토대로 한반도와 일본열도에 최초로 철기가 등장하는 시기와 각 지역 내에서 자체적으로 철을 생산하는 시기를 정리해보고, 해당 지역에서 공통적으로 확인되는 고고학적 현상을 추출한다. 다음으로 이러한 고고학적 현상에 대해 염철전매제(鹽鐵專賣制)와 관련된 『염철론(鹽鐵論)』등의 문헌을 참고해 그 의미를 추론해 본다. 마지막으로 제철기술의 통제를 의미하는 한야공철(限冶供鐵) 정책이라는 관점에 서서 한일 양국에서 철을 생산하기 이전부터 등장하는 중국제 철기, 그리고 일본열도에서 철을 생산하기 이전 등장하는 한반도제 철기의 이면에 내포된 의미를 논하고자 한다.

이상과 같은 논의는 동북아시아에 전개된 철기문화를 한야공철 정책이라는 기술의 통제를 의미하는 관점으로 일관되게 해석함으로써 하나의 시론적인 해석 틀을 제시했다는 점과 더불어 고고학에서 일컬어지는 기술 자체에 대해 새로운 인식을 부여할 수 있다는 점에서 그 의의를 찾을 수 있을 것으로 생각된다.[2]

---

2 본장의 연구 대상은 공간적으로 한반도와 일본열도를 포함하며 시간적으로 서기 전후한 시점부터 6세

제2절 한반도 · 일본열도의 철기 등장 시기와 철 생산 시기

한반도와 일본열도에 최초로 철기가 등장하는 시기와 각 지역 내에서 철이 직접 생산되는 시기에 대해서는 그동안의 많은 연구 성과가 축적되어 있다. 다만, 본장의 주된 목적이 한반도 및 일본열도에 등장하는 초기 철기의 연대를 비정하는 것은 아니므로 각 지역의 철기 연대에 관해서는 기왕의 연구 성과를 중심으로 통설론적 입장에서 살펴본 후 지역마다 공통적으로 확인되는 현상을 추출해보고자 한다. 지역은 한반도를 중·서남부지역과 동남부지역으로 이분(二分)하고 일본열도는 전 지역을 대상으로 한다.

1) 한반도 중 · 서남부지역

한반도 남부에서 가장 이른 시기로 생각되는 철기는 서남부지역에 분포한다. 기존에 익히 알려진 당진 소소리, 부여 합송리, 장수 남양리 등에서 세형동검과 함께 주조철부, 철사, 철착 등 철기류가 공반되어 한반도 남부 최고(最古)의 철기라는 의견에는 큰 견해차가 없는 듯하다. 이 외 완주 갈동유적, 신풍유적 등에서 한반도 내 가장 이른 시기의 철기 양상을 확인할 수 있다(그림 1-1).

그러나 이러한 철기들이 유입된 시기에 대해서는 연구자들 간의 견해차가 확인된다. 이는 한반도 서북부지역 출토 철기의 유입 시기를 연장 진개의 동진, 위만조선의 성립 및 준왕의 남하, 낙랑군의 설치 등과 같은 역사적 사건 중 어느 것과 결부시켜 이해하는가와 관련 있는 것으로 생각된다.

기왕의 연구에서는 위만조선이 성립되면서 준왕 세력의 일부가 남한 지역으로 내려오게 되고 이때 단면삼각형점토대토기와 함께 주조철부 등 초기철기문화가 남한 지역에 출현하는 것으로 보는 견해가 통설이었던 것 같다(박순발 1993: 59, 이남규 1993). 따라서 한반도 남

기로 시공간적 범위가 매우 넓다. 기술이 지닌 본질적인 의미를 부각시키는 것이 본장의 주된 목적이라는 것을 고려한다면 동북아시아 철기문화의 전개과정을 일목요연하게 설명하기 위해 동아시아 지역을 중국대륙과 한반도, 일본열도로 단순하게 파악하는 것이 유리하다고 생각된다. 이러한 연유에서 한반도와 일본열도에 처음 등장하는 중국제 철기와 관련해 그 유통의 주체를 전국시대 연나라 혹은 전한 등 명확히 기재해야 마땅하다. 그러나 그렇지 못한 경우에는 다소 모호하나 중국 정부라는 표현을 사용하면서 논지를 전개해 가고자 한다.

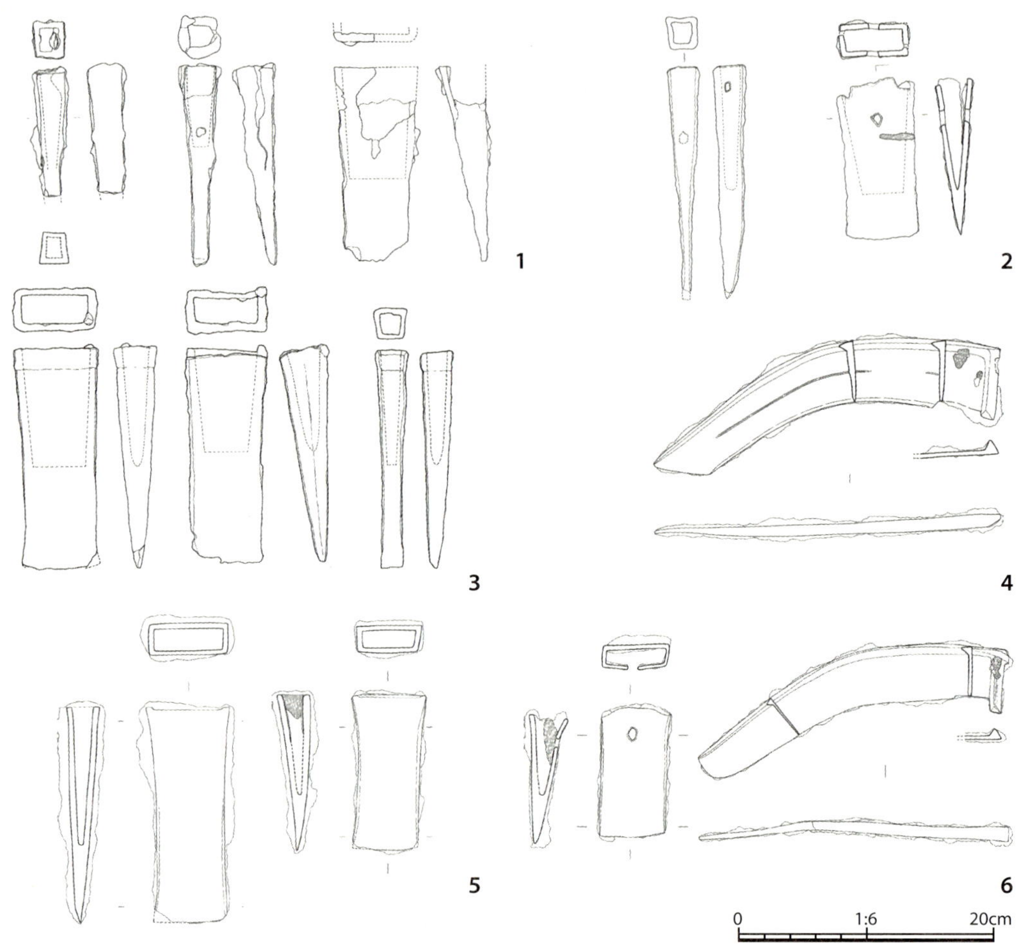

그림 1-1 한반도 서남부지역 출토 초기철기

1. 당진 소소리유적 | 2. 장수 남양리유적 | 3. 부여 합송리유적 | 4. 완주 갈동2호묘 | 5. 완주 갈동4호묘 | 6. 완주 갈동3호묘

부 지방의 철기 출현연대는 서기전 2세기대 이전으로 소급되기 어려웠다.[3] 무순 연화보유적에서 출토된 반량전(半兩錢)을 근거로 한반도 서북부 철기의 출현을 서기전 3세기 후엽에서 2세기대로 비정하고 한반도 중서부 지역에 철기가 등장하는 시기를 서기전 2세기 초로 추정하거나(조진선 2005) 다뉴세문경의 연대를 고려해 청천강 이남의 초기철기 출현을 서기전 2세기 중엽으로 비정하고 서남부지역의 초기철기 출현연대를 서기전 2세기 후반까지 하향하는 견해도(김일규 2014) 크게 보아 위의 통설론적 견해에 선 입장으로 생각된다.

3 이는 후술하는 동남부지역에서 출토된 초기철기의 출현연대와도 어느 정도 관련되어 있을 것으로 생각된다.

그러나 2000년대 이후 초기철기의 출현연대를 올려보는 견해도 꾸준히 제기되었다. 완주 갈동 3호묘에서 출토된 청동촉, 전국계 주조철겸, 원형점토대토기를 종합적으로 고려해 그 연대를 서기전 3세기대로 비정하거나(김상민 2012) 한반도 최고(最古)의 철기를 원형점토대토기와 공반된 것으로 파악하고 방사성탄소연대측정을 근거로 등장 시기를 서기전 4세기 초에서 중엽까지 소급해 보기도 한다(이창희 2010). 연구자마다 서남부지역에 최초로 등장하는 철기의 시기를 비정하는 기준이 다르므로 약 200년 이상의 시간차가 확인되지만 늦어도 서기전 2세기경 한반도 서남부지역에 철기가 출현하기 시작하며 당시의 철기를 중국에서 유입된 전국계 철기로 보는 점은 공통된 인식이라 할 수 있다. 따라서 한반도 서남부지역에서는 늦어도 서기전 2세기대 전국계 철기가 출현한 것은 분명해 보인다.

한편 한반도 중·서남부지역에서 최초로 철기가 등장하는 시기에 비해 철 생산의 개시 시기는 제철을 증명할 수 있는 제철로의 조사 등을 기준으로 볼 때 훨씬 늦은 시기로 판단된다.

우선, 중부 지역의 경우 보고서의 견해를 기준으로 서기 4세기대로 비정되는 진천 석장리유적에서 다수의 제철로를 비롯해 대구경의 송풍관 및 용범편, 주조철기 등이 다수 출토되어 철광석의 제련부터 단야까지 철기제작공정을 확인할 수 있다(국립청주박물관 2004). 인접한 충주 칠금동유적에서도 제철로 1기와 철광석, 송풍관 벽과 함께 4세기대로 비정되는 토기편이 확인되었다. 이 외에도 충주 대화리유적, 진천 구산리유적, 청원 연제리유적에서도 4세기대 제철로가 확인되었으며 소토와 함께 40매의 철정이 출토된 충주 탄금대토성에서도 제철의 가능성을 엿볼 수 있다. 이상에서 중부 지역의 경우 늦어도 서기 4세기경에는 철이 생산되기 시작한 것으로 보인다.

한편 단야와 용해공정이 이루어졌을 것으로 생각되는 유적은 서기 전후한 시기부터 다수 확인된다. 가평 대성리유적의 경우 원삼국시대 주거지에서 철부편, 단조철편과 함께 철재가 출토되었으며 남양주 장현리유적에서는 제철과 관련된 용범의 범심, 송풍관 편이 출토되어 주조와 관련된 작업공정을 추정해 볼 수 있다. 서울 풍납토성 삼화지구에서는 제철과 직접 관련된 생산유구는 확인되지 않았으나 원삼국시대 구 내부에서 토제범, 범심, 송풍관 등이 출토되어 제철의 가능성을 엿볼 수 있다. 화성 기안리유적에서도 탄요, 송풍관 등이 출토되어 이곳이 제련·정련 작업에서 단야공정으로 이어지는 분업화된 대규모 공방임을 추정해 볼 수 있다. 천안 청당동유적에서는 2세기 후반으로 비정되는 목관묘에서 철재가 출토되어 이 시기에 서남부지역에서도 자체적인 철기제작의 가능성을 제시하는 견해도 주목된다(이남규 2005). 이상에서 중부 지역은 늦어도 4세기대에는 제철이 시작되었으며 그 이전으로 소급될 가능성도 충분한 것으로 보인다.

이에 반해 서남부지역의 경우, 아직 철 생산을 적극적으로 인정할 수 있는 유구는 확인되지 않았다. 다만 함평 중랑유적에서 출토된 철재와 철기에 대한 금속학적 분석결과를 비롯하여(김수기·박장식 2003) 화순 삼천리유적에서 출토된 철재와 노벽, 광양 도월리유적에서 출토된 주조철부의 용범 등을 근거로 이미 이 시기부터 제련의 가능성을 염두에 둔 견해를 따른다면 서기 6세기를 전후한 시점에 제련과 관련된 유적이 존재하였을 가능성이 있다고 한다(김상민 2011). 그러나 6세기 이전에 축조된 영산강 유역의 고분 출토 철기들을 모두 외부에서 수입한 철기제작 소재로 만들었다고 생각하기는 어려우므로 제철의 개시 시기는 더욱 올라갈 가능성도 있다. 다만, 현재 제철 자료가 뚜렷하게 확보되지 않은 이상 그 시점을 명확히 비정하기는 어려운 상황이라 하겠다.

이상의 고고자료에 기초한다면 한반도 중·서남부지역에서의 철기 등장은 완주 갈동을 비롯해 당진 소소리유적, 부여 합송리유적, 장수 남양리유적 출토 철기로 보아 늦어도 서기전 2세기 이전으로 판단된다. 방사성탄소연대 측정결과를 근거로 한 연구 성과를 따른다면 서남부지역 철기의 등장 시기는 서기전 4세기대까지 소급될 가능성도 있다.

제철개시 시기에 관해서는 우선 중부 지역의 경우 제철로를 기준으로 삼는다면 서기 4세기로 비정해야 하겠지만 화성 기안리유적[4]을 비롯해 제철이 이루어진 것으로 추정할 수 있는 다수의 유적에서 철재, 송풍관 등이 출토되고 있으므로 원삼국시대 제철이 이루어졌을 가능성을 상정해 두어야 할 것으로 보인다. 다만 그 시기가 어디까지 소급되는가에 대해서는 단정적으로 이야기할 수 없을 것 같다.

서남부지역의 경우는 제철로 등이 발굴되지 않아 그 시점을 잡기가 더욱 불분명하다. 앞서 살펴본 것처럼 늦어도 6세기를 전후한 시점에 제련과 관련된 유적이 존재할 가능성이 있지만 영산강유역에 존재하는 고분에서 출토되는 철기를 고려하면 그 이전으로 소급될 가능성도 충분히 고려해야 할 것으로 생각된다.

철기의 등장 시기와 지역 내 자체 철 생산 시기를 위와 같이 이해해 놓고 보면 전국계로

4 김무중(2004)은 화성 기안리유적에서는 소수이지만 소형의 중도식 무문토기가 출토된 점, 한성백제양식으로 분류되는 기종이 확인되지 않는 점으로 보아 대략 원삼국에서 한성백제초의 중간에 위치하는 것으로 판단한다. 또 활석혼입의 화분형토기가 출토되지 않는 것을 감안하여 상한은 3세기를 전후한 시기, 하한은 3세기 중반을 넘지 않을 으로 판단한다.

판단되는 주조철기가 이 지역으로 유입되고 나서 지역 내에서 자체적으로 철을 생산해내기까지는 최소 몇백 년의 시간이 소요된 것으로 보인다. 다만, 제철개시 시기를 뚜렷하게 비정할 수 없으므로 그 시간을 명확히 제시하기는 어렵다.

2) 한반도 동남부지역

동남부지역의 경우 창원 다호리유적, 경주 조양동유적, 구정동, 입실리, 대구 팔달동유적, 평리동, 경산 임당유적 등 다수의 발굴조사 성과에 의해 초기철기의 계기적 변천 과정을 비교적 구체적으로 확인할 수 있다. 그러나 이 시기의 제철유구는 확인되지 않고 있어 제철개시 시기에 대해서는 분묘 내에서 대량의 철기가 출토되는 시점을 기준으로 비정하는 듯하다.

동남부지역 초기철기의 출현연대를 논의하는 데 있어 서기전 108년 한반도 서북부지역에 설치된 낙랑군은 연대설정의 기준이 되었다. 동남부지역에서 다수 확인되는 단조제 철기를 낙랑의 철기문화와 깊은 관련을 지닌 것으로 인식하고 그 연대를 낙랑군이 설치되기 전인 서기전 2세기대로 소급하는 것에 신중한 태도를 보였다(이남규 2002). 그러나 경산 임당유적, 대구 팔달동유적 등의 발굴로 한사군이 설치되기 이전 이미 동남부지역 내에서 주조철기문화의 수용과 함께 단조철기문화를 간접적으로 받아들여 자체적으로 철기를 생산한 것으로 보는 견해도 있다(송계현 2002).

동남부지역에 최초로 등장하는 대표적인 철기로 경산 임당FⅡ-34호묘에서 출토된 평면 장방형의 주조철부를 들 수 있다. 이 주조철부는 이조선돌대를 지니고 있는데 연하도, 오한기 노호산, 무순 연화보 등 연나라의 중심지인 요령 전역에서 동일한 형태의 주조철부가 출토되고 있다. 흥융 수왕분 지구에서는 용범도 확인되고 있어 전형적인 연나라 생산철기로 이해되므로(김상민 2013) 그 연대는 서기전 2세기 후반으로 올라갈 것으로 보인다(정영화·김옥순 2000).

서기전 2세기 말(정인성 2013; 김민철 2014)에서 서기전 1세기 전엽으로 비정(이희준 2002)되는 경주 조양동 5호묘에서는 철과, 철검, 철모, 환두도자, 판상철부, 주조철부 등 다수의 철기와 함께 다뉴경이 출토되었다. 또 토기로 보아 경주 조양동 5호묘보다 선행되는 것으로 생각되는(김민철 2014) 울산 교동리 1호 목관묘에서는 소환두도를 비롯해 소환두도자, 철모, 주조철부, 단조철부 등 다양한 철기가 출토되었다. 이 외에도 경주 구정동과 입실리에서 청동기와 공반된 공부 단면 장방형 주조철부을 비롯해 대구 월성동 777-2번지유적에서 출토된 판상철부, 보고서의 견해보다 연대가 약간 소급될 것으로 보이는 대구 팔달동유적 출토 주조

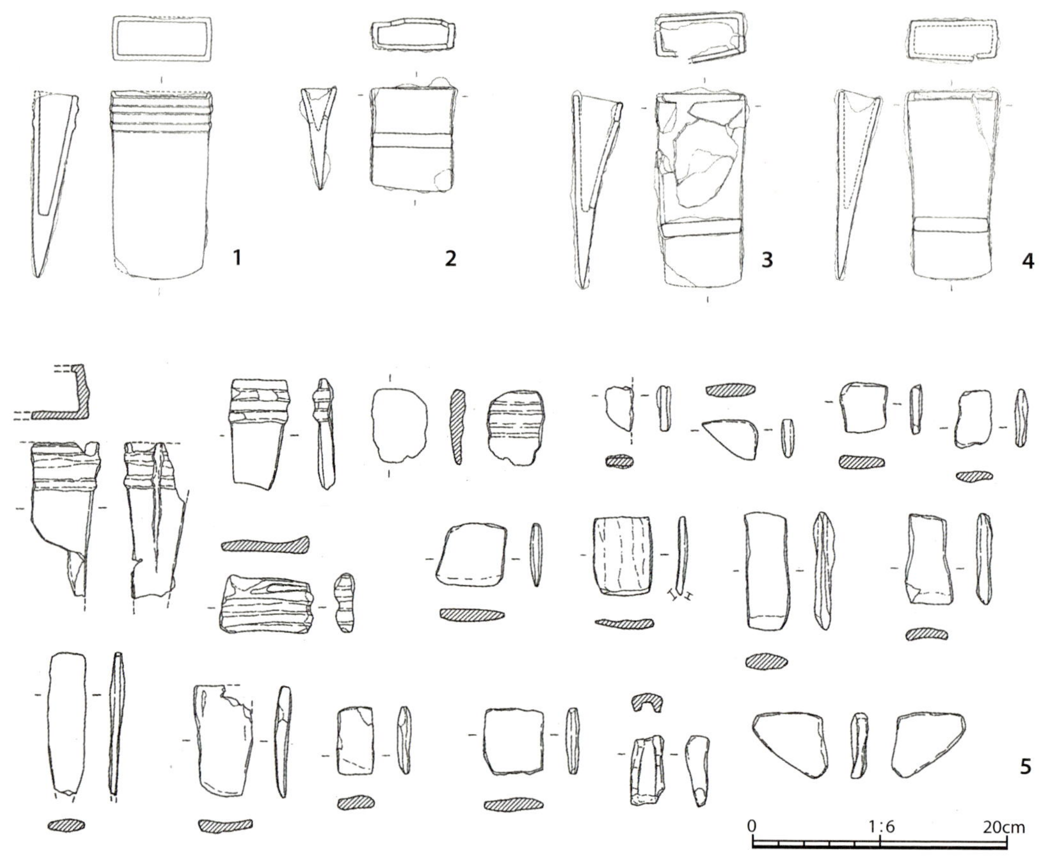

그림 1-2 한반도 동남부지역 및 일본열도의 초기철기

1. 경산 임당FII지구 34호묘 | 2. 대구 팔달동 49호묘 | 3. 대구 팔달동 57호묘 | 4. 대구 팔달동 77호묘 | 5. 일본 에히메(愛媛)현 오쿠보(大久保)유적 출토 주조 철기 파편

철부, 장신형철모, 철착, 철사 등 서기전 2세기대로 연대가 소급될 가능성이 큰 철기들을(이희준 2011) 고려하면 앞서 언급한 서남부지역과 마찬가지로 동남부지역에서도 낙랑군이 설치되기 이전에 이미 철기가 등장했을 가능성은 큰 것으로 보인다(**그림 1-2-1~4**).

한편 동남부지역의 제철개시 시기에 대해서는 이를 확실하게 증명할 수 있는 제철로 유적을 기준으로 삼는다면 경주 황성동유적의 조성시기인 서기 3~4세기대로 보아야 할 것이다. 그러나 원삼국시대에 출토되는 막대한 양의 철기와 삼국지 위서동이전 염사치 설화에 등장하는 벌채 기사 등을 고려한다면 이미 서기 전후한 시기부터 철이 생산되었을 가능성이 큰 것으로 보는 것이 통설론적 입장인 듯하다.

구체적인 시기에 대해서는 동남부지역 철기문화를 전국계 주조철기 문화가 유입된 것으로 보고 서기전 2세기 말이 되면 철 생산이 시작된 것으로 보거나(송계현 2002: 48) 대구 팔달동유적에서 출토된 주조철부의 형태를 근거로 창원 다호리 1호묘 단계 이전에 이미 철기가 생산된 것으로 파악한다(武末純一 2002: 322). 이 외에 동남부지역 분묘에 부장된 대량의 주조철부와 지속적인 부장 현상을 근거로 늦어도 서기전 1세기 중엽에는 동남부지역 내에서 자체적으로 철을 생산했다는 견해도 주목된다(신동조 2007). 그리고 원삼국시대 초기 분묘인 창원 다호리 64호묘와 30호묘, 밀양 교동 8호묘에서 출토된 철광석과 동래 내성유적의 단야흔적을 통해서도 이미 서기 전후한 시기부터 철이 생산되었음을 간접적으로 추론해 볼 수 있다(손명조 1998).

이상에서 동남부지역의 경우 철기의 등장 시기를 서기전 2세기대의 어느 시점, 지역 내 자체 철 생산 시기를 서기전 1세기 중엽경으로 이해해 놓고 보면 전국계 철기가 유입되고 나서 자체적으로 철을 생산해내는 데까지 대략 100년가량의 시간이 소요되었음을 알 수 있다. 다만, 동남부지역의 경우 철기가 출현함과 동시에 재지화된 단조철기도 출현하고 있고, 이후 철기의 변천 과정을 파악할 수 있다는 점에서 앞서 중·서남부지역처럼 철기문화의 단절적 현상은 뚜렷하게 나타나지 않는 것으로 보인다.

3) 일본열도

일본열도에 최초로 등장하는 철기의 연대는 공반된 야요이토기의 연대와 결부되어 논의되었다. 야요이토기의 연대는 문헌에 남겨진 역사적 기록, 중국경을 통한 교차 편년 등을 통해 구축되었지만, 그중에서도 가장 중요한 역할은 방사성탄소연대의 측정결과라 할 수 있을 것이다.

모리 테이지로(森貞次郎 1968: 128)은 야요이시대의 전기 초두로 추정되었던 사가현(佐賀縣) 우키쿤덴(宇木汲田)패총 출토 이타즈케(板付) I 식토기에 부착된 목탄의 방사성탄소연대 측정결과(-2240년, 서기전 275년)와 전기후반으로 추정되었던 이타즈케 II 식 토기에 부착된 목탄의 방사성탄소연대 측정결과(-2180년, 서기전 215년)를 근거로 야요이시대 전기의 연대를 서기전 3세기로 설정하였다. 오카자키 다카시(岡崎敬)도 조몽시대부터 야요이시대 과도기의 연대에 대해서 夜臼式토기가 출토된 우키쿤덴패총 6區 연대측정결과(2370±50년) 이타즈케 I 식을 주체로 하는 우키쿤덴패총 6區 연대측정결과(2240±50년)에 주목해 전자를 서기전 5~4세기, 후자를 서기전 4~3세기로 보았다(岡崎敬 1971).

일본열도에 최초로 등장하는 철기의 연대는 이상과 같이 대략 서기전 4세기대부터 개시된 것으로 생각되는 야요이시대의 토기 중 어느 단계의 토기와 공반하여 출토되는가에 따라 좌우되었다.

이후 나라현(奈良縣) 가라코(唐古)유적에서는 직접적으로 철기가 출토되지는 않았지만, 철기로밖에 가공할 수 없는 목제품과 함께 야요이시대 전기로 비정되는 토기들이 동반됨으로써 야요이시대 전기부터 철기가 존재했을 가능성이 상정되었다. 그리고 야요이시대 후기로 비정되는 시즈오카현(静岡縣) 도루(登呂)유적에서도 철기로 표면을 가공한 말뚝이 발견되어 야요이시대 후기가 되면 석기에서 철기로의 전환이 이루어진 것으로 추정되었다.

그리고 구마모토현(熊本縣) 사이토야마(齋藤山)유적에서 이타즈케 I 식토기와 함께 주조철부가[5] 출토됨으로써(乙益重隆 1972) 야요이시대 전기부터 철기가 존재하였던 것으로 인식하게 된다(藤尾愼一郎 2011: 64). 이로 인해 농경을 지표로 하는 야요이시대 개시기부터 철기가 존재했다는 것이 정설화되고 야요이시대의 시작, 철기의 출현, 농경 개시의 연대는 대략 서기전 4세기대로 비정되었다.

이상과 같이 어느 정도 정설화되어 가고 있던 야요이시대 연대관에 큰 논란을 불러일으킨 계기가 2003년 이후 지속적으로 발표되고 있는 국립역사민속박물관의 야요이시대 신연대론이라 할 수 있다. 국립역사민속박물관의 연대연구팀은 AMS연대 측정결과를 토대로 야요이시대의 개시연대를 서기전 10세기까지 소급시켰다. 앞서 살펴보았듯이 야요이시대는 철기의 등장을 의미하고 있었기 때문에 야요이시대 개시연대가 서기전 10세기로 소급됨으로써 철기의 등장 연대도 서기전 10세기로 소급된다는 문제가 발생하게 되었고 이를 둘러싸고 AMS연대측정 결과에 대한 철기 연구자들의 비판이 가해졌다.

다카쿠라 히로아키(高倉洋彰 2003)와 무라카미 야스유키(村上恭通 2003)는 서기전 10세기에는 중국에서도 철기가 드물기 때문에 일본열도에 철기의 등장에 비판적인 태도를 보였다. 하시구치 다쓰야(橋口達也 2003)도 후쿠오카현(福岡縣) 마가리다(曲り田)유적에서 출토한 철기편을 전국시대의 것으로 판단하고 야요이시대 개시연대를 서기전 10세기로 올려다보는 견해에 대해 부정적인 입장을 취하면서 철기 등장 시기를 서기전 400년으로 보는 종래의 연대관을 지지했다.

그러나 신연대관과 관련해 부정론만이 아니라 긍정론도 등장하게 된다. 하루나리 히데지(春成秀爾)는 야요이시대 최고(最古)의 철기로 간주되었던 마가리다유적 철기편, 사이토야

5 보고문에서는 단조품으로 추정하였다.

마유적 출토 철부를 비롯해 후쿠오카현 이타즈케유적에서 발견된 구와 환호의 굴착흔, 唐古유적 출토 도자 손잡이 등 야요이시대 전기부터 철기의 존재를 증명하는 것으로 여겨져 왔던 유물 혹은 유구들의 출토 정황을 재검토한 결과, 실제로는 구체적인 출토 상황을 확인할 수 없거나, 당시 철기가 존재했던 것으로 상정하였을 때 발생하는 다양한 문제점이 지적된 것이다(春成秀爾 2003). 그리고 시타라 히루미(設楽博己)는 야요이시대 조기 혹은 전기로 비정되었던 40여 점의 철기를 재검토한 결과 그중 30점 정도의 철기는 토기와의 공반 상황이 불분명하며 신뢰성을 인정할 수 있는 철기들은 야요이시대 중기 초두 이후로 비정되는 철기들에 한정되고 있음을 주장했다(設楽博己 2004). 즉, 야요이시대 개시와 함께 철기가 존재하고 있었다는 기존의 인식에 문제점이 존재한다는 것이 드러난 것이다.

한편 일본열도 내 철기의 등장 연대를 소급하는 데 있어 큰 걸림돌로 작용했던 요동지역의 철기 등장 시기에 대해서도 그 시기가 더욱 소급될 가능성이 제기되었다. 즉, 요동지역에 철기가 등장한 계기로 평가되었던 연장(燕將) 진개의 요동진출 시기와 관련하여 진개가 서기전 3세기 후반의 인물인 진무양(秦舞陽)의 조부(祖父)인 점, 『사기(史記)』 흉노열전(匈奴列傳)의 기사 순서를 근거로 하여 연나라의 동방진출 및 경영개시의 시기가 서기전 300년경으로 막연하게 상정되었던 것이다(石川岳彦 2011: 196). 결국, 요동지역에 서기전 300년부터 철기가 등장했다는 기존의 견해는 그 근거가 명확하지 않으며 연나라 수도인 하도(下都)에서도 서기전 5세기대 철부 등 일상용 이기가 등장하고 있으므로 늦어도 서기전 4세기대에는 요동지역에 철기가 보급되었을 가능성이 제기되어 간접적으로 국립역사민속박물관의 연대관을 지지하게 된 것이다.

이러한 상황에서 출토 정황을 확실히 신뢰할 수 있는 야요이시대 철기 중 그 연대가 가장 소급되는 것으로 에히메현(愛媛縣) 오쿠보(大久保)유적의 토갱에서 출토된 주조 철기로 상정되었다(그림 1-2-5). 그리고 출토된 주조철기 중 중국으로부터 유입되었을 당시의 모습을 그대로 간직한 2C구SD-13하층 출토품이 전기 말로 비정되므로(柴田昌児 2008) 후지오 신이치로(藤尾慎一郎)는 신연대관의 전기 말에 해당하는 서기전 4세기 전반부터 일본열도에 철기가 등장한 것으로 보았다(藤尾慎一郎 2011). 국립역사민속박물관의 신연대관에 따르면 야요이시대가 개시된 서기전 10세기에 이후 대략 500년 동안은 철기가 없는 시대가 지속된 것이다.

이상과 같이 철기의 등장 시기와 관련해 야요이시대 연대관을 정리해보면 우선 종래의 연대관에서는 야요이시대 개시 시기를 서기전 4세기로 비정하고 개시와 동시에 철기가 존재하고 있었던 것으로 이해하고 있음을 알 수 있다. 이에 반해 국립역사민속박물관의 신연대관의 경우, 야요이시대 개시 시기를 서기전 10세기까지 올려보지만 철기의 등장은 공반되는 토기가 야요이시대 전기 말에 비정되기 때문에 서기전 4세기 이후가 되어야 등장하는 것으로 이해하고 있다.

양 연대관은 토기를 기준으로 약 500년 이상의 차이를 보이면서도 일본열도 내에서 최초로 철기가 등장하는 시기에 관해서는 공교롭게도 모두 서기전 4세기대로 이해한다. 이상에서 일본열도에 처음으로 철기가 등장하는 시기는 서기전 4세기대로 비정해 두기로 한다.

한편 일본열도 내에서 자체적으로 철이 생산된 시기에 대해서는 크게 야요이시대설과 고훈시대설로 나누어져 있다. 야요이시대 제철개시설은 다시 중기개시설과 후기개시설로 나누어 볼 수 있다.

시오미 히로시(潮見浩)는 야요이시대 전기 말 혹은 중기 전엽부터 규슈(九州)지역에서 출토되는 철사(鐵鉇)와 철복(鐵復), 규슈 이동지역에서 출토되는 판상철부에 주목하고 이를 일본열도 내 철 생산의 증거로 보았다. 따라서 철의 생산은 야요이시대 중기 전반에 이미 규슈지역에서 개시되었으며 그 이동지역에서는 중기 후엽, 전국적으로 확산된 것은 후기 이후로 상정하였다. 중국과 한반도에도 유례가 없는 철과가 서·북규슈에서 출토된 것도 야요이시대에 이미 열도 내에서 철을 생산했기 때문으로 보았다. 그러나 스스로 지적한 것처럼 아직 야요이시대 중기에 명확히 제철이 이루어진 것을 증명할 수 있는 유적은 발견되지 않고 있다(潮見浩 1982).

하시구치 다쓰야(橋口達也 1991)는 후쿠오카현 가스가시(春日市) 아카이데(赤井手)유적에서 철소재로 추정되는 몇 점의 철기에 물방울이 떨어지는 듯한 느낌의 숯이 붙어 있는 것을 근거로 당시 철을 용해할 만큼의 고온을 낼 수 있었던 근거로 판단하였다. 따라서 야요이시대 중기에는 규슈지역에 분명하게 존재했을 것으로 생각되는 청동의 주조기술과 함께 출토된 유리 거푸집을 종합적으로 고려해 늦어도 야요이시대 중기 후반부터는 규슈지역을 중심으로 철 생산이 개시된 것으로 보았다.

야요이시대 후기개시설은 히로시마현(廣島縣) 미하라시(三原市) 고마루(小丸)유적에서는 확인된 제철로를 근거로 한다(廣島懸埋藏文化財調査センター 1994). 고마루유적에서 2기의 제철로가 조사되었다. 이 중 SF1호 제철로의 연대에 대해 주변에서 야요이시대 후기 토기편이 출토된 점, SF1호 제철로가 SF2호 제철로보다 이른 시기의 특색을 띠는 점, 방사성탄소연대 측정결과 등을 종합적으로 고려하여 야요이시대 후기인 서기 3세기대로 추정하였다(松井和幸 1994: 60). 따라서 이때부터 이미 일본열도 내에서 철이 생산되기 시작한 것으로 상정한 것이다(松井和幸 2001). 가와고에 데쓰시(川越哲志)도 고마루유적 제철로는 야요이시대 제철의 직접적인 증거로서 채용해야 하는 것으로 판단한다(川越哲志 1993).

그러나 후지오 신이치로(藤尾愼一郎)는 SF1호 제철로의 연대 비정에 중요한 역할을 한 야요이토기는 제철로의 본체가 아닌 남측 사면과 토갱에서 출토된 점, 서기 3세기대라는 방사성탄소연대측정 결과는 제철로의 하부에서 출토된 시료가 아니라 제철로의 양측 토갱의 목탄을 시료로 사용한 점, 최근 잇달아 발견된 유사 구조의 제철로가 대부분 7세기대인 점을 들어 고마루유적 SF1호 제철로의 연대를 서기 3세기대로 비정하는 견해에 대해 신중한 태도를 취하기도 한다(藤尾愼一郎 2004). 이상에서 알 수 있듯이 야요이시대 제철개시설은 분명한 고고자료에 입각했다기보다는 간접적인 상황증거에 의존하고 있다.

한편, 고훈시대의 제철개시설도 중기개시설과 후기개시설로 나누어져 있다.

고훈시대 중기부터 열도 내에서 제철이 시작된 것으로 보는 견해는 철 생산과정에서 생긴 것으로 추정되는 철재의 출토를 주된 근거로 삼고 있다. 오사와 마사미(大澤正巳)는 5세기 후반 후쿠오카현 우루사키(潤崎)유적에서 출토된 철재를 금속학적으로 분석하고 사철을 이용한 제철과정에서 생긴 제련재의 가능성이 큰 것으로 추정하였다(大澤正巳 1983). 이와 함께 스에키를 제조하는 실요와 관련성 등을 고려해 고훈시대 중기인 서기 5세기대부터 북부규슈의 일부 지역에서 제련이 개시된 것으로 보았다. 그러나 우루사키유적 출토 철재의 평가에 대해서는 다양한 이론이 있으므로 이 자료만을 가지고 5세기대 제철을 증명하는 것에는 신중한 자세를 취하기도 한다(村上恭通 2007).

아즈마 우시오(東潮)는 5세기 전반부터 단야구가 부장되기 시작하고 이러한 풍습이 5세기 후반 범일본적으로 확산하게 되는 현상에 주목하고 이러한 배경에는 철기에 대한 수요가 비약적으로 높아진 것, 즉 철의 공급체계가 확립되기 시작한 것이라고 하면서 이를 열도 내 철 생산으로 이해한다. 구체적인 연대에 대해서는 5세기 후반에서 6세기 전반으로 파악하고 이 시기가 되면 열도 내에서도 제철이 개시된 것으로 보았다(東潮 2003).

한편 고훈시대 후기가 되면 확실한 제철로 유적이 확인되어 늦어도 이때부터 일본열도 내에서 철 생산이 시작된 것은 분명하다. 고훈시대 제철로는 오카야마현(岡山縣) 센비키카나쿠로다니(先引カナクロ谷)유적, 오조이케미나미(大蔵池南)유적 등 주로 주고쿠(中國)지방에서 확인되며 시기는 대략 6세기 중엽 이후로 비정된다(穴澤義功 2004).

이상의 연구 성과를 근거로 Ⅰ장에서는 일본열도에 최초로 철기가 등장한 시기를 서기전 4세기, 열도 내에서의 제철개시 시기에 대해서는 서기 6세기로 파악해두고 논지를 전개하고자 한다.

4) 철기 등장과 관련된 지역별 공통적 현상

종래의 연구 성과를 토대로 한반도 중·서남부지역과 동남부지역, 그리고 일본열도에 최초로 철기가 등장하는 시기, 그리고 각 지역 내에서 직접 철이 생산된 시기를 정리하여 보았다. 해당 지역별 철기의 등장 시기와 철 생산 시기를 비정함으로써 공통적으로 확인되는 몇 가지 현상을 아래와 같이 추출해 볼 수 있다.

첫째, 한반도 및 일본열도 모두 최초로 철기가 등장하는 시기와 제철개시 시기에 일정한 시간차가 확인된다는 점이다. 지역마다 전국계 철기가 유입되고 난 후 일정한 시간이 경과되고 나서야 비로소 지역 내 자체적인 철 생산이 가능하게 되었음을 알 수 있다.

현재의 자료 상황으로 볼 때 그 시간차가 가장 짧은 곳은 한반도 동남부지역이라 할 수 있을 것이다. 이 지역에서는 늦어도 서기전 2세기대 전국계 철기가 등장하고, 그 후 대략 100년 정도 경과한 뒤에는 자체적으로 철 생산이 가능했던 것으로 보인다.

중·서남부지역의 경우 앞서 살펴본 것처럼 철 생산 시기가 명확하지 않아 시간차 역시 불분명하다. 다만 철기가 최초로 등장한 시기가 늦어도 서기전 2세기대로 비정되며 철의 생산 시기는 이보다 늦은 것만은 분명해 보인다. 중부 지역의 제철개시 시기의 경우 화성 기안리유적을 근거로 서기 3세기, 서남부지역의 제철개시 시기 경우 영산강 유역에 축조된 고분에서 출토되는 철기들을 해당지역의 철 생산과 관련된 것으로 인정하여 안정적으로 서기 5세기대로 비정할 수 있다면 철기가 유입된 후 최소 4~5세기가 지나서야 비로소 지역 내 자체 철 생산이 가능하게 된 것으로 생각된다.

이와 같은 현상은 일본열도에서 더욱 극심하게 나타난다. 열도 내 철기의 등장 연대를 서기전 4세기로 비정하고 철 생산의 개시연대를 제철로의 존재를 근거로 서기 6세기로 비정한다면 철기가 유입된 후 대략 900년이 지나서야 비로소 자체적으로 철을 생산할 수 있게 된 것으로 보인다.

둘째, 한반도와 일본열도에 최초로 등장하는 철기는 단조제보다 주조제, 무기류보다는 농공구류가 우세를 점한다. 서남부지역의 장수 남양리유적, 당진 소소리유적, 부여 합송리유적를 비롯해 완주 갈동유적, 신풍유적에서는 주조제의 철부를 비롯해 주조제 철착이 출토되었다. 한반도 동남부지역의 경우 이른 시기부터 재지화된 단조제 철기도 다수 출토되으나 최초로 등장한 철기는 역시 주조제 철기이다. 일본열도도 상황은 유사하다. 마가리다유적 출토 철기와(佐々木稔 외 1985) 사이토야마유적 출토 철부는 단조제로 보고되었으나(乙益重隆 1972) 이후 주조제임이 밝혀졌다. 현재 최고(最古)의 철기로 평가되는 에히메현 오쿠보유적에서도 주조철부가 출토되었다(柴田昌児 2008).

셋째, 각 지역 내에서 제철이 개시되기 이전부터 단야구와 철기제작 소재가 부장되었다. 한반도 동남부지역은 철기의 등장 시기와 제철개시 시기의 시간차가 짧은 관계로 이러한 양상이 명확하게 드러나지는 않지만 앞서 살펴본 중·서남부지역은 철 생산 시기 이전부터 단야 관련 유물들이 출토되었다. 이와 같은 현상은 일본열도에서 더욱 뚜렷하다. 야요이시대부터 고훈시대까지 부장되는 다수의 단야구를 비롯해 한반도에서 제작되어 수입되었을 것으로 보이는 철정이 철 생산 시기인 6세기 이전부터 다수 부장된다. 이는 외부에서 공급받은 철기제작소재를 통해 철기를 제작하였음을 의미하는 것으로 생각된다.

이상에서 지역별 공통적으로 확인되는 고고학적 현상에 대해 기왕의 연구에서는 연나라를 중심으로 한 동북아시아 제철기술의 동진(東進) 혹은 확산이라는 견해에 암묵적으로 동의하였음은 앞서 언급한 바와 같다. 연구의 관심은 동진(東進)하는 제철기술의 전국시대의 연나라인가 아니면 전한인가와 관련된 주체세력 및 철기의 유입 시기 문제, 그리고 한반도 남부의 철기문화에 직접적 영향을 끼친 시기를 낙랑군 설치 이전으로 볼 것인가 이후로 볼 것인가 하는 것에 주로 초점이 맞추어졌다. 한반도와 일본열도에 철기가 등장한 후 수백 년이 지나야지만 철을 생산하게 되는 현상 자체에 관해서는 자연스러운 결과로 간주하는 경향이었다.

즉, 중국에서 생산된 철기가 연장진개의 동진 혹은 위만조선의 성립과 준왕의 남주 등 역사적 사건을 계기로 한반도와 일본열도로 이입되었고 이를 통해 철기 문명에 어느 정도 익숙해진 한반도와 일본열도 거주민들이 자연스레 중국대륙으로부터 선진기술을 받아들임으로써 어느 정도의 시간이 지난 후 각 지역 내에서도 철을 생산할 수 있게 된 것으로 이해하였던 것이다.

각 지역에서 철기의 등장 시기와 제철개시 시기가 중국대륙에 이어 한반도, 일본열도 순이라는 점[6]을 감안할 때 제철기술의 동진, 혹은 확산이라는 해석은 일견 자연스러워 보인다. 그러나 주지하듯이 철을 생산하기 위해서는 철광석 채취, 연료 획득, 제철로 제작, 그리고 이 모든 것을 가능케 하는 노동력이 반드시 갖추어졌을 때만 가능하다. 따라서 철을 생산하는 데 필요한 다양한 기술과 조건들이 중국을 벗어나 동북아시아 전역에 일시에 퍼져나가

6 제철개시 시기는 제철로의 조사사례로 보아 한반도가 일본열도보다 이른 것은 분명해 보이나 철기의 등장은 오히려 일본열도가 이른 것 같다. 이는 발굴조사 성과에 기인한 것일지 모른다.

는 현상에 대해서는 단순히 기술의 동진 혹은 기술의 확산이라는 관점 외에 다른 시각에서의 접근도 필요할 것 같다.

앞서 언급한 것처럼 한반도와 일본열도에 철기가 등장하는 시기, 중국 내에서는 선진기술이 외부로 유출되는 것을 억제하는 정책을 취하고 있었다. 삼국시대 사회가 고훈시대 사회에 대하여 철기 생산의 전제가 되는 철 생산기술과 정련공정을 개방하지 않았던 것도(村上恭通 2007) 선진기술의 유출을 통제한다는 관점에서 동일한 의미로 해석해 볼 수 있다. 이처럼 기술의 통제라는 관점에 서면 철 생산기술이 주변 지역으로 이전되는 과정은 단순한 기술의 전파 혹은 동진의 과정으로만 이해하기는 어렵다.

또 철 생산기술이 당대 최고의 첨단산업이었을 것을 고려하면 기술이전의 주도권은 선진기술을 보유한 중국 측에 있었을 가능성이 클 것이다. 기술을 받아들이는 측인 한반도와 일본열도로부터 선진기술에 상응하는 보상이나 대가가 지불되지 않는 이상, 기술의 이전은 성공적으로 이루어지지 않았을 것이다.[7] 따라서 한반도와 일본열도 거주민들은 선진기술을 보유한 측이 요구하는 다양한 조건들을 충족시킴으로써 비로소 제철기술 등의 선진기술을 수용할 수 있었을 것으로 생각된다. 즉, 자신들이 원한다고 해서 언제든지 선진기술을 선택적으로 수용할 수 있는 입장은 아니었을 것이다.

요컨대, 앞서 살펴본 것처럼 한반도와 일본열도에 최초로 등장하는 철기가 전국계 철기로 대부분 중국대륙에서 제작되었을 가능성이 큰 이상, 동북아시아 각지로 철을 유통시킨 주체, 즉 중국 측의 입장에서 서서 한반도와 일본열도에 철기를 유통시킨 의도에 대해 재고해 볼 필요가 있을 것이다.

한반도와 일본열도에 최초로 등장하는 전국계 철기에는 어떠한 의미가 내포되어 있을까? 그리고 최초로 철기가 등장하고 난 뒤 몇백 년이 지나야지만 철을 생산할 수 있었던 한반도와 일본열도의 고고학적 현상에는 어떤 의미가 담겨 있을까? 한반도와 일본열도에 처음으로 철기가 등장하는 서기전 4세기에서 2세기경에 쓰인 문헌사료들을 참고해가면서 각 지역에서 공통적으로 확인되는 고고학적 현상의 의미를 살펴보도록 하겠다.

---

7 다만 이는 기술을 보내는 측의 절대적 우위를 의미하는 것은 아니다. 기술이 이전되는 과정에 있어 기술을 받아들이는 측으로부터 얻을 수 있는 다양한 정보, 예를 들어 현지의 기후, 토양, 식재료 등도 매우 중요했을 것이므로 기술이전은 양자 간의 원만한 교류관계에 의해 비로소 성공적으로 실행되었을 것이다.

제3절 한야공철 정책과 중국제 철기의 의미

1) 한무제의 염철전매제

한반도와 일본열도에 전국계 철기가 처음으로 등장할 즈음 중국 내에서 실시된 정책으로 염철전매제에 주목해 볼 수 있다. 염철전매제는 민간에서 생산되던 소금과 철의 생산을 금지시키고 국가가 이를 독점해 생산 및 관리하는 사업을 말한다(신경선 1982). 서기전 2세기 무제는 영토 확장을 통해 건국 초기부터 전한을 위협하던 흉노를 비롯해 남월, 위만조선 등 주변 지역을 정벌하고 그 지역에 한서사군, 한사군 등을 설치하였다. 이와 같은 적극적인 대외 정책 과정 속에서 국가 재정과 군사비를 충당하기 위해 막대한 양의 자금이 필요하게 되고 그 결과 시행된 새로운 재정정책이 서기전 119년 시행된 염철전매제이다.

염철전매제의 내용에 대해서는 『사기(史記)』와 『염철론(鹽鐵論)』등 당대 쓰인 문헌사료에서 확인할 수 있다는 점에서 비교적 신뢰성이 높은 것으로 판단된다. 특히 염철전매제의 시행 여부를 둘러싸고 정부 측과 민간 출신의 지식인 사이에 벌어진 염철회의를 정리한 『염철론』에 대해서는 그간 한대(漢代)의 재정 정책과 관련된 연구가 주를 이루었다. 그러나 『염철론』의 내용을 살펴보면 당시 중국 내에서 철기에 대한 인식 및 제철과 관련된 정책에 대해서도 다양한 진술이 구체적으로 기술되어 있어 당시 철기와 관련된 다양한 정보를 얻을 수 있다. 특히 중국 정부 측을 대변하는 어사대부 상홍양(桑弘羊)의 발언에서 중국 정부가 염철전매제를 실시하고자 했던 이유가 분명하게 드러난다.

> 선제(한무제)께서는 변방 백성이 오랫동안 피해를 입고 흉노의 약탈에 시달리는 것을 불쌍히 여기셔서 변방지역에 성을 쌓고 요새를 만들었으며 봉화대를 두고 둔전제를 실시하여 군사를 주둔시켜 적군을 막았던 것입니다. 방어 비용이 부족하여 염철의 관영사업을 일으키고 술 전매제도를 세우며 균수법을 시행하고, 국가재정을 증가시킴으로써 변방 경비를 보충하고자 한 것입니다(환관(김원중 역) 2007: 16)
>
> 수공업이 발전하지 못하면 물자 교류는 불가능합니다. 또 농기구가 부족하면 식량 생산을 증대시킬 수 없고 물자 교류가 이루어지지 않으면 정부 재정이 곤란하게 됩니다. 그러므로 염철의 전매와 균수법을 실행하는 것은 누적된 화물을 유통시켜 절실한 수효를 공급하기 위함입니다(환관(김원중 역) 2007: 20)
>
> 물건은 모두 상업에 의해 유통되며 장인이 제작합니다. 상인은 배와 삿대를 만들어 강과 협

곡을 통행했으며, 소와 말을 부려 산과 언덕과 육지를 통행했습니다. 심지어 변방 먼 곳까지 가거나 벽지까지 깊숙이 들어가는 목적은 각종 물건을 유통시켜 백성을 편리하게 하기 위함이었습니다. 그래서 무제께서는 철관을 설치하여 농업에 필요한 도구를 제공했으며 균수법을 시행하여 백성을 윤택하게 하였습니다. 이렇듯 염철의 전매와 균수법은 온 국민이 가진 생활필수품을 얻게 하는 것이니(환관(김원중 역) 2007: 23)

이상의 기록을 보면 서기전 2세기말 시행된 염철전매제의 궁극적인 목적은 전국 50여 곳의 철관에서 생산된 철과 철기를 유통시킴으로써 국가의 재정을 확보하고 백성의 생활을 윤택하게 하려는 것이었음을 알 수 있다(김용은 2000). 한편 『사기』와 『염철론』에서는 다음과 같은 내용도 확인된다.

농, 공에 종사하지 않는 상인들이 가난한 백성들을 부려 큰 부를 축척해 이득을 취하기 때문에 관의 시설을 이용하여 철기를 주조하고, 민간에서 철기를 주조하거나 소금을 굽는 자들에게는 벌을 내린다(『사기』「평준서(平準書)」)

철기와 병기는 국가의 중대한 도구이니 서민들이 사사로이 경영하는 것은 옳지 않습니다(환관(김원중 역) 2007: 71)

조정에서 만든 철기는 대부분 큰 농기구이며 백성의 수요에 부합하지 못하고 있습니다. 농부들은 무디고 부서진 도구로 일을 하므로 힘든 노동을 하면서도 수확은 매우 적고 고통스럽습니다(환관(김원중 역) 2007: 262)

지금 국가에서 노동의 질이 떨어지는 관리와 사형수를 동원하여 주조한 철기는 대부분 품질이 낮고 비용은 비용대로 절약되지 않습니다. 그러나 과거에 백성은 한마음으로 아버지와 아들이 힘을 합쳐 각자 좋은 철기제작에 힘썼습니다(환관(김원중 역) 2007: 264)

이상의 기록을 통해 염철전매제가 시행된 서기전 119년 이전부터 이미 지방의 백성들은 철을 생산할 수 있는 기술을 충분히 확보한 것을 알 수 있다. 따라서 정부 입장에서는 염철전매제를 성공적으로 시행하기 위해 이미 지방에서 사사로이 이루어졌던 철 생산을 억제하는 것이 제일의 과제였을 것으로 추정된다.

한편, 염철전매제와 동일한 성격의 정책이 전국시대인 서기전 4세기에 이미 시행된 점이 매우 주목된다. 지방지 『화양국지(華陽國志)·촉지(蜀志)』에는 촉 멸망 5년 후인 서기전 311

년 성도에 진의 수도 함양과 같이 「치염철시관(置塩鐵市官)」이라는 기록이 있다고 한다(村上恭通 2013: 69). 염철전매제에 의해 설치된 철관보다 훨씬 이전인 전국시대에도 이미 철 생산과 유통을 총괄하는 공적 기관에 설치된 것이다. 서기전 4세기에 설치된 공적 기관의 역할 역시 전한 무제가 실시한 그것과 기본적으로 동일하다면 전국시대부터 지방에서 사사로이 생산되던 철을 국가가 통제함으로써 얻을 수 있는 경제적 이익을 국가가 취하고자 했으며 이는 전한 무제(武帝)대까지 지속되었던 것으로 볼 수 있다.

요컨대 한반도와 일본열도에 최초로 전국계 철기가 등장할 즈음인 서기전 4세기부터 서기전 2세기대까지는 『화양국지 · 촉지』의 치염철시관, 『염철론』의 기록 등을 통해 유추해보건대 중국 정부가 실시한 경제 정책의 일환으로 국가가 의도적으로 제작, 유통한 것으로 생각된다. 이를 위해 정부는 철관 이외 지역에서 철 생산을 철저히 금지시키고 지방에서는 철관에서 공급받은 철기제작 소재를 사용하여 철기를 생산할 수 있도록 했을 것으로 보인다. 당시 실행된 염철전매제가 민간의 철기 생산까지 완전히 정지시킬 만큼의 강력한 통제력을 지녔을 것이라는 문헌사의 연구 성과를 통해 볼 때(大櫛敦弘 1989) 철의 생산과 유통에 대한 국가의 관리가 상당히 엄격하게 시행되었던 것으로 생각된다.

문헌의 내용은 중국 내의 상황을 전하는 것이므로 이를 동북아시아 전 지역을 대상으로 곧바로 확대, 적용하기에는 무리가 있을 수도 있으나 철기의 생산지와 공급지라는 관점에서 그 대상 지역을 한반도와 일본열도와 넓혀 볼 필요가 있을 것이다.

2) 한야공철 정책과 중국제 철기의 의미

염철전매제가 실시되었던 중국 한대(漢代)의 철 관련 정책에 대해 이경화(李京华 2006)는 다음과 같이 설명한다.

> 한대의 야철업은 전국시대를 비롯하여 진(秦), 서한(西漢)초기까지 축적된 각종 경영방식의 경험과 교훈 등을 토대로 내지(內地, 황제의 직할 행정구역)의 경우 전방위로 발전하였으며, 변방과 이성왕후(异姓王候, 황제와 성이 다른, 높은 직위 사람들의 통칭)의 관할지역은 한야공철이라는 두 가지 정책을 실시했다.[8]

8 汉代发展冶铁业实行官营政策是多方面, 的在总结找國, 各种经营方式的利弊经验与教训等的础土上, 实行的是在内地全方位发展, 在边沿及异姓王候地区 限冶供鐵 两套政策.

여기서 변방지역과 이성 왕후 지역을 대상으로 실시되었다는 한야공철이라는 정책이 주목된다. 한야(限冶)에서 야(冶)는 야철기술, 즉 제철기술을 뜻하므로 한야는 제철기술의 제한 및 통제를 의미한다. 공철(供鐵)이란 제철기술에 의해 생산된 철기를 주변 지역으로 공급함을 뜻한다. 결국, 한야공철 정책이란 중앙정부에서 주변 지역으로 철기를 공급하는 대신 철을 생산할 수 있는 제철기술의 확산을 통제하는 정책이라 할 수 있다.

한야공철 정책이라는 관점에 입각해 본다면 중앙에서 제작된 철기가 이성왕후가 다스리는 주변 지역으로 확산되어 가는 현상에 대해 2가지 정도의 의미를 유추해볼 수 있을 것이다. 첫째는 앞서 문헌에서도 살펴본 것처럼 중앙에서 제작된 철기를 주변 지역으로 유통시킴으로써 얻을 수 있는 경제적 이익, 즉 상권의 확보이다. 둘째는 경제권 및 상권의 확보를 통한 주변 세력의 견제이다. 그리고 이 2가지 목적을 실행시키기 위해서는 주변 지역으로 철 생산기술이 유출되는 것을 방지하는 한야정책이 무엇보다 중요한 과제였을 것으로 생각된다. 핵심기술인 철 생산기술이 유출되면 주변에서도 철기를 제작할 수 있게 되어 철기를 통한 경제적 이득을 취할 수 없게 되며, 이를 통한 주변의 통제도 불가능하게 되기 때문이다. 지방민들의 반발을 무릅쓰면서까지 지방의 철 생산을 통제하고(大櫛敦弘 1989) 제철기술과 철기 생산을 독점해 경제적인 이득을 얻으려고 했던 염철전매제도 한야공철이라는 정책과 동일한 의미로 해석해 볼 수 있다.

즉, 중앙에서 제작된 철기가 주변 지역으로 공급, 혹은 유통되는 현상의 실제적인 의미는 주변 지역에 정작 중요한 철 생산기술은 유출하지 않음으로써 주변 지역을 제철기술과 철기로서 통제함을 의미한다고 볼 수 있다.

철의 생산과 철기 유통의 의미를 이상과 같이 이해해 보면 한반도와 일본열도에 비교적 이른 시기부터 전국계 철기가 등장하나 지역 내에서 자체적으로 철을 생산하기까지 상당히 오랜 시간이 걸린 고고학적 현상에 대해서도 동일한 해석 틀을 적용해 볼 수 있을 듯하다. 즉, 한반도와 일본열도에서 철이 생산되기 전부터 출토되는 전국계 철기는 중국 정부가 주변의 동이(東夷)를 대상으로 경제권 및 상권을 확보하는 과정에서 전해진 것으로 볼 수 있다. 중국 정부는 한반도와 일본열도에 철기를 유통함으로써 주변 지역을 통제하려는 목적이 있었을 것이다. 이를 달성하기 위해 무엇보다 한반도와 일본열도로 유출되어서는 안 되는 철 생산기술을 통제할 필요가 있었다. 결국, 앞서 살펴본 것처럼 지역마다 확인되는 철기의 등장 시기와 제철개시 시기의 시간차는 중국 정부가 철기로서 한반도와 일본열도를 통제한 기간을 뜻한다.

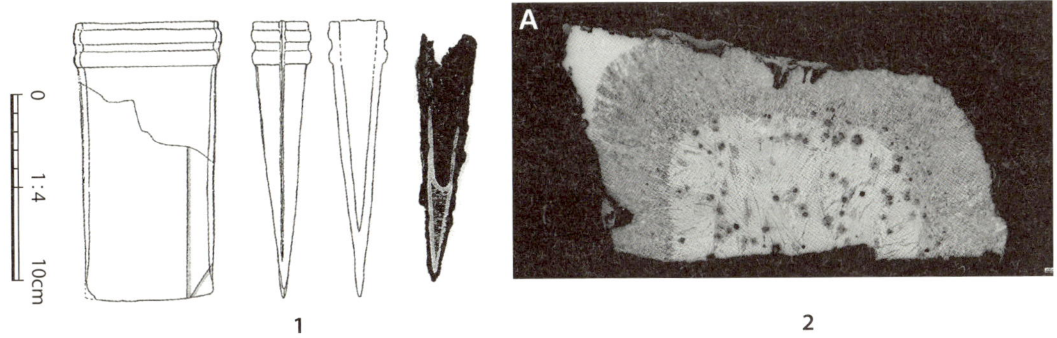

그림 1–3 주철탈탄강으로 확인된 주조철기

1. 후쿠오카(福岡)현 히에(比恵)유적 출토 주조철부 | 2. 완주 신풍 가-22호 토광묘 출토 주조철부의 미세조직(이하얀 2013)

그러나 중국 정부가 철 생산기술을 통제함으로써 한반도 전역과 일본열도를 견제한 기간은 그리 오랫동안 지속되지 않은 것 같다. 특히 전국계 철기가 등장하고 난 뒤, 얼마 지나지 철 생산이 시작된 한반도 동남부지역은 그러한 상황을 잘 대변한다. 한반도 중·서남부지역은 앞으로 제철로의 발굴 등 조사 성과에 따라 얼마든지 상황이 급변할 수도 있으나 현재까지 확인된 고고자료로 보아 일찍부터 철 생산이 시작된 동남부지역에 의해 통제받았을 가능성도 하나의 가설로서 상정해 둘 수 있다. 일본열도 역시 900년이라는 긴 시간을 모두 중국 정부에 의한 통제라고 보기는 어렵다. 전국계 철기가 등장하는 서기전 4세기대는 그럴 가능성이 크지만, 이후에는 일찍부터 철 생산이 시작된 한반도 동남부지역 세력에 의해 철을 통한 견제가 지속적으로 이루어졌을 것이다.

그렇다면 중국 정부는 한반도와 일본열도에 철 생산기술을 유통시키지 않는 대신 어떠한 철기를 유통한 것일까? 이와 관련해 일본 후쿠오카현 히에(比恵)유적에서 출토된 주조철부가 주목된다(**그림 1–3–1**).

평면 장방형에 2조선돌대가 특징적인 이 철부는 대부분 연구자가 중국제로 인정하는데 측면에서 뚜렷하게 관찰되는 주조선의 흔적을 통해 거푸집에 주물을 부어 제작된 것임 분명해 보인다. 철부의 금속학적 정보를 얻기 위해 신부와 인부를 절단하고 그 단면을 살펴본 결과 표면에 은색의 탈탄층이 존재하는 것으로 밝혀졌다(大沢正己 1996). 주조로 제작한 철기에 장시간의 열처리를 가해 완성하는 주철탈탄강 기술이 적용된 것이다. 일본열도 내에서 확인되는 주철탈탄강기술은 이 외 서기전 4세기 후엽으로 비정되는 후쿠오카현 나카부세(中伏)유적 비롯해(大沢正己 1992) 서기전 3세기로 비정되는 오이타현(大分縣) 구즈바루(葛原)유적과 후쿠오카현 쇼바루

(庄原)유적에서도 확인된다(大沢正己 2004).

한반도 내에서도 주철탈탄강 기술이 확인된다. 김상민의 육안 관찰에 의하면(2013: 12) 완주 신풍유적 가-40호 토광묘에서 출토된 주조철부에서 탈탄의 흔적이 확인된다고 한다. 금속현미경을 통해 완주 신풍유적 주조철부의 미세조직을 관찰한 결과, 가-40호 토광묘 이외에도 22호, 54호, 56호 토광묘에서 출토된 주조철부에서도 동일한 미세조직이 확인되었다(이하얀 2013). 이를 통해 완주 신풍유적의 주조철부도 후쿠오카현 히에유적 주조철부처럼 주철을 용해한 후, 거푸집에 부어 형태를 제작하고 장시간의 열처리를 통해 탈탄처리과정을 거쳐 완성되었음을 알 수 있다**(그림 1-3-2)**. 후한시대의 유리와 동일한 성분의 유리가 출토된 제주 용담동유적에서도 주철탈탄강 기술이 적용된 주조철부가 출토되었다(강창구 2004).

이처럼 한반도와 일본열도에 처음 등장하는 전국계 철기는 주조에 의해 제작된 후 장시간의 열처리를 통해 탈탄과정을 거쳐 완성되었음을 알 수 있다. 주지하듯이 주조제의 철기는 표면에 함유된 탄소량이 많으므로 매우 단단한 대신 충격이 가해지면 쉽게 깨지는 성질을 지닌다. 따라서 장시간의 열처리[9]를 가해 철기 표면에 있는 탄소량을 줄임으로써 큰 충격이 가해져도 쉽게 깨지지 않도록 주철탈탄강기술이 적용된 실용성 높은 철기를 완성한 것이다.

중국 정부가 한반도와 일본열도 등 주변 세력을 견제하기 위한 목적으로 유통된 철기는 이처럼 대량생산이 가능하여 유통하기에 유리한 주조제의 철기였으며 열처리를 통해 철기 표면에 분포하는 탄소를 제거하여 개간 작업 시 큰 충격에도 쉽게 부러지지 않는, 높은 수준의 농공구류가 많았던 것으로 추정된다.

농경과 관련된 문양이 새겨진 청동기의 존재에서도 유추할 수 있듯이 당시의 한반도와 일본열도는 농업을 주된 생업으로 삼았던 농경사회였다. 공철정책에 의해 처음 접해본 강력한 철기문화는 한반도와 일본열도의 거주민에게 실로 충격적인 도구였음이 틀림없었을 것이다. 중국 정부의 한야정책에 의해 철 생산기술을 보유할 수 없었던 당시 한반도 및 일본열도에서는 어떤 방식을 취해서든지 중국제의 수준 높은 철기를 입수하려 했을 것으로 보인다. 주조철기의 파편을 재가공해서라도 사용하고자 했던 야요이인의 모습(野島永 1992)에서도 이와 같은 상황을 추측해 볼 수 있다.[10]

---

9 대략 800도 이상의 온도에서 2~3일간 놓아둔다.

10 미사리 유적에서 출토된 주조 철기 파편을 재이용한 단야도 이와 관련지어 이해할 수 있을 것 같다(孫明助 · 村上恭通 1997).

이처럼 한반도와 일본열도 거주민들이 품은, 철제 농공구를 향한 구매욕을 이미 중국 정부는 꿰뚫고 있었던 것으로 보인다. 따라서 철제의 무기류보다는 농산물의 생산에 효율적인 농공구류를 우선으로 유통하고 그에 대한 반대급부로 얻을 수 있는 경제적 이득을 노렸던 것으로 생각된다. 앞서 살펴본 것처럼 한반도와 일본열도에서 처음으로 등장하는 철기가 주조제이면서 동시에 농공구류가 우세하다는 점은 중국 정부의 의도가 반영된 결과로 볼 수 있을 것이다.

요컨대, 한반도와 일본열도에 최초로 등장하는 철기의 의미는 철기 유통을 통해 경제적 이익을 노렸던 중국 정부의 의도와 강력한 철기문화를 소유하고 싶었던 한반도 및 일본열도 거주민들의 구매욕 합치라는 관점에서 재평가해 볼 수 있을 듯하다. 철을 생산할 수 있었던 중국 정부는 동북아시아 각 지역 주민들이 원하는 철기를 고도의 기술로 제작해 공급함으로써 막대한 경제적 이득을 취함과 동시에 자국의 상권 보호, 주변 세력을 견제라는 다수의 목적을 동시에 달성하려 했을 것이다.

그리고 이를 위해서는 반드시 철 생산기술의 유출을 방지하는 것, 즉 한야정책이 필요조건이 되었다. 한반도와 일본열도에 철기가 유통되고 나서도 일정 시간 동안 철이 생산되지 않았던 고고학적 현상은 중국대륙에만 존재했던 제철기술이 주변 지역으로 유출되는 것을 철저히 경계하고 있었던 중국 정부의 한야정책이 수백 년간 지속적이며 성공적으로 시행되고 있었음을 의미하는 것이다. 바꿔 말하면 철을 생산할 수 없었던 한반도와 일본열도는 중국대륙으로부터 철에 의한 간접적인 통제를 받고 있었다.

제4절 한야공철 정책의 전개

1) 낙랑군 설치와 한반도의 철 생산

한야공철 정책이라는 관점에 따르면 염철전매제가 시행된 지 11년 후인 서기전 108년, 전한 무제가 설치한 낙랑군도 새로운 의미로 다가온다. 현재 낙랑군 내에서 철이 생산되었는가에 대해서는 아직 뚜렷한 결론이 나지 않은 상태이다. 고고자료로 보아 낙랑군에서 자체적으로 철기를 생산한 것을 적극적으로 입증할 수 있는 증거는 미약한 편이며(이성규 2008) 염철전매제와 관련해 낙랑군에 철관이 설치되었다는 기록도 보이지 않는다. 낙랑군 내 철 생산의 유력한 근거가 되었던 ‘大河五(대하오)’명 철부도 중국 내군철관(內郡鐵官)에서 제작되어 유입되었을 가능성이 크다(이성규 2008). 이상과 같은 이유에서 낙랑군에서 출토된 대부분의 철기를 인근 철관에서 공급받은 것으로 보는 견해도 있다(이성규 2006).

그러나 낙랑토성에서 출토된 유물들을 살펴보면 청동기 제작 관련 자료를 비롯해 주조철기 등 각종 철기류가 현지에서 제작되었을 가능성을 배제할 수 없을 것 같다(정인성 2006). 직접적인 제철 유구는 아직 확인되지 않았으나 낙랑토성에서 출토된 철부 내범, 평양 정백동 62호묘에서 출토된 단야도구는 낙랑토성 내에서 철기의 생산 가능성을 한층 높여준다(정인성 2012). 앞서 언급한 '대하오'명 철부가 중국 내군철관(內郡鐵官)에서 제작되어 유입되었을 가능성이 크다고 하더라도 이것이 낙랑군 내 철기제작을 부정하는 직접적인 근거가 되지는 않는다.[11] 낙랑의 철기문화가 한반도 남부지역에 지속적으로 영향을 끼친 사실이 여러 지역에서 확인되어 한반도 남부의 본격적인 철기문화가 전개되었다는 견해에 특별한 이견이 없는 이상(이남규 2005) 낙랑군 내에서 철기가 생산되지 않았다고 단정할 수는 없을 것이다.

이상에서 낙랑군 내에서 철기가 생산되었을 가능성을 염두에 두고 보면, 전한 무제가 한반도 서북부지역에 낙랑군을 설치한 의도는 크게 두 가지로 생각해 볼 수 있다. 첫째는 이미 지적된 것처럼 흉노의 배후세력을 차단하고 중원의 현실적 위협이 될 수 있는 정치체의 성장을 억제함으로써(오영찬 2006) 변경지역을 강력하게 통제하기 위해서이다(이남규 2006). 국가조직을 설치하여 이전부터 사사로이 이루어진 해당 지역의 철 생산 및 철기를 국가가 관리하고 통제하는 것이다. 둘째는 낙랑군에서 생산된 철기를 한반도 남부 및 일본열도로 유통함으로써 얻을 수 있는 경제적 이익이었을 것이다. 그리고 낙랑군 설치를 통해 이와 같은 두 가지 의도를 성공적으로 지속시키기 위해서는 무엇보다 낙랑군에만 존재한 철 생산 기술이 주변 지역으로 유출되는 것을 방지하는 한야정책이 필요조건이었을 것으로 생각된다.

전한 무제가 중국 서북부지역에 설치한 하서사군(河西四郡)도 위와 같은 의도에 의한 것으로 볼 수 있을 것이다. 즉, 서역개발과 교통로의 확보만이 아니라 해당 지역에서 이미 사적으로 이루어진 흉노족의 철 생산을 국가 차원에서 관리, 통제하였던 것으로 생각된다. 최근 조사된 흉노족의 철 생산 관련 유적은 비록 그 계보가 서아시아나 남아시아에 있을 가능성이 크다고 하나 조성 시기가 하서사군 설치 이후인 서기전 1세기에서 서기 1세기에 걸쳐 있는 점, 제철공정에 의해 생산된 철이 어디론가 운반되어 철기제작 소재로 사용되었을 가능성

11 이와 관련해 낙랑군에서 철을 확보하는 방법으로 자체 생산, 내군으로부터의 입수, 진·변한사회로부터의 공급을 상정하는 견해(정인성 2012)가 참고된다.

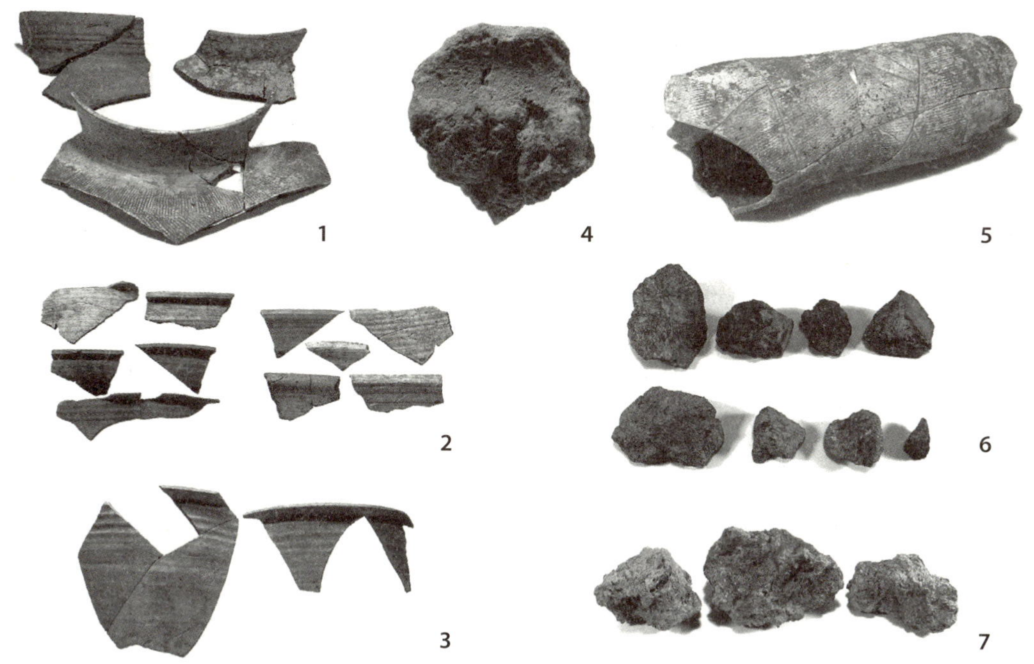

그림 1-4 화성 기안리유적 출토 유물

1. 호형토기 | 2. 분형토기 | 3. 분형토기 | 4. 송풍구 | 5. 송풍관 | 6. 철광석 | 7. 철재

이 큰 점을 고려하면(笹田朋孝 2013) 한야공철 정책과 관련지어 이해해 볼 수도 있다.

그러나 중국 주변 지역에서 사사로이 생산된 철을 국가가 관리·통제함으로써 주변세력의 견제하고자 했던 한야공철 정책은 의도했던 대로 시행되지만은 않았던 것으로 보인다. 필요조건으로 꼽았던 철 생산기술이 유출되었기 때문이다. 대표적인 예로 경기도 화성 기안리유적을 들 수 있다.

화성 기안리유적에서 출토된 토기는 돌려깎기, 마연, 회전조정 등 낙랑토성을 비롯한 서북한 지역 출토 토기류와 유사한 제작기법이 관찰된다(김무중 2004). 이와 송풍관, 철광석, 철재가 출토되어 제철이 실시된 것을 알 수 있다(그림 1-4). 이를 제철 및 철기 제조집단의 직접적인 유입이나(이남규 2005·2009) 낙랑지역으로부터의 이주민으로 본다면(정인성 2012) 그들은 낙랑군이 엄격히 통제한 철 생산기술을 한반도 남부로 갖고 들어온 철 생산기술의 유출자에 해당한다. 이는 한반도 남부의 철기문화가 급속히 발전하는 데 중요한 획기로 평가할 수 있다. 그들이 어떤 연유에서 한반도 남부로 철 생산기술을 가지고 들어왔는가는 구체적으로 밝힐 수 없으나 어찌 되었든 중국대륙과 한반도가 육지로 이어져 있다는 지리적 조건으로 인해 제철기술은 조금씩 유출되어 갔던 것으로 생각된다.

이로써 철 생산기술의 유출방지라는 한야공철 정책의 대전제가 무너지면서 한반도 내에서도 드디어 본격적으로 철 생산이 시작된다. 현재까지 확인되는 고고자료를 통해 본다면 철 생산기술 유출자들은 화성 기안리유적 등 중·서남부지역보다는 진·변한지역인 동남부지역에 일찍 진출했던 것으로 보인다.

이러한 맥락에서 보면 환·영제 말기에 한과 예가 강성해졌다는 삼국지 위지 동이전의 기사는 서기 3세기 이전에 한반도 남부지역으로 철 생산기술이 유출되었기 때문일 가능성이 있으며 많은 백성이 한(韓)으로 유입된 이유 역시 이 지역에 유출된 철 생산기술로 인해 형성된 시장의 활성화와 관련 있을 것으로 생각된다. 진·변한지역에서 생산된 철이 낙랑·대방에 공급되고 한, 예, 왜인이 철을 사 갔다는 철 수출기사는 철 생산기술이 진·변한지역으로 유출됨으로 인해 이 지역에서도 제철이 개시되어 버린 한야정책의 실패를 중국 정부가 간접적으로 인정한 것음을 암시하는 것으로 볼 수 있다.

이상에서 한반도 내에서 철이 생산되기 시작한 것은 중국 정부가 낙랑군 설치를 계기로 본격적으로 실시했던 한야공철 정책이 정부 측의 의도와 달리 서서히 무너져가는 과정으로 이해할 수 있다. 동시에 철을 생산할 수 있게 된 주변 지역, 즉 한반도 내에도 경제적 중심지가 산발적으로 등장함으로써 중국으로부터 철에 의한 통제를 벗어남을 의미하는 것으로도 해석할 수 있겠다.

앞서 살펴본 것처럼 한야공철 정책을 통해 중국 정부가 한반도 전역을 통제했던 시기는 그렇게 길지 않았던 것으로 보인다. 이는 중국과 한반도가 육지로 이어졌다는 지리적 조건으로 인해 어떠한 계기를 통해서든지 철 생산기술이 조금씩 유출되어 갔기 때문일 것이다. 그러나 연료, 철광석, 제철로 제작기술 등 철 생산에 필요한 모든 기술이 바다를 건너 한꺼번에 일본열도까지 전해지기까지는 꽤 오랜 시간이 걸린 것 같다.

2) 삼국의 한야공철 정책

중국 정부의 한야공철 정책은 애초의 의도와 달리 한반도 내에서 철이 생산되기 시작되면서 실패로 끝난다. 고구려를 비롯해 3~4세기대 한반도 남부에 존재하던 신라, 가야, 백제도 철을 자유롭게 생산할 수 있는 제철기술을 모두 갖추게 됨에 따라 한반도 내에서 철의 생산이 활발히 전개된다. 경주 황성동과 진천 석장리 등지에서 생산된 철과 철기를 통해 각국의 경제 중심지가 부상하게 되고 철 생산을 둘러싼 삼국 간의 전쟁도 빈번히 발생했을 것으로 생각된다.

한편, 여기서 주목되는 점은 일본열도의 상황이다. 앞서 살펴본 것처럼 일본열도에서는 전국계 철기가 유입되고 난 후, 대략 900년 정도가 지나 비로소 자체적으로 철을 생산하기 시작하였다. 이 900년이라는 긴 시간이 철 공급지로부터 통제를 받고 있던 기간을 의미한다면 당시 왜를 철로 통제했던 세력은 이미 철 생산이 활발하게 진행되고 있던 인근의 한반도 諸 정치세력임이 분명하다. 즉, 중국 정부가 한반도와 일본열도를 대상으로 벌였던 한야공철 정책이 이번에는 왜(倭)를 대상으로 하여 고구려, 신라, 백제, 가야 등 한반도의 諸 정치세력에 의해 동일하게 실시되고 있었다.

한편, 한반도의 諸 정치세력이 왜를 대상으로 벌인 한야공철 정책은 중국 정부가 실시했던 것처럼 완성된 주조제 농공구류를 우선으로 유통시킨 것은 아닌 듯하다. 야요이시대부터 출토되는 단야구를 비롯해 한반도제로 생각되는 철정, 철기제작의 최종공정에서 배출된 것으로 생각되는 대형의 정련단야재와 송풍관, 그리고 고훈시대의 단야기술을 고려하면(村上恭通 1993) 6세기 이전 일본열도에서 철을 생산할 수는 없었지만, 한반도로부터 건너온 것으로 생각되는 철기제작 소재와 단야기술을 통해 철기를 생산했던 것은 분명해 보인다**(그림 1-5)**.

다시 말해 한반도의 여러 정치세력은 일본열도에 제철기술은 건네주지 않는 대신 철기 혹은 철기제작에 관련된 도구들을 건넴으로써 철을 매개로 하여 왜를 견제하려 했던 것으로 생각된다. 변진에서 생산된 철을 왜인이 구입하였다는 삼국지 위지 동이전 기사의 이면에는 변진지역에 존재했던 철 생산기술이 일본열도로 유출되지 않았다는 의미가 내포되어 있다.

철을 둘러싼 삼국과 왜의 교섭을 위와 같이 해석할 수 있다면 철정 이외에 칠지도 등 한반도에서 제작되어 왜로 건너간 철제품도 새로운 의미로 다가온다. 『일본서기(日本書紀)』 垂仁紀 88년 신라로부터 건너간 철 도자를 비롯해 神功紀 46(366)년 백제 근초고왕이 일본으로 건네준 철정 40매, 神功紀 52(372)년 칠지도, 仁德紀 12(444)년 고구려부터 전해진 철 방패와 철 과녁 등 한반도제 철제품의 전래 기사가 다수 확인되는데 그 전래 시기는 모두 일본열도 내에서 제철이 시작된 6세기 중엽 이전에 집중된다.

종래 『일본서기』에 등장하는 한반도제 철제품 중 칠지도에 대해서는 백제왕이 왜왕에게 헌상하였는가 하사하였는지와 관련하여 수많은 논쟁이 있었으며[12] 고구려가 왜로 보낸 철 방패와 철 과녁에 대해서는 신라와 백제를 견제하기 위해 왜와의 관계를 개선하기 위한 시도(김현구 외 2002) 등 정치적인 관점으로 해석되는 경향이 강하였다. 그러나 Ⅰ장에서 중시하는 철의 생산기술이라는 관점에서 생각해 보면 4~5세기의 한반도 여러 정치세력이 왜로 보

12 칠지도의 연구 성과에 관해서는 주보돈의 연구(2011)가 참고된다.

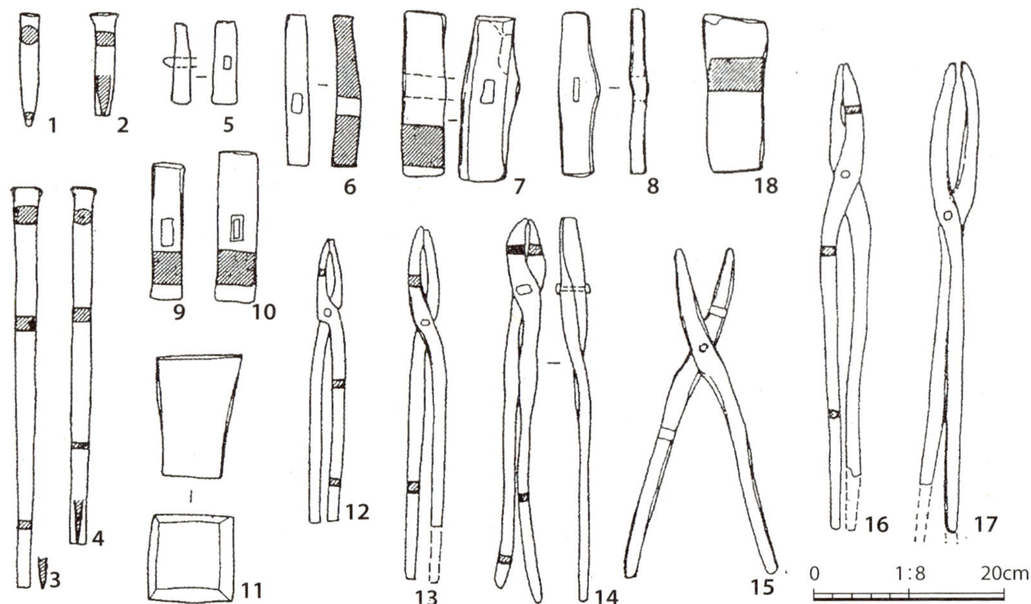

그림 1–5 일본열도 출토 단야구(古瀨清秀 1991)

1-4·6·9-13. 나라현 고죠네코즈카(五条猫塚)고분 | 5·16. 나라현 境谷4호분 | 7·14. 나라현 호리노오(ホリノヲ)제2호분 | 8·15. 교토부 鄕土塚2호분 | 18. 나라현 石峰5호분 | 17. 오사카부 모즈오쓰카야마(百舌鳥大塚山)고분

낸 철제품에는 한반도에만 존재했던 정작 중요한 철 생산기술, 즉 제철기술은 결코 왜로 유출하지 않겠다는 삼국의 의도가 숨겨져 있음을 알 수 있다(鈴木勉·河內國平 2006).

이는 4~5세기까지 고구려, 신라, 백제, 가야가 왜를 대상으로 한 한야공철 정책이 성공적으로 시행되고 있었음을 의미한다.[13] 일본열도로 보낸 철제품은 주조기술로만 제작이 가능한 복잡한 형태에 금 상감을 베푼 칠지도[14], 좀처럼 쉽게 뚫기 어려운 고구려의 철 방패[15]와 같이 고도의 기술로 제작된 뛰어난 성능을 지니고 있었다. 이처럼 한반도 각 정치세력은 철 생산기술을 유출하지 않음으로써 왜 세력을 지속적으로 견제하고 동시에 왜인들이 보유

13 이와 관련해 가야의 염철전매라는 표현(洪潽植 2004)이 주목된다.

14 鈴木勉·河內國平(2006)는 칠지도의 상세한 관찰을 통해 그 제작기술을 추정하고 여러 차례의 복원실험을 통해 가장 가능성이 큰 제작기술을 제시하고 있다.

15 『일본서기』 仁德紀(인덕기) 12년조에는 고구려에서 일본열도로 건너 온 철 방패와 철 과녁 기사를 확인할 수 있다. 다타히토노스쿠네(盾人宿禰)라는 인물 외에는 고구려제 철 방패를 뚫을 수 없었다는 기록을 참고로 할 때, 당시 한반도에서 제작된 철제품의 뛰어난 성능을 유추해 볼 수 있다.

한 단야기술로는 제작할 수 없는 철기들을 건네줌으로써 당시 한반도에만 존재했던 제철기술과 단야기술을 과시하려 했던 것으로 생각된다.

그러나 한반도제 철제품에 숨겨진 위와 같은 의미를 당시 『일본서기』 편찬자가 모두 알기는 어려웠을 것이다. 왜냐하면 『일본서기』가 편찬된 8세기가 되면 일본열도 내에서도 철을 생산할 수 있었기 때문에 6세기 중엽 이전 한반도에서 구할 수 있었던 철기와 철기제작 소재의 가치는 사라지게 되었기 때문이다. 백제에서 철정 40매를 비롯해 각종 보물을 바치려고 한다는 『일본서기』의 기록은 한반도의 각 정치세력보다 왜를 중시하려는 『일본서기』 편찬자의 의도에서 비롯된 것으로 생각된다. 그리고 이는 왜로 철제품을 건네주는 대신 제철기술을 유출시키지 않는다는 삼국의 한야공철 정책 의도를 인지할 수 없었던 『일본서기』 편찬자의 한계로 이해해 볼 수 있다.

이상과 같이 4~5세기대까지 성공적으로 실시된 삼국의 한야공철 정책은 6세기 중엽 일본열도로 철 생산기술이 유출되면서 실패로 끝나게 된다. 당시 일본열도에 철 생산기술을 유출한 주체에 대해서는 오카야마현을 중심으로 발견되는 일본열도 초기 제철로가 한반도에서 확인되는 원형로와 다른 상자형로라는 점(穴澤義功 2004)을 고려하면 한반도 내의 어느 정치세력과 결부시켜 해석해야 할지 좀 더 논의가 필요할 것이다.

이로써 중국대륙에서 발생된 철 생산기술은 오랜 시간 동안 철저한 통제 속에서 한반도를 거쳐 일본열도까지 전해지게 되었고 6세기 일본열도에서도 철을 생산하기 시작함으로써 동북아시아 한야공철 정책은 사라지게 되었다. 『일본서기』 皇極(황극)원년(642) 왜에서 제작된 철정 20매를 백제로 건네주었다는 기사는 동북아시아에서 수백 년에 걸쳐 존재했던 한야공철 정책이 소멸된 것을 의미한다.

제5절 맺음말

고고학 연구에서 어느 시대를 막론하고 흔히 접할 수 있는 단어 중 하나로 기술을 꼽을 수 있다. 그러나 기왕의 연구에서는 특정시대 임의의 기술이 언제, 어느 지역으로 전개되었는지, 만약 전개되었다면 그 역사적 배경이 무엇인지에 대해 관심이 집중되는 경향이 강했고 기술이 전개되어 가는 과정 자체에 관해서는 자연적인 현상으로 간주해 온 것 같다.

그러나 고대 공인들에게 기술이란 자신을 지키는 생명과도 같다는 견해를 참고하면(鈴

木勉 1998) 기술을 소유한 측과 기술을 소유하지 않은 측 사이에서 이루어진 기술이전을 결코 자연스러운 현상으로만 간주할 수 없다. 다른 집단에게 기술을 이전한다는 것은 결국 자신만이 지닌 경쟁력을 상실하는 것을 의미하므로 기술 이전은 기본적으로 통제되거나 혹은 그에 상응하는 경제적 대가가 있었을 때 비로소 이루어졌을 것이기 때문이다.

본장에서는 이상과 같은 기술의 통제라는 인식을 고대국가가 형성되는데 핵심 기반 산업이었을 제철기술과 접목해 기초해 본 것이다. 한반도와 일본열도에 최초로 철기가 등장하는 시기는 중국 내에서 염철전매제와 마노관의 설치 등 선진기술의 외부 유출이 엄격히 통제된 시기였다. 그럼에도 제철기술이 한반도를 거쳐 일본열도에 동진(東進)해가는 현상의 의미에 대해 기술의 통제라는 관점에서 서서 일관되게 해석해 보고자 하였다. 그 내용을 요약하면 아래와 같다.

우선 한반도와 일본열도에 등장하는 철기문화와 관련하여 공통적인 현상을 추출하면 첫째, 전국계 철기가 등장하고 난 뒤 일정 시간이 지나야 비로소 지역 내의 자체적인 철 생산이 가능해지고 둘째, 최초로 등장하는 철기는 주조제의 농공구류가 우위를 점하며 셋째, 철 생산이 시작되기 이전부터 단야구와 철정 등이 확인된다는 점을 들 수 있다.

한반도와 일본열도에서 철을 생산하기 전부터 등장하는 전국계 철기에 대해서는 당시 중국에서 시행된 염철전매제와 관련지어 이해할 수 있었다. 철의 전매와 관련된 내용은 서기전 4세기대의 문헌자료에서도 확인되므로 전국시대부터 이미 존재했으며 전한(前漢) 무제대(武帝代)까지 지속적으로 시행된 것으로 보인다. 중국 정부는 고도의 기술로 제작한 주조제 농공구류를 한반도와 일본열도로 유통함으로써 자국의 경제적 이득과 상권의 보호, 주변 세력의 견제라는 다수의 목적을 동시에 달성하려 했을 것이다. 그리고 성공적으로 정책을 지속하기 위해서는 반드시 주변 지역으로 제철기술의 유출을 막아야 했다.

이경화는 이와 같은 한대(漢代)의 철 관련 정책에 대하여 중앙에서 생산된 철기를 주변 지역으로 공급하는 대신 정작 중요한 철 생산기술은 철저히 통제한다는 의미에서 '한야공철' 정책이라 칭한다. 한야공철 정책에 입장에서 보면 한반도와 일본열도에 전국계 철기 등장한 후에도 일정 시간 동안 철 생산이 불가능했던 것은 중국 정부가 철 생산기술의 유출을 통제하고 있었기 때문이며 이는 한반도와 일본열도가 중국으로부터 철에 의한 통제를 받고 있었던 기간을 의미하는 것으로 해석해 볼 수 있다.

전한 무제가 변경지역에 낙랑군과 하서사군을 설치한 목적도 변경지역에서 사사로이 이루어지고 있던 철 생산을 국가가 통제하기 위해서였을 것이다. 그러나 애초의 의도와 달리 낙랑군의 설치는 한반도 남부와 육지로 이어져 있다는 지리적 조건 등으로 인해 오히려 철 생산기술을 유출한 계기로 작용했던 것으로 보인다. 한반도 동남부지역을 기준으로 볼 때 중국 정부의 철 제작기술 유출방지책은 그리 오래 지속된 것 같지는 않다.

이후 철 생산을 기반으로 한반도 내에서는 고구려, 백제, 신라, 가야 등 여러 정치체가 성장하게 된다. 한반도 내 諸 정치체들은 서로 치열한 공방을 벌이면서도 왜에 대한 한야공철 정책은 고수한 것으로 보인다. 일본열도 내에서 자체 철 생산이 이루어지지 않는 4~5세기대, 한반도로부터 건너간 것으로 생각되는 철정과 칠지도, 철 방패 등 수많은 한반도제 철제품에 이면에는 한반도에만 존재하고 있던 철 생산기술을 왜로 유출하지 않음으로써 철을 통해 왜(倭)를 견제한 삼국의 의도가 숨겨져 있다.

이후 6세기 중엽 한반도로부터 철 생산기술이 유출되어 일본열도 내에서도 철을 생산하면서 900년간 동북아시아에 존재했던 한야공철 정책은 폐기된 것으로 보인다. 『일본서기』 皇極(황극)원년(642) 왜로부터 백제로 전해진 철정 20매는 900년에 걸쳐 존재했던 동북아시아의 한야공철 정책이 드디어 소멸된 것을 의미한다.

이상과 같은 논지를 전개하는 과정에서 연구 대상으로 삼은 시·공간적 범위가 매우 넓다 보니 철기 자체에 대한 분석과 이와 관련된 세부적인 논의는 결여될 수밖에 없었다. 특히 한반도 남부지역의 철기 등장 시기 문제는 현재도 많은 논의가 이루어지고 있고 중·서남부지역의 철기 생산 시기에 대해서는 자료의 한계로 인해 본장에서 정리한 것처럼 뚜렷한 결론이 난 상태라고는 하기 어렵다. 또 기술의 전파 과정 중에 언급된 중국 정부, 한반도 정치체와 같은 모호한 표현으로 인해 논지를 전개하는 과정에서 초점이 흐트러지는 감도 없지 않다.

이처럼 많은 오류를 범하고 있음에도 불구하고 이상과 같은 논지를 무리하게나마 전개해 본 것은 앞서 언급했듯이 동북아시아 철기문화의 도래를 한야공철 정책이라는 기술의 통제라는 관점과 결부시켜 하나의 해석 틀을 제시하고 나름의 이야기로 재구성해 보고자 하기 위함이었다.

마지막으로 시대와 종류를 막론하고 어떠한 기술이든지 간에 선진기술을 보유한 집단은 결코 다른 집단에게 쉽게 자신의 기술을 이전하거나 전파하지 않는 것이 기술이 지닌 본질이라는 점을 다시 한번 강조해 두고 싶다.

참고문헌

국문

강창구, 2004, 「제주 용담동 출토 철기유물에 대한 금속학적 연구」, 용인대학교대학원 석사학위논문.

김무중, 2004, 「華城 旗安里製鐵遺蹟 出土 樂浪系土器에 대하여」, 『백제연구』40, 충남대학교 백제연구소.

김민철, 2014, 「嶺南地方 鐵器登場過程과 그 年代를 둘러싼 논의」, 『한반도 남부지역 초기철기시대 철기문화의 양상』, 제10회 한국철문화연구회학술세미나.

김상민, 2011, 「3~6세기 호남지역의 철기생산과 유통에 대한 시론—영산강유역 자료를 중심으로—」, 『호남고고학보』37, 호남고고학회.

김상민, 2012, 「한반도 서남부지역 철기문화의 유입과 전개양상」, 『동아시아 고대 철기문화연구』, 국립문화재연구소.

김상민, 2013, 「한반도 남부지역 철기문화의 유입과 전개과정—연계 · 한식철기의 유입연대를 중심으로—」, 『고고학지』19, 국립중앙박물관.

김수기 · 박장식, 2003, 「함평 중랑유적 출토 철기유물의 금속학적 분석」, 『함평 중랑유적-II분묘-』, 목포대학교박물관.

김용은, 2000, 「한 전기 국가재정과 재정론 연구」, 경희대학교대학원 박사학위논문.

김일규, 2014, 「嶺南地域 철문화의 출현과정과 전개」, 『영남고고학』59, 영남고고학회.

김현구 · 박현숙 · 우재병 · 이재석, 2002, 『일본서기 한국관계기사 연구(I)』, 일지사.

박순발, 1993, 「우리나라 초기철기문화의 전개과정에 대한 약간의 고찰」, 『고고미술사론』3, 충북대학교 고고미술사학회.

손명조, 1998, 「韓半島 中 · 南部地方 鐵器生産遺蹟의 現狀」, 『영남고고학』22, 영남고고학회.

송계현, 2002, 「嶺南地域 初期鐵器文化의 收容과 展開」, 『영남지방의 초기철기문화』 제11회 영남고고학회 학술발표회.

신경선, 1982, 「한 전기 국가재정과 재정론 연구」, 청주대학교대학원 석사학위논문.

신동조, 2007, 「嶺南地方 原三國時代 鐵斧와 鐵矛의 分布定型 研究」, 경북대학교대학원 석사학위논문.

오영찬, 2006, 『낙랑군연구』, 사계절출판사.

이남규, 1993, 「삼한 철기문화의 성장과정—낙랑지역과의 비교적 시각에서—」, 『삼한사회와고고학』, 제17회 한구고고학대회 발표문.

이남규, 2002, 「한반도 초기철기문화의 유입 양상—낙랑 설치 이전을 중심으로—」, 『한국상고사학보』36, 한국상고사학회.

이남규, 2005, 「한반도 서부지역 원삼국시대 철기문화—지역성과 전개양상의 특성」, 『한국상고사학보』36, 한국상고사학회.

이남규, 2006, 「낙랑 지역 한대 철제 병기의 보급과 그 의미」, 『낙랑문화연구』, 동북아역사재단연구총서 29.

이남규, 2009, 「동아시아 고대철기문화의 형성과 보급—中·韓·日 삼국의 양상을 중심으로—」, 『동북아 고대철기문화의 형성과 전개』, 전북대 고고문화인류학과BK21사업단 해외석학초청특강 및 국제학술대회.

이성규, 2006, 「중국 군현으로서의 낙랑」, 『낙랑문화연구』, 동북아역사재단연구총서 29.

이성규, 2008, 「樂浪郡에 보급된 鐵官의 철제 농구」, 『木簡과 文字』2, 한국목간학회.

이창희, 2010, 「점토대토기의 실연대—세형동검문화의 성립과 철기의 출현연대」, 『문화재』43-3, 국립문화재연구소.

이하얀, 2013, 「완주 신풍유적 주조철부의 제작기술 연구」, 공주대학교대학원 석사학위논문.

이희준, 2002, 「초기 진·변한에 대한 고고학적 논의」, 『진·변한사연구』, 경상북도.

이희준, 2011, 「경주 황성동유적으로 본 서기전 1세기~서기 3세기 사로국」, 『신라문화』 38, 동국대학교 신라문화연구소.

정영화·김옥순, 2000, 「경주지역 철기생산의 변천」, 『고문화』56, 한국대학박물관협회.

정인성, 2006, 「낙랑토성의 철기와 제작」, 『낙랑문화연구』, 동북아역사재단연구총서 29.

정인성, 2012, 「낙랑군의 철(기)생산」, 『원삼국시대 한반도 철기문화의 제 양상』, 국립중앙박물관·한국철문화연구회.

정인성, 2013, 「衛滿朝鮮의 鐵器文化」, 『백산학보』96, 백산학회.

조진선, 2005, 『세형동검문화의 연구』, 학연문화사.

주보돈, 2011, 「百濟 七支刀의 의미」, 『한국고대사연구』62, 한국고대사학회.

중문

李京华, 2006, 「汉代经济支柱产业-宏伟的冶铁业」, 『李京华文物考古论集』, 谢全堂.

일문

岡崎敬, 1971, 「日本考古學の方法-古代史の基礎的條件-」, 『古代の日本』9, 角河書店.

古瀨清秀, 1991, 「鐵器の生產」, 『古墳時代の研究』5, 雄山閣.

高倉洋彰, 2003, 「弥生文化開始の新たな年代觀をめぐって」, 『考古學ジャーナル』 510, ニュー·サイエンス社.

橋口達也, 1991, 「九州地方」, 『日本古代の鐵生產』, 六興出版.

橋口達也, 2003, 「炭素14年代測定法による弥生時代の年代論に關連して」, 『日本考古學』16, 日本考古學協會.

大櫛敦弘, 1989, 「漢代の鐵專賣と鐵器生產 -「徐偃矯制」事件より見た-」, 『東洋學』68, 東洋學會.

大澤正己, 1983, 「古墳出土鐵滓からみた古代製鐵」, 『日本製鐵史論集』, たたら研究會.

大澤正己, 1992, 「中伏遺跡出土二條凸帶斧の金屬學的調査」, 『中伏遺跡 I』, 北九州市埋藏文化財事業團調査報告書 120.

大澤正己, 1996, 「比恵遺跡第51次調査出土の二條凸帶鑄造鐵斧の金屬學的調査」, 『比恵遺跡群21 - 第51次調査の報告 - 』, 福岡市教育委員會.

大澤正己, 2004, 「金屬學的調査からみた倭と加耶の鐵」, 『國立歷史民俗博物館研究報告』 110, 國立歷史民俗博物.

東潮, 1991, 「鐵素材論」, 『古墳時代の研究』5, 雄山閣.

大澤正己, 2003, 「古代日韓の鐵の交易と技術移轉」, 『東アジアの古代文化』 114, 大和書房.

藤尾愼一郎, 2004, 「弥生時代の鐵」, 『國立歷史民俗博物館研究報告』110, 國立歷史民俗博物.

藤尾愼一郎, 2011, 『〈新〉弥生時代』, 古川弘文館.

鈴木勉, 1998, 「古代史における技術移轉試論Ⅰ-技術評價のための基礎概念と技術移態の分類-(金工技術を中心として)」, 『橿原考古學研究所論集』13, 吉川弘文館.

鈴木勉 · 河內國平, 2006, 『復元七支刀-古代東アジアの鐵 · 象嵌 · 文字-』, 雄山閣.

武末純一, 2002, 「三韓の鐵器生産体制 - 隍城洞遺跡を中心に - 」, 『韓半島考古學論叢』, すずさわ書店.

森貞次郎, 1968, 「弥生時代における細形銅劍の流入について」, 『日本民族と南方文化』, 平凡社.

石川岳彦, 2011, 「青銅器と鐵器普及の歷史的背景」, 『弥生時代の考古學』3, 同成社.

設楽博己, 2004, 「AMS炭層年代測定による弥生時代の開始年代をめぐって」, 『歷史研究の最前線』 Vol.1, 吉川弘文館.

笹田朋孝, 2013, 「匈奴の鐵生産」, 『鐵と匈奴　遊牧國家像のパラダイムシフト-予稿集』, 愛媛大學東アジア古代鐵文化研究センター

松井和幸, 1994, 「小丸遺跡」, 『山陽自動車道建設に伴う埋藏文化財発掘調査報告』(IX), 廣島縣埋藏文化調査センター調査報告書(3).

松井和幸, 2001, 『日本古代の鐵文化』, 雄山閣.

柴田昌児, 2008, 「弥生時代の遺構 · 遺物の關する若干の考察」, 『大久保遺跡 · 大開遺跡 · 松ノ丁遺跡』, 愛媛縣埋藏文化財調査センター

野島永, 1992, 「破損した鑄造鐵斧」, 『たたら研究』32 · 33, たたら研究會.

乙益重隆, 1972, 「熊本縣 齋藤山遺跡」, 『日本農耕文化の生成』, 東京堂.

潮見浩, 1982, 『東アジアの初期鐵器文化』, 古川弘文館.

佐々木稔 · 村田朋美 · 伊藤薰, 1985, 「出土鐵片の金屬學的調査」, 『石崎曲り田遺跡Ⅱ』, 福岡縣教育委員會.

川越哲志, 1993, 『弥生時代の鐵器文化』, 雄山閣.

村上恭通, 1993, 「古墳時代の鐵器生産 - 鍛冶遺構および出土遺物を中心に - 」, 『考古學ジャーナル』366, ニュー · サイエンス社.

村上恭通, 1999, 『倭人と鐵の考古學』, 青木書店.

村上恭通, 2003,「中國·朝鮮半島における鐵器の普及と弥生時代の実年代」,『考古學ジャーナル』510, ニュー·サイエンス社.

村上恭通, 2007,『古代國家成立過程と鐵器生産』, 青木書店.

村上恭通, 2013,「燕國以外の中國戰國時代鐵器とその中心地」,『동아시아 고대철기문화 연구』, 국립문화재연구소.

春成秀爾, 2003,「弥生早·前期の鐵器問題」,『考古學研究』50－3, 考古學研究會.

穴澤義功, 2004,「日本古代の鐵生産」,『國立歷史民俗博物館研究報告』110, 國立歷史民俗博物館.

洪潽植, 2004,「金官伽倻と倭」,『國立歷史民俗博物館研究報告』110, 國立歷史民俗博物館.

문헌

『史記』.「平準書」.

환관(김원중 역), 2007,『염철론』, 현암사.

제2장 후쿠오카현(福岡縣) 미야지다케고분(宮地嶽古墳) 두추대도(頭椎大刀)의 도신(刀身) 복원(復原)

제1절 머리말

미야지다케(宮地嶽)고분은 일본 후쿠오카현(福岡縣) 무나카타군(宗像郡) 쓰야자키마치(津屋崎町)에 위치한 원분으로 미야지다케신사(宮地嶽神社)의 경내에 소재한다. 전장 23.5~24m의 횡구식석곽은 일본열도에서 2번째로 거대하여 고훈시대 북부규슈(北部九州)에서 주목되는 고분 중 하나이며 축조시기는 6세기 말에서 7세기 초로 비정된다.

미야지다케고분의 석실과 출토품에 대해서는 메이지시대(明治時代)부터 여러 잡지와 도록에 소개되었으나 정식 발굴조사는 이루어지지 않았다. 다카타 나오키(高田直規) 씨에 의하면 '昭和9(1934)년 이전에 분구 2차 성토와 열석배치(列石配置)를 목격하였다. 석실 내에서 나온 배토(排土)를 사무소 남측에 버렸는데 비가 온 후 그 속에 유물이 존재하던 것이 밝혀졌고 동제품과 유리파편이 채집되었다'고 한다. 이후 이케노우에 히로무(池ノ上宏)·하나다 가쓰히로(花田勝廣)는 미야지다케고분을 종합적으로 검토하고 당시까지 기록된 자료들을 종합하여 여기서 출토된 것으로 전해지는 국보급 유물이 합사전(合祀前)인 1928~1929년 수차례에 걸쳐 출토되었으며 주요품은 산사면에 재매납되었을 가능성이 큰 것으로 보았다(池ノ上宏·花田勝廣 1999: 24).

이에 따르면 1934년 3월 미야지다케신사 내의 사무소 건설을 위해 실시하던 공사에서 경사면을 파 내려가던 도중 재매납된 마구와 도검류가 출토되었다고 공식발표되었으며 같은 해 4월 25일 기노시타 산타로(木下讃太郎) 씨에 의해 정식 보고가 이루어졌다고 한다. 이후 1938년에는 유리장골호, 1948년에는 금동제관이 연달아 발견되었다. 이상의 출토품은 1952년과 1961년에 새로이 국보로 지정되었으며 1973년부터는 도쿄국립박물관에 상설 전시되고 있다.

구주국립박물관(九州國立博物館)은 2014년 1월 개최된 특별전 「國寶 大神社展」을 위하여 미야지다케고분에서 출토된 2점의 두추대도[1] 중 대형 두추대도의 복원을 계획하고 2013년 3월부터 12월까지 동경공예문화연구소(東京工藝文化研究所)와 공동으로 대형 두추대도의 복원을 진행하였다.

동경공예문화연구소의 스즈키 쓰토무(鈴木勉)에 의하면 당초 구주국립박물관이 의뢰한 대형 두추대도의 복원 계획에는 도신(刀身)의 제작이 포함되어 있지 않았다고 한다. 도신을

1 두추대도의 발생에 대해서는 여러 가지 설이 있으며 아직 한반도에서는 출토 사례가 없는 것으로 알려져 있다. 일본 나라현 후루(布留)유적에서 유사한 형태의 목제 병두가 출토되어 일반적으로 일본 독자의 장식대도로 알려져 있다(橋本博文 1990).

칼집에 넣었다는 가정하에 대도의 칼집과 손잡이만 전시할 계획이었기 때문이다. 그러나 도신을 제작하고 그 크기에 맞추어 목제 칼집과 손잡이를 장식하는 것이 일반적인 도검의 전시 방법이므로 애초 계획은 수정되었다. 도신은 전통 도검의 제작기술이 이어지고 있는 일본도의 제작 방법을 따라 복원하였다.

도신 복원은 후쿠시마현(福島縣)의 일본도 도장(刀匠) 후지야스 마사히라(藤安將平)의 주도 아래에 진행되었다. 애초에는 현대의 강철(S50C)을 사용해 도신을 제작하려 하였다. 그러나 후지야스 마사히라 씨는 현대의 강철이 아니라 전통 도검의 소재인 옥강(玉鋼)을 사용하여 도신을 복원하자고 제안하였다. 다타라제철에 의해 생산된 옥강이 고가이기 때문에 복원의 경비와 관련된 중요한 문제였지만 후지야스 마사히라 씨의 배려로 도신의 복원에 착수할 수 있었다.

이상과 같은 경위를 거쳐 미야지다케고분에서 출토된 대형 두추대도의 칼집과 손잡이만을 복원하려 했던 구주국립박물관의 애초 계획은 변경되어 옥강을 사용해 제작한 도검과 칼집, 그리고 손잡이까지 모두 복원하기로 결정된 것이다.

필자는 동경공예문화연구소 스즈키 쓰토무 소장님의 배려로 2013년 3월부터 12월까지 미야지다케고분 출토 대형 두추대도의 복원 프로젝트에 참가하였다. 본장은 대형 두추대도의 복원 과정 중 도신의 복원 과정만을 추려서 기술한 것이다. 대도의 도신과 목제 칼집의 복원 제작은 후쿠시마현 일본도 도장 후지야스 마사히라 씨와 교토(京都)의 일본도 도장 나카니시 마사히로(中西将大) 씨가, 칼집에 씌워진 금동 장식을 비롯해 날밑(鍔)의 복원 제작은 사이타마현 ottica대표 야마다 타쿠(山田琢) 씨가, 날밑에 부착된 청동방울의 주조는 오사카의 주조 장인 하마다(濱田) 씨가 담당하였다. 필자는 도신과 칼집, 청동방울 복원 과정의 기록을 담당하였다.

제2절 미야지다케고분 출토 대형 두추대도

1) 대형 두추대도의 관찰

2013년 4월 15일과 16일, 7월 8일 두 차례에 걸쳐 구주국립박물관에 소장된 대형 두추대도를 조사하였다. 남은 유물로 보아 미야지다케고분에는 대형과 소형의 두추대도가 각각 1점씩 매장된 것으로 추정된다. 이 가운데 대형 두추대도를 복원하였다. 대형 두추대도는 대부

그림 2-1 미야지다케고분 두추대도

표 2-1 잔존 도신의 잔존 길이, 도신 폭, 칼등 두께(mm)

	잔존 길이	도신의 폭		칼등 두께	
		a	b	a	b
[도신1]	287	43	45	7	9
[도신2]	105	37	38.4	7	10

분 파손되어 병두, 날밑, 칼집금구과 2점의 도신 파편만 남아 있었다(그림 2-1).

도신은 두 점으로 나누어져 있었다. 편의상 상대적으로 긴 것을 [도신1], 짧은 것을 [도신2]라 부르고 도신 폭이 좁은 곳을 (a), 넓은 곳을 (b)라 부른다. [도신1]과 [도신2]는 모두 목질에 싸여 있어 매납될 당시 칼집에 들어간 상태였을 것으로 추정된다. 도신의 잔존 길이와 목질 내부에서 확인할 수 있는 도신의 폭과 칼등 두께는 표 2-1과 같다.

[도신1]과 [도신2] 모두 도신의 폭이 넓은 곳(b)에서 좁은 곳(a)으로 가면서 조금씩 좁아지는 것을 확인할 수 있다. 따라서 도신의 전체적인 형태는 손잡이에서 칼 끝 부분으로 가면서 조금씩 좁아지는 것을 알 수 있다. 그러나 현재 남아 있는 도신의 정보만으로는 당시 제작된 도신의 전체 길이까지는 추정이 불가능하다. 다행히 대형 두추대도의 전장(全長)에 대해서는 여러 연구자에 의해 논의된 바가 있어 참고가 된다.

2) 대형 두추대도의 전장(全長)과 폭(幅)에 대하여

미야지다케고분 출토 대형 두추대도의 전장에 대하여 고토 슈이치(後藤守一) 씨는 잔존하는 병두(그림 2-1-1, 2)의 직경 20cm를 13배 한 260cm로 추정하였으며(後藤守一 1936) 앞서 언급한 이케노우에 히로무·하나다 가쓰히로 씨도 고토 슈이치 씨의 견해를 따라 대도의 전장을 2.4~2.8m로 추정하였다. 한편 마치다 아키라(町田章) 씨는 미야지다케고분 출토 대형 두추대도를 3m에 이르는 것으로 보았다(町田章 1976: 105). 연구자마다 추정한 대도의 길이가 달랐으므로 본격적인 복원에 앞서 우선 대도의 전장을 결정할 필요가 있었다.

스즈키 쓰토무는 복원 대도의 전장을 추정하기 위해 현재 남은 병두와 날밑에 주목하였다(鈴木勉 2014: 9). 병두와 날밑의 크기를 측정하고 다른 고분에서 출토된 두추대도의 병두와 날밑의 크기를 비교하여 미야지다케고분 출토 대형 두추대도의 전장을 추정한 것이다.

현재 남아 있는 병두와 날밑의 크기는 그림 2-2와 같다. 자료 조사를 통해 확인된 주조제 방울 8개가 날밑의 주변에 부착되는 것을 고려하면 날밑의 직경과 병두의 직경은 거의 같아진다. 우선 고토 슈이치 씨가 상정한 대로 병두 직경을 13배하여 대도의 전장을 계산하였다. 다

표 2-2 병두와 날밑의 크기를 기준으로 추정한 두추대도의 전장(mm)

	全長	병두 기준		날밑 기준	
		병두 직경	추정 전장	날밑 직경	추정 전장
미야지다케고분	?	222.3	2890	225.4	
긴레이즈카고분	1020	77.5	2924	86.5	2658
분도고분	1058	78.1	3013	78.1	3055
고베시박물관	1030	81.6	2805	79.7	2914
사카모토1호분	1050	78.0	2991	66.0	3587

만, 고토 슈이치 씨가 파악한 병두의 직경 20cm는 재계측 결과 22.3cm이었으므로 이것을 13배하면 289cm가 된다. 고토 슈이치 씨가 추정한 260cm보다 약 30cm가량 늘어난 수치이다.

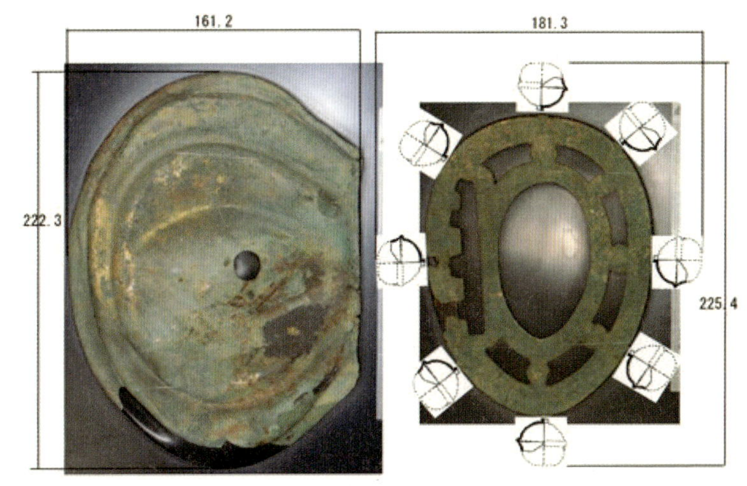

그림 2-2 대형 두추대도 병두와 날밑의 복원 크기(鈴木勉 2014)

한편, 현존하는 두추대도 중 전장을 알 수 있는 지바현(千葉縣) 긴레이즈카(金鈴塚), 효고현(兵庫縣) 분도(文堂)고분, 미에현(三重縣) 사카모토(坂本)1호분 출토품, 고베시박물관(神戸市博物館) 소장품의 병두 및 날밑의 직경을 비교하여 대도의 전장을 비교해 보았다(표 2-2). 출토품의 병두, 날밑, 전장의 수치를 알고 있으므로 해당 대도의 비율에 따라 대형 두추대도의 전장을 추정해 본 것이다. 그 결과 대형 두추대도의 예상 길이는 최단 2,658mm(긴레이즈카 출토품의 날밑 기준)에서 최장 3,587mm(사카모토1호분 출토품의 날밑 기준)이며 이 중 효고현(兵庫縣) 분도고분 출토품이 병두 3,010mm, 날밑 3,050mm로 대도의 길이 차가 가장 작았다. 따라서 복원할 대도의 전장을 3,500mm로 결정하고 병두, 손잡이, 칼집의 비율은 분도고분 출토품을 따르기로 하였다. 대도의 전장이 정해짐에 따라 도신의 전장은 2,400mm로 정해졌다.

한편, 도신의 폭은 단면 관찰과 날밑의 내경을 고려하여 결정하였다. [도신1]과 [도신2]의 단면 관찰을 통해 그 폭이 43-45mm, 37-38.4mm이었음은 분명하다(표 2-1). 또 도신이 통과하는 날밑의 내경이 90mm인 점에서 도신의 최대 폭은 90mm를 넘을 수 없다(그림 2-2).

결국, 도신의 폭은 최소 37mm, 최대 90mm로 추정할 수 있다. 복원은 현재 남아 있는 실물을 가장 중시한다는 원칙에 따라 폭이 가장 넓은 관부 쪽은 60mm, 폭이 가장 좁은 칼끝은 45mm로 결정하였다. 이상과 같은 논의를 거쳐 **그림 2-3**와 같은 크기의 도신을 제작하기로 하였다.

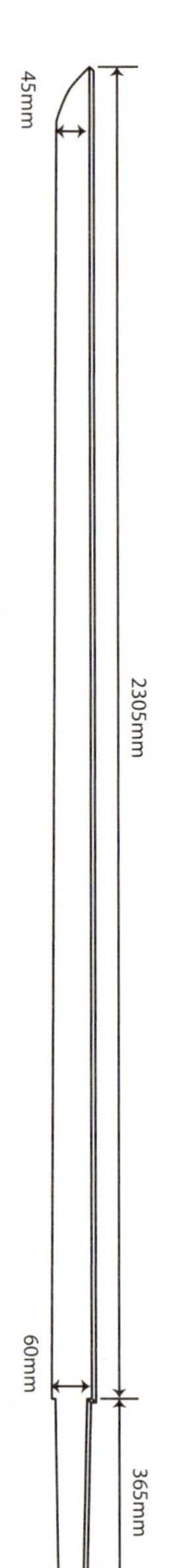

그림 2-3 복원 도신의 크기

제3절 도신 복원의 준비

도신의 복원은 후쿠시마현 다쓰코야마(立子山)에 위치하는 후지야스 마사히라 씨의 일본도 공방에서 2013년 3월 20일부터 9월 15일까지 약 6개월간 이루어졌다.[2]

1) 도신의 재료와 탄소별 분류 작업

도신의 재료로 옥강(B급)이라는 강철을 사용하였다.[3] 옥강은 사철을 원료로 다타라 제철에 의해 만들어진 철을 말한다(**그림 2-4-1**). 옥강은 도신에 필요한 적당량의 탄소를 포함하고 있으므로 그 자체로 우수한 소재이다. 그렇다고 다타라 제철로 생성된 모든 옥강을 그대로 도신을 만드는 데 이용할 수 있는 것은 아니다. 탄소함유량에 따라 철의 경도가 달라지기 때문에 옥강 내에 불규칙적으로 분포하는 탄소량을 균일하게 하는 작업이 먼저 이루어져야 하기 때문이다.

일반적으로 일본도는 날 부위에 탄소량이 많아 담금질 작업에 의해 경도를 높일 수 있는 옥강을, 도신의 등 부위에는 탄소량이 적어 비교적 부드러운 옥강을 배치한다. 따라서 도신의 제작에 앞서 미리 탄

2 복원 과정에서 일본도 제작과 관련된 용어들이 많이 사용되었다. 최대한 한국어로 대체하고자 하였으나 불가능한 경우에는 일본어를 그대로 음독하고 병기하였다. 복원과 관련된 사진은 기본적으로 모두 필자가 촬영한 것이며 인용한 경우는 출처를 명기하였다.

3 다타라제철에 의해 만들어진 옥강은 도장에 의해 A등급, B등급 혹은 1급품, 2급품, 3급품으로 나뉜다. 복원에는 후지야스 마사히라 씨가 분류한 B급 옥강을 사용하였다.

그림 2-4 도신의 재료(玉鋼)와 탄소별 분류 작업

1. 도신 재료(옥강) | 2. 미즈베시(水減し) | 3. 고와리(小割り) | 4. 탄소별로 분류한 옥강을 한 데 모음

소량에 따른 옥강을 분리해 두는데 이 작업을 일본도 제작과정에서는 미즈베시(水減し)와 고와리(小割り)라 부른다(그림 2-4-2·3).

미즈베시는 옥강을 단야로[4] 속에 넣고 붉게 될 때까지 충분히 가열한 뒤 반용해 상태가 되었을 때 두들겨 두께 약 3~6mm의 얇은 철판으로 만들고, 이 철판이 식기 전 순식간에 물속으로 집어넣는 작업을 말한다. 이때 옥강 내 탄소량이 많은 부분은 소리를 내며 자연적으로 부서지거나 단단해지나 탄소량이 적은 부분은 큰 변화가 없다.

고와리는 미즈베시 과정을 거쳐 얇아진 철판의 옥강을 모루 위에 두고 망치로 때려 작은 철편으로 부수는 작업을 말한다. 이때 탄소량이 적은 부분은 경도가 낮아 비교적 부드럽기 때문에 망치로 두드려도 깨지지 않지만, 탄소량이 많은 부분은 앞서 미즈베시 작업으로 인해 단단해져 있으므로 작은 충격에도 쉽게 깨진다. 결국 옥강으로 만든 철판을 망치로 때렸을 때, 잘게 깨지는 부분은 탄소량이 많은 옥강, 깨지지 않은 부분은 탄소량이 적은 옥강이다.

앞서 언급했듯이 하나의 도신이라 하더라도 부위별로 탄소량이 다른 옥강을 사용해야 하므로 옥강의 분류 작업인 미즈베시와 고와리 과정은 도신을 제작하는 데 가장 우선적으로 이루어지는 준비 과정이라 할 수 있다.

미즈베시와 고와리 과정은 후술하는 도신의 담금질 작업과 그 원리가 동일하다. 담금질은 충분히 가열한 도신을 물속에 순식간에 집어넣음으로써 탄소량이 많은 날 부위만 경도를 높이는 데 그 목적이 있다. 미즈베시와 고와리 과정도 탄소량이 많은 부분과 적은 부분을 분류하기 위해 가열한 후 급랭시킨다는 점에서는 담금질과 그 원리와 같다.

분류한 옥강은 그림 2-4-4와 같이 한군데 모아 단련한다. 탄소가 적은 옥강은 심금(心金)의 소재로, 탄소가 많은 옥강은 피금(皮金)의 소재로 사용하였다. 한편, 대형 두추대도 복원 작업에는 총 30kg의 옥강을 사용하였으며 복원 과정에서 사용된 도구는 그림 2-5와 같다.

2) 연료

단련, 담금질에 필요한 연료로 이와테현(岩手縣)에서 생산된 소나무 숯을 사용하였다. 소나무 숯은 다른 숯에 비해 부드러워 빨리 연소되지만 그만큼 빨리 열을 올릴 수 있다는 장점이 있다. 소나무 숯을 연료로 사용하기 위해 미리 적당한 크기로 잘라 두어야 한다(그림 2-6). 숯을

4 일본도 공방에서는 이를 호도(ホド)라고 한다.

그림 2-5 도신 복원에 사용된 도구

1. 대형 망치 | 2 · 6. 철착 | 3. 소형 망치 | 4. 집게 | 5. 자루가 짧은 비(手代) | 7. 철봉 | 8. U자형 모루 | 9. 철모루 | 10. 기계해머 | 11. 풀무 | 12. 수통

그림 2-6 연료(크기별로 준비)

자르는 전용 도구[5]를 사용해 소나무 숯을 세로로 길게 자른 후 다시 가로로 잘게 자른다. 숯은 크기가 다른 2종류를 준비해 두었는데, 6~8cm의 숯은 옥강의 단련, 철괴 늘이기(素延べ), 날 제작(火造り)에, 4~6cm의 숯은 도신의 담금질 작업에 사용하였다.

숯의 크기는 단야로의 온도 조절, 옥강의 침탄 및 탈탄과 관련 있다. 숯의 크기가 크면 클수록 숯 사이에 들어가는 공기의 양이 많아져 쉽게 온도를 올릴 수 있는 반면 옥강 내 포함된 탄소가 빠져나가 탈탄의 위험성이 있다. 숯의 크기가 작으면 단야로의 온도는 쉽게 올릴 수 없지만 옥강에 포함된 탄소량도 그만큼 적어져 옥강 내 탈탄도 적어진다.

제4절 도신 복원 과정

도신의 날 부위와 등 부위에 탄소량이 다른 옥강을 사용하는 것은 앞서 언급한 바와 같다. 미

5 스미키리호쵸(炭切り包丁)라고 한다.

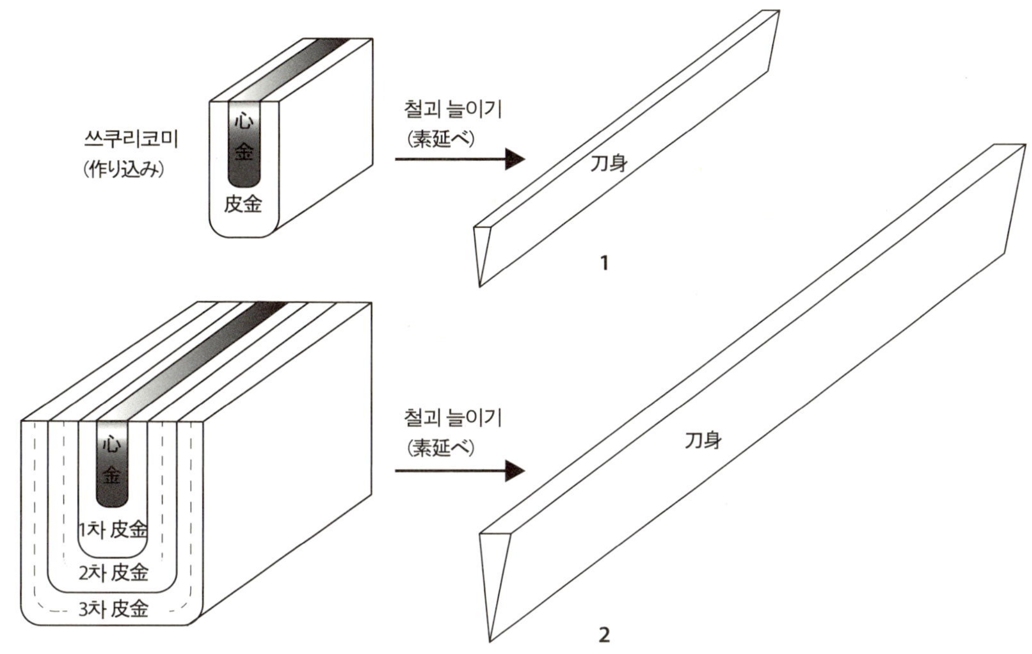

그림 2-7 도신의 제작과정
1. 일반 도신 제작 | 2. 복원 두추대도 도신 제작

즈베시와 고와리 공정을 거쳐 탄소량별로 분리해 둔 옥강 중 탄소량이 많은 옥강만을 골라 단련한 것을 피금이라 한다. 피금은 탄소량이 많아 담금질 작업에 의해 경도를 높아지므로 도신의 날 부위에 사용한다. 이에 반해 탄소량이 적어 비교적 부드러운 옥강을 모아 단련한 것을 심금이라고 한다.[6] 피금에 비해 부드럽기 때문에 도신의 등 혹은 중심 부위에 위치하며, 도신을 사용할 때 가해지는 충격을 흡수하는 역할을 한다. 심금을 피금으로 감싸 하나의 큰 철괴를 제작하는데 이 과정을 '쓰쿠리코미'(作り込み)라고 한다. 쓰쿠리코미 과정을 거친 철괴를 늘이는 도신 늘이기 과정(스노베, 素延べ)을 거쳐 도신의 형태가 완성된다.

일반적인 도신은 1개의 심금을 1개의 피금으로 감싼 뒤, 이것을 길게 늘여 완성한다(**그림 2-7-1**). 그러나 이번에 복원한 도신은 일반적인 일본도의 도신에 비해 길이는 3배, 체적은 27배에 달한다. 1개의 피금으로 도신을 제작할 수 없다고 판단하여 총 3개의 피금을 만드는 방식으로 진행하였다(**그림 2-7-2**).

6 일본어로 피금은 가와가네, 심금은 신가네라고 한다.

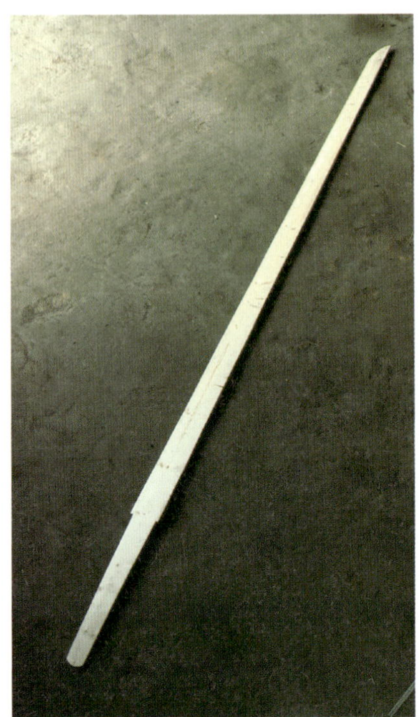

그림 2-8 목제 도신의 제작

1) 목제 도신의 제작

본격적인 도신 제작에 앞서 실제 복원할 도신과 동일한 크기의 목제 도신을 만들었다(그림 2-8). 철제의 도신을 늘이는 도중에 실제 크기의 목제 도신과 비교함으로써 작업을 수월하게 진행할 수 있을 것으로 판단했기 때문이다.

2) 심금의 제작

앞서 언급한대로 심금은 도신의 등 혹은 중심부에 위치함으로써 타격 시 충격을 흡수하는 역할을 한다. 따라서 탄소량이 적어 피금에 비해 비교적 부드러운 옥강(탄소량 0.2~0.5%)들만을 골라 제작하였다.

우선 철봉[7]의 끝을 단야로 속에 넣고 가열하였다. 가열한 철봉의 끝 부분을 망치로 때려

7 일본어로 데코보(テコ棒)라고 한다. 철봉의 끝 부분은 도신의 단련 과정 중 철괴의 일부가 되기 때문에 도신 재료인 옥강으로 제작된다.

그림 2-9 심금의 제작

1. 철봉 끝을 가열 | 2. 가열한 철봉을 단조 | 3. 철봉 끝에 올린 붕사 | 4. 붕사 위에 옥강 올리기 | 5. 옥강의 재가열 | 6. 가열 중인 옥강 | 7. 옥강을 편평한 형태로 단조 | 8. 옥강을 추가 | 9. 직육면체로 단조 | 10. 접쇠 단련

옥강을 올려놓을 수 있도록 평평한 형태로 단조하였다. 그리고 그 위에 붕사를 뿌리고 옥강을 얹는다. 이 때 붕사는 철봉과 옥강을 효율적으로 접착시키는 역할을 한다. 철봉 끝에 올린 옥강을 단야로 속에 넣고 단조할 수 있을 만큼 중심부까지 충분히 가열하는데 이 과정을 와카시(沸し) 혹은 쓰미카와시(積み沸し)라고 한다. 가열 시간은 올려진 옥강의 크기에 따라 달라지나 주먹만 한 크기의 옥강이라 가정할 경우 약 10분 정도였으며 이 때 가열된 옥강의 온도는 약 1,300℃정도이다. 달구어진 옥강을 꺼내 철 모루 위에 두고 대형 망치로 때려 철봉과 옥강을 접착시키고 그 위에 다시 옥강을 올릴 수 있도록 평평한 형태로 단조하였다. 동일한 과정을 반복하여 옥강을 추가적으로 늘려갔다. 옥강을 가열하기 전에 반드시 진흙과 볏짚을 태운 재를 충분히 바르는데 이것은 옥강의 온도가 너무 높아져 옥강이 산화, 감량되는 것을 막기 위해서이다.

가열한 옥강의 양이 심금이 될 정도로 충분한 양이 모이면 세로로 좁고 긴 형태의 직육면체로 단조한다. 직육면체 형태의 단조는 한 번에 쉽게 끝나지 않기 때문에 여러 번 가열하면서 그 형태를 다듬었다. 직육면체로 단조한 옥강은 아직 그 내부에 불순물이 존재하므로 접고 펴기를 반복하였다. 직육면체의 옥강을 반으로 접을 수 있도록 철착을 사용해 옥강의 가운데 부분에 크게 자국을 새기고 소형 망치로 사용해 반으로 접었다. 이것을 재가열하여 다시 직육면체로 늘린 후 동일한 방법으로 옥강을 접고 가열하였다. 이처럼 옥강을 가열하여 접고 펴기를 반복하는 과정을 접쇠(오리카에시, 折り返し) 단련이라고 한다. 접쇠 단련 시에는 옥강을 약 800~850℃까지 가열한다. 접쇠 단련을 통해 옥강 내에 불균일하게 분포하는 탄소를 균일하게 배치시킬 수 있으며 불순물도 배출할 수 있다. 접쇠 단련은 총 3차례 반복하였다. 단련이 끝난 후 소형 망치를 사용해 피금의 끝을 약간 둥글고 뾰족한 형태로 단조함으로써 피금 사이에 들어가기 알맞은 형태로 제작하였다. 마지막으로 철착을 사용해 철봉에서 옥강을 잘라 내고 물속에 넣어 식힘으로써 심금을 완성하였다.

심금 두께 18mm, 높이 35mm, 길이 90mm, 무게 0.4kg

3) 피금의 제작

피금의 제작에는 미즈베시와 고와리 과정을 통해 분리된 옥강 중 탄소량이 많은 옥강(0.5~1.0%)만을 골라 사용하였다. 앞서 언급한 것처럼 일반적인 도신의 경우 심금, 피금을 1개씩 만들지만 이번 복원에서는 도신이 대형임을 감안해 1개의 심금과 이를 감싸는 3개의 피금을 제작하기로 하였다. 3개의 피금을 편의상 각각 1차, 2차, 3차 피금이라고 부르기로

그림 2-10 심금 및 피금의 제작

1. 끝을 뾰족하게 단조 | 2. 철봉에서 단련된 옥강 떼어내기 | 3. 물어 넣어 식힘 | 4. 완성된 심금 | 5. 철봉 끝에 옥강을 올림 | 6. 편평한 형태로 단조 | 7. 옥강을 추가 | 8. 옥강의 가열 | 9. 가열된 옥강 | 10. 직육면체로 단조 후 철착으로 새김을 넣음

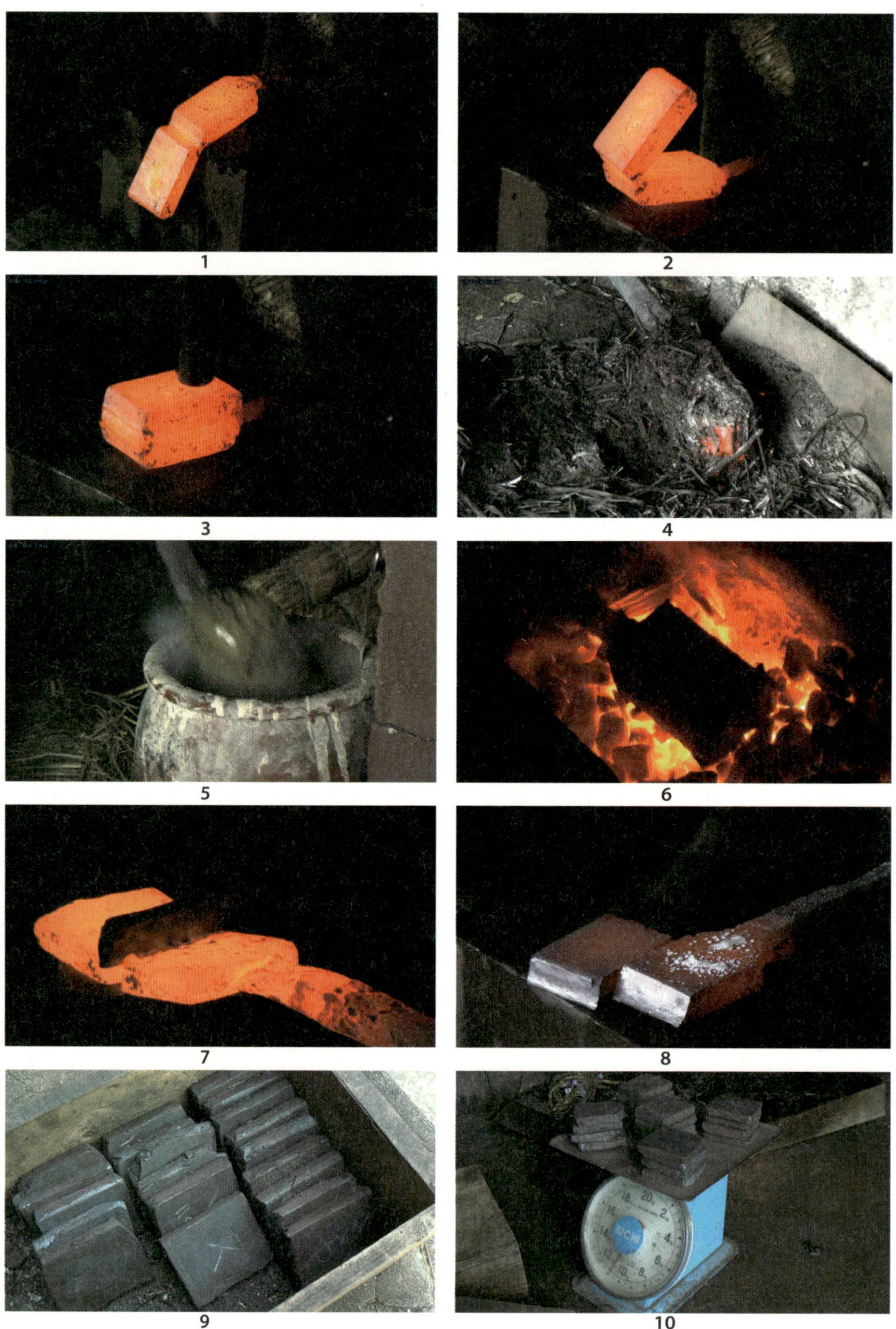

그림 2-11 심금 및 피금의 제작

1. 접쇠 단련 | 2. 접쇠 단련 | 3. 접쇠 단련 | 4. 볏집재 바르기 | 5. 진흙 바르기 | 6. 재가열 | 7. 철착으로 새김을 넣음 | 8. 철봉에서 옥강 떼어 내기 | 9. 완성된 철괴 | 10. 완성된 철괴 20개(10.9kg)

한다. 피금은 보통 심금을 감싸는 형태로 심금에 비하여 많은 옥강이 필요하다. 우선 피금 제작의 기본 단위가 되는 소형 철괴를 먼저 제작하고, 이 소형 철괴 4~5개씩을 겹쳐 단련한 대형 철괴로 피금을 제작하였다.

(1) 소형 철괴의 제작

피금을 제작하기 위하여 기본 단위인 소형 철괴를 먼저 제작하였다. 소형 철괴의 제작은 심금의 제작 방식과 유사하다. 가열한 철봉의 끝을 기계 해머를 사용해 평평한 형태로 만들고 그 위에 붕사와 옥강을 얹은 후 가열하였다. 가열한 옥강을 동일한 방법으로 다시 단조하여 평평한 형태로 만든 후 옥강을 추가하였다. 동일한 공정을 여러 번 반복해 소형 철괴를 만들 수 있을 만큼의 충분한 양이 되면 이번에는 기계 해머를 사용해 직육면체 형태로 단조하였다. 그리고 대형 망치와 철착을 사용해 직육면체로 단조한 옥강의 가운데 큰 자국을 새기고, 접고 펴기를 반복하는 접쇠 단련을 실시하였다. 단련 도중에는 옥강의 감량을 방지하기 위하여 항상 볏짚을 태운 재와 진흙을 충분히 바르고 재가열하였다. 총 3차례의 접쇠 단련을 끝내고 직육면체 형태로 제작한 뒤, 철봉에서 옥강을 떼어 냄으로써 소형 철괴를 완성하였다. 소형 철괴 하나의 무게는 약 0.5~0.6kg이었으며 1차, 2차, 3차 피금의 제작에 사용할 소형 철괴를 총 20개 만들었다.

한편, 소형 철괴의 제작에 총 25kg의 옥강을 사용하였는데 완성된 소형 철괴 20개의 중량을 측정해 본 결과 10.9kg이었다. 소형 철괴를 만드는 접쇠 단련 과정 중에 약 14kg가량이나 줄어든 것이다. 이는 단련 과정 중에 무수히 발생했던 단조 박편으로 인해 옥강의 중량이 감소했기 때문이다.

(2) 1차 피금의 제작

이렇게 만든 소형 철괴 4개를 합쳐 1차 피금을 제작하였다. 철봉 위에 총 4개의 소형 철괴를 겹쳐 쌓고 볏짚을 태운 재와 진흙을 충분히 묻힌 뒤 단야로 속에서 가열하였다. 철괴의 양이 많다 보니 철괴 내부까지 충분히 가열하는 데만 약 25~30분가량이 소요되었다. 소형 철괴가 충분히 가열되면 기계 해머를 사용해 장방형으로 단조하기 시작하는데, 처음에는 낱개의 철괴가 쉽게 붙지 않기 때문에 비교적 약한 힘으로 때리면서 철괴를 접착시키는 것에 주력하였다. 철괴가 어느 정도 붙으면 기계 해머를 사용해 위에서 아래로 강하게 내려쳐서 철괴를 완전히 접착시킨 뒤, 직육면체 형태로 단조하였다. 직육면체의 대형 철괴의 가운데 부분에

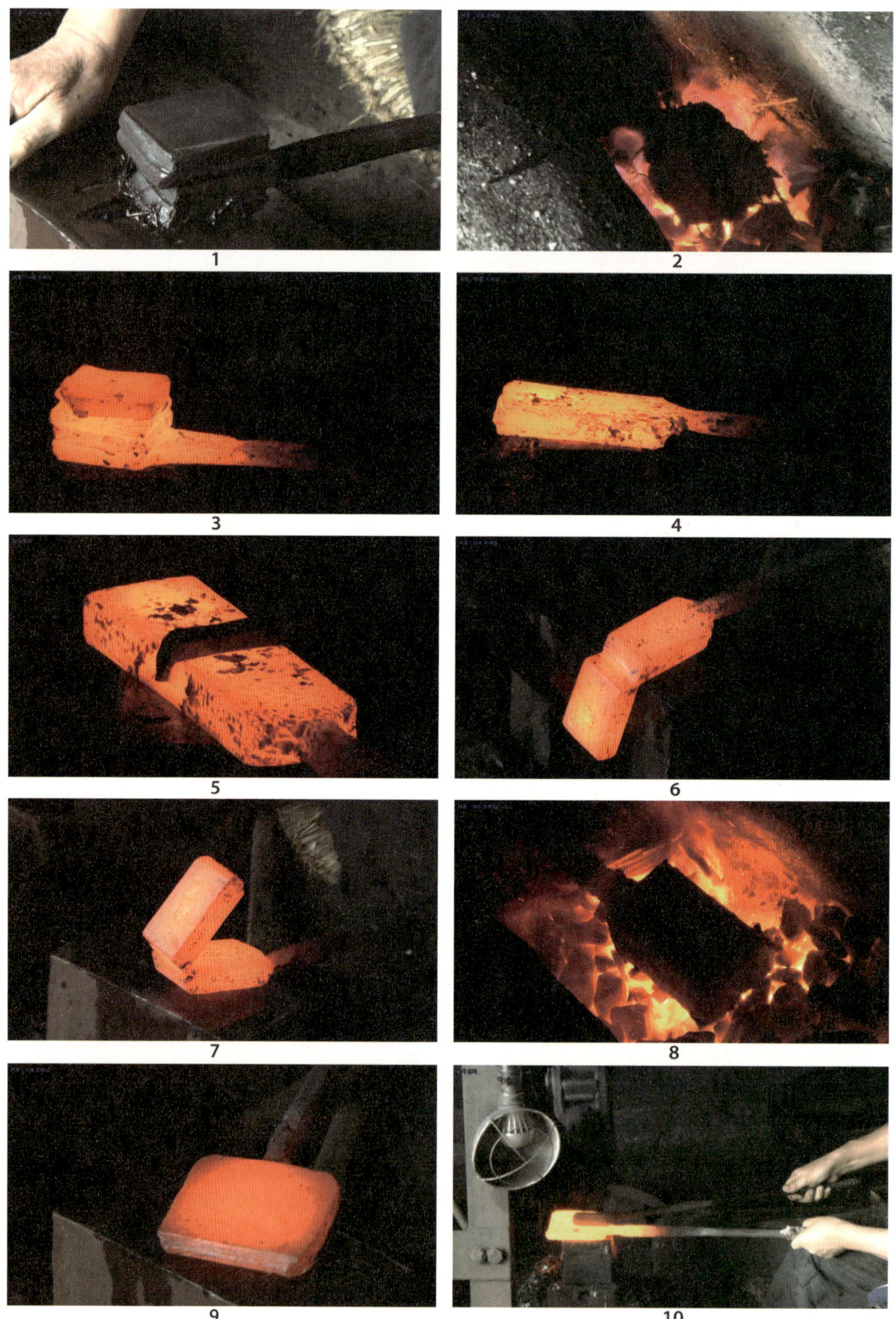

그림 2-12 심금 및 피금의 제작

1. 소형 철괴 겹쳐 쌓기 | 2. 볏짚재 바른 후 소형 철괴 가열 | 3. 가열된 철괴들 | 4. 직사각형으로 단조 | 5. 접쇠 단련 | 6. 접쇠 단련 | 7. 접쇠 단련 | 8. 가열 | 9. 넓은 판 형태로 대형 철괴 | 10. U자형으로 구부리기

철착을 사용해 자국을 새기고 접고 펴기를 반복하는 접쇠 단련을 총 5번 반복하였다. 이로써 소형 철괴 4개를 합친, 평평하고 넓은 판 형태의 대형 철괴 1개를 완성할 수 있었다.

그 후 대형 철괴를 U자형 모루 위에 두고 가운데 부분을 때림으로써 심금을 감쌀 수 있도록 단면 U자 형태로 제작하였다. 단면 U자형의 대형 철괴 앞부분을 양 옆에서 때려 끝 부분을 모이게 함으로써 심금를 집어넣기 적절한 형태로 1차 피금을 완성하였다. 1차 피금을 제작하는 데 사용된 소형 철괴 4개의 총 무게는 2.2kg이었지만 완성된 1차 피금의 무게는 1.8kg이었다. 단련 도중 약 0.4kg이 감량되었다.

(3) 「1차 쓰쿠리코미 철괴」의 제작

U자형으로 제작한 1차 피금의 빈 공간에 위에 미리 만들어 둔 심금을 두고 내려쳐 그 속으로 심금을 집어넣었다. 이처럼 피금과 심금을 결합하는 과정을 쓰쿠리코미라고 한다. 피금과 심금의 결합 방법에는 여러 가지가 있다. 이번 복원에서는 피금을 U자상으로 구부리고 그 속에 심금을 집어넣는 고우부세(甲伏)법을 사용하였다. 복원 도중에는 여러 차례 쓰쿠리코미 철괴가 등장하기 때문에 이해를 돕기 위해 편의상 「○차 쓰쿠리코미 철괴」라고 부르기로 한다. 심금과 1차 피금을 결합하여 「1차 쓰쿠리코미 철괴」를 완성하였다.

「1차 쓰쿠리코미 철괴」의 길이 : 210mm, 높이 60mm, 두께 60mm, 무게 2.2kg

(4) 2차 피금의 제작

2, 3차 피금의 제작 방법은 앞서 1차 피금과 거의 동일하다. 다만, 1차 피금 제작에 사용된 소형 철괴가 총 4개인 반면 2차, 3차 피금에는 「1차 쓰쿠리코미한 철괴」를 감쌀 수 있을 만큼의 충분한 양의 철괴가 필요하므로 총 10개의 소형 철괴를 사용하였다. 다만, 소형 철괴 10개를 한꺼번에 접쇠 단련하는 것은 철괴의 양도 많거니와 단야로 속에 넣고 가열하는 데 걸리는 시간도 매우 오래 걸린다. 따라서 소형 철괴를 5개씩 나누어 단련하여 우선 대형 철괴를 2개 만들고, 이 대형 철괴 2개를 다시 합쳐 2차 피금을 완성하는 방식으로 진행하였다.

[소형 철괴 5개를 합친 대형 철괴의 제작]

소형 철괴 5개를 겹쳐 쌓은 후, 단야로 속에 넣어 약 30분 정도 가열하였다. 중심부까지 충분히 가열한 소형 철괴 5개를 기계 해머로 단조하여 직육면체 형태로 만들었다. 단조 도중 철괴가 식어 버려 더 이상 단조가 불가능하게 되면 볏짚을 태운 재와 진흙을 바르고 단야로 속

그림 2-13 심금 및 피금의 제작

1. U자형으로 구부리기 | 2. U자형으로 구부리기 | 3. 완성된 1차 피금 | 4. 피금 속에 심금 넣기 | 5. 완성된 1차 쓰쿠리코미 | 6. 소형 철괴 5개를 겹쳐 쌓은 후 가열 | 7. 볏짚재 바르기 | 8. 진흙 바르기 | 9. 접쇠 단련

그림 2-14 심금 및 피금의 제작

1. 접쇠 단련 | 2. 접쇠 단련 | 3. 대형 철괴 완성 | 4. 소형 철괴와 대형 철괴 크기 비교 | 5. 대형 철괴 2개 겹쳐 쌓기 | 6. 대형 철괴 2개 가열 | 7. 넓은 판 형태로 단조 | 8. U자형으로 구부리기 | 9. U자형으로 구부리기 | 10. 완성된 2차 피금(3.1kg)

그림 2-15 심금 및 피금의 제작

1. 2차 피금에 「1차 쓰쿠리코미한 철괴」넣기 | 2. 완성된 「2차 쓰쿠리코미한 철괴」(5.7kg) | 3. 소형 철괴 5개 겹쳐 가열 | 4. 접쇠 단련 후 대형 철괴 제작 | 5. 대형 철괴 2개를 가열하여 단접 | 6. 넓은 판 형태로 단조 | 7. 3차 피금에 「2차 쓰쿠리코미한 철괴」넣기 | 8. 완성된 「3차 쓰쿠리코미한 철괴」(9.3kg) | 9. 「3차 쓰쿠리코미한 철괴」의 구조

에서 재가열하였다.

재가열한 직육면체의 옥강을 총 3번 접쇠 단련하고 철봉에서 떼어 내어 대형 철괴1개를 완성하였다. 나머지 5개의 소형 철괴도 동일한 방법으로 대형 철괴를 제작하였다. 완성한 2개의 대형 철괴를 겹쳐 쌓은 후 단야로 속에 넣고 가열한 뒤, 기계 해머를 사용하여 단접하였다. 미리 만들어 둔 「1차 쓰쿠리코미 철괴」를 감쌀 수 있을 만큼 넓은 형태의 철판으로 만든 후, 단면 U자형으로 구부려 2차 피금을 완성하였다.

2차 피금을 제작하는 데 사용된 소형 철괴 10개의 총 무게는 5kg이었지만, 완성된 2차 피금의 무게 3.1kg이었다. 단련 도중 약 1.9kg가량 감량되었음을 알 수 있다. 이 또한 단련 중에 생성된 단조 박편이 떨어져 나가면서 생긴 현상으로 보인다.

(5) 2차 · 3차 쓰쿠리코미 철괴의 제작

2차 피금 속에 「1차 쓰쿠리코미 철괴」를 집어넣는 것은 어려운 작업이었다. 2차 피금이 대형이므로 가열하는 데 오랜 시간이 걸리고 이로 인해 연결된 철봉도 매우 높은 온도까지 올라가 철봉을 고정하기 쉽지 않았다.

가열한 2차 피금 위에 「1차 쓰쿠리코미 철괴」를 올려두고 대형 망치로 위에서 강하게 내려쳐 2차 피금 속에 「1차 쓰쿠리코미 철괴」를 집어 넣었다. 「1차 쓰쿠리코미 철괴」가 빠지지 않도록 재가열한 후 단조함으로써 「2차 쓰쿠리코미 철괴」를 완성하였다. 완성된 「2차 쓰쿠리코미 철괴」는 5.7kg이었다.

3차 피금의 제작도 2차 피금과 동일한 방식으로 진행되었다. 소형 철괴 총 10개를 사용해 대형 철괴 2개를 만든 뒤 이것을 겹쳐 쌓아 재가열하고 넓은 판 형태로 만들었다. 앞서 만들어 둔 「2차 쓰쿠리코미 철괴」를 감싸서 「3차 쓰쿠리코미 철괴」를 완성하였다. 완성된 「3차 쓰쿠리코미 철괴」의 무게는 약 9.3kg이었다.

처음 준비한 옥강은 약 30kg이었지만 최종적으로 완성된 「3차 쓰쿠리코미 철괴」의 무게는 9.3kg이었다. 전체의 약 1/3 정도나 감소한 것이다. 앞서 옥강을 철괴로 만드는 과정에서 나타난 현상과 같이 단조 과정 중에 단조 박편이 생성되면서 무게가 감량되었을 것이다.

4) 철괴 늘이기

완성된 「3차 쓰쿠리코미 철괴」를 단야로 속에서 가열한 후 도신과 같이 긴 형태로 단조하는데 이 과정을 철괴 늘이기라고 한다. 지금까지 만든 대형 철괴를 도신과 같이 긴 철봉 형태로

그림 2-16 철괴 늘이기

1.「3차 쓰쿠리코미한 철괴」 | 2.「3차 쓰쿠리코미한 철괴」가열 | 3. 철괴 늘이기 | 4. 철괴 늘이기(상반부) | 5. 철봉에서 떼어내기 | 6. 철괴 늘이기(하반부) | 7. 뒤틀린 부분을 표시 | 8. 철괴 늘이기 완료(6.16kg, 220cm)

만드는 과정이라고 할 수 있다. 이 과정에서는 옥강의 단련도 이루어지기 때문에 접쇠 단련 때와 비슷한 온도(800~850℃)까지 가열하여 작업이 이루어졌다. 철괴 늘이기 과정에서도 단조하기 전에 항상 짚을 태운 재와 진흙을 골고루 바르는데 이는 더 이상 옥강이 감량되는 것을 방지하기 위해서이다.

「3차 쓰쿠리코미 철괴」가 대형이기 때문에 중심부까지 가열하는 데 약 40분가량이 소요되었다. 철괴 늘이기 작업에는 기계 해머를 사용했으며 미리 만들어 둔 목제 도신과 크기를 비교하면서 진행하였다. 대형이기 때문에 한 번에 도신 형태와 같이 길게 늘이는 것은 불가능하였다. 따라서 「3차 쓰쿠리코미 철괴」를 크게 상반부와 하반부로 나누고 먼저 상반부부터 가열하며 늘여 갔다. 어느 정도 길이까지 상반부가 늘어나면 철봉을 떼어 내고 반대측인 하반부도 가열, 단조하여 늘였다. 동일한 작업을 반복함으로써 대형 철괴를 2m가 넘는 긴 철봉으로 제작할 수 있었다.

2m 이상의 철봉을 도신처럼 직선으로 단조한다는 것은 매우 어려운 작업이었다. 단조 방향이 조금이라도 어긋나는 순간, 철봉이 뒤틀려버렸기 때문에 매우 정교한 기술이 요구되었다. 뒤틀린 부분은 분필로 표시하고 다시 그 부분만을 가열해 수정을 더하였다.

처음 계획한 도신의 길이는 2,400mm이지만 다음 단계인 날 제작과정에서도 철봉 길이가 약 10%정도가 늘어나기 때문에 이를 고려하여 최종적으로 2,200mm까지만 늘렸다. 철괴 늘이기 과정을 마친 뒤의 무게는 6.15kg으로 「3차 쓰쿠리코미 철괴」의 무게인 9.3kg에서 약 3kg이 감량되었다.

5) 칼끝 제작

철괴 늘이기가 끝나면 철봉의 끝을 칼끝과 같이 뾰족한 형태로 만드는데 이 과정을 칼끝 제작(우치다시, 打ち出し)이라고 한다. 철봉의 끝 부분을 양쪽에서 때려 뾰족하게 만든 뒤, 한 쪽 방향으로만 단조하여 칼끝을 완성하였다.

6) 날 제작 및 관부 제작

날 제작(히즈쿠리, 火造り)이란 철괴 늘이기와 칼끝 제작이 완료된 단면 직육면체의 철봉을 단면 이등변삼각형으로 만드는 과정으로, 날을 세우는 과정이다. 일반적인 도신 제작 과정에서 날 제작은 한 사람이 담당하지만 복원 도신의 경우 2m가 넘는 길이로 인해 두 사람이 함께 작업을 진행해 나갔다. 단면 직사각형의 철봉을 모루 위에 두고 날이 될 부분을 한 쪽에서

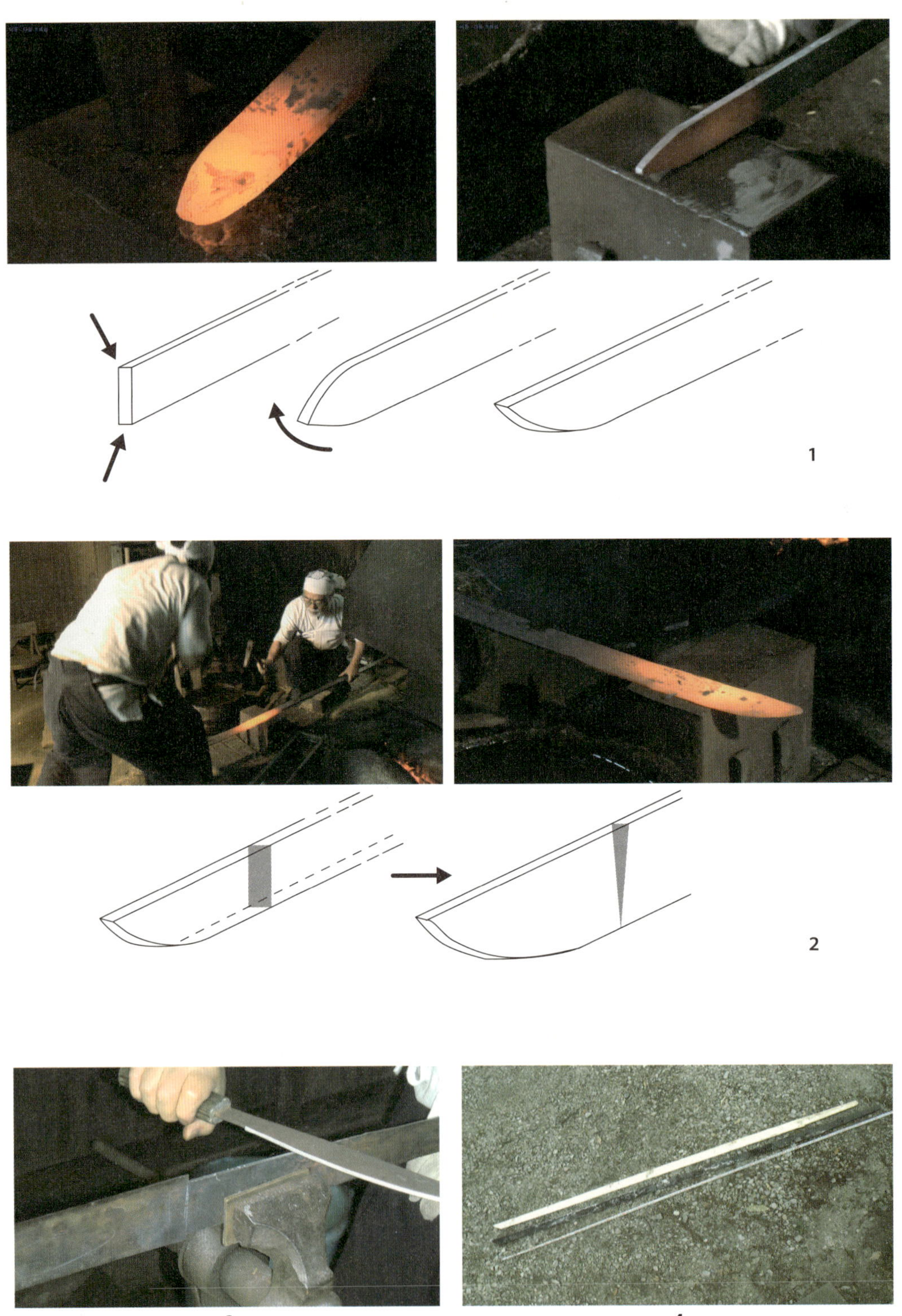

그림 2-17 칼끝 및 날, 관부 제작

1. 칼끝 제작 | 2. 날 제작 | 3. 관부와 슴베 제작 | 4. 날 관부 제작 완료(251cm)

비스듬히 때린 다음 뒤집어 반대쪽도 동일하게 단조하였다. 도신 양면에 일정한 힘을 가해야 했기 때문에 많은 시간과 높은 기술력이 요구되었다.

날을 세운 후, 소형 망치를 사용해 도신의 표면 전체를 매끄럽게 해나갔다. 앞서 철괴 늘이기 과정과 같이 도신을 800~850℃로 가열한 후, 소형 망치로 도신의 표면을 단조하면 부드러워진 도신의 표면에 망치의 흔적이 그대로 남게 된다. 따라서 이보다 약간 낮은 750℃ 정도로 가열하고 도신의 표면을 반복적으로 때림으로써 최대한 망치 흔적을 없애면서 표면을 매끄럽게 해나갔다. 2,200mm이었던 도신은 날 제작과정을 거치고 난 후 2,510mm로 약 300mm가량 늘어났다.

날 제작 후 도신과 경부의 경계부인 관부를 제작하였다. 복원 계획 당시 정해 놓의 길이와 비율을 참고로 하여 슴베가 될 부분을 측정한 뒤, 銑(센)이라는 도구를 사용해 관부를 제작하였다. 이상으로 도신의 형태는 모두 완성되었다.

7) 풀림

풀림(야키나마시, 焼き鈍し)이란 철괴 늘이기, 날 제작과정에서 도신에 여러 차례 가해졌던 열에 의해 내부 조직이 불균일한 도신을 높은 온도로 가열한 후 천천히 식힘으로써 도신의 전체 조직을 균일하고 부드럽게 하는 작업을 말한다.

일반적인 풀림 작업은 단야로 속에서 충분히 가열한 도신을 꺼내 방금 태운 볏짚의 재 속에 오랫동안 넣어 둠으로써 완료된다. 볏짚을 태운 재는 일정 시간 동안 높은 온도를 유지하기 때문에 가열한 도신을 그 속에 넣어 둠으로써 고온 상태가 유지되는 것이다. 그러나 이번 복원 도신의 경우 도신이 길기 때문에 지금까지 사용했던 단야로에서는 도신 전체를 골고루 가열할 수 없었으며 가열한 도신을 볏짚을 태운 재 속으로 옮기는 것도 사실상 불가능하다고 판단하였다. 따라서 우선 도신 전체를 골고루 가열할 수 있는 새로운 대형로를 제작하기로 하였다.

대형로의 바닥에는 벽돌을 쌓고 측벽에는 온도를 용이하게 올릴 수 있도록 통풍이 용이한 철망을 사용하였다. 철망이 움직이지 않도록 철봉과 철사 등으로 단단히 고정하였다. 풀림 작업은 도신의 온도가 매우 높아져 손으로 직접 잡을 수 없기 때문에 슴베에 꽂아 도신을 움직일 수 있도록 풀림 작업 전용의 손잡이도 특별히 제작하였다.

풀림을 비롯하여 후술할 담금질, 뜨임과 같은 열처리 과정에서는 가열한 도신의 온도가 매우 중요하다. 도신의 온도는 가열된 도신의 색을 보고 판단하기 때문에 모든 열처리 작업

그림 2-18 열처리(풀림) 및 점토 바르기

1. 대형로 제작 | 2. 열처리 전용 손잡이 | 3. 도신 가열 | 4. 단야로 속에 볏집을 넣어 고온으로 유지 | 5. 풀림 작업 완료 | 6. 도신이 좌우로 휘어짐 | 7. 휘어진 도신 수정 작업 | 8. 도신의 표면 처리 | 9. 도신의 세정 | 10. 점토 바르기

은 도신의 색을 판단하는 데 유리한 밤에 이루어졌다. 새롭게 제작한 대형로에 소나무 숯을 넣어 불을 붙이고 그 위에 도신을 두어 가열하였다. 전기 송풍기를 사용하여 공기를 원활하게 주입하면서 대형로 내부의 온도를 높였다. 어느 정도 도신이 가열된 후에는 미세한 온도 조절이 필요했으므로 부채를 사용하면서 도신의 온도를 조절하였다.

일정 온도까지 도신을 가열하여 도신이 전체적으로 붉게 된 후, 고온을 장시간 유지하기 위해 대형로 속에 볏짚을 그대로 넣고 태웠다. 그리고 그 상태로 다음날 아침까지 그대로 두었다. 일직선이었던 도신은 풀림 작업을 거친 후 좌우로 크게 휘어졌다. 풀림 작업이 끝난 도신은 비교적 부드러워진 상태이기 때문에 소형 망치로 때림으로써 뒤틀린 도신을 일직선상으로 바로 잡을 수 있었다. 도신의 표면도 전기 대패를 사용해 매끈하게 처리하였다.

8) 점토 바르기

풀림 작업이 끝나면 도신 제작과정에서 가장 중요한 담금질을 실시한다. 담금질 전, 도신에 특별히 제작한 점토를 바르는데 이 과정을 점토 바르기(쓰치토리, 土取り)라고 한다. 이때 바르는 점토는 고운 진흙과 목탄가루, 지석가루를 섞은 것이며 물을 배합하여 점성을 지니게 하였다. 점성을 지니게 하는 것은 도신에 바른 뒤 쉽게 떨어지지 않도록 하기 위해서이다.

도신에 점토를 바르기 전에 먼저 도신에 붙어있는 기름 성분과 금속찌꺼기, 먼지 등을 깨끗이 제거하는 세정 작업이 필요하다. 도신 표면에 이러한 이물질이 붙어 있으면 점토를 깨끗하게 바를 수 없으며 설령 발랐다고 하더라도 점토가 마른 후 도신에서 쉽게 떨어지기 때문이다. 볏짚을 하루 동안 물에 넣어 둔 다음, 이것으로 도신을 세정하였다. 볏짚을 물에 넣어 두면 알칼리성이 되므로 도신의 표면에 묻어 있는 산 성분과 유분을 깨끗이 제거할 수 있다고 한다. 손가락에도 유분이 있으므로 세정한 도신은 점토를 바르기 전까지 손으로 잡지 않도록 주의하였다.

깨끗이 세정한 도신에 점토를 발라 나갔다. 도신을 지면과 평행하게 고정한 후 헤라라는 도구를 사용하여 도신의 한 쪽 면부터 점토를 발랐다. 점토를 바를 때 주의할 점은 도신의 부위에 따라 점토를 바르는 양이 다르다는 점이다. 점토는 도신의 양쪽 면과 등 부분에는 두껍게 바르지만 날 부위에는 매우 얇게 발랐다(그림 2-19-1). 이것은 다음 단계인 담금질 과정의 효과를 극대화하기 위해서였다. 즉, 날 부위는 점토를 얇게 발랐기 때문에 물속에 넣어 급랭시키는 순간 빨리 식으며 이 순간 날 부위는 매우 단단하게 변한다. 이에 반해 점토를 두껍게 바른 도신의 등 부위와 양 옆면은 날 부위에 비해 천천히 식게 됨으로 날 부위에 비해 무

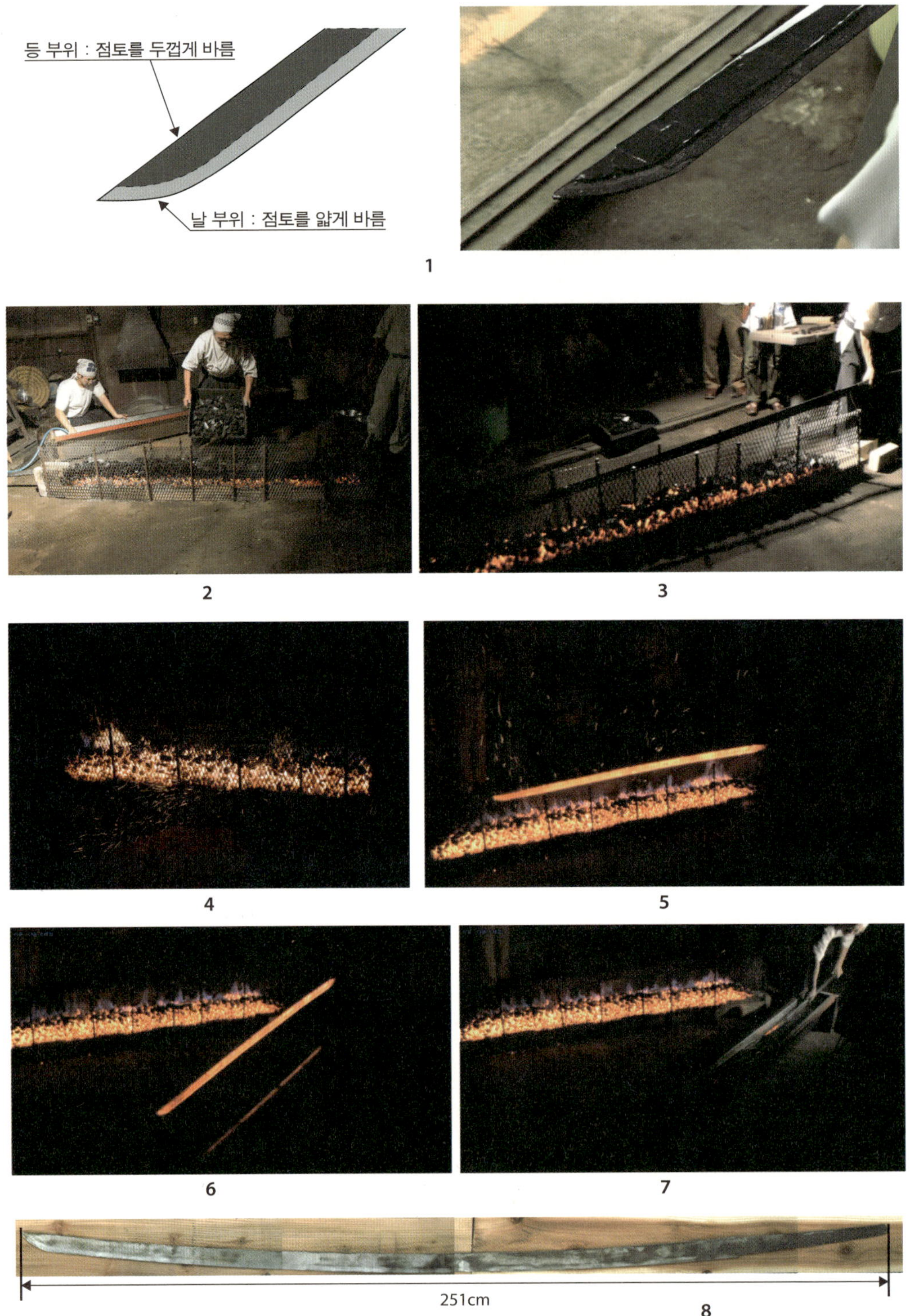

그림 2-19 열처리(담금질)

1. 점토 바르기 | 2. 단야로와 담금질 준비 작업 | 3. 도신 가열 | 4. 도신 가열 | 5. 780~830℃까지 가열된 도신 | 6. 물 속에 넣어 급냉 | 7. 물 속에 넣어 급냉 | 8. 담금질 후 휘어진 도신(5.5kg 251cm)

른 조직이 된다. 도신의 전면에 점토 바르기가 끝난 후 점토를 건조시키고 담금질 준비에 들어갔다.

9) 담금질

담금질(야키이레, 焼き入れ)은 도신의 경도를 높이기 위한 목적으로 변태점 이상의 온도로 가열한 도신을 물속에 넣어 급랭시키는 열처리 작업을 말한다. 도신 제작에 있어 가장 중요한 공정이라 할 수 있다. 풀림 작업과 마찬가지로 도신의 온도는 가열된 색을 보고 판단하기 때문에 작업은 밤에 이루어졌다.

대형로에 소나무 숯을 가득 넣고 불을 붙였다. 담금질 과정에서 사용된 숯의 크기는 4~6cm로 평소 단련 때 사용했던 6~8cm 숯보다 비교적 작은 숯을 사용하였다. 앞서 언급한 것처럼 도신에 포함된 탄소량이 줄어드는 것을 억제하기 위해서였다. 불을 붙인 숯 위에 도신을 두고 부채로 온도를 조절하면서 서서히 도신의 온도를 높여 갔다. 단야로 속에서 도신을 상하좌우로 조금씩 움직이면서 도신 전체가 붉게 달구어 질 때까지 가열하였다. 이때 앞서 발라 둔 점토가 숯과 부딪히면서 도신에서 떨어지지 않도록 주의하였다.

도신이 전체적으로 붉게 달구어질 때까지 23분이 소요되었다. 이때 도신의 온도는 약 780~830℃ 정도이다. 도신 온도의 판단은 어디까지나 후지야스 마사히라 씨의 감각에 의해 이루어졌다. 붉게 달구어진 도신을 단야로 속에서 꺼내 미리 준비해 두었던 물속으로 순식간에 넣어 급랭시켰다. 이 순간 점토를 얇게 바른 고탄소의 날 부위에는 마르텐사이트(martensite)라고 하는 단단한 조직이 생기면서 경도가 높아지는 반면, 점토를 두껍게 바른 저탄소의 등 부위는 날보다 부드러운 조직이 그대로 남아 있게 된다. 담금질이 완료된 후, 도신의 날 부위만 색이 변한 것도(그림 2-21-3) 날 부위에만 경도가 높은 조직이 생겼기 때문이다.

담금질을 마친 도신은 크게 휘어졌다(그림 2-19-8). 도신이 휘어진 이유는 가열한 도신을 물속에 넣는 순간, 날 부위에서 마르텐사이트 조직이 생기면서 팽창하는 반면 도신의 등 부위는 팽창하지 않기 때문이다. 담금질을 마친 도신의 무게는 5.5kg, 길이는 2,510mm이었다.

10) 뜨임

일반적으로 담금질을 마친 도신 내부에는 응력이 잔존하며 전체적으로 경도가 높아지게 되어 실전에서 사용할 수 없다. 따라서 담금질한 도신을 재가열하여 도신에 전체적으로 인성(靭性)을 지니게 하는데 이 과정을 뜨임(야키나마시, 焼き戻し)이라고 한다.

그림 2-20 열처리(뜨임)

1. 단야로 위에서 도신 가열(200~250℃) | 2. 물 속에 넣어 급랭 | 3. 동괴로 풀림 작업 | 4. 휘어진 도신을 일직선상으로 제작 | 5. 일직선이 된 도신 | 6. 도신 뒤틀림을 수정하기 위해 만든 목제 대(臺) | 7. 도신의 뒤틀림 수정 | 8. 도신 표면 정리 | 9. 슴베 표면 정리 | 10. 여분의 길이를 잘라 전장을 맞춤

뜨임 작업의 온도는 담금질보다 훨씬 낮은 200~250℃정도이기 때문에 도신을 단야로 속에 넣지 않고 단야로 위의 불을 사용하여 가열하였다. 200~250℃라는 온도의 측정은 앞선 담금질과 마찬가지로 도장의 감각에 의해 이루어진다. 도장 후지야스 마사히라 씨의 경우 손가락에 침을 발라 가열한 도신에 묻힌 뒤, 열에 의해 침이 증발되는 속도를 보고 도신의 온도를 파악할 수 있다고 한다. 200~250℃까지 가열된 도신을 물속에 넣어 급랭시킴으로써 뜨임 작업을 진행하였다. 도신이 길어 전체를 한꺼번에 가열할 수 없었기 때문에 부분적으로 가열과 급랭 작업을 반복하였다.

한편, 담금질 작업 시 도신의 등 부위에 발라 두었던 점토 일부가 떨어져 원하지 않은 도신의 등 부위에 담금질 효과가 적용된 곳이 몇 군데 있음을 발견할 수 있었다. 담금질의 목적은 어디까지나 날 부위의 경도만 높이는 것이었으므로 당초 의도와 달리 원하지 않게 담금질 효과가 일어난 도신의 등 부위에는 가열한 동괴(銅塊)를 약 1분 이상 대주었다. 이로써 담금질 효과가 발생한 곳의 온도만 상승하여 풀림 효과가 나타나게 되므로 높아진 경도를 다소 낮출 수 있었다.

뜨임 작업을 완료한 후, 담금질 후 크게 휘어진 도신을 곧바로 펴주는 작업도 실시하였다. 소형 망치를 사용하여 도신의 등 부위만을 때림으로써 휘어진 도신을 다시 곧바로 펼 수 있었다. 열처리 과정이 완료된 후였기 때문에 도신을 가열하지 않고 작업이 진행되었다.

도신을 곧바로 펴는 과정에서 도신에 생긴 뒤틀림을 바로 잡기 위하여 특별히 제작한 목제의 대**(그림 2-20-6)** 위에 휘어진 도신을 올려 두고 뒤틀림을 바로 잡는 작업도 병행하였다. 도신의 전장은 2,510mm로 당초 계획이었던 2,400mm보다 약 150mm가 늘어났으므로 나머지 부분을 잘라 전장을 맞추었다.

열처리 과정과 도신의 뒤틀림 수정까지 완료되면 도신 표면을 전기 사포를 사용해 정리하고 슴베의 표면도 銑을 사용해 정리하였다. 이로써 도신의 열처리 과정을 완료하였다.

11) 연마 및 완성

완성된 도신에 물을 뿌려가며 표면을 지석으로 연마하였다. 연마 과정에서 녹이 스는 것을 방지하기 위하여 정제소다를 물에 녹여 알칼리성으로 만들었다. 연마 순서는 입자가 큰 240번 지석부터 시작하여 도신 전체를 완전히 연마한 후, 입자가 작은 400번, 800번 순으로 진행하였다. 이로써 표면을 매끈하게 처리하여 도신을 완성하였다.

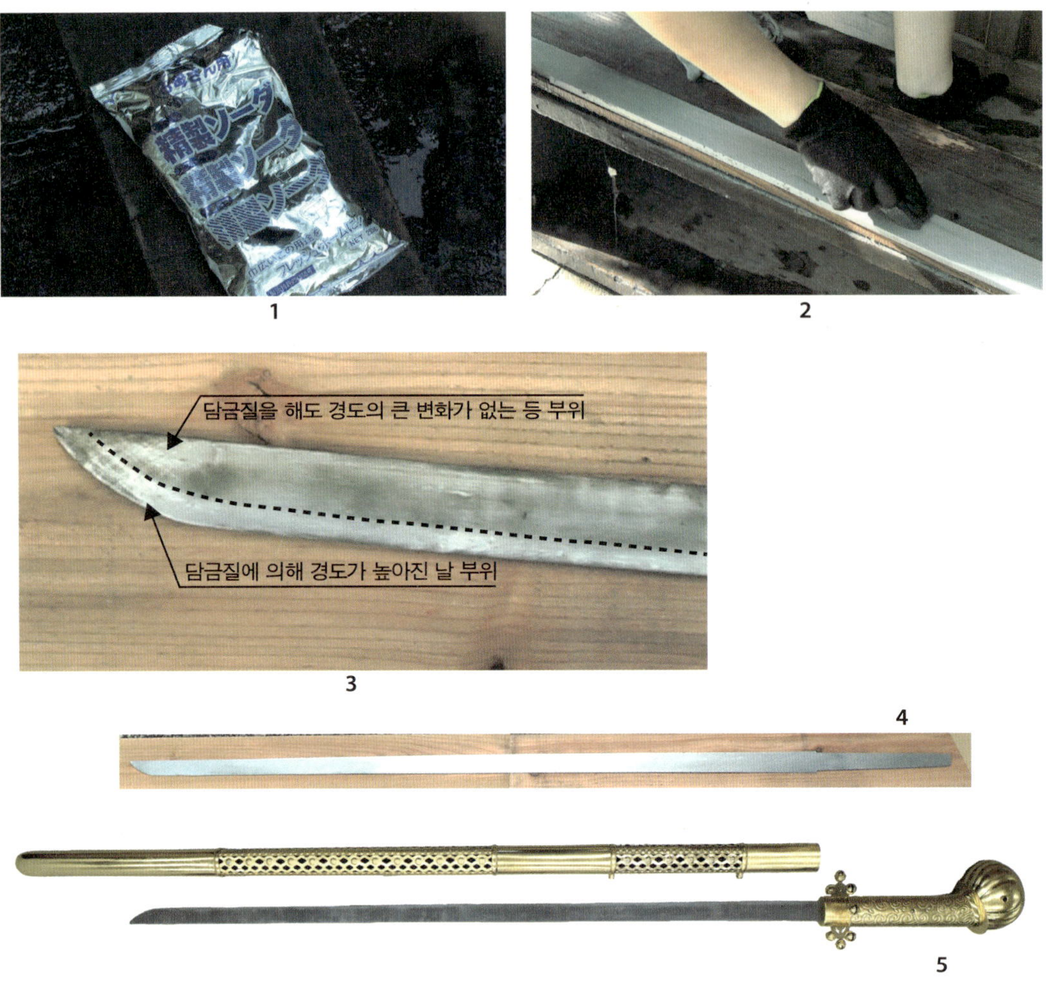

그림 2-21 연마 및 완성

1. 정제소다 | 2. 연마 | 3. 담금질 후 경도가 달라진 도신의 날 부위와 등 부위 | 4. 완성된 도신 | 5. 완성된 두추대도

제5절 도신 제작기술과 관련된 연구 과제

이상에서 살펴본 도신의 제작과정을 참고로 삼국시대 한반도 중남부지역에서 출토된 철제 대도의 금속학적 분석결과와 관련된 앞으로의 연구 과제에 대하여 살펴보고자 한다.

첫째, 철기의 탄소량 조절과 관련된 문제이다. 도신을 복원하기 전에 가장 염두에 두었던 것은 탄소량이 다른 옥강을 어떻게 분류하는가였다. 도신의 날 부위에 고탄소 옥강을, 등 부위에 저탄소 옥강을 배치해야 했기 때문이다. 일반적으로 일본도 공방에서는 탄소량이 서로 다른 옥강을 분류하기 위해 앞서 언급한 「미즈베시」와 「고와리」과정을 실시한다. 미즈베시와 고와리는 소재를 입수한 단계에 이루어지는 탄소량 조절 방법이라 할 수 있다.

담금질하기 전, 점토를 도신에 바르는 것도 사실 도신의 탄소량과 관련 있다. 앞서 살펴본 것처럼 날 부위에는 점토를 얇게, 등 부위에 점토를 두껍게 바른다. 이는 가열한 도신을 물속에 넣어 급랭시킬 때 고탄소의 날 부위는 점토를 얇게 발랐기 때문에 그만큼 빨리 냉각되어 담금질의 효과가 극대화되는 것에 비해 점토를 두껍게 바른 등 부위는 냉각 속도를 늦춤으로써 비교적 담금질의 효과를 억제하기 위해 고안된 것이다.

담금질을 마친 도신의 표면에 경계선이 생기는 이유도**(그림 2-21-3)** 탄소량을 분류하기 위해 이루어진 「미즈베시」와 「고와리」공정, 그리고 날 부위에만 분포한 고탄소의 옥강을 극대화하기 위해 고안된 점토 바르기에 의한 것으로 볼 수 있다. 철제 무기로써 대도의 성능을 극대화하기 위해 필수적으로 이루어지는 탄소량 조절과 담금질은 고대의 단야 공인에게도 중요한 과제였음은 상상하기 어렵지 않다.

이처럼 도신의 날 부위와 등 부위에 탄소량이 다른 철을 배치하는 것은 삼국시대 한반도 중남부지역에서 출토된 철제 대도의 금속학적 분석결과와도 어느 정도 일치한다.

경주 황남대총 남분에서 출토된 철제 대도의 분석결과에 따르면 도신의 표면 근처에 탄소함량이 높은 조직이 집중적으로 배치되었으나 중심에는 상대적으로 탄소함량이 낮은 조직이 자리하고 있다고 한다. 기능상 필요한 곳에 그렇지 않은 곳에 구별하여 실시하는 선택적인 열처리가 이루어진 것으로 보아(박장식 · 정영동 2004: 309) 삼국시대의 대도 제작에도 유사한 과정이 실시되었을 가능성이 크다.

경주 월산리 석곽A-45호 철제 대도와 석곽A-64호 도자도 기능적으로 강도가 크게 요구되는 날 부위에 한하여 탄소함량이 높은 강 소재가 사용되었으며 등 부위에는 비교적 부드러운 연철 소재가 사용된 것으로 밝혀졌다. 날 부위에 마르텐사이트 조직이 확인되어 담금질도 이루어졌음을 알 수 있다(정영동 외 2006: 364).

이외 이천 설성산성에서 출토된 철제 대도(박장식 2004: 331)를 비롯해 대전 계족산성 출토 철제 대도(박장식 · 이성준 2003: 89), 천안 용원리 58호, 105호 토광묘 출토 철제 대도(박장식 외 2001: 837), 금산 수당리유적 5호, 12호 석곽묘 철제 대도(박형호 외 2013: 144)에서도 유사한 조직의 구성이 공통적으로 관찰된다. 대부분 날 부위의 강한 조직과 등 부위에 비교적 부드러운 조직으로 구성되어 있다.

하나의 도신에 탄소량이 서로 다른 강철을 배치하는 것은 일본 고훈시대에 출토된 철제 대도에서도 확인된다. 고훈시대에 출토된 철제 대도를 잘라 단면에 분포하는 탄소량의 분포를 조사해 본 결과, 도신 제작에 탄소량이 서로 다른 소재가 사용되었음을 알 수 있다(그림 3-10 참조).

이처럼 서로 다른 탄소량으로 만든 소재를 함께 사용함으로 생기는 경계선은 돗토리현(鳥取縣) 미야우치(宮內)1유적 출토 철검, 오카야마현(岡山縣) 구보키야쿠시(窪木薬師)유적 출토 철도(鐵刀), 전(傳) 이마이즈미(今泉) 출토 은장대도, 기후현(岐阜縣) 히루이오쓰카(昼飯大塚) 출토 철도에서도 확인되어(大沢正己 2003: 283) 고성능의 무기를 제작하려고 일부러 탄소량이 서로 다른 소재를 사용했음을 알 수 있다.

위에서 언급한 삼국시대·고훈시대의 대도 제작과정에 미즈베시와 고와리 공정과 동일한 작업이 이루어졌다고 단언할 수는 없다. 이미 지적된 것처럼 저온환원법에 의해 생성된 저탄소의 괴련철로 우선 대도의 외형을 만든 후, 날 부위에만 침탄 작업이 이루어지는 고체 침탄법이 존재했을 가능성도 있기 때문이다(박장식·정영동 2004: 312). 다만, 날 부위와 등 부위에 탄소량이 서로 다른 철제 대도들이 다수인 점을 미루어 볼 때, 어떠한 방식으로든 철 내에 포함된 탄소량을 조절하는 기술은 당시에 이미 존재했을 가능성이 크다.

탄소량 조절 기술은 대도, 철검, 철촉 등 날이 존재하여 강한 경도가 필요한 무기의 제작만이 아니라 상감기술과 다양한 경도의 소재를 필요로 하는 철기[8]를 제작하기 위해서도 필요하다. 고대 한반도 내에서 이루어진 철기의 탄소량 조절 기술에 관해서는 앞으로의 연구 과제라 할 수 있다.

다음으로 주목해보고 싶은 것은 철의 소재와 관련된 문제이다. 복원 도신의 재료로 사용된 옥강(B급)은 탄소함유량에 따른 철의 분류에 따르면 강철에 해당한다.[9] 강철은 담금질 작업을 통해 경도를 높일 수 있어 높은 강도를 요구하는 무기나 공구의 날에 사용되는 소재이다. 그러나 삼국시대의 제련 기술을 통해 생산된 철은 저온환원법에 의해 생성된 저탄소의

---

8 고대 상감의 기술에 관한 연구 성과를 참고하면(鈴木勉 2005) 상감기술은 서로 다른 경도를 지닌 철을 사용한 기술이다. 비교적 경도가 약해 부드러운 조직으로 이루어진 바탕 철에 경도가 높은 끌을 사용해 홈을 파야하므로 상감기술이 성공하기 위해서는 반드시 탄소량의 조절할 수 있는 기술이 있어야 한다(제4장 참조).

9 철은 포함된 탄소량에 따라 연철(순철, 0-0.2%), 강철(0.2-2%), 주철(2-4%)로 나눌 수 있다(제3장 참조).

괴련철, 혹은 선철을 녹여 제작한 고탄소의 주철이 대부분이다. 탄소량이 부족하거나 많아서 날 부위에 사용하기에는 부적절한 소재인 것이다. 강철을 획득을 위해 연철에 탄소를 주입하거나 주철에서 탄소를 빼내는 과정이 이루어졌을 것이다. 이처럼 철에 포함된 탄소량에 주목함으로써 공구나 무기 제작에 필수 철소재인 강철의 중요성을 인식하게 된다면 한반도 내에서 철기가 등장한 이래, 고대 공인들이 어떠한 방법으로 강철을 제작하고 획득하였는가와 관련된 제강법(製鋼法)은 중요한 연구 과제라 할 수 있다.

고대의 제강법으로 침탄, 탈탄, 초강법, 관강법이 알려져 있다. 이 중 오산 수청동 분묘군에서 출토된 환두대도 6점이 초강(炒鋼)으로 제작되었다는 견해가 주목된다(신경환 외 2012: 58). 초강법이란 탄소함량이 높은 용선(鎔銑)[10]을 용융상태로 만든 후, 탈탄제를 넣고 대기 중에서 교반(攪拌)하여 용선의 탄소를 제거하는 방법으로 강철을 직접 대량 생산할 수 있어 획기적인 기술로 평가되기 때문이다. 다만 삼국시대에 초강법이 존재했는가에 관해서는 다양한 견해가 존재한다.

관견이지만 중국 전한시대 발생한 초강법이 한반도 내에서도 이른 시기부터 존재하고 있었던 것으로 인식하게 된 계기는 공주 토광묘에서 출토된 철부의 금속학적 분석이었던 것으로 보인다(佐々木稔 외 1981). 분석결과, 철부는 철광석을 환원하여 선철을 만들고 그것을 용융상태로 탈탄하는 간접제강법으로 제조한 강, 즉 초강을 사용하여 제작된 것으로 판단한 것이다.

이후 풍납리 꺾쇠의 마연면에서 사질이 나타난 것을 근거로 당시에 초강기술이 도입되었을 가능성이 제기되었으며(李南珪 1982: 55) 구의동 유적에서 출토된 철부에 다량의 산화칼슘이 혼입된 것을 근거로 백제 초기에 초강법의 활용이 있었던 것으로 추정하였다(尹東錫·李南珪 1985: 100). 고대 한반도에 초강법이 실제로 존재하였다는 인식은 이후 통설화되었으며(노태천 2000) 각지에서 초강제 철기의 보고도 연달아 이어졌다(신경환·장경숙 1998, 신경환 외 2012).

다만 고대 한반도에 초강법이 있었다고 주장하는 견해들의 근거가 모두 일치하는 것은 아니다. 금속분석학자들에 의해 오히려 초강법의 실존 여부를 부정하는 견해도 엄존한다(村上英之助 1990·1992; 박장식 2003). 초강법의 존재의 결정적인 증거가 되었던 초강로에 대해서도 연구자마다 견해가 달라 고대 초강법의 실존 여부에 대해서는 좀 더 구체적인 근거가 필

10 녹인 주철을 용선이라고 한다.

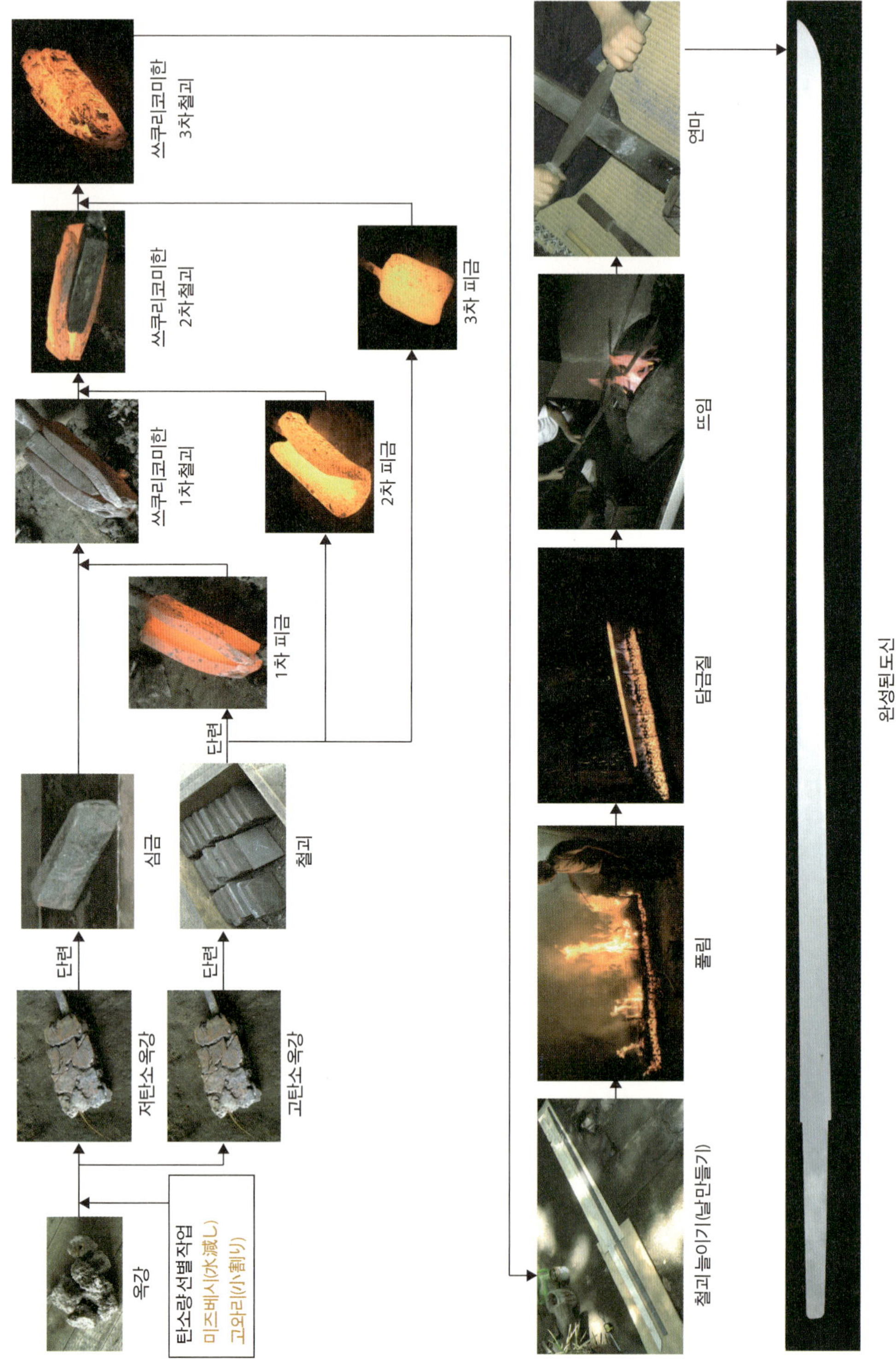

그림 2-22 도신의 복원 과정

요한 상황이라 할 수 있겠다.

앞서 언급한 것처럼 강철은 연철과 주철보다 도구와 무기, 공구의 날 부위에 적합하다는 점에서 매우 중요한 소재라 할 수 있다. 이와 같은 강철을 대량으로 직접 생산할 수 있는 초강법은 제철사에 있어 분명히 획기적인 기술인 것임은 틀림없다. 다만, 현재 그 근거를 명확하게 제시하기 어려운 이상, 한반도에 언제부터 초강법이 등장하였는가 혹은 이와 관련해 어떻게 강철을 생산하였는가를 밝히는 제강법은 앞으로의 중요한 연구 과제라 할 수 있을 것이다(제3장 참조).

제6절 맺음말

본장에서는 일본 후쿠오카현 미야지다케고분서 출토된 대형 두추대도의 복원 과정 중 도신의 복원 과정에 관하여 기술하였다. 총 길이 240cm에 달하는 대형 도신은 현재까지 일본에서 복원된 도신 가운데 가장 긴 편에 속한다. 복원 과정 도중에 발생한 예상치 못한 문제들로 인해 당초 계획했었던 3개월보다 훨씬 많은 시간이 소요되었다.

총 6개월간 이루어진 도신의 복원 이후, 손잡이를 비롯해 칼집, 병두금구, 날밑, 방울의 복원이 이어졌으며 약 9개월에 걸쳐 3m가 넘는 대형의 두추대도를 완성할 수 있었다(그림 2-21-5).

비록 미야지다케고분 도신의 금속학적 분석이 이루어지지 않아 복원 과정이 고대의 도신 제작과정과 어느 정도 일치하는지 알 수는 없다. 다만 도신의 제작과 관련하여 복원 과정에서 얻은 정보는 적지 않으리라 생각된다.

다음 장에서는 앞서 언급한 제강법에 대해 자세히 살펴본다.

참고문헌

국문

盧泰天, 2000, 『韓國古代 冶金技術史 硏究』, 學硏文化社.

박장식, 2003, 「軍守里地點 出土 製鐵遺物의 金屬學的 組織分析」, 『泗沘都城 -陵山里 및 軍守里地點 發掘調査 報告書-』, 忠南大學校 百濟硏究所 학술연구총서 제7집.

박장식, 2004, 「이천 설성산성 출토 금속유물의 미세조직에 나타난 철기 및 청동기 기술체계에 대한 연구」, 『이천 설성산성 2·3차 발굴조사보고서 -본문-』, 단국대학교 매장문화재연구소 학술조사총서 제26책.

박장식·이성준, 2003, 「鷄足山城 출토 철제 大刀제작에 적용된 기술체계 연구」, 『百濟硏究』37, 忠南大學校 百濟硏究所.

박장식·정광용·최광진, 2001, 「천안 용원리 출토 철기유물에 나타난 철기제작기술체계 분석」, 『龍院里古墳群』, 公州大學校博物館學術叢書 00-03.

박장식·정영동, 2004, 「황남대총 남분 출토 칼과 창의 미세조직 분석을 통한 신라의 철기제작기술체계에 관한 연구」, 『대한금속재료학회지』 42, 대한금속재료학회.

박형호·조남철·이훈, 2013, 「금산 수당리유적 출토 철제유물의 금속학적 연구」, 『문화재』 46(3), 국립문화재연구소.

신경환·장경숙, 1998, 「浦項玉城里古墳群 出土 鐵器의 金屬學的 分析」, 『浦項玉城里 古墳群 II』, 嶺南文化財硏究院 學術調査報告 第14冊.

신경환·최영민·장경숙·이창엽·남수진, 2012, 「오산 수청동 분묘군 출토 환두대도에대한 금속학적 분석연구」, 『烏山水淸洞百濟墳墓群 V』, 京畿文化財硏究院學術調査報告 第139冊.

尹東錫·李南珪, 1985, 「韓國 古代鐵器의 CMA와 EPMA에 의한 硏究 -九宣洞 鐵斧·鐵鏃을 中心으로-」, 『韓國考古學報』17·18, 韓國考古學會.

李南珪, 1982, 「南韓 初期鐵器 文化의 一考察 -특히 鐵器의 金屬學的 分析을 中心으로-」, 『韓國考古學報』 13, 韓國考古學會.

정영동·정원섭·최광진·박장식, 2006, 「경주 월산리 신라 고분군 출토 단조철기에 나타난 철기기술」, 『대한금속재료학회지』44, 대한금속재료학회.

일문

橋本博文, 1990, 「百錬の利刀を賜う」, 『古代史復元7 古墳時代の工藝』, 108-120, 講談社.

大澤正己, 2003, 「金屬製品の成分分析」, 『考古資料大觀7 彌生·古墳時代 鐵·金銅製品』, 小學館.

鈴木勉, 2005, 「古墳時代の鐵事情から見た象嵌技術」, 『文化財と技術』第4號, 工藝文化財硏究所.

鈴木勉, 2014,「刀身の全長について」,『宮地嶽古墳出土 國寶 大型大刀複製品制作報告書』.

鈴木貞夫, 1994,『作刀の傳統技法』, 理工學社.

町田章, 1976,「環頭の系譜」,『研究論集Ⅲ』, 奈良國立文化財研究所 奈良國立文化財研究所學報 第28冊.

佐々木稔·大槻孝·村田朋美·稻本勇·佐藤榮次·伊藤叡, 1981,「古刀·古斧の金屬的な研究(1)」,『たたら研究』24, たたら研究會.

池ノ上宏·花田勝廣, 1999,「筑紫·宮地嶽古墳の再檢討」,『考古學雜誌』85(1), 日本考古學會.

村上英之助, 1990,「佐々木氏の「炒鋼」説を疑う」―「ローマの釘」と「金屬學から見た古代の鐵を讀んで―」,『たたら研究』31, たたら研究會.

村上英之助, 1992,「(續)佐々木氏の「炒鋼」説を疑う」,『たたら研究』32·33, たたら研究會.

俵國一, 1953,『日本刀の科學的研究』, 日立評論社.

後藤守一, 1936,「頭椎大刀について(二)」,『考古學雜誌』26(12), 日本考古學會.

제3장 고대(古代)의 제강법(製鋼法)에 대하여

제1절 머리말

인류가 철을 만든 이래 지속해서 철기를 사용하게 된 가장 큰 이유는 철이 지닌 단단함, 즉 경도(硬度)에 있다. 그러나 다 같은 철이라 할지라도 철 속에 포함된 탄소의 양에 따라 경도는 확연하게 달라진다. 탄소의 양만을 기준으로 놓고 본다면 철은 연철(鍊鐵), 강철(鋼鐵), 주철(鑄鐵)로 분류할 수 있다. 연철이 가장 무르고 주철이 가장 단단하다.

그동안 철에 포함된 탄소량 혹은 철의 강도에 주목한 연구는 활발히 이루어지지 못했다. 지금까지는 주로 한반도에 출현하는 철기의 계보라든지 철기의 형식학적 변천과 연대론, 또는 무덤 내 철기의 부장양상과 의미와 같은 주제에 많은 관심을 기울였기 때문이다. 그 결과 철기를 주제로 다양한 관점에서 깊이 있는 연구가 이루어졌고 중요한 성과도 제출되었다. 다만 철 혹은 철기 자체에 관한 연구는 상대적으로 뒤처졌다. 출토된 철기의 양에 비해 철기를 제작한 공방이라든지 철기를 생산한 제철로, 제련로, 단야로와 같은 고고자료가 적었으며 철기 자체를 분석할만한 기회와 능력도 부족했기 때문이다.

그러나 이제는 과학 기술의 발달로 인해 철기를 금속학적으로 분석할 수 있게 되었고 철기의 제작과정을 어느 정도 유추할 수 있게 되었다. 중부지역에서는 단야 작업이 이루어진 것으로 보이는 원삼국시대 주거지유적의 발견도 이어지고 있다. 철 혹은 철기 자체를 연구하기 위한 토대가 마련된 것이다.

철기의 제작과정을 생각할 때 우선 염두에 두어야 하는 것은 하나의 철기를 제작하기 위해서 탄소량, 즉 경도가 다른 여러 종류의 철이 사용된다는 점이다. 단야 공인은 본격적인 철기 제작에 앞서 탄소량이 다른 철을 미리 준비해 둔다. 단단한 철과 무른 철을 적절히 섞어 사용해야만 실용적인 철기를 만들 수 있다는 것은 대장장이와 같은 단야 공인에게 기초 지식과도 같다. 동서고금을 막론하고 철기를 제작했던 단야 공인은 항상 탄소량이 다른, 즉 경도가 다른 여러 종류의 철을 구하려고 애썼다.

철에 포함된 탄소량, 그리고 이와 직결된 철의 경도라는 점에 주목해보면 앞서 분류한 철 중에서 단연 강철이 중요하다. 철이 지닐 수 있는 가장 큰 경도를 얻기 위해 실시하는 담금질은 적절한 탄소량을 함유한 강철만이 가능하기 때문이다. 도자, 대도, 검과 같은 무기는 물론이거니와 철겸, 철부 등 농공구까지 무엇인가를 베고 자르기 위해 날카로운 날이 있어야 하는 철기라면 강철이 필수 소재였다. 철기를 제작하는 데 핵심 소재라 할 수 있는 강철의 제작을 우리는 흔히 '제강법(製鋼法)'이라 부른다.

한반도에서 철기를 제작하기 시작한 이래 강철의 제작과 입수는 성능이 극대화된 철기를 제작하고자 했던 공인들에게 끊임없이 요구된 과제 중 하나였다. 철의 탄소량이라는 점에 착안해 강철이라는 '소재'에 주목하는 것은 이와 같은 이유 때문이다.

본장에서는 지금까지 언급된 고대의 제강법을 종합적으로 검토해 보고자 한다. 본격적인 제강법의 검토에 앞서 우선 Ⅱ장에서는 탄소량에 따른 철의 종류와 성질을 검토한다. 이를 통해 적절한 탄소량을 함유한 강철이 왜 중요한지를 인식할 수 있을 것이다. 다음 Ⅲ장에서는 제강법을 하나씩 검토하는데 이미 기존 연구에서 고대에 존재했을 것으로 추정되는 제강법이 몇 가지 제시되어 있다. 침탄과 탈탄, 초강법(炒鋼法), 관강법(灌鋼法)이 그 예이다. 특히 초강법에 관해서는 일찍부터 한반도에 존재한 기술로 인식되었는데 그 근거들을 금속학적 분석, 문헌, 초강로로 나눈 후 비판적인 시각에서 검토해 본다. 마지막으로 초강법을 대신하여 한반도에 일찍부터 관강법이 존재했을 가능성을 문헌, 금속학적 분석, 고고자료를 통해 검토한다.

제2절 철의 종류와 강철(鋼鐵)의 중요성

철의 성질에 가장 큰 영향을 끼치는 것은 탄소량이다. 연철, 강철, 주철도 탄소량을 기준으로 한 분류이다.[1] 탄소량이 다르면 경도가 달라진다. 경도가 다르면 철을 가공하는 방법도 달라져야 한다. 철이라고 해도 모두 같은 철이 아닌 것이다. 탄소량에 따라 분류한 철의 성질을 정리해보면 아래와 같다.

1) 연철

연철(軟鐵)은 탄소량이 가장 적은 철이다. 탄소가 거의 포함되어 있지 않거나 많아도 0.2% 이하이다. 불순물이 적은 순수한 철이라는 의미에서 순철(純鐵)이라고도 불린다. 연철은 매우

1 탄소량에 따른 철의 분류는 전문 분야마다 다르다. 탄소량 0.02% 이하를 순철, 0.02~2%를 강철, 2~4.5%를 주철로 분류하거나(한국철강신문 2011), 0.1%를 연철, 0.1~1.7%를 강철, 1.7~4.5%를 주철로 보는 견해도 있다(潮見浩 1988). 후술하겠지만 여기서는 담금질 후 강철의 경도를 기준으로 연철과 강철의 기준을 탄소량 0.2%로 삼고자 한다(그림 3-1-上).

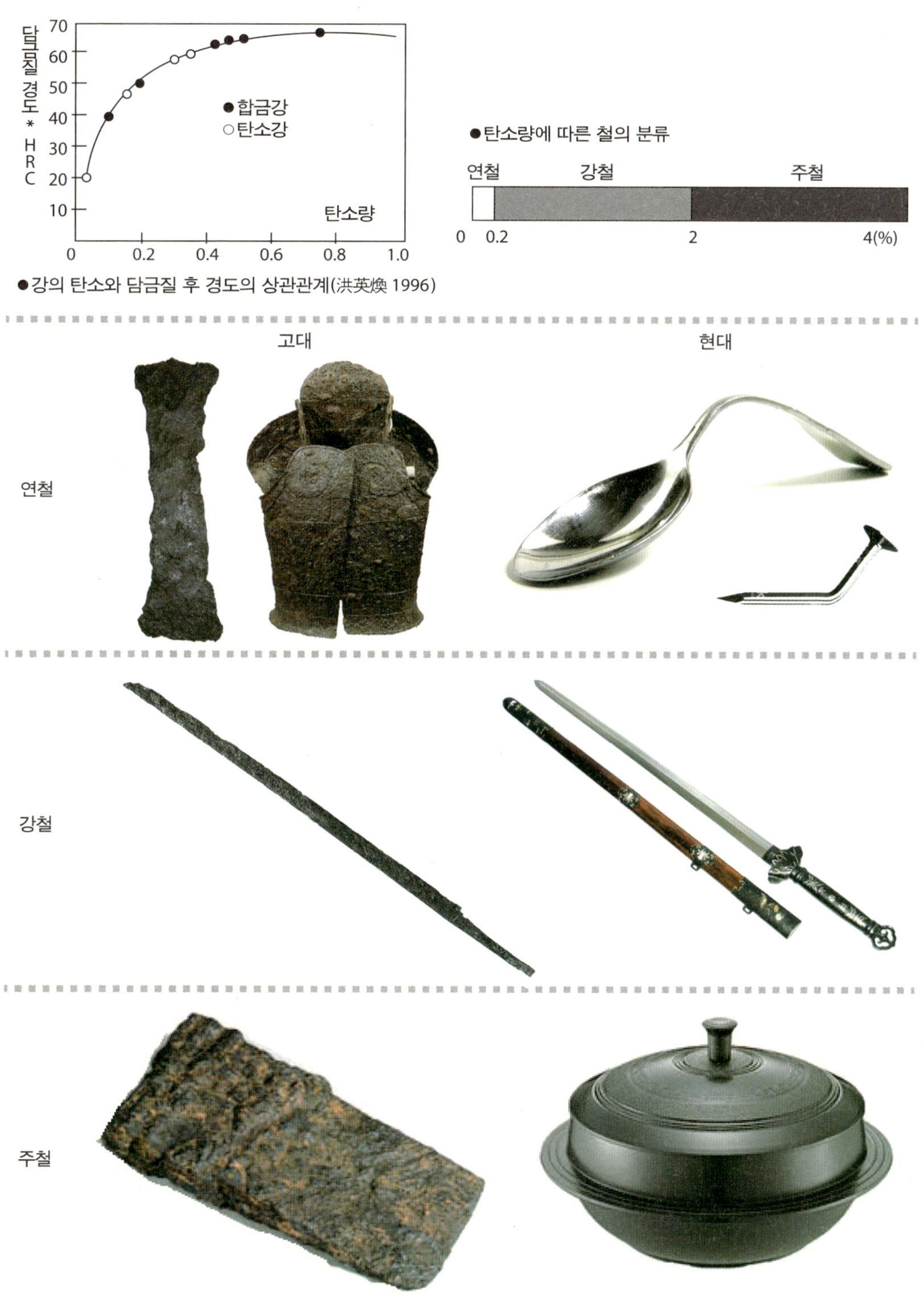

그림 3-1 철의 종류 및 성질

유연하며 전연성도 우수하다. 그러나 담금질을 해도 경도가 증가하지 않는다. 쉽게 말해 열처리를 해도 단단한 철이 될 수 없다. 따라서 도구와 무기의 날 부위에는 적합하지 않은 소재이다. 무르기 때문에 충격을 가하면 쉽게 손상되어 날로서 기능을 발휘할 수 없기 때문이다.

그렇다고 철기를 제작하는데 불필요하다거나 가치가 없다는 의미는 아니다. 무기나 도구의 날 부위에만 사용하지 못할 뿐 그 외의 부위에는 얼마든지 이용할 수 있다. 도신의 제작 과정에서 알 수 있듯이(제2장 참조) 도신의 날 부위에는 강철을 사용하지만 날 이외의 나머지 부위에는 연철을 사용한다. 도신의 등 부위에 연철을 배치함으로써 타격 시 도신에 가해지는 충격을 효과적으로 흡수하도록 하기 위해서이다(鈴木貞夫 1994). 실용적인 철기의 제작은 이처럼 성질이 다른 철을 혼용하여 가능하다.

삼국시대 고분에서 출토되는 투구, 갑옷, 마주, 마갑처럼 얇고 넓은 철판을 기본 단위로 하는 철제품도 대부분 연철을 사용해 제작되었음이 금속학적 조사를 통해 밝혀지고 있다. 연철이 지닌 유연한 성질 덕분에 복잡한 구조의 갑옷과 투구를 만들기 쉬웠을 것이다. 일상생활에서 숟가락이 휘거나 못 머리를 잘못 때려 못이 휘는 경우가 종종 발생한다. 이 역시 숟가락과 못이 탄소를 거의 함유하지 않은 연철로 제작되었기 때문이다.

2) 강철

강철(鋼鐵)은 0.2~2%의 탄소가 함유된 철을 말한다. 강철은 연철과 같이 전연성이 우수하며 유연하다. 따라서 원하는 형태로 단조할 수 있다. 다만 뛰어난 전연성과 유연성은 담금질하기 전의 강철만이 지닌 성질이다. 담금질이란 강철로 만든 철기를 700~800℃로 가열한 뒤 순식간에 물속에 넣어 급랭시키는 철의 열처리 과정을 말한다. 담금질을 거친 강철은 전혀 다른 성질의 철이 된다. 내부 조직에 마르텐사이트(martensite)라는 단단한 조직이 생성되면서 경도가 급격히 증가하게 되는 것이다. 담금질하기 전의 강철과 담금질을 마친 후의 강철은 경도만을 놓고 봤을 때 전혀 다른 금속이라고 해도 과언이 아니다.

담금질을 마친 강철은 매우 단단하다. 그만큼 실용적인 철이 될 수 있다. 다만 단단해진 만큼 작은 충격에도 쉽게 깨지는 취성이라는 성질도 동시에 생긴다. 그래서 실시하는 열처리가 뜨임이다. 뜨임이란 담금질을 마친 철기를 200~250℃로 재가열한 상태에서 물속에 넣어 급랭시키는 열처리 과정이다. 뜨임을 통해 담금질 과정에서 생긴 취성을 제거함으로써 철의 질긴 성질인 인성(靭性)을 향상시킬 수 있다. 담금질과 뜨임을 거치면서 강철은 단단하면서도 질긴, 일견 모순된 성질을 동시에 지닐 수 있게 되는 것이다.

따라서 도구 혹은 무기의 날 부위에는 반드시 강철을 사용해야 한다. 원하는 형태의 철기를 완성한 후에는 반드시 담금질과 뜨임이라는 열처리를 거쳐야 한다. 그래야만 이기(利器)로서 그 기능을 충분히 발휘할 수 있다. 삼국시대 무기의 미세조직에서 담금질하였던 흔적이 관찰되는 것을 보아 늦어도 삼국시대의 철기 제작 공인들은 강철의 성질을 충분히 이해한 것으로 추정해 볼 수 있다.

이렇게 보면 앞서 설명한 연철과 강철의 차이는 담금질의 가능 여부라고 볼 수 있다. 철에 포함된 탄소량이 담금질을 거친 철의 강도에 영향을 미친다는 사실은 이미 열처리 실험을 통해서도 증명되었다. 탄소가 포함되지 않은 연철부터 탄소가 약 1%까지 포함된 철까지 담금질한 후 그 경도를 측정한 것이다.

그림 3-1-上의 그래프 가로축은 철에 포함된 탄소량을 나타내고 세로축은 담금질한 후 철의 경도를 나타낸다. 탄소를 거의 포함하지 않은 철은 담금질을 거친 후에도 경도가 20HRC[2] 정도에 머무르지만, 탄소를 많이 포함할수록 담금질 후 경도가 점차 증가함을 알 수 있다. 특히 탄소량이 0.2% 이상의 철부터는 담금질 후 경도가 급격히 증가하고 0.5% 이상이 되면 철이 지닐 수 있는 최고의 경도가 된다. 앞서 연철과 강철의 기준으로 삼았던 탄소량 0.2%는 대략 그래프의 변곡점에 해당한다. 연철과 강철을 구분하는 유효한 기준으로 설정할 수 있을 것이다.

3) 주철

주철(鑄鐵)은 탄소를 약 2~4% 포함한 철이다. 탄소량이 많으면 녹는점이 낮아지므로 연철과 강철에 비해 쉽게 녹일 수 있다. 주조에 많이 사용되는 것도 이 때문이다. 주철은 규소의 함유량과 거푸집에 넣은 용선(鎔銑)의 응고속도에 따라 백주철, 반주철, 회주철로 나눈다. 철에 포함된 규소의 양이 적고 거푸집의 두께가 얇아 녹인 주철의 응고속도가 빠르면 백주철이 되고 이와 반대로 규소의 양이 많으며 거푸집의 두께가 두꺼워 녹인 주철의 응고속도가 느리면 회주철이 된다. 고대에 제작된 주철이 대부분 백주철이라는 것은 거푸집의 두께가 비교적 얇아 녹인 주철이 빠르게 응고되었음을 의미한다. 백주철과 회주철은 자른 단면의 색을 보고 판단할 수 있다. 백주철의 단면이 백색인 반면 회주철의 단면은 회색을 띤다(鈴木勉·河內國平 2006).

---

2 HRC는 로크웰 경도(Rockwell Hardness)의 단위이다. 수치가 클수록 경도가 높으며 작을수록 경도가 낮다.

주철은 내마모성도 뛰어나 쉽게 닳지 않는다. 쟁기, 괭이와 같이 내마모성을 요구하는 공구에 적합하다. 또 연철과 강철에 비해 쉽게 부식되지 않아 냄비, 가마와 같은 조리 기구에도 이상적인 소재이다(朝岡康二 2000).

주철의 가장 큰 특징은 연철, 강철과 달리 매우 단단하다는 점이다. 담금질을 거친 강철로도 주철을 가공할 수는 없다. 전연성과 유연성이 없으므로 휘거나 구부러지지 않는다. 강한 충격이 가해지면 그대로 깨져버리는 취성이 매우 크다. 실생활에 유용하게 쓰기는 어려운 것이다. 따라서 장시간의 열처리를 거쳐 철기의 표면에 다수 분포하는 탄소를 제거하여 취성을 낮춘 뒤 사용하는 것이 일반적이다.

삼국시대 고분에서 출토되는 주조철부를 비롯해 철복과 철제용기 파편, 제철유적에서 출토되는 거푸집을 통해 고대 주조철기가 생산되었음을 알 수 있다. 실생활에서 볼 수 있는 가마솥도 주철을 주조해 만들었다. 고대의 주철제품이 모두 열처리를 거쳤는지는 알 수 없다. 다만 미세분석 조직을 통해 주조 후 열처리를 거친 것으로 확인된 철기가 계속해서 보고되고 있다.

4) 강철의 중요성

통칭하여 철이라 일컬어도 탄소함유량에 따라 그 성질이 다름을 알 수 있다. 성질이 다른 철은 그 쓰임새도 다르다. 어떤 철이 좋고 나쁘다는 의미가 아니다. 실용적인 철기를 제작하기 위해서는 철의 성질을 잘 이해하고 적재적소에 알맞은 철소재를 사용해야 한다는 점이 중요하다. 이를 위해 철의 성질에 결정적 역할을 담당하는 탄소량을 조절하는 기술이 요구되는 것이다.

스즈키 쓰토무(鈴木勉 2005)는 연철, 주철, 강철의 성질을 설명하면서 강철을 고대사의 주역으로 평가했다. 이유는 다음과 같다. 우선 고대 주철제품의 대표라 할 수 있는 주조철부의 경우 이전부터 존재하였던 석제부(石製斧)와 비교하면 내충격성이 뛰어나지만 이후에 출현하는 강철제부(鋼鐵製斧)에 비하면 그렇지도 않다는 것이다. 철복(鐵鍑) 역시 열전도율은 높지만 이미 동을 주조하는 기술이 있다면 굳이 철을 주조해 철복을 만들 이유가 없다고 한다. 한편 연철제품에 관해서는 갑주와 같이 넓은 철판이 필요하거나 마구와 같이 소성(塑性)과 탄력성이 중요한 철기 외에는 다용도로 활용되지 않은 것으로 보았다. 현대사회에서 구조재 등에 쓰이는 연철처럼 활용 폭이 크지 않은 것으로 판단했다. 다시 말해 주철과 연철의 등장이 당시 사회를 바꿀 수 있을 만큼의 큰 존재가치를 지닌 것은 아니라고 본 것이다.

하지만 강철은 달랐다. 강철은 비철금속을 비롯해 연철, 주철이 대체할 수 없는 고유의 성질을 지녔다. 앞서 살펴본 것처럼 강철은 담금질과 뜨임이라는 열처리를 통해 견고하고 단단하면서도 질긴 성질을 동시에 지닐 수 있었다. 상반되고 모순된 성질을 함께 지닐 수 있는 것은 강철만의 장점이었다. 무기를 비롯해 금속과 나무를 다루는 공구와 농경에 필요한 농구까지 날이 있어야 하는 철기에는 반드시 이와 같은 상반된 성질이 필요했다(鈴木勉 2013). 담금질할 수 없어 단단해지지 않는 연철의 약점과 취성이 커서 큰 충격에 깨지는 주철의 약점을 강철만이 해결할 수 있는 것이다. 강철을 산업사회의 기반을 이루는 마더 머신[3](mother machine)에 빗대어 마더 메탈(mother metal)이라 표현한 것도 바로 이와 같은 이유 때문일 것이다.

이렇게 보면 침탄과 탈탄처럼 탄소의 양을 적절히 조절하는 것이 고대 철기의 성질을 좌우하는데 최대의 관건이라는 지적은 매우 중요하다(李南珪 1982). 침탄과 탈탄의 목적이 강철의 획득에 있음을 정확하게 이해했기 때문이다. 고대 철강 기술의 핵심이 강철의 제작과 가공, 열처리에 있다고 파악한 견해도 동일한 맥락에서 이해할 수 있다(정광용·박장식 2000). 이렇듯 강철은 단조철기를 제작하는 공인에게 가장 중요한 핵심 소재였다.

과거에도 현재와 동일한 탄소량을 기준으로 철을 분류하였는지는 알 수 없다. 다만 철을 다루는 과정에서 여러 가지 성질의 철이 존재한다는 것과 그중에서 열처리할 수 있어 실용적으로 사용할 수 있는 소재가 따로 존재한다는 사실을 단야 공인이 경험적으로 인식하고 있었을 가능성은 크다. 19세기 조선 순조때 이규경이 지은 『오주연문장전산고(五洲衍文長箋散稿)』에는 다음과 같은 기록이 있다.

凡鍊鐵初無生熟出爐 未炒則生卽炒則熟 生熟相和鍊成則鋼鑌鐵卽千年不磨之鐵也[4]

생철과 숙철, 강빈철이 앞서 분류한 철의 종류와 어떻게 대응하는지는 별도의 검토가

3 대부분의 현대 산업 기계는 고정밀도, 고능력을 자랑하는 산업기계에 의해 제작된다. 예를 들어 회전축을 깎는 정반, 구(溝)를 만드는 프라이스, 부품의 표면을 연마하는 연삭반이 대표적이다. 이처럼 기계를 만드는 기계를 마더 머신(mother machine)에 비유한다(鈴木勉 2013).

4 쇠부리를 하는데 처음에는 생철과 숙철이 없었으나 쇠부리 가마에서 나와 불에 굽지 않은 것이 생철이며, 불에 구우면 숙철이 된다. 또 생철과 숙철을 함께 섞어 녹이면 강빈철이라 하여 천 년을 갈지 않아도 될 쇠이다(李圭景(崔炷 譯) 1999).

필요하다. 중요한 점은 늦어도 19세기 조선에서 철을 다룬 공인은 성질이 다른 여러 종류의 철이 존재함을 이해하고 있었으며 강철로 추정되는 강빈철이라는 소재를 구하려고 했다는 점이다.

중국 한대(漢代)에 시행된 염철전매제의 찬반 여부를 둘러싸고 중앙 관료와 민간 지식인 사이에 벌어진 논쟁을 정리한 책이 『염철론』이다. 민간 지식인 현량은 정부의 철 전매제를 반대하면서 농공구의 질을 문제 삼았다.

> 조정에서 만든 철기는 대부분 큰 농기구이며 백성의 수요에 부합하지 못하고 있습니다. 농부들은 무디고 부서진 도구로 일을 하므로…(환관(김원중 역) 2007: 262)
> 지금 국가에서 노동의 질이 떨어지는 관리와 사형수를 동원하여 주조한 철기는 대부분 품질이 낮고… 철기는 대부분 필요 이상으로 견고하여 질의 좋고 나쁨을 선택할 방법이 없습니다(환관(김원중 역) 2007: 264)

무디고 부서진 도구와 필요 이상으로 견고한 철기는 모두 탄소량 조절에 실패한 철기이다. 현량이 조정과 논쟁을 벌인 배경에는 좋은 소재, 즉 강철에 대한 이해와 요구가 있었기 때문일 것이다. 중국 한대부터 한반도의 조선시대까지 철을 다룬 공인들은 언제나 강철을 제작하고 입수하려고 했다.

철기문화를 연구하는데 형식학과 더불어 강철이라는 철기 제작 소재에 주목해야 하는 것은 이상과 같은 이유 때문이다. 강철을 새롭게 인식하면 다양한 연구 주제가 떠오른다. 언제부터 강철을 제작하였으며 어떤 방식으로 제작하였는가, 제작된 강철은 어떻게 유통되었으며 그 입수 과정은 어떠한가와 같은 주제들이다. 그중에서도 우선을 두자면 '강철을 어떻게 만들었는가'부터 시작해야 할 것 같다.

제3절 고대의 제강법

탄소 함유량면에서 강철은 연철과 주철의 중간에 위치한다. 연철은 강철보다 탄소량이 적기 때문에 탄소를 더 투입하면 강철이 된다. 주철은 강철보다 탄소량이 많으므로 주철에 함유된 탄소를 빼내면 강철이 된다. 이런 의미에서 제강법이란 철소재 내의 탄소함량을 조절하는 과정이라 할 수 있다(박장식 · 정영동 2004: 309).

현재 상정되는 고대의 제강법으로 침탄과 탈탄 외에 초강법, 관강법이 있다. 아래에서는 제강법의 정의와 사례에 관해 설명한다.

1) 침탄과 탈탄

고대의 대표적인 제강법은 침탄과 탈탄이다. 침탄(浸炭)이란 저온환원법으로 만든 괴련철에 탄소를 투입시키는 과정이다. 저온환원법이란 철광석과 목탄을 노(爐)에 넣고 가열하여 순철에 가까운 소재를 생산하는 제련법을 말한다. 환원법 앞에 저온이라는 단어를 붙이는 이유는 연철의 융점인 1,539℃보다 훨씬 낮은 온도인 1,000℃ 근처에서 철을 얻을 수 있기 때문이다. 환원은 철광석(FeO)을 목탄(C)과 가열하여 철(Fe)과 일산화/이산화탄소(CO/CO^2)를 생성하는 과정이다(FeO+C → Fe+CO). 결국 저온환원법은 철광석을 비교적 저온 상태로 가열하여 그 속에 포함된 산소를 분리함으로써 철성분만을 얻어 내는 과정이라 할 수 있다.

저온환원법으로 만든 철의 미세 조직은 마치 해면처럼 물을 머금은 형상을 연상케 하여 해면철이라 부른다. 고고학에서는 괴련철이라고도 한다(박장식 2003b). 제련과정에서 슬래그를 완벽히 제거할 수 없어 불순물이 남는 것이 괴련철의 특징이다. 괴련철은 기본적으로 탄소량이 적다. 앞서 분류한 연철에 해당한다. 강철이 되기 위해서는 탄소를 인위적으로 투입해야 한다. 괴련철을 목탄과 함께 900℃ 이상에서 장시간 가열하면 철의 표면에 탄소가 침투하게 된다(崔珖鎭 2003). 이 과정이 침탄이다. 괴련철이 대부분 고체라서 고체침탄법이라고도 불린다.

지금까지 밝혀진 철기의 금속학적 연구 결과에 따르면 침탄을 통해 실용적인 철기를 완성하기까지 2가지 방법이 존재했던 것 같다. 첫 번째는 괴련철로 철제품 전체를 완성한 후, 날 부위와 같이 강도가 요구되는 부분에만 침탄하는 방법이다. 두 번째는 괴련철을 침탄해 만든 강철소재를 미리 준비해 두고, 이 소재로 철제품을 완성하는 방법이다.

황남대총 출토품을 비롯한 신라의 철제품은 대체로 괴련철로 철제품을 성형한 후 높은 강도가 요구되는 부위에만 침탄하는 고체침탄법이 주로 사용되었다고 한다(박장식 · 정영동 2004). 이에 반해 백제의 철제품은 침탄을 통해 미리 만들어 둔 강철소재를 사용해 철제품을 완성했다고 한다(정광용 · 박장식 2000). 그러나 백제지역에서 출토된 철기 중에서도 신라에서 사용된 것으로 생각되는 고체침탄법 기술이 적용된 사례가 확인되므로 신라와 백제에 자신들만의 독특한 침탄법이 시행되었는지는 좀 더 많은 사례를 분석할 필요가 있다.

한편 탈탄은 침탄과 반대이다. 탄소가 많은 주철에서 탄소를 빼내는 과정이다. 주철의 녹는점은 1150℃로 연철에 비해 낮다. 연철과 강철보다 비교적 쉽게 녹일 수 있다. 녹인 주철을 거푸집에 주입하고 냉각시켜 주조철기를 제작한다. 이렇게 완성된 주조철기는 단단하지만 큰 충격에 쉽게 깨진다. 이를 개선하기 위해 제품표면에 분포하는 탄소를 없애야 한다.

주조철기를 밀폐하여 장시간 가열하면 공기 중의 산소와 주조철기 표면에 분포하는 탄소가 반응하여 철기 표면의 탄소가 제거된다. 이 과정이 탈탄이다. 주조철기 표면만 강철이 되는 것이다. 그러나 내부에는 주철 조직이 그대로 남아 있어 주조철기의 내부 조직은 전체적으로 이중구조를 지니게 된다. 주조철기의 표면에서 탄소가 빠져나간 층을 탈탄층이라 부른다(崔珖鎭 2003). 주조철기를 탈탄하여 강철이 되었다는 의미에서 주철탈탄강이라고도 불린다.

주철탈탄강은 중국 춘추전국시대에 개발된 것으로 알려져 있으며 일본 야요이시대 중·후기로 비정되는 철부 중에도 자주 확인된다(佐々木稔 2008). 완주 신풍유적(이하얀 2013), 가평 대성리유적에서도 주조철기를 탈탄한 사례가 보고되었다(양석우·김수기 2011). 일본열도에서 파손된 주철탈탄강은 연마하여 도구로써 재이용되었다(野島永 1992).

이상에서 살펴본 침탄과 탈탄은 육안 관찰만으로는 분석할 수 없다. 광학금속현미경을 사용해 미세조직을 촬영해야만 한다. 현재까지 보고된 사례를 종합해보면 늦어도 원삼국시대에는 한반도에 침탄과 탈탄기술이 존재했을 것으로 보인다. 침탄과 탈탄을 통한 강철 제작은 한반도에서 자체적인 제련이 개시된 이래 가장 일반적으로 이루어졌던 제강법 중 하나였을 것이다.

그러나 침탄을 통한 제강법은 들이는 시간과 노력을 고려하면 그다지 생산량이 많지 않았다. 탈탄을 통한 강철 제작 역시 크고 두꺼운 강제품을 제조할 수 없었고 탄소량을 자유롭게 통제하기 어려웠다. 침탄과 탈탄을 통한 제강의 한계를 해결하고 강철의 수요를 충당하기 위해 중국에서는 전한 후기에 초강법이, 남북조시대에 관강법이 개발되었다고 한다(楊寬(盧泰天·金瑛洙 譯) 1982). 초강법과 관강법의 실존 여부에 관해서는 연구자마다 견해가 다른 듯하다. 아래에서 각각에 대해 자세히 살펴보고자 한다.

2) 초강법(炒鋼法)

초강법은 1150~1200℃로 가열해 녹인 주철을 대기 중에서 휘저음으로써 주철 속의 탄소를 연소시켜 강철을 제작하는 방법을 말한다(그림 3-2-1). 제련을 통해 만든 주철을 다시 가열하

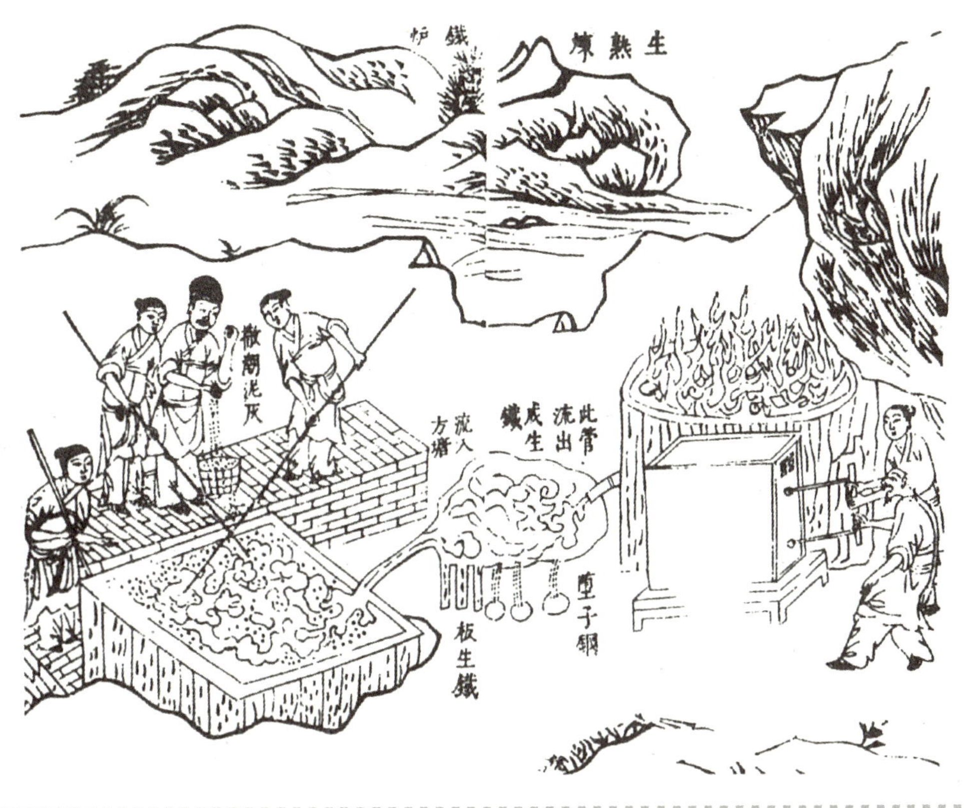

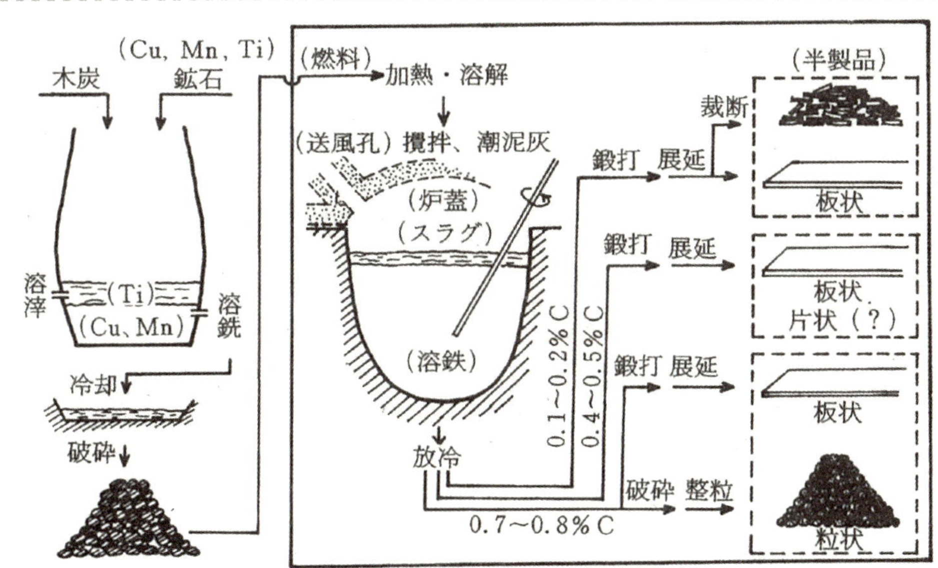

그림 3-2 초강 제작과정과 모식도

1. 『천공개물』에 소개된 초강 제작과정 | 2. 사사키 미노루(佐々木稔 1983)가 상정한 고대 초강의 제작 과정 모식도

기 때문에 제작공정은 크게 2단계로 나누어져 있다고 볼 수 있는데 그 원리가 현대의 간접제강법과 같아 간접제강법이라고도 불린다(尹東錫·辛種遠 1985: 95).

초강법은 중국 전한대인 서기전 1세기에 개발된 것으로 알려져 있다. 대량생산이 가능하며 품질이 뛰어나 제강사의 혁명이라고도 불린다(尹東錫 1983, 韓汝玢 1993: 42). 그러나 정작 초강이라는 개념이 처음 등장한 것은 17세기 중국 명나라 송응성에 의해 저술된 『천공개물(天工開物)』이다. 『천공개물』에는 초강법을 다음과 같이 설명한다.

> 凡造生鐵爲冶鑄用者. 就此流成長條圓塊. 範內取用. 若造熟鐵. 則生鐵流出時. 相連數尺內. 低下數寸. 築一方塘. 短墻抵之. 其鐵流入塘內. 數人執持柳木棍排立墻上. 先以汚潮泥晒乾. 舂篩細羅如麪. 一人疾手撒灑. 衆人柳棍疾攪. 卽時炒成熟鐵. 其柳棍每秒一次. 燒折二三寸. 再用則又更之. 炒過稍冷之時. 惑有就塘內斬劃成方塊者. 惑有提出揮椎. 靜本誤推. 從局本陶本改. 打圓後貨者.[5]

초강 제작과 관련해 생철(生鐵)과 숙철(熟鐵)이 등장한다. 생철은 철광석을 환원하여 탄소량이 2~4%가량 되는 주철에 해당하고 숙철은 주철을 녹인 후 함유된 탄소를 연소시킨 철로 강철 혹은 연철에 해당한다(佐々木稔 외 1983). 그러나 원문을 참고하면 알 수 있듯이 『천공개물』에 초강이라는 단어가 직접 등장하는 것은 아니다. 철을 볶는다는 의미의 '炒'자와 이를 통해 생산한 강철을 고려하여 후대에 초강법으로 명명(命名)되었을 것이다.

주목해야 할 점은 녹인 주철을 응고한 뒤 판매를 위해 사각형이나 원형의 덩어리로 잘랐다는 대목이다. 앞서 강조했듯이 탄소량이 많으면 취성이 강해서 깨지기는 하나 자르거나 별도의 가공을 베풀 수가 없게 된다. 그런데도 주철로 만든 숙철을 자른 뒤 판매까지 했다고

---

5 생철을 숙철로 제련하려면 노에서 몇 척 떨어져, 몇 치가 낮은 곳에 네모진 못을 축성하고 못의 사방 둑은 낮게 한다. 이 못으로 쇳물을 흘려 들어가게 한다. 몇 사람이 버드나무 막대를 쥐고 둑 위에 나란히 선다. 미리 햇볕으로 말려 둔 해변의 더러운 질흙으로 빻아 가루(조니재, 潮泥灰)로 만들고, 다시 비단을 친 체로 쳐서 밀가루처럼 고운 가루를 만들어 둔다. 한 사람이 재빨리 이 가루를 쇳물에 골고루 뿌리고 이와 함께 다른 몇 사람이 버드나무 막대로 세차게 쇳물을 휘저으면 곧 숙철이 된다. 버드나무 막대는 한 번 저을 때마다 그 끝이 2, 3치가 탄다. 다시 버드나무를 쓸 때는 새것으로 바꾸어야 한다. 휘저었다가 조금 식으면 못 속에서 네모 덩이로 잘라 내든지 꺼내어 쇠몽치를 휘둘러 쳐서 둥근 덩어리로 만들어서 내다 판다(宋應星(崔炷譯) 1997: 324).

한다. 자를 수 있는 철소재란 탄소량이 적어 그만큼 무른 철이라는 것을 의미하며 그러한 철소재는 앞서 살펴본 것처럼 연철과 담금질을 거치지 않은 강철뿐이다. 따라서 주철에 해당하는 생철을 녹인 후 공기 중에서 휘저음으로써 탄소를 연소시키는 초강법은 실제로 이루어졌을 가능성이 큰 것으로 보인다. 탄소량이 낮아진 숙철을 판매했다는 기록으로 미루어 보아 숙철의 경제적 가치와 철소재로서의 가치까지도 엿볼 수 있다. 다만 『천공개물』의 기록은 초강법이 17세기 당시 중국 명나라에서 존재하고 있었다는 사실만을 말해줄 뿐 과거의 어느 시점부터 존재하고 있었는가를 말해주는 것은 아니다.

강철을 대량으로 생산할 수 있는 초강법이 고대에 존재했다고 한다면 이는 분명 제강사(製鋼史)상 큰 사건임이 틀림없다. 현재 고고학계에서는 초강법이 중국 전한대 개발되었으며 이후 한반도에서는 삼국시대에 이미 성행했던 것으로 본다(盧泰天 2000). 이와 같은 주장의 근거는 무엇일까? 종래 연구 성과를 종합해보면 첫째, 초강제품의 금속학적 분석, 둘째, 초강법과 관련된 것으로 보이는 문헌자료, 셋째, 초강로의 발견으로 요약할 수 있다.

(1) 초강제품의 금속학적 분석

관견이지만 한반도에서 출토된 철기가 초강제라는 최초의 주장은 금속학적 분석을 통해 철기의 제작기술을 밝히려고 한 사사키 미노루(佐々木稔)에 의해 이루어진 것으로 보인다(佐々木稔 외 1981). 사사키 미노루는 공주 부근의 토광묘[6]에서 출토된 철부의 제작기술을 분석하기 위해 금속학적 조사를 실시하였다. 그 결과 철부의 내부와 외부에는 서로 다른 소재가 사용된 것으로 추정하였다. 내부에는 심금, 외부에는 피금이라는 탄소량이 다른 철소재가 2중 구조를 이루고 있다고 본 것이다.[7] 그리고 내부에 위치한 심금의 제작기술에 주목했다. 잘게 부순 강철(고탄소강)과 연철을 섞은 소재로 심금을 제작하였다고 판단한 것이다. 당시에는 심금의 재료로 사용된 강철과 연철이 초강제임을 명시하지는 않았다. 다만, '광석을 환원해 선철을 만들고 그것을 용해상태에서 탈탄하는 간접제강법으로 만든 강철로 철부를 제작하였

6 본문에서 공주 부근의 토광묘라고만 나와 있어 정확한 유적명을 알 수 없으나 그 연대를 4세기 이전으로 판단하고 있다.

7 심금란 일본도 제작과정에 사용되는 단어로 도신의 내부에 해당하는 철소재를 말한다. 일본도의 도신은 연철로 만든 심금(신가네)을 강철로 만든 피금(가와가네)으로 감싼 뒤 단조를 통해 늘려서 완성한다. 사사키 미노루가 고대 철부의 제작기술을 언급하는 가운데 심금, 피금이라는 단어를 사용했던 것은 공주에서 출토된 철부가 기본적으로 일본도 도신의 제작과 유사한 과정을 거쳐 완성되었을 것이라고 상정했기 때문일 것이다.

다'는 문맥으로 보아 이미 초강법을 인식하고 있었던 것은 틀림없다.

이후 칠지도에 새겨진 백련철(百練鐵)의 의미를 고찰하면서 다시 공주에서 출토된 철부의 제작기술을 언급한다. 철부의 슬래그 조성과 중국의 문헌을 참고로 철부가 초강법으로 제작된 것으로 명시한 것이다. 그리고 칠지도가 제작되었던 4세기 백제에는 이미 초강법이 존재한 것으로 판단하였다(佐々木稔 1981: 24, 1982: 183). 이후, 공주 토광묘 출토 철부의 제작기술만을 별도로 상세히 보고하면서(日吉製鐵史同好會 1984) 심금의 제작에 사용된 강철과 연철이 모두 초강제라는 것을 분명히 밝혔다.

사사키 미노루(佐々木稔 1983)는 삼국시대의 철기만이 아니라 일본열도의 고훈시대에 출토된 다수의 철기도 초강으로 제작되었을 가능성이 크다고 보았다. 다만 당시 일본열도에서 초강로가 발견되지 않은 점, 초강을 제작하는데 필수라고 생각한 조니재(潮泥灰)도 확인되지 않은 점, 철기에 銅 성분이 다수 함유된 점을 고려해 일본열도에서 출토된 초강제 철기는 중국 산동반도부터 남강에 걸친 지역에서 생산된 초강을 사용한 것으로 판단했다. 고훈시대의 초강제품을 모두 중국과의 직접 혹은 간접적인 교역에 의해 수입된 것으로 본 것이다. 나아가 당시 중국에서 이루어졌던 초강법의 과정을 『천공개물』의 기록을 바탕으로 모식도로 나타냈다(**그림 3-2-2**).

삼국시대·고훈시대의 철기를 제작하는 데에 중국제 초강이 사용되었을 것이라는 주장은 일본 사이타마현(埼玉縣) 이나리야마(稻荷山)고분에서 출토된 명문대도의 분석에도 그대로 적용되었다. 사사키 미노루를 중심으로 한 히요시제철사동호회(日吉製鐵史同好會)는 이나리야마고분에서 출토된 명문대도에서 '多加披(다가피)'라는 문자의 위를 덮고 있던 녹의 조직을 분석했다(日吉製鐵史同好會 1984). 그 결과 이나리야마고분 명문대도의 제작에도 초강이 사용된 것으로 판단하였다.

일본열도에서 출토된 철기가 초강을 소재로 제작되었다는 주장은 시대를 더욱 거슬러 올라가 야요이시대 북부구주지역에서 출토된 철과(鐵戈)에도 적용된다(佐々木稔 1991). 야요이시대에 출토된 철과를 분석해 본 결과 초강제로 제작된 것으로 추정되는 서기전 8세기 루리스탄의 철검, 서기 1세기 로마시대의 철못과 매우 유사한 비금속개재물의 조성이 확인된 것이다. 유럽에서 제작된 철기들이 초강으로 제작되었을 가능성이 크기 때문에 이와 유사한 비금속개재물 조성을 지니는 야요이시대의 철과도 서양의 철기와 동일한 초강소재를 사용한 것으로 상정하였다.

이상과 같이 사사키 미노루는 삼국시대만이 아니라 고훈시대에 출토된 다수의 철기도 초강으로 제작되었을 가능성이 크다고 주장했다. 초강으로 추정한 근거는 철기의 성분 분석

결과에 있었다. 성분 분석을 통해 철기의 제련방법의 역추정이 가능하다고 판단한 것이다.[8]

사사키 미노루가 초강제임을 판단하는데 주목한 것은 조재재(造滓材)였다. 초강법의 경우 녹인 주철을 휘젓는 교반 과정에서 탈탄의 역할을 하는 조재재[9]를 투입하기 때문에 완성된 초강에도 조재재의 성분을 확인할 수 있다고 가정(假定)한 것이다. 이어 조재재는 조개, 목탄, 점토를 혼합해 제작했을 것으로 추정했다. 따라서 철기의 금속학적 조사를 통해 산화칼슘, 산화마그네슘, 산화칼륨, 산화나트륨, 산화알루미늄, 산화규소과 같이 조재재에서 유래되었을 것으로 추정할 수 있는 성분, 즉 '조재유래성분'(佐々木稔 1985: 214) 혹은 '조재재성분'(佐々木稔 1991: 44)이 확인된다면 해당 철기는 초강제일 가능성이 크다고 판단한 것이다(佐々木稔 1988: 173).

앞서 공주 부근 토광묘에서 출토된 철부(佐々木稔 외 1981)를 비롯해 일본열도에서 출토된 다수의 철기(佐々木稔 외 1983, 日吉製鐵史同好會 1984), 로마시대의 못(佐々木稔 1988)까지, 모든 철제품을 초강제라고 주장한 이유도 그 성분에서 '조재유래성분'이 확인되었기 때문이었다.

철기에 남아 있는 비금속개재물을 근거로 초강제품을 판단할 수 있다는 사사키 미노루의 주장은 이후 한·중·일의 금속분석학자에게도 큰 영향을 끼쳤다. 철기의 성분 분석을 통해 한·중·일 각지에서 초강제 철기가 연이어 발견되고 출토수도 급증하게 된다. 함탄량이 낮고 규소, 망간, 유황 함량이 낮은 부산 복천동 11호분 출토 철정을 초강제로 추정하거나(尹東錫·申璟煥 1982) 조재재에서 유래되었을 것으로 추정되는 칼슘이 다량 포함된 서울시 구의동유적 철부와 철촉을 초강제로 판단하는 등 한반도 내에서도 늦어도 삼국시대가 되면 초강법이 확실히 존재한 것으로 여겨졌다(尹東錫·李南珪 1985: 99). 사사키 미노루가 설정한 초강의 성분 분석결과는 이후에도 거의 그대로 인용되다시피 반복되었다(尹東錫·辛種遠 1985: 96).

일본에서도 철기의 금속학적 성분을 근거로 돗토리현(鳥取縣) 미야우치(宮內) 1유적 1호제 분구묘 1주체부에서 출토된 철검을 비롯해 미야우치 제5유적 2호분 석관에서 출토된 철도, 후쿠오카시(福岡市) 히에(比恵)유적군 제57차 조사 주거지(SC028)에서 출토된 판상철제품, 후쿠오카시 도쿠나가(德永) 고분군H군 26호분 출토 삼엽문환두대도가 초강제일 가능성이 제기되었다(大澤正巳 1997).

8 철기에 포함된 비금속개재물의 성분비를 분석하여 그 재료를 판단할 수 있다는 사사키 미노루의 주장은 초강법의 판단에만 한정된 것이 아니다.

9 『천공개물』에는 '조니(潮泥)'라고 표현되어 있다.

고대 동아시아에 이미 초강법이 널리 성행하고 있었다는 주장이 1980년대 초반 한·중·일 학계에서 동시에 제기된 것은 우연일지도 모른다. 다만 대부분 견해가 초강법의 존재를 뒷받침하는 근거로 철기 내에 포함된 비금속개재물의 성분을 들고 있다는 점에서 상호 영향을 끼치고 있었을 가능성은 매우 크다.

이후 풍납리 유적에서 출토된 꺾쇠의 연마면(研磨面)에 사질(砂質)이 확인되는 것을 근거로 하여 서기전 1세기대에 개발된 중국의 초강기술이 한강 유역에 도입되었을 가능성이 제기되었다(李南珪 1982). 패총에서 출토된 조도1층 철촉, 조도 교란층 철편 등 고탄소의 철기에 대해서는 단타·침탄방법으로는 제작하기 불가능한 철기이므로 초강법에 의하여 제조되었다는 견해도 제기되었다(尹東錫·辛種遠 1985). 한반도에는 이른 시기부터 초강제의 철기가 다수 존재한다는 인식은 점점 통설화되어 갔으며 이내 초강법은 고대에 실존했던 대표적인 제강법으로 자리잡게 된다.

1990년대 이후 제기된 초강법도 철기 내에 포함된 비금속개재물의 성분 분석을 근거로 하고 있다는 점에서 1980년대 주장의 근거와 별반 다르지 않다. 망간이 거의 남아 있지 않고 규소와 유황이 각각 미량 함유된 포항 옥성리고분 출토 철기와(신경환·장경숙 1998) 규소, 칼슘, 알루미늄, 칼슘이 주성분인 오산 수청동 분묘군 출토 환두대도를 초강제로 판단하는 사례가 이에 해당할 것이다(신경환 외 2012). 이처럼 철기의 금속학적 분석을 통한 초강제의 판단은 고구려 철기(이남규 2018, 2019) 등 최근까지도 이어지고 있으며 이제는 국가에서 발간하여 공적인 성격을 띠는 도록에서조차 초강법의 존재를 당연하다고 여기고 있다(국립중앙박물관 2017).

철기의 금속학적 분석과 이에 대한 해석은 첨단기술과 전문 지식이 필요하므로 고고학을 전공하는 입장에서 비판적으로 검토하기는 쉽지 않은 것이 사실이다. 그래서인지는 몰라도 고고학계에서는 일단 금속학적 분석결과를 대부분 타당한 것으로 수용한 뒤 나름의 고고학적 해석을 시도하는 경우가 많다. 다만 초강법의 존재 여부에 대해서 모든 금속분석학자의 견해가 일치하는 것은 아니라는 점에는 충분히 주의할 필요가 있다.

사실 초강법의 존재를 금속학적인 분석을 통해 타당하게 입증하기 위해서는 고대 초강로 유적에서 출토된 철제품의 성분을 분석해 표준 시료를 작성하는 작업이 우선되어야 한다. 그리고 삼국시대의 유적에서 출토된 철기에서 표준 시료와 동일한 성분이 확인되었을 때 비로소 초강법의 존재를 증명할 수 있다. 그러나 후술하듯이 한반도 내에서는 아직 명확한 초강로는 발견되지 않았으며 초강로에서 출토된 철기도 없다.

그렇다면 남은 방법은 『천공개물』에 소개된 방법대로 초강을 제작한 뒤 그 성분을 분석하는 것뿐이다. 복원 실험을 통해 얻은 초강의 성분 분석을 통해 사사키 미노루가 가정한 조재유래성분이 실제로 존재하는지를 확인해 볼 필요가 있는 것이다. 그러나 아쉽게도 현재까지 이루어진 몇 차례의 초강법 실험의 결과를 참고로 하는 한(尹東錫 1983, 崔珖鎭 2003, 정광용 2009) 주철의 탈탄은 가능할지 몰라도 사사키 미노루가 가정한 조재유래성분의 확인은 불가능하다.

오히려 사사키 미노루가 초강제일 가능성이 높다고 판단한 일본 나라현(奈良縣) 야마토(大和) 6호분 출토 철정이 초강제가 아니라는 견해가 제기되어 주목된다. 사사키 미노루는 야마토 6호분 출토 철정에서 조재유래성분과 유리질규산염개재물이 확인되기 때문에 초강제일 가능성이 크다고 보았다. 또 동(銅)성분이 많이 포함되어 있으므로 야마토 6호분 철정은 중국에서 제조된 후 일본열도로 이입된 것으로 결론지었다(佐々木稔 1987: 187).

그러나 구보타 구라오(窪田藏郎 1960)과 구노 유우이치로(久野雄一郎 1984)은 야마토 6호분 철정의 제작에 사용된 소재가 직접제련법으로 제작된 것이라 주장했다. 특히 明石雄夫는 유리질규산염개재물은 초강법 이외의 제련법으로도 충분히 생성될 수 있다고 하면서 중성자방사화분석이라는 새로운 분석방법으로 철정의 분석을 시도하였다(明石雄夫 2003). 그 결과 구보타 구라오(窪田藏郎 1960), 구노 유우이치로(久野雄一郎1984)와 마찬가지로 야마토 6호분 철정의 제작에는 직접제련법에 의한 해면철을 사용했을 가능성이 큰 것으로 결론지었다. 철기 내에 함유된 성분 분석을 바탕으로 제련법을 역추적하는 사사키 미노루의 연구법에 근본적인 의문을 제기한 것이다. 철기의 금속학적 분석을 통해 초강법의 존재를 부정하는 견해는 한국에서도 지속된다(박장식 2003b).

문제는 교반 과정에 투입되었을 것으로 보이는 조재재의 성분이 탈탄과정을 거친 후 초강에도 그대로 남게 될 것으로 가정한 것에 있다. 애초에 확정할 수 없는 사실을 가정해두고 철기의 금속학적 분석을 통해 증명되었다는 식의 해석은 일종의 순환논리에 가깝다. 스스로 지적하고 있듯이(佐々木稔 외 1983: 623) 고훈시대의 철기가 초강제품인가에 대한 추정은 객관적인 사실이 아니라 경험에 근거하고 있는 부분이 적지 않은 것이다.

이와 관련하여 한국에서 금속학적 분석을 근거로 일찍부터 초강법의 존재를 강력하게 주장한 노태천이 최근 그 견해를 바꾼 것에 대하여 한국 고고학자들은 깊게 유념해야 한다. 노태천은 사사키 미노루의 연구성과를 바탕으로 일본 나라현 이소노카미진구(石上神宮)에 보관된 칠지도를 비롯하여 4세기대 백제에서 제작된 대도(大刀), 나아가 동아시아에서 발견된 명문대도가 모두 초강제라고 주장하였다(盧泰天 2000: 243). 그러나 최근 일본 공예문화연구소에서 이루어진 칠지도의 복원 실험 연구성과를 적극적으로 수용하여 칠지도가 주조로 제작된 것으로 인정하고 그동안의 견해를 수정하였다(노태천 2015). 이처럼 초강법이 일찍부터 존재하였다고 단언한 선학의 견해가 일변한 것에 대해 지금까지 이를 지지해 온 한국의 많은 후학은 과연 어떻게 대응할 것인가.

(2) 초강과 관련된 문헌

사사키 미노루는 고대 초강법의 존재를 뒷받침하는 증거로 금속학적 분석 외에 문헌자료를 들었다. 로마시대 제작된 못의 금속학적 성분을 분석하면서 처음으로 주목한 문헌은 中沢護人가 번역한 베크의 『철의 역사(鐵の歷史)』(ルードウィヒベック(中沢護人 譯) 1976)였다. 『철의 역사』에는 서기전 4세기 아리스토텔레스가 철제조와 관련해 남긴 문장이 일본어로 번역되어 있다. 그 중에서 사사키 미노루가 주목한 것은 "철은 용제(溶劑) 피라마커스(Pyrimachus)를 첨가하고 반복적으로 녹여(溶かされ)"라는 대목이었다(佐々木稔 1985: 40). 용제인 피리마커스(Pyrimachus)를 석회석이 포함되어 유동성을 좋게 하는 성분, 즉 앞서 살펴본 조재재로 이해함으로써 녹은 철에 조재재를 넣는 초강법과 관련지어 해석한 것이다(佐々木稔 1988: 172). 유사한 내용이 서기전 4세기 아리스토텔레스가 기술한 『기상학』에도 기술되어 있어(佐々木稔 1991: 46) 서양에는 초강법이 이미 존재하고 있었던 것으로 추정하였다.

이에 대해 무라카미 에이노스케(村上英之助)는 사사키 미노루가 인용한 『철의 역사』에 번역의 문제가 있다고 지적하고 강하게 비판하였다. 그리스어 원문과 『철의 역사』의 저본(底本)이 된 원문(W.S.Hett, Aristole, Minor Works)을 참고하는 한, 철이 녹는다(溶かされ)는 표현은 실제로 가열한다(heat)라고 해석해야 하므로 아리스토텔레스가 남긴 기술(記述)의 번역을 근거로 한 사사키 미노루의 가설은 성립되지 않는다는 것이다(村上英之助 1990: 61). 더불어 전한대 개발되었다고 생각했던 초강법은 수력을 이용한 송풍이 등장하는 4세기대 비로소 확립되었으며 이때도 완전한 초강이 아니라는 의미에서 '반'초강법이라는 개념을 주장하였다(村上英之助 1992: 85). 초강법의 등장 시기를 늦추어 본 것이다.

사사키 미노루가 주목한 두 번째 문헌은 프리니우스(AD23/24~79)가 로마시대에 저술한 『박물지(博物誌)』이다. 사사키 미노루는 『박물지』의 기술 중 "납처럼 부드러운 '전연철(展延鐵)'과 날로써 단접하기 위한 '철의 핵'"이라는 표현에 주목하였다(佐々木稔 1988: 171). 전연철은 부드러운 저탄소강으로, 철의 핵은 고탄소강으로 간주할 수 있으므로 초강법으로 저탄소강과 고탄소강을 제작할 수 있다는 자신의 추론을 증명하는 문헌으로 평가한 것이다(佐々木稔 1991: 46).

『박물지』도 일본어로 번역되어 『철의 역사』(ルードウィヒベック(中沢護人 譯) 1976: 228)에 실려 있다. 번역문을 보면 '전연철'은 철광석을 제련하는 과정에서, '철의 핵'은 제련을 마친 노에서 얻을 수 있는 다양한 철의 종류 중 하나로 설명되고 있다. 따라서 '전연철'과 '철의 핵'이라는 표현을 통해 당시 다양한 탄소량을 함유한 철이 존재한 것은 인정할 수 있다고 하더라도 단지 이 두 가지 철의 존재만으로 『천공개물』에서 설명하는 초강법과 직결시킬 수 있을지는 의문의 여지가 있다.

이상 살펴본 2개의 문헌을 근거로 사사키 미노루는 서기전 4세기대 서양에서 초강법이 개발되었으며 전한대(前漢代) 중국까지 전파된 것으로 보았다(佐々木稔 1985: 41, 佐々木稔 1991: 48). 이는 앞서 살펴본 내용의 문제점은 차치하더라도 서양의 초강법이라 불리는 교련법이 18세기 후반에 개발되었다(국립중앙과학관 2009)는 일반적인 이해와도 크게 상충하고 있어 서양의 고대 제철사 연구성과를 정면에서 부정하는 결과라 할 수 있다(村上英之助 1990: 60).

한편 많은 연구자는 후한(後漢) 말기에 저술된 『태평경(太平經)』을 근거로 중국에서 일찍부터 초강법이 개발된 것으로 보았다(盧泰天 2000: 208, 楊寬(盧泰天·金瑛洙 譯) 1982: 281). 『태평경』 제72권 「부용대언무효결(不用大言無效訣)」제110에는 다음과 같은 내용이 기록되어 있다.

> 今軍師兵, 不詳之器也, 君子本不當有也, --- 不貴用之也, 但備不然, 有急乃後使工師擊治石, 求基中鐵, 燒治之使成水, 乃後使良工萬鍛之, 乃成莫邪 (楊寬(盧泰天·金瑛洙 譯) 1982: 281)[10]

철을 가열해 만든 철물로 단조를 거쳐 보검을 완성하는 과정을 초강법과 관련시켜 이해한 것으로 보인다. 초강법의 공정에서 이루어지는 주철의 용해 과정을 '철물'이라는 표현과 연결했을 것이다. 그렇다고 해서 『태평경』의 기록이 반드시 초강법의 존재를 뒷받침할 수는 없다고 생각한다. 중국에서는 일찍부터 주조철기도 제작되었기 때문에 철의 용해 과정이 반

10 당시 군대가 사용하는 병기는 길한 물건이 아니므로 본래부터 군자가 사용할 물건이 아니라고 여겨진다. 그 후 장인을 청해 처음 철을 정련하여 돌을 다스리고 정련된 철을 중간에서 얻고 철물로 변할 때까지 가열한다. 그 후 실력 있는 장인에게 무수한 단조를 거친다면 결국 사악함을 물리치는 보검이 완성된다(국립중앙과학관 2009: 46).

드시 초강법에 한정되었다고 단정할 수는 없다. 적어도 원문을 참고하는 한 선철의 용해, 조재재 투입을 통한 탈탄과 같은 초강법의 핵심 공정을 읽어낼 수 없다.

이상 사사키 미노루가 자신의 주장을 뒷받침하는 근거로 든 서양의 문헌도, 후한 말기에 저술된 『태평경』의 기록도, 17세기 저술된 『천공개물』에 소개된 초강법과 직접 관련지어 이해하기는 어렵다고 생각한다.

(3) 초강로

고대 초강법의 존재를 주장하는 근거로 실제 초강 작업이 이루어졌던 초강로의 발견을 들 수 있다. 중국 한대(漢代) 초강로는 지금까지 2기 보고되었다. 첫째는 하남(河南) 공현(鞏縣) 철생구(鐵生構)유적 초강로이다. 이 유적에서 발견된 18기의 제철 관련 노 가운데 전한대의 것으로 추정되는 17호가 초강로[11]로 보고되었다(河南省文化局文物工作隊(大場憲郎 譯) 1962: 16). 노는 길이 37cm, 폭 28cm, 높이 15cm이며 노의 구조 자체가 매우 간단하고 소형이다. 상부는 이미 파괴된 채로 발견되었지만 노 바닥에 적색의 가열층과 제련을 완료하지 않은 철괴가 남아 있었다. 초강로라고 판단한 근거는 노 바닥에서 출토된 철괴의 성분 분석결과와 함께(楊寬(盧泰天·金瑛洙 譯) 1982: 283) 노의 형태가 당시 하남성에서 발견된 초강로와 유사했기 때문일 것이다(井口喜晴 1970: 70). 이외에 중국 남양(南陽) 북관(北關) 와방장(瓦房庄) 19호로도 초강로로 보고되었다(河南省博物館 외 1978).

유사한 형태의 노는 진천 석장리유적, 경주 황성동유적 등 삼국시대에도 확인된다. 직경 1m 내외, 깊이 20~30cm의 소형이라는 점에서 중국의 초강로와 형태적으로 유사하다(그림 3-3). 이는 삼국시대에도 초강을 생산하는 기술이 존재한다는 결정적인 근거로 작용하였다(盧泰天 2000: 199).

그러나 경주 황성동유적에서 발견된 노를 복원해 제련 실험을 한 결과 선철의 일부는 탈탄할 수 있었으나 나머지 대부분은 탄소량이 높은 선철 그대로였다고 한다(村上恭通 2007: 185). 초강법의 핵심인 탈탄 과정이 제대로 이루어지지 않은 것이다. 현재 남은 노적에서 추정할 수 있는 제강 공정은 액체 상태의 선철을 교반하는 것과는 거리가 멀어 순도가 높은 강철을 얻기가 쉽지 않았을 것이다. 현재까지 보고된 자료에 의한다면 경주 황성동유적에서 초강 생산이 이루어졌다고 확언할 수 없다. 황성동유적에서 발견된 노를 정련로 혹은 '류(類)'

---

11 저온초강로로 보고되었다.

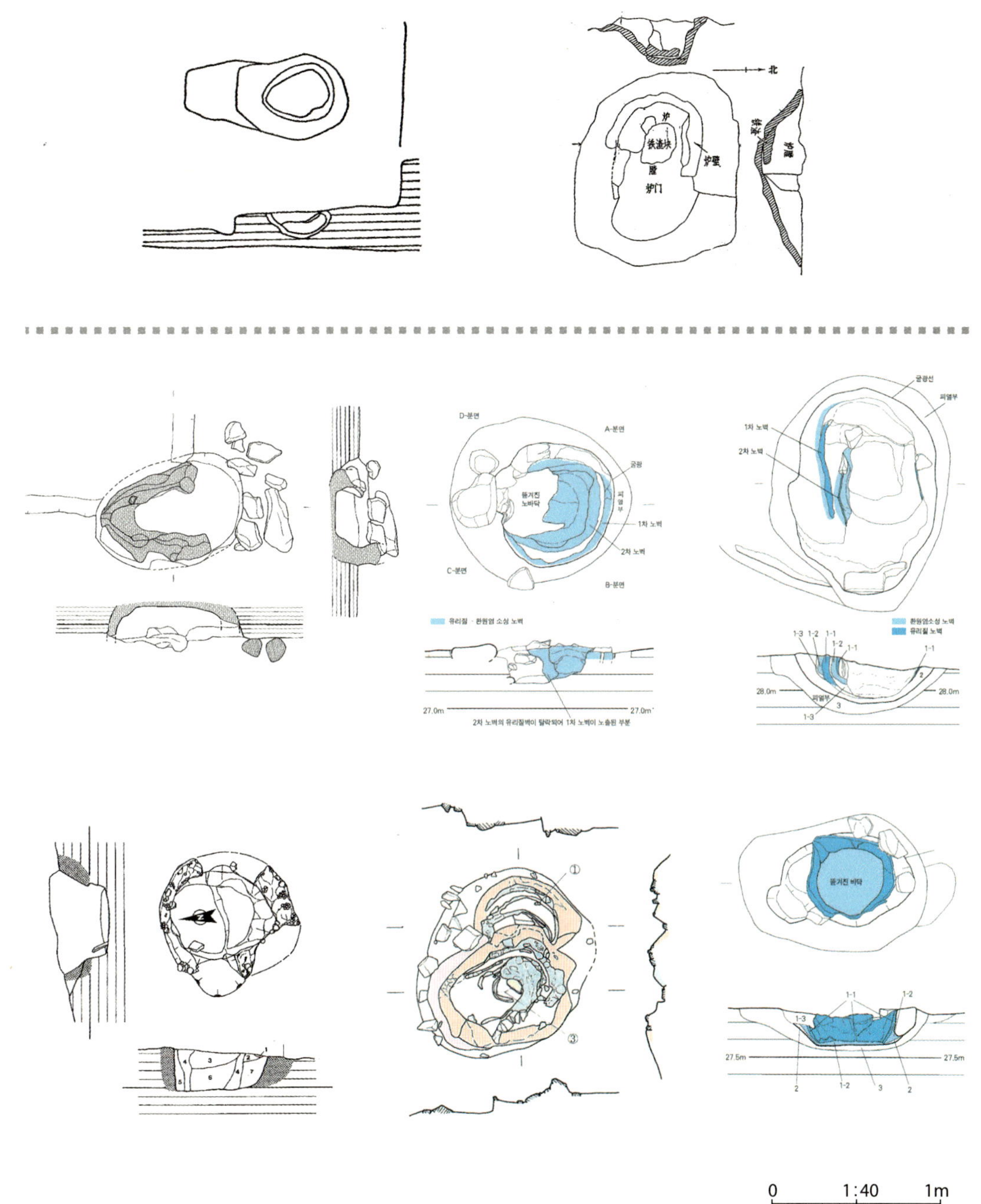

그림 3-3 고대 중국·한국의 추정 초강로

1. 하남(河南) 공현(鞏縣) 철생구(鐵生構) | 2. 남양(南陽) 북관(北關) 와방장(瓦房庄)19호노 | 3. 경주 황성동 황성동 I -가-5호노 | 4. 경주 황성동 강변로3호노 | 5. 경주 황성동 강변로6호노 | 6. 진천 석장리B-7호노 | 7. 경주시 황성동537-2번지2호노 | 8. 경주 황성동 강변로8호노(2는 축척부동)

초강로라고 칭하는 것(村上恭通 2012: 144) 역시 초강로라고 단정할 수 없음을 방증한다.

초강로와 용해로를 구분하는 기준도 연구자마다 다르다(표 3-1). 이는 초강로를 판단하는데 연구자의 주관이 개입될 소지가 크며 노의 형태만으로 용해로와 초강로를 구별하기 어렵다는 것을 의미한다. 초강로라고 판단한 노에서 출토된 제철 관련 자료를 분석한 결과 후술하는 관강법과 관련되었을 것으로 추정되는 자료도 확인되고 있다.

따라서 한대의 노와 형태적으로 유사하다는 이유로 경주 황성동유적, 진천 석장리유적에서 발견된 노를 초강로로 단정할 수는 없을 것 같다. 판단의 근거가 되는 한대의 노들도 초강로인지 불분명할뿐더러 한반도 삼국시대 노와는 200년 이상의 시기 차도 존재한다.

이상으로 고대 초강법의 존재를 주장하는 근거를 금속학적 분석, 문헌, 초강로로 나누어 살펴보았다. 삼국시대 초강법의 존재 여부에 관해서는 대체적으로 이를 인정하는 경향이 강하지만 각각의 근거에서 확인되는 문제점도 적지 않음을 알 수 있다.

후루세 기요히데(古瀨清秀)도 고대 초강법의 실존 여부에 대해 부정적인 입장을 취한다(古瀨清秀 2005). 후루세 기요히데에 따르면 초강법은 1957년 중국의 급진적 사회주의 건설운동인 대약진운동 때 재래 기술인 토법 제철을 사용해 철강 생산의 추진을 도모하는 가운데 제기된 제강법이라고 한다. 중국의 산서성에는 50여 년이 지난 현재까지도 초강기술이 이어져 내려오고 있지만 그렇다고 해서 고대에도 당연히 확립되었던 제강법으로 판단하기에는 문제가 있다는 것이다.

예를 들어 앞서 언급한 하남 공현 철생구유적, 남양 북관 와방장 19호와 같은 초강로는 직경 30cm 전후의 소형이므로 녹인 주철을 휘젓는 것으로는 탈탄이 불가능하며 설령 가능하다 하더라도 대량생산에는 한계가 있을 것으로 보고 있다. 한대 무기의 생산이 급증하는 배경의 하나로 간주하였던 초강법이 이처럼 소형의 노에서 간단히 이루어졌을지 의문이기 때문이다. 오히려 노의 형태만을 놓고 본다면 단야로에 가까울 것으로 판단한다(古瀨清秀 2005: 507).

철기 제작의 필수 소재인 강철을 대량으로 생산할 수 있다는 점에서 초강법은 분명 제강사의 혁명이라 불릴만한 기술로 평가할 수 있을 것이다. 다만 지금까지 제기된 근거들을 종합적으로 검토해 보면 고대에 실제로 초강법이 존재했을 것이라 입증할만한 뚜렷한 증거는 부족한 상황이라 하겠다.

한반도 내에 초강법이 도입된 역사적 배경으로 공손씨 세력이 새로운 철 공급지로서 경주 황성동지역을 선택해 초강기술을 이전시켰을 가능성까지 제기되고 있다(金一圭 2006: 174).

표 3-1 진천 석장리유적·경주 황성동유적 노의 성격

유구	연구자	손명조 (1998)	윤종균 (1998)	노태천 (2000)	武末純一 (2002)	김일규 (2006)	김권일 (2006)	국립중앙과학관 (2009)
진천	석장리A-7호로	-	단	초	-	-	-	-
	석장리B-7호로	-	초	초	-	초	초	초
	고가수조지구출토	재용	-	-	용	초	-	-
경주	황성동524-9번지	-	-	-	-	-	초	-
	황성동537-2번지 1호로	-	-	-	용	-	-	-
	황성동537-2번지 2호로	-	-	-	-	초	정	-
	황성동537-2번지 3호로	-	-	-	용	-	용	-
	황성동537-2번지 4호로	-	-	-	-	-	정	-
	황성동537-2번지 5호로	-	-	-	-	-	정	-
	황성동537-2번지 6호로	-	-	-	재용	-	정	-
	황성동537-2번지 7호로	-	-	-	-	-	정	-
	황성동537-2번지 9호로	-	-	-	용	-	-	-
	황성동537-2번지 10호로	-	-	-	용	-	용	-
	황성동537-2번지 11호로	-	-	-	용	-	-	-
	황성동537-2번지 12호로	-	-	-	용	-	용	-
	황성동537-2번지 13호로	-	-	-	용	-	-	-
	황성동 I -가-3호로	용	-	-	용	-	용	-
	황성동 I -가-5호로	재용	-	-	재용	초	초	초
	황성동 I -가-6호로	-	-	-	-	-	-	-
	황성동 I -가-7호로	-	-	-	용	-	용	-
	황성동 I -가-8호로	용	-	-	용	-	-	-
	황성동 I -가-9호로	용	-	-	용	-	용	-
	황성동 I -가-10호로	-	-	-	용	-	용	-
	황성동 I -가-12호로	-	-	-	용	-	-	-
	황성동 I -가-15호로	용	-	-	용	-	용	-
	황성동 I -가-16호로	-	-	-	용	-	용	-
	황성동 강변로유적2호로	-	-	-	-	-	초	-
	황성동 강변로유적3호로	-	-	-	-	초	초	초
	황성동 강변로유적4호로	-	-	-	-	-	초	-
	황성동 강변로유적6호로	-	-	-	-	-	초	-
	황성동 강변로유적7호로	-	-	-	-	-	초	-
	황성동 강변로유적8호로	-	-	-	-	-	초	-

초: 초강로 | 단: 단야로 | 용: 용해로 | 재용: 재용해로 | 제: 제련로

그러나 제철기술이 그러했던 것처럼 어떠한 기술이든지 간에 다른 지역으로의 기술이전은 쉽게 이루어지지 않았다고 생각한다(제1장 참조). 초강법과 같이 혁명이라 불릴만한 선진 기술이라면 더욱 그러했을 것이다.

3) 관강법(灌鋼法)

관강법은 탄소가 많은 용선에 탄소 함량이 낮은 고체 상태의 연철(괴련철)을 장입함으로써 적절한 탄소량을 지닌 강철을 생산하는 방법이다(崔珖鎭 2003). '관(灌)'은 '흘러들다, 붓다, 따르다'는 의미가 내포되어 있으므로 녹는점이 가장 낮은 주철을 녹인 뒤 연철과 혼합함으로써 강철을 제작했던 것으로 추정해볼 수 있다. 쉽게 말해 탄소량이 적은 연철에 탄소량이 많은 주철을 녹인 후 붓거나 섞어강철을 제작하는 것이다. 현재 확인되는 문헌자료와 고고자료를 참고한다면 고대에는 실체가 불분명한 초강법보다 관강법이 활용되었을 가능성이 큰 것으로 판단된다.

(1) 문헌자료

중국의 문헌을 보면 관강법은 늦어도 중국 남북조시대에 보편적으로 활용된 것으로 보인다. 남조의 도학사상가인 도홍경(陶弘景 452~536)은 '鋼鐵是雜煉生鍒作刀鎌者(강철시잡련생유작도겸자)[12]'라고 기술하고 있다(楊寬(盧泰天·金瑛洙 譯) 1982: 316). 고탄소의 생철과 저탄소의 유철(鍒鐵)을 섞어 날을 만들었다는 표현으로 보아 관강법과 관련있을 것으로 추정된다(尹東錫·申璟煥 1982: 120). 『북사(北史)』제89권「예술열전(藝術列傳)」에는

> 壞文造宿鐵刀, 其法燒生鐵精, 以重柔鋌, 數宿則成剛[13]

라는 기록이 있다. 고탄소의 생철(주철)에 저탄소의 무른 철정(柔鋌)을 겹친다는 표현으로 보아 관강법과 관련이 있음을 알 수 있다. 송대 지어진『초본도경(草本圖經)』에는

> 以生柔相雜和, 用以作刀劍鋒刃者爲鋼鐵[14]

12 강철은 생(生)과 유(柔)를 섞어서 만든 도겸(刀鎌)이다,

13 괴문(壞文)이 숙철도를 만들었는데 그 방법은 생철을 정련하고 무른 철정(柔鋌)을 여러 번 겹쳐 강을 만드는 것이다.

14 생철과 숙철을 한데 섞은 것으로 칼과 검의 날을 만드는데 이것이 강철이다.

라고 기록되어 있다. 도검의 날에 사용하는 강철은 탄소량이 많은 생철(주철)과 탄소량이 적은 柔(연철)을 섞어 제작했을 것이다. 송대 심괄(沈括)도 『몽계필담(夢溪筆談)』 제3권 「변증일(辨證一)」에서

世間鍛鐵所謂鋼鐵者, 用柔鐵屈盤之, 乃以生鐵陷其間, 泥封煉之, 鍛令相入, 謂之團鋼 亦謂之灌鋼, 此乃為鋼耳[15]

라고 하여 탄소량이 서로 다른 철의 혼용법을 설명하고 있다. 이후 명나라 당순지(唐順之)의 『무편(武編)』의 전편 제5권 『철(鐵)』조항에는

熟鐵無出處, 以生鐵合熟鐵煉成[16]

라고 기록되어 있어 주철과 연철을 섞어서 강철을 만들었음을 알 수 있다.

『천공개물』에도 관강법에 관한 유명한 구절이 있다.

凡鋼鐵煉法. 用熟鐵打成, 薄片如指頭濶, 長寸半許, 以鐵片束包尖緊, 生鐵安置其上(廣南生鐵, 名墮子生鋼者妙甚), 又用破草履蓋其上(黏帶泥上者, 故不速化), 泥塗其底下, 洪炉鼓鞲, 火力到時, 生鋼先化, 滲淋熟鐵之中, 兩情投合, 取出加錘, 再煉再錘, 不一而足, 俗名團鋼, 亦曰灌鋼者是也[17]

---

15 세간에서 철을 단련해 강철을 만든다고 하는 것은 유철(柔鐵)로 큰 접시와 같은 형태를 만들고 여기에 생철(주철)을 올린 뒤, 진흙으로 덮고 가열해 단련하는 것이다. 이것을 '단강' 혹은 '관강'이라고 한다. 즉 이것은 강을 만드는 것에 지나지 않는다.

16 정련한 강철이 생산되지 않는 곳에서는 생철과 숙철을 한데 섞어서 정련하여 만든다.

17 강철을 만들려면 손가락 폭 정도의 너비를 지닌 강철을 한 치 반 정도의 박편으로 만든다. 이렇게 만든 숙철 박편을 단단히 묶어 둔다. 그 위에 선철(주철)을 올린다(광남(廣南)의 타자생강(墮子生鋼)이라는 철이 매우 좋다). 그 위에 헌 짚신(진흙이 묻어 있으면 오래 간다)으로 덮고, 철편 밑에는 진흙물을 발라 둔다. 이를 노에 넣고 풀무로 바람을 불어 화력이 충분하게 되면 먼저 선철이 녹아 숙철로 스며들어 서로 융합한다. 이것을 꺼내어 단조하고, 재차 가열하여 여러 차례 단조를 반복한다. 이런 방법으로 만든 강철을 단강 또는 관강이라 한다.

이상의 중국 문헌은 정도의 차이는 있지만 서로 다른 탄소량을 지닌 철을 한데 섞어 강철을 제작했다는 점에서 공통된다. 이른바 관강법에 해당할 것이다. 문헌 기록으로 보아 중국에서는 일찍부터 관강법이 개발된 것으로 보인다. 강철을 획득하기 위한 일반적인 방법이었을 것이다.[18]

(2) 금속학적 분석

그렇다면 한반도에는 언제부터 관강법이 존재했던 것일까? 생철과 숙철을 함께 섞어 강(빈)철을 만든다고 하는 『오주연문장전산고(五洲衍文長箋散稿)』의 기록을 통해 볼 때 늦어도 조선시대에는 한반도에 관강법이 존재했던 것으로 추정해 볼 수 있다. 그러나 금속학적 분석결과를 참고로 하면 이미 삼국시대에 관강법이 존재했을 가능성이 크다.

정광용은 미세조직 분석을 통해 순천 검단산성 저장공에서 출토된 불명철기가 탄소량이 많은 백주철과 탄소량이 적은 순철이 섞여 있다는 것을 밝혔다. 고대 한반도에서 관강법이 이루어지고 있었음을 증명하는 세계 최초의 고고금속학적 물증자료로 평가한 것이다(鄭光龍 2001: 115). 이후 6~7세기로 비정된 검단산성보다 이른 시기의 유적에서도 관강법의 가능성이 큰 철기들이 발견되었다.

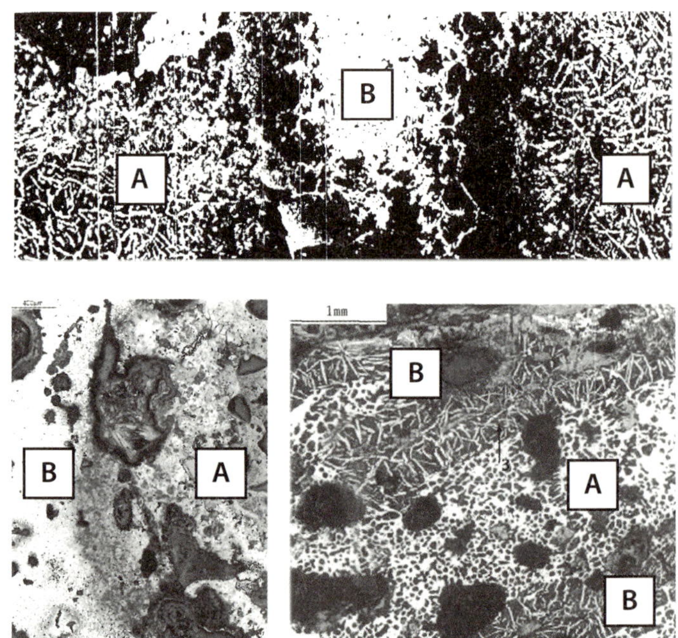

그림 3-4 관강법의 가능성이 있는 철기의 미세조직
1. 순천 검단산성 출토 불명철기 | 2. 경주 황성동537-2번지 임대아파트 신축부지 3호노 철괴 | 3. 아차산 제4보루 출토 철편

경주 황성동537-2번지유적 3호노에서 출토된 철괴는 금속학적 미세조직 분석결과, 탄소함량이 낮은 순철 주위에 탄소함량이 높은 강철이 감싸고 있는 형태임이 밝혀졌다. 관강 작업이 이루어지는 도중의 철기일 가능성

18 관강법과 관련된 중국의 문헌자료에 대해서는 楊寬(1982)와 朝岡康二(2000)의 단행본을 참고하였다.

이 있다(박장식 2001). 이외에 부여 사비도성 내 군수리지점에서 출토된 불명 철기도 미세조직 분석을 통해 원판형의 주철제 철괴를 띠형태의 순철제 철편이 두르고 있음이 밝혀졌다(박장식 2003b). 관강법의 가능성이 제기된 것이다. 아차산 제4보루에서 출토된 용도 불명의 철편도 탄소함량이 높은 소재와 낮은 소재가 혼합된 것으로 밝혀져 관강법일 가능성이 크다고 한다(朴長植 2004).

관강법에 대한 철기의 금속학적 미세조직 분석은 서로 다른 탄소량을 지닌 소재간의 경계가 뚜렷하며 강철의 생성도 명확하게 보여준다는 점에서 신뢰성이 높은 것으로 판단된다 **(그림 3-4)**.

(3) 고고자료

금속학적 분석을 통해 관강법의 가능성이 클 것으로 판단되는 철기들은 그 형태가 명확하지 않다. 그래서 대부분 용도를 알 수 없는 미완성철기나 불명철기로 보고되었다. 그러나 관강작업을 진행하기 위해서는 완형의 철기보다 파손된 철기가 유리하다는 점을 고려하면 종래 형태가 명확하지 않아 용도가 불분명하다고 보고된 철기는 관강법의 소재로 사용되었을 가능성이 있다. 특히 철기 제작관련 유적이나 노지를 갖춘 주거지에서 출토된 철기편이라면 그럴 가능성은 더욱 커진다. 최근 증가하는 중부지역 원삼국시대 주거지에서 출토된 파손된 철기들이 그러한 사례에 해당할 것이다.

가평 대성리유적의 주거지와 수혈에서는 다수의 철기편이 출토되었다. 철기편은 가열하여 도자(刀子)로 재활용하거나(大澤正巳 2009) 철기편의 한쪽을 연마해 재사용된 것으로 이해되고 있다(진수정 2009). 출토된 철기는 주조철부와 철제의 용기를 비롯해 재가공된 철기, 미완성철기, 제작과정 중 생긴 철편, 소찰 등 그 종류가 다양한데 대부분 파손된 상태로 출토되었다는 공통점을 지닌다. 주목되는 점은 탄소함유량이라는 측면에서 보았을 때 탄소가 많이 포함된 주조철기편과 탄소가 적게 포함된 것으로 추정되는 연철이 한 주거지 내에서 공반되는 경우가 많다는 점이다. 주거지에서는 대부분 노지 등 가열로도 확인된다.

파손된 주조철기나 철제용기는 주조로 제작되어 고탄소철기에 해당한다. 철판을 가공해서 만든 철촉, 소찰과 도자 등은 주조철기에 비해 탄소량이 낮은 저탄소철기이라 할 수 있다. 주거지에서 출토된 철기의 금속학적 조사를 통해 단야 작업이 이루어졌을 가능성이 크다는 점을 고려해 볼 때(大澤正巳 2009) 고탄소철기와 저탄소철기는 강철 제작에 필요한 철소재로 사용되었을 가능성을 제기해 볼 수 있다. 14호, 16호, 19호, 25호, 40호 주거지 외 여러 수

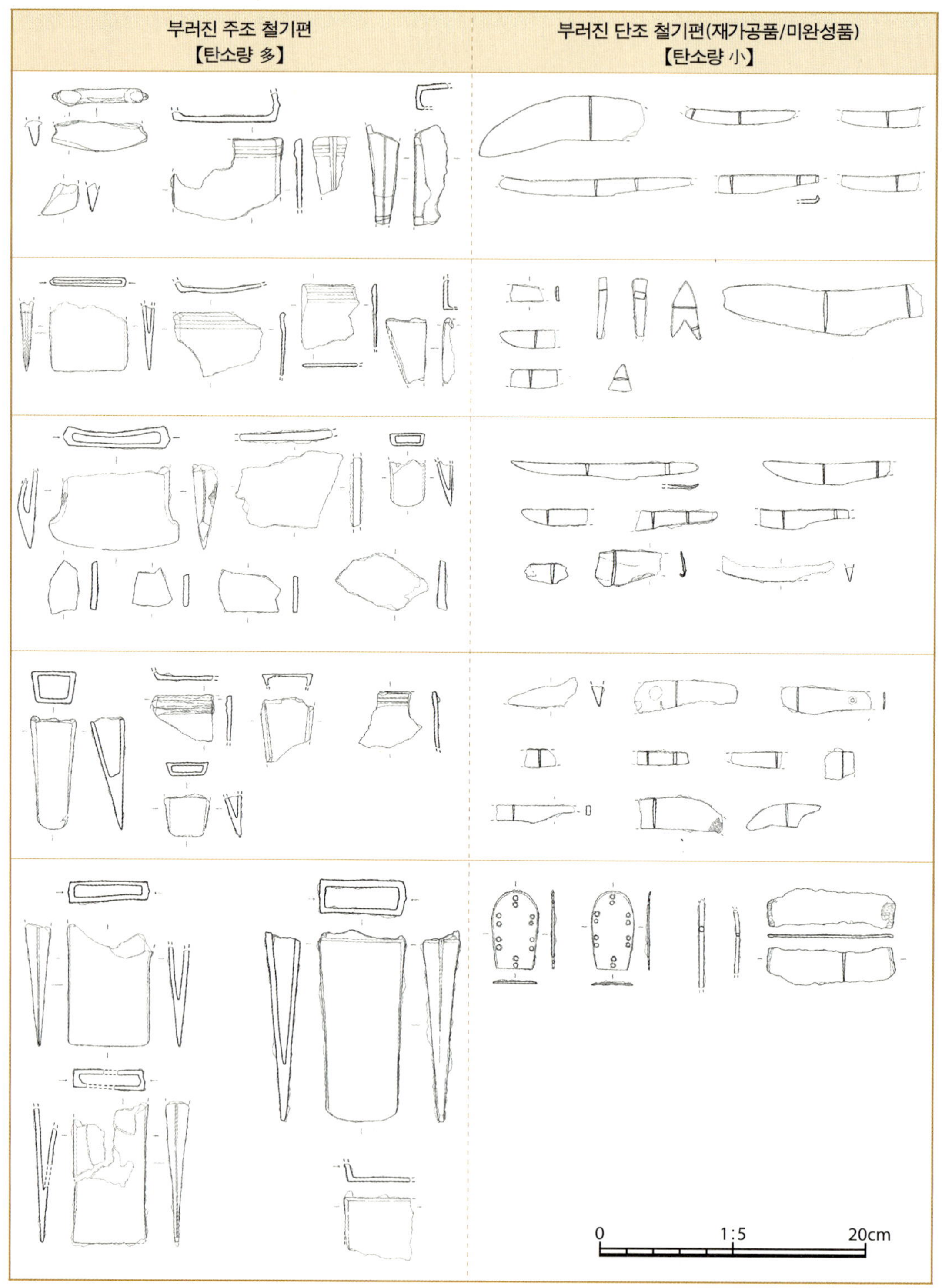

그림 3-5 가평 대성리유적 출토 철기

1. 원14호 주거지 | 2. 원16호 주거지 | 3. 원19호 주거지 | 4. 원25호 주거지 | 5. 원40호 주거지

혈유구에서 다양한 탄소량을 지닌 철기들이 출토되었다(그림 3-5). 가평 대성리Ⅱ유적의 철기 출토 양상도 동일하다.

2~3세기대로 비정되는 하남 미사리유적에서도 파손된 주조철부와 단조철기가 공반되었다. 주조철부편의 겉면에는 철재가 부착된 상태로 출토되었는데 이는 철부편을 고온으로 가열함으로써 용해되기 직전 단계까지 이르렀음을 의미한다(孫明助 1998). 이에 대해서 파손한 주조철기의 파편을 선철괴와 함께 재용해하는 소위 오로시(下し)기술[19]과 관련된 것으로 보는 견해가 있다(村上恭通 1997: 17). 공반된 노벽편과 부서진 단조철기, 철괴, 철재를 고려하면 파손된 고탄소의 주조철부편에 저탄소의 단조철기편을 섞어 강철을 제작하는 관강법의 가능성도 제기해 볼 수 있다(그림 3-6).

원삼국시대 영동지역의 거점취락으로 추정되는 동해 송정동유적 주거지에서도 주조철기와 단조철기가 파손된 채로 공반되었다(그림 3-6). 주거지군에서는 철재, 노바닥, 철괴, 철재, 송풍관도 함께 출토되고 있어 철기의 생산이 이루어진 것은 분명하다. 주조철기편과 단조철기편은 철기를 제작하는 소재로 이용되거나 혹은 파손된 철기편을 한데 모아 섞음으로써 강철을 생산하는데 재활용되었을 것이다.

200점에 가까운 주철제의 소철괴와 극저탄소강의 거대한 철괴가 공반된 경주 황성동Ⅰ-다-11호 유구는 주거지로 보고되었지만 출토 유물로 보아 철기 제작 공방지의 가능성이 크다(金世基 1996: 236). 고탄소의 소철괴와 저탄소의 철괴를 함께 단련하여 실용적인 철기의 제작을 추정할 수 있다는 지적(大澤正己 1993: 121) 역시 관강법과 관련시켜 해석해 볼 수 있다.

이외에도 원삼국시대 주거지인 김해 구산동유적, 사천 늑도유적, 연천 삼곶리유적, 인천 운북동유적, 동해 망상동유적, 남양주 장현리유적(그림 3-6)에서 주조철기와 단조철기가 파손된 채로 공반되었다. 파손된 철기가 모두 강철의 생산에 사용된 재료라고 단정할 수 없지만 송풍관을 비롯한 단야관련 유물이 공반되는 것을 고려할 때 그럴 개연성은 충분해 보인다.

이처럼 여러 정황에도 불구하고 관강법이 실제로 어떤 공정을 거쳤으며 어떤 기반시설이 필요하였는지는 알기 어렵다. 고고자료를 통한 관강법의 추정은 이상에서 언급한 정황을 통해 추론할 수밖에 없기 때문이다.

다만 앞서 살펴본 『몽계필담』과 『천공개물』에 기술된 내용을 토대로 추정한 관강법의 모식도(그림 3-7-1·2)를 참고로 한다면 간단한 단야로를 갖춘 주거지에서도 관강법은 충분히

19 철기 내에 포함된 탄소량을 자유롭게 조절하는 기술이다.

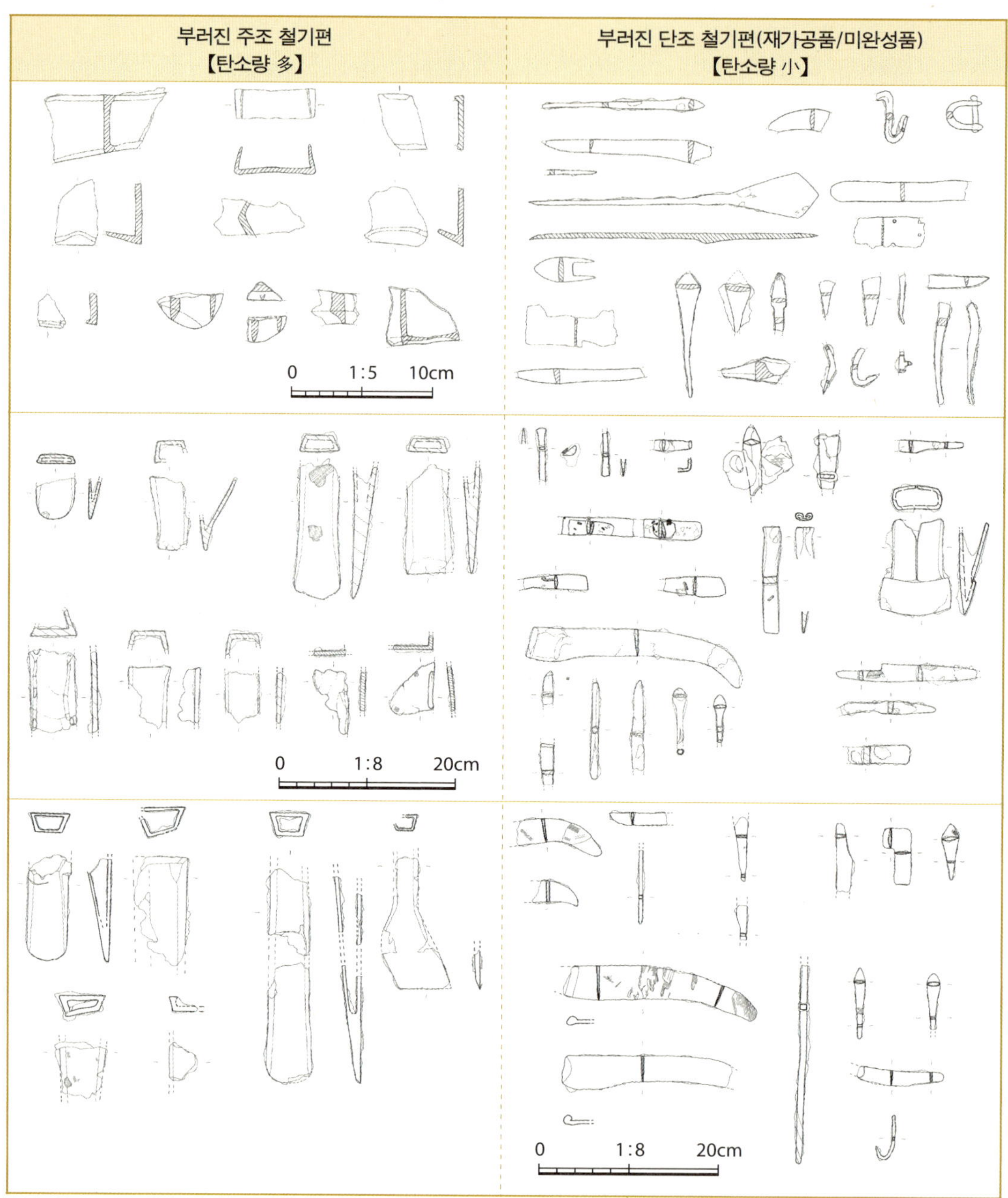

그림 3-6 관강법의 소재로 사용되었을 가능성이 있는 철기

하남 미사리유적

1·2. KC-026 | 3~6. KC-038 | 7~14. KC-040 | 15. KC-014 | 16. KC-008 | 17·18. KC-035 | 19. KC-033 | 20. KC-019

남양주 장현리유적

21. 81호 주거지 | 22. 38호 주거지 | 23. 61호 주거지 | 24. 65호 주거지 | 25. 81호 주거지 | 26. 80호 주거지 | 27·28. 71호 주거지 | 29·30. 45호 주거지

동해 송정동유적

31·32. I-4호 주거지 | 33. I-12호 주거지 | 34. I-16호 주거지 | 35. I-19호 주거지 | 36~38. I-33호 주거지 | 39. I-28호 주거지

가능했을 것으로 보인다. 이미 지적된 것처럼 용해로와 같은 특별한 시설 없이도 주철편과 연철편과 같은 철소재와 이를 담아 가열하기 위한 도가니, 연료인 목탄만으로 관강법은 이루어졌을 것이다(박장식 2003b: 411).

한편 원삼국시대와 대체적으로 병행하는 야요이시대 주거지에서도 부서진 철기편이 출토된다. 야요이시대 중기말에서 후기로 비정되는 후쿠오카현(福岡縣) 니오테(仁王手)유적 A지점 1호 수혈주거지에서는 3기의 단야로를 비롯해 지석, 파손된 철기편이 출토되어 소규모 단야공방으로 추정된다(村上恭通 2004). 파손된 철기편 중에는 주철제 봉상철기와 함께 저탄소의 철기가 공반되었다. 중국 혹은 한반도에서 건너 온 것으로 추정되는 다양한 탄소량의 철기편은 강철의 재료나 철기의 소재의 가능성이 있다(春日市教育委員會 2004).

야요이시대 중기 중엽에서 후기전엽으로 비정되는 후쿠오카현 반자쿠(盤石)유적에서는 4기의 수혈주거지에서 12점의 파손된 철기가 출토되었다. 금속학적 분석결과 파손된 철기는 흑심가단주철파편[20] 및 중탄소강과 저탄소강을 접합한 철기편임이 밝혀졌다(清永欣吾 외 2001). 4호 수혈주거지에서 청동기를 제작하기 위한 거푸집이 출토되어 금속을 고온으로 가열하는 기술이 존재했던 것이 분명하다면 주거지에서 출토된 다양한 탄소량의 파손된 철기는 보고서에서 지적한 것처럼 단순한 폐기 외에(春日市教育委員會 2001) 강철의 재료나 철기의 소재로 사용되었을 가능성도 상정해 볼 수 있다. 이 외 구마모토현(熊本縣) 가리오(狩尾)유적군에 속하는 이케다(池田)·후루조노(古園)유적에서도 백주철제와 연철제 철기가 파손된 채 공반되었다.

대부분 철기가 노적을 가진 주거지에서 대부분 파손된 채 출토되고 있으며 다양한 탄소량의 철기편이 공반된다는 점은 앞서 살펴본 원삼국시대 주거지의 철기 출토 양상과 유사하다. 규슈지역을 중심으로 한 야요이시대에는 파손된 연철편과 강철편을 섞거나 재활용하는 관강법이 존재했을 것이다.

(4) 관강법의 의의 – 폐철기의 재활용과 탄소량의 자유 조절

일본 고훈시대에 존재했던 것으로 상정되는 단야기술로 즈쿠나가시(ずくながし)[21]가 있다(古

20 흑심가단주철은 백주철을 장시간 가열하여 인성이 증가된 주철을 말한다.

21 '즈쿠(ズク)'는 주철을, '나가시(流し)'는 흐르게 한다는 의미이므로 즈쿠나가시는 녹인 주철을 흐르게 한다는 뜻이다.

瀨清秀 2005: 508). 이 기술은 날 부위가 마모되거나 손상된 연철제품 위에 잘게 부순 주철편을 얹고 가열하는 것을 말한다. 같은 철이라고 해도 연철보다는 주철의 녹는점이 훨씬 낮으므로 노에서 충분히 가열하면 주철이 먼저 액화한다. 이때 녹은 주철편을 연철제품의 날 부위에 문지르듯이 바르면 주철과 연철의 혼합으로 인해 날 부위의 강도만 높아지게 되는 것이다.

한편 중국 각지에서는 '찰생법'(擦生法)이라는 기술이 전승되었다고 한다(朝岡康二 2000: 231). 찰생(擦生)이란 녹인 주철을 연철의 날 부위에 문지른다는 의미이다. 찰생법은 현재까지도 이어져 내려오고 있다**(그림 3-7-3)**.

앞서 언급한 것처럼 '灌'자는 녹인 주철을 흘러 붓거나 따른다는 의미를 포함하고 있다. 따라서 연철의 날 부위를 강화할 목적으로 주철 편을 녹여 바르는 즈쿠나가시와 찰생법도 일종의 관강법으로 볼 수 있다. 탄소량이 서로 다른 연철과 주철을 혼합하여 강철과 같은 효과를 내기 때문이다. 실제로 버려진 철냄비, 철가마와 같은 주철을 회수하여 녹인 뒤 탄소가 부족한 날 부위에 발라 농기구를 재생시키는 민족지 사례**(그림 3-7-4)**를 관강법으로 설명하기도 한다(朝岡康二 1993: 293).

이처럼 관강법의 범위를 소재의 제작에만 국한된 것이 아니라 제품의 제작까지 넓혀 본다면 지금까지 합단법(合段法)으로 소개된 철기 제작기술 역시 관강법의 일종으로 이해할 수 있다. 이와 관련하여 용인 언남리Ⅱ-10호 수혈에서 출토된 횡공부(橫孔斧)의 금속학적 분석 결과는 중요하다(신경환 외 2007). 횡공부를 분석한 결과 기능상 높은 강도가 요구되는 인부(刃部)와 두부(頭部)에 고탄소강을, 별도로 강도가 요구되지 않는 공부(銎部)에는 저탄소강이 배치된 것이 밝혀졌기 때문이다**(그림 3-8-1)**. 이미 언급된 것처럼 탄소함량이 다른 두 소재를 합쳐서 완성된 '합단'(合段)이라는 제작기술이라면 이 역시 관강법의 일종으로 간주해볼 수 있다. 유사한 제작기술은 서울 구의동보루와 아차산 4보루에서 출토된 고구려 철기**(그림 3-8-2~4)**에서도 확인된다(張恩晶 2002).

결국, 관강법은 이기(利器)로서 적합하지 않은 연철과 주철을, 강철로 재탄생시키는 특별한 정련기술이라 할 수 있다. 철기의 탄소량을 자유롭게 조절할 수 있는 기술인 셈이다. 그뿐만 아니라 오랜 사용으로 인해 마모되거나 더는 쓸 수 없게 된 폐철기를 다시금 사용할 수 있도록 하는 철의 재활용 기술로도 볼 수 있다. 철기가 유입된 후 얼마 지나지 않은 원삼국시대의 한반도와 야요이시대 규슈지역을 중심으로 다양한 탄소량을 지닌 폐철기를 한데 섞어 강철로 재활용할 수 있는 정련기술이 존재했던 것이다.

그렇다면 강철의 획득을 위해 왜 일찍부터 관강법이 개발되었을까? 이는 철의 제련기술

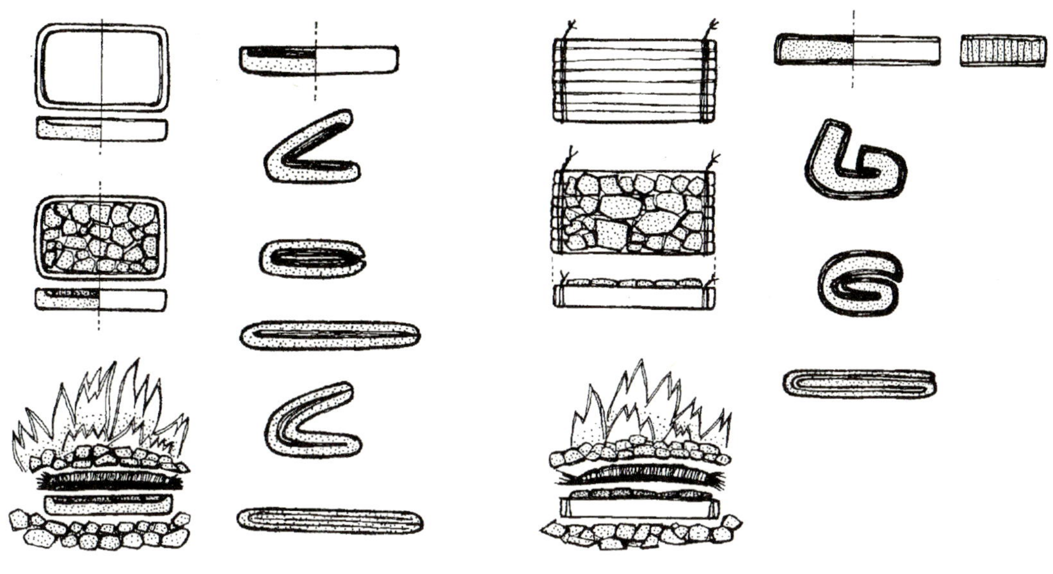

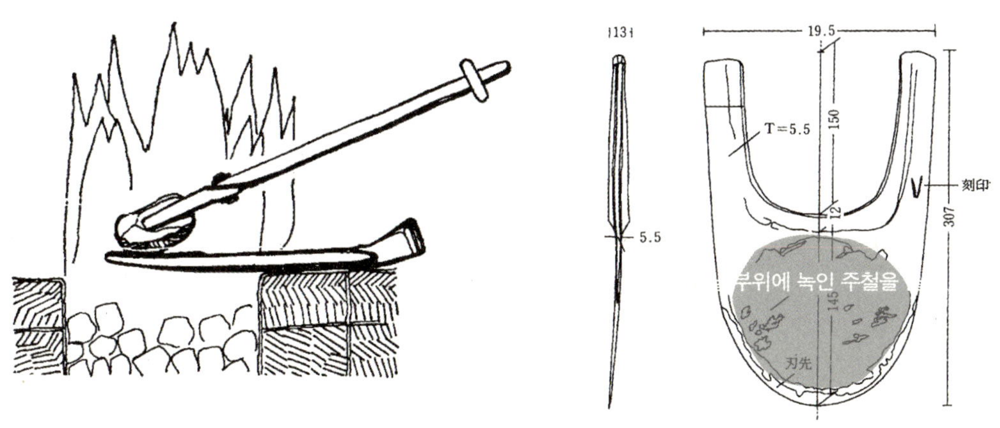

그림 3-7 관강법의 모식도와 그 사례

1 · 2. 관강법의 추정 모식도(朝岡康二 2000) | 3. 중국 찰생법(擦生法) 추정도(朝岡康二 2000) | 4. 인도네시아 자바섬의 괭이(朝岡康二 1998)

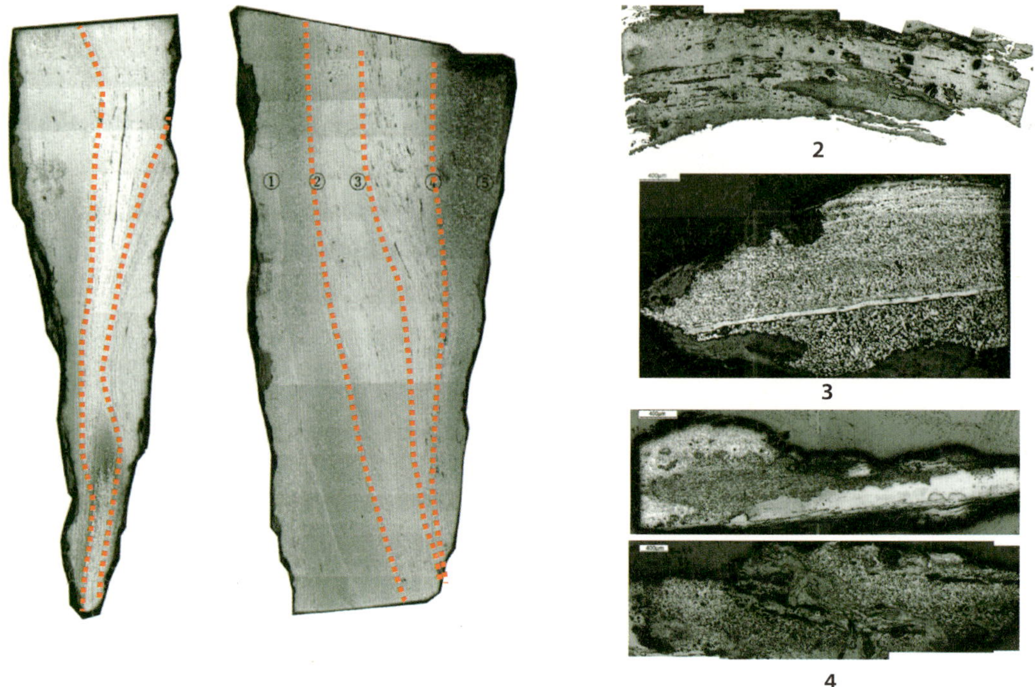

그림 3-8 합단의 가능성이 제기된 철기의 미세조직(서로 다른 탄소량의 철재가 혼합)
1. 용인 언남리 횡공부 | 2. 구의동 보루 철모(공부) | 3. 구의동 보루 철촉(촉두) | 4. 구의동 보루 철겸의 날 부위와 등 부위의 미세조직

과 관련지어 생각해 볼 수 있을 것 같다. 고대 철광석과 목탄을 노에 넣고 가열하여 얻을 수 있는 철의 종류는 저온환원법으로 얻어진 괴련철(연철)과 탄소가 많은 주철뿐이었다. 앞서 살펴본 것처럼 제련과 동시에 양질의 강철을 생산할 수 있는 초강법은 개발되지 않았을 가능성이 크며 설령 전한대 중국에 존재했다고 하더라도 단시간 내에 한반도까지는 전파되지 않았을 것이다. 이기(利器)를 제작하는 데 필요한 강철을 획득하기 위해서는 탄소량이 다른 두 가지 소재의 철을 한데 모아 섞는 방법밖에 없었던 것이다.

요컨대 관강법은 사회 복합도의 진전과 함께 증가하는 강철에 대한 수요와 사회로부터의 요구를 충족시키기 위해 어쩔 수 없이 선택된 기술로 보인다. 연철과 주철밖에 생산할 수 없는 초보적 제련기술의 한계로 인하여 정련기술에 가해진 선택압이 작용해 필연적으로 생겨난 기술이었던 셈이다. 그렇다고 해서 관강법으로 양질의 강철을 한 번에 대량으로 생산할 수는 없었다. 다만 침탄과 탈탄에 비해서는 시간과 노동력이 절감되는 경제적인 제강법이었으므로 이후 삼국시대에도 지속되었을 것이라 생각된다.

한성기 백제의 주거지 유적에서는 파손된 철기가 출토되고 있다. 용인 수지 백제 주거지유적에서는 파손된 주조철부, 솥편과 함께 저탄소 소재로 볼 수 있는 꺾쇠편, 세장방형과 같은 저탄소의 철기가 공반되었다. 특히 옹형토기 내에서는 다양한 탄소량을 지닌 22점의 철기가 일괄로 출토되었는데 철기를 재활용하기 위해 모아 둔 것으로 추정되고 있다(李南珪 2002).

이외 파주 주월리유적, 고양 멱절산유적, 이천 설봉산성, 포천 성동리유적, 포천 자작리유적, 가평 항사리유적 등 한성기 백제의 주거지유적에서는 고탄소의 주조철부편(김길식 2013)과 저탄소로 추정되는 교구, 꺾쇠, 소찰, 용도미상 철기가 파손된 채로 공반된다(그림 3-9). 분묘유적이 아닌, 주거지와 생활유구에서 출토되고 있다는 점에서 실제로 재사용되었을 가능성이 농후하다. 아마도 한성기에는 오랜 사용으로 인해 쓸모가 없어진 고·저탄소 철기를 한데 섞음으로써 강철을 만들거나 파손된 폐철기를 재활용하는 관강법이 활발히 이루어지고 있었을 것이다. 신라 유적보다 백제 유적에서 출토되는 철기의 수량이 적은 이유는 당시 가치재였던 철기를 다시금 재활용할 수 있는 우수한 관강법이 활발히 이루어지고 있었기 때문은 아닐까?

다만 한반도 중부지역에서 철의 제련 유적이 뚜렷하게 확인되지 않은 이상 관강법의 소재로 생각되는 파손된 철기들을 당시 공인들이 어떻게 제작하고 입수하였는지를 밝히기는 쉽지 않다. 각자 외부에서 소재만을 수입한 뒤 단위 지역 내에서 자체적인 강철 생산이 이루어졌을 수도 있고 거점 지역에서 만든 강철을 주변 지역으로 유통하였을 수도 있다. 중부지역의 원삼국시대 주거지유적에서 출토되는 철기의 양상만을 본다면 전자의 가능성이 커 보인다. 삼국지 위서 동이전의 철 수출기사가 이 지역에서 입수했을 철소재와 관련 있을 수도 있으나 단정할 수는 없다.

이처럼 원삼국시대 이미 개발된 것으로 생각되는 관강법은 이후 삼국시대가 되면 더욱 성행한 것으로 보인다. 울산 평천유적과 산청 옥산리 유적에서 출토된 철기의 금속학적 분석 결과에서 알 수 있듯이 철소재의 수급이 어려운 경우 잡철 혹은 파철을 재가열해 사용할 수 있었던 것도(손명조 2006) 관강법과 관련지어 이해해 볼 수 있다.

이상과 같은 관강법은 문헌을 통해서도 간접적으로 확인할 수 있다. 광개토왕비에는 영락17(407)년 광개토대왕이 5만의 보병과 기병, 수군을 보내어 백제를 징벌하고 갑옷 1만 개와 군수 물자를 빼어왔다는 기록이 남아 있다. 고구려와 백제의 치열한 전투 속에서 백제군에게 뺏은 갑옷은 부서지거나 상처를 입어 갑옷으로서 가치가 없어졌음은 상상하기 어렵지

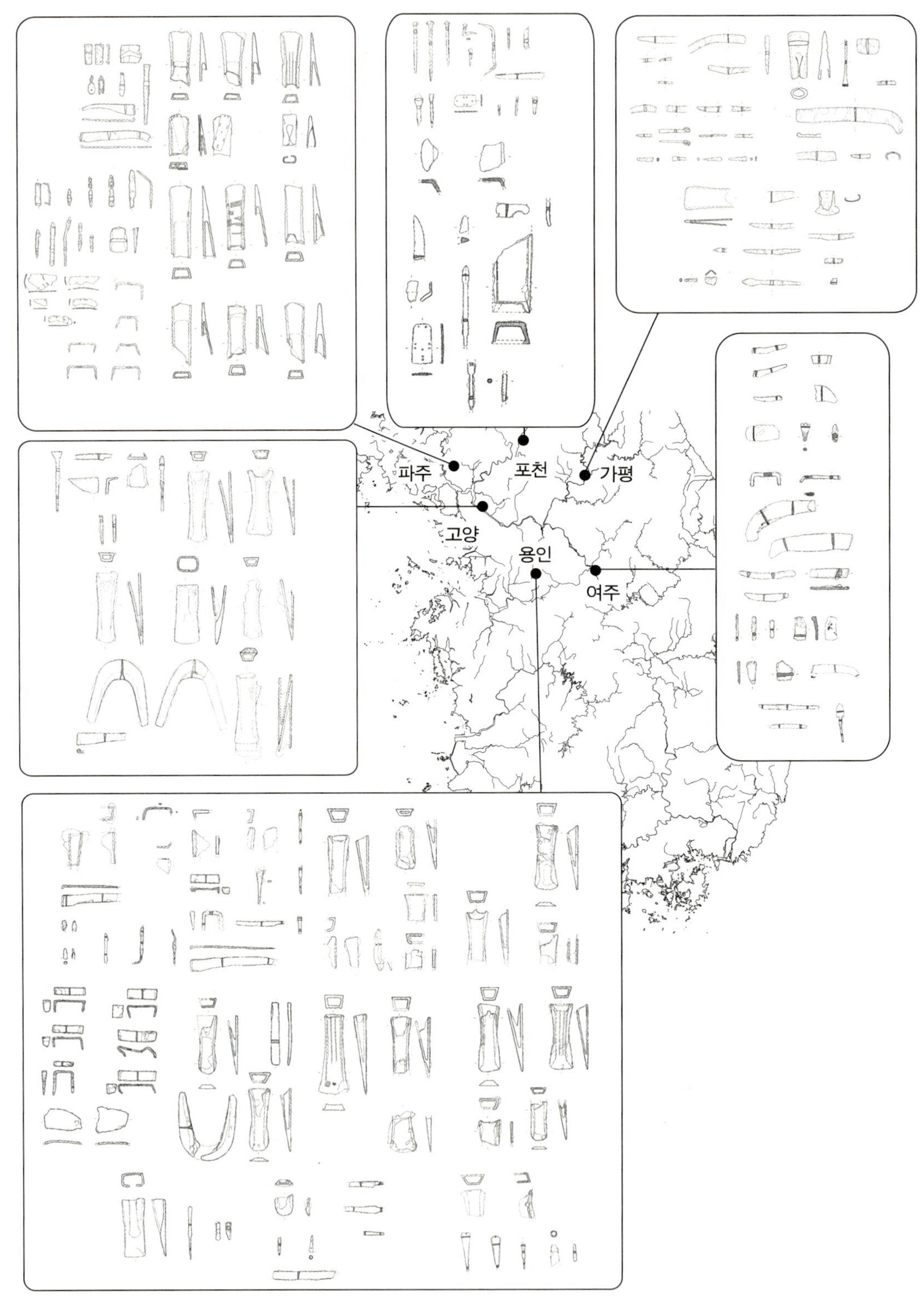

그림 3-9 한반도 중부지역 주거지 및 생활유적 출토 철기(1/16)

1. 파주 주월리유적 | 2. 포천 자작리유적 | 3. 포천 성동리유적 | 4. 가평 항사리유적 | 5. 여주 연양리유적 | 6. 용인 수지유적 | 7. 고양 멱절산유적

않다. 그런데도 백제의 갑옷을 다시 고구려로 가지고 돌아갔던 이유는 탄소량이 적은 연철제 갑옷을 재활용하거나 주철을 한데 섞어 강철로 재생산하기 위해서였을 것이다. 부서진 갑옷이라 하더라도 철기를 제작하는 소재로는 충분히 유용했기 때문이다. 이처럼 관강법이라는 관점에서 보면 광개토왕비에서 철의 재활용과 탄소량의 자유 조절이라는 정련기술의 우수성을 읽어낼 수 있다. 고구려에서도 철의 탄소량을 자유롭게 조절할 수 있는 기술이 존재했을 가능성이 크다. 649년, 백제에게 대승을 거둔 김유신이 백제의 투구와 갑옷 1,800벌을 노획한 것이나 671년, 신라 문무왕이 전쟁의 끝을 상징하는 조치로 전국의 병기를 모아 농기구를 만든 것 역시 탄소량이 적은 연철제 무구를 회수하여 재활용하기 위한 것으로 생각된다.

한편 야요이시대 규슈지역을 중심으로 도입된 관강법은 고훈시대를 거치면서 일본열도 전역으로 확산된 것으로 보인다. 이와 관련해 일본열도의 강철 획득 시기를 고훈시대 중기로 보는 견해는 주목해볼 만하다(鈴木勉·福井卓造 2003). 스즈키 쓰토무(鈴木勉)·후쿠이 다쿠조(福井卓造)는 구마모토현 에타후나야마(江田船山)고분에서 출토된 상감대도의 명문 가운데 중단(中段)을 철도(鐵刀) 제작의 3요소로 파악하고 그중에서 '用'자가 들어가 있는 '用大□釜幷四尺廷刀'를 철도(鐵刀) 제작에 사용된 소재를 기록한 것으로 보았다(그림 3-10). 즉 탄소량이 많이 포함된 가마(大□釜)와 비교적 탄소량이 적게 포함된 철도(四尺廷刀)를 섞어 강철을 제작하였다는 것을 상감으로 명기(明記)한 것으로 보았다. 스즈키 쓰토무·후쿠이 다쿠조의 명문 해석이 타당하다면 이는 제강법 중 관강법에 해당한다고 볼 수 있다. 서로 다른 탄소량을 지닌 철소재를 섞어 강철을 제작했기 때문이다.

에타후나야마고분 명문대도를 제작한 공인은 탄소량이 서로 다른 철을 적절하게 섞어 강철을 입수하는 기술을 보유했던 것으로 생각된다. 명문의 찬문자는 대도 제작 공인이 지니고 있었던 강철 제작기술을 후손들에게도 전하기 위해 관강법에 사용된 철소재를 도신에 의도적으로 기록한 것이 아닐까.

고훈시대에 제작된 도검의 단면 조사를 통해 하나의 철도를 제작하는 데 탄소량이 서로 다른 다양한 철소재가 골고루 사용되었음을 알 수 있다(그림 3-11). 철도 제작 공인이 철소재를 의도적으로 섞어 뛰어난 성능의 무기를 완성하고자 했음을 유추해 볼 수 있다. 이처럼 다양한 탄소량의 철소재를 획득할 수 있었던 배경에는 구마모토현 에타후나야마고분 출토 명문대도에서 확인할 수 있는 관강법이 존재하고 있었을 가능성이 크다.

이상으로 관강법을 문헌자료, 금속학적 분석, 고고자료를 통해 종합적으로 검토해 보았다. 연철과 주철의 혼합을 설명하는 다수의 문헌자료, 연철과 주철이 한데 섞여 출토된 실제

그림 3-10 구마모토현 에타후나야마고분 출토 명문은상감대도

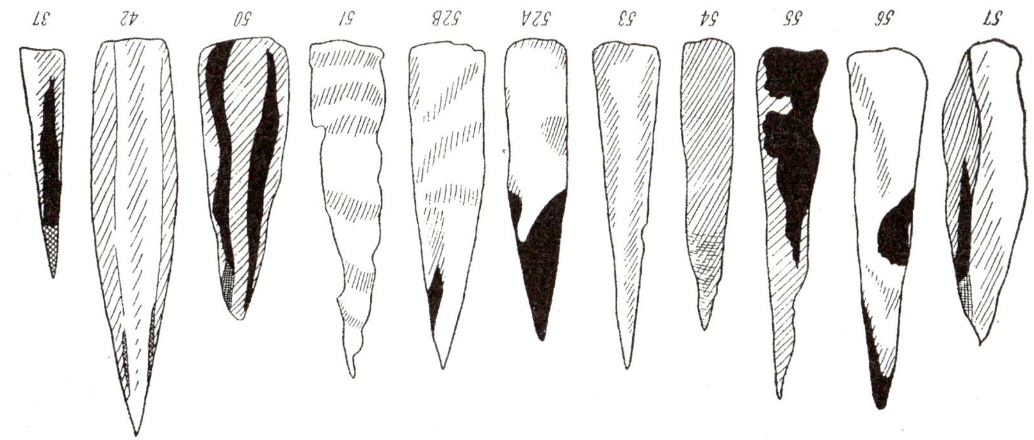

그림 3-11 **고훈시대 출토 철제대도의 탄소 분포도**(俵國一 1953)

사례, 그리고 주거지에서 고탄소·저탄소철기가 파손된 채로 공반되는 양상으로 보아 한반도에 철기가 전래된 이래 강철을 획득하기 위해 관강법이 실시되었을 가능성이 크다고 생각한다.

제4절 맺음말

본장에서는 종래 고대의 제강법으로 상정된 침탄과 탈탄, 초강법, 관강법에 대해 검토하였다. 그 결과 고대의 획기적인 제강법으로 상정되었던 초강법을 입증할만한 뚜렷한 증거는 부족하지만, 관강법의 증거는 비교적 신뢰성이 높다는 것을 알 수 있었다. 한반도에 철기가 전래된 이래 침탄·탈탄과 더불어 이른 시기부터 관강법이 이루어졌을 가능성이 크다고 생각한다.

관강법은 이기로서 적합하지 않은 연철과 주철을 강철로 재탄생시키는 특별한 정련기술이며 오랜 세월로 인해 마모되거나 더는 쓸 수 없게 된 폐철기를 다시금 사용할 수 있도록 하는 철의 재활용 기술이라는 점에서 제철사에서 중요한 의의를 지닌다. 관강법의 개발 배경에는 철광석에서 직접 강철을 생산해 낼 수 없었던 제련기술의 한계가 선택압으로 작용했을 것이다. 원삼국시대 중부지역의 주거지에서 출토되는 고·저탄소의 철기를 통해 늦어도 이 시기에는 관강법이 성행한 것을 알 수 있다.

한편 강철을 자유롭게 획득할 수 있게 됨에 따라 비로소 한반도에서도 다양한 물질문화가 전개될 수 있었다. 석실의 축조를 위한 석재의 가공 기술을 비롯하여 금공품에 화려한 문양을 조각하는 조금(彫金)기술, 건물 축조를 위한 목재의 가공 기술, 철제 도신과 환두부에 금·은사(金·銀絲)를 집어넣는 상감기술 등 삼국시대에 등장하는 모든 물질문화의 기반에는 강철제 도구가 필수였기 때문이다.

이처럼 강철을 만들 수 있는 기술 덕분에 등장한 여러 물질문화 가운데 다음 장에서는 삼국·고훈시대에 성행한 상감에 대해 살펴본다.

참고문헌

국문

국립중앙과학관, 2009, 『고대 제강기술을 이용한 초강 개발』.

국립중앙박물관, 2017, 『쇠 · 철 · 강』.

한국철강신문, 2011, 『기초철강지식』.

김길식, 2013, 「百濟地域 橫穴墓의 鐵器副葬 習俗 · 葬法의 系統과 造墓集團의 性格」, 『百濟文化』48, 公州大學校 百濟文化研究所.

김도영, 2015a, 「일본 후쿠오카현 미야지다케(宮地嶽)고분 출토 대형 두추(頭椎)대도의 도신(도신)복원 과정」, 『야외고고학』第24號, 한국매장문화재협회 pp.53-96.

김도영, 2015b, 「동북아시아 철기문화의 전개와 限冶供鐵 정책」, 『韓國考古學報』94, 韓國考古學會.

김수기 · 양석우 · 강창구, 2013, 「한반도에서 출토된 고체주철탈탄강 철기의 자연과학적 성과」, 『동아시아 고대 철기문화연구』, 국립문화재연구소.

金壽起, 2012, 『金屬組織과 非金屬介在물 分析을 통한 韓國 古代鐵器의 製造 方法과 溫度 研究』, 漢陽大學校大學院 博士學位論文.

김수기, 2014, 「유물분석 자료를 통한 백제지역의 제철과 철기 제작기술 연구」, 『보존과학회지』30-4, 한국문화재보존과학회.

김호상 · 김권일, 2006, 「新羅王京 所在 慶州 隍城洞 製鐵遺蹟의 性格」, 『新羅文化祭學術發表會論文集』28 동국대학교 신라문화연구소.

盧泰天, 2000, 『韓國古代 冶金技術史 研究』, 學研文化社.

노태천, 2015, 「칠지도의 제작기술과 한중 주철기술」, 『칠지도와 백제의 사련제철』, 한국사철제련연구회.

박장식, 2001, 「경주 황성동 537-2 임대아파트 신축부지 출토 철기 제작 관련 유물에 대한 금속학적 분석」, 『慶州市 隍城洞 537-2 賃貸아파트 新築敷地 發掘調査 報告書』, 韓國文化財保護財團.

박장식, 2003a, 「김해 대성동고분군 출토 철제금속유물의 제작기술에 관한 연구(금속조직 분석을 통하여)」, 『金海大成洞古墳群 Ⅲ』, 慶星大學校博物館.

박장식, 2003b, 「軍守里地點 出土 製鐵遺物의 金屬學的 組織分析」, 『泗沘都城 -陵山里 및 軍守里地點 發掘調査 報告書-』, 忠南大學校 百濟研究所.

박장식, 2004, 「高句麗의 鐵器製作 技術體系에 關한 研究」, 『高句麗研究』18, 高句麗研究會.

박장식 · 정영동, 2004, 「황남대총 남분 출토 칼과 창의 미세조직 분석을 통한 신라의 철기제작 기술체계에 관한 연구」, 『대한금속재료학회지』42, 대한금속재료학회.

宋應星(崔炷 譯), 1997, 『天工開物』, 傳統文化社.

孫明助, 1998, 「韓半島 中 · 南部地方 鐵器生産遺蹟의 現狀」, 『嶺南考古學』22, 嶺南考古學會.

손명조, 2006, 「古代 鍛冶遺蹟의 諸樣相 -最近発掘調査成果을 中心으로-」, 『科技考古研究』12, 아주대학교 박물관.

宋應星(崔炷 譯), 1997, 『天工開物』, 傳統文化社.

신경환·최영민·장경숙·이창엽·남수진, 2012, 「오산 수청동 분묘군 출토 환두대도에 대한 금속학적 분석 연구」, 『烏山水清洞百濟墳墓群Ⅴ』, 京畿文化財研究院.

신경환·장경숙, 1998, 「浦項玉城里古墳群 出土 鐵器의 金屬學的 分析」, 『浦項玉城里古墳群Ⅱ』, 嶺南文化財研究院.

신경환·장경숙·이재용·이남규, 2007, 「용인 언남리유적 철기유물의 금속학적 분석고찰」, 『龍仁 彦南里』, 한신大學校博物館叢書 第29冊.

楊寬(盧泰天·金瑛洙 譯), 1982, 『中國古代冶鐵技術發展史』, 韓國學術振興財團.

양석우·김수기, 2011, 「가평 대성리유적 출토 철기유물에 대한 금속학적 연구」, 『가평 대성리유적Ⅱ』, 겨레문화유산연구원.

양석우·김혜선, 2012, 「원삼국시대의 주조철기에 대한 연구」, 『겨레문화연구』1, 겨레문화유산연구원.

尹東錫, 1983, 「伽倻遺蹟에서 出土된 鐵器遺物의 實驗金屬學的 研究(Ⅲ)」, 『대한금속학회지』21-4, 대한금속학회.

尹東錫·申璟煥, 1982, 「韓國初期鐵器時代에 土壙墓에서 出土된 鐵器遺物의 金屬學的 考察」, 『韓國考古學報』13, 韓國考古學會.

尹東錫·辛種遠, 1985, 「韓國初期 鐵器時代의 炒鋼製造 技術에 관한 金屬學的 研究」, 『學術院論文集』24, 大韓民國學術院.

尹東錫·李南珪, 1985, 「韓國 古代鐵器의 CMA와 EPMA에 의한 研究 -九宜洞 鐵斧·鐵鏃을 中心으로-」, 『韓國考古學報』17·18, 韓國考古學會.

尹鍾均, 1998, 『古代 鐵生産에 대한 一考察 -中南部地域의 考古學的 成果를 中心으로-』, 全南大學校大學院 碩士學位論文.

李南珪, 1982, 「南韓 初期鐵器 文化의 一考察 -특히 鐵器의 金屬學的 分析을 中心으로-」, 『韓國考古學報』13, 韓國考古學會.

李南珪, 2002, 「漢城百濟期 鐵器文化의 特性 -서울·경기지역의 農工具를 중심으로-」, 『百濟研究』36, 忠南大學校 百濟研究所.

정광용, 2009, 『고대 제강기술을 이용한 초강 개발』, 국립중앙과학관.

정광용·박장식, 2000, 「백제 단조철부의 제작기법 연구」, 『湖西考古學』3, 湖西考古學會.

張恩晶, 2002, 『5~6世紀 高句麗 鐵器製作技法에 對한 一考察』, 서울大學校 碩士學位論文.

鄭光龍, 2001, 『三國時代의 鐵器製作技術 研究 -微細組織分析을 通하여-』, 弘益大學校大學院 博士學位論文.

진수정, 2009, 「5. 가평 대성리유적의 출토유물 -원삼국시대를 중심으로-」, 『加平 大成里遺蹟』, 京畿文化

財研究院.

崔玧鎭, 2003, 『鐵器 및 青銅器 遺物 製作에 관한 考古金屬學的 硏究』, 弘益大學校大學院 碩士學位論文.

李圭景(崔炷 譯), 1999, 「쇠부리에 대하여 연철변증설(鍊鐵辨證說)」, 『大韓金屬學會會報』12-1, 大韓金屬學會.

李圭景(崔炷 譯), 『五洲衍文長箋散稿』.

이남규, 2018, 「고구려 제철문화의 특성」, 『고구려발해연구』62, 고구려발해학회 pp.29~59.

이남규, 2019, 「한국 고대 제철공정의 재검토 -중국과의 비교적 시각에서-」, 『韓國考古學報』第111輯, 韓國考古學會 pp.116~151.

이하얀, 2013, 『완주 신풍유적 주조철부의 제작기술 연구』, 공주대학교대학원 석사학위논문.

洪英煥, 1996, 『鋼의 熱處理 實務』, 機電研究社.

환관(김원중 역), 2007, 『염철론』, 현암사.

중문

河南省博物館 · 石景山鋼鐵公司煉鐵厂 · 中國冶金史編写組, 1978, 「河南漢代冶鐵技術初探」, 『考古學報』1978-1.

일문

古瀨清秀, 2005, 「考古學からみた鐵精錬鍛冶」, 『考古論集 -川越哲志先生退官記念論文集-』, 川越哲志先生退官記念事業會.

久野雄一郎, 1984, 「奈良市高塚古墳(大和六號墳)出土鐵鋌七点の金屬學的調査報告 -金屬材料としての鐵鋌の品質-」, 『橿原考古學研究所論集』7, 吉川弘文館.

金世基, 1996, 「慶州 隍城洞 原三國時代の工房址と鐵器製作」, 『埼玉考古』32, 埼玉考古學會.

金一圭, 2006, 「隍城洞遺跡の製鋼技術について」, 『七隈史學』7, 七隈史學會.

大澤正己, 1993, 「韓國の鐵生産-慶州市所在 · 隍城洞遺跡概要に寄せて-」, 『古代學評論』3, 古代を考える會.

大澤正己, 1997, 「弥生時代の鐵器の動向 ~金屬學的見地からのアプローチ~(可鍛鑄鐵 · 鑄鐵脫炭鋼 · 炒鋼 · 塊煉鐵)」, 『東日本における鐵器文化の受容と展開』, 第4回鐵器文化研究集會.

大澤正己, 2009, 「加平大成里遺蹟出土鐵關聯遺物の金屬學的調査」, 『加平 大成里遺蹟』, 京畿文化財研究院.

鈴木勉, 2005, 「古墳時代の鐵事情から見た象嵌技術」, 『文化財と技術』4, 工藝文化財研究所.

鈴木勉, 2013, 「-百錬鐵をめぐる技術移轉論 第六- 金石文などから讀み取る古代日本列島の鐵事情」, 『文化財と技術』第5號, 工芸文化財研究所.

大澤正己, 2013, 「-百錬鐵とめぐる技術移傳論 第六- 金石文などから讀み取る古代日本列島の鐵事情」, 『文化財と技術』5, 工藝文化財研究所.

鈴木勉 · 福井卓造, 2003, 「江田船山古墳出土大刀銀象嵌銘「三寸」と古墳時代中期の鐵の加工技術」, 『橿原考古學硏究所紀要考古學論攷』25.
鈴木勉·河內國平, 2006, 『復元七支刀-古代東アジアの鐵·象嵌·文字-』, 雄山閣.
鈴木貞夫, 1994, 『作刀の傳統技法』, 理工學社.
明石雄夫, 2003, 「大和6號墳出土鐵鋌の素材製錬法について」, 『たたら硏究』43, たたら硏究會.
武末純一, 2002, 「三韓の鐵器生産体制」, 『韓半島考古學論叢』, すずさわ書店.
窪田蔵郎, 1960, 「宇和奈邊陵描參考地倍塚高塚大和6號墳(円墳)出土鐵鋌の金屬學考古學的調査」, 『書陵部紀要』29, 宮內庁書陵部.
野島永, 1992, 「破損した鑄造鐵斧」, 『たたら硏究』32·33, たたら硏究會.
申璟煥, 1993, 「韓國地域における初期鐵器の冶金學的特性」, 『東アジアの古代鐵文化』, たたら硏究會.
朝岡康二, 1993, 『鍋·釜』, 法政大學出版局.
朝岡康二, 1998, 『野鍛冶』, 法政大學出版局.
朝岡康二, 2000, 『鍛冶の民俗技術』, 慶友社.
佐々木稔·大槻孝·村田朋美·稻本勇·佐藤榮次·伊藤叡, 1981, 「古刀·古斧の金屬的な硏究(1)」, 『たたら硏究』24, たたら硏究會.
佐々木稔·村田朋美·伊藤叡, 1983, 「古代における炒鋼法とその製品」, 『日本製鐵史論集』, たたら硏究會.
佐々木稔, 1981, 「銘文鐵劍の材質と製法」, 『月刊百科』229, 平凡社.
佐々木稔, 1982, 「七支刀と百練鐵」, 『鐵と鋼』68, 日本鐵鋼協會.
佐々木稔, 1985, 「ふたたび古代の炒鋼法について」, 『たたら硏究』27, たたら硏究會.
佐々木稔, 1987, 「大和6號墳出土鐵鋌中の非金屬介在物の組成」, 『考古學論攷』12, 橿原考古學硏究所.
佐々木稔, 1988, 「ローマの釘」, 『續 鐵の文化史』, 東洋經濟新報社.
佐々木稔, 1991, 「金屬學から見た古代の鐵」, 『製鐵史論文集』, たたら硏究會.
佐々木稔, 2008, 『鐵の時代史』, 雄山閣.
佐々木稔·村田朋美·伊藤叡, 1983, 「古代における炒鋼法とその製品」, 『日本製鐵史論集』たたら硏究會.
日吉製鐵史同好會, 1984, 「古斧が語る當時の製鐵技術」, 『鐵の文化史』, 東洋經濟新聞社.
日吉製鐵史同好會, 1984, 「稻荷山鐵劍の六片の錆」, 『鐵の文化史』, 東洋經濟新報社.
井口喜晴, 1970, 「漢代の製鐵遺構について」, 『日本製鐵史論』, たたら硏究會.
潮見浩, 1988, 『圖解 技術の考古學』, 有斐閣選書.
清永欣吾·佐々木稔·星秀夫, 2001, 「須玖盤石遺蹟出土遺物の金屬學的調査」, 『須玖盤石遺蹟』, 春日市教育委員會.
村上英之助, 1990, 「佐々木氏の「炒鋼」說を疑う―「ローマの釘」と「金屬學から見た古代の鐵」を讀んで―」, 『たたら硏究』31, たたら硏究會.
村上英之助, 1992, 「(續)佐々木氏の「炒鋼」說を疑う」, 『たたら硏究』32·33, たたら硏究會.

村上恭通, 1997,「原三國時代·三國時代における鐵技術の研究 -日韓技術比較の前提として-」,『青丘學術論集』11.

村上恭通, 2004,「仁王手遺跡の鍛冶遺構の意義」,『仁王手遺跡A地点』, 春日市教育委員會.

村上恭通, 2007,『古代國家成立過程と鐵器生産』, 青木書店.

村上恭通, 2012,「2 手工業生産 ⑥鐵鍛冶」,『古墳時代の考古學5 時代を支えて生産と技術』, 同成社.

春日市教育委員會, 2001,『須玖盤石遺蹟』, 春日市教育委員會.

春日市教育委員會, 2004,『仁王手遺蹟 A地點』, 春日市教育委員會.

俵國一, 1953,『日本刀の科學的研究』, 日立評論社.

河南省文化局文物工作隊(大場憲郎 譯), 1962,『鞏縣鐵生構』, たたら書房.

韓汝玢, 1993,「中國における早期鐵器の冶金學的特徵(紀元前8世紀~起源世紀)」,『東アジアの古代鐵文化-その起源と傳播-』, たたら研究會.

제4장 삼국(三國)·고훈시대(古墳時代) 상감기술(象嵌技術)의 전개(展開)와 한일교섭(韓日交涉)

제1절 머리말

상감이란 금속의 표면에 철제 도구를 사용하여 홈을 파고 그 홈 속에 다른 재질의 금속을 끼워 넣는 기술을 말한다. 현대에는 선상감, 면상감, 절상감, 포상감 등 다양한 상감기술이 존재하지만(전용일 2006) 삼국시대에는 대부분의 유물에 선상감이 이루어졌다.

상감기술에 관한 분석은 실견을 통한 세부 사진 혹은 X선 촬영과 현미경 관찰과 같은 과학적 분석을 동반해야 한다. 그 때문인지 지금까지 상감 연구는 기술 자체에 관한 분석보다 상감유물이 출토된 고분의 축조 연대 혹은 상감의 문양을 기준으로 삼국 간 이루어진 상감의 전파라는 주제를 자주 다루었다. 다만 후술하듯이 홈의 가공이 상감기술의 성공 여부를 좌우하는 핵심적인 기술이라는 점을 감안한다면 상감의 문양과 함께 상감 홈의 가공기법에 대한 면밀한 조사도 병행할 필요가 있다. 다행히 최근 첨단장비를 동원한 고대 상감기술 연구가 활발히이루어져 기존의 연구 성과를 구체적으로 뒷받침할 수 있는 자료가 제시되었다(최기은 2015; 임지영 2016). 상감의 문양과 함께 상감기술의 핵심인 홈의 제작기술을 면밀하게 분석함으로써 삼국시대 등장한 상감기술의 의미와 그 전개과정을 구체적으로 이해할 수 있을 것이다.

한편 삼국시대에 활발히 제작된 상감유물은 동시기 일본열도에서도 확인된다. 특히 백제와 가야에서 상감기술이 유행한 고훈시대 중기에는 한반도에서 출토 사례가 드문 명문대도가 3점이나 출토되었다. 한반도에서 그 계보를 구할 수 있을 것으로 예상되는 고훈시대 중기의 상감대도를 분석함으로써 한일교섭의 일단면을 밝힐 수 있을 것이다. 본장에서는 삼국시대 한·일 양국에서 출토된 상감대도의 제작기술을 분석하고 그 계보와 전개과정을 밝히는 것을 목적으로 한다.

제2절에서는 고대 상감유물에 대한 연구사를 정리하고 문제의 소재를 명확히 한다. 특히 상감기술의 핵심이 홈의 가공에 있다는 점을 중시함으로써 상감유물의 분석 시점을 강조한다. 다음 제3절에서는 상감 홈의 가공법을 분석함으로써 삼국시대 상감의 전개과정을 정리한다. 제4절에서는 고훈시대 중기의 상감대도를 분석한다. 특히 3점이나 출토된 명문대도의 상감기술을 분석하고 그 제작에 한반도계 상감 공인이 참여했을 가능성을 제기한다. 마지막으로 제5절에서는 상감과 동일한 수준으로 평가되는 철 가공기술이 한반도와 일본열도에 넓게 분포하는 사실에 주목하여 5세기 한반도와 일본열도에 형성된 네트워크를 이용하여 철을 가공하는 데 필요한 전문 지식이 공인들 사이에서 서로 공유되었을 가능성을 제기하고자 한다.

제2절 연구사와 문제의 소재

1) 연구사

일찍이 한반도에서 출토된 상감유물을 검토한 최종규(1992: 67)는 '상감기법은 중국에서 백제로 전달되고 백제에서 가야와 일본으로 전해진 것으로 생각되나 세부적인 과정을 추적하기 위해서는 보다 많은 자료축적이 필요하다'고 지적한 바 있다. 이후 상감기술이 주로 대도에서 확인되어 장식대도 연구의 한 분야로서 상감대도가 자주 언급되었으나(李漢祥 2004; 橋本英將 2013) 삼국 간 이루어진 상감기술의 전파과정이 반복적으로 언급되는 정도였다.

이처럼 한반도에서 출토된 상감에 관한 연구 성과가 저조한 가운데 2015년에서 2016년에 걸쳐 국립공주박물관과 국립대구박물관에서 '한국의 고대 상감' 전이 개최되었다. 이 특별전은 삼국·고훈시대 상감유물의 집성과 함께 첨단장비를 동원하여 고대 상감기술의 기초적 정보를 제공한 점에서 삼국시대 상감연구의 큰 획기로 평가된다.

한편 일본열도의 고훈시대 상감은 자료가 매우 풍부한데 현재까지 보고된 자료만 약 450여 점에 달한다. 고훈시대의 상감유물은 중기에 본격적으로 등장하며 후기가 되면 폭발적으로 증가한다. 자료가 풍부한 만큼 축적된 연구 성과도 방대하다. 특히 고훈시대 중·후기의 상감대도에 관해서는 한반도 상감기술의 수용(橋本英將 2013), 상감대도의 분류와 편년 및 변천(瀧瀨芳之 1984; 西山要一 1986; 町田章 1987; 橋本博文 1986, 1990, 1993; 大谷宏治 2008, 2011), 생산과 유통(豊島直博 2001), 패용자의 성격(橋本博文 1986; 大谷宏治 2012), 상감대도의 의미(瀧瀨芳之 1986; 橋本博文 1993) 등 다양한 방면에 걸쳐 연구가 이루어졌다.

그중에서도 명문도검에 관한 연구 성과는 주목할 필요가 있다. 칠지도를 비롯하여 1970년대 이후 사이타마현(埼玉縣) 이나리야마(稲荷山)고분, 시마네현(島根縣) 오카다야마(岡田山) 1호분, 효고현(兵庫縣) 미이다니(箕谷) 2호분, 지바현(千葉縣) 이나리다이(稲荷台) 1호분에서 연달아 명문도검이 출토되면서 이를 둘러싼 다양한 연구가 활발히 이루어졌다. 명문자료가 부족한 고훈시대에 명문도검의 발견은 고고학계만이 아니라 문헌사학계에서도 큰 관심을 불러일으켜 고훈시대의 인제(人制), 중앙세력과 지방세력의 관계 등 다양한 논의가 활발하게 이루어지게 된 계기로 평가된다(岡本健一 1984; 鈴木靖民 2002). 한편 이나리야마고분 명문대도의 제작에 백제계 공인의 관여를 상정하거나(西山要一 1986), 귀갑계봉황문상감대도의 제작에 백제계 공인의 관여를 상정하는 견해(町田章 1984; 橋本博文 1986)는 한일교섭과 관련 있어 주목된다.

이상에서 언급한 한·일의 상감유물 연구는 주로 상감의 문양을 분석대상으로 삼는다. 하지만 후술하듯이 상감기술의 핵심이 철제도구를 사용한 상감 홈의 가공에 있다는 것을 고려한다면(藤部明生·鈴木勉 1998) 문양의 분석과 함께 상감홈을 파내기 위해 사용한 공구의 분석도 병행할 필요가 있다. 상감 홈의 관찰과 이를 토대로 한 공구의 분석은 고고학계보다 보존과학 분야에서 활발하다.

한국에서는 일찍이 이오희에 의해 상감대도의 보존처리와 제작기법, 상감선의 재질, 상감 후의 연마에 관한 연구가 이루어졌다(李午熹 1988, 1996; 李午熹 외1989; 李午熹·金邱軍 1992; 이오희·강창구 2003). 유물의 집성과 함께 삼국시대의 상감기술을 구체적으로 알 수 있게 된 것은 이오희의 연구 성과에 의한 바가 크다. 이처럼 선구적인 연구 성과를 계승하여 최근에는 상감 홈의 가공 기법을 더욱 자세하게 분석하고(최기은 2015) 홈에 넣는 상감선의 제작 방법(林志暎 2006) 혹은 제작 실험 비교를 통한 고대 금속상감의 복원(임지영 2016)도 시도되었다.

한편 니시야마 요이치(西山要一 1981, 1986, 1990, 1996, 1999, 2003)는 고훈시대 상감자료의 집성, 상감기법의 과학적 분석, 상감선의 성분 조사를 실시하여 고훈시대 상감기술을 종합적으로 분석하였다. 이외에 규슈(横田義章 1985), 시즈오카현(鈴木敏側 1986), 사이타마현(瀧瀬芳之·野中仁 1996) 등 지역별 상감유물의 집성과 편년, 상감대도 출토의 의미와 제작기법에 관한 연구도 지속되고 있다.

2) 문제의 소재와 분석 시점

연구사를 검토하여 삼국·고훈시대 삼국유물의 전개과정에 대해서는 어느 정도 이해할 수 있다. 그러나 고대 상감의 공정에 관해서는 고고학계는 물론 보존과학 분야에서도 그리 활발히 연구된 것은 아니다. 상감홈의 너비가 수 mm에 지나지 않아 표면에 홈을 가공하고 그 속에 금·은선을 감입하는 과정을 비교적 간단한 기술로 치부하였기 때문일 것이다. 그러나 철제품의 표면에 홈을 가공하는 것은 그리 간단한 기술이 아니다. 여기서는 상감의 공정에 주목하고 상감의 출현 의미와 본 章의 분석 시점을 명확히 하고자 한다.

전술한 것처럼 지금까지 상감 연구에서 가장 중요시된 것은 상감의 문양이었다. 그러나 문양은 상감 공정 가운데 밑그림을 그리는 비교적 간단한 작업에 해당한다. 사실 상감의 공정 중 가장 중요하고 핵심적인 기술은 그려진 문양에 홈을 새기는 것이다(藤部明生·鈴木勉 1998). 금·은선은 가열하면 부드러워지므로 철제품의 표면에 홈만 새길 수 있다면 그 속에 금·은선을 집어넣는 작업은 비교적 쉽게 성공할 수 있기 때문이다. 문제는 홈을 가공하기

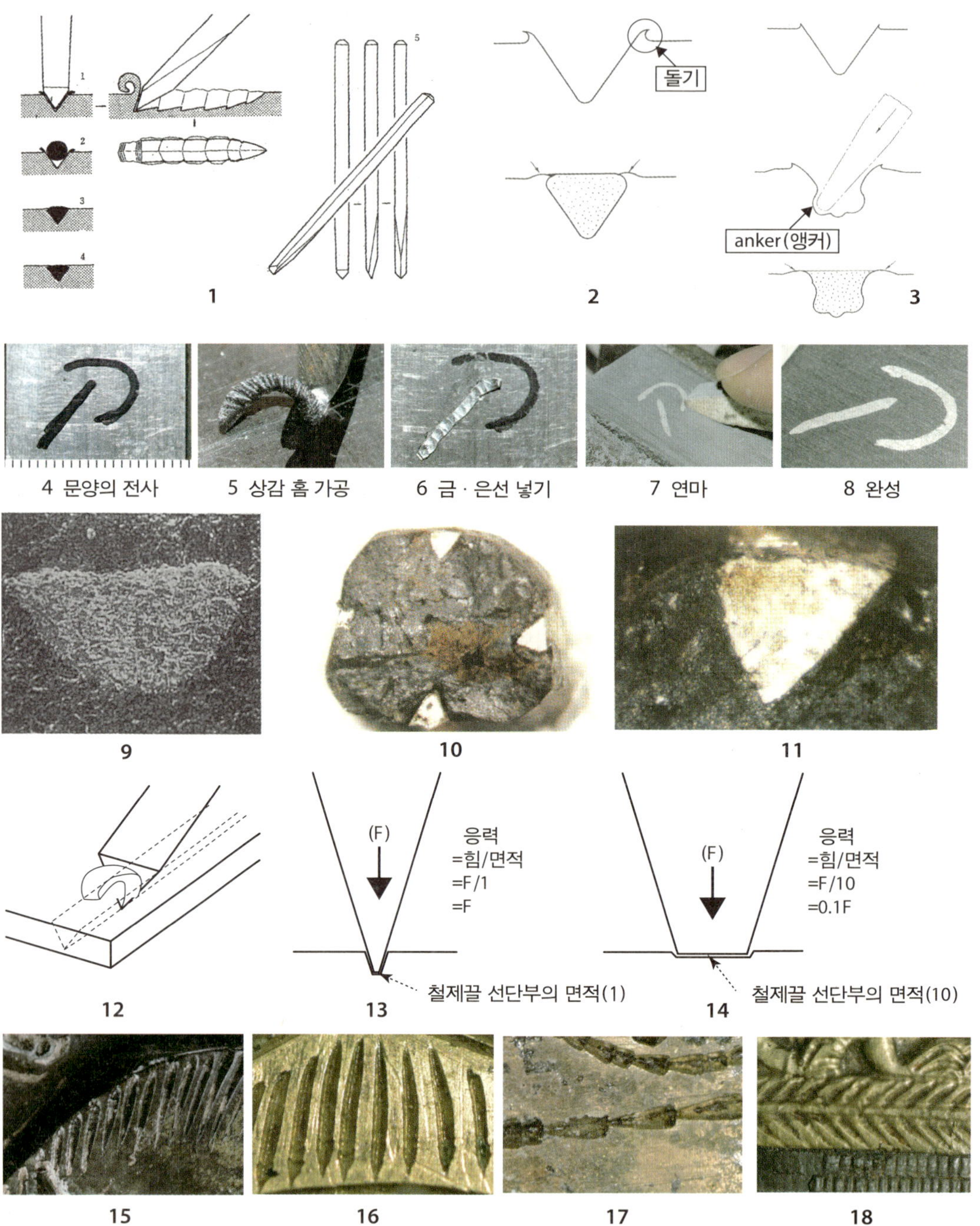

그림 4-1 삼국 · 고훈시대의 상감과 관련 조금(彫金)기술

1. 니시야마 요이치(西山要一)가 상정한 고대 상감공정과 모조끌(西山要一 1996) | 2. 돌기를 사용한 상감선의 고정 | 3. anker hold(앵커홀드법, 藤部明生 · 鈴木勉 1998) | 4-8. 스즈키 쓰토무(鈴木勉)가 상정한 고대 상감공정 | 9. 야나기다니(柳谷)고분 원두대도 상감단면(西山要一 1996) | 10. 합천 옥전M3호분 출토 상감교구의 단면(李午熹 1988) | 11. 10의 세부 | 12. 절삭가공(모조기법) | 13. 절삭가공의 응력 | 14. 소성가공의 응력 | 15. 금동대향로 모조기법 | 16. 부여 능산리 중상총 금동제관장식의 모조기법 | 17. 금동관의 축조기법 | 18. 장식대도 합인조기법

위해 사용하는 끌도, 그리고 상감 문양이 표현된 제품도 철이라는 점이다. 즉 상감 공정을 이해하기 위해서는 철로 철을 가공하는 기술이 필요하다는 점을 먼저 인식할 필요가 있다.

철은 그 속에 포함된 탄소량과 열처리에 따라 그 경도가 완전히 달라진다. 따라서 상감을 성공하기 위해서는 바탕금속은 부드러운 철소재로, 이를 가공하는 끌은 단단한 철소재로 제작해야 한다. 특히 끌의 머리를 망치로 타격하면 선단부에 많은 힘이 한꺼번에 집중되는데 이런 현상을 '응력집중'이라고 한다. 공구의 입장에서 보면 이 집중된 응력을 견딜 만큼 강한 경도를 지녀야 비로소 철제품의 표면에 홈을 가공할 수 있는 것이다. 따라서 끌은 적절한 탄소량이 포함된 고탄소강으로 제작해야 하며 담금질과 뜨임과 같은 열처리를 통해 그 경도를 높이는 과정을 반드시 거쳐야 한다.

이처럼 상감에는 탄소량에 따른 철소재의 분별 작업, 이렇게 분별한 소재 가운데 강철만 사용한 끌의 제작, 그리고 끌 선단부의 열처리 등 다양한 기술이 내포되어 있다. 따라서 상감의 출현은 철에 포함된 탄소량을 자유롭게 조절하고 담금질과 풀림과 같은 열처리가 능숙한 전문 조금공인이 삼국시대에 이미 존재한 것을 뜻한다.

다음으로 상감에 사용된 철제끌과 가공법에 대해 살펴보도록 한다. 이를 위해 금속 가공에 대한 이해가 필요하다. 일반적으로 금속을 가공하는 방법은 절삭가공과 소성가공으로 나눈다. 절삭가공은 공구를 사용하여 소재를 자르거나 깎아내는 가공법을 말하며 소성가공은 소재를 구부리거나 휘게 하는 가공법을 일컫는다. 양자의 가장 큰 차이는 사용된 공구이다.

절삭가공에 사용되는 끌은 바탕금속의 일부를 깎아내야 하므로 끌의 선단부에 날카로운 날이 필요하다. 끌의 선단부를 날카롭게 제작하므로 바탕금속과 끌의 선단부가 접촉하는 면은 좁아질 수밖에 없다. 철제끌을 타격할 때 선단부에 집중되는 응력이 매우 커지게 되는 것이다. 이에 반해 소성가공에 사용되는 끌은 바탕금속과 접촉하는 면이 넓다. 끌을 타격할 때 선단부에 걸리는 힘이 쉽게 분산되어 집중된 응력도 작아진다.

이해를 돕기 위하여 수치로 살펴보자**(그림 4-1-13·14)**. 가령 절삭가공에 사용되는 공구의 선단부와 철제품의 맞닿는 면적이 1이라고 한다면 소성가공은 그 면적이 대략 10배에 달한다. 동일한 힘(F)으로 끌의 머리를 타격한다고 가정하였을 때 맞닿는 면적이 1인 절삭가공은 철제끌에 걸리는 응력도 F지만 소성가공은 닿는 면적이 넓은 만큼 힘이 분산되어 절삭가공의 1/10인 0.1F가 된다.

소성가공이 바탕금속의 일부를 밀어 넣거나 변형시키는 데 비하여 절삭가공이 바탕금속의 일부를 깎거나 자를 수 있는 것은 이처럼 끌에 가해진 응력이 고스란히 선단부에 집중되기 때문이다. 따라서 소성가공보다 절삭가공의 끌은 더욱 높은 경도가 필요하다.

동일한 조금(彫金)기술이지만 위와 같은 제작기술의 차이 때문에 소성가공과 절삭가공은 등장 시기도 다르다. 소성가공에 속하는 축조기법, 합인조기법은 금동관, 성시구 등 5세기에 등장하는 금동제품에서 확인할 수 있다(그림 4-1-17·18). 그러나 모조기법으로 대표되는 절삭가공이 확인된 사례는 현재까지 보고된 자료 중 능산리사지에서 발견된 금동대향로가 가장 이르고 이외에 대부분 사비기 금동제품에서 발견된다(그림 4-1-15·16). 모조기법은 백제와 북제의 교류를 계기로 중국 공인에 의해 전파된 선조기술이므로 한반도에 등장한 것은 6세기 중엽 이후로 이해된다(鈴木勉 2014b). 고훈시대에도 소성가공이 먼저 등장하고 이후에 절삭가공이 출현한다. 기에 등장하는 마구와 금공품에는 소성가공의 일종인 축조기법, 인조기법이 확인된다. 이후 고훈시대 후기가 되어야 소위 모조마구(坂本美夫 1979)와 같은 모조제품이 본격적으로 등장하고 절삭가공 기술도 정착한다. 금속 가공에 대한 이해를 바탕으로 상감 연구에서 언급된 철제끌과 그 가공법에 대하여 살펴보도록 하자.

니시야마 요이치(西山要一)는 고대 상감기술의 공정을 모식도로 제시하였다(그림 4-1-1). '끌을 한 번씩 때려 단면은 'V'자상으로, 평면은 대나무 줄기의 마디 모양과 같은 홈을 파내고 그 홈 속에 금·은선을 집어넣은 후 홈의 양측에 생긴 돌기로 덮고 줄과 지석으로 연마함으로써 완성'(西山要一 2003: 362)한다고 설명하였다.

제시한 모식도에서 알 수 있듯이 니시야마 요이치가 상감 홈을 가공하기 위해 사용된 것으로 상정한 공구는 절삭가공에 해당하는 모조끌이다. 홈 가공에 모조끌이 사용된 것으로 판단한 이유는 아마 홈의 단면이 'V'자 혹은 'U'자를 띠기 때문일 것이다(그림 4-1-9). 다만 상감 홈의 단면이 'V'자 혹은 'U'자라고 하여 이를 바로 모조끌을 사용한 것으로 단정하기는 어렵다. 합천 옥전M3호분 상감교구와 같이 합인조끌, 즉 소성가공의 경우에도 단면 'V'자를 띠는 사례가 있기 때문이다(그림 4-1-10·11). 전술했듯이 절삭가공은 고훈시대 후기 이후에 출현하므로 상감 홈의 가공에 모조끌이 사용되었는가에 대해서는 좀 더 신중하게 판단할 필요가 있다.

한편 스즈키 쓰토무(鈴木勉)는 고대 선상감의 공정을 다음과 같이 설명한다(鈴木勉 2015b). ①새기고자 하는 문양을 도신에 그린다. ② 문양에 합인조[1]끌을 사용하여 새긴다. ③ 금속선이 빠지지 않도록 상감 홈의 저부에 앵커라는 부분을 만든다. ④ 금·은선을 홈 속에

1 일본어로 나메쿠리(なめくり)라고 불리는 조각 끌을 말한다. 한국어로 합인조라고 번역(권향아 2000)된 적이 있어 여기서는 이를 그대로 따르기로 한다.

집어넣는다. ⑤ 줄과 지석으로 연마하여 완성한다(그림 4-1-4~8). 홈 속에 앵커라는 부분을 만들지 않는 경우는 금·은선을 집어넣는 것만으로는 빠져 버릴 위험성이 크기 때문에 금·은선을 고정시킨 후 홈을 가공할 때 생긴 돌기[2]로 금·은선을 덮는 방법(그림 4-1-2)도 고려한다(藤部明生·鈴木勉 1998).

앞서 설명한 금속의 가공방법을 기준으로 본다면 니시야마 요이치와 달리 스즈키 쓰토무는 상감 홈을 파내는 데 축조끌, 합인조끌을 사용한 소성가공을 상정한다. 후술하듯이 삼국·고훈시대의 상감유물에서 대부분 축조끌 혹은 합인조끌을 사용한 흔적이 확인되므로 타당성이 높은 견해로 판단된다. 따라서 삼국·고훈시대의 상감기술의 계보를 판단하기 위해서는 소성가공 가운데 어떠한 공구가 사용되었는가를 분석할 필요가 있다. 상감 홈의 가공에 다양한 기술이 내포되어 있기 때문에 홈을 가공하는 데 사용된 공구를 기술 계통으로 볼 수 있기 때문이다.

이상과 같이 강철 소재의 확보, 강철제 끌의 제작, 능숙한 철의 열처리가 필요한 상감기술은 철로 철을 가공한다는 점에서 삼국·고훈시대에 존재한 다양한 조금기술 중에서도 고난도의 첨단기술에 속한다. 고대 상감 공인이 홈 가공에 가장 큰 노력을 기울였을 것이라는 추정은 현대 장인의 작업을 보아도 타당성이 높다.[3] 공인의 실력과 상감의 성공 여부가 상감 홈의 가공에 반영된 것이다.

홈의 가공이 상감기술의 핵심 중 하나이며 그 가공에 소성가공의 조각끌이 사용되었다면 홈의 가공에 사용된 조각끌의 분석과 유형화는 상감기술의 계보와 전개과정을 판단하는 데 유효한 시도가 될 수 있다. 삼국·고훈시대 상감기술의 편년, 계보, 변천을 이해하는 데 종래 주목했던 상감의 문양과 함께 홈의 가공에 사용된 도구의 흔적을 분석하는 것은 이상과 같은 이유 때문이다.

---

2 일본어로 가에리(カエリ)라 부른다.

3 무형문화재로 지정된 상감장인 김용운 선생님은 공구의 제작기술을 아직 제자에게 전수하지 않았다고 한다. 공구를 제작하는 기술이 상감공정에서 얼마나 중요한지를 알 수 있는 대목이다. 현재 상감 공인이 고대의 공인과 동일한 기술을 보유한 것으로 단정하기는 어렵지만, 공인과 공구의 관계를 생각하는 데 참고할 만한 에피소드인 것만은 분명하다.

제3절 삼국시대의 상감기술과 전개

1) 상감기술의 원류

삼국시대 제작된 상감유물은 출토지 불명품을 포함하여 현재 53점에 달한다(표 4-1, 그림 4-2). 최근에는 오산, 천안, 공주, 고창, 완주 등 한반도 중서부지역에서 상감자료가 증가하였다. 나라현(奈良縣) 이소노카미진구(石上神宮)에 소장된 칠지도가 백제에서 건너온 것이라면 삼국 가운데 백제에서 가장 먼저 상감기술이 등장했을 것이다. 상감기술의 유입 경로는 4세기의 동아시아 국제 정세로 보아 크게 3가지 정도로 좁혀볼 수 있다(桃崎祐輔 2005).

첫 번째, 중국 왕조와 직접 교섭이다. 372년 동진의 견사에 앞서 마한(馬韓)과 서진(西晉) 혹은 백제와 동진(東晉)의 교섭 가운데 상감기술이 유입되었을 가능성이 있다. 몽촌토성과 풍납토성, 화성 사창리 10-1번지에서 출토된 중원식대장식구, 동진제의 청자, 전문도기 등이 그 근거가 될 수 있다. 현재까지 발견된 자료 가운데 가장 이른 것으로 생각되는 칠지도의 명문 결체가 화북과 강남지역의 영향을 받았을 것이라는 견해(鈴木勉·河內國平 2006)도 중요하다.

두 번째, 낙랑을 경유한 경로이다. 이미 낙랑에 상감기술이 존재하였으며 고구려 미천왕의 공격에 의해 낙랑 멸망 후 백제가 낙랑의 유민 일부를 받아들이면서 상감기술을 수용했을 가능성이 있다. 낙랑지역의 상감유물과 중서부지역의 낙랑계 유물에 대한 과학적 분석으로 밝혀진 백제와 가야의 면상감기법의 기원을 낙랑에서 구하는 견해(최기은 2015)가 근거가 될 수 있다. 다만 현재까지 알려진 낙랑지역의 모든 상감유물이 漢의 관영공방에서 제작되었으며 낙랑으로 하사된 것으로 추정하는 견해(高濱秀 2003)도 있어 낙랑에 실제로 철제품의 상감기술이 존재하였는가는 불분명하다.

세 번째, 고구려로부터 입수되었을 가능성이다. 4세기 고구려와 백제의 대립속에서 고구려의 상감기술이 이입되었을 수 있다. 다만 낙랑과 마찬가지로 고구려유적에서 상감유물이 출토된 사례는 아직까지 보고되지 않았다.

이상에서 상정한 3가지의 가능성 중 어느 한 경로를 특정하기는 어렵다.[4] 다만 공주 수촌리유적에서 출토된 상감대도로 보아 한성기에 이미 상감기술이 존재했던 것은 분명할 것

---

4 한편 삼국·고훈시대 상감의 계보에 대하여 북방 루트와 중국 루트로 나누어 보는 견해도 있다(임지영 2016).

표 4-1 삼국시대 출토 상감유물

지역	고분	유적	재질	부위	문양	그림
경주	계림로14호묘	안교1	은	좌목선금구(座目先金具)	용문	그림 2-35
		안교2	금/은	안교금구(鞍橋金具)/좌목선금구	용문	—
		안교3	은	복륜(覆輪)	용문	—
		교구1	은	5각형판	조문(鳥文)	그림 2-35
		교구2	은	5각형판	조문	그림 2-35
		교구3	은	5각형판	조문	—
		교구4	은	5각형판	조문	—
경주	호우총	용봉문환두대도	금/은	도신(刀身)	용문/어문(魚文)	그림 2-34
경주	천마총	대도편	금	도신	연화당초문	그림 2-32
		대도편	금	도신	연화당초문	그림 2-33
경주	금관총	환두대도	금	환두	선문(線文)	그림 2-36
고령	지산동32NE-1호분	용봉문환두대도	은	외환(外環)/환내장식(環內裝飾)	당초문	그림 2-31
고창	봉덕리1호분4호석실	원두(円頭)대도	은	초미금구(鞘尾金具)	식물문 추정	그림 2-13
공주	송산리29호분	대도	금	도신	용/성(星)/인동초/운(雲)	그림 2-6
공주	수촌리 Ⅱ-1호묘	대도	은	외환	용문	그림 2-4
공주	수촌리 Ⅱ-7호묘	대도	은	외환/병연금구(柄緣金具)	와문(渦文)/선문	그림 2-5
김해	죽곡리53호석곽묘	대도	은	외환	파상문	그림 2-27
나주	신촌리9호을(乙)관	대도	은	도신	식물문 추정	그림 2-15
남원	월산리M1-A호분	대도	금/은	외환/병연금구(柄緣金具)	귀갑문/화문(花文)/파상문	그림 2-14
부산	반여동19호묘	삼엽문대도	은	외환/환내장식	파상문/삼엽문(三葉文)	그림 2-28
부산	가동 Ⅱ-42호 목곽묘	환두대도	은?	환내장식	?	그림 2-30
부산	가동 Ⅱ-130호 석곽묘	삼엽환두대도	은	외환/환내장식	거치문/직선문(直線文)	그림 2-29
상주	헌신동15호묘	대도	은	외환	파상문/직선문	그림 2-11
서산	부장리4호분7호토광묘	대도	은	외환	선문	그림 2-2
서산	부장리6호분6호토광묘	대도	은	외환	파상문/당초문	그림 2-3
서산	부장리7호분2호토광묘	대도	은	외환/병연금구	파상문/삼엽문	그림 2-1
오산	수청동14호묘	대도	은	외환	파상열점문(波狀列点文)	그림 2-10
완주	상운리8호분구묘 3호목관	교구	은	교구	선문	그림 2-12
창녕	명리 Ⅲ-1호분	방두(方頭)대도	은	방두(方頭)/병연금구	귀갑문/화문/동물문	그림 2-25
창녕	교동11호분	원두대도	금	도신	명문(銘文)	그림 2-24
창원	도계동6호석곽묘	대도	금/동	외환	파상열점문(波狀列点文)	그림 2-26
천안	용원리12호분	용봉문환두대도	은	외환/환내장식	용문	그림 2-7
천안	용원리5호분	대도	은	병연금구	당초문	그림 2-8
천안	화성리A지구1호묘	대도	은	외환	와문	그림 2-9
함안	마갑총	대도	금/은	외환/동(棟)	거치문/점문(点文)	그림 2-23
합천	옥전35호분	용봉문환두대도	은	외환/환내장식/병연금구	용문/조문	그림 2-17
합천	옥전67-A호분	대도	은/동	외환	선문/점문	그림 2-21
합천	옥전70호분	대도	은	외환/병연금구	와문/선문	그림 2-18
합천	옥전95호분	이엽(二葉)대도	은	외환	와문	그림 2-16
합천	옥전M3호분	용문장환두대도	은	병연금구/초미금구	초엽문/와문	그림 2-20
		교구	은	교구	선문	그림 2-19
		교구	은	교구	선문	—
		교구	은	교구	선문	—
합천	옥전M4호분	용봉문환두대도	은	외환/환내장식	귀갑문/용문	그림 2-22
(전)청주	신봉동	대도	금/은	외환/책금구(責金具)	파상문	그림 2-45
(전)의성	대리리	대도	금	외환	거치문/선문	그림 2-44
(전)창녕	도쿄국립박물관 소장	용봉문환두대도	은	동	명문(銘文)	그림 2-43
출토지 불명	호암미술관	용봉문환두대도	은	도신	용문/조문	그림 2-37
		대도	금	도신	거치문	그림 2-38
		원두대도	은	병연금구	반원형문	그림 2-39
		대도	은	도신	용문/성문(星文)	그림 2-40
		환두대도	은	도신	화문/용문/어문(漁文)	그림 2-41
		은상감소도	은	도신	성문/운문(雲文)	그림 2-42

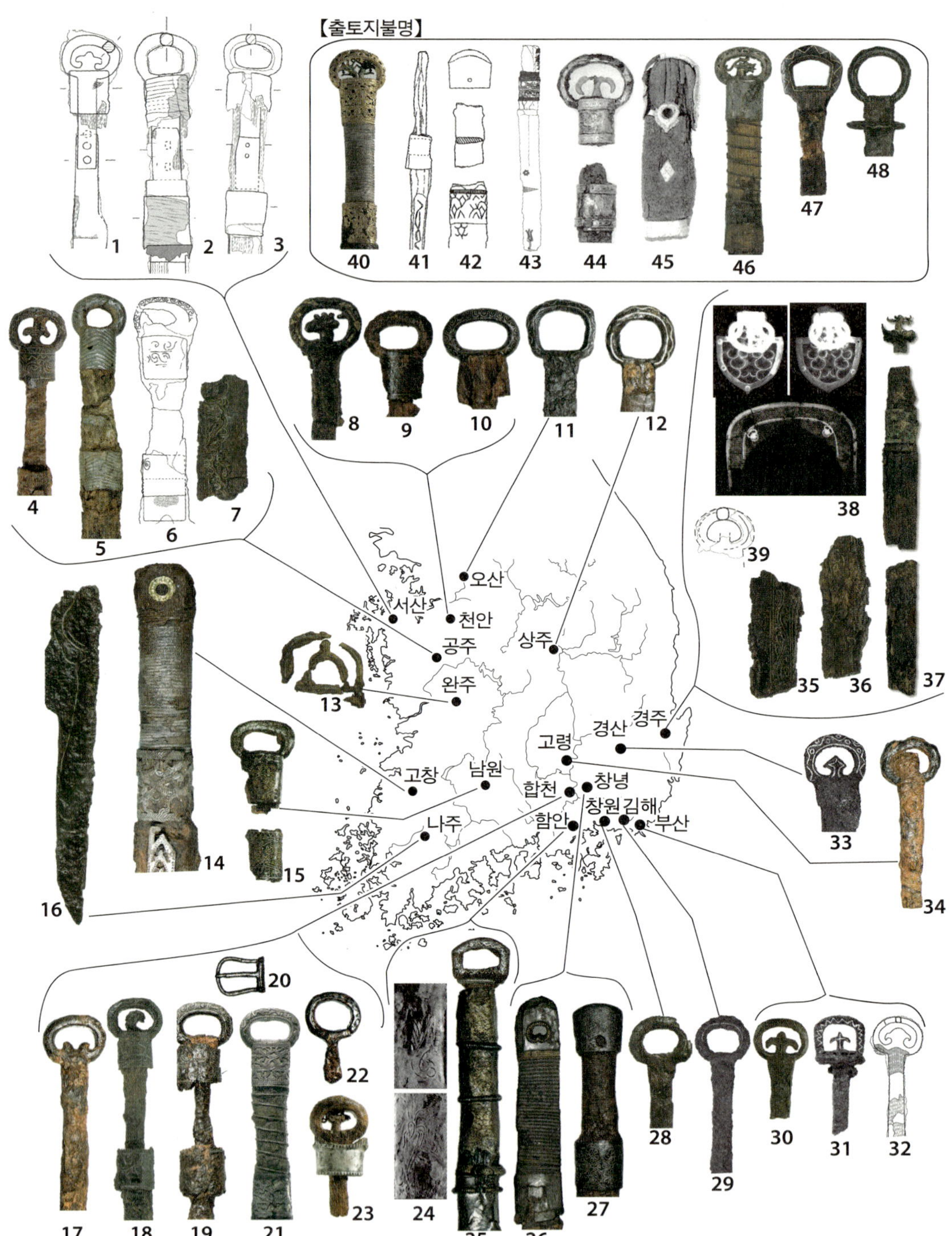

그림 4-2 삼국시대 출토 상감유물의 분포(축척부동, 번호는 표 4-1의 그림과 연동)

1. 서산 부장리7호분2호토광묘 | 2. 오산 수청동14호묘 | 3. 서산 부장리6호분6호토광묘 | 4. 공주 수촌리13호 토광묘 | 5. 공주 수촌리Ⅱ-1호묘 | 6. 공주 수촌리Ⅱ-7호묘 | 7. 공주 송산리29호묘 | 8. 천안 용원리12호분 | 9. 천안 용원리5호분 | 10. 천안 화성리A-1호묘 | 11. 오산 수청동14호묘 | 12. 상주 헌신동15호묘 | 13. 완주 상운리8호분구묘3호목관 | 14. 고창 봉덕리1호분4호석실 | 15. 남원 월산리M1-A호분 | 16. 나주 신촌리9호을관 | 17. 합천 옥전95호묘 | 18. 합천 옥전35호분 | 19. 합천 옥전70호분 | 20-21. 합천 옥전M3호분 | 22. 합천 옥전67-A호분 | 23. 합천 옥전M4호분 | 24. 함안 도항리527번지 5호석곽묘 | 25. 함안 마갑총 | 26. 창녕 교동11호분 | 27. 창녕 명리Ⅲ-1호분 | 28. 창원 도계동6호석곽묘 | 29. 김해 죽곡리53호석곽묘 | 30. 부산 반여동19호묘 | 31. 부산 가동Ⅱ-130호석곽묘 | 32. 부산 가동Ⅱ-42호목곽묘 | 33. 경산 대동 57-1번지 유적 | 34. 고령 지산동32NE-1호묘 | 35-36. 경주 천마총 | 37. 경주 호우총 | 38. 경주 계림로14호분 | 39. 경주 금관총 | 40-45. 출토지불명 | 46. (전)창녕출토(도쿄국립박물관 소장품) | 47. (전)의성 대리리 | 48. (전)청주 신봉동

이다. 문제는 그 출현 연대가 어디까지 소급되는가이다. 연호의 주체, 제작의 목적과 배경, 제작시기 등에 논란이 있지만 나라현 이소노카미진구에 소장된 칠지도가 백제제가 분명하다면 백제 상감기술의 초현은 4세기 후반까지 거슬러 올라갈 것이다. 오이타현(大分縣) 단와라(ダンワラ)고분 출토 상감철경, 나라현 도다이지야마(東大寺山)고분 '中平(중평)'명철토 등 일본열도에서 출토된 한대의 상감유물을 제외한다면 칠지도는 고대 한·일 상감기술의 효시로 볼 수 있다.

2) 백제 상감기술의 계통

칠지도에 관한 연구는 이미 100년이 지났지만 고고학적 연구는 손에 꼽을 정도로 적다.[5] 칠지도 상감 홈의 특징은 이미 소개된 적이 있는데(福山敏男 1996) 구체적인 사진과 함께 상감기법이 상세히 소개된 것은 도쿄 공예문화연구소(東京工藝文化硏究所)에서 이루어진 칠지도의 복원 연구이다(鈴木勉·河內國平 2006). 칠지도 상감의 특징을 정리하면 아래와 같다.

① 금선의 탈락이 많다(그림 4-3-1·2). 문자의 약 50%, 문자를 둘러싼 윤곽선의 90% 이상이 탈락되었다. 이는 홈 속에 끼워 넣은 금선을 확실히 고정하지 못한 것을 뜻한다. 도신과 금선이 마찰에 의해 겨우 고정되었다는 의미에서 스즈키 쓰토무는 칠지도의 상감을 '마찰법'이라 칭한다.

② 상감 홈을 자세히 관찰하면 홈의 주위에 돌기가 관찰된다(그림 4-3-6). 모조끌을 사용하는 절삭가공은 바탕 금속을 직접 깎아내기 때문에 홈 주위에 돌기가 생성되지 않는 것이 일반적이다. 따라서 홈을 조각하는 데 합인조끌(그림 4-3-7·8)을 사용한 소성가공이 이루어진 것을 알 수 있다.[6] 더불어 도신의 표면은 탄소의 함유량이 적어 비교적 부드러운 연철과 같은 철소재로 제작된 것도 알 수 있다. 탄소량 2% 이상의 주철에는 홈의 가공이 불가능할 뿐만 아니라 설령 홈을 가공한다 하더라도 경도가 높아 돌기가 생성되지 않기 때문이다.

③ 상감은 홈에 금·은선을 끼워 넣은 후 표면을 연마하는 마무리 작업을 실시한다. 이 과정에서 돌기는 대부분 연마되어 사라지는 것이 일반적이다. 칠지도의 상감 홈 주

5 무라카미 에이노스케(村上英之助 1978)의 연구를 들 수 있다.

6 칠지도의 상감 홈을 파내는 데 모조끌이 사용된 것으로 보는 견해도 있다(임지영 2016).

위에 돌기가 그대로 남아 있다는 것은 마무리 공정에서 연마 작업이 충분히 이루어지지 않았다는 것을 의미한다.

④ 홈의 단면은 'V'자형이며 문자의 획이 직선적이다(그림 4-3-2·3). 이 또한 홈의 가공에 사용된 공구와 관련이 있다. 합인조끌의 선단은 어느 정도의 폭을 지니기 때문에 곡선보다 직선을 새기는 데 적합하기 때문이다(그림 4-3-8). 칠지도의 서체가 4세기 후반 유행했던 해서(楷書)와 예서(隸書)와 달리 직선적인 것은 이처럼 직선을 새기는 데 유리한 조각끌을 사용하였기 때문일 것이다.

⑤ 획의 생략이 확인된다. 예를 들어 '양(陽)'의 역(昜)은 5번째 획을 생략하거나 백제(百濟)의 '제(濟)' 일부를 삼각형으로 표현하였다(그림 4-3-4·5).

칠지도와 유사한 상감기술은 백제지역 출토품에서 확인된다. 대표적으로 천안 용원리 12호분 용봉문환두대도를 들 수 있다(그림 4-3-9). 환두에 2마리의 용을 은상감으로 표현하였는데 은선의 탈락이 많으며 홈의 주위에 돌기도 확인된다(그림 4-3-10·11). 이는 홈의 가공이 칠지도와 유사하며 상감선의 고정, 마무리 공정의 연마가 꼼꼼히 이루어지지 않았음을 뜻한다.

양자의 바탕 금속이 주조제라는 점도 공통적이다. 칠지도의 경우 단조제로 보는 견해도 있으나 단면이 렌즈형인 점, 주조 시 수축현상 때문에 도신이 휘어진 점을 보아 주조제의 가능성이 크다(鈴木勉·河內國平 2006). 용원리12호분 대도 또한 철제환두에 표현된 용문을 끌로 깎아내서 제작하기는 불가능하므로 주조제일 가능성이 크다. 아마도 용문양을 표현한 밀랍제 환두를 사용하여 토제 거푸집을 제작하고 그 거푸집에 용선(鎔銑)을 주입하였을 것이다. 이렇게 완성된 환두를 밀폐된 공간에서 장시간 가열하여 표면의 탄소를 제거함으로써 경도를 낮춘 뒤 합인조끌로 용문양의 상감 홈을 가공하였을 것이다.

탈탄한 주철의 표면에 합인조끌로 홈을 가공하는 칠지도의 상감기술은 용원리 고분군이 조성된 한성기까지 계승된 것으로 볼 수 있다. 국립공주박물관에서 실시한 실체현미경 관찰과 X선 필름 판독에 의하면 합인조끌을 사용한 상감은 천안 용원리12호분 출토품 외에도 오산 수청동14호분 대도, 서산 부장리4호분 7호 토광묘 대도, 부장리6호분 6호 토광묘 대도, 부장리7호분 2호 토광묘 대도, 완주 상운리8호 분구묘 3호 목관묘 교구, 나주 신촌리9호 을관 대도에도 확인된다(그림 4-3-12~16). 합인조끌을 사용한 상감유물은 상감선의 양변이 비교적 직선적이라는 공통점을 지닌다.

한편 합인조끌을 사용한 상감과 달리 상감선의 양변이 울퉁불퉁한 사례도 확인된다. 대

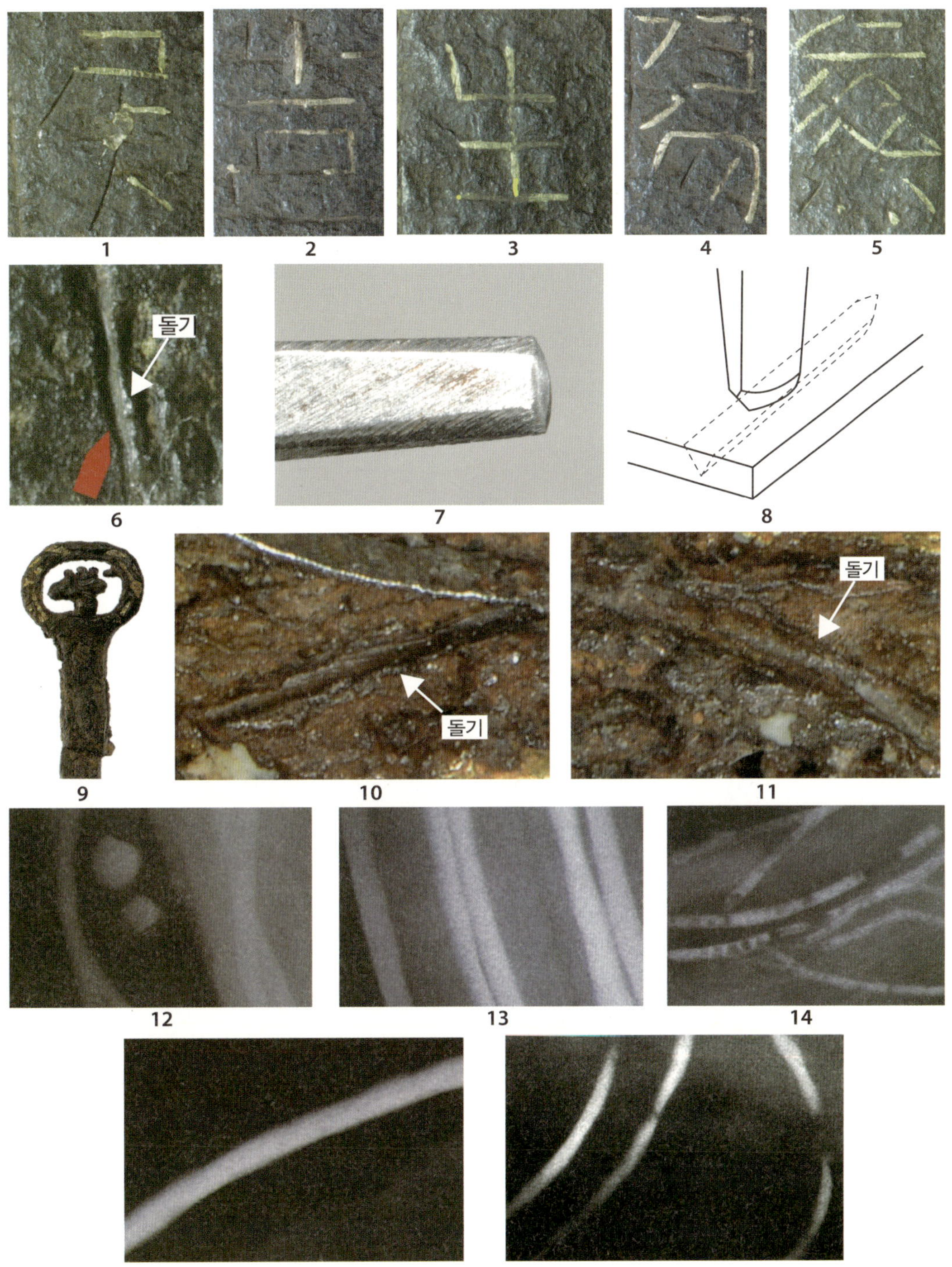

그림 4-3 백제의 상감유물(합인조끌 사용)

1~6. 칠지도 | 7·8. 합인조끌 | 9~11. 천안 용원리12호분 용봉문환두대도 | 12. 오산 수청동14호묘 대도 | 13. 서산 부장리4호분 7호토광묘 대도 | 14. 부장리6호분 6호 토광묘 대도 | 15. 완주 상운리8호분구묘 3호목관묘 교구 | 16. 나주 신촌리 9호 을관 대도

그림 4-4 백제의 상감유물과 관련 자료(축조끌 사용)

1 · 2. 천안 화성리A지구1호분 상감대도 | 3. 축조끌 | 4. 천안 용원리5호석곽묘 상감대도 | 5. 공주 수촌리Ⅱ-1호목곽묘 상감대도 | 6. 공주 수촌리Ⅱ-7호석곽묘 상감대도 | 7. 공주 송산리29호분 상감대도 | 8 · 9. 오이타현 단와라고분 상감거울 | 10. 산동성 창산현 영초6년명철도 | 11. 나라현 도다이지야마고분 중평명대도

표적인 사례가 천안 화성리A지구 1호분에서 출토된 상감대도이다(그림 4-4-1 · 2). 이미 지적된 것처럼 상감선의 변이 홈을 파낼 때 생긴 공구의 흔적이라면(이오희 · 김구군 1992) 홈의 조각에는 축조끌과 같은 공구가 사용되었을 가능성이 크다(그림 4-4-3). 축조끌을 사용해 홈을 제작한 상감은 선의 탈락이 비교적 적다는 공통점도 확인된다. 실체현미경 관찰과 X선 필름 판독에 의하면 천안 용원리 5호 석곽묘 상감대도, 공주 수촌리II-1호 목곽묘 상감대도, 수촌리II-7호 석곽묘 상감대도, 공주 송산리29호분 상감대도에도 유사한 공구가 사용된 것을 알 수 있다(그림 4-4-4~7).

축조끌을 사용한 상감의 원류는 한대의 유물에서 찾을 수 있다. 산동성 창산(蒼山)현 하장(下莊) 출토 永初(영초)6(112)년 금착철도, 강소성 서주(徐州)시 타룡산남파(駝龍山南坡) 출토 建初(건초)

2년(77) 금착철검, 사천성 천회산(天迴山)3호 애묘(崖墓) 光和(광화)7년(184)명 금착서도(金錯書刀), 오이타현 단와라(ダンワラ)고분 출토 금은상감철경, 나라현 도다이지야마(東大寺山)고분 출토 '중평'명대도 등이다(그림 4-4-8~11). 그러나 한대의 자료와 한성기 상감유물 사이에는 상감 홈의 정밀도를 비롯해 시기적으로 차이가 크다. 현재로서는 축조끌을 사용한 백제 상감기술의 원류를 한대 유물에서 직접 구하기 어렵다.

이상에서 상감의 홈을 가공하는 끌에 주목해 보면 한성기에는 크게 두 계통의 상감기술이 존재한 것을 알 수 있다. 물론 한 명의 공인이 여러 종류의 끌을 동시에 소유하였을 가능성도 있으므로 공구를 기준으로 한 계통의 분류가 반드시 유효한 것으로 단정할 수는 없다. 그러나 앞서 언급한 것처럼 상감이 첨단의 조금기술이며 특히 공구는 속인적 성격이 강해 공구의 제작기술을 쉽게 다른 공인에게 전수해 주지 않는 점을 중시한다면 상감 홈을 파는 데 사용된 끌(공구)의 차이를 공인(공방), 나아가 상감기술의 계통 차이로 이해할 수 있을 것이다.

한편 공주 송산리29호분에서도 상감 도신이 출토되어 한성기의 상감기술이 웅진기까지 지속된 것은 분명하다. 현재까지 보고된 한성기 및 웅진기의 상감유물은 그 홈을 대부분 합인조끌 혹은 축조끌로 가공한다는 점에서 모조끌을 사용한 절삭가공은 이루어지지 않았을 가능성이 크다.

3) 상감기술의 전개

백제에 존재한 두 계통의 상감기술은 신라와 가야고분에서 출토된 상감유물에서도 확인된다.

X선 촬영으로 홈의 가공 흔적을 뚜렷하게 확인할 수 있는 김해 죽곡리53호 석곽묘 출토 상감대도의 경우 합인조끌의 단위가 뚜렷하며 유사한 흔적은 함안 마갑총에서도 발견된다(그림 4-5-1·2). 합인조끌을 사용한 홈의 가공은 이외에도 경주 계림로14호분 안교, 의성 대리 출토 상감대도, 상주 헌신동15호묘 상감대도, 합천 옥전67-A호분 상감대도에도 보인다(그림 4-5-3~6).

이와 달리 축조끌을 사용한 홈 가공의 대표적인 사례로 합천 옥전95호분 출토 이엽문환두대도를 들 수 있다. 환두부에는 당초문이 표현되었는데 상감 홈에서 은선이 탈락되어 당시 이루어진 홈의 가공기술을 구체적으로 확인할 수 있다. 홈의 저부에는 축조끌을 연속적으로 사용한 흔적이 뚜렷하다(그림 4-5-7). 축조끌을 사용한 홈의 가공은 이외에도 합천 옥전70호분, 창녕 명리III-1호분, 합천 옥전M3호분, 합천 옥전35호분, 경주 천마총 출토 상감대도에서 확인할 수 있다(그림 4-5-8~13).

한반도 중남부지역에 존재한 각 정치세력의 교섭 속에서 상감기술도 백제에서 가야, 신라로 전개되어 갔을 것이다. 그 확산과정을 공구(공인)의 이동으로 볼 것인가 아니면 완제품의 이입으로 볼 것인가에 대해서는 제작흔의 관찰만으로 단정하기 쉽지 않다. 여기서는 상감대도의 제작 연대가 고분의 축조 연대와 연동될 것이라는 전제 하에 상감의 문양을 참고로 하여 그 전개과정을 아래와 같이 크게 4단계로 나누도록 한다.

1단계: 칠지도를 기점으로 4세기 후반으로 비정한다. 한반도 서남부지역에서 최초로 상감기술이 등장하는 시기이다. 칠지도를 제외하면 상감은 주로 환두대도의 환두에 베풀어진다. 문양은 단순한 선문과 점문이 중심을 이룬다. 합천 옥전67-A호분, 창원 도계동 6호 출토품이 이 단계에 속할 것이다.

2단계: 5세기 전반으로 비정한다. 백제와 가야를 중심으로 상감유물이 본격적으로 제작되기 시작한다. 조각끌을 기준으로 나눈 두 계통의 상감기술은 이미 이 단계에 백제와 가야에 존재하였을 가능성이 크다. 고령 지산동32NE-1호분, 합천 옥전95호분, 함안 마갑총, 천안 화성리A-1호묘 출토품을 비롯하여 천안 용원리고분군, 공주 수촌리고분군 출토품이 이 단계에 속한다. 신라권의 상주 헌신동 출토품도 이 단계에 속할 가능성이 있다.

3단계: 5단계 후반으로 비정한다. 대가야지역만이 아니라 김해 죽곡리유적과 부산 가동고분군 등 금관가야지역에서도 상감대도가 유행한다. 귀갑문을 비롯하여 봉황문, 화문, 용봉문 등 화려한 문양이 등장한다. 합천 옥전M3호분에서는 대도가 아닌 교구에서도 상감기술이 확인된다. 창녕 교동11호분에서는 한반도에서 출토지를 알 수 있는 유일한 명문대도가 출토되었다. 이외에 부산 반여동19호묘, 합천 옥전M4호분, 옥전 35호분, 옥전70호분, 남원 월산리M1-A호 석실 출토품이 이 단계에 속한다.

4단계: 6세기 전반으로 비정한다. 공주 송산리29호분에서 출토한 도신에는 용, 별, 인동초, 구름 등 다양한 문양을 금상감으로 표현하였다. 신라에서도 소수이기는 하나 상감기술이 적용된 마구와 대도가 등장한다. 천마총에서 출토된 2점의 도신편과 호우총에서 출토된 용봉문환두대도의 도신에는 당초문, 용문, 어문(魚文)이 상감으로 표현되어 있다. 계림로14호분 출토 교구와 안교에는 용문, 조문(鳥

그림 4-5 가야와 신라의 상감유물

1. 김해 죽곡리53호 석곽묘 | 2. 함안 마갑총 | 3. 경주 계림로14호분 안교 | 4. 의성 대리 출토 상감대도 | 5. 상주 헌신동15호묘 상감대도 | 6. 합천 옥전67-A호분 상감대도 | 7. 합천 옥전95호분 이엽문환두대도 | 8. 합천 옥전70호분 상감대도 | 9. 창녕 명리Ⅲ-1호분 방두대도 | 10. 합천 옥전M3호분 용봉문환두대도 초미금구 | 11. 합천 옥전35호분 용봉문환두대도 | 12·13. 경주 천마총 대도편

文)의 상감이 확인된다. 상감 공인은 대도만이 아니라 마구 제작에도 참가하였을 것이다.

4단계 이후가 되면 한반도에서 상감기술은 확인되지 않는다. 고훈시대 후기에 상감유물이 폭발적으로 증가하는 일본열도와 대조적이다.

삼국시대 상감기술의 전개과정을 이상과 같이 정리하면 그 시공간적 특징은 다음과 같이 이해할 수 있다. 우선 유행 시기와 관련하여 천마총, 송산리29호분 출토품 등 6세기 전엽에서 중엽으로 비정되는 고분에서 출토된 상감유물도 일부 존재하지만, 상감유물이 가장 활발히 제작된 시기는 주로 5세기임을 알 수 있다. 특히 백제와 가야지역에서 거의 동시기에 상감대도가 출현하므로 백제에 처음으로 등장한 상감기술은 지체없이 가야지역까지 전파된 것으로 보인다.

다음 분포의 특징으로 상감유물은 각 정치체의 중앙에 한정되지 않고 오히려 지방에서 많이 출토되는 점을 들 수 있다. 백제는 서울과 공주를 제외하더라도 천안, 서산, 오산, 완주에서 가야는 고령 이외에 남원과 합천, 함안 등지에서 상감대도가 출토되었다. 삼국시대 지방의 고분에서 출토된 금공품에 대해서는 중앙에서 사여된 것으로 보는 견해가 일반적이다. 그러나 상감유물은 그 분포만을 본다면 중앙의 압도적인 우세는 인정하기 어렵다(그림 4-2). 5세기 이후 한반도 중남부지역의 상감기술은 중앙과 지방에 국한되지 않고 공유 혹은 교류된 것으로 보는 편이 현재로서는 합리적이다.

한편 신라의 경우 천마총, 금관총, 계림로14호분 등 경주에 상감유물이 집중되며 지방에서 출토된 사례는 적은 편이다. 도신에 용문과 어문이 상감된 호우총 출토 용봉문환두대도도 대가야지역에서 이입되었을 가능성이 크다(김도영 2014). 백제와 가야에 비하여 신라에서는 상감이 크게 유행하지 않았던 것으로 보인다. 5세기 백제와 가야를 중심으로 유행한 상감기술은 일본열도까지 전파되었던 듯하다.

제4절 고훈시대 상감기술의 수용과 전개

일본열도에서 상감유물은 고훈시대 전기부터 확인된다. 그러나 전기의 상감유물은 나라현 도다이지야마고분 '중평'명철도, 오이타현 단와라고분 상감철경과 같이 중국에서 이입되었으며 출토 사례도 드물다.

이후 고훈시대 중기가 되면 삼국시대 출토품과 유사한 상감유물이 등장하기 시작한다. 중기의 상감도 백제, 가야와 마찬가지로 대도에서 확인되는 경우가 많다. 환두, 병연금구, 도신에 파상문, 원문을 새기고 금은으로 상감선을 제작하는 것도 삼국시대의 상감과 유사하다.

고훈시대 후기가 되면 간토(関東)와 도호쿠(東北)를 중심으로 상감유물이 급증한다. 방두대도, 원두대도에 상감기술이 적용되며 도신, 날밑(鍔), 칼코등이(鎺)에 교호반원문, 이중원문 등 한반도에 보이지 않는 상감문양이 출현한다. 여기서는 앞서 삼국시대 상감기술이 가장 활발했던 5세기, 즉 고훈시대 중기에 등장하는 일본열도의 상감대도에 주목하고 한일교섭이라는 관점에서 그 의미에 대해 생각해 보고자 한다.

1) 고훈시대 중기의 상감대도

고훈시대 중기 고분에서 출토된 상감유물은 출토지 불명품을 비롯하여 약 11점 보고되었다(金宇大 2017, **그림 4–6**).

4세기 말에서 5세기 초로 비정되는 오사카부(大阪府) 가제후키야마(風吹山)고분에서는 아말감을 사용하여 상감한 소환두대도가 출토되었다. 게시(消し)상감(尾崎誠 2002: 2)이라고 불리는 이 기술은 금, 은, 수은을 섞어 만든 아말감을 상감의 홈에 바른 뒤 가열하여 수은을 증발시키는 상감으로 아말감법(임지영 2016: 129)이라고 불린다. 아말감 상감의 사례는 현재까지 가제후키야마고분 출토품 이외에는 확인되지 않아 매우 특이한 사례로 평가된다.

주목하고자 하는 것은 상감 홈의 가공에 사용된 공구이다. 현미경 촬영과 형광X선 분석을 실시한 오자키 마코토(尾崎誠 2002: 2)에 따르면 '상감단면의 형상은 선상감과 같이 ▽형상이 아니라 저부의 사각형 혹은 그 저부를 깎아낸 듯한 형상에 가깝다'고 한다(**그림 4–7–1·2**). 유사한 홈의 가공은 합천 옥전95호분 상감대도에서도 확인할 수 있다(**그림 4–5–4**). 한반도에 존재한 두 가지 계통 가운데 축조끌을 사용하여 홈을 가공한 사례에 속할 것이다. 이미 지적된 것처럼 가제후키야마고분 출토품은 한반도에서 이입되었을 가능성이 크다(橋本英將 2013; 임지영 2016).

한편 효고현 미야야마(宮山)고분에서 출토된 대도의 환두에는 얇은 금판을 붙인 독특한 장식기법이 확인된다(尾崎誠 2005). 유사한 기술이 백제의 상감대도에도 확인되어 '금판누르기은상감'(穴澤咊光·馬目順一 2002: 449), 혹은 '금판압착기법'(김우대 2011)으로 불린다. 그러나 이 기법을 상감의 일종인 면상감으로 보는 견해가 있어 주목된다(최기은 2015). 춘추전국시대

그림 4-6 고훈시대 중기 상감대도(●)와 명문도검(★)

1. 구마모토현 에타후나야마고분① | 2. 구마모토현 에타후나야마고분② | 3. 후쿠오카현 구도 9호분 | 4. 효고현 미야야마고분 | 5. 교토부 고쿠즈카고분 | 6. 후쿠이현 히키다(疋田) 출토품 | 7. 야마가타현 다이노코시고분 | 8. 오사카부 가제후키야마고분 | 9. 나라현 이케도노오쿠 4호분 | 10. 사이타마현 이나리야마고분 | 11. 지바현 이나리다이 1호분

부터 유행한 면상감기법이 낙랑을 거쳐 백제지역으로 이입된 것으로 본 것이다. 현재까지 면상감기법은 공주 수촌리1호분, 천안 용원리1호분, 용원리12호분, 합천 옥전M3호분, 옥전35호분, 효고현 미야야마고분, 야마가타현(山形縣) 다이노코시고분 출토품에서 확인되어 한반도와 일본열도에 걸쳐 분포한다(그림 4-7-3~7).

면상감의 공정을 구체적으로 복원하기는 쉽지 않다. 다만 면상감의 표면에 작은 구멍이 공통적으로 확인되므로 '철 혹은 동제의 환두에 작은 구멍을 내고 거기에 금판을 압착시킨 강하게 누름으로써 고정'(橋本英將 2011)하였을 것이다.

고훈시대 중기의 상감대도는 형식학적으로도 한반도 제품과 유사하다. 대표적인 사례로 철제삼엽문대도에 상감을 적용한 일군을 들 수 있다. 철제삼엽문대도는 한반도의 전 지역에 걸쳐 출토되며 일본열도 출토품도 한반도에서 이입된 것으로 이해된다(穴澤咊光·馬目順一·今津節生 1989). 환내장식인 삼엽문에 상감을 적용한 대도는 서산 부장리7호분구 2호 토광

그림 4-7 삼국·고훈시대 아말감상감(1·2)과 면상감(3~7)

1·2. 오사카부 가제후키야마 | 3. 천안 용원리1호분 대도 | 4. 천안 용원리12호분 용봉문환두대도 | 5. 합천 옥전M3호분 용문장환두대도 | 6. 합천 옥전35호분 용봉문환두대도 | 7. 공주 수촌리Ⅱ-1호분 대도

묘, 부산 반여동19호묘에서 출토되었는데 유사한 사례가 후쿠오카현(福岡縣) 구도(久戸) 9호분, 나라현 이케도노오쿠(池殿奥) 4호분에서 확인되어 한반도에서 이입되었을 가능성이 크다.

용봉문환두대도의 환내장식에 선상감을 적용한 사례도 천안 용원리12호분, 합천 옥전M4호분, 옥전35호분, 고령 지산동32NE-1호분에서 출토되었는데 유사한 사례가 교토부(京都府) 고쿠즈카(穀塚)고분, 야마가타현 다이노코시고분에서 확인된다.

이상에서 살펴본 것처럼 고훈시대 중기의 상감대도는 동시기 백제와 가야의 상감대도와 형식학적으로 유사하며 상감기술도 관련이 깊어 완제품이 일본열도로 이입된 것으로 생각된다. 다만 중기의 명문도검에 관해서 만큼은 한반도의 정치세력보다 기나이(畿內)왕권과 관련된 것으로 이해하는 경향이 강하다. 우선 고훈시대 중기에 출토된 명문도검 3점의 상감기술에 대해 구체적으로 살펴보도록 하자.

2) 고훈시대 중기의 명문도검

고훈시대 상감의 특징 중 하나가 명문도검이 많다는 것이다. 칠지도와 창녕에서 출토된 것으로로 전해지는 도쿄국립박물관 소장 명문대도까지 포함하면 현재까지 11자루의 명문도검이

표 4-2 고훈시대 명문도검(*)

지역	고분	고분		대도	전장(cm)	상감선 재질	연대
		분형	크기(m)				
나라현	도다야지야마고분	전	140	명문대도	110	금	184-189년
구마모토현	에타후나야마고분	전	80	명문대도	90.5	은	5세기후엽
사이타마현	이나리야마고분	전	119	명문대도	73.5	금+은	5세기(471년)
지바현	아나리다이1호분	원	18	명문철검	73	은	5세기
시마네현	오카다야마1호분	전	24	원두대도	60	은	6세기
후쿠오카현	모토오카G6호분	-	18	명문대도	75	금	7세기
효고현	미이다니2호분	원	16	명문대도	68	동	7세기(608년)
소장처							
나라현	이소노카미진구(石上神宮)	-	-	칠지도	84	금	4세기(369년)
도쿄국립박물관소장 (전)창녕 출토		-	-	용봉문환두대도	86	은	5세기
군마현	전세품	-	-	금착명직도	77.5	금	7세기
오사카부	사천왕사(전세품)	-	-	명문대도	65.8	금	7세기?

(*) 전세품 및 칠지도 포함

-: 확인불가 ㅣ 전: 전방후원분 ㅣ 원: 원분

확인된다(표 4-2). 이 가운데 중기로 비정되는 명문도검은 지바현 이나리다이 1호분, 사이타마현 이나리야마고분, 구마모토현(熊本縣) 에타후나야마(江田船山)고분에서 출토되었다.

(1) 지바현 이나리다이1호분 출토 '왕사'명철검

이나리다이1호분은 연대를 추정할 수 있는 병유단갑, 성시구와 함께 TK208형식기의 스에키가 공반되어 5세기 중엽에서 후엽에 축조된 것으로 비정된다(市原市教育委員會 1988). 매장시설은 중앙목관과 북목관으로 나뉘는데 명문철검이 출토된 곳은 중앙목관이다.

철검의 표면(表面)에는 '王賜□□敬安(?)', 이면(裏面)에는 '此延□□□□'라는 명문이 새겨져 있어 흔히 '王賜'명철검이라고 불린다. 상감 문자는 녹 때문에 육안으로 관찰할 수 있는 부분이 극히 일부에 지나지 않지만 국립역사민속박물관에서 이루어진 X선 사진촬영과 문자의 표출 과정에서 상감의 특징이 비교적 상세히 보고되었다(永嶋正春 2005).

① 상감선은 0.5mm 전후이며 상감선의 단면은 'V' 혹은 'U'자이다. 또 문자의 획은 매우 직선적이다.

② 획의 일부가 생략되었다.

③ 문자의 배열이 규칙적이다.

④ 상감선의 재질은 상당량의 금이 포함된 은이다.

⑤ 홈에 집어넣어 고정시킨 문자의 50%가 탈락되어 그 비율이 매우 높다.

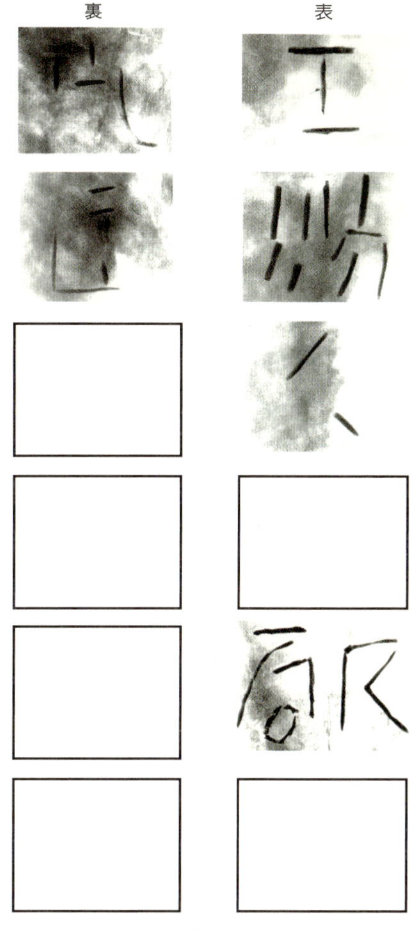

그림 4-8 지바현 이나리다이1호분 출토 「王賜」명철검의 명문

이상과 같이 정리한 '왕사'명철검의 상감은 칠지도 상감과 매우 유사하여 주목된다. 공통점을 열거하면 다음과 같다.

첫째, 칠지도와 '왕사'명철검의 문자는 모두 그 획이 매우 직선적이다. 문자의 결체가 사용된 공구에 의해 결정되는 것을 고려하면 칠지도와 '왕사'명철검의 홈 가공에는 직선을 새기는 데 유리한 합인조끌이 사용되었을 가능성이 크다. 홈의 단면이 모두 'V' 혹은 'U'자인 점도 유사한 공구가 사용되었다는 것을 방증한다.

둘째, 칠지도와 '왕사'명철검 모두 상감선의 탈락률이 50%에 달한다. 이는 홈에 상감선을 고정하는 작업이 완벽하게 이뤄지지 않은 것을 의미한다. 문자를 상감하는 가장 큰 목적은 후손에게 무엇인가를 전하기 위해서이다. 상감선이 탈락되어 문자를 해독할 수 없는 것은 상감을 하지 않은 것과 같으므로 상감선의 고정작업은 홈의 가공기술 다음으로 중요하다. 상감선 고정작업이 확실히 이루어지지 않아 명문의 해독이 어려운 점 역시 칠지도와 '왕사'명철검이 공통적이다.

셋째, 칠지도와 '왕사'명철검 모두 획의 생략이 확인된다. 칠지도 명문의 분석에 따르면 도신에 쓰인 문자를 상감 공인이 비교적 자유롭게 변경했을 가능성이 크다고 한다(鈴木勉·河内國平 2006: 108). 즉 문자를 쓴 서자(書者)보다 문자를 새기는 상감 공인의 홈 가공기술이 우선시된 것이다. 아마 끌의 제약으로 인해 한자의 획을 모두 새기는 것이 불가능했으므로 획의 생략은 필연적이었을 것이다. 양자에서 함께 확인되는 '此'자를 보면 획의 생략이 유사하다는 것을 알 수 있다.

넷째, 상감선의 재질이다. 비파괴분석에 의하면 '왕사'명철검 상감선의 재질은 은이라고 한다. 그러나 은 속에 포함된 다량의 금성분 때문에 '육안으로 관찰하는 한 금상감'(永嶋正春 2005: 91)에 가깝다. 정확한 성분 분석을 실시해야겠지만 육안으로 관찰하는 한 금상감으로 보이는 칠지도의 상감에도 '왕사'명철검과 마찬가지로 다량의 금이 포함된 은선[7]이 사용된 것은 아닐까?

다섯째, 상감 이외의 특징으로 양자 모두 검이다. 칠지도는 일찍부터 도(刀)라고 불리나 양쪽에 날이 있으므로 검이라 부르는 것이 맞다. '왕사'명철검 역시 양인검이다. 특히 칠지도와 '왕사'명철검 모두 검신의 단면이 렌즈형이라는 점은 중요하다. '왕사'명철검은 'X선으로 보는 한 단조의 흔적은 남아 있지만 지금(地金)의 존재를 확인할 수 없을 정도로 완전히 수화되어'(市原市教育委員會 1988: 14) 단조제로 단정할 수 없다. 단조로 검을 제작할 때 모루와 망치의 단면이 평면이기 때문에 단면 렌즈형의 철제품은 제작할 수 없다는 것이 통설이다. 따라서 단면이 렌즈형인 철제품은 주조제의 가능성이 크다. '왕사'명철검도 칠지도와 마찬가지로 주조로 검신을 제작한 후 장시간 열처리하여 검신 표면의 탄소를 제거함으로써 경도를 낮춘 뒤 합인조끌로 상감 홈을 가공했을 것이다.

상감기술만이 아니라 칠지도와 '왕사'명철검의 문장도 한문풍으로 유사하다(平川南 2000: 39). 이상에서 칠지도와 '왕사'명철검의 명문 조각을 담당한 상감 공인의 친연성을 엿볼 수 있다.

(2) 이나리야마고분 · 에타후나야마고분 명문도검

사이타마현 이나리야마고분 출토 '辛亥(신해)'명철검의 양면에 총 115자의 금상감 문자가 확인된다(**그림 4-9-3**). 다나카 미가쿠(田中勇) · 나카노 마사키(中野政樹)는 상감선의 굵기가 일정하지 않은 점, 대부분의 문자가 우상(右上)으로 약간 기울어진 점, 획이 꺾이는 부분이 원호상으로 둥글게 표현된 점을 '신해'명철검 명문의 특징으로 지적하였다. 이를 근거로 명문의 상감 공정을 다음과 같이 추정한다(田中勇 · 中野政樹 1982).

① 도신에 문자를 쓴다. ② 문자를 따라 선단부가 둥근 모조끌[8]로 문자를 조각한다. ③ 인발판으로 만든 직경 0.6mm의 금선을 홈에 끼워 넣는다. ④ 금선을 집어넣은 후 문자의 상면을 연마하여 완성한다.

---

7 니시야마 요이치(西山要一 2003: 361)에 의하면 칠지도 상감선의 금 농도는 약 79.2%라고 한다.

8 일본어로 마루케보리(丸毛彫り)라고 한다.

다나카 미가쿠·나카노 마사키는 상감 홈을 파내는 데 선단이 둥근 모조끌을 상정하였다. 그러나 절삭가공의 한 종류인 모조끌이 일본열도에 등장하는 것은 앞서 언급한 것처럼 고훈시대 후기이다. 홈의 가공에 사용된 끌은 홈에서 빠져 나온 금선의 이면을 관찰하여 알 수 있다. ‘吾’자의 상감선이 탈락되었는데 이면에 당시 홈의 가공에 사용된 조각끌의 선단 흔적이 고스란히 전사되어 남아 있다(그림 4-9-1). 이러한 형상의 선단을 가진 조각끌은 합인조로 보는 것이 타당하다(鈴木勉 2005).

문자의 획이 꺾이는 부분이 원호상으로 표현된 것도 홈의 가공에 사용된 끌과 관련이 있다. 합인조끌은 선단이 어느 정도의 폭을 지니므로 그림 4-9-2와 같이 완만한 곡률을 지닌 원호상의 곡선밖에 새길 수 없는 것이다.

‘신해’명철검과 유사한 명문 상감기술은 창녕 교동11호분에서 출토된 원두대도에서 확인된다. 도신에는 ‘上部先人貴□乃(刀)’로 추정되는 금상감의 명문을 새겼다(韓永熙·李相洙 1990). 완만한 곡선을 띠는 서체로 보아 이나리야마고분 출토 철검에 사용된 공구와 유사한 합인조끌이 사용되었을 가능성이 크다. 고정작업이 꼼꼼히 이루어져 금선의 탈락도 적다(그림 4-9-4).

한편 에타후나야마고분 명문대도는 총 75자의 은상감 문자가 도신의 등에 새겨져 있다. 은선이 탈락된 곳을 관찰한 결과 대부분 상감 단면이 ‘V’자를 띤다고 한다(古谷毅 1993). ‘신해’명철검과 마찬가지로 획이 꺾이는 부분이 원호상을 띠므로 아마 유사한 합인조끌이 사용되었을 것이다. 이는 도신의 양면에 조각된 마형, 화형, 어형, 조형의 상감을 보아도 추정할 수 있다(그림 4-9-5).

구마모토현 에타후나야마고분 명문대도와 유사한 상감문자는 창녕 출토로 전해지는 도쿄국립박물관 소장 용봉문환두대도에서 확인할 수 있다. ‘□畏也□令此□□□富貴高遷財物多也’로 해독되는 은상감은 에타후나야마고분 명문대도와 마찬가지로 도신의 등 부위에 새겨져 있다. ‘언뜻 보아 이나리야마고분 철검과 유사한 느낌’(早乙女雅博·東野治之 1990: 7)을 받는 것은 유사한 공구가 사용되었기 때문일 것이다(그림 4-9-6).

이상과 같이 상감기술로 보아 에타후나야마고분과 이나리야마고분에서 출토된 명문도검이 창녕지역에서 출토된 명문대도와 관련성이 높다는 것은 분명해 보인다(鈴木勉 2015b). 네 자루의 도신에 공통적으로 새겨진 ‘刀’자로 보아 공인의 실력과 사용된 공구가 유사하다는 것을 알 수 있다(그림 4-9-7~10). 창녕 교동11호분 출토품은 대가야제(이한상 2010; 김우대 2011; 김도영 2014) 혹은 백제의 강한 영향을 받은 것으로 보이며(高田貫太 2014; 김낙중 2014) 도

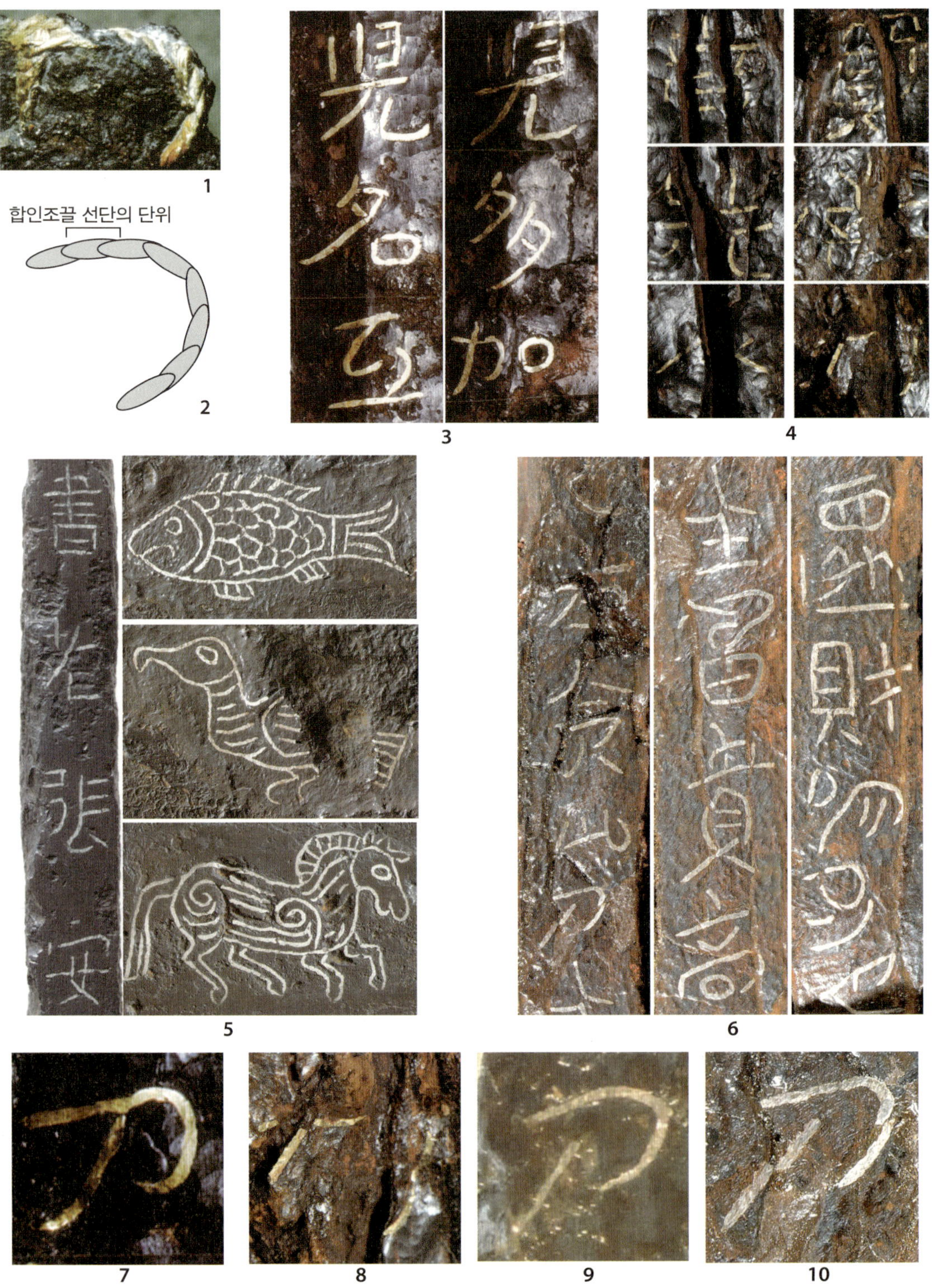

그림 4–9 삼국·고훈시대 출토 명문도검

1-3·7. 사이타마현 이나리야마고분 | 4·8. 창녕 교동11호분 원두대도 | 5·9. 구마모토현 에타후나야마고분 | 6·10. 도쿄국립박물관 소장 (전)창녕 출토

교국립박물관 소장 (전)창녕 출토 상감원두대도 역시 대가야에서 제작되었을 가능성이 크다는 견해(金宇大 2012)를 고려하면 에타후나야마고분과 이나리야마고분의 상감 공인과 백제·가야계 공인의 친연성을 인정할 수 있을 것이다.

다만 동일한 합인조끌이라 하더라도 칠지도, '왕사'명철검의 명문상감에 사용된 끌과 같다고는 보기 어렵다. 끌 선단의 폭을 좁게 제작함으로써 획이 꺾이는 부분을 둥글게 가공하여 문자를 사실적으로 표현한 점, 홈에 집어넣은 상감선을 확실히 고정시켜 탈락되지 않도록 한 점으로 보아 칠지도, '왕사'명철검보다 기술적으로 발전된 것으로 평가할 수 있을 것이다.

(3) 기나이왕권(畿內王權)의 명문도검 하사설

지금까지 살펴본 삼국·고훈시대 상감유물을 공구를 중심으로 정리하였다(**그림 4-10**). 백제, 신라, 가야에는 합인조끌과 축조끌을 사용한 두 가지 계통의 상감기술이 골고루 분포한다. 명문대도의 상감은 기본적으로 합인조끌을 사용하는 계통에 속한다. 면상감은 축조끌을 사용한 기술계통에서 많이 확인된다.

일본열도 출토품의 경우 아말감으로 상감한 가제후키야마고분 대도에서 축조끌 흔적을 확인한 것 외에는 계통을 명확히 구분하기 어렵다. 다만 전술하였듯이 한반도 상감대도와 형식학적으로 유사하며 상감기술도 관련이 깊어 일본열도로 이입된 완제품이 많을 것이다.

그러나 유독 중기의 명문도검만은 당시의 중앙이었던 기나이에서 제작된 후 각 지방으로 사여된 것으로 보는 경향이 강하다. 분포로 보아 중앙의 압도적인 우세를 인정하기 어려운 한반도의 상황과 대조적이다. 중기의 상감대도가 대부분 한반도와 깊은 관련이 있지만 유독 명문대도만 기나이지역에서 제작되었다는 해석(橋本英將 2013)은 어색하다. 고훈시대 중기의 명문대도는 모두 기나이지역에서 제작되어 지방으로 사여되었을까? 명문대도의 제작지에 대해서는 고고학보다 문헌사에서 일찍부터 다루어졌으므로 문헌의 연구 성과를 참고로 하면서 제작지와 관련된 논의를 살펴보고자 한다.

우선 '왕사'명철검에 대해서는 이나리다이 1호분에서 '단갑과 성시구를 비롯한 무기, 무구류가 눈에 띄는 점, 이 지역에 고도(神門)고분군이 존재하므로 일찍부터 기나이와 교섭이 있었던 것을 중시하여 그 피장자는 무인이며 기나이왕권(畿內王權)에 봉사(奉仕)한 증거로 철검을 하사받았다'고 보는 견해가 일찍이 제기되었다(平川南 1988: 25). '증사자(贈賜者)인 왕이 기나이와 시모우사(下總)를 연결하는 요충지의 관리자인 수사자(受賜者)에게 그 지위와 직장(職掌)의 증거로 주었으며 수사자의 죽음과 함께 고분에 부장되었다'(西山要一 1996: 102)는 견

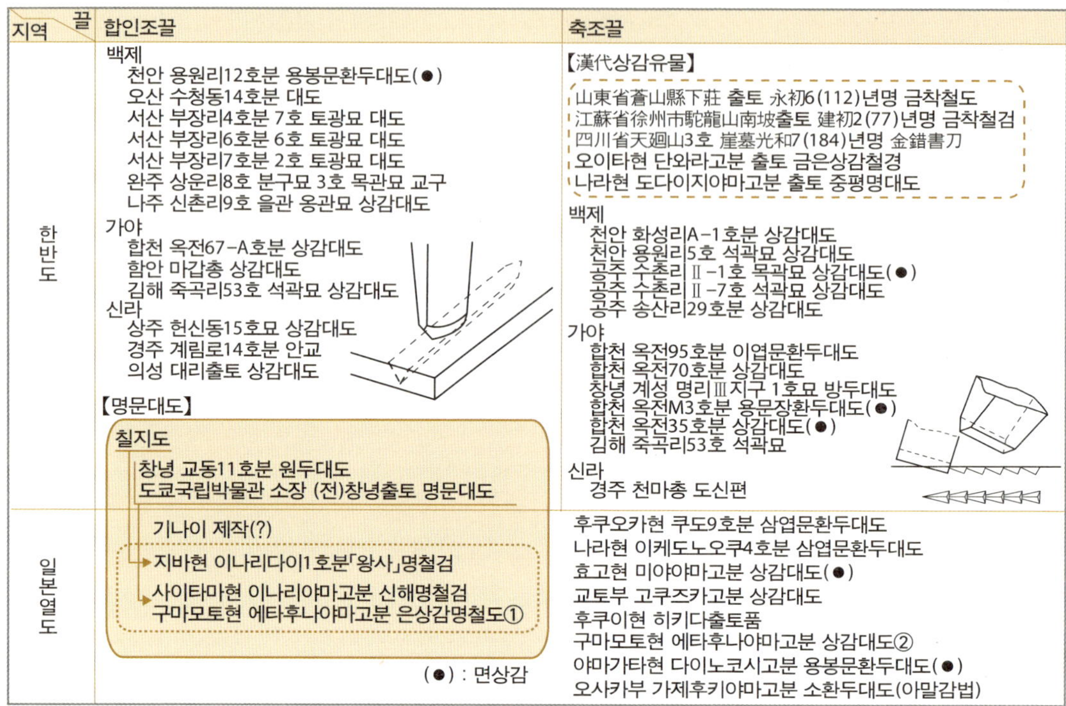

그림 4-10 한·일 출토 상감유물의 계보

해 또한 '왕사'명철검의 제작지를 기나이지역으로 추정한다.

한편 이나리야마고분과 에타후나야마고분 출토 명문도검에서 확인된 '와카다케루(ワカタケル)大王', '治天下'와 같은 문구는 명문도검이 기나이왕권에서 제작되었다는 주장의 결정적 근거이다. 각 도검에는 '七月中'과 '八月中', '百練'과 '八十練'와 같이 대비되는 문구와 '奉事'와 같은 공통된 단어가 등장하며 명문도검을 만들게 한 '장도인(杖刀人)'과 '전조인(典曹人)'이 중앙호족일 가능성이 크므로 명문대도는 기나이왕권이 '지방을 장악하는 데 협력을 얻기가 불가능한 유력 지방호족에게 수여하기 위하여 제작'한 것(白石太一郎 2000a: 160), 또는 '기나이에서 제작되어 동국(東國)과 서국(西國)에 전해진 것'(白石太一郎 2000b: 186)으로 여겨졌다.

명문대도의 제작지를 기나이지역으로 한정하는 경향은 점차 상감대도 연구 전반에 영향을 끼친다. 지방에서 다수 출토된 귀갑문계용봉문상감대도를 '야마토정권이 한반도를 경영하는 데 필요한 역할을 맡은 공적으로 대왕으로부터 전해진 것'으로 이해(橋本博文 1993: 243)하거나 직도의 부속품인 날밑(鍔)의 제작지로 '야마토를 제1후보'(豊島直博 2001: 93)로 추정함으로써 대부분의 상감대도가 기나이왕권 아래에서 제작된 것으로 이해한 것이다.

그러나 지방의 유력호족이 장식대도를 제작하였을 가능성을 제기하거나(瀧瀨芳之 1984,

1986) 지방에서 출토된 다양한 상감 문양과 표현방법을 중시하여 기나이왕권의 일괄 제작에 신중한 자세를 취하는 견해도 있어(横田義章 1985; 村岡泰子·關邦一·德江秀夫 1998; 岩原剛 2002) 450점에 달하는 고훈시대의 상감대도 및 명문도검의 제작지를 기나이지역으로 한정하는 것에 대해서는 신중할 필요가 있다.

예를 들어 '왕사'명철검의 명문에 새겨진 왕에 대하여 히라카와 미나미(平川南)는 ① 기나이의 대왕, ② 대왕의 일족, ③ 중앙호족, ④ 지방호족, ⑤ 백제와 신라 등 한반도 국왕으로 그 후보를 좁혔다. 그리고 당시 한반도는 철도가 중심이며 철검은 제작되지 않았기 때문에 명문의 왕이 ⑤ 백제와 신라 등 한반도 국왕일 가능성은 작다고 보았다(平川南 1988: 24).

그러나 마구의 제작 연대(諫早直人 2012)로 보아 지바현 이나리다이 1호분과 동시기로 비정되는 원주 법천리1호분을 비롯하여 논산 모촌리고분군 등 백제지역에서도 철검의 제작이 이루어진 것은 분명하다(김길식 2004). 앞서 살펴본 '왕사'명철검과 칠지도 상감 공인의 친연성을 고려하면 '왕사'명철검에 새겨진 왕을 반드시 기나이왕권으로 한정하기는 어려울 것이다.[9] '왕사'명철검의 명문이 추상적이며 간략하므로 '불특정 그리고 복수의 상대로 나누어 줌으로써 비로소 유효성을 발휘' 할 수 있었던 철검이라는 견해(佐藤長門 2004: 31)가 타당하다면 유사한 명문철검이 앞으로 한반도에서 출토될 가능성도 없지 않다.

한편 이나리야마고분, 에타후나야마고분 명문도검의 제작지와 관련해서는 대도 제작자의 공적을 기리기 위한 '현창도'설이 문헌사에서 제기되어 주목된다. 히라카와 미나미(平川南 1988: 24)는 명문에 적힌 무리테(无李弖)와 오와케(乎獲居)는 작도자(作刀者)를 명기한 것에 지나지 않아 명문을 근거로 기나이왕권에서 지방으로 하사된 것이라고 이해하기는 어렵다고 보았다. 사토 나가토(佐藤長門 2004: 34)도 이나리야마고분, 에타후나야마고분 명문도검에 대하여 와카타케루대왕이 명문도검을 제작하게 한 주체라고 볼 수 없기 때문에 무리테와 오와케가 자신의 공적을 기리기 위해 만든 현창도로 간주하였다. '현창도'설을 곧바로 지방제작설로 환치할 수는 없지만 명문도검을 제작하게 한 무리테와 오와케가 지방에 돌아와서 명문도검을 만든 것(乙益重隆 1978)이라면 명문도검이 지방에서 제작되었다는 해석도 가능하다.

실제로 후쿠이현(福井縣) 가와이요리야스(河合寄安)유적, 미에현(三重縣) 로쿠다이(六大)A유적, 와카야마현(和歌山縣) 니시노쇼(西庄)유적, 사가현(佐賀縣) 하부(土生)유적에서 미완성의

9 '왕사'명철검의 성분 분석 결과, 비소가 검출되었다고 한다(永嶋正春 2005). 비소를 함유한 철기는 삼국시대 고분 출토품에서 자주 확인되며 달천 광산이 그 산지로 추정된다(신동조 2013). '왕사'명철검의 제작지를 추정하는 데 참고할 수 있는 중요한 단서이다.

도검 부품이 출토된 것으로 보아 고훈시대 중기에 이미 지방에서 도검이 제작된 것은 분명하다. 대규모 복합 공방인 나라현 난고가쿠타(南鄕角田)유적에서 출토된 은적(銀滴)이 은상감 공정에 사용되었을 가능성도 제기되었다(坂靖 2012: 177).

이상에서 살펴본 도검의 지방제작, 현창도설을 고려하면 명문도검 또한 고훈시대 중기의 여러 상감대도와 마찬가지로 한반도와 관련된 것으로 이해하는 것이 자연스럽다. 선단이 비교적 긴 합인조끌을 사용하여 직선적인 문자를 새겼던 칠지도와 '왕사'명철검 상감기술이 발전하여 창녕 교동11호분, 이나리야마고분, 에타후나야마고분, (전)창녕 출토품과 같이 곡선적 문자도 표현할 수 있게 되었을 것이다. 동시에 상감선을 고정하는 기술도 향상되어 상감선도 탈락되지 않는다. 명문도검이 설령 기나이에서 제작되었다 하더라도 상감 홈의 가공과 금·은선의 고정작업은 백제·가야계 공인에 의해 이루어졌을 것이다.

이처럼 한반도에서 상감기술이 본격적으로 유행하는 5세기에는 완제품만이 아니라 상감 공인도 일본열도로 건너간 것으로 생각된다. 마구, 스에키, 금공품, 갑주 등 고훈시대 중기 다방면에 걸쳐 이루어진 기술혁신은 완제품의 이입만이 아니라 공인의 도래와 같은 활발한 인적 교류가 있었기 때문에 가능하였을 것이다. 다음 장에서는 다시 한 번 상감의 기술과 관련 철제품에 주목함으로써 한일교섭의 구체적인 양상에 대하여 추론해 보기로 한다.

제5절 상감기술로 본 한일교섭

1) 상감기술 관련 철제품

반복하지만 상감기술의 핵심은 철제품의 표면에 철제공구를 사용하여 홈을 파내는 것이다. 일견 간단해 보이는 홈의 가공에는 철소재의 분별과 강철의 확보, 강철제 끌의 열처리 등 철을 다룰 수 있는 전문 지식이 필요하기 때문이다. 그런 의미에서 상감 공인은 금동제품의 조금을 담당했던 공인이라기보다 철의 조금공인(鈴木勉 2015a: 142) 혹은 강철제 끌의 제작과 열처리가 능숙한 단야공인에 가깝다고 해야 할 것이다.

주목하고 싶은 것은 강철제 끌로 철제표면에 홈을 가공한다는 점에서 상감기술과 동일한 역사적 수준[10]으로 평가할 수 있는 철제품이, 상감의 출현에 즈음하여 한반도와 일본열

10 스즈키 쓰토무(鈴木勉 1998: 523)는 「역사적 수준」과 「속인적 수준」이라는 개념으로 고대 기술을 평

도에서 동시다발적으로 등장하는 것이다. 상감기술과 관련된 철제품의 사례를 들면 아래와 같다.

첫 번째로 선각철촉을 들 수 있다. 촉신에 원문 혹은 직선문을 새기는 기술은 문자나 문양을 표현하기 위해 도신의 표면에 홈을 파내는 상감기술과 동일하다(鈴木勉 2006). 고훈시대 출토된 선각철촉을 검토한 스즈키 가즈나오(鈴木一有 2012)에 의하면 직선문을 새긴 선각철촉은 미야자키(宮崎縣)현 남부지역에 집중하며 성행 시기는 대부분 고훈시대 중기로 한정된다고 한다. 직선문을 새긴 선각철촉이 이 지역에서 생산, 소비되었을 것이라는 스즈키 가즈나오(鈴木一有)의 지적이 타당하다면 상감기술과 동일한 역사적 수준의 철 조금공인이 고훈시대 중기 이미 규슈(九州)에 존재한 것은 분명하다.[11] 미야자키현 다치키리(立切) 3호 지하식 횡혈묘 출토 철촉의 직선문 주위에 나타난 돌기를 보아 직선문을 새기는 데는 상감 홈의 가공에 사용된 끌과 유사한 공구가 사용되었을 가능성이 크다(그림 4-11-6). 한편 원문을 새긴 선각철촉은 고훈시대 전기에 이미 출현하였다. 기나이(畿內), 호쿠리쿠(北陸), 세토우치(瀨戶內), 규슈, 한반도 남부 등 넓은 지역에 걸쳐 출토되고 있어 스즈키 가즈나오는 특정 지역의 집중생산보다 원문을 조각하는 기술이 여러 지역으로 확산된 것으로 이해한다. 기술 확산의 의미에 관해서는 구체적으로 언급하지 않았지만 원문을 새기기 위해 필수인 전용 공구를 감안하면 스즈키 가즈나오가 말하는 기술의 확산은 전용 공구를 소유한 공인의 확산으로 환치할 수 있을 것이다.

두 번째 단야구인 줄 또한 상감과 동일한 역사적 수준으로 평가할 수 있다. 완성된 철기의 표면을 다듬는 데 사용하는 줄은 철봉에 날(刃) 역할을 하는 줄눈을 세운 다음 담금질을 거쳐 완성된다(그림 4-11-2). 철제품의 표면을 강철제 끌로 가공하여 줄눈(홈)을 만든다는 점에서 그 제작 원리는 상감기술과 동일하다. 한반도에서 언제부터 줄이 제작되었는지 구체

가한다. 역사적 수준이란 지역과 시대의 기술 차이를 상대적으로 명확하게 하는 것, 속인적 수준이란 당시 기술을 담당했던 기술자 개인의 성열도와 정열을 측정하는 것을 말한다. 그리고 역사적 수준에 대하여 진화, 진보, 새로움, 생략화, 고도화와 같은 개념으로 평가함으로써 기술에 대한 시간, 공간축 상의 변화를 명확히 할 수 있다고 한다. 역사적 수준으로 보아 철을 철로 가공한다는 점에서는 상감의 등장은 철가공의 발전 과정에서 큰 획기로 간주할 수 있을 것이다.

11 스즈키 가즈나오는 원문의 조각에는 전용의 끌이 필요하지만 직선문 조각에는 전문적인 조금기술이 구사된 것은 아니라고 판단한다. 그러나 고대 기술을 평가하기 위한 '역사적 수준'에서 본다면 철제품의 표면에 원문과 직선문을 가공하는 기술은 동일한 철의 가공기술로 판단해야 할 것이다.

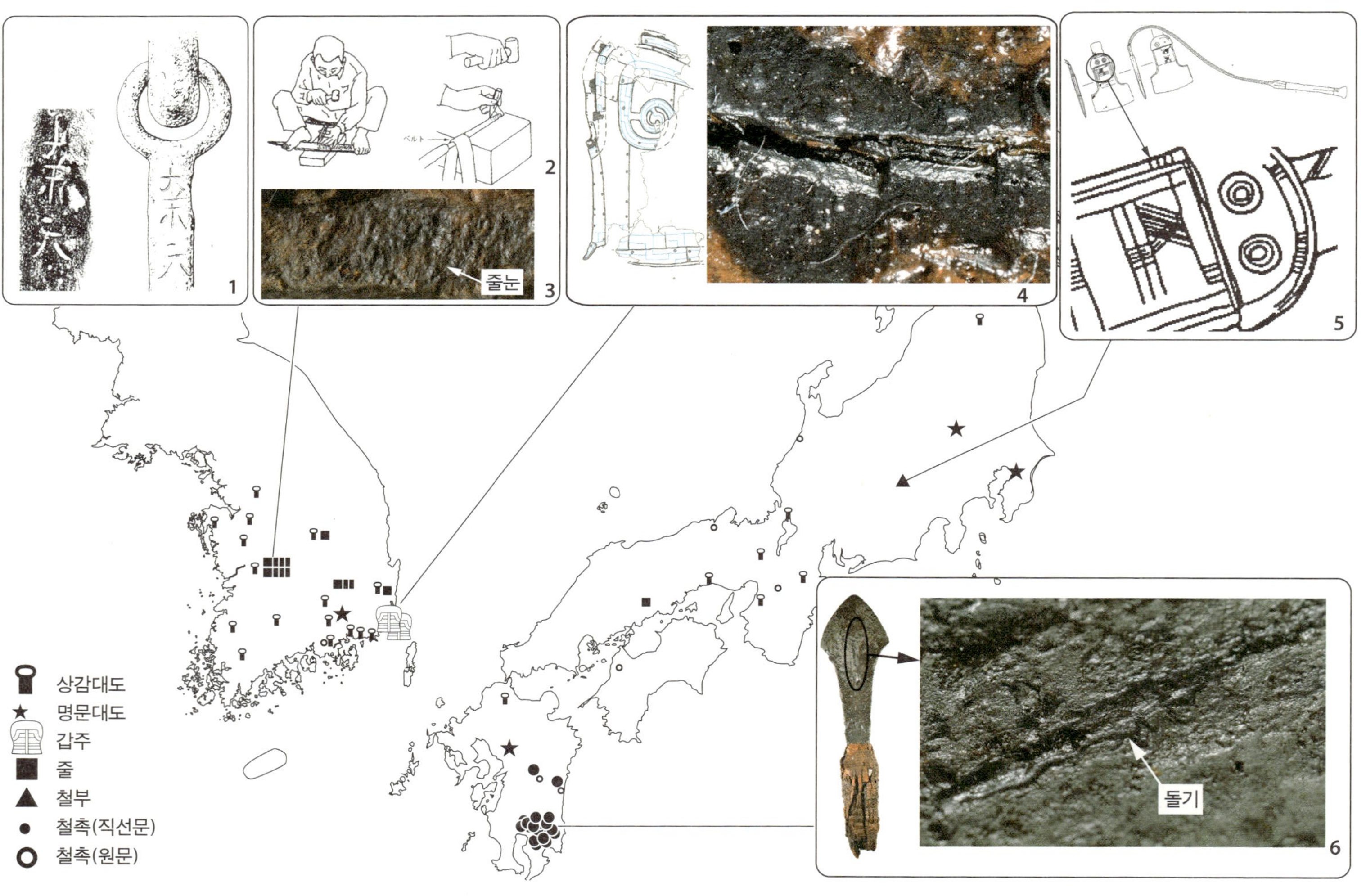

그림 4-11 한·일 출토 상감기술 관련 철제품 (4~5세기)

1. 집안 장군총 철련 | 2. 줄의 제작방법(茹山信行 1993) | 3. 완주 상운리 나8-2호 목관 줄 | 4. 부산 가동II-43호 목곽묘 종장판갑 | 5. 야마나시현 오마루야마고분 철제병부수부(鐵製柄付手斧) | 6. 미야자키현 다치키리 3호 지하식횡혈묘 선각철촉

적으로 알 수 없지만 경주 월산리유적, 상주 헌신동유적, 완주 상운리유적, 경산 옥수동유적, 울산 약사동북동유적에서 출토되어(김승옥·이보람 2011) 늦어도 삼국시대에는 줄을 제작할 수 있는 기술이 존재하였음을 알 수 있다. 완주 상운리 나8-2호 목관에서는 줄눈이 뚜렷하게 남아 있는 줄도 확인된다(그림 4-11-3).

일본열도에서도 고훈시대 중기부터 줄이 확인되어 주목된다. 오카야마현(岡山縣) 즈이안(隨庵)고분[12]에서는 지석과 모루, 망치 등 한반도계 단야구가 부장되었다. 공반된 불명철기는 형태로 보아 보고서에서 지적한 것처럼 철제품의 표면을 다듬는 줄의 가능성이 크다(總社市教育委員會 1965).

한편 고구려 장군총 남측의 적토에서 출토된 철제품에서도 유사한 철 가공기술을 확인할 수 있다(吉林省文物考古研究所·集安市博物館 2004). '철련(鐵鏈)'으로 보고된 이 철사슬에는 '조육(條六)'과 '□二(이)'로 추정되는 문자가 새겨져 있다(그림 4-11-1). 새겨진 홈 사이로 금·은선을 집어넣고 고정하면 상감문자라고 해도 무방하다. 문자의 획이 비교적 직선적이라는 점에서 칠지도 계통에 속하는 합인조끌이 사용되었을 가능성이 크다. 장군총이 광개토대왕 혹은 장수왕의 무덤이라면 고구려에도 5세기에 이미 상감과 동일한 역사적 수준의 철 가공기술이 존재한 셈이 된다. 앞으로 고구려지역에서 유사한 철 가공기술을 확인할 수 있는 사례는 증가할 것이다.

이상과 같이 담금질한 강철제의 끌로 철제품의 표면에 홈을 가공하는 기술에 주목하면 상감대도, 선각철촉, 줄과 같이 서로 다른 기능을 지닌 철제품 사이에 강한 기술적 연관성을 인정할 수 있다. 위에서 언급한 철제품을 모두 단일 계통으로 단정할 수는 없지만 적어도 철제품의 홈 가공이라는 점에 관해서는 철기 제작자 사이에 끌의 제작기술과 같은 유사한 지식체계가 공유된 것으로 생각된다. 늦어도 5세기에는 상감기술과 동일한 수준의 철 가공기술을 보유한 공인이 한반도와 일본열도 전역에 걸쳐 존재하였을 것이다. 이처럼 넓은 범위에 걸쳐 확인되는 철 가공기술은 소수이기는 하나 이미 4세기대 유물에서 확인되는 사례가 있다. 4세기 후엽으로 비정되는 부산 가동II-43호 목곽묘 출토 종장판갑의 지판에는 집선문, 와문과 같은 기하학문이 전면에 새겨져 있다(그림 4-11-4). 4세기 중엽으로 비정되는 부산 복천동86호분 출토 종장판갑에도 간소한 선문이 새겨져 있다. 갑주 제작 공인은 이미 철제 표면에 홈을 가공하는 기술을 보유하고 있었을 것이다. 이외에 고훈시대 전기로 비정되는 야마

12 즈이안(隨庵)고분에서는 꺾쇠도 출토되어 한반도와 관련이 깊다(亀田修一 2000).

나시현(山梨縣) 오마루야마(大丸山)고분에서 원문, 평행선문, 격자문이 새겨진 철제 자귀가 출토되었다(그림 4-11-5). 끌을 사용하여 철제품의 표면에 문양을 표현하는 기술은 상감기술과 동일하다. 고훈시대 전기에는 철제 자귀를 제작할 수 있는 기술이 일본열도에 없었으므로 한반도에서 유입되었거나 한반도계 공인에 의해 일본열도에서 제작된 것으로 보인다(宮澤公雄 1989: 79).

이처럼 5세기대 넓은 지역에서 확인되는 철 가공기술은 이미 4세기에 한반도제 철제품에서 확인할 수 있다. 다만 이러한 철 가공기술이 확인된 사례는 위에서 언급한 갑주와 철제 자귀 이외에 아직 보고된 사례가 없다. 따라서 현재까지 자료로 보는 한 갑주와 농공구를 제작했던 단야공인의 철 가공기술이 한반도와 일본열도 전역으로 확산된 것은 5세기 이후였을 가능성이 크다. 특히 상감기술이 대부분 철제대도에서 확인되므로 철 가공기술은 주로 무기 제작공인이 보유한 기술 중 하나였을 것이다. 이후 철 가공기술이 선각철촉, 종장판갑, 줄, 철부, 철련에서 확인되므로 무기 제작공인이 보유한 철 가공기술은 단야구와 농공구, 갑주를 제작하는 공인에게도 점차 공유되어 나간 것으로 추정된다.

그렇다면 4세기에 처음으로 등장한 철 가공기술이 5세기대 한반도와 일본열도로 단시간 내에 확산될 수 있었던 배경은 무엇일까? 한일교섭을 실질적으로 담당한 것으로 생각되는 공인들의 모습을 구체적으로 추정해보자.

2) 공인 네트워크와 한일교섭

이와 관련해 공인 네트워크라는 개념은 흥미롭다. 스즈키 쓰토무는 복원실험을 실시하여 철제품의 표면에 원문(圓文)을 새기기 위해서는 끌의 선단이 원호상을 띤 특수한 합인조끌이 필요하다고 보았다. 그리고 이 특수한 끌을 사용하여 홈을 가공한 상감대도와 금공품이 한 고분 내에서 공반되며 그러한 고분이 교토부 고쿠즈카고분, 구마모토현 에타후나야마고분, 사이타마현 이나리야마고분 등 전국에서 확인되는 현상을 '(도래계) 공인 네트워크'라는 개념으로 설명하였다(鈴木勉 2014a). 특수한 조각끌을 소유한 백제 및 가야의 도래계 공인들이 기나이왕권의 규제와 간섭에 상관없이 자신들이 구축한 네트워크를 이용하여 일본열도 내에서 상감대도와 금공품을 자체 제작한 것으로 파악한 것이다.

고훈시대 중기에 출토된 이식, 대장식구, 식리와 같은 금공품은 한반도에서 완제품이 이입되었을 가능성도 있으므로 특수한 공구의 사용이 제작지를 추정하는 결정적인 근거가 될 수 있는가에 대해서는 별도의 논의가 필요하다. 다만 공인들이 스스로 구축한 네트워크를 이용하여 한반도와 일본열도 각지에서 제품을 생산하였을 것이라는 가설은 한일교섭을 담당하였던 공인의 모습을 구체적으로 그려보는 데 매우 시사적이다.

5세기를 즈음하여 한반도와 일본열도에 동시다발적으로 상감제품이 등장하고 홈의 가공으로 보아 동일한 역사적 수준으로 평가할 수 있는 선각철촉, 종장판갑, 줄, 철련, 철부가 각지에서 제작될 수 있었던 것은 철을 가공하는 데 필요한 전문 지식이 한·일에 걸쳐 넓게 형성된 공인 네트워크를 이용하여 서로 공유되었기 때문에 가능했던 것은 아닐까?

그러한 광역의 공인 네트워크가 형성될 수 있었던 계기를 상감유물의 분석만으로 알기는 매우 어렵다. 당시 국제정세를 감안한다면 장수왕의 남진(南進)정책에 대비한 백제, 가야, 신라, 왜의 공동연합전선, 혹은 동맹과 같은 빈번한 교류가 공인 네트워크를 형성하게 된 배경 중 하나였을 것이다.

제6절 맺음말

삼국·고훈시대 한일교섭에 관한 연구는 다방면에 걸쳐 이루어졌다. 그러나 출토지가 곧 제작지라는 것을 증명하지 않은 채 출토지와 출토지를 선으로 잇는 지역 간 교섭론은 당시의 실태를 반영하지 않을 위험성을 품고 있다(諫早直人 2012: 9). 새로운 교섭론의 관점을 제시하고자 본장에서는 삼국·고훈시대의 철 가공기술에 주목하였다. 대표적인 기술이 상감이다.

일견 간단해 보이는 상감의 홈 가공에는 다양한 전제 조건이 필요하다. 특히 홈 가공에 필요한 공구는 공인의 기술 계통으로 환치할 수 있다. 홈의 가공기술을 중심으로 삼국시대 상감유물을 분석한 결과 백제에 크게 두 가지의 상감기술 계통이 존재하며 이 기술이 인접한 가야와 신라, 그리고 왜까지 전파된 것으로 생각된다.

고훈시대 중기 일본열도에서 출토된 상감대도는 한반도 출토품과 기술적으로 관련이 깊어 완제품이 이입되었을 것이다. 특히 기나이에서 제작되어 지방으로 하사된 것으로 여겨진 명문대도의 상감에는 한반도계 공인이 참여하였을 가능성이 크므로 제작지를 판단하는 데는 좀 더 신중할 필요가 있다.

철의 가공기술에 주목하면 상감과 동일한 수준의 철 가공기술은 한반도와 일본열도 각지에 동시다발적으로 등장한다. 선각철촉, 철부, 끌, 철련, 종장판갑에서 철 가공기술이 확인되는데 그 시기는 대략 5세기이다. 이러한 현상은 한·일에 걸쳐 형성된 공인 네트워크를 이용하여 철제끌과 같은 전용 공구를 공인들이 공유했으므로 가능하였을 것이다.

참고문헌

국문

權香阿, 2000, 「三國時代 金屬遺物의 線彫技法 樣相 —蹴彫技法을 중심으로—」, 『文物研究』 4.

김길식, 2004, 「백제의 무기」, 『백제 문화의 특성 연구』, 서경문화사.

김낙중, 2014, 「가야계 환두대도와 백제」, 『百濟文化』 第50輯.

김도영, 2014, 「三國時代 龍鳳文環頭大刀의 系譜와 技術 傳播」, 『中央考古研究』第14號.

김승옥·이보람, 2011, 「原三國~三國時代 鍛冶具 研究 —完州 上雲里遺蹟을 中心으로—」, 『중앙고고연구』 제9호.

김우대, 2011, 「製作技法을 中心으로 본 百濟·加耶의 裝飾大刀」, 『嶺南考古學』 59號.

金宇大, 2012, 「韓半島出土圓頭·圭頭大刀의 系譜」, 『義城 大里里二號墳II —B봉토·주변유구·A-5호』, 경상북도문화재연구원.

鈴木勉, 2015a, 「고대 일본의 상감기술」, 『한국의 고대 상감 큰 칼에 아로새긴 최고의 기술』, 국립공주박물관.

鈴木勉, 2015b, 「일본 고대 상감기술의 기원과 전개」, 『한국의 고대 상감 큰 칼에 아로새긴 최고의 기술』, 국립공주박물관.

신동조, 2013, 「초기철기시대~삼국시대 울산지역 철제품의 유통」, 『蔚山 鐵 文化』, 울산박물관.

李午熹, 1988, 「古墳出土 鐵製遺物의 象嵌表出方法과 保存處理 —鐵刀를 中心으로—」, 『保存科學研究』 9.

李午熹, 1996, 「古代鐵製의 象嵌技法 및 材質에 대한 科學的 연구」, 『湖巖美術館研究論文集』1號.

李午熹·金邱軍, 1992, 『三國時代의 鐵製象嵌技法에 관한 科學的 研究』, 韓國文化財研究所.

李午熹·金壽起·梁必承·, 鄭起正, 1989, 「玉田古墳群 出土 環頭大刀의 科學的 保存復元」, 『保存科學研究』 10.

이오희·강창구, 2003, 「鐵製銀象嵌魚龍紋環頭大刀 및 鐵製銀象嵌星雲紋小刀의 科學的 保存處理 —新出 象嵌文樣 발견과 기법에 대해—」, 『湖巖美術館研究論文集』 6號.

李漢祥, 2004, 「三國時代 環頭大刀의 製作과 所有方式」, 『韓國古代史研究』 36.

이한상, 2010, 「大加耶의 성장과 龍鳳紋大刀文化」, 『新羅史學報』 18.

林志暎, 2006, 「금속 상감선 제작기법」, 『石軒 鄭澄元教授 停年退任紀念論叢』, 釜山考古學研究會·論叢刊行委員會.

임지영, 2016, 「고대 금속상감에 관한 시론」, 『考古廣場』 第18號.

전용일, 2006, 『금속공예기법』, 미술문화.

최기은, 2015, 「백제 상감 기술의 제작기법과 그 특징」, 『한국의 고대 상감 —큰 칼에 아로새긴 최고의 기술』, 국립공주박물관.

崔種圭, 1992, 「濟羅耶의 文物交流 —百濟金工II—」, 『百濟研究』 第23輯.

韓永熙·李相洙, 1990, 「昌寧 校洞 11號墳 出土 有銘圓頭大刀」, 『考古學誌』 第2輯.

중문

吉林省文物考古研究所·集安市博物館, 2004,『集安高句麗王陵—1990~2003年集安高句麗王陵調查報告—』, 文物出版社.

일문

諫早直人, 2012,『東北アジアにおける騎馬文化の考古學的研究』, 雄山閣.

岡本健一, 1984,「埼玉稲荷山古墳」,『古墳時代I』, 日本の遺跡發掘物語5, 社會思想社.

古谷毅, 1993,「銘文の観察」,『江田船山古墳出土 國寶 銀象嵌銘大刀』, 吉川弘文館.

高濱秀, 2003,「金銀象嵌筒形金具」,『世界美術大全集 秦·漢』, 小學館.

高田貫太, 2014,『古墳時代の日朝關係』, 吉川弘文館.

橋本博文, 1986,「金銀象嵌裝飾圓頭大刀の編年—龜甲繫鳳凰文·花文系列を中心として」,『考古學ジャーナル』, 266.

橋本博文, 1990,「白練の利刀を賜う」,『古墳時代の工藝』, 古代史復元7, 講談社.

橋本博文, 1993,「龜甲繫鳳凰文象嵌大刀再考」,『翔古論聚—久保哲三先生追悼論文集—』, 久保哲三先生追悼論文集刊行會.

橋本英將, 2011,「大之越古墳出土の環頭大刀について」,『出羽國成立以前の山形—山形と東北大學所藏重要考古資料—』, 山形縣立博物館.

橋本英將, 2013,「裝飾大刀」,『副葬品の型式と編年』, 古墳時代の考古學4, 同成社.

宮澤公雄, 1989,「鐵製柄付手斧について」,『帝京大學山梨文化財研究所研究報告』第1集.

金宇大, 2017,『金工品から讀む古代朝鮮と倭』, 京都大學學術出版部.

大谷宏治, 2008,「原分古墳出土刀劍類の復元と被葬者の性格」,『原分古墳』, 静岡縣埋葬文化材調查研究所調查報告 第184集.

大谷宏治, 2011,「象嵌裝大刀の變遷 —円頭·頭椎·圭頭大刀を中心に—」,『考古學ジャ-ナル』616.

大谷宏治, 2012,「象嵌裝大刀の拵えについて」,『馬越長火塚古墳群』, 豊橋市埋葬文化財調查報告書 第120集.

桃崎祐輔, 2005,「七支刀の金象嵌技術にみる中國尙方の影響」,『文化財と技術』第4號.

藤部明生·鈴木勉, 1998,『古代の技-藤ノ木古墳の馬具は語る』, 吉川弘文館.

鈴木勉, 1998,「古代史における技術移轉試論I—技術評價のための基礎概念と技術移轉形態の分類—金工技術を中心として)」,『橿原考古學研究所論集』第13.

鈴木勉, 2005,「古墳時代の鐵事情から見た象嵌技術」,『文化財と技術』第4號.

鈴木勉, 2006,「象嵌技術から見える古代の鐵技術」,『復元七支刀—古代東アジアの鐵·象嵌·文字—』, 雄山閣.

鈴木勉, 2014a,「九州の円弧狀なめくりたがねと(渡來系)工人ネットワーク」,『文化財と技術』第6號.

鈴木勉, 2014b, 「金工技術からみた南北朝·百濟·倭の交涉—百濟金銅大香爐·藤ノ木古墳出土馬具をめぐる技術移轉—」, 『文化財と技術』 第6號.

鈴木勉·河內國平, 2006, 『復元七支刀—古代東アジアの鐵·象嵌·文字—』, 雄山閣.

鈴木敏則, 1986, 「静岡縣內の象嵌文」, 『四ッ池古墳群』, 横松市文化協會, 41-47쪽.

鈴木一有, 2012, 「線刻鐵鏃の系譜」, 『國立歷史民俗博物館研究報告』 第173集.

鈴木靖民, 2002, 「倭國と東アジア」, 『倭國と東アジア』, 吉川弘文館.

瀧瀬芳之, 1984, 「円頭·圭頭·方頭大刀について」, 『日本古代文化研究』 創刊號.

瀧瀬芳之, 1986, 「円頭大刀·圭頭大刀の編年と佩用者の性格」, 『考古學ジャーナル』 266.

瀧瀬芳之·野中仁, 1996, 「埼玉縣內出土象嵌遺物の研究—埼玉縣の象嵌裝大刀—」, 『研究紀要』 第12號.

尾崎誠, 2002, 「消し象嵌技法に關する復元實驗的研究」, 『元興寺文化財研究所研究報告2001』, 元興寺文化財研究所.

尾崎誠, 2005, 「銀錯貼金環頭大刀の科學的調査」『開館記念特別展 宮山古墳』, 姬路市埋葬文化財センター.

白石太一郎, 2000a, 『古墳とヤマト政權』, 文藝春秋.

白石太一郎, 2000b, 『古墳の語る古代史』, 岩波現代文庫.

福山敏男, 1996, 「石上神宮七支刀の銘文」, 『石上神宮七支刀銘文圖錄』, 吉川廣文館.

西山要一, 1981, 「X線透過試驗による古墳時代刀劍の調査—素環頭大刀と象嵌のある刀裝具について—」, 『科學研究科「一般研究(B)」出土遺物·民俗文化財へのX線透過試驗の適用』, (財)元興寺文化財研究所保存科學研究室.

西山要一, 1986, 「古墳時代の象嵌」, 『考古學雜誌』 第72券 第1號.

西山要一, 1990, 「稲荷山古墳鐵劍象嵌銘の發見」, 『古墳時代の工藝』, 古代史復元7, 講談社.

西山要一, 1996, 「文字の書かれた大刀—象嵌銘文大刀」, 『考古學と自然科學』 第31·32號.

西山要一, 1999, 「東アジアの古代象嵌銘文大刀」, 『文化財學報』 第17集.

西山要一, 2003, 「象嵌—古墳時代の金工技術(2)—」, 『考古資料大觀』7.

市原市教育委員會, 1988, 『「王賜」銘鐵劍旣報 千葉縣市原市稲荷台1號墳出土』.

岩原剛, 2002, 「北長尾3號墳出土の象嵌裝大刀-三河における古墳出土遺物の研究(II)-」, 『豊橋市美術博物館研究紀要』11號.

永嶋正春, 2005, 「在銘鐵劍·銅印—その調査と保存活用について—」, 『出土文字資料の新展開』, 歷史研究の最前線4, 總研大日本歷史研究專攻·國立歷史民族博物館.

苅山信行, 1993, 『やすり讀本』, ニュックス.

乙益重隆, 1978, 「シンポジウム稲荷山古墳出土の鐵劍銘をめぐって」, 『國學院大學學報』 236.

田中勇·中野政樹, 1982, 「第4章第1節 象嵌について」, 『埼玉稲荷山古墳辛亥銘鐵劍修理報告書』, 埼玉縣教育委員會.

町田章, 1984,「鐵に象嵌」,『鐵の文化史』, 東洋經濟新報社.

町田章, 1987,「岡田山1號墳の儀仗大刀についての檢討」,『出雲岡田山古墳』, 島根縣教育委員會.

早乙女雅博・東野治之, 1990,「朝鮮半島出土の有銘環頭大刀」,『MUSEUM』No. 467.

佐藤長門, 2004,「有名刀劍の下賜・顯彰」,『文字と古代日本I』, 吉川弘文館.

村岡泰子・關邦一・德江秀夫, 1998,「邑樂町松本23號古墳出土の象嵌裝大刀」,『研究紀要』15.

村上英之助, 1978,「考古學から見た七支刀の製作年代」,『考古學研究』第25卷第3號.

總社市教育委員會, 1965,『隨庵古墳』.

坂本美夫, 1979,「毛彫馬具の予察」,『甲斐考古』16-2.

坂靖, 2012,「複合工房」,『時代を支えた生産と技術』, 古墳時代の考古學5, 同成社.

平川南, 1988,「銘文の解讀と意義」,『「王賜」銘鐵劍旣報』, 吉川弘文館.

平川南, 2000,『墨書土器の研究』, 吉川弘文館.

豊島直博, 2001,「古墳時代後期における直刀の生産と流通 - 近畿地方を中心に - 」,『考古學研究』第48券 第2號

穴澤咊光・馬目順一, 2002,「出羽出土の韓半島系環頭大刀」,『清溪史學』16・17.

穴澤咊光・馬目順一・今津節生, 1989,「會津大塚山古墳出土の鐵製三葉環頭大刀について」,『福島考古』第30號.

横田義章, 1985,「古墳時代の象嵌文様—九州の諸例紹介を中心に—」,『九州歴史資料館研究論論集』第10號.

제5장

원삼국(原三國)~삼국시대(三國時代) 철제도검(鐵製刀劍)의 제작기술(製作技術)과 그 의미(意味)

제1절 머리말

철제도검(鐵製刀劍)이 동아시아에서 제작, 사용된 것은 중국 춘추전국시대부터이다. '와신상담'의 배경이 된 '월왕구천검'은 비록 춘추시대의 동검(銅劍)이기는 하나 아직도 날이 시퍼렇게 살아있는 명검으로 유명하다. 중원의 영향을 받은 한반도와 일본열도에서는 서력기원을 전후한 시기가 되면 동검을 대신하여 철제의 도검이 제작된다. 본장에서는 원삼국시대부터 삼국시대에 걸쳐 한반도 중남부에서 출토되는 철제도검의 제작기술에 주목하고 당시 철기 제작 기술 수준을 가늠해보고자 한다.

논지의 전개 순서는 다음과 같다. 우선 제2절에서는 원삼국~삼국시대에 출토된 철제도검의 연구사를 검토한 후 제작기술 연구의 필요성을 제기한다. 다음 제3절에서는 도신(刀身)의 제작 과정을 소개하고 특히 주목해야 할 몇 가지 공정과 그 함의에 대해 살펴본다. 제4절에서는 원삼국~삼국시대 무덤에서 출토된 철제도검, 그리고 관련된 고고자료의 의미에 대해 검토한다.

제2절 연구사 검토 및 문제 제기

1) 연구사 검토

원삼국~삼국시대 철제도검에 관한 연구 경향은 아래와 같이 나누어 볼 수 있다.

2) 도검의 변천과 의미

우선 도검의 변천과 의미에 관한 연구이다. 이 연구에서는 백제·마한권과 중서부·호남지방(金性泰 1996; 김신혜 2009; 金永熙 2008; 成正鏞 2000; 우재병 2008; 이보람 2009; 李炫政 2007), 영남지방(李盛周 1997; 이현주 2006; 임영희 2011) 등 특정 지역(정치체)의 고분에서 출토된 도검을 분석하여 계보와 변천 과정 및 지역성, 무기 생산체제, 교역 등을 밝히고자 하였다. 대부분의 연구는 형식학적 분석을 통해 도검의 시·공적 변천 과정을 검토하고 그 배경을 특정 지역 사회의 형성과 발전, 쇠퇴와 관련지어 역사적인 해석을 시도한다. 화려한 귀금속으로 제작된 삼국시대의 장식대도와 달리 철제도검은 대부분 녹슨 채 발견되므로 분석 방법은 장식대도나 다른 철기에 비하여 제한적이다. 주로 도·검신의 전장, 경부 길이, 관부 형태, 경부 비율

(경부/신부 너비), 병부와 도·검신의 결합방법, 환두와 경부 결합방법과 같은 형태적 속성에 주목하여 형식을 분류하고 그 변천 과정과 역사적 배경을 함께 서술한다.

3) 위계 및 군사조직 복원

최근 연구 경향으로 도검과 공반된 철기 조합상을 분석하여 일정 지역 또는 특정 유적 내에 축조된 분묘의 위계를 설정하는 연구를 들 수 있다(윤온식 2016; 장기명 2014). 철제도검은 주로 상위의 고분에서 한정되므로 비교적 높은 지위의 사람이 소유한 기물로 판단하는 경향이 강하다. 이외에 대도의 부장양상에 주목하여 특정 정치체(가야)를 몇 개의 지배자 계층으로 이루어진 것으로 보거나(李柱憲 1994) 철제도검을 포함한 무기의 조합상을 분석하여 당시의 군사조직을 복원하기도 한다(李賢珠 2002). 이상의 연구들은 철제도검 자체에 관한 분석이라기보다는 도검의 부장양상이나 철기의 조합상에 주목한다는 점이 유사하다.

4) 문제 제기

지금까지 진행된 철제도검과 관련된 연구의 검토를 통해 아래와 같은 문제를 제기할 수 있다. 우선 철제도검의 형식학적 분석 결과를 당시의 철기 생산체제나 정치체와 관련지어 해석할 때 주의가 필요하다. 예를 들어 형식학적으로 유사한 형태의 철제도검이 일정 지역 내에서 지속해서 발견될 경우 철제도검을 전문적으로 제작하는 관영 제작 집단을 상정하고 이 집단이 무기를 생산한 후 일정 지역 내에 유통한 것으로 해석한다. 혹은 대도의 규격이 일정해지는 현상을 무기의 대량 소비와 관련짓고 전쟁의 빈번화, 생산 공정의 획일화를 상정하기도 한다(이현주 2006). 이외에 다양한 형식의 환두대도가 일정 지역 내에 분포하는 현상에 대해서는 특정 정치체(백제)가 다른 정치체(마한)를 통합하는 과정에서 일어난 결과로 이해하기도 한다(이보람 2009). 이같은 해석은 철제도검에도 당시의 금공품과 같이 위세적인 성격이 강하게 반영되었으며 철제도검이 특정 집단에 의해 제작, 유통, 사용, 폐기된 것이라는 인식을 전제로 한다.

이상의 연구 결과는 다수의 철기를 형식학적으로 분석하여 도출한 결론인 만큼 일면 설득력 있는 가설임이 틀림없다. 다만 원삼국시대 영남 전역에서 확인되는 철검이라든지 삼국시대 한반도 전역에서 출토되는 단야구의 분포로 보아 철제도검을 특정 관영 제작 집단에서 통제하면서 생산하였을 것이라는 가정에는 다소 의문의 여지도 남아 있다. 철제도검을 만든 공방이 직접 발견되지 않는 한 구체적인 추론은 불가능하겠으나 이미 원삼국~삼국시대 지방에서 생산되었을 것으로 생각되는 금공품, 철기 등의 금속제품(西幸子 2018; 이현정·류진아 2011)을 고려하면 '특정 집단에 의한 철제도검의 제작, 유통, 사용, 폐기'는 현재까지 보고된 도검자료로 보아 설득력 있게 주장하기 어려워 보인다.

이상과 같이 형식학적 분석과 정치적인 해석을 시도하기 위한 기초 작업으로 앞으로는 특정 철기를 완성하는데 필요한 '제작기술'과 같은, 가능한 한 현실적이고 구체적인 연구가 필요하지 않을까 한다. 또 철기를 제작하는 데 필요한 전문지식은 무기, 농공구, 마구 등 기종에 한정되지 않고 적용되므로 '제작기술'이라는 점에 착안한다면 철제도검의 의미만이 아니라 무기, 무구, 농공구 등 기종을 횡단(橫斷)하는 철기제작기술 연구도 가능하다.

그러나 당시에 철제도검을 어떻게 제작했는지에 관한 고고학적 연구는 거의 없다고 해도 과언이 아니다. 금속학적 분석 결과를 제시하여 단야 기술체계를 복원하거나(박장식 2003; 박장식·이성준 2003; 신경환 외 2012; 정영상 2009; 조현경 2015) 환두대도를 복원하는 과정에서 도신의 제작 공정이 간단히 소개되기는 하였으나(정광용·이현상 2006; 한정욱 2015) 철제도검이 무언가를 자르고 찌르기 위한 목적의 무기라는 점을 고려한다면 제작 공정을 그렇게 단순하게 상정하는 것은 곤란하다. 후술하듯이 철제도검이 제 기능을 제대로 발휘하기 위해서는 공인(工人)이 철과 관련된 다양한 전문지식을 갖추어야 하므로 고분에서 출토된 도검 관련 고고자료의 의미를 제작기술이라는 관점에서 재해석해 볼 필요가 있다. 이상과 같은 문제의식을 바탕으로 본장에서는 원삼국~삼국시대에 제작된 철제도검의 제작기술에 주목하고 그 의미에 대해서 살펴보도록 하겠다.

제3절 도검의 제작 과정과 그 함의

제3절에서는 제2장에서 언급한 도신의 복원 제작 과정을 다시 한번 살펴보고 특히 주목해야 할 몇 가지 공정과 그 의미에 대해 생각해보고자 한다.

철제도검의 제작방식을 살펴보기에 앞서 원삼국~삼국시대 도검의 제작기술을 살펴보는데 일본도의 전통 제작기술을 참고하여도 무방한가라는 의문을 제기하는 혹자가 있을지 모르겠다. 그러나 전통적인 일본도 제작방식이 고훈시대 도검의 제작방식과 흡사한 점(石井昌國·佐々木稔 1995; 俵国一 1953), 또 고훈시대 도검이 백제, 신라, 가야 등 한반도로부터 건너간 도래계 공인의 기술이전에 의해 제작되었을 가능성이 큰 점을 고려하면 원삼국~삼국시대 도검의 제작기술을 유추하는데 현대의 일본도 제작방식은 참고해야 할 사항이 많다.

1) 도신(刀身)의 제작 과정

도신의 제작 과정은 ①심금(心金) 제작 ②피금(皮金) 제작 ③철괴 늘이기 ④칼끝 제작 ⑤날 제작 ⑥열처리(풀림, 담금질, 뜨임) ⑦연마 순으로 정리할 수 있다(**그림 5-1, 그림 2-22 참조**).

(1) 심금 제작

심금은 도신의 등 혹은 중심부에 배치하는 연철로 타격 시 충격을 흡수하는 역할을 한다. 따라서 피금보다 탄소량이 적은 저탄소강(탄소량 0.2% 이하)을 이용하며 피금으로 감싸기 알맞은 형태로 단조한다.

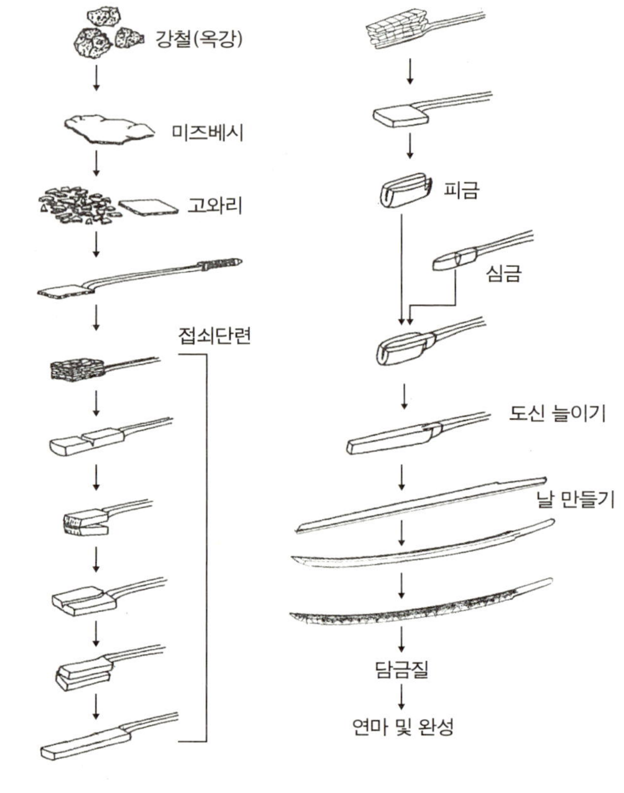

그림 5-1 도신의 제작 과정

(2) 피금 제작

피금은 담금질을 통해 경도가 높아지는 고탄소강(0.5~1.0%)으로 제작한다. 여러 개의 강철제 철괴를 겹쳐 접쇠단련한 후 심금를 감쌀 수 있도록 넓은 판 형상으로 제작한다. 미리 만들어 둔 심금을 피금으로 감싸 도신 외부에 고탄소의 피금이, 도신 내부에 저탄소의 심금이 오도록 배치하여 철괴를 완성한다.

(3) 철괴 늘이기

심금과 피금을 합친 철괴를 도신 형태로 길게 단조하여 늘인다. 늘인 철괴의 단면은 장방형이다.

(4) 칼끝 제작

철괴 늘이기가 끝나면 도신 끝을 칼끝과 형태로 뾰족하게 단조한다.

(5) 날 제작

칼끝 제작이 완료된 단면 방형의 철봉을 단면 이등변삼각형으로 만들어 도신 형태를 완성한다.

(6) 열처리

도신의 형태가 완성되면 무기로서 기능할 수 있도록 열처리를 실시한다. 열처리는 풀림, 담금질, 뜨임 순으로 진행된다.

① 풀림

풀림이란 철괴 늘이기, 날 제작 과정에서 도신에 여러 차례 가해진 열로 인해 내부 조직이 불균일한 도신을 높은 온도로 가열한 후 천천히 식혀 도신의 조직을 전체적으로 균일하고 부드럽게 하는 작업을 말한다. 풀림은 단야로 속에서 충분히 가열한 도신을 막 태운 볏짚재 속에 오랫동안 방치하여 실시한다. 볏짚재는 오랫동안 고온을 유지하기 때문에 가열한 도신 역시 그 속에서 고온 상태가 유지되며 그동안 철의 조직이 균일해진다.

② 담금질

풀림 작업이 끝나면 도신의 제작 과정에서 가장 중요한 담금질을 실시한다. 담금질하기 전에 특별히 제작한 점토를 도신에 바른다. 점토는 고운 진흙과 목탄 가루, 지석 가루를 섞은 것인데 도신의 부위에 따라 점토를 바르는 양이 다른 점에 주의할 필요가 있다. 즉 날 부위에는 점토를 매우 얇게 바르지만, 등 부위에는 점토를 두껍게 바른다.

점토를 바른 후 잘 건조한 도신을 본격적으로 담금질한다. 담금질은 도신의 경도를 높이기 위한 목적으로 변태점 이상의 온도로 가열한 도신을 물속에 넣어 급랭시키는 열처리 작업을 말한다. 도신을 제작하는데 가장 중요한 공정이라 할 수 있다. 도신을 약 780~830℃로 가열한 후 미리 준비해 두었던 물속으로 순식간에 넣어 급랭시킨다. 이 순간, 점토를 얇게 바른 고탄소강의 날 부위에는 마르텐사이트라고 하는 단단한 조직이 생기면서 경도가 높아지지만 점토를 두껍게 바른 저탄소강의 등 부위는 날에 비해 부드러운 철조직이 그대로 남아 있게 된다. 담금질을 마친 후 도신의 날 부위만 색이 변한 것도 그 부위만 경도가 높아졌기 때문이다.

또 담금질을 마친 도신은 크게 외반하거나 좌우로 휘어진다. 도신이 휘어진 이유는 가열한 도신을 물속에 넣는 순간, 고탄소강인 날 부위에서 마르텐사이트 조직이 생기면서 팽창하는 반면 저탄소강인 도신의 등 부위는 팽창하지 않기 때문이다.

③ 뜨임

담금질을 마친 도신은 전체적으로 경도가 높아지나 동시에 강한 충격에 부러지기 쉬워 무기로서 적합하지 않다. 이런 성질을 보완하기 위해 담금질한 도신을 재가열하여 도신에 전체적으로 인성(靭性)을 지니게 하는데 이 과정을 뜨임이라고 한다. 뜨임은 담금질보다 훨씬 낮은 200~250℃로 가열한 후 급랭하여 실시한다.

(7) 연마 및 완성

열처리가 끝난 도신을 연마하여 최종적으로 완성한다.

2) 도검 제작기술의 함의

위에서 살펴본 도신의 제작 과정에서 심금·피금의 제작과 열처리에 주목하고 그 함의에 대해 살펴보고자 한다.

(1) 탄소량에 따른 철의 분별

일본도가 강인하면서도 부러지지 않는 이유는 도신의 내부에 무른 철(심금), 도신의 외부에 단단한 철(피금)을 배치하였기 때문이다. 한 마디로 철이라고 하더라도 심금와 피금의 경도가 전혀 다른 이유는 각각에 포함된 탄소량의 차이 때문이다. 철은 탄소량에 따라 크게 연철(순철), 강철, 주철로 나뉘는데[1] 이 가운데 철제도검과 같이 높은 경도를 요구하는 철기의 날 부위(피금)에는 반드시 강철을, 그리고 그 내부(심금)에는 연철을 사용해야 한다. 이러한 도신의 구조 덕분에 대상물에게 큰 타격을 가하면서 도신에 가해진 충격을 흡수하므로 부러지지 않는 것이다.

그림 5-2-1에서 알 수 있듯이 담금질 효과는 강철에서 극대화되므로 철제도검의 날 부위에는 반드시 강철을 사용해야만 이기(利器)로서 가치를 지닐 수 있게 된다. 즉, 도검을 제작하기 위한 기초적 작업 중 하나가 탄소량에 따라 철을 미리 분리해두는 것이다. 문제는 제련과정을 통해 얻은 괴련철 내에는 강철만이 아니라 연철과 주철도 함께 섞여 있다는 것이

1 통상 연철은 탄소량 0~0.2%, 강철은 탄소량 0.2~2%, 주철은 탄소량 2~4%로 구분한다.

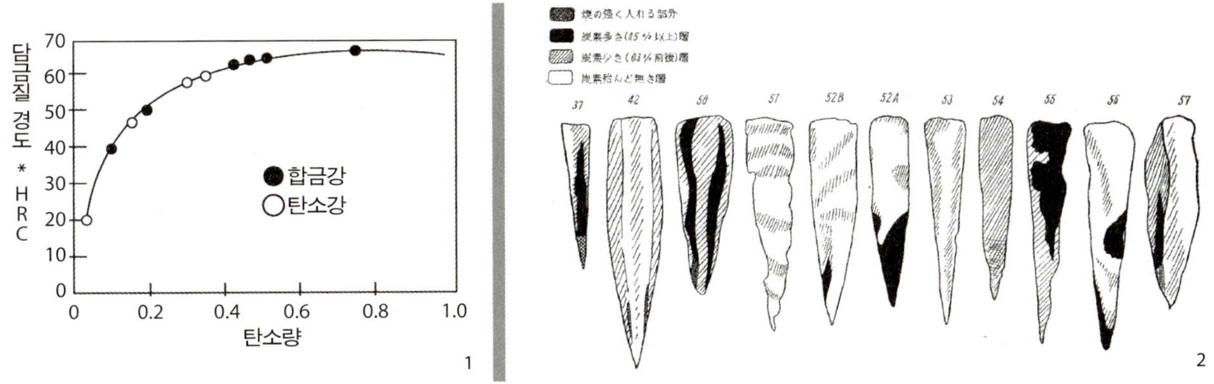

그림 5-2 강의 탄소와 담금질 후 경도의 상관관계(1 : 洪英煥 1996: 60)와 고훈시대 출토 철제 대도의 탄소 분포(2 : 俵國一 1953: 416)

다. 따라서 별도의 공정을 거쳐 괴련철 속에 포함된 강철을 분리해 내야 한다.[2] 이처럼 강철을 분리하거나 연철, 주철의 탄소량을 조절하여 강철로 만드는 것을 제강법이라고 한다(제3장 참조).

원삼국~삼국시대의 대도 제작 공인들이 실제로 탄소량에 따른 철소재를 미리 분리해두었는지는 고고자료만으로 증명하기 어렵다. 다만 한반도로부터 건너간 도래인의 기술이전에 의해 제작되었을 가능성이 큰 고훈시대 도검에 다양한 탄소량의 철소재가 혼용된 것을 고려한다면(그림 5-2-1) 원삼국~삼국시대의 대도 제작 공인 역시 이미 탄소량에 따라 철소재를 분별할 수 있는 기술을 소유하였을 가능성은 충분하다.

2 철의 탄소량을 판단하기 위한 작업으로 일본도 제작 공정 중 하나인 미즈베시(水減し)와 고와리(小割り)에 주목해 볼 수 있다. 미즈베시는 제련된 철을 충분히 가열하여 반용해 상태가 되었을 때 단조하여 두께 3~6mm의 얇은 철판으로 만든 뒤, 이 철판이 식기 전 순식간에 물속으로 집어넣는 공정을 말한다. 이때 철 속에 탄소량이 많은 부분은 경도가 커져 소리를 내며 자연적으로 부서지지만, 탄소량이 적은 부분은 경도상의 큰 변화가 없으므로 부서지지 않는다. 한편, 고와리는 미즈베시를 거쳤음에도 부러지지 않은 얇은 철판을 모루 위에 두고 망치로 부수는 작업을 말한다. 이때 탄소량이 적은 부분은 경도가 낮아 부드러우므로 망치로 두드려도 깨지지 않지만, 탄소량이 많은 부분은 앞서 미즈베시 작업으로 인해 경도가 증가하여 작은 충격에도 쉽게 깨진다. 결국, 철판을 망치로 때렸을 때, 잘게 깨지는 부분은 탄소량이 많은 철, 깨지지 않은 부분은 탄소량이 적은 철이다(제2장 참조). 이상과 같이 미즈베시와 고와리 과정을 거쳐 철을 탄소량에 따라 분류할 수 있다. 불꽃 시험법과 같은 철 탄소량 판단 방법이 없던 원삼국~삼국시대의 철기제작 공인들이 실제로 어떤 방법을 사용하여 철의 탄소량을 구분하였는지는 현재 남은 고고자료만으로 알 수 없다. 다만 매우 참고할만한 방법 가운데 하나가 미즈베시와 고와리인 것만은 분명하다.

(2) 열처리

철제도검의 열처리는 크게 풀림, 담금질, 뜨임으로 나뉜다. 이 가운데 도검의 기능을 좌우하는 담금질은 강철제 도신의 경도를 높이기 위한 열처리 과정으로 변태점 이상의 온도로 가열한 도신을 물속에 넣어 급랭시키는 작업을 말한다. 급랭되면서 강철 내부에 마르텐사이트라고 하는 단단한 조직이 생겨난다. 철제도검이 단단한 날을 갖춘 무기로서 기능을 잘 발휘할 수 있을지 없을지는 담금질의 성공 여부와 직결되어 있다.

다만 앞서 언급한 것처럼 담금질의 효과는 탄소를 적절하게 포함한 강철에서 극대화된다(그림 5-2-1). 따라서 투구, 갑옷, 마구 등과 같이 방어용 철기나 의기용 철기는 일반적으로 연철로 제작하며 담금질은 하지 않는다. 실전에 사용하지 않고 의전용이나 위세를 과시하기 위한 목적으로 제작된 무기 역시 일반적으로 연철로 제작하며 담금질을 하지 않은 것으로 추정할 수 있다.

제4절 제작기술로 본 원삼국~삼국시대 도검의 의미

제4절에서는 원삼국~삼국시대 무덤에서 출토된 철기 가운데 앞서 살펴본 철제도검의 제작기술과 관련하여 생각해 볼 수 있는 고고자료를 집성하고 그 의미에 대해 생각해보고자 한다.

1) 탄소량에 따른 철의 분별 : 철제대도의 금속학적 조사

삼국시대 고분에서 출토된 철제도신에 연철과 강철을 사용하였을 것이라는 금속학적 분석 결과는 매우 흥미롭다. 경주 황남대총 남분에서 출토된 철제대도의 분석 결과에 따르면 도신의 표면 근처에 탄소 함량이 높은 조직이 집중적으로 배치된 반면, 중심에는 상대적으로 탄소 함량이 낮은 조직이 많다고 한다(박장식 2003). 경주 월산리 석곽A-45호 철제대도, 석곽A-64호 도자도 기능적으로 강도가 크게 요구되는 날 부위에만 탄소 함량이 높은 강철이 사용되었으며 등 부위에는 부드러운 연철이 사용된 것으로 밝혀졌다. 날에서 마르텐사이트 조직이 확인되어 담금질도 이루어졌음을 알 수 있다(정영동 외 2006: 364). 이로 보아 신라의 대도 제작 공인은 탄소량이 많은 철과 탄소량이 적은 철을 구분하여 대도를 만든 다음 선택적으로 열처리를 한 것으로 추정된다.

한편, 이천 설성산성 철제대도(박장식 2004: 331), 천안 용원리 58호, 105호 토광묘 철제

대도(박장식 외 2001: 837), 금산 수당리 5호, 12호 석곽묘 철제도(박형호 외 2013: 144)에서도 유사한 철 조직을 확인할 수 있어 백제의 공인도 신라 공인과 마찬가지로 철의 탄소량을 분별할 수 있는 기술을 지닌 것으로 추정된다.

다만 제작 공정의 순서가 다를 것이라는 추정은 주목할 필요가 있다. 금속학적 분석 결과, 천안 용원리 고분군, 순천 검단산성, 서울 몽촌토성 등 백제에서 제작된 대도는 제강공정을 마친 소재를 성형하였으나 대전 계족산성, 경주 황남대총, 서울 아차산성 등 신라에서 제작된 도검은 우선 연철로 형태를 만든 후 고체침탄법으로 날 부위만 탄소량을 증가시켰다고 한다(박장식·이성준 2003). 이 금속학적 결과가 타당하다면 백제에서는 미리 제작해 둔 강철을 지역 내에 유통한 것으로, 그리고 신라에서는 연철을 강철로 만들 수 있는 제강기술을 이미 지방의 공방에서도 획득하였다는 결론에 다다른다. 철제대도의 금속학적 조사를 통해 신라와 백제의 철기제작 공인들이 연철과 강철을 분리하는 기술, 그리고 연철의 탄소량을 조절하여 강철로 만드는 기술을 확보한 것을 알 수 있다. 앞으로 금속학적 분석 결과가 더욱 축적된다면 삼국시대에 이루어진 제강법의 실태를 구체적으로 밝힐 수 있을 것이다.

한편, 야요이시대부터 아스카시대에 제작된 철제도검 또한 도신 내부와 외부에 탄소량이 다른 철소재를 사용하였다는 금속학적 조사 결과로 보아(眞鍋成史 2017) 탄소량에 따른 철의 분별, 이를 바탕으로 한 철제도검의 제작기술은 한반도와 일본열도에 보편화되었던 것으로 보아 무방하다.

2) 담금질

담금질 공정 및 그 의미와 관련하여 ①상감대도 ②만도 ③구부러진 철기에 주목해보고자 한다.

(1) 상감의 공정과 의미

삼국시대에 본격적으로 등장하는 상감의 공정은 다음과 같다(**그림 4–1 참조**).

① 도신에 새기고자 하는 문양을 그린다.

② 조각끌을 사용하여 도신에 새겨진 문양대로 홈을 새긴다. 이때 홈에 넣을 금·은선이 빠지지 않도록 홈의 저부에 앵커(anker)라는 부분을 만든다.

③ 금·은선을 홈 속에 집어넣은 후 고정한다.

④ 줄과 지석으로 연마하여 완성한다.

위의 상감공정 중 가장 중요하고 핵심적인 기술은 ②그려진 문양에 홈을 새기는 것이다

(藤部明生·鈴木勉 1998). 금·은선은 가열하면 부드러워지므로 철제품의 표면에 홈만 새길 수 있다면 그 속에 금·은선을 집어넣는 작업은 비교적 쉽게 성공할 수 있기 때문이다. 문제는 홈을 새기기 위하여 사용하는 끌도, 그리고 상감 문양이 표현된 제품도 모두 철이라는 점이다. 즉, 상감 공정을 이해하기 위해서는 철로 철을 가공하는 기술이 필요하다는 점을 먼저 인식해야 한다(제4장 참조). 다시 말해 도신에는 부드러운 연철 소재를 사용해야 하며 조각끌은 강철로 제작한 뒤 반드시 담금질해야만 표면에 홈을 새길 수 있다. 탄소량에 따른 철의 분류와 담금질과 같은 열처리 공정이 없는 한 상감은 불가능한 것이다.

결국, 삼국시대에 들어 처음으로 상감기술이 적용된 철제품이 등장하는 것은 철을 탄소량에 따라 분류할 수 있는 기술, 그리고 철소재에 따른 의도적인 담금질을 이미 당시의 공인들이 획득한 것을 의미한다. 이러한 의미가 내포된 상감기술은 삼국시대 철기 가운데 대부분 도검에 한정된다(그림 4-2). 삼국시대 도검을 제작한 공인들은 철의 탄소량을 자유롭게 조절하였으며 열처리 기술도 능숙하였을 것이다.

(2) 만도(彎刀)

철제대도의 경도를 높이기 위해 담금질이 필요하지만, 그 공정이 그리 간단한 것은 아니다. 담금질의 온드는 감각적으로 측정하므로 수없이 많은 경험이 필요할 뿐만 아니라 연료, 송풍시설 등 여러 여건도 빠짐없이 갖추어져야 하기 때문이다. 특히 직도는 담금질하는 순간 날 부위만 팽창하여 대도가 외반하는 경우가 많으므로(그림 5-3-上) 도검 제작에서 가장 어렵고 중요한 공정으로 이해된다. 그러므로 원삼국~삼국시대에 확인되는 곡도는 공인이 의도적으로 외반되게 제작한 경우도 있었겠으나 담금질 과정에 자연적으로 도신이 바깥쪽으로 휘어져버린 경우도 존재했을 것이다.

한편, 곡도처럼 바깥으로 외반하는 도신과 달리 날 부위로 도신이 내만하는 만도(彎刀)가 원삼국~삼국시대(표 5-1, 그림 5-3-上), 그리고 야요이~고훈시대에도 출토된다. 도신 쪽으로 휘어진 정도는 만도마다 다르다. 이렇게 휘어진 이유에 대해서는 담금질이 끝난 직도가 약 2,000년 정도의 세월이 지나면서 담금질하기 전의 형태로 변화하는 '경년변화(經年變化)'와 관련된 것으로 보고 이를 복원 실험으로 증명한 연구가 있다(勝部明生 1983). 그러나 세월이 지나도 담금질한 철의 조직이 변화하지 않은 사례도 존재하므로(池淵俊一 1993) 만도를 제작하기 위해 애초부터 연철을 사용하여 도신을 만들고 의도적으로 담금질하지 않았을 가능성도 염두에 두어야 한다.

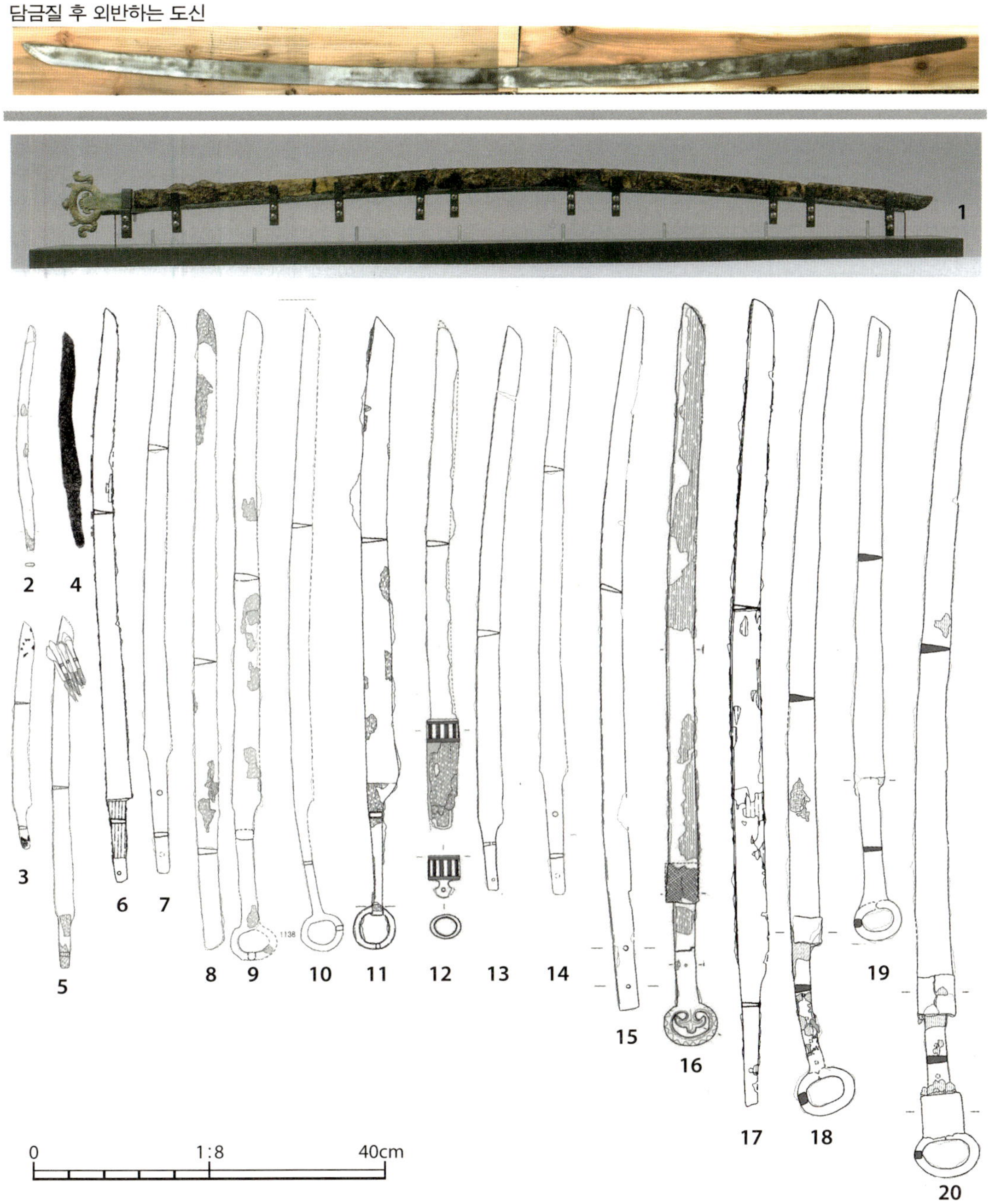

담금질 후 외반하는 도신

그림 5-3 **원삼국~삼국시대 내만하는 철제대도** (1은 일본열도 출토품)

1. 나라현 도다이지야마고분 '중평'명대도 | 2. 달성 죽곡리 산40번지 제2구역 3-3호분 | 3. 대구 가천동50호 석곽묘 | 4. 양산 북정리20호분 | 5. 울산 조일리34호분 | 6. 의령 오천리35-2호 석곽묘 | 7. 달성 문양리M4-3호 석곽묘 | 8. 대구 가천동3지구 11호 목곽묘 | 9. 대구 가천동21호 석곽묘 | 10. 대구 문산리114호 석곽묘 | 11. 포항 학천리5호 적석목곽묘 | 12. 경주 사라리130호묘 | 13. 울산 설화리4-1호분 | 14. 달성 문양리M4-3호 석곽묘 | 15. 의성 송호리7-1호분 | 16. 부산 반여동19호분 | 17. 합천 삼가22호 석곽묘 | 18. 완주 상운리 라-1호 분구묘 16-1호 | 19. 완주 상운리 라-3호 분구묘 4-1호 | 20. 완주 상운리 라-1호 분구묘 17호

표 5-1 원삼국~삼국시대 만도

지역	고분	시대	유구	유물	참고문헌
경주 사라리유적	130호	원삼국시대	목관묘	대도	嶺南文化財硏究院, 2001
달성 죽곡리 산40유적	제2구역 3-3호분	삼국시대	석곽묘	소도	大東文化財硏究院, 2018
달성 문양리유적	M4-3호	삼국시대	석곽묘	대도	嶺南文化財硏究院, 2016
대구 가천동유적	3지구 11호	삼국시대	목곽묘	대도	嶺南文化財硏究院, 2004
대구 가천동고분군	50호	삼국시대	석곽묘	소도	嶺南文化財硏究院, 2002
대구 가천동고분군	21호	삼국시대	석곽묘	대도	嶺南文化財硏究院, 2012
대구 문양리고분군	M4-3호	삼국시대	석곽묘	대도	嶺南文化財硏究院, 2016
대구 문산리고분군	114호	삼국시대	석곽묘	대도	嶺南文化財硏究院, 2016
포항 학천리유적	5호	삼국시대	적석목곽묘	대도	慶尙北道文化財硏究院, 2002
의성 송호리고분군	7-1호	삼국시대	석곽묘	대도	慶尙北道文化財硏究院, 2017
의령 오천리고분군	35-2호	삼국시대	석곽묘	대도	慶南發展硏究院, 2014
울산 조일리고분군	34호분	삼국시대	석곽묘	소도	國立昌原文化財硏究所, 2000
울산 운화리고분군	4-1호분	삼국시대	석곽묘	대도	蔚山文化財硏究院, 2008
부산 반여동유적	제19호	삼국시대	석곽묘	대도	東義大學校博物館, 2005
양산 북정리고분군	제20호분	삼국시대	횡구식석실	소도	沈奉謹, 1994
합천 삼가고분군(Ⅱ지구)	22호	삼국시대	석곽묘	대도	慶南發展硏究院, 2013
완주 상운리유적	라-1호 분구묘 16-1호	삼국시대	목관	대도	全北大學校博物館, 2010
완주 상운리유적	라-1호 분구묘 17호	삼국시대	목관	대도	全北大學校博物館, 2010
완주 상운리유적	라-3호 분구묘 4-1호	삼국시대	목관	대도	全北大學校博物館, 2010
합천 저포리E지구	9호분	통일신라	횡혈식석실	대도	釜山大學校博物館, 1987

이와 관련하여 완주 상운리유적에서 출토된 19점의 만도 가운데 일부를 금속학적으로 조사해본 결과 저탄소강, 즉 연철을 사용하였다는 것이 밝혀진 점은 중요하다(황찬수 2011). 연철은 담금질의 효과가 미비하므로 만도를 제작한 공인은 애초부터 담금질을 실시하지 않을 예정이었으며 그러므로 강철에 비해 비교적 구하기 쉬운 연철로 만도를 제작하였을 것이라는 앞선 추정을 뒷받침할 수 있는 자료이기 때문이다.[3]

일본열도에서도 야요이시대부터 고훈시대 전기에 걸쳐 만도가 출토된다(今尾文昭 1982: 22). 이 가운데 나라현(奈良縣) 도다이지야마(東大寺山)고분에서 출토된 '中平(중평)'명대도(**그림 5-3-1**)는 도신의 등부위에 명문이 상감된 만도로 유명하다. 앞서 살펴본 것처럼 상감이 연철제 혹은 담금질하지 않은 강철제 도신만 가능하다는 점을 고려하면 '중평'명대도 역시 연철제로

---

3 물론 만도를 제작하기 위한 철소재에 대해서는 앞으로 금속학적 분석이 필요하다. 복원실험도 병행되어야 할 것이다.

추정할 수 있다.

한편 삼국·고훈시대의 무덤에서 출토된 무기의 조합상을 근거로 하여 당시 군사조직 체계를 복원하려는 연구 경향이 있는데 이 역시 도검의 탄소량에 주목해보면 충분히 주의할 필요가 있다. 고훈시대에 제작된 철제대도 가운데 담금질을 거치지 않은 대도가 약 반 정도에 이른다는 사실(眞鍋成史 2017)을 고려하면 무덤에 매납된 철제무기를 반드시 전투에 사용된 실용적 무기라고 보기는 어려울 수도 있기 때문이다.

이처럼 원삼국~삼국시대, 야요이~고훈시대에 제작된 만도를 통해 당시 탄소량에 따른 철의 분별과 열처리 기술이 한반도와 일본열도에 걸쳐 넓게 공유된 것을 알 수 있다. 전투에 비효율적인 형태의 만도를 무덤에 매납할 수 있었던 배경에는 강철과 연철의 분별, 담금질 공정의 생략과 같이 대도 제작 공인의 철에 관한 풍부한 지식이 전제되었을 가능성이 크다.

(3) 구부러진 철기

원삼국~삼국시대 고분에서 구부러진 철기가 출토된다. 형태로 보아 비실용적으로 생각되는 구부러진 철기는 대도만이 아니라 철모, 철촉, 도자 등 대부분 무기에 한정되는데 실제로 전투에 사용한 것으로 보기는 어려우므로 의도적으로 구부려 매장한 훼기 현상으로 보아야 할 것이다. 김해 대성동45호 목곽묘에서 출토된 구부러진 철기에 주목하고 이를 북방적 습속과 관련지어 이해하는 견해(申敬澈 2000)가 있는데 최근에 자료가 증가하여 한반도 남부 전역에서 확인되고 있다**(표 5-2, 그림 5-4~5)**.

구부러진 철기는 그 형태로 보아 완력으로 구부린 것과 모루에 대고 구부린 것으로 나눌 수 있는데(田中鎌 2003) 만약 담금질한 철기라고 한다면 타격이나 완력으로 구부리는 것은 불가능하므로 이미 지적된 것처럼(村上恭通 1998: 117) 철기제작 공인이 애초부터 완성된 철기를 구부릴 것을 염두에 두고 연철 소재(저탄소강)를 사용하여 철기를 완성한 후 의도적으로 구부린 것으로 보아야 할 것이다. 고훈시대의 사례이기는 하나 구부러진 철기에 사용된 철소재가 실제로 저탄소강으로 밝혀진 것은 이를 방증한다**(그림 5-6)**. 설령 강철로 구부러진 철기를 제작하였다고 하더라도 철기를 완성한 후에 담금질하지 않았을 가능성이 크다.

이처럼 연철을 선택하여 철제무기를 제작하였다는 것은 목적에 따라 분류된 철을 선택할 수 있는 능력을 이미 당시 무기제작 공인들이 획득하였으며 이를 바탕으로 고도의 철기 생산능력을 갖춘 것을 의미한다. 현재까지 출토된 구부러진 철기로 보아 그러한 고도의 철기 생산능력은 원삼국시대에 이미 갖추어졌을 가능성이 크다.

표 5-2 원삼국~삼국시대 구부러진 철기

지역	고분		유구	시대	유물	참고문헌
경주	구어리고분군	1호	목곽묘	(원)삼국	철모	嶺南文化財硏究院, 2011
	구정동 고분	2호	목곽묘	원삼국	철촉	國立慶州博物館, 2006
	사라리유적	130호	목관묘	원삼국	철도	嶺南文化財硏究院, 2001
	황성동고분군	27호	목곽묘	원삼국	철모	東國大學校 慶州캠퍼스 博物館, 2002
	황성동고분군	33호	목곽묘	원삼국	철모	東國大學校 慶州캠퍼스 博物館, 2002
경산	신대리유적	18호	목관묘	원삼국	철준	嶺南文化財硏究院, 2010
포항	옥성리고분군	108호분	목곽묘	원삼국	철모	嶺南文化財硏究院, 1998
가평	대성리유적	원10호	주거지	원삼국	철사	京畿文化財硏究院, 2009
울산	중산리유적	ⅠA-100호 주곽	목곽묘	(원)삼국	철모	昌原大學校博物館, 2006
경주	덕천리고분군	4호	적석목곽분	삼국	철준(?)	中央文化財硏究院, 2005
	황남동 95-6번지	5호	적석목곽분	삼국	철촉	한국문화재재단, 2017
	율동 산2-18번지	11호	석실묘	삼국	철모(?)	한국문화재재단, 2018
영천	청정리유적	16호묘	목곽묘	삼국	철도	慶尙北道文化財硏究院, 2018
경산	임당지역 고분군	임당7A호 주곽	암광목곽묘	삼국	철촉	嶺南大學校博物館, 2005
포항	학천리유적	137-1호	석곽묘	삼국	철촉	慶尙北道文化財硏究院, 2002
거제	장목고분	-	-	삼국	철도	慶南發展硏究院 歷史文化센터, 2006
마산	진북 대평리유적	Ⅱ-22호분	목곽묘	삼국	철모	慶南發展硏究院, 2011
밀양	귀명리 삼국시대 무덤군	263호	목곽묘	삼국	철모	慶南考古學硏究所, 2007
	미전리 복합유적	12호	석곽묘	삼국	대도	東亞細亞文化財硏究院, 2013
		14호	목곽묘	삼국	도자	東亞細亞文化財硏究院, 2013
울산	하삼정고분군	3호	목곽묘	삼국	철모	韓國文化財保護財團, 2010
		104호	석곽묘	삼국	철모	韓國文化財保護財團, 2011
		280호	석곽묘	삼국	철촉	韓國文化財保護財團, 2012
		320호	석곽묘	삼국	철촉	韓國文化財保護財團, 2012
		126호	석곽묘	삼국	철촉	韓國文化財保護財團, 2014
		156호	석곽묘	삼국	철촉	韓國文化財保護財團, 2014
		282호	석곽묘	삼국	철촉	韓國文化財保護財團, 2014
김해	대성동고분군	45호분	목곽묘	삼국	환두대도	慶星大學校博物館, 2000b
함양	손곡리유적	102호	석곽묘	삼국	철촉	頭流文化硏究院, 2019
		119호	석곽묘	삼국	도자	頭流文化硏究院, 2019
부산	복천동고분군	172호묘	목곽묘	삼국	철모	福泉博物館, 2010
	화명동고분군	7호분	석곽묘	삼국	철준(?)	釜山大學校博物館, 1979
합천	옥전고분군	M11호분	횡혈식석실	삼국	철모	慶尙大學校博物館, 1995
천안	용원리고분군	105호	토광묘	삼국	철도	公州大學校博物館, 2000
	용원리고분군	129호	토광묘	삼국	철도	公州大學校博物館, 2000
아산	밖지므레유적 2-2지점	마한14호	주구토광묘	삼국	철모	충청남도역사문화연구원, 2011
대구	시지지구 고분군	42호	석실묘	삼국	도자(?)	嶺南文化財硏究院, 2013

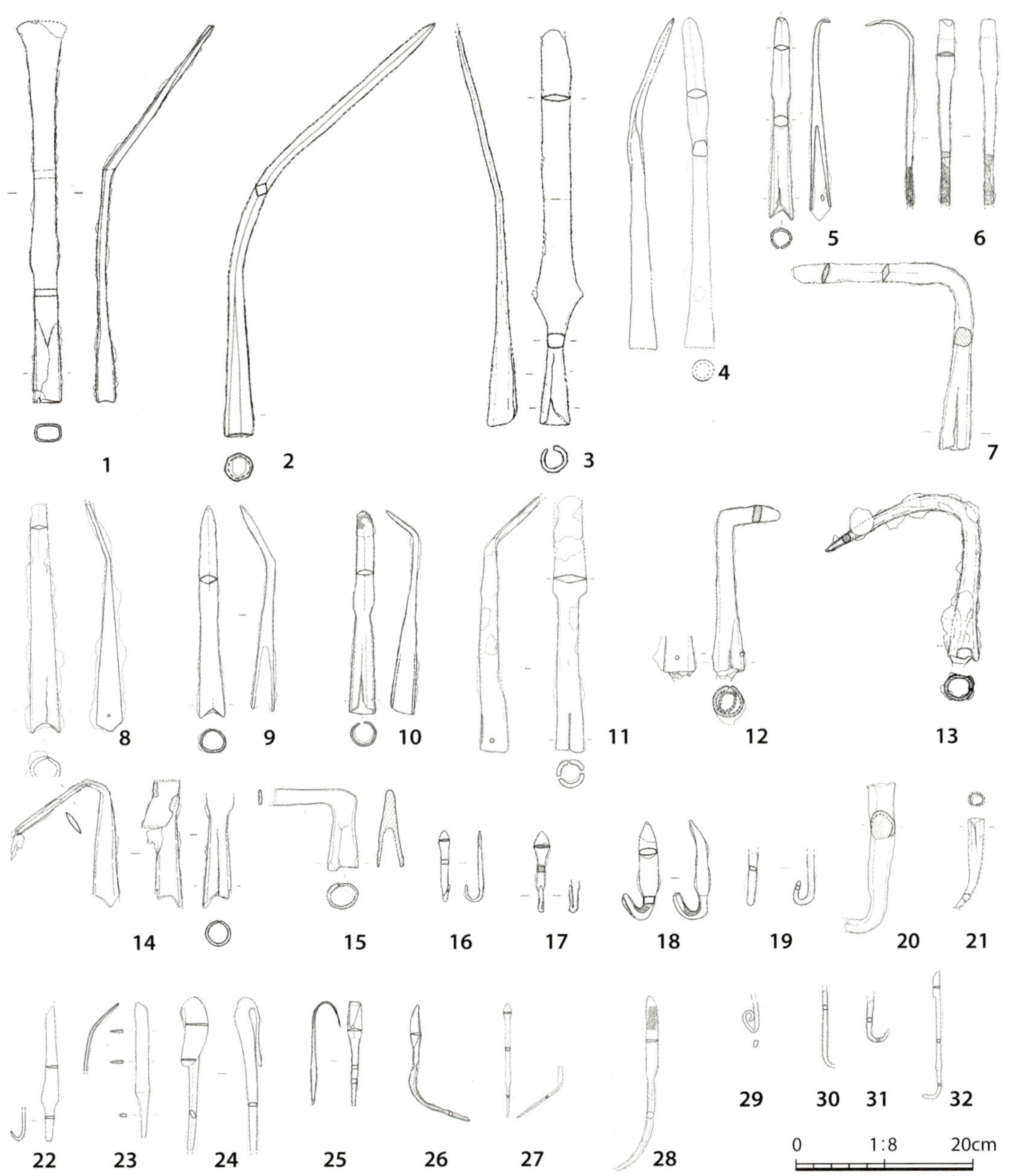

그림 5-4 원삼국~삼국시대 구부러진 철모, 철촉, 도자

1. 포항 옥성리108호분 | 2. 마산 진북 대평리Ⅱ-22호분 | 3. 울산 중산리ⅠA-100호분 | 4. 경주 구어리 1호 목곽묘 주곽 | 5. 밀양 귀명리 263호묘 | 6. 울산 하삼정104호묘 | 7. 울산 하삼정 3호묘 | 8. 부산 복천동172호묘 | 9. 경주 황성동33호 목곽묘 | 10. 경주 황성동27호 목곽묘 | 11. 아산 명암리 밖지므레유적 2-2지점 마한14호 주구토광묘 | 12. 합천 옥전M11호분 | 13. 부산 화명동7호분 | 14. 포항 옥성리 나지구 지표채집 | 15. 경주 율동 산2-18번지 11호 석실묘 | 16. 울산 하삼정156호묘 | 17. 울산 하삼정320호묘 | 18. 포항 학천리137-1호 | 19. 울산 하삼정126호묘 | 20. 경주 덕천리4호 적석목곽분 부곽 | 21. 경산 신대리 18호 목관묘 | 22. 함양 손곡리119호 석곽묘 | 23. 밀양 미전리12호 석곽묘 | 24. 대구 시지42호 석실묘 | 25. 가평 대성리 원10호 주거지 | 26. 경산 임당7A호 주곽 | 27. 함안 성산산성 부엽층 | 28. 경주 구정동2호 목곽묘 | 29. 울산 하삼정282호묘 | 30, 31. 경주 황남동 95-6번지 유적 5호 적석목곽묘 | 32. 함양 손곡리102호 석곽묘

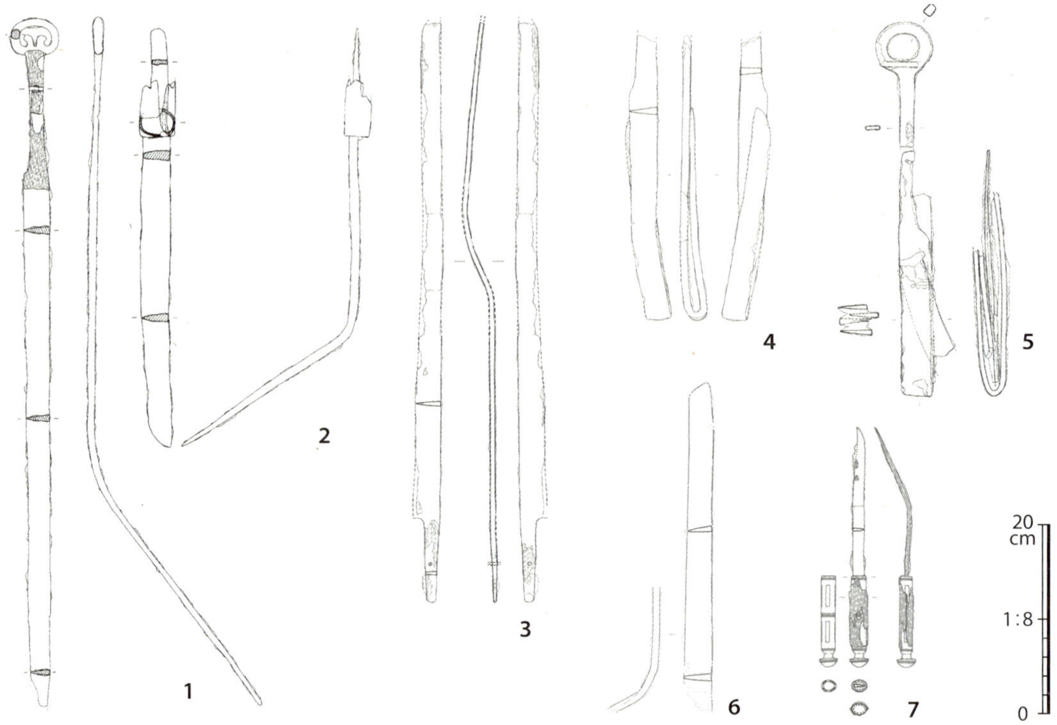

그림 5-5 원삼국~삼국시대 구부러진 대도

1. 천안 용원리129호묘 | 2. 천안 용원리105호묘 | 3. 함안 오곡리88호 석관묘 | 4. 거제 장목고분
5. 밀양 미전리14호 목곽묘 | 6. 영천 청정리Ⅲ-16호묘 | 7. 경주 사라리130호묘

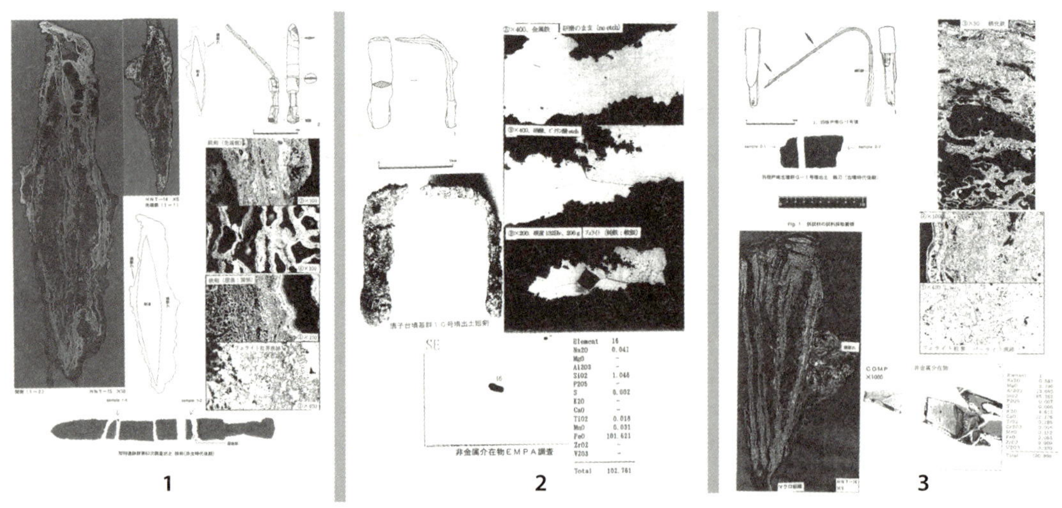

그림 5-6 고훈시대 출토된 구부러진 철기와 탄소량(大澤正己 2003)

1. 후쿠오카현 나카(那珂)유적62차조사 출토 철검(탄소량 0.1%이하) | 2. 에히메현 가라코다이(唐子台)10호분(탄소량 0.25%) | 3. 羽根戶 남고분군 출토철기(탄소량 0.3%)

철기를 의도적으로 구부린 후 무덤에 매납한 이유에 대해서는 주술, 거울 대용, 의례, 제사(村上恭通 1998; 佐々木隆彦 1998; 清家章 2002; 田中鎌 2003) 등 다양한 견해가 제기되었다. 지금까지는 주로 일본열도에서 출토된 구부러진 철기를 중심으로 연구가 진행되었으므로 앞으로 한반도 고분에서 출토된 구부러진 철기의 연대, 분포, 공반 유물, 구부린 방법 등을 검토하여 그 성격을 밝힐 필요가 있다. 또 구부러진 철기는 한반도와 일본열도만이 아니라 중국 동북지역의 선비, 부여계, 고구려의 무덤에서도 확인되는 만큼(門田誠一 2006; 张英 1990) 동아시아적 관점에서 구부러진 철기의 제작 및 매납과 그 행위의 의미를 고찰해야 할 것이다.

3) 주조제(?) 철검

철제도검(鐵製刀劍)이라고 하면 앞에서 살펴본 것처럼 흔히 단조에 의한 제작 공정을 떠올린다. 그러나 단조로 제작하기가 거의 불가능한 철기가 원삼국시대 영남지방을 중심으로 확인된다. 바로 단면이 볼록 렌즈형인 철검이다(李盛周 1997; 임영희 2011). 단조란 가열한 철기를 모루 위에 두고 망치로 두드리는 작업을 말한다. 이때 단조철기와 맞닿는 모루의 면(面)도, 그리고 단조철기를 두드리는 망치의 면(面)도 모두 평편하므로 망치와 모루 사이에서 단조작업을 거쳐 완성된 철기의 단면 역시 각이 지는 형태로 제작되기 마련이다.

실제로 원삼국~삼국시대 출토된 철제모루는 형태를 기준으로 크게 두 가지 형식으로 나눌 수 있는데 두 형식 모두 상면이 평편하며(**표 5-3, 그림 5-7**) 공반되는 망치의 면 역시 마찬가지다. 조선시대의 단야공정에 관한 회화자료나(김권일 2009) 복원 실험의 결과(김권일 외 2019; 김도영 2015; 한정욱 2015)를 참고하더라도 단조작업을 통해 완성된 단조철기의 단면은 기본적으로 3·5각형(철도, 도자), 능형(철검), 8각형(공부다각형철모의 공부) 등 각이 진 형태가 대부분이다. 그렇다면 단면 형태가 렌즈형인 철검은 어떻게 제작하였을까. 현재로서 가능성이 가장 큰 제작 방법은 바로 주조이다.

단면 렌즈형 철기가 주조로 제작되었을 가능성에 대해서는 칠지도의 복원 실험이 참고된다(鈴木勉·河內國平 2006). 4세기 백제에서 제작되어 왜로 건너간 칠지도는 ‘造百鍊鐵(조백연철)’이라는 명문을 근거로 100번 이상 단련한 철을 단조로 제작하였다는 견해가 일찍부터 제기되었다. 그러나 두께 5mm가 채 되지 않은 칠지‘刀’는 실은 단면이 볼록 렌즈형이므로 칠지‘劍’이라 불러야 마땅하며 부러진 곳의 소성변형, 녹인 철이 응고되면서 나타난 검신의 구불거림 등으로 보아 최근에는 주조제[4]의 가능성에 무게가 실리고 있다(노태천 2015; 鈴木勉·河內國平

4 칠지도의 주조설을 비판하고 단조설을 지지하는 견해가 있다(李鉉相 2018; 정광용 외 2015). 이 견해에

표 5-3 원삼국~삼국시대 출토 단야구(모루 중심)

지역		고분	유구	시대	모루	집게	망치	참고문헌
대구	노변동	304호묘	석곽묘	삼국	1	1	1	嶺南文化財研究院 2015
	욱수동	나-9호묘	횡구식석곽묘	삼국	1	1	1	嶺南大學校博物館, 2002
경산	임당	C-Ⅰ-135호묘	횡혈식석실묘	삼국	1	1	1	韓國文化財保護財團, 1998
		D-Ⅱ-47호묘	주부곽식목곽묘	삼국	1	1	1	韓國文化財保護財團, 1998
		D-Ⅱ-182호묘	목곽묘	삼국	1	1	1	韓國文化財保護財團, 1998
		E-132호묘	목관묘	원삼국	1	-	-	韓國文化財保護財團, 1998
	신상리	가Ⅱ-45호	적석목곽묘	삼국	1(*)	1	1	嶺南大學校博物館, 2006
상주	헌신동	95호	석곽묘	삼국	1	1	1	慶尙北道文化財研究院, 2003
의성	대리리	31호묘	위석목곽묘	삼국	1	1	1	聖林文化財研究院, 2016
포항	대보리	95호	석곽묘	삼국	1	1	1	慶尙北道文化財研究院, 2009
	장성동	Ⅰ-36호	목곽묘	삼국	1	1	1	慶尙北道文化財研究院, 2016
	학천리	3호	목곽묘	삼국	1	-	-	慶尙北道文化財研究院, 2002
김해	본산리 · 여래리	59호	석곽묘	삼국	1	1	1	韓國文化財保護財團, 2014
		74호	석곽묘	삼국	1	1	1	韓國文化財保護財團, 2014
마산	합성동	9호	석곽묘	삼국	1	1	1	慶南考古學研究所, 2007
		109호	석곽묘	삼국	1	-	-	慶南考古學研究所, 2007
밀양	월산리	5호	목곽묘	삼국	1	1	1	密陽大學校博物館, 2004
울산	다운동	바-12호	석곽묘	삼국	1	1	1	蔚山發展研究院 文化財센터, 2005
	명산리	38호묘	석실묘	삼국	1	-	1	蔚山文化財研究院, 2011
	약사동북동	21호	석곽묘	삼국	1	1	-	蔚山文化財研究院, 2013
		200호	석곽묘	삼국	1	1	1	蔚山文化財研究院, 2013
		218호	석곽묘	삼국	1	1	1	蔚山文化財研究院, 2013
부산	기장 가동	Ⅱ-4호	석실묘	삼국	1(*)	-	1	부경문물연구원, 2014
창녕	계성리	2호	횡구식석실묘	삼국	1(&)	-	-	두류문화재연구원, 2017
		A-14호분	횡구식석실묘	삼국	1	1	1	釜山大學校博物館, 1995
		B-39-1호분	석곽묘	삼국	1	-	1	釜山大學校博物館, 1995
	왕산리	19호	횡구식석실묘	삼국	1	1	-	慶南發展研究院, 2012
창원	동전리	1호	석곽묘	삼국	1	-	2	東西文物研究院, 2012
	반계동	Ⅰ-24호	석곽묘	삼국	1	2	2	昌原大學校博物館, 2000
양산	북정리	제14호분	횡구식석실묘	삼국	1	1	1	沈奉謹, 1994
무안	사창리	-	옹관묘 수습품	-	1	-	-	國立光州博物館, 1984
완주	상운리	나-8호 분구 3호	목관묘	삼국	1	1	1	全北大學校博物館, 2010

(*): 불명철기로 보고, (&):괭이로 보고

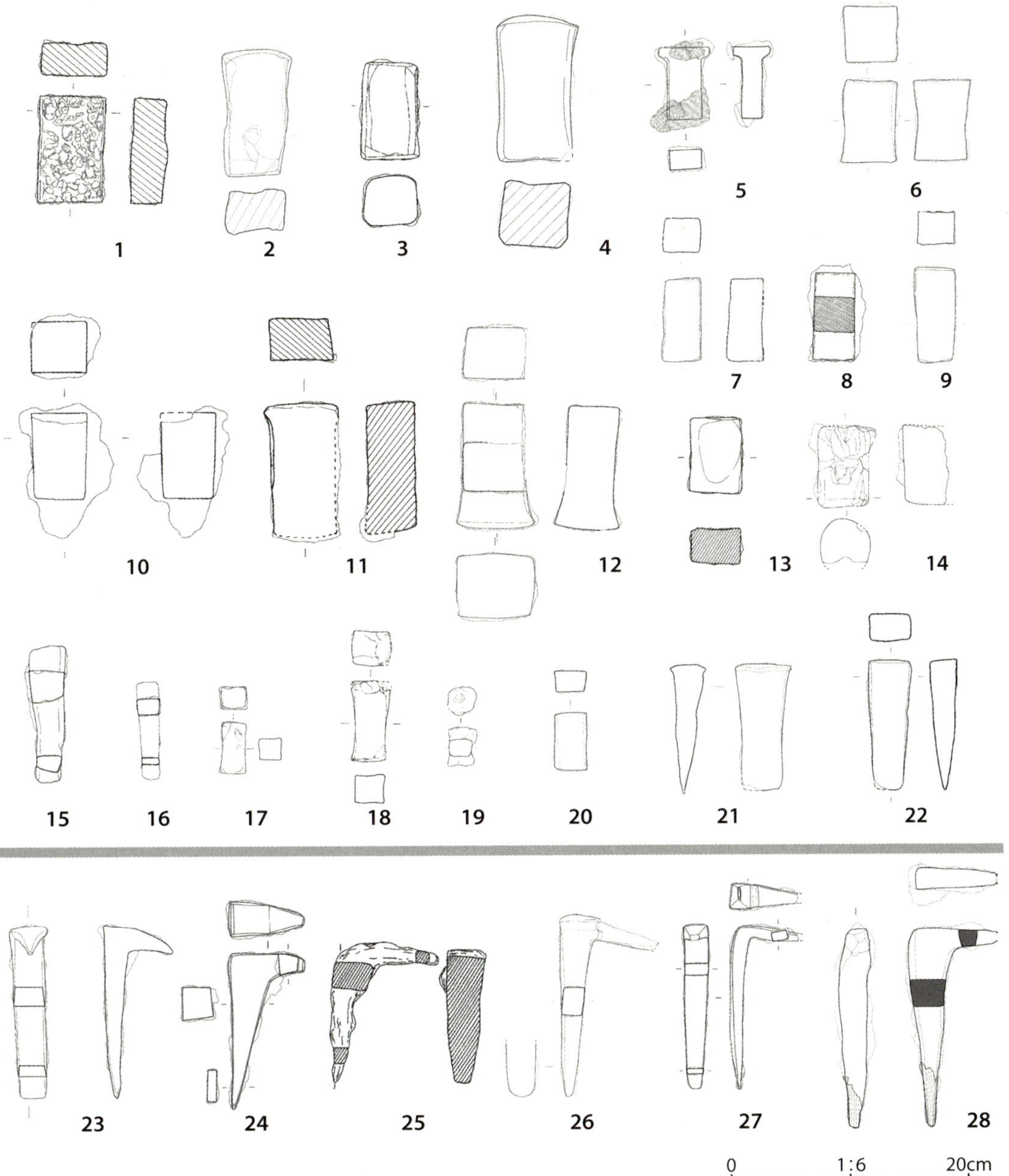

그림 5-7 원삼국~삼국시대 출토 모루

1. 양산 북정리 14호분 | 2. 김해 본산리,여래리 59호 석곽묘 | 3. 창녕 계성A-14호분(부) | 4. 김해 본산리,여래리 74호 석곽묘 | 5. 포항 대보리 95호 석곽묘 | 6. 울산 명산리38호묘 | 7. 대구 노변동304호 석곽묘 | 8. 대구 욱수동 나-9호묘 | 9. 의성 대리리 31호묘 | 10. 울산 다운동 바-12호 석곽묘 | 11. 창원 반계동24호 석곽묘 | 12. 포항 장성동 I -36호 목곽묘 | 13. 밀양 월산리5호 목곽묘 | 14. 경산 임당E-132호묘 | 15. 포항 학천리 3호 목곽묘 | 16. 상주 헌신동95호 석곽묘 | 17. 경산 임당D-Ⅱ-47호묘 | 18. 경산 임당D-Ⅱ-182호묘 | 19. 경산 임당 C-Ⅰ-135호묘 | 20. 울산 약사동북동21호 석곽묘 | 21. 울산 약사동북동200호 석곽묘 | 22. 울산 약사동북동218호 석곽묘 | 23. 부산 가동 Ⅱ-4호 석실묘 | 24. 마산 합성동109호 석곽묘 | 25. 무안 사창리 옹관묘 수습품 | 26. 창녕 계성리고분군 2호 횡구식석실묘 | 27. 마산 합성동9호 석곽묘 | 28. 완주 상운리8호 분구묘 3호 목관

2006; 東潮 2008). 녹인 주철을 거푸집에 부어 검신을 만든 다음, 장시간 열처리를 통해 표면의 탄소를 줄이고 담금질한 끝로 상감하여 명문을 새긴 것이다(그림 5-8-1). 이처럼 4세기대 백제에는 철검을 주조로 제작하는 기술이 존재하였다.

야요이시대의 사례이기는 하나 오사카부(大阪府) 오다케니시(大竹西)유적 SK501토갱에서 주조로 제작된 철검이 출토되어 주목된다(그림 5-8-2). 전장 35.8cm의 이 철검은 X선투과법과 CT사진을 이용한 과학적 분석 결과 주조로 제작된 것으로 밝혀졌다(八尾市文化財調査研究會 2008). 쌍합범 사이로 용선(鎔銑)이 흘러 들어가면서 생긴 주조의 흔적, 칼날 표면에 주조로 인해 생긴 가스의 흔적으로 보아도 이 철검이 주조로 제작되었다는 견해는 적어도 일본에서는 정설로 인정된다.

이 철검이 일본열도 내에서 주조되었을 가능성을 신중하게 고려하는 견해(野島永 2008)도 있으나 일본열도에서 제철의 개시시기가 고훈시대 후기인 것과 주조 관련 고고자료가 7세기 이후 본격적으로 확인되는 점을 고려하면(上拵武 2019) 이미 지적된 것처럼 한반도에서 주조한 철검을 일본열도로 가져왔을 가능성이 큰 것으로 생각된다(川越哲志 2000). 유사한 형태의 철검이 김해 대성동고분군을 비롯하여 원삼국~삼국시대 영남지역의 고분에서 다수 확인되어 그 가능성을 방증한다(그림 5-8-3~12).

칠지도처럼 단면 볼록 렌즈형의 도신이 주조로 제작되었을 가능성, 그리고 실제로 확인된 주조제 철검을 고려하면 원삼국시대 영남지방에서 확인되는 단면 볼록 렌즈형 철검 역시 주조로 제작되었을 가능성을 상정해 볼 필요가 있다. 일반적으로 철검이라고 하면 단조로 제작되었을 것이라는 이미지가 강하지만 검을 주조로 제작하는 기술이 이미 원삼국시대에 존재하였는지 앞으로 검토해보아야 할 연구 과제라 할 수 있다. 과학적인 조사도 병행되어야 할 것이다.

서 주조설을 부정하는 근거가 총 4가지 제시되었다. 여기서 굳이 4가지 근거를 조목조목 반박할 필요는 없어 보인다. 다만 선행 연구(鈴木勉·河内國平 2006)를 비판하고자 한다면 적어도 선행 연구의 정확한 이해가 수반되어야 할 것이라는 점만은 분명하게 언급해 둘 필요가 있을 것 같다. 칠지도를 부정하는 4가지 근거란 사실 이미 선행 연구에서 복원 실험을 통해 밝혀진 내용이 많기 때문이다. 한편, 원래 칠지도의 단조설을 주장(盧泰天 1998)하다가 최근 주조설로 바꾼 견해가 주목된다(노태천 2015). 선행 연구의 복원 실험 결과를 받아들인 셈이다.

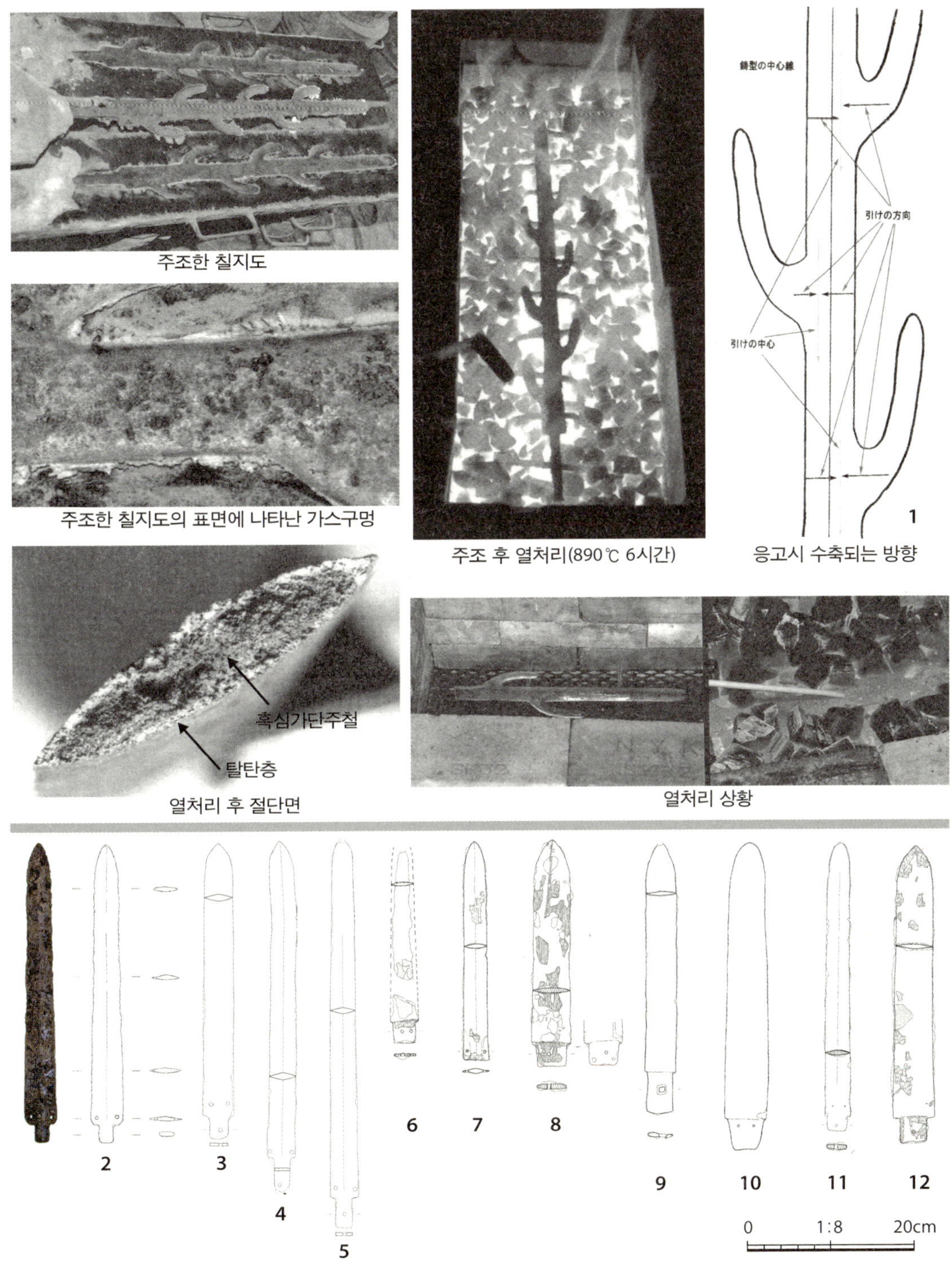

그림 5-8 칠지도와 주조로 제작되었을 가능성이 있는 철검

1. 복원된 칠지도(鈴木勉·河内國平 2006) | 2. 오사카부 오다케니시유적 SK501토갱 | 3·4·5. 김해 대성동 1호 목곽묘(경) | 6. 울산 대안리16호 목관묘 | 7. 경주 황성동63호 목곽묘 | 8. 창원 도계동11호분 | 9. 경주 황성동 575번지 43호 목곽묘 | 10. 부산 복천동 145호묘 | 11. 창원 도계동27호분 | 12. 경주 황성동68호 목곽묘

제5절 맺음말

본장에서는 원삼국시대부터 삼국시대에 걸쳐 한반도 중남부에서 출토되는 철제도검의 제작 기술에 주목하고 그 의미에 대해 살펴보았다. 지금까지 이루어진 철제도검의 형식학적 연구에서 탈피하여 철제도검의 제작 과정을 소개하고 철의 탄소량 분별, 열처리 등 도검을 만드는데 핵심적인 과정과 그 함의를 강조하였다. 그리고 그런 의미를 지닌 상감대도, 만도, 구부러진 철기, 주조제 철검이 원삼국~삼국시대 고분에서 출토되는 것에 주목하고 이를 당시 공인들이 이미 높은 수준의 철기제작기술을 보유한 것으로 해석하였다. 앞으로 이런 철기들이 제작된 시간 축을 설정하고 과학적 분석을 병행한다면 당시 철기제작기술을 해명할 수 있으리라 기대한다.

한편, 제작기술에 주목한 나머지 철기의 형식학적 연구나 시간축을 설정하는 작업에는 소홀히 할 수밖에 없었다. 철기는 그 형태의 변화가 토기보다 둔감하여 형식학적 분석과 편년에 그다지 적합하지 않은 대상으로 간주하곤 한다. 그러나 원삼국시대~삼국시대에 한반도 중남부 전역에서 출토된 철기를 살펴보면 다양한 형식은 물론 지역성까지 구체적으로 파악할 수 있는 사례들도 많으므로 편년, 지역성, 생산과 유통이라는 주제를 연구하기 적합한 대상이라고 할 수 있다. 특히 절대연대 자료가 풍부한 중국 동북지방과 일본열도의 고분에서 출토된 철기의 연구 성과를 바탕으로 원삼국시대부터 삼국시대 고분에서 출토된 철기의 분석을 시도한다면 원삼국~삼국시대 고분의 연대관을 정립할 수 있으리라 기대된다.

이상으로 제Ⅰ부에서는 동아시아 금공품을 제작하기 위한 기반이라 할 수 있는 철기문화하고 주목하고 동아시아 철기문화를 거시적·미시적·실험적으로 살펴보았다. 다음 제Ⅱ부에서는 동아시아에서 출토된 대장식구를 분석한다.

참고문헌

국문

김권일, 2009, 「영남지역 조선시대 製鐵文化의 기초적 연구 -石築型 製鐵爐의 설정-」, 『嶺南考古學』50號, 嶺南考古學會.

김권일·이남규·성정용·강성귀, 2019, 「고대 단야공정의 실험고고학적 연구」, 『역사와 담론』89, 호서사학회.

김도영, 2015, 「일본 후쿠오카현 미야지다케(宮地嶽)고분 출토 대형 두추(頭椎)대도의 도신(刀身)복원 과정」, 『야외고고학』第24號, 한국매장문화재협회.

김도영, 2017, 「삼국·고분시대 상감기술의 전개와 한일교섭」, 『韓國考古學報』第104輯, 韓國考古學會.

金性泰, 1996, 「百濟의 兵器 -칼, 창, 촉의 기초적 분석-」, 『百濟硏究』第10輯, 忠南大學校 百濟硏究所.

김신혜, 2009, 「馬韓·百濟圈 鐵刀의 變遷」, 『湖西考古學』第33輯, 湖西考古學會.

金永熙, 2008, 「刀劍을 통해 본 湖南地方 古墳社會의 特徵」, 『湖南考古學報』29輯, 湖南考古學會.

盧泰天, 1998, 「4世紀代 百濟의 炒鋼技術」, 『百濟硏究』28, 忠南大學校 百濟硏究所.

노태천, 2015, 「칠지도의 제작기술과 한중 주철기술」, 『칠지도와 백제의 사련제철』, 한국사철제련연구회.

박장식, 2003, 「황남대총 남분 출토 철제 大刀의 미세조직 분석을 통한 고 신라의 철기제작 기술체계에 관한 연구」『産業技術』13, 홍익대학교 산업기술연구소.

박장식, 2004, 「1. 이천 설성산성 출토 금속유물의 미세조직에 나타난 철기 및 청동기 기술체계에 관한 연구」, 『이천 설성산성 2·3차 발굴조사 보고서』, 단국대학교매장문화재연구소.

박장식·이성준, 2003, 「鷄足산성 출토 철제 大刀제작에 적용된 기술체계 연구」, 『百濟硏究』37, 忠南大學校 百濟硏究所.

박장식·정광용·최광진, 2001, 「천안 용원리 출토 철기유물에 나타난 철기제작 기술체계 분석」, 『龍院里古墳群』, 공주대학교 박물관.

박형호·조남철·이훈, 2013, 「금산 수당리유적 출토 철제유물의 금속학적 연구」, 『문화재』46(3), 국립문화재연구소.

成正鏞, 2000, 「中西部地域 3~5世紀 鐵製武器의 變遷」, 『韓國考古學報』第42輯, 韓國考古學會.

申敬澈, 2000, 「V. 調査所見」, 『金海大成洞古墳群 I -概報-』, 慶星大學校博物館 硏究叢書 第4輯.

신경환·최영민·장경숙·이창엽·남수진, 2012, 「오산 수청동 분묘군 출토 환두대도에 대한 금속학적 분석 연구」, 『烏山水淸洞百濟墳墓群 V』, 京畿文化財硏究院.

우재병, 2008, 「3~5세기 백제지역 素環頭刀를 통해 본 백제·가야·왜의 교역체계」, 『한국사학보』33, 고려사학회.

윤온식, 2016, 「2~4세기 경주지역 목곽묘의 位階와 時空的 변화」, 『야외고고학』제26호, 한국매장문화재협회.

이보람, 2009, 「금강유역 원삼국~삼국시대 환두도 연구」, 『韓國考古學報』第71輯, 韓國考古學會.

李盛周, 1997, 「辰·弁韓 鐵製武器의 樣相에 대한 몇가지 檢討」, 『嶺南考古學』21號, 嶺南考古學會.

李在賢, 2003, 「弁韓社會의 形成과 發展」, 『가야 고고학의 새로운 조명』, 혜안.

李柱憲, 1994, 『三國時代 嶺南地方 大刀副葬相에 대한 硏究』, 慶北大學校大學院 碩士學位論文.

李鉉相, 2018, 『百濟 漢城期 金工品 製作技術 硏究 -金銅冠, 金銅飾履, 裝飾大刀를 중심으로-』, 公州大學校大學院 博士學位論文.

李炫政, 2007, 『3~6세기 馬韓·百濟地域 出土 環頭刀 硏究』, 忠南大學校 碩士學位論文.

이현정·류진아, 2011, 「마구와 이식을 통해 본 창녕지역의 금공품 제작 가능성」, 『慶北大學校 考古人類學科 30周年 記念 考古學論叢』, 慶北大學校 考古人類學科 30周年紀念 考古學論叢 刊行委員會.

李賢珠, 2002, 「福泉洞古墳群의 武器副葬樣相을 통해 본 軍事組織의 形成」, 『博物館硏究論集』9, 釜山博物館.

이현주, 2006, 「三國時代 鐵製大刀에 관한 考察」, 『博物館硏究論集』12, 釜山博物館.

이현주, 2010, 「4-5세기 부산·김해 지역 무장체제와 지역성」, 『嶺南考古學』54號, 嶺南考古學會.

임영희, 2011, 「嶺南地域 原三國期 鐵劍·環頭刀의 地域別 展開過程」, 『嶺南考古學』59號, 嶺南考古學會.

장기명, 2014, 「경주지역 원삼국시대 분묘의 철기 부장유형과 위계」, 『韓國考古學報』第92輯, 韓國考古學會.

정광용·이현상, 2006, 「백제시대 수촌리유적 출토 환두대도의 복원제작」, 『보존과학연구』27, 국립문화재연구소.

정광용·이현상·백지선·강민정, 2015, 「백제 칠지도의 복원」, 『2015 한국조형디자인학회 국제조형디자인 학술대회』, 한국조형디자인학회.

정영동·정원섭·최광진·박장식, 2006, 「경주 월산리 신라 고분군 출토 단조철기에 나타난 철기기술」, 『대한금속재료학회지』44, 대한금속재료학회.

정영상, 2009, 『舒川 鳳仙里 出土 鐵製大刀의 金屬學的 硏究』, 公州大學校大學院 碩士學位論文.

조현경, 2015, 『한반도 중서부지역 출토 2~6세기 철도(鐵刀)의 제작기술』, 공주대학교대학원 박사학위논문.

한정욱, 2015, 「사철제련과 삼국시대 환두대도의 복원제작」, 『칠지도와 백제의 사련제철』, 한국사철제련연구회.

洪英煥, 1996, 『鋼의 熱處理 實務』, 機電硏究社.

황찬수, 2011, 『완주 상운리 출토 철제 공구와 무기의 제작기술 비교 연구』, 용인대학교대학원 석사학위논문.

중문

张英, 1990, 「从考古學看我国东北古代民族"毁器"习俗」, 『北方文物』1990年3期.

일문

今尾文昭, 1982, 「素環頭鐵刀考」, 『考古學論攷』第8册, 橿原考古學県空所紀要.

大澤正己, 2003, 「鐵分析からみた刀劍」, 『鐵器硏究の方向性を探る』, 第9回 鐵器文化硏究集會.

東潮, 2008,「百濟の製鐵技術と七支刀」,『王權と武器と信仰』, 同成社.

藤部明生 · 鈴木勉, 1998,『古代の技-藤ノ木古墳の馬具は語る』, 吉川弘文館.

鈴木勉 · 河内國平, 2006,『復元七支刀-古代東アジアの鐵 · 象嵌 · 文字-』, 雄山閣.

門田誠一, 2006,「古墳出土の曲けられた鐵器について」,『文學部論集』第90號, 佛教大學學會.

上拵武, 2019,「日本古代の鐵鑄造技術」,『동북아시아 전통 주조기술』, 국립중원문화재연구소 · 한국철문화연구회.

西幸子, 2018,「蔚山地域の馬具生産の可能性」,『古文化談叢』第81集, 九州古文化研究會.

石井昌國 · 佐々木稔, 1995,『古代刀と鐵の科學』, 雄山閣.

勝部明生, 1983,「鐵製武器に關する一考察」,『關西大學考古學研究室 開設參拾周年記念 考古學論叢』, 關西大學文學部考古學研究室.

野島永, 2008,『弥生時代における初期鐵器の舶載時期とその流通構造の解明』, 研究成果報告書.

田中鎌, 2003,「弥生 · 古墳時代におけり「折り曲げ鐵器」について」,『鐵器研究の方向性を探る』, 第9回 鐵器文化研究集會.

佐々木隆彦, 1998,「折り曲げ副葬鐵器」,『九州歷史資料館 研究論集』23, 九州歷史資料館.

池淵俊一, 1993,「鐵製武器に關する一考察」,『古代文化研究』第1號, 島根県古代文化センター.

眞鍋成史, 2017,「鍛冶遺蹟出土の刀劍について」,『古代武器研究』vol.13, 古代武器研究會.

川越哲志, 2000,「弥生鑄造鐵器論評論」,『製鐵史論文集』, たたら研究會.

清家章, 2002,「折り曲げ鐵器の副葬とその意義」,『待兼山論集』第36號, 大阪大學大學院文學研究科.

村上恭通, 1998,『倭人と鐵の考古學』, 清木書店.

八尾市文化財調查研究會, 2008,『大竹西遺跡 -第3次調查-』, 財團法人 八尾市文化財調查研究會報告106.

俵国一, 1953,『日本刀の科學的研究』, 日立評論社.

표1 참고문헌

1 嶺南文化財研究院, 2001,『慶州舍羅里遺蹟Ⅱ -木棺墓 · 住居址-』, 嶺南文化財研究院 學術調査報告 第32冊

2 大東文化財研究院, 2018,『達城 竹谷里 山40遺蹟(本文)』, (財)大東文化財研究院學術調査報告 第96輯.

3 嶺南文化財研究院, 2016,『達城 汶陽里古墳群II(1)』, 嶺南文化財研究院 學術調査報告 第229冊.

4 嶺南文化財研究院, 2004,『大邱 佳川洞遺蹟』, 嶺南文化財研究院 學術調査報告 第78冊.

5 嶺南文化財研究院, 2002,『大邱 佳川洞古墳群Ⅰ』, 嶺南文化財研究院 學術調査報告 第44冊.

6 嶺南文化財研究院, 2012,『大邱 佳川洞古墳群Ⅲ』, 嶺南文化財研究院 學術調査報告 第203冊.

7 嶺南文化財研究院, 2016,『達城 汶陽里古墳群II(1)』, 嶺南文化財研究院 學術調査報告 第229冊.

8 嶺南文化財研究院, 2016,『達城 汶山里古墳群II(2)』, 嶺南文化財研究院 學術調査報告 第230冊.

9 慶尚北道文化財研究院, 2002, 『浦項 鶴川里遺蹟發掘調査報告書Ⅰ-石槨墓·木槨墓·積石木槨墓-(本文2)』學術調査報告 第24冊.

10 慶尚北道文化財研究院, 2017, 『의성 송호리 고분군』, 學術調査研究 第239冊.

11 慶南發展研究院, 2014, 『의령 오천리고분군』, 慶南發展研究院 歷史文化센터 調査研究報告書 第114冊.

12 國立昌原文化財研究所, 2000, 『蔚山早日里古墳群』, 學術調査報告 第9輯.

13 蔚山文化財研究院, 2008, 『蔚山雲化里古墳群』, 蔚山文化財研究院 學術調査報告 第60冊.

14 東義大學校博物館, 2005, 『釜山盤如洞遺蹟』東義大學校博物館學術叢書11.

15 沈奉謹, 1994, 「梁山北亭里古墳群」, 『考古歷史學志』製10輯, 東亞大學校博物館.

16 慶南發展研究院, 2013, 『합천 삼가고분군(Ⅱ지구) 본문1』, 慶南發展研究院 歷史文化센터 調査研究報告書 第108冊.

17 全北大學校博物館, 2010, 『上雲里Ⅱ』, 全北大學校博物館 叢書52.

18 全北大學校博物館, 2010, 『上雲里Ⅱ』, 全北大學校博物館 叢書52.

19 全北大學校博物館, 2010, 『上雲里Ⅱ』, 全北大學校博物館 叢書52.

20 釜山大學校博物館, 1987, 『陜川苧浦里E地區遺蹟』, 釜山大學校博物館 遺蹟調査報告 第11輯.

표2 참고문헌

1 嶺南文化財研究院, 2011, 『慶州九於里古墳群Ⅱ -木槨墓-』, 嶺南文化財研究院 學術調査報告 第182冊.

2 國立慶州博物館, 2006, 『慶州 九政洞 古墳』, 國立慶州博物館 學術調査報告 第18冊.

3 嶺南文化財研究院, 2001, 『慶州舍羅里遺蹟Ⅱ -木棺墓·住居址-』, 嶺南文化財研究院 學術調査報告 第32冊.

4·5 東國大學校 慶州캠퍼스 博物館, 2002, 『隍城洞古墳群』, 東國大學校 慶州캠퍼스博物館 研究叢書 第8冊.

6 嶺南文化財研究院 2010『慶山 新垈里遺跡Ⅰ』嶺南文化財研究院 學術調査報告 第176冊.

7 嶺南文化財研究院, 1998, 『浦項玉城里古墳群Ⅱ -나地區-』, 嶺南文化財研究院 學術調査報告 第14冊.

8 京畿文化財研究院, 2009, 『加平 大成里遺蹟 (본문1)』, 學術調査報告 第103冊.

9 昌原大學校博物館, 2006, 『蔚山 中山里遺蹟Ⅰ(本文)』, 昌原大學校博物館 學術調査報告 第四十冊.

10 中央文化財研究院, 2005, 『慶州 德泉里古墳群』, 發掘調査報告 第73冊.

11 한국문화재재단, 2017, 『2015년도 소규모 발굴조사 보고서ⅩⅨ -경북7-』, 學術調査報告 第345冊.

12 한국문화재재단, 2018, 『2016년도 소규모 발굴조사 보고서ⅩⅡ -경북3-』, 學術調査報告 第364冊.

13 慶尚北道文化財研究院, 2018, 『영천 청정리유적Ⅲ -1권』, 學術調査研究 第247冊.

14 嶺南大學校博物館, 2005, 『慶山 林堂地域 古墳群Ⅷ -林堂7號墳-』, 學術調査報告 第48冊.

15 慶尚北道文化財研究院, 2002, 『浦項 鶴川里遺蹟發掘調査報告書Ⅱ-竪穴式石槨墓 (本文1)-』學術調査報告 第24冊.

16 慶南發展硏究院 歷史文化센터, 2006,『巨濟 長木 古墳』, 慶南發展硏究院 歷史文化센터 調査硏究報告書 第40冊.

17 慶南發展硏究院, 2011『마산 진북 대평리유적』, 慶南發展硏究院 歷史文化센터 調査硏究報告書 第90冊

18 慶南考古學硏究所, 2007,『密陽 貴明里 三國時代 무덤군 -부곡~수산간 도로구간 내 발굴조사- 三國時代(3)』, 慶南考古學硏究所 遺蹟發掘調査報告書.

19 · 20 東亞細亞文化財硏究院, 2013,『密陽 美田里 複合遺蹟 I』, (財)東亞細亞文化財硏究院 發掘調査報告書 第71輯.

21 韓國文化財保護財團, 2010,『蔚山 下三亭 古墳群 II』, 學術調査報告 第227冊.

22 韓國文化財保護財團, 2011,『蔚山 下三亭 古墳群IV』, 學術調査報告 第241冊.

23 · 24 韓國文化財保護財團, 2012,『蔚山 下三亭 古墳群V』, 學術調査報告 第254冊.

25 · 26 韓國文化財保護財團, 2014,『蔚山 下三亭 古墳群VII』, 學術調査報告 第289冊.

27 韓國文化財保護財團, 2014,『蔚山 下三亭 古墳群VIII』, 學術調査報告 第289冊.

28 慶星大學校博物館, 2000b,『金海大成洞古墳群 I -概報-』, 慶星大學校博物館 硏究叢書 第4輯.

29 · 30 頭流文化硏究院, 2019,『함양 손곡리 유적【2권】』, 發掘調査報告書 第38 · 39輯.

31 福泉博物館, 2010,『東萊福泉洞古墳群 -第8次發掘調査 167~174號-』, 福泉博物館 學術硏究叢書 第33冊

32 釜山大學校博物館, 1979,『釜山華明洞古墳群』, 釜山大學校博物館遺跡調査報告 第2輯.

33 慶尙大學校博物館, 1995,『陜川 玉田古墳群V M10 · M11 · M18號墳』, 慶尙大學校博物館調査報告 第13輯.

34 公州大學校博物館, 2000,『龍院理 古墳群 -本文-』, 公州大學校博物館學術叢書 00-03.

35 公州大學校博物館, 2000,『龍院理 古墳群 -本文-』, 公州大學校博物館學術叢書 00-03.

36 충청남도역사문화연구원, 2011,『牙山 鳴岩里 밖지므레遺蹟 2地點(本文)』, 遺蹟調査報告77冊.

37 嶺南文化財硏究院 2013『大邱 時至地區 古墳群 II (4)』 嶺南文化財硏究院 學術調査報告 第205冊

표3 참고문헌

1 嶺南文化財硏究院 2015,『大邱 爐邊洞古墳群 II (5)』 嶺南文化財硏究院 學術調査報告 第220冊.

2 嶺南大學校博物館, 2002,『大邱 旭水洞 古墳群 (本文)』, 學術調査報告 第40冊.

3 韓國文化財保護財團, 1998,『慶山 林堂遺蹟(II) -本文-』, 學術調査報告 第5冊.

4 韓國文化財保護財團, 1998,『慶山 林堂遺蹟(IV) -本文-』, 學術調査報告 第5冊.

5 韓國文化財保護財團, 1998,『慶山 林堂遺蹟(V) -本文-』, 學術調査報告 第5冊.

6 韓國文化財保護財團, 1998,『慶山 林堂遺蹟(VI) -本文-』, 學術調査報告 第5冊.

7 嶺南大學校博物館, 2006,『慶山 新上里 遺蹟 II』, 學術調査報告 第50冊.

8 慶尙北道文化財硏究院, 2003,『尙州 軒新洞 古墳群 -本文-』 學術調査報告 第31冊.

9 聖林文化財硏究院, 2016, 『義城 大里里 古墳群 -본문-』, 聖林文化財硏究院 學術調査報告 第120冊.

10 慶尙北道文化財硏究院, 2009, 『浦項 大甫里 遺蹟(Ⅱ)』, 學術調査硏究 第134冊.

11 慶尙北道文化財硏究院, 2016, 『포항 장성동 고분군 Ⅰ』, 學術調査硏究 第228冊.

12 慶尙北道文化財硏究院, 2002, 『浦項 鶴川里遺蹟發掘調査報告書 Ⅰ -石槨墓·木槨墓·積石木槨墓- (本文1)』 學術調査報告 第24冊.

13·14 韓國文化財保護財團, 2014, 『金海 本山里·餘來里 遺蹟Ⅱ』學術調査報告 第274冊.

15·16 慶南考古學硏究所, 2007, 『馬山 合城洞 遺蹟〈本文·圖面〉』, 慶南考古學硏究所 遺蹟發掘調査報告書.

17 密陽大學校博物館, 2004, 『密陽 月山里墳墓群』, 密陽大學校博物館 學術調査報告 第4冊.

18 蔚山發展硏究院 文化財센터, 2005, 『蔚山 茶雲洞 바 地區 遺蹟』, 蔚山發展硏究院 文化財센터 學術調査報告 第10輯.

19 蔚山文化財硏究院, 2011, 『蔚山明山里遺蹟』, 蔚山文化財硏究院 學術調査報告 第90冊.

20 蔚山文化財硏究院, 2013, 『蔚山藥泗洞北洞遺蹟Ⅱ』, 蔚山文化財硏究院 學術調査報告 第100冊.

21·22 蔚山文化財硏究院, 2013, 『蔚山藥泗洞北洞遺蹟Ⅳ』, 蔚山文化財硏究院 學術調査報告 第102冊.

23 부경문물연구원, 2014, 『機張 佳洞 古墳群(中) -본문·도면·Ⅲ지구·부록-』, 古蹟調査報告 第10輯.

24 두류문화재연구원, 2017, 『창녕 계성리 고분군』, 發掘調査報告書 제24·25輯.

25·26 釜山大學校博物館, 1995, 『昌寧桂城古墳群』, 釜山大學校博物館 硏究叢書 第18輯.

27 慶南發展硏究院, 2012, 『창녕 왕산리유적』, 慶南發展硏究院 歷史文化센터 調査硏究報告書 第103冊.

28 東西文物硏究院, 2012, 『昌原 東田里遺蹟』, (재)東西文物硏究院 調査硏究報告書 第53冊.

29 昌原大學校博物館, 2000, 『昌原 盤溪洞遺蹟 Ⅰ』, 昌原大學校博物館 學術調査報告 第二十七冊.

30 沈奉謹, 1994, 「梁山北亭里古墳群」, 『考古歷史學志』製10輯, 東亞大學校博物館.

31 國立光州博物館, 1984, 『靈岩 萬樹里 古墳群』, 光州博物館學術叢書 第3輯.

32 全北大學校博物館, 2010, 『上雲里 Ⅰ』, 全北大學校博物館 叢書52.

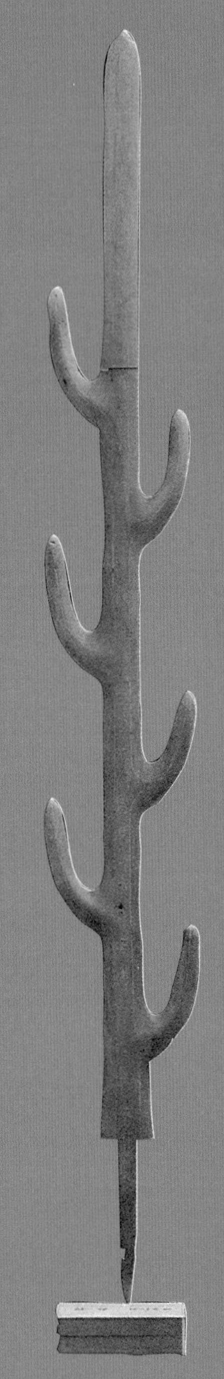

금공품으로 본 고대 동아시아 세계

Column 1 칠지도(七支刀)는 주조(鑄造)로 제작(製作)되었다!?

한·일교섭사에서 수수께끼의 시대라 불리는 4세기. 한반도와 일본열도의 관계를 이해하는데 빠질 수 없는 유물이 있다. 중국 집안의 광개토왕릉비, 그리고 나라현(奈良縣) 이소노카미진구(石上神宮)에 소장된 칠지도이다. 이 가운데 망령이 깃든 임나일본부설을 입증하기 위해 일본의 고대사학계에서 주목한 칠지도가 한일 고고학자의 연구대상이 된 적이 이상하리만치 드물다.

일찍이 무라카미 에이노스케(村上英之助)는 삼국·고훈시대의 유자이기, 삼지창, 사행검 등 칠지도와 유사한 형태의 철기에 주목하여 칠지도가 548년에 제작되었을 것이라는 견해를 내놓은 적이 있다(村上英之功 1978). 이후 모모사키 유우스케(桃崎祐輔)가 칠지도를 중심으로 한대(漢代)~위진남북조(魏晉南北朝)·오호십육국시대(五胡十六國時代)의 금속 상감제품을 개관한 연구 성과(桃崎祐輔 2005)를 제외하면 최근까지도 칠지도에 관한 '고고학적' 연구는 전무하다고 해도 무방할 정도이다. 칠지도를 둘러싼 고고학 연구가 이처럼 저조한 이유는 모든 관심이 문자를 해석하는 데 집중되었을 뿐만이 아니라 6개의 가지가 뻗어 나온 특이한 형태로 인해 고고학적으로 비교할 수 있는 연구대상도 매우 적었기 때문일 것이다.

칠지도는 일찍부터 단조로 제작되었다고 여겨졌다. 아래와 같은 명문이 도신에 새겨져 있었기 때문이다.

그림 1 칠지도

전면

泰和四年十一月十六日丙午正陽造百錬鐵七支刀[帯]辟百兵宜供供侯王□□□作

후면

先世以来未有此刀百濟王世□奇生聖音故爲倭王旨造傳示後世

이 가운데 칠지도가 단조로 제작되었을 것으로 생각하게끔 한 결정적 문구는 '百錬鐵(백련철)'이다. 백번을 단련하여 만들었다니 마치 대장간의 대장장이가 시뻘겋게 달군 칼을 모루 위에 두고 망치로 힘껏 내려치면 사방으로 불꽃이 튀는, 그런 장면을 모두가 상상했을 것이다.

실제로 칠지도는 단조로 제작되었을까? 2005년 동경 공예문화연구소의 스즈키 쓰토무(鈴木勉)는 칠지도의 단조설에 의문을 제기하고 주조로 칠지도 복원에 도전하였다. 칠지도가 주조로 제작되었을 것으로 생각한 이유는 아래와 같은 칠지도의 관찰 소견에 근거한다.

① 칠지도의 단면은 렌즈형이다.

② 부러진 부위의 주변이 크게 휘어지지 않았다.

③ 부러진 부위의 중심부는 주철이 부러진 것 같은 형상이며 중심부 주위로 약간의 소성변형이 확인된다.

④ 도신의 두께가 일정하지 않다. 특히 6개 가지의 밑동 부분이 두껍다.

⑤ 가지가 있는 쪽으로 도신이 휘어져 있다.

우선 ①에 대해 살펴보자. 단조란 모루 위에 가열한 철괴를 두고 망치로 때리는 작업을 말한다. 이때 모루의 면도, 망치의 면도 모두 평평하므로 그 사이에서 끼인 철괴의 단면도 4각형, 6각형, 8각형 등 각이 진 형태로 완성되는 것이 일반적이다. 바꿔 말하면 단면이 렌즈형인 칠지도는 단조가 아닌 방법으로 만들어졌을 가능성이 크다.

②, ③과 관련하여 칠지도의 소재가 일반적으로 도를 만드는 연강(鍊鋼)이라면 부러진 부위의 형태가 **그림 2-1**처럼 남을 수 없다. 일상생활 속에서 흔히 접할 수 있는 못과 철사를 떠올려 보자. 연강제의 못과 철사를 여러 차례 구부린 후 부러뜨려 본 사람이라면 부러질 때 그 주위가 크게 휘어진다는 것은 쉽게 알 수 있을 것이다. 이에 반해 칠지도는 부러진 곳이 크게 휘어지지 않았다. 이는 곧 칠지도가 연강제가 아니라는 것을 의미한다.

물론 담금질한 강제(鋼製)의 도신이라면 크게 휘어지지 않은 채 부러질 수도 있다. 그러나 만약 그렇다면 부러진 도신의 단면 모서리에서 확인되는 소성변형은 일어날 수 없다. 소성이란 즉 점토처럼 '한 번 구부려지면 그 상태를 유지하는 성질'을 말하는데 담금질한 강제의 도신이라면 경도가 매우 커 소성 현상이 발생하지 않는다. 결국 크게 휘어지지 않되 단면 모서리에서 소성변형이 확인된다는 것은 칠지도가 단조로 제작된 것이 아님을 뜻한다.

이를 증명하기 위해 담금질하지 않은 강, 도신의 날만 담금질하고 등 부위는 담금질하지 않은 강, 전체를 담금질한 강, 백주철, 가단주철 등 총 5종류의 철 소재를 준비한 후 직접 부러뜨리고 그 단면을 칠지도 단면과 비교하였다(**그림 2-2~6**). 실험 결과 칠지도는 주조로 제작(백주철)된 후 열처리한 가단주

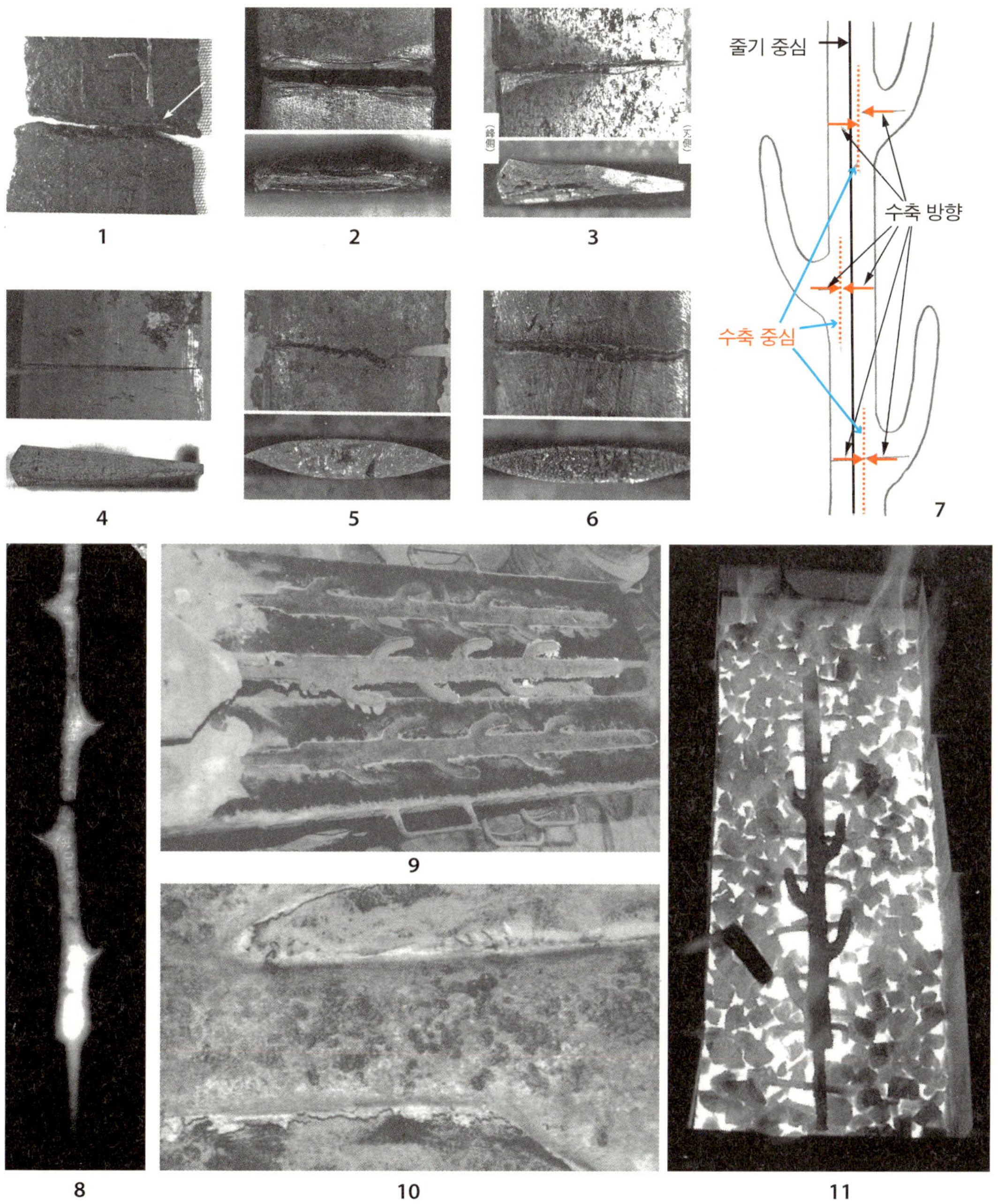

그림 2 칠지도의 복원 실험(鈴木勉·河內國平 2006)

1. 칠지도의 부러진 곳 | 2. 담금질하지 않은 강(鋼) | 3. 도신의 날만 담금질하고 등 부위는 담금질하지 않은 강 | 4. 전체를 담금질한 강 | 5. 백주철 | 6. 가단주철 | 7. 칠지도의 수축 | 8. 칠지도의 X선 사진 | 9. 주조한 칠지도 | 10. 칠지도의 표면에 나타난 가스구멍 | 11. '화염'의 칠지도

철이며 표면은 탈탄된 금속조직일 가능성이 크다고 판단하였다.

④ 칠지도의 X선 사진이 무라야마 마사오(村山正雄) 씨에 의해 처음 공개되었다(村山正雄 1996). 칠지도 복원 프로젝트팀의 구성원이자 금속비파괴검사에 정통한 사토 겐지(佐藤健二) 씨는 X선 사진을 통해 칠지도의 두께가 일정하지 않다는 것을 처음으로 지적하였다. X선 사진을 자세히 보면 6개 가지의 밑동 부분이 다른 곳에 비해 훨씬 검은데 그 부분만 두껍다는 것이다. 일반적으로 두께가 다른 철제품은 단조로 제작하기 어렵지만, 주조라면 간단히 만들 수 있다(그림 2-8).

⑤ 역시 사토 겐지 씨의 지적으로 도신이 6개의 줄기를 기준점으로 하여 구불구불하게 휘어져 있다. X선 사진에서 두드러지는데 가지의 반대쪽 도신 일부가 가지 쪽으로 약간 들어간 것을 알 수 있다. 엇갈리게 뻗은 줄기가 모두 6개이다 보니 도신이 전체적으로 구불구불하게 굽은 것이다. 이런 현상은 단조제라면 나타나기 어려운 것에 반해 주조라면 흔히 일어날 수 있다. 즉 주물을 거푸집에 넣으면 주물의 온도가 내려가면서 수축 현상이 일어나는데 이때 수축 방향은 제품의 중심을 향한다. 칠지도라면 큰 중심인 줄기와 6개 가지의 중심을 향해 주철이 수축하는 것이다. 아무래도 6개의 가지가 뻗은 쪽으로 주물의 체적이 많다 보니 각 줄기와 줄기의 중심이 각각 달라지고 그래서 결국 도신도 구불구불하게 휘어진다(그림 2-7).

위와 같은 이유로 칠지도를 단조로 제작하기 매우 어려우리라 판단한 스즈키 쓰토무와 복원 프로젝트팀은 주조로 칠지도를 만드는 실험에 도전한다. 그리고 총 7차례에 걸친 주입(鑄入) 실험 끝에 결국 칠지도를 주조로 만드는 데 성공한다(그림 3-1·2). 적은 예산으로 인해 자칫 실패로 끝날 수도 있었던 복원실험을 성공시키기 위해 자비를 들여가면서까지 주조에 힘쓴 스즈키 쓰토무를 비롯한 프로젝트팀의 의지와 노력은 경이롭기까지 하다. 백제 장인들 역시 여러 차례 실패를 거듭한 끝에 비로소 칠지도와 같은, 당시 동아시아에서 보기 드문 형태의 칼을 만들 수 있었지 않을까? 최근에는 이런 복원실험 결과를 인정하고 칠지도가 주조로 제작되었을 것이라는 견해를 인정하는 고고학자도 증가하는 추세이다(노태천 2015; 東潮 2008; 박중환 2007).

그렇다면 칠지도의 단조 제작설은 왜 정설이 되었을까? 스즈키 쓰토무는 그 이유를 아래와 같이 설명한다.

① '七支刀(칠지도)'라는 명문이 있다. '상식'적으로 '刀'는 단조로 만든다.

② '百練(백련)'이라는 명문이 있다. '상식'적으로 직역하면 '백번 단련하였다'는 의미이다.

③ 부러진 중심부 주위로 약간의 소성변형이 확인된다. '상식'적으로 소성변형이 확인되면 연강이다.

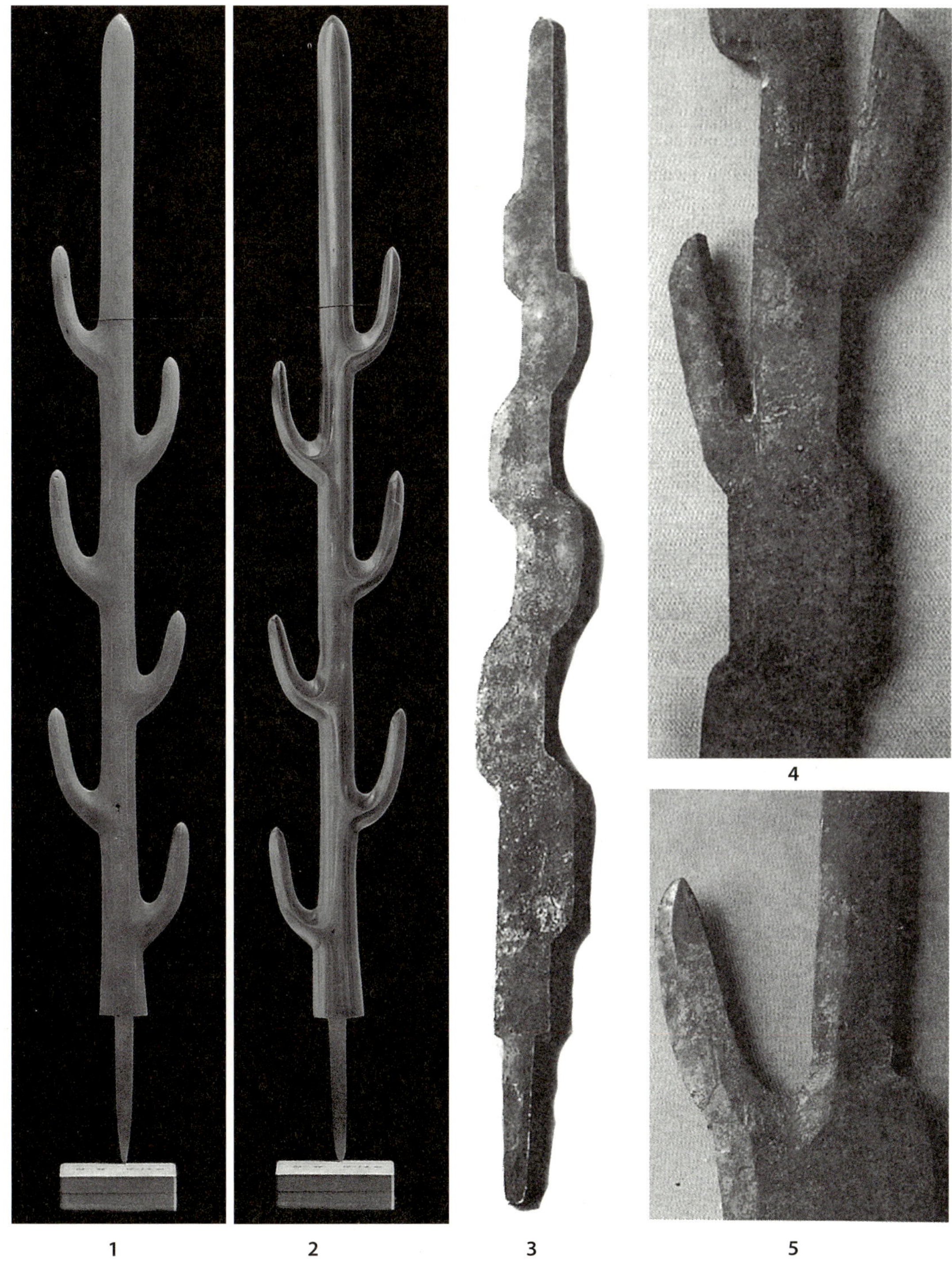

그림 3 주조로 복원한 칠지도와 단조제 칠지도(鈴木勉·河内國平 2006)

1. 7호 복원도(뒷면) | 2. 6호 복원도(앞면) | 3~5. 가와치 구니하라(河內國平) 씨가 단조로 복원한 칠지도의 제작 과정

④ '상식'적으로 주철에 상감은 할 수 없다.

이같은 상식이 쌓여 칠지도 단조 제작설은 어느새 학계의 정설이 되었다. 그리고 그 '상식'은 모두 근거가 희박하다.

한편 나라현 무형문화재 보유자(奈良縣無形文化財保持者)로 일본 내에서 명장(名匠)으로 저명한 도장(刀匠) 가와치 구니하라(河内國平) 씨도 주조 실험과 병행하여 칠지도를 단조로 만드는 복원실험에 도전하였다. ①강철판을 칠지도 형태로 오려내고 줄, 지석으로 연마하거나 ②철판을 단조하여 길게 늘인 후 가지 부분만 단접하고 ③또 6개의 가지를 따로 만들어 줄기에 단접하는 등 평생 자신이 갈고 닦은 다양한 단조기술을 총동원하여 칠지도 복원을 시도한 것이다. 그러나 결국 복원된 칠지도는 이소노카미진구에 소장된 칠지도 형태와 전혀 달랐다**(그림 3-3~5)**. 복원실험 이후 칠지도는 주조로 제작되었을 것이라는 가와치 구니하라 씨의 솔직한 고백은 칠지도가 주조로 제작되었을 가능성을 더욱 높여준다(河内國平 2006).

한편 최근 한국에서도 칠지도를 복원 제작한 연구 사례가 있다(정광용 · 이현상 · 백지선 · 강민정 2015). 이 연구에서는 앞서 소개한 공예문화연구소의 주조설을 부정하고 단조설을 지지한다. 다만 단조로 복원한 칠지도의 형태가 이소노카미진구에 보관된 실제 칠지도의 형태와 크게 다른 이유를 적절하게 설명해 내지 못하는 이상, 학계에서 단조설을 지지받기는 어려울 것이다.

칠지도가 제작된 4세기 후엽, 백제에는 주조한 철을 열처리하여 표면을 탈탄한 후 문자를 상감하는 기술이 존재했다. 스즈키 쓰토무는 백제가 왜로 칠지도를 보낸 의도에 관해 아래와 같이 평가한다.

> '칠지도는 4세기 백제가 최첨단 기술인 철이 주조기술과 상감기술, 그리고 선진적인 중국문화를 상징하는 문자, 이 3요소를 구사하여 백제가 거국적으로 제작, 완성하였을 것이다. 즉 칠지도는 백제왕권의 힘을 상징하는 것으로 이를 왜에게 보여준 것이다. 동아시아라는 격렬한 긴장 관계 속에서 국가와 국가의 외교적 우호 관계란 바로 힘의 억제에 있다.'(鈴木勉 · 河内國平 2006: 205)
>
> '(칠지도를 왜로 보낸) 백제의 속마음은 또 있었다. 칠지도는 왜에 철, 즉 주철과 강철을 공급하는 약속의 징표로 보낸 것이 아닐까. (중략) 백제가 왜에 철소재와 철제를 供與한 것은 야철기술은 건네지 않는 것을 의미한다. 만약 야철기술을 전수해 버리면 철소재와 철제품을 보낼 필요가 없어지기 때문이다. 야철기술을 전수하고 전수하지 않는 것, 철소재를 건네고 건네지 않는 것은 당시 외교에서 가장 중요한 과제였다'(鈴木勉 · 河内國平 2006: 214).

고대 동아시아의 외교사를 생각하는 데 1500년 전 주조된 칠지도가 시사하는 바는 결코 작지 않다.

2010년 8월. 무더운 날씨로 인해 평소보다 더욱 숨 막혔던 주조공방에서 스즈키 쓰토무 선생님과 함께 직접 눈으로 목격한 칠지도의 주조 과정은 매우 충격적이었고 또 그만큼 신선했다(그림 4). 돌이켜보면 칠지도 복원연구는 필자가 철에 본격적으로 관심을 두게 된 계기였다. 스즈키 쓰토무 선생님께 감사드린다.

그림 4 칠지도의 복원 과정(2010년 8월 4일, 필자 촬영)

참고문헌

노태천, 2015,「칠지도의 제작기술과 한중 주철기술」,『칠지도와 백제의 사련제철』, 한국사철제련연구회.

東潮, 2008,「百濟の製鐵技術と七支刀」,『王權と武器と信仰』, 同成社.

桃崎祐輔, 2005,「七支刀の金象嵌技術にみる中國尙方の影響」,『文化財と技術』第4號, 工藝文化財研究所.

鈴木勉 · 河內國平, 2006,『復元七支刀-古代東アジアの鐵 · 象嵌 · 文字-』, 雄山閣.

박중환, 2007,『백제 금석문 연구』, 전남대학교 박사학위논문.

정광용 · 이현상 · 백지선 · 강민정, 2015,「백제 칠지도의 복원」,『2015한국조형디자인학회 국제조형디자인학술대회』, 국제조형디자인학술대회, 한국조형디자인학회.

河內國平, 2006,「七支刀の地鐵の謎」,『復元七支刀-古代東アジアの鐵 · 象嵌 · 文字-』, 雄山閣.

村山正雄, 1996,『石上神宮七支刀銘文圖錄』, 吉川弘文館.

帶裝飾具　　古代　　東亞細亞

대장식구로 본 고대 동아시아

東亞細亞 中原式帶裝飾具

제6장 동아시아 중원식대장식구의 전개와 의의

展開 意義

제1절 머리말

중원식대장식구는 3~4세기 동아시아 사회에서 크게 유행한 허리띠장식을 말한다. 5세기 이후 한반도와 일본열도에 등장한 대장식구에도 영향을 끼친 것으로 생각되는 중원식대장식구는 한국과 일본에서 지금까지 '진식대금구'라고 일컬어져 온 허리띠장식이다. 제작되었을 당시에는 허리띠에 고정된 채로 사용하였으나 부장된 이후 무덤 속에서 허리띠가 부식되면서 금속제인 대장식구만 남게 되었다.

1885년 일본 나라현(奈良縣) 신야마(新山)고분에서 최초로 출토된 중원식대장식구는 이후 중국 광주(廣州) 대도산진총(大刀山晉塚), 강소성(江蘇省) 의흥진묘(宜興晉墓), 호북성(湖北省) 웅가령진묘(熊家嶺晉墓)를 비롯하여 일본 효고현(兵庫縣) 교자즈카(行者塚)고분과 나라현 고죠네코즈카(五條猫塚)고분, 서울 풍납토성과 몽촌토성, 화성 사창리유적 등 동아시아 전역에서 잇따라 발견되었다. 2000년대 이후에는 요녕성문물고고연구소가 중국 동북지방의 고분에서 출토된 중원식대장식구를 공개하였으며 2010년대 이후 금관가야의 고지인 김해 대성동고분군과 경주 쪽샘고분군에서 중원식대장식구가 출토되면서 중원을 중심으로 동아시아 각지에서 분포하는 것이 명확해졌다.

본장에서는 이처럼 동아시아 전역에서 발견되는 중원식대장식구를 분석하여 그 전개 과정과 의의에 대해 살펴보고자 한다. 논지의 전개 방식은 다음과 같다. 우선 제2절에서는 지금까지 이루어진 중원식대장식구의 연구사를 정리하고 몇 가지 문제를 제기한다. 다음 제3절에서는 중원식대장식구의 속성을 검토하여 형식을 분류한다. 제4절에서는 각 형식의 선후 관계를 분석하여 중원식대장식구의 단계를 설정하고 기년명 자료를 이용하여 각 단계의 연대를 비정한다. 마지막으로 제5절에서는 중원식대장식구의 성립과 전개, 그 의의에 대해 살펴본다.

본론에 들어가기에 앞서 짚고 넘어가야 할 몇 가지 사항을 언급해둔다.

첫째, 명칭이다. 본장에서 주목하는 대장식구는 일찍이 '晉式の 帶金具'(町田章 1970)로 정의된 이후 晉式帶具(孫機 1987), 晉式帶金具(藤井康隆 2001), 진식대구(권오영 2004) 등 다양한 명칭으로 불리었다. 이 가운데서도 한일학계에서는 특히 진식대금구라는 명칭이 일반화되어 있다(金誠實 2012; 김지현 2012; 申敬澈 2013; 심재용 2016; 土屋隆史 2020). 그러나 이미 지적된 것처럼(조윤재 2015) 진대(晉代) 이전으로 소급되는 무덤에서 유사한 대장식구가 출토되므로 '진'이라는 시대 한정적인 명칭을 사용하기보다 '중원식대금구(中原式帶金具)'라는 좀 더 넓은 시간적 범위를 상정해 두는 것이 타당해 보인다. 다만 '금구'라는 말이 한글 사전에도 없으며

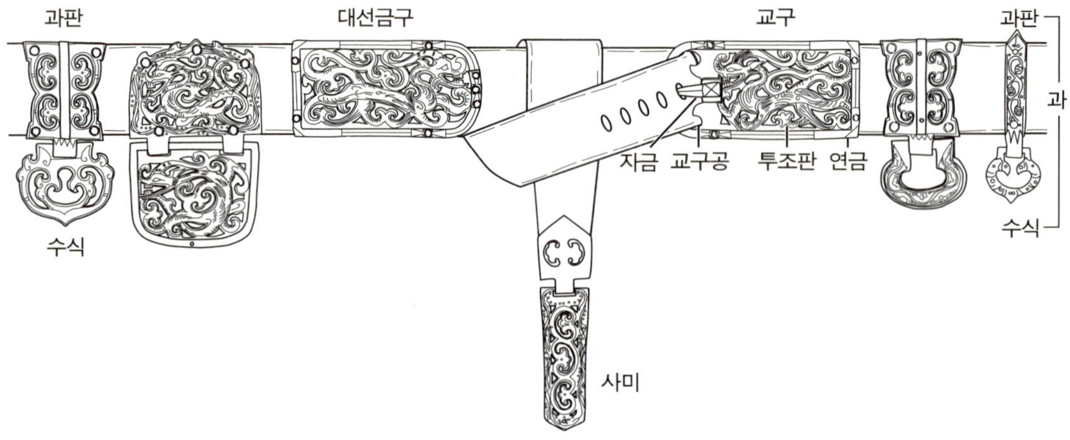

그림 6-1 중원식대장식구의 부품과 세부 명칭

장식 도구라는 뜻을 나타내지 못하므로(李熙濬 2002; 이희준 2016) 대금구보다 '대장식구'가 바람직하다. 따라서 여기서는 '중원식대장식구'라는 명칭을 사용한다.

둘째, 국내외 여러 기관에 소장된 출토지 불명품의 진위 여부 문제이다. 각 기관에 소장된 출토지 불명품을 대부분 실견한 결과, 문양·제작기술 등 실제 출토된 대장식구와 다르다고 할만한 결정적인 차이는 발견할 수 없었다. 다만 국립역사민속박물관에 소장된 역박①[1]만 크기와 제작기술이 여타의 것과 달라 독특한 사례로 볼 수 있는데 설령 위작이라고 하여도 대세에 큰 영향을 미치지는 않으리라 판단된다. 따라서 국내외 여러 기관에 소장된 출토지 불명품 가운데 위작은 없으리라는 전제하에 논지를 전개한다.

한편, 본장에서는 현재까지 보고되거나 공개된 총 41식의 중원식대장식구를 연구대상으로 삼으며 부품과 세부 명칭은 그림 6-1을 따른다. 그리고 대장식구를 세는 단위로 옷을 세는 단위인'벌'을 대신해 '식(式)'을, 부품 하나하나를 지칭할 때는 '점(點)'이라는 단위를 사용한다.

1 일본 국립역사민속박물관에는 총 4식의 중원식대장식구가 소장되어 있다. 국립역사민속박물관에서 2012년 발간한 『古墳關聯資料』(國立歷史民俗博物館 2012)의 유물 번호 A-116을 역박①, A-440을 역박②, A-196을 역박③, A-371을 역박④로 표기한다.

제2절 연구사 및 문제 제기

1) 연구사

중원식대장식구에 관한 연구는 약 100년 전으로 거슬러 올라가지만 한·중·일 학계에서 이루어진 모든 연구사를 꼼꼼하게 정리하는 것은 그다지 생산적이지 않다. 여기서는 학사적으로 의미가 큰 연구사를 연도순으로 간략히 정리하면서 그 의의와 문제의식을 명확히 하고자 한다.

중원식대장식구는 1885년 나라현 신야마고분을 보고하면서 처음으로 존재가 알려진다. 그러나 당시까지만 하더라도 중국과 한반도에 같은 종류의 사례가 보고되지 않아 신라에서 출토된 대장식구와 비교하는 수준에 머물렀다(梅原末治 1921). 이후 광주 대도산진총(胡肇椿 1932), 강소성 의흥진묘(羅宗眞 1957), 낙양(洛陽) 서교(西郊)24호묘(河南省文化局文物工作隊第二隊 1957) 등 중국에서 유사한 종류의 대장식구가 보고되었다. 특히 대도산진총에서 기년명 자료가 공반되면서 중원식대장식구가 중국 육조시대의 소산이라는 것이 밝혀지고 구성품의 복원도 구체적으로 논의된다(梅原末治 1965).

이후 마치다 아키라(町田章)는 동아시아에서 출토된 대장식구를 몇 개의 형식으로 분류하는 가운데 중원식대장식구를 자신의 '대금구 I'로 설정하고 이를 '진대의 대금구'로 이해하였다.[2] 그리고 중원식대장식구가 고급 무관의 신분을 상징하기 위해 중국 정부에서 지급된 장구(裝具)이며 일본에서 출토된 중원식대장식구 역시 중국에서 단순히 수입된 것이 아니라 진왕조로부터 사여된 것으로 보았다(町田章 1970). 중원식대장식구의 의미에 관한 마치다 아키라의 견해는 현재도 유효한 시각으로 인정받고 있어 학사적으로 큰 의의를 지닌 연구로 평가할 수 있다. 다만 당시까지만 하더라도 출토 사례가 아직 충분하지 않아 개별 사례에 대한 구체적인 검토는 진행되지 않았다.

1980년대에 들어서도 연구는 크게 진전되지 않는다. 그런 가운데 중원식대장식구를 크게 A류와 B류로 나눈 지가 히사시(千賀久)의 연구는 주목할만하다. 투조판의 문양을 기준으로 한 이 분류안은 이후 한국과 일본학계의 연구자에게 큰 영향을 끼쳤으며 현재까지도 통용된다. 또 신야마고분에서 출토된 대장식구가 A·B류에 속하지 않으므로 동진(東晉)에서 제

2 이후 논고(町田章 2006)에서 대장식구 I 을 '서진식대금구'로 변경하고 U자형투조교구를 특징으로 보았다.

작된 후 백제를 경유하여 일본으로 이입되었거나 혹은 백제에서 제작되었을 가능성을 제기하였다. 중원식대장식구를 최초로 분류하였으며 중원식대장식구가 한반도에서 제작되었을 가능성을 제시한 점에 의의를 지닌다(千賀久 1984).

한편 손기(孫機)는 선진(先秦)부터 명대(明代)까지 제작된 중국 대장식구를 개관하는 가운데 중원식대장식구의 일부 부품이 2세기 말에서 4세기까지 거의 변하지 않았다고 보면서도 주로 진대(晉代)에 유행하므로 '晉式帶具'라고 명명하였다. 또 상하이박물관에 소장된 옥제대장식구를 대선금구로 판단하고 중원식대장식구와의 관계를 설명하면서 이를 선비, 동호와 관련된 기물로 이해하였다(孫機 1987). 이는 후술하듯이 중원식대장식구의 성립을 생각하는 데 의미 있는 지적이라고 평가할 수 있다.

1990년대 이후 중원식대장식구의 연구가 점차 증가하기 시작한다.

손기는 전고에 이어 선진부터 진대까지 중국에서 출토된 대장식구를 크게 Ⅰ~Ⅲ형으로 분류한 후, 각 형식의 대장식구를 허리띠에 부착하는 방식을 복원도로 제시하였다. 이 연구를 통해 중원식대장식구뿐만 아니라 고대 중국의 대장식구 사용법이 구체적으로 밝혀지게 된다(孫機 1994).

한편 마치다 아키라가 동아시아의 대장식구를 크게 몇 가지 형식으로 분류한 이후 일본학계에서는 고훈시대 중기에 본격적으로 등장하는 일본열도 대장식구의 계보를 찾기 위해 지속적으로 중원식대장식구를 분석한다(早乙女雅博 1990; 宇野愼敏 1996, 2000, 2004; 坂靖 1991). 1990년대 이후 일본학계에서 진행된 연구는 야마토정권(大和政權)과 중국이 교섭하는 과정에서 중원식대장식구가 이입된 것으로 이해한다는 점에서 견해가 일치한다.

한편 서울 풍납토성, 몽촌토성에서도 중원식대장식구가 출토되면서 2000년대 이후 한국학계에서도 중원식대장식구에 관한 관심이 고조된다. 다만 당시까지만 하더라도 출토 사례가 많지 않아 유물 자체에 관한 분석보다 국제관계를 추정하는 근거로 중원식대장식구에 주목하는 경향이 강하다. 백제와 동진의 교섭(박순발 2004), 책봉조공관계를 토대로 한 중원식대장식구의 확산(이한상 2011), 중원식대장식구의 변천 과정과 확산경로, 제작 공인과 제작지 문제(권오영 2004), 고구려 고분에서 출토된 중원식대장식구 연구(姜賢淑 2010)가 대표적이다.

2000년대 이후 진행된 중원식대장식구의 연구 성과로 후지이 야스타카(藤井康隆)의 연구는 단연 주목할만하다. 당시까지 보고된 중원식대장식구를 집성하여 그 제작 동향과 전개 양상, 사상적 규범, 성립 배경을 고찰한 후지이 야스타카의 연구는 한·중·일 자료를 망라한 뒤 종합적으로 분석한 결과로 학사적인 의의가 매우 크다. 특히 조금(彫金)기술과 같이 제작기술을 치밀하게 분석하여 그 전개 과정을 밝히고자 한 것은 그 타당성 여부를 떠나 유물에 관한 세밀한 분석이 유의미하다는 것을 시사한다는 점에서 종래 연구와 일선을 달리한다고 평가할 수 있다(藤井康隆 2001, 2002, 2003, 2005, 2006, 2013).

후지이 야스타카의 연구 성과를 바탕으로 2010년대 이후 동아시아라는 시각에서 중원식대장식구를 집성하고 종합적으로 검토한 연구가 진행된다. 성립과 전개 과정, 피장자의 신분, 소유와 의의 등 중원식대장식구를 둘러싼 종합적인 연구가 시도되고 있다(金誠實 2012; 김지현 2012).

2) 문제 제기

연구사 검토를 통해 아래와 같은 문제를 제기할 수 있다.

첫째, 중원식대장식구가 중국에서 제작된 것이 분명한데도 중국왕조를 중심으로 한 시각에서 그 역사적 의미를 도출하려는 시각이 부족하다. 한·중·일 자국의 입장에서 중원식대장식구의 역사적 의미를 찾으려다 보니 당시 동아시아의 국제정세에 대한 이해가 결여된 상태에서 개별품에 대한 과도한 의미가 부여되기도 한다. 중원식대장식구는 정치적 색채가 농후한 기물인만큼 당시 동아시아의 국제정세를 종합적으로 이해하는 가운데 그 역사적 의미에 대해 접근할 필요가 있다.

둘째, 정치적 해석에 집중하다 보니 중원식대장식구에 관한 종합적인 분석이 부족하다. 이와 관련하여 한·중·일 자료를 망라하여 종합적으로 검토한 후지이 야스타카의 연구는 높게 평가받을만하다. 다만 계속해서 증가하는 중원식대장식구를 하나씩 추가하면서 형식분류를 시도하다 보니 '강남계', '요동형', 'A계통', 'C군'등 하나의 표에서도 여러 형식이 공존하게 되어 일관성이 부족하다. 형식분류가 유물을 분석하는 만능열쇠는 아니지만, 현재까지 보고된 모든 자료를 집성한 후 일관된 기준으로 분류할 때 비로소 중원식대장식구의 제작연대와 전개 과정 등 종합적인 분석이 제대로 이루어질 수 있다.

셋째, 연대 문제이다. 중원식대장식구는 기년명 자료와 공반하는 사례가 있어 그 연대는 어느 정도 안정되어야 함에도 연구자마다 연대관이 전혀 다르다. 예를 들어 효고현 교자즈카고분 출토품의 제작연대에 관해 후지이 야스타카는 자신의 4단계인 4세기 중엽으로, 김지현은 자신의 Ⅱ-1형식인 3세기 말엽으로 비정하여 양자 사이에 약 50년의 연대차가 노정된다. 이는 단순히 제작연대의 문제만이 아니라 중원식대장식구를 제작한 주체를 서진으로 볼지 아니면 동진으로 볼지 하는 문제와도 관련되어 있다. 중원식대장식구의 연대관을 제대로 구축하기 위해서는 우선 시간적 선후 관계를 나타내는 속성의 추출만이 아니라 후지이 야스타카가 지적한 제작기술의 검토도 병행할 필요가 있다.

넷째, 제작기술에 관한 문제이다. 이미 언급한 것처럼 중원식대장식구의 성립과 그 전개 과정을 조금과 같은 제작기술에 착안하여 밝히려 한 후지이 야스타카의 연구 성과는 높이 평가받을만하다. 이에 의하면 중원식대장식구에서 확인되는 축조(蹴彫)는 크게 a → b → c로 변화한다고 한다. 그러나 구체적인 사진이 제시되지 않아 실제로 그런 변화가 일어났는지 확인하기 어렵다. 그뿐만 아니라 후술하듯이 중원식대장식구에는 축조 이외에도 다양한 조금기술이 확인된다. 중원식대장식구의 변천 과정과 조금기술이 궤를 함께 할 것이라는 후지이 야스타카의 주장은 중원식대장식구를 분석하여 그 제작 단계를 명확히 파악한 다음, 단계별로 사용된 조각끌을 특정 종류에 한정하지 않고 종합적으로 검증하는 과정이 이루어졌을 때 비로소 여러 연구자에게 인정받을 수 있다.

위와 같은 문제의식을 바탕으로 다음 장에서는 우선 중원식대장식구의 속성 검토와 형식분류를 시도한다.

제3절 속성 검토와 형식분류

중원식대장식구는 교구, 대선금구, 과(과판+수식), 사미로 구성된다. 이 가운데 과(과판+수식), 사미는 출현한 후부터 소멸하기까지 형식변화를 뚜렷하게 간취할 수 없다.[3] 이에 반해 교구와 대선금구에는 여러 속성이 혼재하여 어느 정도 변천이 예상된다. 따라서 교구와 대선금구를 중심으로 속성을 검토한다. 현재까지 공개된 41식의 중원식대장식구 가운데 교구 또는 대선금구가 확인된 사례는 25식이다.

1) 속성 검토

형태적 속성과 기술적 속성으로 나누어 검토한다(그림 6-2).

3 김지현(2012)은 과(과판+수식)를 편년의 기준으로 삼고 시간적 속성을 파악하기 용이한 것으로 보나 과의 어떤 속성이 시간성을 반영하는지 그 근거는 뚜렷하게 제시되어 있지 않다.

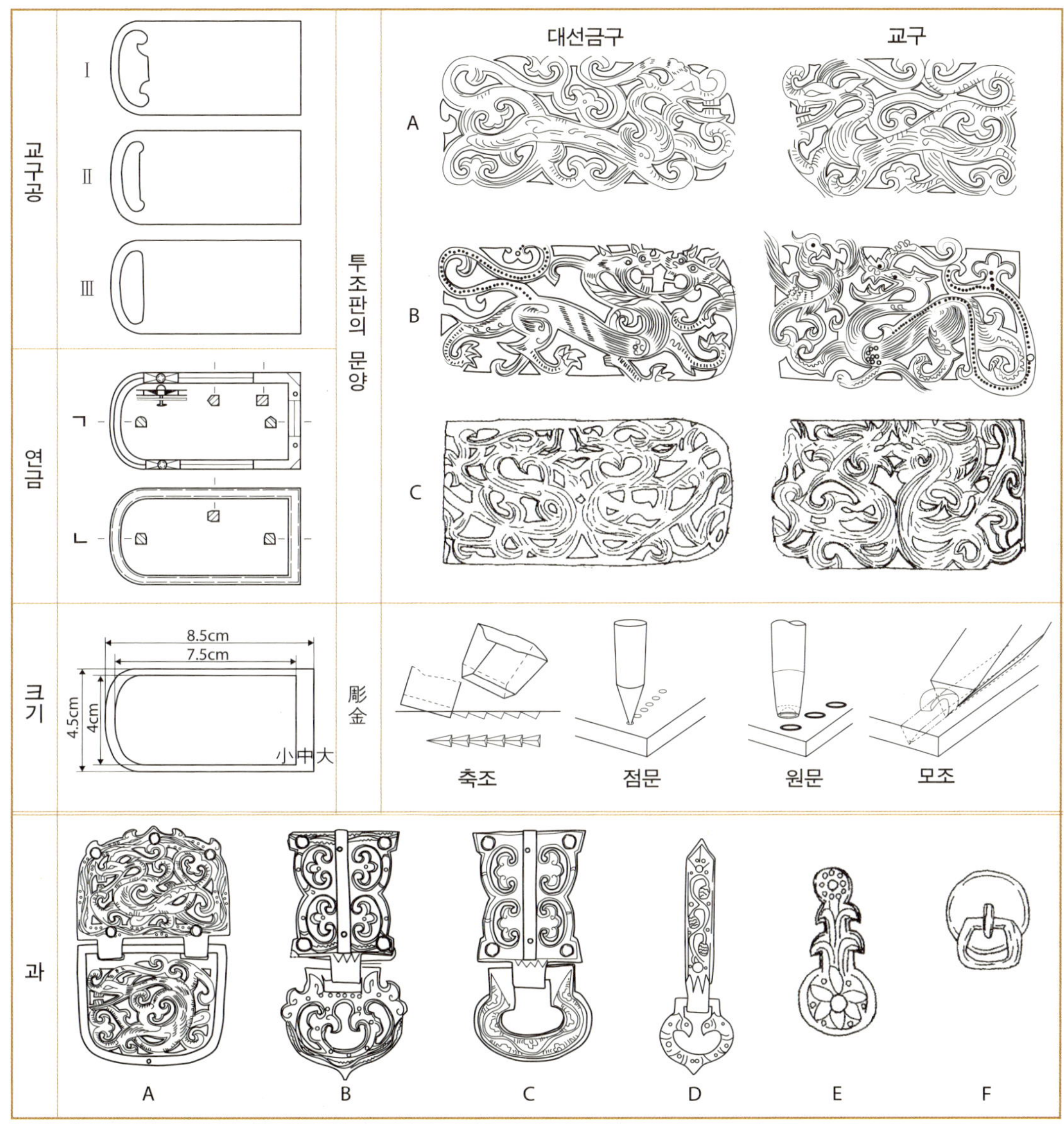

그림 6-2 중원식대장식구의 속성

(1) 형태적 속성

교구 또는 대선금구의 형태는 개별 사례마다 차이가 뚜렷하다. 종래의 연구 성과를 참고로 교구공, 연금, 투조판의 크기, 투조판의 문양을 분석한다.

① 교구공

교구공의 형태는 3가지로 분류한다(金誠實 2012; 김지현 2012).

Ⅰ : 교구공의 위, 아래에 잎 모양의 돌기가 돌출.

Ⅱ : 잎 모양의 돌기가 사라지고 그 흔적만 남아 있음.

Ⅲ : 반타원형.

Ⅰ → Ⅱ → Ⅲ, 또는 그 반대인 Ⅲ → Ⅱ → Ⅰ로 변화가 예상된다.

② 연금

ㄱ : 상·하연, 후연의 중간부를 연마하여 단면 오각형으로 제작. 상·하연의 전방부 일부를 리본형으로 가공.

ㄴ : 상·하·후연의 단면을 모두 똑같이 가공.

ㄱ → ㄴ, 또는 그 반대인 ㄴ → ㄱ으로 변화가 예상된다.

③ 크기

교구 또는 대선금구의 크기는 크게 3가지로 분류한다.

小 : 가로 7.5cm 미만, 세로 4cm 미만

中 : 가로 7.5~8.5cm, 세로 4~4.5cm

大 : 가로 8.5cm 초과, 세로 4.5cm 초과

삼자의 선후 관계를 예상하기는 어렵다.

小 → 中 → 大, 또는 그 반대인 大 → 中 → 小로 변화가 예상된다.

④ 투조판의 문양

교구와 대선금구의 투조판에 표현된 문양은 크게 세 가지로 분류할 수 있다.

A : 전방을 향한 용을 표현. 용체(龍體)는 역'S'자상. 발, 관모, 우모는 당초문이 단순화된 이엽문 또는 삼엽문. 용 얼굴 한쪽 면과 눈 1개를 표현.

B : 한 마리의 용과 이를 마주 보는 봉황(용)을 표현. 용을 대각선 방향에서 바라보아 용 얼굴 양쪽 면과 눈 2개를 표현.

C : 서로 마주 보는 두 마리의 용(봉황)을 표현.

삼자의 선후 관계를 예상하기는 어렵다.

(2) 기술적 속성

중원식대장식구를 이루는 각 부품은 ①동판 제작, ②문양 전사(傳寫), ③도금, ④조금, ⑤투조, ⑥연마(硏磨), ⑦병류(鋲留) 공정을 거쳐 완성된다. 이 가운데 조금기술은 공인의 공구(工具)를 파악할 수 있을 뿐만 아니라 이미 지적된 것처럼(藤井康隆 2002) 시간에 따른 변천도 예상되므로 유효한 속성으로 간주할 수 있다. 따라시 위의 7가지 제작 공정 가운데 특히 조금기술에 주목한다. 현재까지 보고된 중원식대장식구를 검토해보면 아래와 같은 4가지 조금기술이 확인된다.

축조 : 조각끌의 선단은 맞배지붕 형태. 삼각문 생성.

점문(点文) : 조각끌의 선단은 원뿔 형태. 점문 생성.

원문(圓文) : 조각끌의 선단은 원 형태. 원문 생성.

모조(毛彫) : 바탕 금속의 일부를 깎아 냄. 선처럼 보임.

2) 형식분류

이상으로 분석한 속성을 조합하면 총 8개의 형식으로 분류할 수 있다(표 6-1). 형식별로 조합된 속성을 정리하면 아래와 같다.

Ⅰ형식 : 교구공(Ⅰ)+연금(ㄱ)+크기(小)+문양(A)+조금(축조+원문)

의흥진묘 출토품, 덴리대학부속덴리참고관(天理大學附屬天理參考館) 소장품이 해당한다.

Ⅱ형식 : 교구공(Ⅱ)+연금(ㄱ)+크기(小)+문양(A)+조금(축조+원문+모조)

나라현 신야마(新山)고분 출토품, 오르도스박물관(鄂爾多斯博物館) 소장품이 해당한다.

Ⅲ형식 : 교구공(Ⅱ)+연금(ㄴ)+크기(小)+문양(A)+조금(축조+원문+점문)

효고현 교자즈카(行者塚)고분, 북경(北京) 유리하묘(琉璃河墓), 집안(集安) 산성하(山城下) M159호묘 출토품이 해당한다.

Ⅳ형식 : 교구공(Ⅱ · Ⅲ)+연금(ㄱ · ㄴ)+크기(中 · 大)+문양(A)+조금(축조)

조양(朝陽) 봉차도위묘(奉車都尉墓), 서안(西安) 양맹묘(梁猛墓) 출토품이 해당한다.

Ⅴ형식 : 교구공(Ⅱ)+연금(ㄱ)+크기(小)+문양(B)+조금(축조+원문+점문)

북표(北票) 라마동(喇嘛洞)M275호묘, 정주(鄭州) 상가서진묘(上街西晉墓)(M2), 김해 대성동 88호분 출토품, (전)영주, 역박③, 아이즈야이치기념박물관(會津八一記念博物館), 이데미쓰미술관(出光美術館), 교토대학종합박물관(京都大學總合博物館) 소장품이 해당한다.

Ⅵ형식 : 교구공(Ⅱ)+연금(ㄱ · ㄴ)+크기(小 · 中)+문양(B)+조금(축조+원문)

표 6-1 중원식대장식구의 속성과 형식(1)

지역	고분 및 소장기관	재질	교구							문양			彫金				부품									형식
			교구공			연금	크기	가로	세로	A	B	C	축조	모조	원문	점문	교구	대선금구	사미	과						
			Ⅰ	Ⅱ	Ⅲ															A	B	C	D	E	F	
의흥	진묘(1호묘)	은	○			ㄱ	小	7	3.5	○			?				1	1	1	4	4	4				Ⅰ
-	덴리대학부속덴리참고관	금동	○			ㄱ	小	6.9	3.5	○			○		○		1	1	1	2	3	1				
나라현	신야마고분	금동		○		ㄱ	小	6.7	3.5	○			○	○	○		1	1				12			1	Ⅱ
-	오르도스박물관	금동		○		ㄱ	?	-	-	○			○		○		1	1	1	1						
효고현	교자즈카고분	금동		○		?	小	7	3.7	○			○		○	○	1	1			1	1				Ⅲ
북경	유리하묘	금동		○		ㄴ	小	7.1	3.8	○			?				1			1						
집안	산성하M159호묘	금동	?			ㄴ	小	6.7	3.4	○			?					1								
조양	봉차도위묘	금동		○		ㄱ	大	9.4	4.8	○			○				1	1	1							Ⅳ
서안	양맹묘	금동			○	ㄴ	中	8.5	4.2	○			?				1	1	1							
북표	라마동M275호묘	금동		○		ㄱ	小	7.3	3.6		○		?				1	1		3	1	3				Ⅴ
-	이데미쓰미술관	금동		○		ㄱ	小	6.8	3.5		○		○		○	○	1	1								
-	역박③	금동		○		?	小	7.4	3.7		○		○		○	○	1									
-	교토대학종합박물관	금동		○		ㄱ	小	7.3	3.6		○		○		○	○	1			2	2	3(↑)				
정주	상가서진묘(M2)	금동		○		ㄱ	小	7.4	3.8		○		?				1	1		5	5					
김해	대성동88호분	금동	?			ㄱ	小	7	3.7		○		○		○	○		1			1	2				
-	(전)영주	금동	?			ㄱ	小	6.8	3.6		○		?					1		3		2				
-	아이즈야이치기념박물관	금동	?			?	小	7.4	4		○		○		○	○		1								
광주	대도산진총	금동		○		ㄴ	中	8	4.2		○		?				1	1	1				13	1		Ⅵ
무한	웅가령진묘	금동		○		ㄱ	中	7.6	4.2		○		?				1	1					7	1		
-	역박①	금동	?			ㄱ	中	7.5	4.3		○		○		○			1								
북표	라마동ⅡM101호묘	금동		○		ㄴ	小	6.7	3.6		○		?				1	1								
낙랑	서교24호묘	금동			○	ㄴ	小	6.7	3.4		○		?				1					1				Ⅶ
-	역박④	금동			○	ㄴ	中	7.8	3.7		○		○		○		1	1				5				
조양	십이대향창88M1호묘	금동		○		ㄴ	大	8.6	4.7			○	○				1									Ⅷ
조양	원대자 동진 벽화묘	금동		○		ㄱ	大	8.6	4.7			○	○				1	1								

?: 확인불가 | ↑: 이상

표 6-2 중원식대장식구의 속성과 형식(2)

지역	고분 및 소장기관	재질	교구							문양			彫金				부품									형식
			교구공			연금	크기	가로	세로	A	B	C	축조	모조	원문	점문	교구	대선금구	사미	과						
			Ⅰ	Ⅱ	Ⅲ															A	B	C	D	E	F	
서울	몽촌토성85-1 주거지	금동	?			?				?			○		○								1			Ⅵ
강소	남경대학 북원 동진대묘	금동	?			?				?			?										3			Ⅵ
안향	서진 유홍묘	은	?			ㄱ	?			?			?													-
집안	우산하M3560호묘	금동	?			?				?			?								1					-
집안	산성하M152호묘	금동	?			?				?			?									1				-
서울	풍납토성	금동	?			?				?			?								1					-
화성	사창리 산 10-1번지 고분	금동	?			?				?			?									2				-
경주	쪽샘 L-17호분	금동	?			?				?			○		○					1						-
김해	대성동70호분	금동	?			?				?			○		○							1				-
나라현	고죠네코즈카고분	금동	?			?				?			○		○						3(?)					-
-	(전)경산 용성	금동	?			?				?			?							4	1	1				-
-	스웨덴동양박물관	금동	?			?				?			?							1						-
-	개인소장(마유야마 준키치(繭山順吉)씨)	금동	?			?				?			?									3				-
-	역박②	금동	?			?				?			○		○					1						-
-	지카쓰아스카(近つ飛鳥)박물관	금동	?			?				?			?							2						-
-	보스턴미술관	금동	?			?				?			?							1						-

?: 확인불가

광주 대도산진총, 무한(武漢) 웅가령진묘(熊家嶺晋墓), 북표 라마동ⅡM101호묘 출토품, 역박①이 해당한다.

Ⅶ형식 : 교구공(Ⅲ)+연금(ㄴ)+크기(小·中)+문양(B)+조금(축조+원문)

낙양 서교24호묘 출토품, 역박④가 해당한다.

Ⅷ형식 : 교구공(Ⅱ)+연금(ㄱ·ㄴ)+크기(大)+문양(C)+조금(축조)

조양 십이대향창(十二臺鄕廠)88M1호묘, 원대자(袁台子) 동진벽화묘(東晉壁畵墓) 출토품이 해당한다.

한편 과(과판+수식)만 출토된 16식의 중원식대장식구는 속성을 검토할 수 없어 형식을 설정하기 쉽지 않다(표 6-2). 우선 과(과판+수식)를 근거로 형식을 비정해 둔다.

현재까지 확인되는 과는 총 6가지 종류(A~F)로 분류할 수 있다(그림 6-2). 이 가운데 강소(江蘇) 남경대학(南京大學) 북원(北園) 동진대묘(東晉大墓), 서울 몽촌토성 85-1 주거지에서 출토된 과는 D에 해당한다. 과D는 현재까지 Ⅵ형식에서만 확인되므로 같은 형식으로 분류해 둔다. 이외 나머지 중원식대장식구에서는 과A, B, C가 주로 확인된다. 다만 이것만 가지고 형식을 특정하기는 어려우므로 나머지 중원식대장식구는 형식 설정을 보류한다.

제4절 단계설정과 연대 비정

1) 단계설정

Ⅲ장에서 설정한 8개 형식의 선후 관계를 검토하여 단계를 설정한다.

우선 교구공의 시간적 선후 관계를 추정하는데 단서가 되는 것이 남경(南京) 설추묘(薛秋墓)이다(南京市博物館 2008). 설추묘에서는 화천(貨泉), 반량전(半兩錢)과 함께 직백오주(直百五銖), 태평백전(太平百錢)이 출토되었다. 이 화폐는 유비가 익주(益州)를 평정한 214년 이후 주조한 촉(蜀)의 화폐로 무덤의 상한연대를 추정하는 데 도움이 된다. 또 '折鋒校尉'(절봉교위)가 새겨진 석인장(石印章), '折鋒校尉沛國竹邑東鄕安平里公乘薛秋年六十六字子春'(절봉교위패국죽읍동향안평리공승설추년육십육자자춘)가 묵서된 목명자(木名刺)의 형태와 서사의 격식이 손오(孫吳) 고영묘(高榮墓), 주연묘(朱然墓) 등 손오시기의 것과 유사하여 보고서에서는 설추묘의 연대를 손오중만기로 비정한다.

중요한 점은 설추묘에서 출토된 은제대장식구의 교구 형태가 앞서 교구공 Ⅰ과 같다는

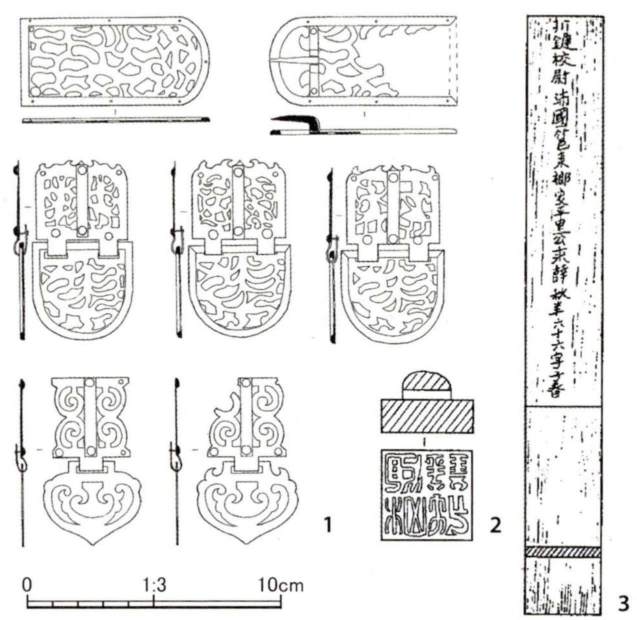

그림 6–3 남경(南京) 설추묘(薛秋墓) 출토품

1. 은제대장식구 | 2. 石印章(折鋒校尉) | 3. 木名刺(S=1/2)

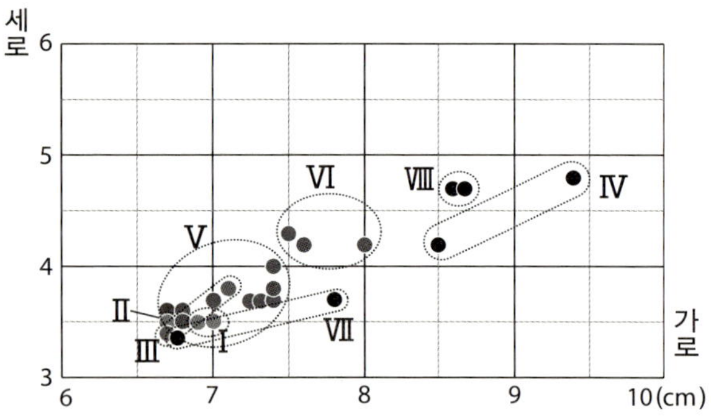

그림 6–4 형식별 교구/대선금구의 크기

점이다(그림 6–3). 보고서의 견해를 따라 설추묘의 연대를 손오중만기로 비정할 수 있다면 교구공Ⅰ은 가장 이른 속성으로 보아도 무방하다. 결국, 교구공은 Ⅰ → Ⅱ → Ⅲ으로 변화하므로 앞서 분류한 8개 형식의 선후 관계는 Ⅰ형식(교구공Ⅰ) → Ⅱ~Ⅷ형식(교구공Ⅱ·Ⅲ) 순으로 설정할 수 있다.

다음으로 교구공Ⅱ와 Ⅲ이 확인되는 Ⅱ~Ⅷ형식의 선후 관계에 대해서 살펴보자. 우선 주목되는 것이 연금의 형태이다. 앞서 이른 시기로 비정한 Ⅰ형식에서 연금(ㄱ)만, Ⅱ~Ⅷ형식에서는 연금(ㄱ·ㄴ)이 함께 확인되므로 연금의 형태는 (ㄱ) → (ㄴ)으로 변화한 것으로 추정된다. 따라서 연금(ㄱ)이 확인되는 Ⅱ·Ⅴ형식이 이르고 연금(ㄴ)도 함께 확인되는 Ⅲ·Ⅳ·Ⅵ·Ⅶ·Ⅷ형식은 늦은 것으로 볼 수 있다.

연금의 형태는 과판/대선금구의 크기와도 연동된다. 즉 이른 것으로 판단한 Ⅱ·Ⅴ형식에서는 교구/대선금구의 크기가 (小)만 확인되는 반면 느린 것으로 판단한 Ⅲ·Ⅳ·Ⅵ·Ⅶ·Ⅷ형식에서는 교구/대선금구의 크기가 小·中·大 모두 확인되는 것으로 보아 교구/대선금구의 크기는 시간이 지나면서 점차 대형화되어 간 것으로 추정된다(그림 6–4). 그렇다면 크기가 (大)가 포함된 Ⅳ·Ⅷ형식이 가장 후행할 가능성이 크다.

한편 투조판의 문양 A, B, C의 관계에 대해서는 ①각각을 시간적 선후 관계로 보는 견해와 ②제작지 또는 공인의 계보 차이로 보는 견해가 있다. ①시간적 선후 관계로 파악하는 견해는 절대연대를 알 수 있는 의흥진묘(297년)와 광주 대도산진총(324년) 출토품을 근거로 A

표 6-3 중원식대장식구의 속성과 단계

속성/단계	교구공			연금		크기			재질
	Ⅰ	Ⅱ	Ⅲ	ㄱ	ㄴ	소	중	대	
1단계	■			■		■			은/금동
2단계		■		■		■			금동
3단계		■		■	■	■	■		금동
4단계		■	■	■	■	■	■	■	금동

속성/단계	A	B	C
1단계	Ⅰ형식		
2단계	Ⅱ형식	Ⅴ형식	
3단계	Ⅲ형식	Ⅵ형식	
4단계	Ⅳ형식	Ⅶ형식	Ⅷ형식

에서 B로 변화한 것으로 이해하거나(김지현 2012; 이한상 2011) 용문의 꼬리에 주목하여 B(교토대학종합박물관)에서 A(신야마고분·교자즈카고분)로 변화한 뒤 양자가 병행한 것으로 본다(田中史子 1998: 90). 이와 달리 ②A, B, C의 문양을 제작지 또는 공인이 달랐기 때문에 나타난 결과로 해석하는 견해도 있다(千賀久 1984: 312).

현재까지 확인된 자료에 의하면 이 가운데 후자(②)의 타당성이 큰 것으로 판단된다. 왜냐하면, 교구와 대선금구의 문양을 확인할 수 있는 25식의 중원식대장식구는 모두 A, B, C 가운데 어느 하나의 문양에 반드시 속하기 때문이다. 이는 동판에 용문과 봉황문을 전사하는 제작 초기 단계부터 특정 모티브의 문양이 사용된 것을 의미한다. 그뿐만 아니라 각각의 문양이 가령 A → B → C 또는 C → B → A로 변화했다고 가정한다면 세 문양에서 공통적으로 확인되는 요소나 일정한 퇴화의 정도를 파악할 수 있어야 하지만 현재까지 확인되는 자료를 보는 한 그러한 요소도 인정하기 어렵다. 결국, 투조판의 문양은 시간적 선후 관계보다 제작지 또는 공인의 계보 차이일 가능성이 크다고 본다. 따라서 여기서는 A, B, C를 별도의 계통으로 분류한다.

이상으로 분석한 8개 형식의 단계와 그 속성을 정리하면 **표 6-3**, **그림 6-5**와 같다. 총 3개의 계통을 아래와 같이 4단계로 구분할 수 있다.

【1단계】 Ⅰ형식

교구공 Ⅰ, 연금(ㄱ), 투조판 크기 (小), 문양 A, 재질 : 은과 금동

【2단계】 Ⅱ · Ⅴ형식

교구공 Ⅱ, 연금(ㄱ), 투조판 크기 (小), 문양 A · B, 재질 : 금동

【3단계】 Ⅲ · Ⅵ형식

교구공 Ⅱ, 연금(ㄱ · ㄴ), 투조판 크기 (小 · 中), 문양 A · B, 재질 : 금동

【4단계】 Ⅳ · Ⅶ · Ⅷ형식

교구공 Ⅱ · Ⅲ, 연금(ㄱ · ㄴ), 투조판 크기 (小 · 中 · 大). 문양 A · B · C, 재질 : 금동

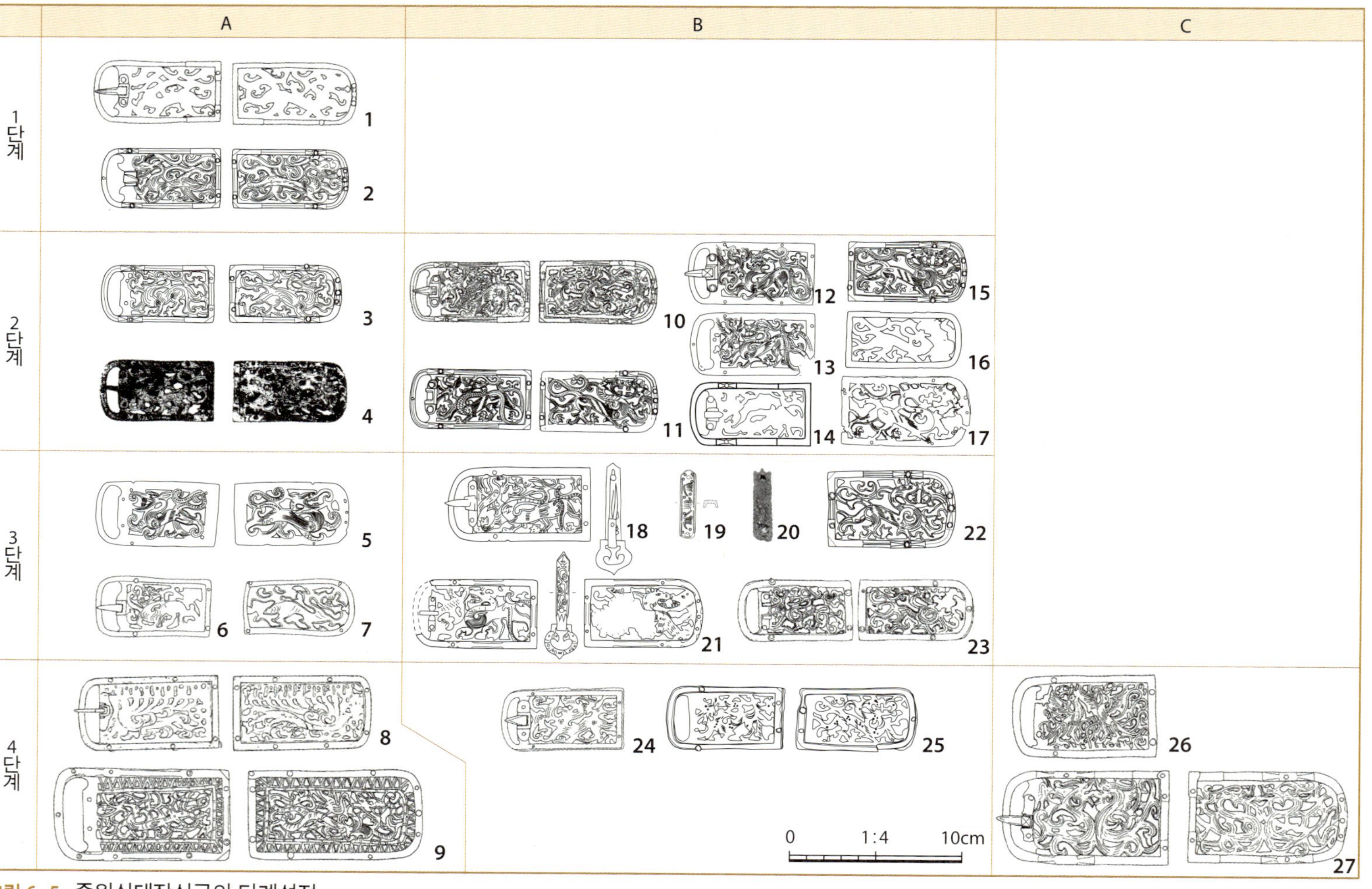

그림 6-5 중원식대장식구의 단계설정

1. 의흥진묘(1호묘) | 2. 덴리대학부속덴리참고관 | 3. 나라현 신야마고분 | 4. 오르도스박물관 | 5. 효고현 교자즈카고분 | 6. 북경 유리하묘 | 7. 집안 성산하M159호묘 | 8. 서안 양맹묘 | 9. 조양 봉차도위묘 | 10. 북표 라마동M275호묘 | 11. 이데미쓰미술관 | 12. 역박③ | 13. 교토대학종합박물관 | 14. 정주상가서진묘(M2) | 15. 김해 대성동88호분 | 16. (전)영주 | 17. 아이즈야이치기념박물관 | 18. 광주 대도산진묘 | 19. 서울 몽촌토성 85-1주거지 | 20. 남경대학 북원 동진대묘 | 21. 호북 무한 웅가령진묘 | 22. 역박① | 23. 라마동M101호묘 | 24. 낙양 서교24호묘 | 25. 역박④ | 26. 조양 십이대전창88M1호묘 | 27. 조양 원대자묘

2) 검증

앞서 설정한 변천의 타당성을 검증하기 위하여 공반유물을 검토해야 한다. 그러나 중원식대장식구는 출토지를 알 수 없는 사례가 많고 한·중·일 전역에서 출토되므로 공반유물을 비교하기가 쉽지 않다. 따라서 개체 수가 많은 A, B계통을 중심으로 투조판 문양과 조금(彫金) 기술이 앞서 설정한 단계와 어떤 상관관계를 지니는지 검토함으로써 그 타당성을 검증한다.

(1) 투조판 문양

1-2단계로 비정한 중원식대장식구의 투조판 문양에 대해서 살펴본다.

앞서 언급한 것처럼 A계통은 교구와 대선금구에 한 마리의 용문을 표현한다. 용체는 역'S'자이며 발, 관모, 우모(羽毛)는 이엽문 또는 삼엽문으로 마무리되었다. 용은 전방을 향하고 용 얼굴과 눈이 한쪽만 표현되었다.

이에 반해 B계통은 교구와 대선금구에 용과 마주 보는 봉황(용)을 표현하였다. 또 하나의 눈만 표현된 A계통과 달리 B계통은 2개의 눈과 눈알을 뚜렷하게 표현하였는데 이는 용을 대각선 방향에서 바라보았을 때만 나타나는 현상으로 용의 입체감을 효과적으로 나타내기 위해 고안된 표현으로 생각된다.

1-2단계에 이처럼 확연하게 구분된 A와 B계통의 투조판 문양은 이후 3-4단계가 되면 서로 혼합하는 양상을 띤다. 무한 웅가령진묘 출토품이 대표적이다. 용과 봉황을 표현하여 B계통에 속하는 무한 웅가령진묘 출토품에는 용 얼굴과 눈이 한쪽만 표현되어 A계통 중원식대장식구의 표현 방법을 따르고 있다. 유사한 현상은 라마동 II M101호묘 출토품에서도 확인된다. 시간이 지나면서 투조판 문양의 표현 방법이 통합되어 가는 것을 알 수 있다.

(2) 조금(彫金)

1-2단계로 비정한 중원식대장식구의 조금기술에 대해서 살펴본다.

A계통 1단계에 속하는 텐리참고관 소장품의 교구와 대선금구는 용눈의 외곽을 축조끌을 사용해 조각하였고 내부에 눈알은 표현하지 않았다. 우모, 용체, 꼬리도 축조끌만 사용해 표현하였다(**그림 6-6-1~4**). 나라현 신야마고분에서도 주로 축조끌만 확인되는 것으로 보아 A계통에 유사한 조금기술은 2단계에도 지속된 것을 알 수 있다(**그림 6-6-5~8**).

이에 반해 B계통에 속하는 김해 대성동88호분 출토품에서는 용체를 표현하기 위한 축조끌만이 아니라 눈과 꼬리를 표현하기 위해 원문끌과 점문끌 등 다양한 조금기술을 확인할

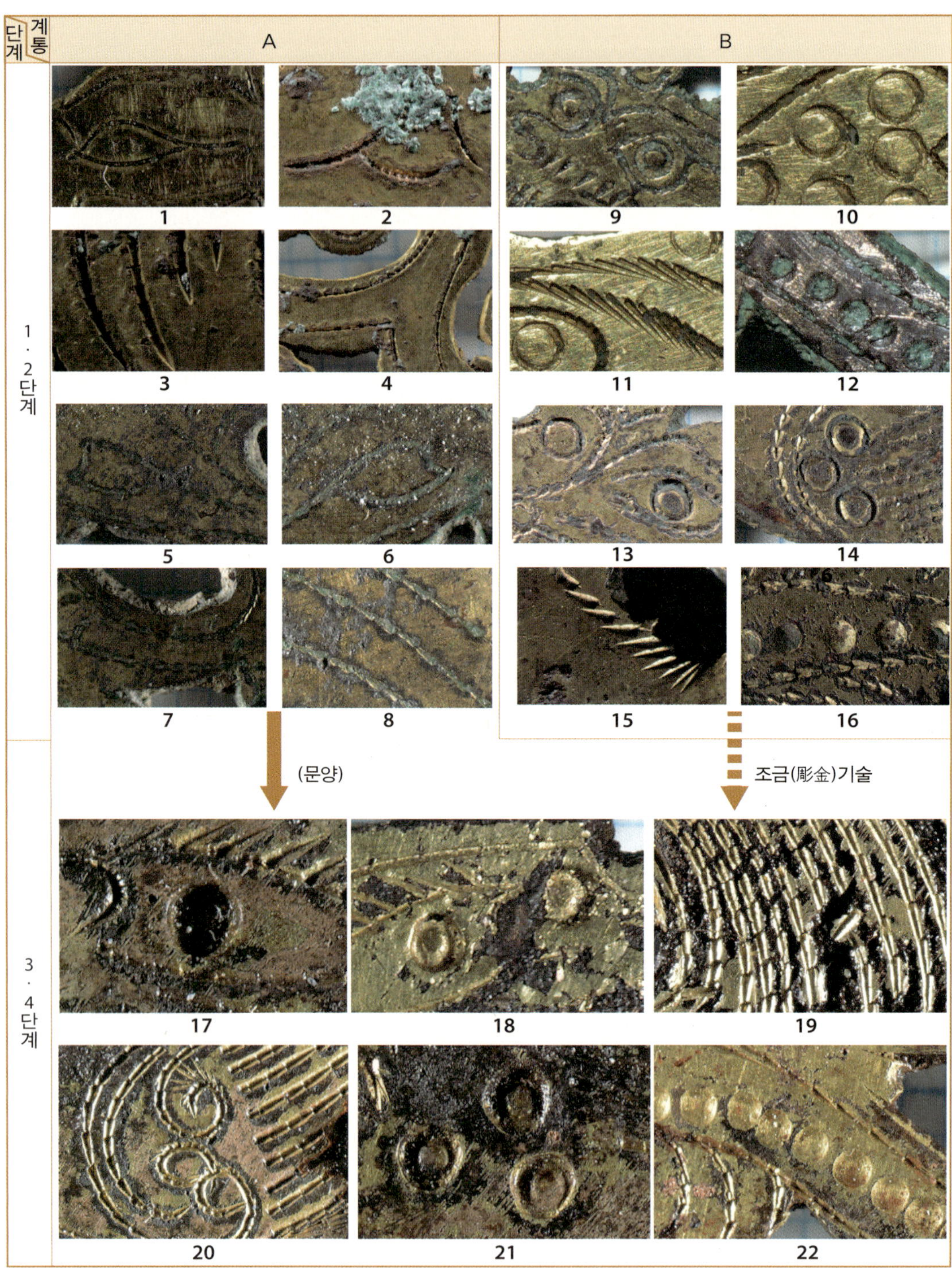

그림 6-6 조금(彫金)기술의 변천

1~4. 덴리대학 부속덴리참고관 | 5~8. 나라현 신야마고분 | 9~12. 김해 대성동88호분 | 13~16. 교토대학 종합박물관 | 17~22. 효고현 교자즈카고분

수 있다(그림 6-6-9~12). 유사한 조금기술은 교토대학종합박물관 소장품(그림 6-6-13~16) 등 B계통의 중원식대장식구에서 공통적으로 확인된다.

1-2단계에 이처럼 확연하게 구분된 A와 B계통의 조금기술은 이후 3-4단계가 되면 서로 혼합하는 양상을 띤다. 효고현 교자즈카고분 출토품이 대표적이다. 한 마리의 용문을 표현하여 A계통에 속하는 효고현 교자즈카고분 교구와 대선금구에는 축조끌만이 아니라 원문끌과 점문끌 등 B계통의 조금기술이 확인된다(그림 6-6-17~22). 결국, 앞서 살펴본 투조판 문양과 마찬가지로 조금기술도 1-2단계까지 확연히 구분되다가 3단계 이후가 되면 서로 통합되어 가는 현상을 확인할 수 있다.[4]

이상에서 살펴본 것처럼 1-2단계까지 확연히 구분되던 A·B계통의 투조판 문양과 조금은 3단계 이후 점차 혼합하는 양상을 띠므로 중원식대장식구의 변천과 그 맥을 같이 한다고 볼 수 있다. 투조판 문양의 표현 방법과 조금으로 보아 앞서 예상한 중원식대장식구의 변천은 타당한 것으로 판단된다.

3) 연대 비정

각 단계의 연대를 비정한다. 중원식대장식구와 기년명 자료가 공반되거나 연대를 추정하는 데 도움이 되는 무덤으로 1단계의 의흥진묘, 3단계의 광주 대도산진총, 남경대학 북원(北園) 동진대묘(東晉大墓), 4단계의 조양 봉차도위묘, 단계설정을 보류한 안향(安鄉) 서진(西晉) 유홍묘(劉弘墓)를 들 수 있다.

1단계로 비정한 의흥진묘(1호묘)에서는 피장자의 허리 부분에서 발견된 대장식구를 비롯해 도기, 자기, 장신구, 무기, 철경 등이 출토되었다. 공반된 묘전에서 '元康七年九月二十日陽羨所作周前將軍磚'이라 새겨진 기년전이 발견되었는데(그림 6-7-1) '元康'은 서진 혜제(惠帝)의 연호로 원강7년은 서기 297년에 해당한다(羅宗眞 1957).

3단계로 비정한 광주 대도산진총에서는 '大(太)寧二年甲申八月一日造', '大(太)寧二年甲申宜子孫'이 적힌 기년전이 출토되었다(그림 6-7-2). 서체로 보아 진대에 제작된 것을 알 수

4 중원식대장식구의 조금기술 변천 과정을 위와 같이 파악한다면 후지이 야스타카(藤井康隆 2002)이 가정한 축조기법의 변천(소성계a → b → c)은 적어도 본문에서 제시한 사진 자료에 근거하는 한 인정하기 어렵다. 중원식대장식구의 제작연대에 따른 축조기법 변화보다는 사용된 조각끌의 종류와 시문 방법의 차이가 양 계통을 구분하는 기준으로 타당할 것이다.

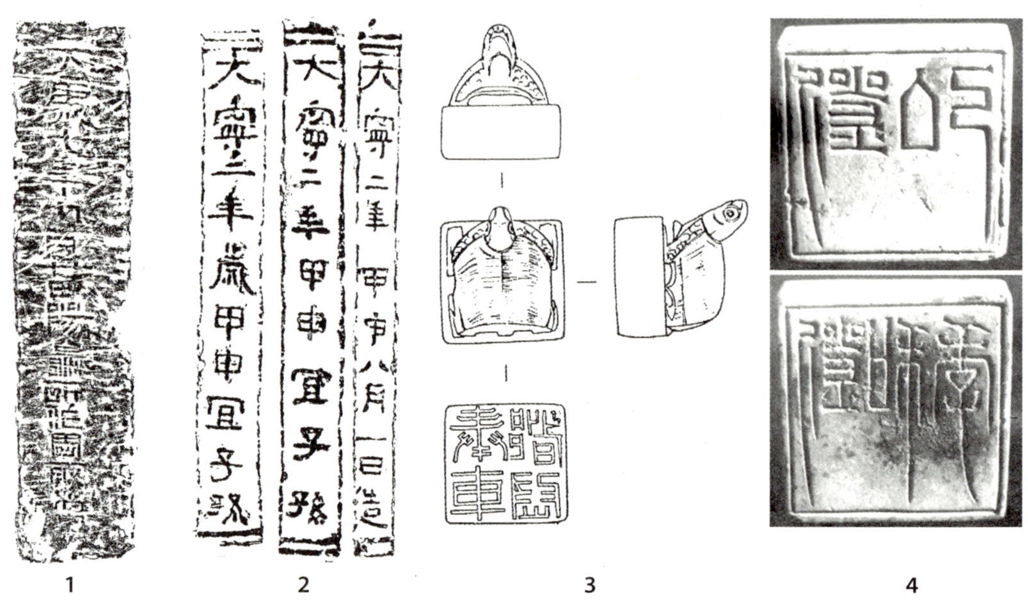

그림 6-7 연대비정 관련 자료

1. 의흥진묘(1호묘) | 2. 광주시 서교 대도산진총 | 3. 조양 봉차도위묘 | 4. 안향 서진유홍묘(1=1/6, 2·3·4 축척부동)

있다. 진대에 대(태)녕이라는 연호를 사용한 황제는 동진 2대 황제 사마소(司馬紹)로 태녕2년은 324년에 해당한다(胡肇椿 1932). 이는 강소 남경대학 북원 동진대묘의 주실 피장자를 원제(元帝)(323年 沒, 323년 葬)로 보는 견해(王志高 2003; 박순발 2004; 方文清 2016)와 부합한다.[5]

4단계로 비정한 조양 봉차도위묘에서는 '奉車都尉'가 새겨진 은인(銀印)이 출토되었다(그림 6-7-3). 『진서(晉書)』모용준재기(慕容儁載記) 동진 升平3년(359) 기사에는 업성(鄴城)에서 일어난 도적을 고발한 자에게 봉차도위라는 직위를 내렸다는 내용이 확인되어[6] 당시 '봉차도위'가 영예로운 관직임을 알 수 있다. 또 무덤에서는 은인과 함께 선비(鮮卑)의 상층인이 사용한 동대구(銅帶釦)도 공반되었으며 무덤 형식은 후연(後燕)의 창여태수(昌黎太守) 최휼(崔遹), 북연(北燕) 풍소불묘(馮素弗墓)와 유사하여 피장자의 높은 지위를 짐작해 볼 수 있다. 따라서 피장자는 모용준(慕容儁) 재위시절(348~360년)에 '봉차도위'라는 관직을 하사받았을 가능성이 크며 무덤의 조성 연대 또한 여기서 크게 벗어나지는 않을 것이다(田立坤 1994).

5 강소 남경대학 북원 동진대묘의 주실 피장자를 성제(成帝)(342년 沒, 葬)으로 보는 견해(吳桂兵 2003)도 있다.

6 時兵集鄴城, 盜賊互起, 每夜功刦, 晨昏斷行. 于是寬尙賦, 沒奇禁, 賊盜有相告者賜奉車都尉.

이는 같은 4단계로 비정한 조양 원대자 동진벽화묘에 그려진 벽화가 안악3호분(357년)과 유사하여 그 전후한 시기에 축조되었을 것이라는 견해(千賀久 1985), 조양 원대자 동진벽화묘의 연대를 벽화에 묵서된 기년의 검토를 통해 354년의 가능성이 가장 크고 366년의 가능성도 배제할 수 없다는 견해(田立坤 2002)와도 크게 모순되지 않는다.

결국, 중원식대장식구의 제작연대는 1단계 3세기 말, 2단계 300~320년, 3단계 320~340년, 4단계 340년 이후로 비정할 수 있다. 크게 보아 1~2단계는 서진(265~317년), 3~4단계는 동진(317~420년)에 해당한다. 즉 서진(265~317년)이 건국되고 나서 얼마 지나지 않아 등장한 중원식대장식구는 이후 동진대까지 제작된 셈이다.

위에서 비정한 각 단계의 연대는 중원식대장식구가 출토된 고분의 상한 연대를 의미한다. 물론 무덤에 부장되기 전에 중원식대장식구를 사용하였다면그 제작연대는 소급될 수도 있다. 다만 피장자의 신분과 지위를 나타내어 복식품으로 기능한 중원식대장식구가 여러 세대에 걸쳐 전세된 것으로 보기는 어려우므로 중원식대장식구의 제작연대는 고분의 상한 연대보다 약간 소급할 수 있으되 큰 시기차를 두기는 어려울 것으로 보인다.[7]

한편 이상과 같이 연대를 비정할 때 문제가 되는 것이 4단계의 낙양 서교24호묘 출토품이다(河南省文化局文物工作隊第二隊 1957). 同유적 1호묘에서 太康(태강)8년(289)명, 8호묘에서 元康(원강)년9(299)명, 22호묘에서 永寧(영녕)2년(302)명 묘지가 출토되어 서교24호묘에서 출토된 중원식대장식구의 연대도 3세기 말에서 4세기 초로 비정하는 연대관(김지현 2012; 藤井康隆 2002; 田立坤 1994; 千賀久 1984)과 본장의 연대관이 일치하지 않기 때문이다.

다만 낙양 서교24호묘는 보고서에 유구가 기록되지 않아 출토상황과 공반유물 등 자세한 정보는 알 수 없다. 서진의 수도라고 하여 이 유적에서 발견된 54기의 무덤을 모두 서진대로 단정할 수 있는지는 신중하게 접근할 필요가 있다. 실물을 관찰하지는 못했으나 공개된 도면을 보는 한 교구에 표현된 용의 문양이 상당히 퇴화한 점, 점문끌을 한 곳에 3번씩 새기는 기법, 연금과 투조판을 연결하는 못의 위치 등 4단계로 비정한 역박④와 유사한 것은 자명하다(**그림 6-5-24~25**). 낙양진묘(洛陽晉墓)의 상한과 하한을 알 수 없는 현재, 기년명 자료가 출토된 다른 무덤을 근거로 서교24호묘의 연대를 비정하기보다는 공개된 도면을 토대로 유물의 형식을 중시하는 것이 안정적일 것이다. 같은 유적에서 출토된 기년명 자료를 토대로

7 다만 한반도와 일본열도에 출토된 중원식대장식구의 경우 이입되기까지 어느 정도 시간이 걸렸을 가능성도 있다. 고분의 연대와 함께 고려해야 할 문제일 것이다.

낙양 서교24호묘 출토품의 제작연대를 본장의 1단계보다 소급시키면서 스스로도 이를 '억측'(藤井康隆 2002: 142)이라고 표현한 것에서 알 수 있듯이 무리하게 연대를 비정할 필요는 없다고 본다. 따라서 서교24호묘 출토품도 동진대로 보고자 한다.[8]

마지막으로 연금(ㄱ)만 출토되어 단계를 설정하지 못한 안향 서진 유홍묘에서는 '鎭南將軍章', '宣成公章'이 새겨진 금인(金印) 2점과 '劉弘', '劉和季'가 새겨진 옥인(玉印)이 1점 출토되어 묘주가 서진에서 진남장군(鎭南將軍)를 지낸 유홍임을 알 수 있다(文物管理所 1993). 『진서』유홍전(劉弘傳)과 『자치통감(資治通鑑)』에 의하면 유홍은 서진 光熙원년(306)에 낙양에서 사망하였다고 하므로 2단계로 비정할 수 있을 것이다.

제5절 전개와 의의

이 장에서는 우선 전형적인 중원식대장식구가 출현하기 이전의 자료로 생각되는 몇 가지 사례를 통해 그 성립 과정에 대해 고찰해 본다. 그 후 앞서 나눈 1~4단계를 기준으로 중원식대장식구의 전개와 의의에 대해 살펴본다.

1) 성립

중원식대장식구의 성립과 관련하여 하북(河北) 정현43호한묘(定縣43號漢墓), 남경 설추묘, 남경 상방손오묘(上坊孫吳墓), 낙양 조휴묘(曹休墓) 등이 거론된다(이한상 2011; 金誠實 2012; 김지현 2012, 조윤재 2015).

우선 하북 정현43호한묘에서 출토된 은제품은 수면은포수(獸面銀鋪首)(그림 6-8-1), 즉 청동그릇에 부착하는 고리로 보고되었으나(定縣博物館 1973) 그 형태가 앞서 분류한 과C와 흡사하여 대부분의 연구자가 이 은제품을 대장식구의 부품으로 간주한다(町田章 1987; 東京國立博物館 2019). 하북 정현43호한묘는 묘실의 규모가 광대하며 금, 은, 옥으로 만든 순장품으로 보아 정현이 속한 후한대(後漢代) 중산국왕(中山國王)의 무덤으로 생각된다. 특히 이 무덤에서 전륜전(剪輪錢), 즉 170년 이전에 주조된 화폐가 12점 출토되어 묘주는 140년에 사망한 중산효왕

8 앞으로 신뢰할만한 수준의 자료가 공개되어 유물에 대한 분석이 가능하다면 제작연대는 물론 변동될 수도 있다.

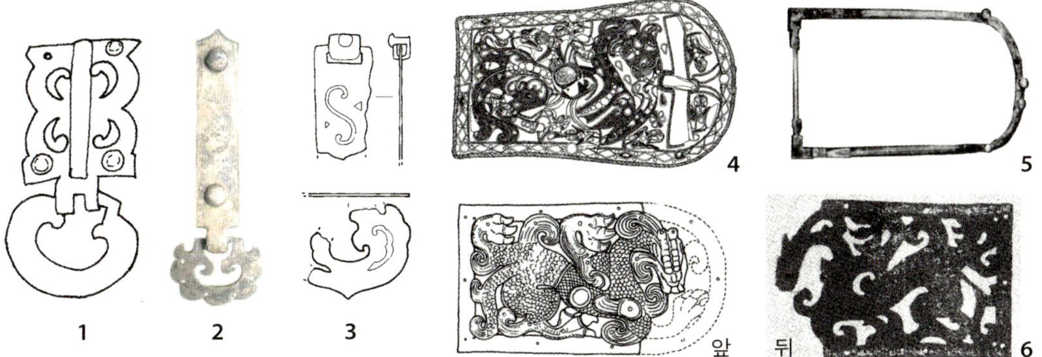

그림 6-8 중원식대장식구의 성립과 관련된 대장식구

1. 하북 정현 43호묘 | 2. 남경 상방손오묘 | 3. 낙양 맹진대한총조위귀족묘(조휴묘) | 4·5. 호남 유홍묘 | 6. 상해박물관소장품 (3=1/2, 4=1/3, 1·2·5·6 축척부동)

유홍(中山孝王劉弘)이 아니라 喜平3(174)년에 사망한 중산목왕유창(中山穆王劉暢)일 가능성이 크다. 이 은제품이 실제로 대장식구의 부품이라고 한다면 중원식대장식구의 기원은 후한대(後漢代)까지 거슬러 올라간다.

다음으로 앞서 언급한 남경 설추묘 출토 은제 대장식구를 들 수 있다. 공반된 목명자를 통해 피장자가 절봉교위(折鋒校尉)를 지낸 설추라는 남성, 본관은 패국죽읍동향안평리(沛國竹邑東鄕安平里)이며 66세에 사망한 것을 알 수 있다. 기년명 자료는 출토되지 않았으나 출토된 유물이 손오~진대에 해당되어 무덤의 조성 연대는 손오중만기로 비정된다(南京市博物館 2008). 대장식구의 형태로 보아 중원식대장식구와 관련 있는 것은 분명하다.[9]

2005년에 발굴 조사된 남경 상방손오묘에서는 앞서 분류한 과D와 유사한 은제 과(銙)가 1점 출토되었다(**그림 6-8-2**). 이 무덤은 지금까지 발견된 손오의 무덤 가운데 가장 대형이다. 출토된 여러 화폐 가운데 '대천당천(大泉當千)'이 孫吳赤烏원년(238년)에 주조된 것, 전후실 모두 돔 형태를 띠는 묘제 형식이 손오~서진의 장강 중하류역에서 유행한 것을 근거로 보고서에서는 무덤의 연대를 손오만기(孫吳晩期)로 비정한다. 또 무덤의 규모가 좌대사마(左大司馬), 우군사(右軍師)를 지낸 주연(朱然)의 묘(249년), 손오경제(孫吳景帝) 손휴(孫休)의 능으로 추정되는 정릉(定陵)(馬鞍山宋山大墓, 264년)을 상회하며 석관좌(石棺座)와 같이 고위급 인물의 무덤에

9 후지이 야스타카(藤井康隆 2013)는 설추묘 출토 은제 대장식구를 '강남계(江南系)'로 설정하고 이를 동오왕조(東吳王朝)의 대장식구로 이해한다.

서만 확인되는 유물이 출토되었으므로 후실 중앙의 대관(大棺)에 손오 마지막 황제 손호(孫皓)의 종실왕손준(宗室王孫峻)(266년 沒)이, 그 양측의 소관(小棺)에 왕비 2인이 묻힌 것으로 본다(南京市博物館·南京市江寧區博物館 2008).

마지막으로 낙양 맹진대한총조위귀족묘(孟津大漢塚曹魏貴族墓)에 주목할 수 있다(그림 6-8-3). 후실에서 도기, 동기, 철기, 금은기와 함께 '曺休(조휴)'가 새겨진 동인이 발견되어 228년에 병사한 조휴의 무덤임을 알 수 있다(南京市第二文物工作隊 2011). 동제 경첩이 보고되었는데 형태로 보아 대장식구의 부품인 사미와 과일 가능성이 크다. 특히 수식은 앞서 분류한 과B와 흡사하다.

이상에서 살펴본 것처럼 후한~삼국시대에 이미 중원식대장식구의 요소를 엿볼 수 있는 대장식구가 제작된 것은 분명하다(町田章 2006: 57). 다만 이 시기 제작된 대장식구는 주로 은제이며 중원식대장식구의 문양(용봉)과 제작기술(도금과 조금)도 확인되지 않는다. 따라서 지금까지 보고된 자료에 의하는 한 전형적인 중원식대장식구는 오(吳), 위(魏)의 대장식구 제작 전통을 기반으로 '새로운 요소'가 추가되면서 등장한 것으로 보아야 할 것이다.

이 '새로운 요소'와 관련하여 한대(漢代)부터 제작된 마제형타출교구(馬蹄形打出鉸具)(町田章 1987)가 주목된다(그림 6-8-4). 말발굽형의 금·은판에 서수(瑞獸)를 부조로 표현한 마제형타출교구[10]는 평면 형태는 다르지만 원호상의 연금을 따라 반달 모양의 교구공을 뚫고 중앙에 가동식(可動式)의 짧은 자금(刺金)으로 허리띠를 고정하는 결구 방법이 중원식대장식구와 완전히 같아 그 계승 관계를 충분히 엿볼 수 있기 때문이다. 문제는 마제형타출교구와 중원식대장식구의 연대 차이다. 마제형타출교구는 평양 석암리9호분을 비롯하여 석암리219호분, 정백동2호분, 17호분, 37호분, 92호분, 운남성(雲南省) 진녕(晋寧) 석채산(石寨山)7호분, 요녕성(遼寧省) 대련(大連) 영성자(營城子)M9호분 등에서 출토되었는데 주지하듯이 정백동(貞柏洞)37호분에서 '地節(지절)4년'(서기전 66년), 정백동2호분에서 '永始(영시)3년'(서기전 14년), 석암리9호분에서 '居攝(거섭)3년'(8년) 기년명 자료가 출토되어 그 존속 시기가 대략 서기전 1세기부터 1세기 초로 비정되기 때문이다(志賀和子 1994a·b; 오영찬 2011).

그러나 호남 유홍묘에서 마제형타출교구와 중원식대장식구가 공반되면서(그림 6-8-4·5)

10 명칭은 馬蹄形打出鉸具(町田章 2006) 외에 금제교구(주경미 2014), 금은제교구(오영찬 2011), 金銀製打出鉸具(志賀和子 1994a·b) 등으로 다양하다. 재질보다 형태에 그 의미가 있다고 생각되므로 본장에서는 馬蹄形打出鉸具라는 단어를 사용하기로 한다.

연대 문제는 해소되었다(주경미 2014; 孫機 1994). 호남 유홍묘의 피장자는 2점의 금인(金印)으로 보아 서진의 진남대장군(鎭南大將軍)을 지낸 '유홍'이며 서진 光熙원년(306)에 낙양에서 사망하였으므로 마제형타출교구와 중원식대장식구가 일정 기간 병존한 것은 분명하다(藤井隆康 2013: 16). 마제형타출교구가 서진의 최고위 신하인 제왕(諸王)과 봉군(封君)에게 사여되었다는 견해(町田章 2006: 46)가 타당하다면 마제형타출교구의 존속 연대는 서진대(西晉代)까지 내려와 중원식대장식구와 병존한 셈이 된다. 결국 후한대(後漢代)부터 제작된 마제형타출교구는 서진이 건국된 이후에도 명맥을 유지하였으며 서진이 전국을 통일한 시기를 즈음하여 등장한 중원식대장식구가 황제나 귀족을 상징하는 기물로 기능하면서 마제형타출교구를 대체해 나간 것으로 이해할 수 있다.

이러한 계승 관계의 타당성을 뒷받침해주는 유물이 상해박물관(上海博物館)에 소장된 옥제대장식구이다(그림 6-8-6). 옥제대장식구의 내부에는 마제형타출교구의 입체적인 용문을 표현하면서도 평면 형태는 중원식대장식구와 같은 반타원형을 띠고 있어 마제형타출교구가 중원식대장식구로 이행하는 과도기적인 요소가 포함되어 있기 때문이다. 옥제대장식구의 뒷면에 새겨진 두 행의 명문[11]을 통해 이 옥제품이 천자(天子)를 위해 만들어졌으며 당시 '곤대선비두(袞帶鮮卑頭)'라고 불린 것을 알 수 있다(町田章 1987). 또 문두(文頭)에 새겨진 '庚午'의 연대에 관해서는 크게 永嘉4년(311)(町田章 2006), 太和5년(371)(町田章 1987; 王正書 1999), 元嘉7년(431)(孫仲匯 1986)으로 나누어져 있는데 앞서 살펴본 대로 마제형타출교구 → 옥제대장식구 → 중원식대장식구라는 변천을 염두에 둔다면 이 가운데 永嘉4(311)년일 가능성이 가장 큰 것으로 생각된다.

요컨대 중원식대장식구는 후한(後漢)부터 오(吳), 위(魏) 등 삼국시대(三國時代)까지 점재한 중원의 대장식구 요소(형태)에 마제형타출교구[12]의 요소(재질, 결구 방법)가 가미되면서 등장한 것으로 볼 수 있다. 그 등장 시기(1단계)가 서진이 손오를 멸망시키고 전국을 통일한 시기와 겹치는 것은 결코 우연이라고 하기 어렵다. 전국을 통일한 서진왕실에서 이전까지 제작

11 庚午, 御府造白玉袞帶鮮卑頭, 其年十二月丙辰就, 用功七百, 將臣范許, 奉卓都尉臣程涇, 令奉車都尉關內侯臣張余.

12 마제형타출교구가 주로 중국 변방에서 출토되므로 한왕실에서 일괄적으로 제작하여 주변 이민족에게 사여하였을 것이라는 견해(岡村秀典 1998; 志賀和子 1994a·b)가 일반적이나 이에 대해 신중한 자세를 취하는 입장도 있다(오영찬 2011; 주경미 2014). 마제형타출교구를 비롯한 한대 대장식구에 관해서는 별도의 논고를 통해 상론토록 하겠다.

된 대장식구의 여러 요소를 통합함으로써 의도적으로 창출한 것이 중원식대장식구였던 셈이다. 또 당시 대장식구를 소유한 인물이 대부분 황제나 고위직 관리인 것으로 보아 후한대부터 대장식구가 매우 정치적인 성격을 지닌 기물이라는 것도 알 수 있다.

2) 전개

다음으로 단계별로 전개 과정에 대해 살펴본다. 중원식대장식구의 단계별 분포는 **그림 6-9**와 같다. 단계를 설정할 수 없는 중원식대장식구의 분포는 따로 정리하였다(**그림 6-10**).

(1) 1단계

1단계는 전형적인 중원식대장식구가 등장하는 시기로 서진이 손오를 멸망시키고 전국을 통일한 3세기 말로 비정된다. 의흥진묘(1號墓)와 덴리참고관소장품이 1단계에 해당한다.

1단계에 제작된 중원식대장식구의 성격에 관해서는 의흥진묘를 통해 짐작해 볼 수 있다. 의흥진묘(1호묘)에서는 ‘元康七年九月二十日陽羡所作周前將軍磚’(원강칠년구월이십일양선소작주전장군전)이 새겨진 명문벽돌이 발견되었다. 벽돌에 새겨진 주전장군(周前將軍)이 누구인지 불분명하나 인골을 분석한 결과, 40세 이상의 남성으로 판단되어 피장자를 주처(周處)로 추정한다(羅宗眞 1957). 『진서』주처전(周處傳)에 따르면 주처는 오나라 출신으로 서진으로 출사(出仕)한 무인이다. 296년 건위장군(建威將軍)으로 임명된 후 297년 전사하여 서평장군(西平將軍)으로 추증되었고 이후 고향인 의흥(宜興)으로 귀장하면서 다시 한번 전장군(前將軍)으로 가증되었다(羅宗眞 1957). 결국 의흥진묘에서 출토된 중원식대장식구는 전장군과 서평장군(町田章 1970), 혹은 서평장군과 건위장군(建威將軍)(박순발 2004: 8)과 관련된 복식품으로 평가할 수 있다. 이미 지적된 것처럼 의흥진묘(1호묘)가 주처의 무덤이 의심의 여지가 없다면(夏鼐 1972) 손오정권이 멸망한 직후 강남에서 새롭게 성장한 신흥 대호족 주씨세력에게 서진왕실에서 만든 대장식구를 하사한 셈이다. 따라서 손오가 멸망한 280년부터 3세기가 끝날 때까지 서진왕실이 강남지역에 대해 구체적인 정책을 시행하지 않았다(川勝義雄 1974: 165)기보다 새로이 복속된 지역의 재지 호족에게 중원식대장식구를 사여함으로써 오히려 이들을 적극적으로 회유한 것으로 보아야 할 것이다.

(2) 2단계

전형적인 중원식대장식구가 가장 활발하게 제작되는 시기로 300-320년대에 해당한다. 안향서진 유홍묘, 정주(鄭州) 상가(上街) 서진묘(西晉墓)(M2), 북표 라마동M275호묘, 김해 대성동

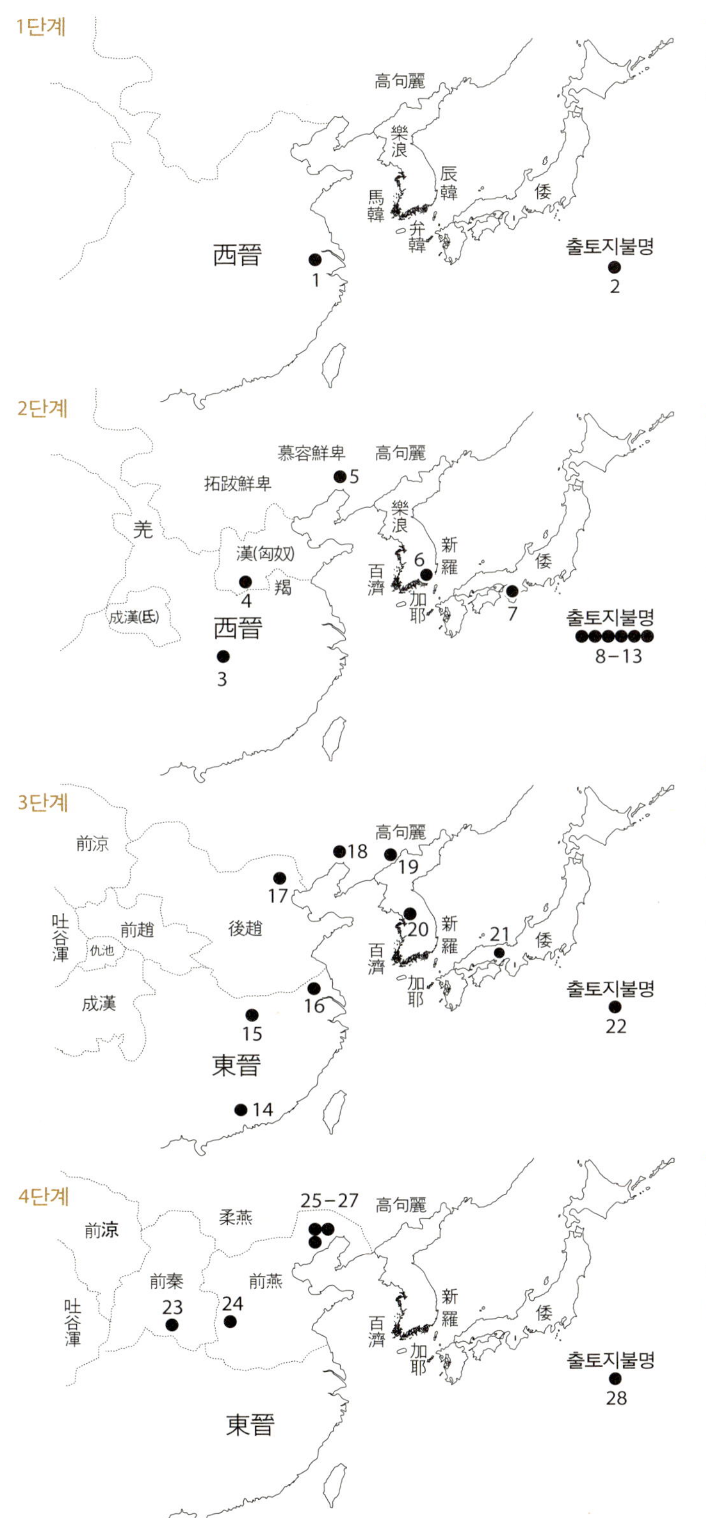

1단계

1. 의흥진묘(1호묘) | 2. 덴리대학 부속 덴리참고관

2단계

3. 안향 서진유홍묘 | 4. 정주 상가서진묘(M2) | 5. 북표 라마동M275호묘 | 6 김해 대성동88호분 | 7. 나라현 신야마고분 | 8. 오르도스박물관 9. 이데미쓰미술관 | 10. 역박③ | 11. 교토대학종합박물관 | 12. (전)영주 | 13. 아이즈야이치기념박물관

3단계

14. 광주 대도산진총 | 15. 무한 웅가령진묘 | 16. 강소 남경대학 북원 양진대묘 | 17. 북경 유리하묘 | 18. 북표 라마동ⅡM101호묘 | 19. 집안 산성하M159호묘 | 20. 서울 몽촌토성 85-1주거지 | 21. 효고현 교자즈카고분 | 22. 역박①

4단계

23. 서안 양맹묘 | 24. 낙양 서교24호묘 | 25. 조양 원대자 동진벽화묘 | 26. 조양 봉차도위묘 | 27. 조양 십이대향창88M1호묘 | 28. 역박④

그림 6-9 단계별 중원식대장식구의 분포

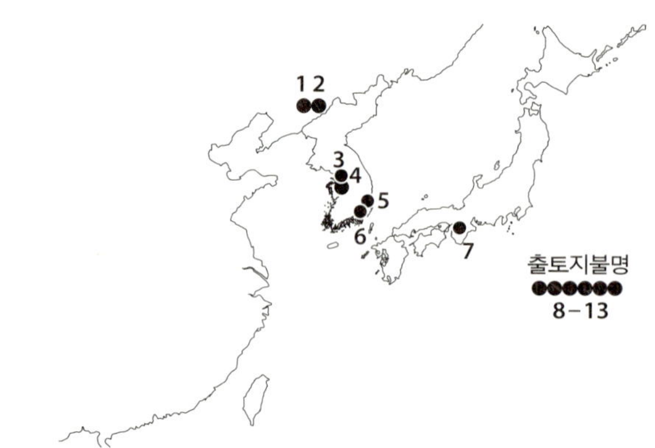

1. 집안 우산하M3560호묘 | 2. 집안 산성하M152호묘 | 3. 서울 풍납토성 | 4. 화성 사창리 산 10-1번지 고분 | 5. 경주 쪽샘 L-17호분 | 6. 김해 대성동70호분 | 7. 나라현 고죠네코즈카고분 | 8. (전)경산 용성 | 9. 스웨덴동양박물관 | 10. 개인소장(마유야마 준키치(繭山順吉)씨) | 11. 역박② | 12. 지카쓰아스카(近つ飛鳥)박물관 | 13. 보스턴미술관

그림 6–10 단계를 설정할 수 없는 중원식대장식구의 분포

88호분, 나라현 신야마고분 출토품을 비롯하여 오르도스박물관, 이데미쓰미술관, 역박③, 교토대학종합박물관, (전)영주, 아이즈야이치기념박물관 소장품이 2단계에 속한다. 중국 동북부만이 아니라 한반도와 일본열도까지 중원식대장식구가 동아시아 전역에 분포한다.

2단계 중원식대장식구의 성격에 관해서는 안향 서진 유홍묘를 통해 짐작해 볼 수 있다. Ⅳ장에서 언급한 것처럼 『진서』유홍전과 『자치통감』에 의하면 형주자사(荊州刺史), 진남대장군 등 요직을 거친 유홍은 서진 光熙(광희)원년(306)에 거기장군(車騎將軍)이 된 후 낙양에서 사망한 것으로 전해진다. 따라서 중원식대장식구에 대해 '장군의 지위와 같은 고급 무관의 신분을 상징하기 위해 (西晉)정부에서 지급된 장구(裝具)'(町田章 1970: 48), 또는 '군복에 동반된 대(帶)에 착장하여 장군을 임용할 때 의복과 함께 서진왕실에서 내외의 신하에게 하사'하였다는 견해(町田章 2006: 50)는 2단계, 즉 서진대까지는 지속된 것으로 볼 수 있다. 중원식대장식구의 이러한 성격은 도공주반(陶空柱盤), 마차(馬車), 진묘무사용(鎭墓武士俑), 진묘수(鎭墓獸) 등 시대를 특정할 수 있는 유물이 출토되어 서진중만기로 비정되는 정주 상가 서진묘(M2)에 적용하여도 크게 무리는 없을 것이다(鄭州市文物考古硏究院 2019). 다만 중원지역을 벗어나 중국 동북지방이나 한반도, 일본열도에서 확인되는 중원식대장식구에 대해서도 무관직(武官職)과 같은 성격을 규정할 수 있는지는 신중할 필요가 있다.

주지하듯이 라마동묘지는 북방민족의 하나인 선비족(鮮卑族)의 묘지이다. 라마동Ⅱ M275호묘에서 출토된 중원식대장식구(**그림 6–11–1**)는 서진에서 제작된 대표적인 사례로 평가된다(이한상 2011; 町田章 2006; 小池伸彦 2006). '팔왕(八王)의 난'으로 어지러워진 정세 속에서 상대적으로 안정된 요서지역은 중원의 유민에게 도피처였다. 당시 동북부지역에서 세력을 떨친 모용외(慕容廆 307-333년)는 어지러워진 중원의 정세를 이용하여 군현을 설치하고 유민

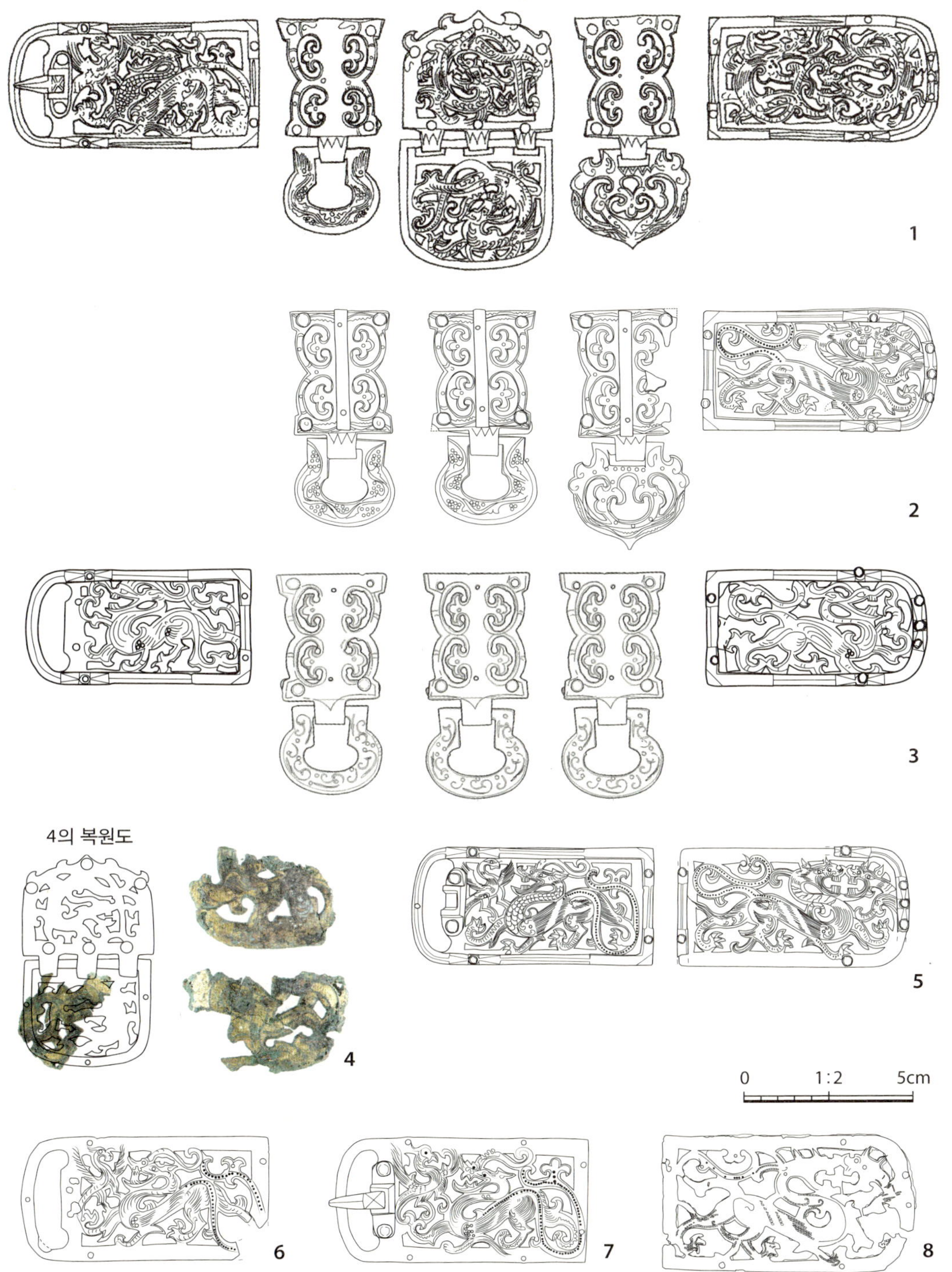

그림 6-11 2단계 중원식대장식구

1. 북표 라마동M275호묘 | 2. 김해 대성동88호분 | 3. 나라현 신야마고분 | 4. 경주 쪽샘 L-17호분 | 5. 이데미쓰미술관 소장품 | 6. 교토대학종합박물관 | 7. 역박③ | 8. 아이즈야이치기념박물관

을 받아들였다. 한화정책을 적극적으로 추진하여 한인을 채용하는 등 새로운 법제를 제정한 것이다(礪波護·武田幸男 1997). 한인 사대부를 받아들였으므로 중국 중원의 문화가 요하유역에도 유지되었는데(川勝義雄 1974) 그 과정에서 서진왕실에서 제작된 중원식대장식구도 전해진 것으로 이해할 수 있을 것이다.

한편 김해 대성동88호분(그림 6-11-2)은 심각한 도굴로 인해 그 전모를 알기 어렵다. 다만 재지계의 토기와 철기, 일본열도제의 가능성이 큰 동촉과 파형동기, 통형동기, 동과가 공반되어 적어도 서진의 고위 무관 신분을 상징하는 흔적은 확인되지 않는다(大成洞古墳博物館 2015). 이는 동경, 관옥, 곡옥, 벽옥제초형석(碧玉製鍬形石), 석천(石釧)과 같이 재지계의 유물만 공반된 나라현 신야마고분[13](그림 6-11-3)도 마찬가지다.

단계를 설정하지는 않았지만 공반된 토기로 보아 2~3단계로 비정할 수 있는 경주 쪽샘 L-17호분에서도 중원식대장식구의 수하식 파편이 출토되어 주목된다(그림 6-11-4). 280년대 진한(辰韓)이 서진으로 3차례나 사신을 보냈다는 『진서』동이열전(東夷列傳) 진한조(辰韓條)의 기사[14]를 뒷받침할 수 있는 고고자료로도 평가할 수 있을지 모른다. 다만 약 1세기 후인 382년에도 신라의 사신 위두(衛頭)가 전진(前秦)에 갈 때 고구려 사신의 도움을 받은 사실을 고려하면 서진과 진한의 직접적인 교역보다 이를 매개한 중간자가 존재하였을 것으로 보인다. 또 공반 유물로 보아 고위 무관의 흔적은 역시 확인되지 않는다.

이상에서 알 수 있듯이 2단계 서진왕실에서 제작된 중원식대장식구는 중원의 지방호족에게는 武官의 신분을 상징하는 증표로 사여되었으나 중국 동북부, 한반도, 일본열도의 대장식구에도 동일한 성격이 부여된 것으로는 보기 어렵다.

2단계는 서진무제(西晉武帝) 사마염(司馬炎)의 사후로 혜제(惠帝)의 황후가씨(皇后賈氏)가 권력을 잡게 되자 이에 각지의 황족 사마씨가 반란을 일으킨 '팔왕의 난'(291-306년)에 이어 흉노족 유연(劉淵)과 유총(劉聰)이 세운 한(漢)에 의해 회제(懷帝, 재위 306-313)가 평양(平陽)에서 살해당한 '영가(永嘉)의 난'(311-316년)으로 인하여 사실상 서진왕조가 무너진 시기에 해당한다. 규격화된 크기와 정형화된 문양으로 보아 2단계의 중원식대장식구가 서진의 관영공방(官營工房)에서 일괄적으로 제작되었다는 견해(藤井隆康 2002)가 타당하다면 중원의 질서가 이

13 기시모토 나오후미(岸本直文 2011)의 고분 편년을 따르면 나라현 신야마고분은 고훈시대(古墳時代) 前5期로 대략 330-350년에 해당한다. 제작연대로 보아 부장까지 20~30년 정도 걸린 것으로 볼 수 있다.

14 武帝太康元年(280), 其王遣使獻方物. 二年(281)復來朝貢, 七年(286)又來.

렇게 혼란한 가운데서도 지방의 호족과 모용선비, 한반도(신라, 가야)와 일본열도(倭)까지 서진제 대장식구가 유통된 셈이다.

이처럼 2단계의 중원식대장식구가 중국 동북부를 넘어 한반도와 일본열도까지 확산될 수 있었던 배경에 낙랑의 존재를 염두에 두지 않을 수 없다. 진·변한(辰·弁韓) 사회가 선진문물을 입수하는 창구로 삼은 낙랑은 313년 고구려에 의해 멸망하지만 이주민의 남하 등을 계기로 중원의 문물이 한반도 남부로 유입될 수 있었을 것이다. 진·변한지역에서 확인되는 수많은 낙랑의 물질문화가 이를 방증한다(심수연 2014). 낙랑 무덤에서 출토되는 다수의 마제형타출교구와 곡봉형대구로 보아 앞으로 낙랑 무덤에서 중원식대장식구가 발견될 가능성은 농후하다.

(3) 3단계

3단계는 320~340년대로 동진대에 해당한다. 2단계에 이어 중원식대장식구가 활발하게 제작되는데 북경 유리하묘, 광주 대도산진총, 무한 웅가령진묘, 강소 남경대학 북원 동진대묘, 북표 라마동ⅡM101호묘, 집안 산성하M159호묘, 서울 몽촌토성 85-1주거지, 효고현 교자즈카고분 출토품, 역박①이 3단계에 속한다. 2단계와 달리 동진의 세력권이었던 남방지역까지 분포 범위가 넓어진 점이 눈에 띈다.

강소 남경대학 북원 동진대묘에서는 과D(규형) 3점이 보고되었으며 이 가운데 1점은 주실에서 발견되었다(南京大學歷史系考古組 1973). 주실 피장자는 동진의 황제인 원제(元帝, 323年 沒, 323년 葬)(박순발 2004; 王志高 2003; 方文淸 2016) 혹은 성제(成帝, 342년 沒, 葬)로 보는 견해(吳桂兵 2003)도 있으나 어느 견해를 따르더라도 황실과 관련된 것은 분명하다.

광주 대도산진총 출토품(**그림 6-12-1**)은 맥락을 파악하기 쉽지 않다. 다만 무덤의 형식을 비롯하여 建安(건안)10년(205)에 제작된 후한경, 토기, 중원식대장식구는 당시의 일반 평민이 가질 수 없었으므로 보고서에서는 피장자를 귀족 관리로 추정한다(胡肇椿 1932). 무한 웅가령진묘 출토품(**그림 6-12-2**) 역시 맥락은 알기 어려우나 광주 대도산진총과 마찬가지로 후한 중만기에 제작된 운뢰연호문동경(雲罍連弧文銅鏡)과 중원식대장식구가 공반되어 보고서에서는 피장자를 동진의 귀족 관리로 추정한다(劉森淼 1994).

이처럼 건강(健康)으로 남하한 동진의 황실과 귀족 무덤에서도 중원식대장식구가 출토되는 것으로 보아 서진대의 대장식구 제작 전통이 동진의 관영 공방까지 이어진 것은 분명하다. 중원식대장식구의 분포가 東晉의 세력권과 겹치는 것은 이를 방증한다. 다만 제4절에서 분석하였듯이 3단계의 중원식대장식구는 2단계에 양분되어 있던 두 계통의 요소가 혼재하거나 투조판의 문양이 퇴화하는 현상이 관찰된다. 그 이유를 구체적으로 알기는 어려우나 유연이 세운 한에 의해 거의 멸망하다시피 한 서진왕실 관영 공방의 제작기술 전통이 온전히 동진으로 이전되지 않은 것을 여러 원인 가운데 하나로 꼽을 수 있을 것이다.

이처럼 중국대륙 내에서 발견된 3단계 중원식대장식구에서 공통적으로 확인되는 과D가 서울 몽촌토성 85-1주거지에서 출토되어 주목된다**(그림 6-12-3)**. 진한(辰韓)과 서진의 교섭만이 아니라 마한(馬韓)과 동진의 교섭(박순발 2004) 역시 중원식대장식구를 통해 엿볼 수 있다. 다만 무덤에서 출토된 것이 아니라 토성 동북의 성벽 정부 평탄면의 제1주거지 매토층(Ⅵ층)에서 폐기된 상태로 출토되어 실제로 대장식구를 사용하였는지는 알 수 없다(夢村土城發掘調査團 1985).

한편 3단계가 되면 중원식대장식구를 모방한 제품이 등장한다. 북표 라마동ⅡM101호묘 출토품**(그림 6-12-6)**이 대표적이다. 함께 출토된 금동제용문투조안교(金銅製龍文透彫鞍橋)가 오사카부 곤다마루야마(譽田丸山)고분 출토품과 유사하다는 이유로 중원식대장식구의 제작연대를 5세기 전엽으로 비정하는 견해(藤井隆康 2003)도 있으나 고훈시대의 연대관을 교차 편년하여 선비족의 무덤에 적용하는 것은 방법론상 적절하지 않다. 안교와 대장식구의 문양과 조금기술이 유사한 점, 교구와 대선금구의 크기가 서진제와 같은 점, 문양의 퇴화 등을 고려하면 서진 멸망 직후 재지에서 마구와 세트로 대장식구가 모방 제작된 것으로 이해하는 것이 타당할 것이다(町田章 2006; 小池伸彦 2006).

중원식대장식구의 모방 제작 현상은 고구려에서도 확인된다. 집안 산성하M159호묘 출토품을 비롯하여 3세기 말~4세기 중엽으로 비정(강현숙 2013)되는 산성하M152호묘, 우산하(禹山下)M3560호묘에서 과B, 과C가 출토된 것으로 보아 3단계까지 중원식대장식구가 고구려로 유입된 것은 틀림없다.[15] 분석 대상에 포함되지는 않았지만 칠성산96-1호묘, 환인 연강향19호분, 산성하M330호묘 출토품은 중원식대장식구를 모방하여 고구려 내에서 자체적으로 창출한 양식으로 볼 수 있다.

효고현 교자즈카고분 출토품**(그림 6-12-5)**은 교구와 대선금구에 연금이 없고 연금과 투조판을 결합하기 위한 후방부의 투공도 확인되지 않는다. 출토 지점도 후원부의 묘광이 아니라 여기서 떨어져 중앙에 있는 부장품 상자이므로 착장하지 않은 것은 분명하다. 허리띠를 장식하는 용도가 아니며 대장식구를 소유하는 것 자체에 의미가 있었을 것으로 생각된다(加

15 집안 산성하M159호묘, 152호묘 출토품을 고구려의 모방품으로 보는 견해도 있다(町田章 1987).

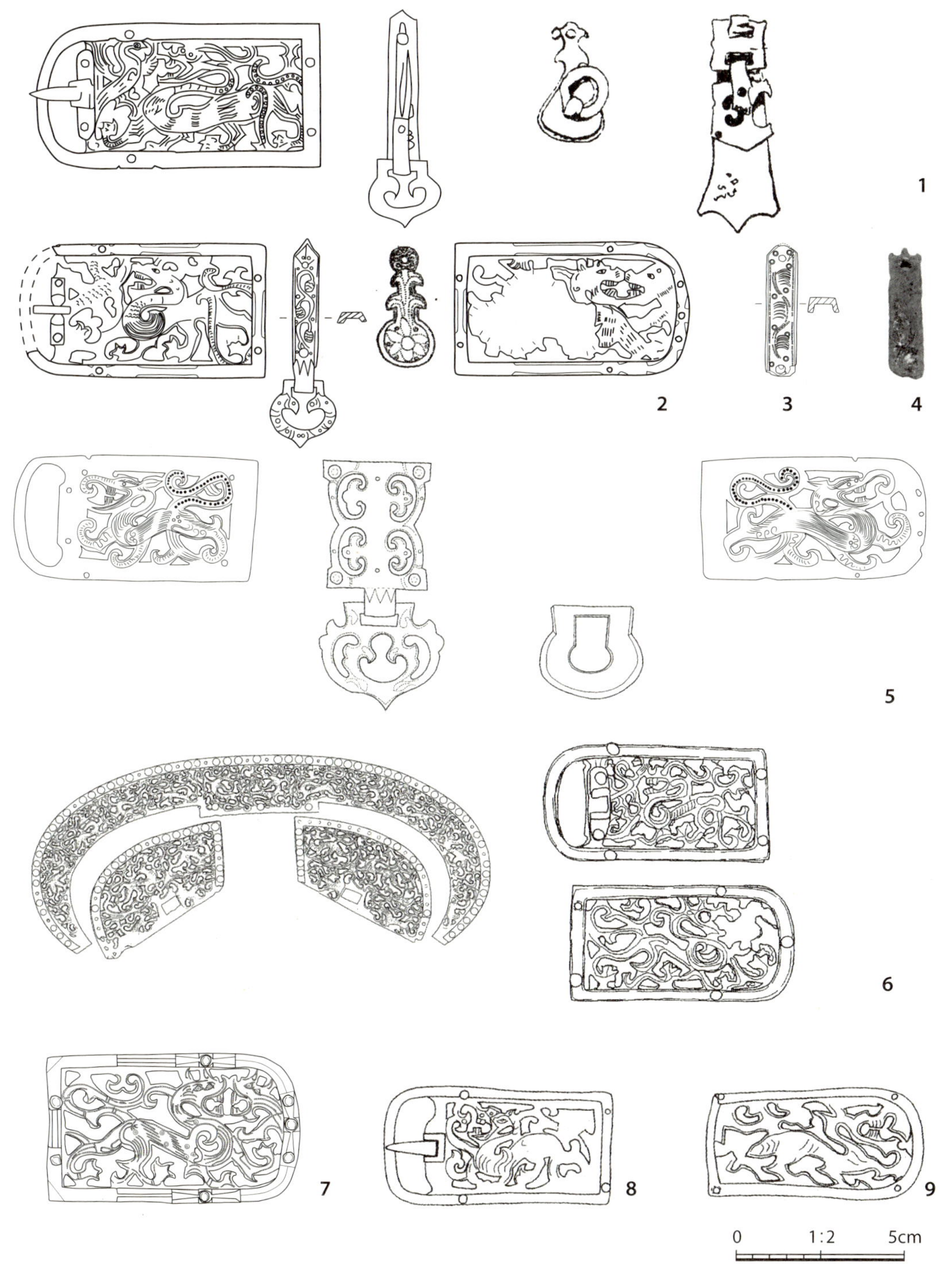

그림 6-12 3단계 중원식대장식구와 관련 제품

1. 광주 대도산진총 | 2. 무한 웅가령진묘 | 3. 서울 몽촌토성 85-1주거지 | 4. 남경대학 북원 동진대묘 | 5. 효고현 교자즈카고분 | 6. 북표 라마동ⅡM101호묘 | 7. 역박① | 8. 북경 유리하묘 | 9. 집안 산성하M159호묘

古川市教育委員會 1997). 또 교자즈카고분의 축조 연대가 4세기 말~5세기 초로 비정되는 것을 고려하면 앞서 언급한 나라현 신야마고분 사례처럼 대장식구의 제작 후 부장까지 오랜 시간이 걸렸으며 공반된 한반도계의 주조철부, 마구로 보아 금관가야를 통하여 입수하였을 가능성이 크다(박천수 2007; 申敬澈 2013).

요컨대 서진의 중원식대장식구 제작기술은 동진대까지 이어진다. 1~2단계에 양분된 속성은 3단계가 되면 혼재하는데 이는 진왕조의 흥망성쇠와 관련된 현상으로 보인다. 분포 범위는 동진(東晉)의 세력이 미친 중원의 남방지역까지 확대된다. 모용선비와 고구려에서는 중원식대장식구의 모방품을 제작하고 한반도에 전해진 중원식대장식구는 대한해협을 건너 일본열도까지 이입된다.

3단계는 화북 일대가 중원의 주도권을 잡으면서 전량(前涼), 성한(成漢), 전조(前趙), 후조(後趙) 등 5호16국시대가 본격적으로 시작되는 시기에 해당한다. 다만 중원의 어지러운 정세를 중원식대장식구라는 기물을 통해 읽어내기는 쉽지 않다. 동진세력이 미친 지역까지 중원식대장식구의 분포가 확대되거나 선비, 고구려에서 모방품이 제작되는 것으로 보아 중원식대장식구가 지닌 정치적 의미는 동진 멸망 이후에도 지속된 것으로 보아야 할 것이다. 남경대학 북원 동진대묘에 매장된 동진의 황제가 실제로 중원식대장식구를 착장하였다면 2단계까지 고급 무관에게 하사된 중원식대장식구의 정치적 위상은 오히려 더 높아진 셈이다.

(4) 4단계

4단계는 대략 340년 이후로 서안 양맹묘, 낙양 서교 24호분, 조양 원대자 동진벽화묘, 조양 봉차도위묘, 조양십이대향창88M1호묘 출토품, 역박④를 들 수 있다. 동진에서는 확인되지 않고 전진, 전연의 무덤에서 출토된다.

서안 양맹묘에서는 '安定梁猛(안정양맹)'이 쓰인 명문전과 함께 중원식대장식구가 출토되었다. 보고서에서는 무덤 형식과 출토 유물이 흡사한 서안(西安) 초창파(草廠坡)M1호묘의 연대가 후조(後趙)~전진(前秦)시기인 점, 한대(漢代) 안정군(安定郡)에 정착한 양성대족(梁姓大族)에게 서진 말 진의 강을 건너가도록 하였으나 사서에는 양맹에 대한 기록이 없으므로 양맹을 월남하지 않은 한 무리인 점을 중시하여 무덤에 16국시기 오호정권 내 한인세가 대족이 묻힌 것으로 본다(西安市文物保护考古研究院 2018). 당시 중원의 정세를 고려하면 서안을 수도로 삼은 전진의 무덤일 가능성이 크다. 용문은 퇴화되어 알아보기 힘들고 교구, 대선금구는 대형화되었다. 전진(前秦)에서 자체적으로 대장식구를 제작하였을 것이다(그림 6-13-3).

조양에서 발견된 조양십이대향창88M1호묘, 봉차도위묘, 원대자 동진벽화묘 출토품(遼寧省文物考古研究所·朝陽市博物館 1997; 田立坤 1994; 遼寧省博物館文物 外1 984)에 대해서는 이견도 있으나 중원식대장식구를 모방하여 제작하였다는 점에서는 대체로 견해가 일치한다(김지현 2012; 藤井康隆 2003; 町田章 2006; 小池伸彥 2006; 千賀久 2007). 조양지역에서 자체적으로 모방하는 가운데 중원에는 확인되지 않는 새로운 문양(C)이 창출되거나 용문 주위에 삼각형이 더해져 대형화가 급속하게 진행된다. 5호16국시대의 정세를 고려하면 조양에서 출토된 대장식구는 모용선비가 337년 전연을 건국한 이후 중원식대장식구를 모방하여 제작하였을 가능성이 크다(**그림 6-13-4~6**).

이처럼 4단계가 되면 동진에서 중원식대장식구가 제작되지 않는 대신 화북지역의 16국에서 모방품의 제작이 활발히 진행된다. 특히 전연(모용선비)에서는 3단계에 이어 중원식대장식구의 모방 현상 제작이 지속되는데 그 이유는 무엇일까? 이에 대해서는 중원식대장식구와 공반된 장식마구를 함께 살펴볼 필요가 있다. 마치다 아키라는 모용선비가 서진을 굴복시킨 자신감을 배경으로 자신들만의 중원식대장식구를 창작하였으며 기마 민족의 지보(至寶)라 할 수 있는 마구를 추가함으로써 대장식구와 마구를 하나의 복식구로 제도화한 것으로 이해한다(町田章 2006). 즉 삼연의 대장식구와 마구를 '위진(魏晉)의 제실(帝室)이 의도적으로 설정한 관직제도에서 유래한 것으로 한인의 전통적인 장식을 입히고 농후한 정치색을 띠게 한 위신재'(町田章 2011: 754)로 평가한 것이다. 라마동M101호묘, 십이대향창88M1호묘처럼 동일한 재질과 문양의 대장식구 및 마구가 그 디자인을 이해한 공인에 의해 세트로 완성되었을 것이라는 견해(千賀久 2007: 383)가 타당하다면 모용선비가 중국의 관위제도에 대응하기 위해 중원식대장식구와 마구를 모방제작하였을 가능성도 충분하다(諫早直人 2012: 295). '전연 왕권이 왕을 정점으로 하는 안정된 신분 질서를 구축하기 위해 중국왕조의 제도를 받아들이는 가운데 정비된 매우 정치성이 높은 기물'이라는 전연의 장식마구에 대한 평가(諫早直人 2012: 296)는 공반된 중원식대장식구에도 동일하게 적용시켜 볼 수 있을 것이다.

물론 전연에서 확인되는 장식마구 및 중원식대장식구를 통한 신분 표상체제는 어디까지나 중국의 전통적 세계 질서를 모방한 것에 지나지 않았을 수도 있다(諫早直人 2012: 297). 다만, 전연에서 모방 제작한 대장식구가 중원제보다 대형화되어 한층 폭이 커진 유기질제 허리띠를 장식한 것을 고려해본다면 이를 단순히 전통적 세계 질서의 모방으로만 평가하기는 어렵다. 중원제와는 다른 독창적인 대장식구를 제작하는 과정에서 나타난 것으로 생각되는 이 현상은 전연 대장식구의 문양을 퇴화라는 일관된 시각으로 평가하였던 종래의 견해와도

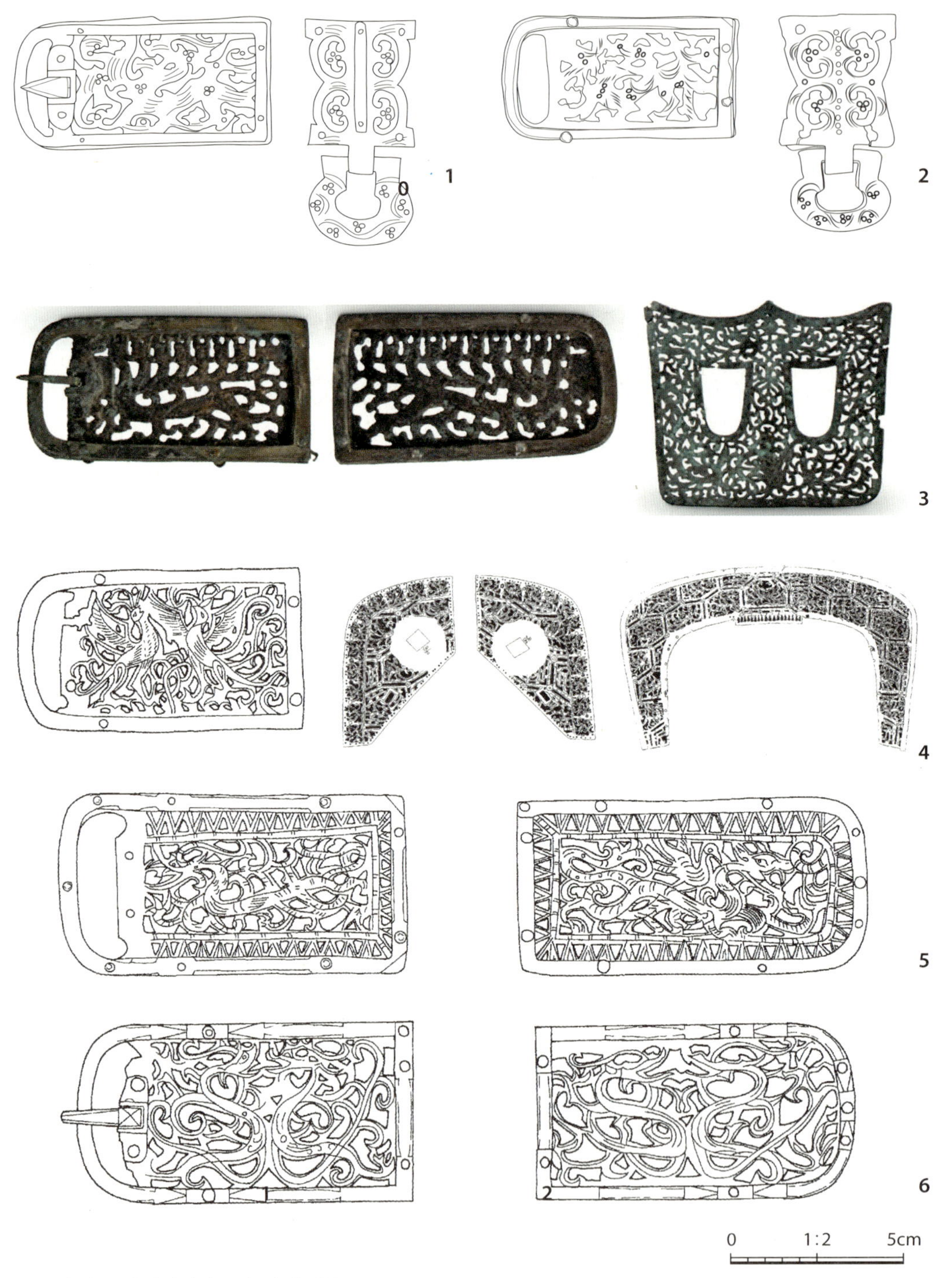

그림 6-13 4단계 중원식대장식구와 관련 제품

1. 낙양 서교24호분 | 2. 역박④ | 3. 서안 양맹묘 | 4. 조양십이대향창88M1호묘 | 5. 조양 봉차대위묘 | 6. 조양 원대자 동진벽화묘(3의 성시구는 축적부동, 4의 안교는 1/8)

상반된다.

요컨대 독창적인 도안의 창출과 교구 및 대선금구의 대형화로 요약할 수 있는 전연의 중원식대장식구 모방 제작은 재질, 문양과 제작기술로 보아 동일한 생산 체계에서 제작되었을 가능성이 큰 장식마구를 함께 고려해 볼 때 전연 왕권의 의도에 의해 이루어진 매우 정치적인 현상 가운데 하나로 이해할 수 있다(諫早直人 2012: 296). 앞서 언급한 서안 양맹묘 출토 마구와 대장식구도 유사한 맥락에서 전진왕실의 의도가 반영된 것으로 볼 수 있을 것이다(그림 6-13).

한편 4단계를 끝으로 중원식대장식구는 제작되지 않는다. 이후 한반도와 일본열도에서는 중원에서 이입된 대장식구의 영향을 받아 독자적인 대장식구를 제작하기 시작한다.

3) 의의

마지막으로 중원식대장식구가 한반도와 일본열도에서 지니는 의의에 대해 검토한다.

이미 지적된 것처럼 고구려에 의해 낙랑군(313년)과 대방군(314년)이 멸망하면서 한반도 남부 전역에도 커다란 변동이 일어났다. 마한, 진한, 변한에서 태동한 백제, 신라, 가야에서 기존의 철을 대신하여 재화의 기능을 전혀 갖지 않았던 금은(金銀)의 비중이 높아지는 커다란 변화가 일어나게 된 것이다(朱甫暾 1996). 이같은 변화의 시기가 한반도에 중원식대장식구가 이입된 시기와 일치하는 것은 결코 우연이라고 보기 어렵다. 晉에서 제작된 중원식대장식구가 도입되면서 '금동(金銅)'이라고 하는 새로운 재질의 금공품이 한반도에서도 제작되기 시작한 것이다.

이를 방증하는 것이 한일의 용문투조대장식구와 후쿠오카현(福岡縣) 쓰칸도우(塚堂)고분의 검릉형행엽이다(그림 6-14-3). 용문투조대장식구는 한반도 내에서 제작되었을 가능성이 크다(제12장 참조). 주목되는 것은 구성품 가운데 하나인 과(銙)이다. 그 형태가 중원식대장식구의 것과 흡사하기 때문이다. 이로 보아 중원식대장식구의 영향을 받아 용문투조대장식구가 제작된 것은 틀림없다(小浜成 2002). 양자(兩者)의 등장 시기는 약 100년의 시차가 있으므로 백제와 신라에서 용문투조대장식구를 제작하는 데 필요한 지식과 기술체계에 관해서는 물론 삼연 또는 고구려의 영향도 상정해 두어야 하겠지만 그렇다 하더라도 제작의 모티브에 중원식대장식구를 활용한 것은 분명하다. 지금까지 신라 황금 문화의 시작을 경주 월성로 가-13호분에서 찾으면서도 그 계기에 대해 적절하게 설명해 낼 수 없었으나 중원식대장식구에 주목하면 신라 황금 문화의 정착 과정을 이해할 수 있다.

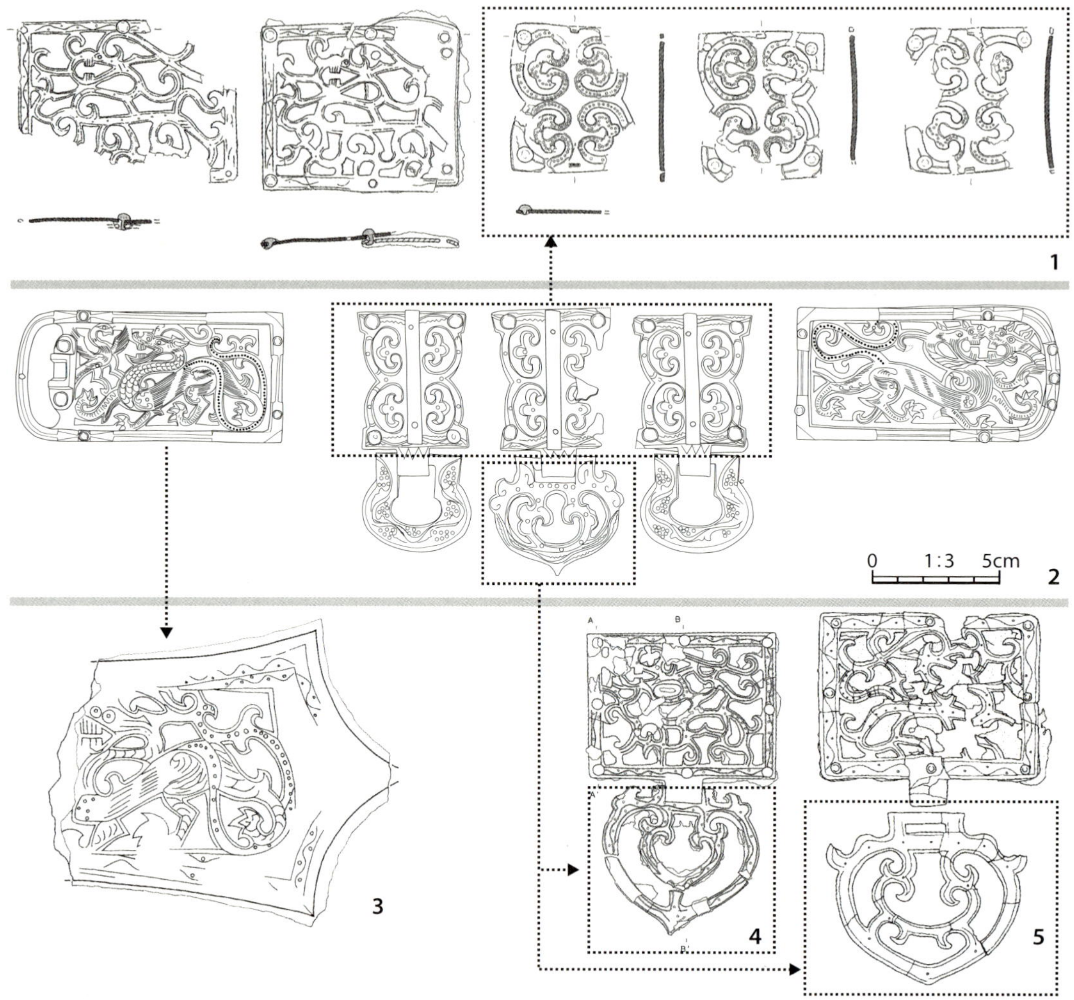

그림 6-14 중원식대장식구와 관련 있는 금동제품

1. 나라현 고죠네코즈카고분 | 2. 김해 대성동88호분 | 3. 후쿠오카현 쓰칸도우고분 | 4. 오사카부 시치칸고분 제2곽 | 5. 강릉 초당동A-1호묘 (3은 1/2)

또 나라현 고죠네코즈카고분에서는 최소 4점 이상의 과(B 또는 C)와 용문투조대장식구가 공반되었다(그림 6-14-1). 중원식대장식구(경주 쪽샘L17호 목곽묘)와 용문투조대장식구(황남대총 남분)가 함께 출토된 곳이 현재 한반도 내에서도 경주뿐이라는 점을 감안하면 나라현 고죠네코즈카고분 출토 대장식구는 신라를 경유하였을 가능성이 크다.

한편 후쿠오카현 쓰칸도우고분에서 출토된 철지금동장의 검릉형행엽(그림 6-14-3)은 중원식대장식구가 한일의 금공품 제작에 끼친 영향을 추정하는 데 시사하는 바가 크다. 파손되어 전모를 알 수 없는 검릉형행엽에 중원식대장식구의 용문이 표현되어 있기 때문이다. 문양을 새기기 위하여 사용한 공구(조각끌)도 중원식대장식구와 같다. 이 행엽의 제작지를 추정하는 데 중요한 단서가 행엽 주위를 돌아가면서 새긴 파상열점문이다.[16] 파상열점문은 라마동 분묘군1988년 채집품, 서구촌(西溝村) 채집품, 안양 효민둔154호묘 등 선비족의 무덤에서 일부 확인되나 중원에서는 아직까지 보고된 사례가 없다. 이후 고구려, 신라, 백제, 가야, 왜의 마구와 금공품에서 파상열점문이 폭넓게 확인되는 것을 고려한다면(東潮 1997: 428) 4단계까지 제작된 중원식대장식구가 이후 5세기대에도 동아시아에 유통되었고 이를 입수한 마구 제작 공인이 그 문양을 모티브로 삼아 중원 이외의 지역에서 검릉형행엽을 만들었다는 가설도 충분히 성립될 수 있다.

이상과 같이 중원식대장식구와 용문투조대장식구의 부품 유사성, 나라현 고쇼네코즈카고분에서 중원식·용문투조대장식구가 공반된 사례, 후쿠오카현 쓰칸도우고분 검릉형행엽으로 보아 중원식대장식구가 이후 한일 양 지역의 금공품 제작에 큰 영향을 끼친 것은 분명해 보인다. 요컨대 한반도와 일본열도에 '금동(金銅)'이라는 새로운 재질의 위세품과 함께 동판(銅版) 제작, 도금(鍍金), 병유(鋲留), 투조(透彫), 조금과 같은 첨단 금공기술이 도입될 수 있었던 계기였다는 점이야말로 한반도 내에서 중원식대장식구가 지니는 의의라 할 수 있지 않을까.

제6절 맺음말

허리띠를 꾸미는 대장식구는 실용 도구를 허리띠에 걸어 자유로워진 양손으로 말을 제어함으로써 빠르고 쉽게 이동하기 위한 목적으로 애초에 기마 민족에 의해 개발되었다. 이후 점차 화려해진 대장식구에 정치적 의도가 부여되기 시작한다. 대장식구에 정치적인 의도가 깃들기 시작한 시점을 현재로서는 단언하기 어렵지만, 지금까지 보고된 자료에 의하면 적어도 본장에서 분석한 중원식대장식구가 등장하기 이전이었을 가능성이 매우 크다. 현대 스포츠 가운데 강력한 힘을 상징하는 복싱과 프로레슬링의 우승자에게 유독 챔피언 벨트를 수여하는 것은 근대 들어 갑자기 생겨난 의식이 아닌 셈이다.

16 후쿠오카현 쓰칸도우고분 검릉형행엽을 실견한 결과, 문양의 조각에 사용된 끌의 종류와 시문 방법은 중원식대장식구보다 용문투조대장식구와 유사함을 알 수 있었다.

중원식대장식구는 서진왕실에서 후한~삼국시대의 여러 요소를 결합하여 만든, 정치색이 짙은 기물이었다. 다만 중원식대장식구에 깃든 그런 정치적 의도를 동아시아 전역에 일괄적으로 확대해석할 수 있는지는 신중할 필요가 있다. 사실 2000년대 이전 일본 학계에서 중국왕조와 직접적인 교섭을 통해 중원식대장식구가 이입된 것으로 이해하는 배경에 니시지마 사다오(西嶋定生)의 조공책봉론(朝貢冊封論)이 깊이 깔린 것은 충분히 짐작해봄 직하다. 나아가 중원식대장식구가 중원을 중심으로 동아시아 전역에 분포하는 현상에만 주목한다면 동아시아 조공책봉론의 등장을 훨씬 소급시켜 볼 수도 있다. 실제로 전진, 전연 등 일부 5호16국에서 중원식대장식구를 정치적인 의도로 모방하기도 한다. 다만 한반도와 일본열도처럼 단순히 소유를 목적으로 이입되는 경우도 존재하므로 동아시아 조공책봉론의 시초를 중원식대장식구에서 찾을 수 있는지는 앞으로 진중하게 검토해 나갈 필요가 있다.

중원식대장식구가 한반도와 일본열도로 이입되면서 동판, 도금, 병유, 투조, 조금과 같은 금공기술이 전해진다. 이후 각 지역에서 독자적인 양식의 대장식구 문화가 활발히 전개된 것은 이미 밝혀진 대로이다(제7장~제10장 참조). 큰 형태적 차이 없이 고도로 규격화된 중원식대장식구가 지역마다 서로 다른 의미를 지닌 채 이입되거나 모방되고 나아가 고구려, 백제, 신라, 왜의 대장식구 문화에 영향을 끼쳤다는 사실이야말로 동아시아에서 중원식대장식구가 지닌 본질적인 의의라 할 수 있을 것이다.

한편 중원식대장식구의 원류가 마제형타출교구를 비롯하여 곡봉형대구 등 한대(漢代)의 대장식구에 있다는 것은 두말할 필요가 없다. 중국 한대의 대장식구에 대해서는 앞으로의 연구 과제로 삼고자 한다.

참고문헌

국문

姜賢淑, 2010, 「帶金具 副葬 高句麗 古墳의 考古學的 含意」『韓國古代史硏究』59, 韓國古代史硏究會.

강현숙, 2013, 『고구려 고분 연구』, 진인진.

권오영, 2004, 「晉式帶具의 南과 北」『加耶, 그리고 倭와 北方』, 第10回 加耶史國際學術會議, 김해시.

金誠實, 2012, 『東아시아 出土 晉式帶金具의 成立過程과 그 周邊』, 嶺南大學校大學院 碩士學位論文.

김지현, 2012, 「古代 東亞細亞 出土 晉式帶金具의 成立과 展開」, 『韓國上古史學報』第75號, 韓國上古史學會.

大成洞古墳博物館, 2015, 『金海 大成洞古墳群 -85호분~91호분-』, 博物館 學術叢書 第15冊.

夢村土城發掘調査團, 1985, 『夢村土城發掘調査報告』.

박순발, 2004, 「漢城期 百濟 對中交涉 一例-夢村土城 出土 金銅銙帶金具 追考-」『湖西考古學』第11輯, 湖西考古學會.

박천수, 2007, 『새로 쓰는 고대 한일교섭사』, 사회평론.

申敬澈, 2013, 「大成洞 88, 91號墳의 무렵과 의의」, 『考古廣場』13, 부산고고학연구회.

심수연, 2014, 「진 · 변한문화의 전개와 낙랑군」, 『낙랑고고학개론』, 중앙문화재연구원 학술총서18, 진인진.

심재용, 2016, 「金官加耶의 外來系 威勢品 受用과 意味」, 『嶺南考古學』74號, 嶺南考古學會.

오영찬, 2011, 「樂浪 金銀製鉸具의 제작과 성격」, 『韓國上古史學報』第72號, 韓國上古史學會.

이한상, 2011, 「허리띠 분배에 반영된 고대 동북아시아의 교류양상」, 『동북아역사논총』33, 동북아역사재단.

李熙濬, 2002, 「4~5세기 신라 고분 피장자의 服飾品 着裝 定型」, 『韓國考古學報』第47輯, 韓國考古學會.

이희준, 2016, 「고고학 논문의 학술성 제고를 위하여」, 『韓國考古學報』第100輯, 韓國考古學會.

조윤재, 2015, 「考古資料를 통해 본 三燕과 高句麗의 문화적 교류」, 『先史와 古代』第43號, 한국고대학회.

주경미, 2014, 「낙랑고분 출토 금공품」, 『낙랑고고학개론』, 중앙문화재연구원 학술총서18, 진인진.

朱甫暾, 1996, 「麻立干時代 新羅의 地方統治」, 『嶺南考古學』19號, 嶺南考古學會.

중문

南京大學歷史系考古組, 1973, 「南京大學北園東晉墓」, 『文物』1973年第4期, 文物出版社.

南京市博物館, 2008, 「南京大光路孫吳薛秋墓發掘簡報」, 『文物』2008年第3期, 文物出版社.

南京市博物館 · 南京市江寧區博物館, 2008, 「南京江寧上坊孫吳墓發掘簡報」, 『文物』2008年第12期, 文物出版社.

南京市第二文物工作隊, 2011, 「孟津大漢塚曹魏貴族墓」, 『文物』2011年第9期, 文物出版社.

羅宗眞, 1957, 「江蘇宜興晉墓發掘報告」, 『考古學報』1957-4, 文物出版社.

劉森淼, 1994, 「湖北漢陽出土的晉代鎏金銅帶具」, 『考古』1994 - 10.

文物管理所, 1993, 「湖南안향 서진 유홍묘」, 『文物』1993年11月.

方文淸, 2016,「淺析南京大學北園東晋大墓墓主身分」,『藝術品鑑』2016年04期, 南京师范大學.

西安市文物保护考古研究院, 2018,「陕西西安洪庆原十六國梁猛墓發掘簡報」,『考古與文物』2018年第4期.

孫機, 1987,「我國古代的革帶」,『文物與考古論集』, 文物出版社.

孫機, 1994,「先秦漢晋腰帶用金銀帶扣」,『文物』1994年第1期, 文物出版社.

孫仲匯, 1986,「南朝宋文帝白玉衮帶鮮卑頭考證」,『上海博物館集刊』, 上海博物館.

吳桂兵, 2003,「南京大學北園東晉大墓的形制' 墓主及其他」,『東南文化』2003年第9期.

王正書 1994,「上博玉雕精品鮮卑頭銘文補釋」,『文物』1994年第4期, 文物出版社.

王志高, 2003,「南京大學北園東晋大墓的時代及墓主身分的討論 一兼論東晋時期的合葬墓-」,『東南文化』2003年第9期.

遼寧省文物考古研究所·朝陽市博物館, 1997,「조양십이대향창88M1發掘簡報」,『文物』1997-11.

遼寧省博物館文物隊·朝陽地區博物館文物隊·朝陽縣文化館, 1984,「朝陽袁台子東壁畵墓」,『文物』1984-6.

田立坤, 1994,「朝阳前燕奉東道尉墓」,『文物』1994年第11期.

田立坤, 2002,「袁台子壁畵墓的再認識」,『文物』2002年第9期.

鄭州市文物考古研究院, 2019,「河南郑州上街西晉墓發掘簡報」,『文物』2019年第12期.

定縣博物館, 1973,「하북 정현43호한묘發掘簡報」,『文物』11, 1973-11.

河南省文化局文物工作隊第二隊, 1957,「洛陽晉墓的發掘」,『考古學報』, 1957-1 文物出版社.

夏鼐, 1972,「晋周處墓出土的金屬帶飾的重新鑑定」,『考古』1972 - 4.

胡肇椿, 1932,「廣州市西郊大刀山晋塚發掘報告」,『攷古學雜志』創刊號, 黃花攷古學院編輯部.

일문

加古川市教育委員會, 1997,『行者塚古墳 發掘調査開報』, 加古川市文化財調査報告書15.

諫早直人, 2012,『東北アジアにおける騎馬文化の考古學的硏究』, 雄山閣.

岡村秀典, 1998,『世界美術大全集』2, 東洋偏　秦·漢, 小學館.

國立歷史民俗博物館, 2012,『古墳關聯資料』, 國立歷史民俗博物館資料圖録8.

東京國立博物館, 2019,『三國志』, 美術出版社.

東潮, 1997,『高句麗考古学硏究』吉川弘文館.

藤井康隆, 2001,「古墳時代中期から後期における金工製品の展開 - 金工生産硏究の展望 - 」,『東海の後期古墳を考える』第8回東海考古學フォーラム三河大會 東海考古學フォーラム三河大會執實行委員會.

藤井康隆, 2002,「晋式帶金具の製作動向について」,『古代』第111號, 早稻田大學考古學會.

藤井康隆, 2003,「三燕における帶金具の新例をめぐって」,『立命館大學考古學論集』Ⅲ-2, 立命館大學考古學論集刊行會.

藤井康隆, 2005,「中國南朝の金屬工芸と十六國」,『中國考古學』第5號, 日本中國考古學會.

藤井康隆, 2006, 「晋式帶金具補考」, 『古代』第119號, 早稻田大學考古學會.

藤井康隆, 2013, 「晋式帶金具の成立背景-東呉薛秋帶金具とその系譜-」, 『古代文化』第65卷第1號, 古代學協會.

礪波護 · 武田幸男, 1997, 『隋唐帝國と古代朝鮮』, 中央公論社.

梅原末治, 1921, 『佐味田及新山古墳研究』, 岩波書店.

梅原末治, 1965, 「金銅透彫龍紋帶金具に就いて」, 『考古學雜誌』第50卷第4號, 日本考古學會.

岸本直文, 2011, 「古墳編年と時期區分」, 『古墳時代史の枠組み』古墳時代の考古學1, 同成社.

小浜成, 2002, 「龍文系帶金具からみた日本出土帶金具の製作と變遷」, 『究班』Ⅱ, 埋藏文化財研究會25周年記念論文集編集委員會.

小池伸彦, 2006, 「遼寧省出土の三燕の帶金具について」, 『東アジア考古學論叢-日中共同研究論文集』.

宇野愼敏, 1996, 「日本出土裝身具から見た日韓交流」, 『4, 5世紀の日韓考古學』, 九州考古學會 · 嶺南考古學會.

宇野愼敏, 2000, 「龍文銙帶金具とその意義」, 『紀伊考古學研究』第3號, 紀伊考古學研究會.

宇野愼敏, 2004, 「龍文銙帶金具再考」, 『島根考古學雜誌』第20 · 21集合併號, 島根考古學會.

早乙女雅博, 1990, 「政治的な裝身具」, 『古墳時代の工芸』古代史復元7, 講談社.

田中史子, 1998, 「古代時代の帶金具」, 『考古學研究』第45卷第2號, 考古學研究會.

町田章, 1970, 「古代帶金具考」, 『考古學雜誌』第56卷第1號, 日本考古學會.

町田章, 1987, 「匈奴式帶金具の變遷」, 『東アジアの裝飾墓』, 同朋舍出版.

町田章, 2006, 「鮮卑の帶金具」, 『東アジア考古學論叢-日中共同研究論文集』.

町田章, 2011, 「譽田丸山古墳出土の金銅鞍金具由來」, 『深堂趙由典博士古稀紀念論叢』周留城.

志賀和子, 1994a, 「漢代『北方系』帶金具考(上) -金銅製打出鉸具について-」, 『古代文化』第46卷7號, 古代學協會.

志賀和子, 1994b, 「漢代『北方系』帶金具考(下) -金銅製打出鉸具について-」, 『古代文化』第46卷8號, 古代學協會.

川勝義雄, 1974, 『中國の歷史 第3卷 魏晋南北朝』, 講談社.

千賀久, 1984, 「日本出土帶金具の系譜」, 『橿原考古學研究所論集』第6, 吉川弘文館.

千賀久, 1985, 「高句麗の馬具と馬装」, 『同志社大學考古學シリーズⅡ　考古學と移動 · 移住』, 同志社大學考古學シリーズ刊行會.

千賀久, 2007, 「中國遼寧地方の帶金具と馬具」, 『日中交流の考古學』, 同成社.

土屋隆史, 2020, 「奈良県大塚陵墓參考地出土晋式帶金具について」, 『書陵部紀要』第71號[陵墓篇] 宮內廳書陵部.

坂靖, 1991, 「帶」, 『古墳時代の研究』第8卷(古墳Ⅱ 副葬品), 雄山閣.

제7장 삼연(三燕)·고구려(高句麗) 대장식구(帶裝飾具)의 전개(展開)와 특질(特質)

제1절 머리말

고대 사회에서는 자신의 위세를 과시하기 위해 금, 은, 동과 같은 귀금속으로 제작한 금공품을 착장하고 이를 무덤에까지 매장하였다. 금공품은 재료인 귀금속을 쉽게 입수하기 어려울 뿐만 아니라 고도의 기술도 함께 수반되어야 비로소 만들 수 있으므로 그 소유와 매장에는 정치적 의미가 깊게 내포된 것으로 이해된다. 특히 삼국시대의 금공품은 중앙에서 제작된 후 지방으로 사여되고 이를 통해 지방을 간접 지배한 것으로 보여 위세품의 성격을 띤 것으로 여겨진다(李漢祥 1995, 1997; 이한상 2009).

금공품 가운데 고구려, 백제, 신라는 물론 중국대륙과 일본열도에서도 제작된 것이 유기질제의 허리띠를 장식한 대장식구이다. 동아시아 전 지역에서 제작되었을 뿐만 아니라 정치체마다 독창적인 양식을 창출한 대장식구는 여러 정치체의 교섭 관계를 이해하는 데 유효한 물질자료로 평가된다(이한상 2011).

현재까지 보고된 자료에 의하면 동아시아에 공통된 양식의 대장식구가 확산된 시기는 소위 중원식대장식구가 제작된 서기 3~4세기대이다(**제6장 참조**). 서진(西晉)과 동진(東晉)에서 제작된 중원식대장식구는 동점(東漸)하여 한반도와 일본열도에도 전해지고 이를 계기로 신라, 백제, 왜(倭)에서 독자적인 대장식구 문화가 전개된다. 다만 중원에서 반도와 열도로 동진(東進)하는 전파 과정에 관해서는 아직 밝혀지지 않은 점도 많다. 중원의 대장식구 문화가 동아시아의 동단(東端)까지 확산하는데 관문 역할을 담당한 중국 동북부와 한반도 북부, 즉 삼연(三燕)과 고구려 대장식구에 관한 연구가 부족하기 때문이다. 본장에서는 삼연과 고구려 고분에서 출토된 대장식구를 분석하여 그 전개 과정과 특질을 밝히는 것을 목표로 한다.

논지의 전개 순서는 다음과 같다. 우선 제2절에서는 삼연과 고구려 고분에서 출된 대장식구의 연구사를 검토하고 문제의 소재를 명확히 한다. 제3절에서는 삼연 대장식구의 제작 연대와 특질을, 이어서 제4절에서는 고구려 대장식구의 제작 연대와 특질을 차례로 고찰한다. 본장에서 다루는 대상 지역은 **그림 7-1**과 같다.

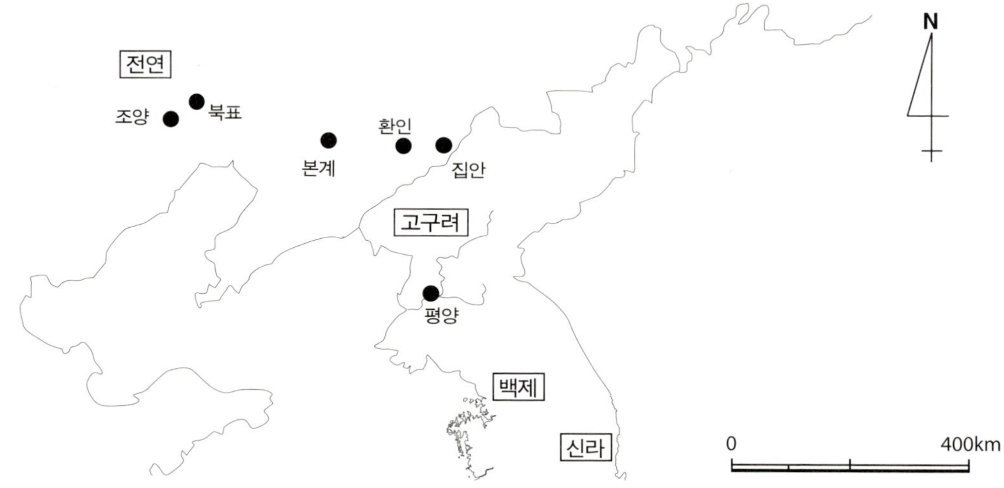

그림 7-1 본장의 연구 대상 지역

제2절 연구사 검토와 문제 제기

1) 연구사 검토

삼연과 고구려 고분에서 출토된 대장식구의 연구사를 시대순으로 개관한다.

왕인상(王仁湘)은 춘추전국시대부터 송대에 걸쳐 제작된 중원의 대구(帶扣)를 Ⅰ~Ⅴ형식으로 나누고 형식별 변천과 존속 시기, 북래설(北來說), 대구(帶扣)의 실용 범위와 대구(帶鉤)의 관계 등을 종합적으로 검토하였다(王仁湘 1986). 그 가운데 일부 선비족과 고구려의 대장식구가 일부 언급된다.

이후 전립곤(田立坤)에 의해 모용선비와 삼연의 유적 보고가 잇따르면서 '삼연문화(三燕文化)'[1]라는 개념이 정립되고 삼연 물질문화에 대한 심층적인 연구가 시도된다. 전립곤은 춘추전국시대부터 양진(兩晉), 삼연에서 출토된 대구(帶扣)를 A~C형으로 분류하고 상호 간의 관련성을 검토하였다(田立坤 1996). 이후 삼연과 고구려의 물질문화를 종합적으로 검토하는 가운데 대장식구에 주목한다. 특히 가동식의 일자형 자금이 부착된 교구가 주로 삼연에 분포하는 것과 달리 가동식의 T자형 자금이 부착된 교구가 주로 고구려지역에서 유행하므로 후

1 이에 관해서는 오진석의 연구 성과(2019)를 참고하였다.

자를 '고구려식대구'(田立坤 1998: 337)라 명명하였다.

이미 지적된 것처럼 왕인상과 전립곤에 의해 육조(六朝)시대 요령성(遼寧省)과 길림성(吉林省)에 공통성이 강한 대장식구가 존재한 것이 밝혀진 것은 큰 성과라 할 수 있다(藤井康隆 2003: 952). 다만 교구 외에 과판과 수하식 등 나머지 구성품의 분석이 이루어지지 않은 한계도 존재한다.

아즈마 우시오(東潮)는 고구려 문물의 변천을 검토하는 가운데 대장식구를 Ⅰ~Ⅴ형식으로 나누고 연대를 비정하여 고구려 대장식구의 기본적인 변천 과정을 서술하였다 . 또 삼연의 고고자료에도 주목하여 대장식구의 출토 사례와 계통, 변천 과정에 관해서도 언급하였다(東潮 1997).

이후 『삼연문물정수(三燕文物精粹)』(遼寧省文物考古研究所 2002)와 『집안고구려왕릉(集安高句麗王陵)』(吉林省文物考古研究所·集安市博物館 2004)이 발간되면서 삼연과 고구려의 물질문화에 관한 연구가 활발해진다. 특히 『삼연문물정수』에는 당시까지 공개되지 않은 토기, 무기, 농공구, 장신구, 마구 등 중요 자료가 실려 삼연의 물질문화를 더욱 구체적으로 연구할 수 있는 계기가 되었다.

새롭게 공개된 삼연의 대장식구에 대해서는 후지이 야스타카(藤井康隆)에 의해 재빨리 정리되었다. 후지이 야스타카는 특히 조금(彫金)기술에 주목하여 삼연의 대장식구를 1기에서 4기로 나누고 금동제마구와 함께 대장식구의 제작이 개시되는 4세기 중엽을 삼연의 일대 획기로 평가하였다(藤井康隆 2003: 962). 후지이 야스타카에 의해 삼연 대장식구의 연대와 변천을 구체적으로 파악할 수 있게 되었다.

이후 마치다 아키라(町田章), 고이케 노부히코(小池坤彦), 지가 히사시(千賀久)에 의해 삼연 대장식구에 관한 연구가 활발히 이루어졌다. 마치다 아키라는 선비족이 사용한 대장식구를 시대별로 고찰하고 그 가운데 일부 대장식구에 대해 모용선비가 중국왕조에서 제작된 중원식대장식구[2]를 개량한 것이며 마구와 함께 관제에 따른 복식구가 제도화한 결과로 평가하였다(町田章 2006: 54). 당시까지 출토된 자료를 종합적으로 검토하여 선비 대장식구의 기원과 계통을 밝혔을 뿐만 아니라 삼연 대장식구의 의의를 지적한 것은 경청할 만하다. 고이케 노부히코는 요녕성에서 출토된 삼연의 대장식구 사례를 자세히 소개하고 그 특질을 정리하였다(小池坤彦 2006). 한편 지가 히사시는 요녕지역에서 출토된 안교의 문양이 공반된 대장식구

2 원문에서는 '西晋式A型帶金具'라고 부른다(町田章 2006: 54).

에서도 확인되므로 마구 제작 공인이 대장식구의 용문양을 참고하는 제작 체계를 상정함으로써 마구와 대장식구의 제작 문제에 주목하였다(千賀久 2007).

한편 고구려 대장식구에 대한 연구도 아즈마 우시오의 선구적인 업적 이래 지속된다.

장설암(張雪巖)는 고구려의 대장식구를 분류하고 연대, 도금, 문양 등을 종합적으로 검토하였다(張雪巖 2001).

이한상은 신라 고분에서 출토된 대장식구의 기원을 고찰하면서 삼연과 고구려 지역에서 출토된 대장식구를 정리하였다. 고구려 대장식구에 관해서는 중원식대장식구에서 계보를 구할 수 있는 Ⅰ류, Ⅰ류와 유사하나 심엽형수하식이 달린 Ⅱ류, 그 외의 Ⅲ류로 분류하였다(이한상 2004).

강현숙은 고구려 대장식구의 형식과 시공적 전개 양상을 검토하고 그 의미를 고찰하였다. 형식 분류와 연대, 전세(傳世), 소유자의 성격, 양진과의 교섭을 검토하여 고구려 대장식구를 둘러싼 종합적인 검토를 시도하였다(姜賢淑 2010). 삼연과 고구려의 문화 교류를 종합적으로 고찰하는 가운데 양 지역에서 출토된 대장식구의 기초적 분석도 시도된다(조윤재 2015).

2) 문제 제기

이상 연구사 검토를 통해 삼연과 고구려 고분에서 출토된 대장식구의 출토 사례와 전반적인 양상은 파악할 수 있다. 특히 선행 연구 덕분에 대장식구의 제작 연대와 그 전개 양상도 어느 정도 이해할 수 있으며 양자(兩者)의 대장식구가 서로 영향을 주고받았다는 사실도 알 수 있게 되었다.

다만 삼연과 고구려의 물질문화를 전반적으로 비교, 검토하는 가운데 대장식구가 일부 언급되는 정도에 그쳐 대장식구 고유의 특질에 대해서는 깊게 다루어지지 않았다. 대장식구의 특질과 관련해서는 그 자체에 대한 분석은 물론 공반된 금공품, 나아가 주변 지역에서 출토된 대장식구와 상호 비교하는 관점에서 분석도 필요할 것으로 보인다. 당시 동아시아 전역에서 대장식구가 활발히 제작되고 유통된 것을 고려한다면 다른 지역에서 성행한 대장식구 문화를 비교할 때 비로소 삼연, 고구려 대장식구의 특질도 선명하게 드러나리라 생각되기 때문이다.

실견 조사가 현실적으로 거의 불가능한 현재, 삼연·고구려 대장식구의 전개 과정과 그 특질을 밝히기 위한 선결 과제는 우선 현재까지 보고된 자료를 충실히 집성하는 데 있다고 하겠다. 또 전개 과정에 관해서는 집성한 자료를 형식학, 또는 제작기술 등 다방면으로 검토

표 7-1 삼연(三燕)의 대장식구

지역	고분	재질	문양	착장	마구	단계	유형
북표	라마동ⅡM275호묘	금동	용봉	-	×	삼연1단계	중원식
북표	라마동ⅡM101호묘	금동	용봉	○	○	삼연2단계	모방1
북표	라마동ⅡM266호묘	철지	-	×	○	삼연2단계	모방1
북표	라마동ⅡM196호묘	금동	초엽문	○	○	삼연2단계	모방2
북표	라마동 촌묘	금동	초엽문	-	×	삼연2단계	모방1
북표	라마동 서구촌묘	금동	초엽문	-	○	삼연2단계	모방2
조양	십이대향전창고88M1호묘	금동	용봉	○	○	삼연2단계	모방1
조양	봉차도위묘	금동	용봉	○	×	삼연2단계	모방1
조양	원대자벽화묘	금동	용	×	○	삼연2단계	모방1
조양	요이영자M9001호묘	금동	초엽문	○	○	삼연2단계	모방2

○: 있음 | ×: 없음 | -: 확인불가 | 철지: 철지금장 | 모방1: 모방 제1유형 | 모방2: 모방 제2유형

하는 것이 유효하겠으나 후술하듯이 변천 과정을 뚜렷하게 추적할 수 있을 만큼 충분한 자료가 확보된 것은 아니다. 따라서 대장식구를 몇 가지 '유형'이나 '형식'으로 분류하고 각각의 존속 시기를 추정하는 것으로 논지를 진행한다.

제3절 삼연 대장식구의 전개와 특질

삼연은 337년 선비족인 모용황(慕容皝)이 전연(前燕) 정권을 수립한 이래 436년 북위에 의해 북연(北燕)이 멸망할 때까지 중국 동북부지역을 중심으로 활동한 전연, 후연(後燕), 북연을 가리킨다(飛鳥資料館 2009: 29). 요서지역을 중심으로 중원 일부와 요동지역에 산발적으로 분포하는 삼연의 유적은 대부분이 무덤이다. 대장식구는 주로 조양과 북표의 무덤에서 출토되었는데 지금까지 총 10예[3]가 보고되었다(표 7-1).

삼연의 고분 가운데는 금주(錦州) 이외묘(李廆墓)(辛發·魯宝·吳鵬 1995), 조양 원대자벽화

3 출토 맥락을 명확히 알 수 없어 연구대상에서 제외하였으나 동대구(銅帶扣)와 유금권운문루공동패(鎏金卷云紋鏤孔銅牌)로 내몽고(內蒙古) 육가자(六家子)의 금속제품 역시 형태로 보아 대장식구일 가능성이 크다(張柏忠 1989). 다만 과A와 과B의 요소(金跳咏 2020)가 합쳐진 형태의 과는 아직 중원에서 확인된 바 없어 중원에서 제작된 후 이입되었는지 현지에서 자체적으로 제작하였는지는 알 수 없다. 공반된 마구가 삼연계일 가능성을 고려하면 재지에서도 금동제품의 자체적인 생산은 이루어졌을 것으로 보인다.

묘(田立坤 2002), 조양 봉차도위묘(田立坤 1994), 조양 최휼묘(陳大為·李宇峰 1982), 북표 풍소불묘(馮素弗墓)(遼寧省博物館 2015)와 같이 기년명 자료가 출토된 무덤이 있다(강현숙 2006: 123). 다만 이 가운데 대장식구가 출토된 고분은 조양 원대자벽화묘와 봉차도위묘에 불과하여 대장식구의 제작 연대는 타종의 대장식구를 참고할 수밖에 없다.

1) 제작 연대

삼연 대장식구 가운데 제작 연대를 추정할 수 있는 사례로 북표 라마동ⅡM275호묘 출토품(그림 7-2-1)을 들 수 있다. 소위 중원식대장식구라 불리는 이 종의 대장식구는 교구, 대선금구, 과로 구성되었다. 전연부가 U자형, 후연부가 방형인 교구에는 1마리의 용과 봉황을, 대선금구에는 서로 마주 보는 2마리의 용을 표현하였다. 유사한 문양의 교구와 대선금구는 김해 대성동88호분 출토품 외에 이데미쓰미술관(出光美術館), 교토대학종합박물관(京都大學總合博物館), 국립역사민속박물관③[4], 아이즈야이치(會津八一)기념박물관 소장품을 들 수 있다(그림 7-3). 문양과 제작기술로 보아 후행할 것으로 보이는 광주(廣州) 대도산진묘(大刀山晋墓)에서 동진 大(太)寧2(324)년이 쓰인 기년전이 출토되어 라마동ⅡM275 출토품은 4세기 전엽에 제작된 것으로 비정된다(제6장 참조).

그렇다면 서진왕실(西晉王室)에서 제작된 중원식대장식구가 모용선비의 고분에 매장된 셈이다. 모용부의 수장 모용외(慕容廆)가 이 지역에서 307년부터 선비대단우(鮮卑大單于)를 자칭하면서 서진의 유민들을 받아들여 세력을 강화하였으며 319년 서진의 동이교위(東夷校尉) 최비(崔毖)를 물리치면서 요동의 패권을 차지한 것을 고려하면(桃崎祐輔 2005: 179) 모용황이 전연을 건국한 337년 이전에 서진왕실과 모용선비가 직접 교류하였을 가능성도 충분하다. 막호발(莫護跋)의 시대부터 모용외가 289년 본거지를 극성(棘城)으로 옮길 때까지의 기간을 선연기(先燕期)라고 부르는 것에서 알 수 있듯이(町田章 2011: 480), 선비 문화는 이미 전연이 건국되기 이전부터 확인되므로(田立坤 2001; 강현숙 2006; 조윤재 2015) 삼연에서 가장 이른 라마동ⅡM275호묘 출토품은 전연이 건국되기 이전인 4세기 전엽에 서진에서 제작된 후 이입되었을 것으로 보인다. 이를 삼연1단계로 해둔다.

---

4 일본 국립역사민속박물관에는 총 4식의 중원식대장식구가 소장되어 있다. 중원식대장식구의 유물 번호는 『古墳関連資料』(國立歷史民俗博物館 2012)에 A-166, A-440, A-196, A-371로 기재되어 있다. 이 가운데 국립역사민속박물관③은 A-196이다.

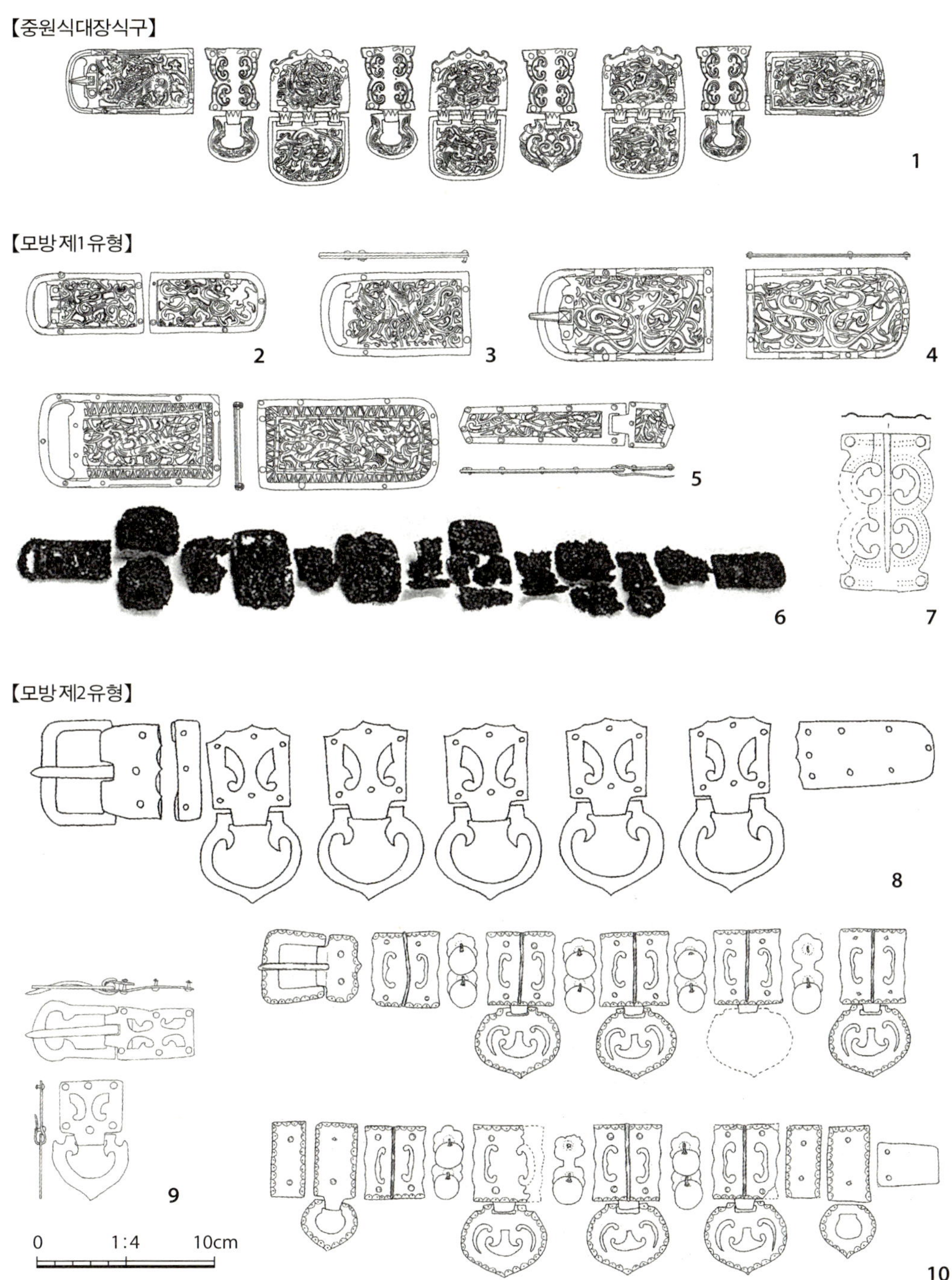

그림 7-2 삼연(三燕, 모용선비)의 대장식구

1. 북표 라마동 II M275호묘 | 2. 북표 라마동 II M101호묘 | 3. 조양 십이대향전창고88M1호묘 | 4. 조양 원대자벽화묘 | 5. 조양 봉차도위묘 | 6. 북표 라마동 II M266호묘 | 7. 북표 라마동촌묘 | 8. 조양 요이영자M9001호묘 | 9 북표 서구촌묘 | 10. 북표 라마동 II M196호묘 (6·7은 축척부동)

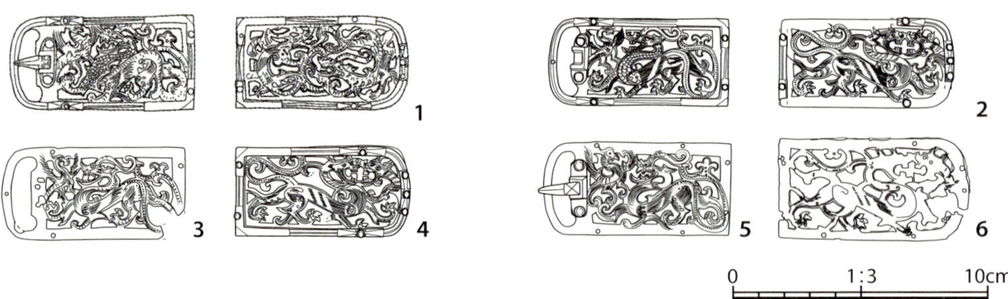

그림 7-3 북표 라마동 II M275호묘 출토품과 유사한 중원식대장식구 사례

1. 북표 라마동M275호묘 | 2. 이데미쓰미술관 | 3. 교토대학종합박물관 | 4. 김해 대성동88호분 | 5. 역박③ | 6. 아이즈야이치기념박물관

한편 현지에서 제작된 것으로 보이는 대장식구도 확인된다. 형태로 보아 중원식대장식구를 모델로 모방 제작한 것으로 추정되므로 제작 시기는 후행할 것으로 보이는 이 대장식구를 삼연2단계로 비정해둔다. 삼연2단계의 대장식구는 형태와 문양을 기준으로 크게 2개의 유형으로 나눌 수 있다. 각각을 '모방 제1유형'과 '모방 제2유형'으로 부르기로 하고 양자의 제작 연대에 대해 검토하기로 한다.

'모방 제1유형'은 중원식대장식구와 유사하나 일부 문양과 크기, 재질이 바뀐 대장식구이다. 북표 라마동 II M101호묘, 라마동 II M266호묘, 라마동촌묘 출토품 이외에 조양 봉차도위묘, 원대자벽화묘, 십이대향전창고88M1호묘 출토품이 이 유형에 해당한다. 철지금동장의 라마동 II M266호묘 출토품을 제외하면 모두 금동제이다.

라마동 II M101호묘 출토품은 모방 제1호(町田章 2006: 58)라고도 불릴 정도로 그 크기와 형태가 중원식대장식구와 흡사하다(그림 7-2-2). 중원식대장식구가 삼연으로 이입되고 얼마 지나지 않아 현지에서 자체적으로 제작되었을 가능성이 크다.

라마동 II M266에서는 삼연에서 유일하게 철지금장제의 대장식구가 출토되었다(그림 7-2-6). 녹으로 덮여 있어 세부 문양은 알 수 없으나 교구, 대선금구의 크기가 중원식대장식구와 유사하며 여러 형식의 과를 갖춘 점도 중원식대장식구와 같다. 다만 철지금장이라는 재질을 일찍부터 흉노, 동호가 사용한 점, 철지금장제의 중원식대장식구가 1식(式)도 출토되지 않은 점을 고려하면 대장식구는 공반된 철지금장제의 안교와 함께 현지에서 세트로 제작되었을 가능성이 크다(町田章 2006: 59). 현지로 이입된 제품을 모방하여 제작한 것이라면 삼연2단계 중에서도 이른 편에 속할 것이다. 이 외에 4개의 삼엽문을 대칭적으로 배열한 라마동촌

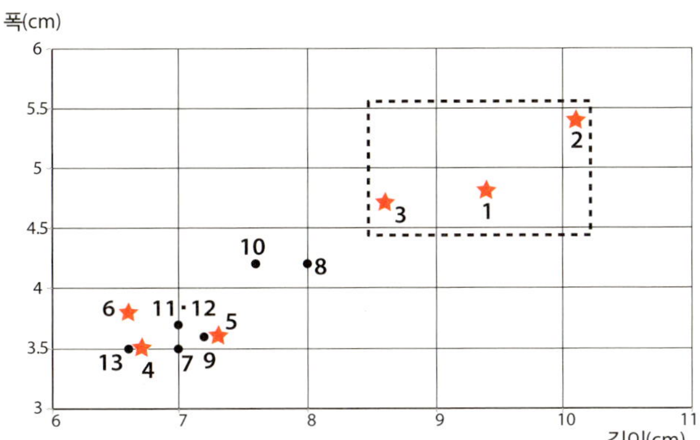

	지역	고분명	길이	폭
1	조양	원대자벽화묘	9.4	4.8
2	조양	봉차도위묘	10.1	5.4
3	조양	십이대전창881M호묘	8.6	4.7
4	북표	라마동M101호묘	6.6	3.5
5	북표	라마동M275호묘	7.3	3.6
6	북표	라마동ⅡM266호묘	6.6	3.8
7	흥의	주처묘	7	3.5
8	광주	대도산묘	8	4.2
9	낙양	서교 24호묘	7.2	3.6
10	호북	웅가령진묘	7.6	4.2
11	김해	대성동88호묘	7	3.7
12	효고	교자즈카고분	7	3.7
13	나라	신야마고분	6.7	3.5

그림 7-4 교구·대선금구의 크기 비교 (★: 조양·북표 출토 대장식구)

묘 출토품도 중원식대장식구 과(銙)C(김지현 2012: 231)와 유사하다.

다음으로 '모방 제1유형' 가운데 조양 봉차도위묘, 원대자벽화묘, 십이대향전창고88M1호묘 출토품(그림 7-2-3~5)은 교구와 대선금구의 크기가 중원식대장식구보다 한층 크다(그림 7-4-1~3). 특히 폭의 변화는 대장식구를 부착한 허리띠 폭의 변화와 연동된 것으로 허리띠를 더욱 크고 굵게 내보이고자 하는 의도에서 비롯되었을 것이다. 2마리의 용 또는 봉황이 서로를 마주하는 문양 역시 양진에서 제작된 교구와 대선금구에서는 확인되지 않는다. 이상으로 살펴본 '모방 제1유형'은 양진에서 이입된 중원식대장식구를 모티브로 모방 제작한 것이 공통점이다.

한편 '모방 제2유형'은 과판과 수하식에 초엽문을 표현한 대장식구로 라마동ⅡM196호묘, 라마동 서구촌묘, 요이영자M9001호묘 출토품이 이 유형에 해당한다(그림 7-2-8~10). 금동제라는 점은 '모방 제1유형'과 동일하다. 교구의 자금은 모두 일자형의 가동식으로 '모방 제1유형'에 비해 자금의 길이가 길다.

그렇다면 '모방 제1유형'과 '모방 제2유형'의 제작 연대는 어떠할까? 후지이 야스타카는 '모방 제1유형'과 '모방 제2유형'을 제작 시기의 차로 이해하고 전자가 후자보다 선행하는 것으로 이해하였다(藤井康隆 2003). 과판의 형태와 문양을 중시한다면 일견 타당해 보이나 스스로 지적하듯이 '모방 제2유형'에 속하는 라마동ⅡM196호묘 대장식구의 각 구성품이 중원식대장식구의 구성품과 하나씩 대응하는 것(藤井康隆 2006: 167)을 고려하면 '모방 제2유형'의 제작 시기 역시 중원식대장식구에 근접할 가능성도 없지는 않다.

그뿐만 아니라 공반 유물과 묘제로 보면 '모방 제2유형'이 출토된 고분이 '모방 제1유형'이 출토된 고분보다 선행하는 사례도 있어 제작 연대를 비정하는데 신중할 필요가 있다. 예를 들어 후지이 야스타카가 삼연2기로 비정한 십이대향전창고88M1호묘, 원대자벽화묘는 전립곤의 삼연 중기묘제에 해당하며 여기서는 강현숙의 삼연Ⅲ단계 토기가 출토되었다. 이에 반해 후지이 야스타카가 삼연3기로 비정한 요이영자M9001호묘는 전립곤의 삼연 조기묘제이며 여기서는 강현숙의 삼연2단계가 토기가 출토되었다. 물론 강현숙의 토기 편년과 전립곤의 묘제 편년이 타당한지는 별도로 검증이 필요하겠으나 적어도 후지이 야스타카가 상정한 대장식구의 선후관계가 공반된 토기와 묘제의 선후관계와 반드시 일치하지 않는다는 점에는 충분히 주의할 필요가 있다. 결국 '모방 제1유형'과 '모방 제2유형'의 제작 시기는 기년명자료, 공반유물을 통해 비정할 수밖에 없다.

우선 '모방 제1유형'의 상한연대와 관련하여 공반된 기년명 자료가 참고된다. 봉차도위묘에서는 '奉車都尉'가 새겨진 금인(銀印)이 출토되어 337년에서 370년 사이의 연대폭을 가지며(강현숙 2006:123) 동진 升平3년(359) 기록을 근거로 359년 전후로 특정하기도 한다(田立坤 1994). 원대자벽화묘의 연대에 관해서는 묵서명의 검토를 통해 335년, 354년, 366년을 후보로 들 수 있지만 벽화묘가 조양 근교에 있으므로 342년 천도 이후인 354년의 가능성이 가장 크고 366년의 가능성도 배제할 수 없다는 견해가 참고된다(田立坤 2002). 이로 보아 '모방 제1유형'은 늦어도 4세기 중엽에는 존재하였을 가능성이 크다. 전술한 라마동Ⅱ M101호묘, 라마동Ⅱ M266호묘 출토품과 같이 삼연1단계에 중원식대장식구가 이입된 후 비교적 이른 시간 내에 모방 제작되었다면 '모방 제1유형'의 상한 연대는 4세기 전엽까지도 소급될 수 있다.

'모방 제2유형'이 출토된 고분에서는 기년명 자료가 확인되지 않아 공반 유물과 고분의 연대관을 참고로 할 수밖에 없다. 요이영자M9001호묘는 덴리쿤(田立坤)의 삼연 조기묘(田立坤 2001), 강현숙의 삼연Ⅱ단계(324~341년), 손위의 제4기(3세기 중엽~4세기 초), 조윤재의 삼연 제2기(3세기 중엽~4세기 초)로 비정된다. 이 외에 라마동 서구촌묘와 라마동Ⅱ M196호묘는 강현숙의 삼연Ⅲ단계로 전연이 멸망하는 370년경 이전으로 비정된다. 또 3조꼬기 재갈과 A류의 철제경판이 출토되어 라마동Ⅱ M196호묘를 4세기 중엽으로 비정하는 견해도 주목된다(諫早直人 2012). 이로 보아 '모방 제2유형'이 늦어도 4세기 중엽 즈음에 존재한 것은 분명해 보인다.[5]

한편 삼연2단계의 하한연대에 대해서는 기년명 자료가 출토된 고분 중 대장식구가 공

5 한편 '모방 제2유형' 가운데 라마동Ⅱ M196호묘 출토품을 4세기 중엽 이후, 요이영자M9001묘, 서구촌묘를 4세기 후엽에서 5세기 전엽으로 비정하는 견해도 존재한다(桃崎祐輔 2005).

반되지 않은 사례를 통해 어느 정도 추정할 수 있을 것 같다. 후연의 유일한 기년묘인 최휼묘(崔遹墓, 395년)에서는 동대구(銅帶鈎)가 1점 출토되었으나 대장식구의 흔적은 보이지 않는다(陳大為·李宇峰 1982). 북연의 풍소불묘(415)에서는 도금동대구(鍍金銅帶鈎) 1점, 도금동대잡(鍍金銅帶卡) 4점, 동대구(銅帶扣) 4점, 도금동과환(鍍金銅銙環) 6점, 도금동행협(鍍金銅杏叶) 1점, 동대구(銅帶具) 2점 등 일견 대장식구의 부속구로 보이는 금구가 다수 출토되었다. 동시기 한반도 남부에 유행하는 심엽형대장식구와 유사해 대장식구의 가능성도 부정할 수 없지만 최근 발간된 보고서에서는 마구의 가능성을 지적한다(遼寧省博物館 2015: 59). 착장하지 않았으며 과판도 없어 대장식구로 인정할만한 적극적인 근거는 찾기 어렵다. 안양 효민둔154호묘 출토 마구 복원도는 풍소불묘 출토품이 마구에 사용된 띠에 매단 금구였을 가능성을 뒷받침한다(中國社會科學院考古研究所技術室 1983). 동일한 형태의 금구는 조양 팔보촌M1호묘에서 출토되었는데 이 묘에서도 대장식구의 흔적은 보이지 않는다**(그림 7-5)**.

물론 후연·북연 시기의 모든 무덤이 발굴 조사된 것이 아니므로 향후 발굴 조사 결과에 따라 변동될 여지도 충분하나 최휼묘(395년)와 풍소불묘(415년)를 중시한다면 적어도 현재까지는 후연·북연에서 대장식구는 제작되지 않은 것으로 볼 수 있다. 이상의 분석을 토대로 한다면 '모방 제1유형'과 '모방 제2유형'이 혼재하는 삼연2단계의 존속 시기는 대체로 전연에 해당한다.

사실 삼연 대장식구의 제작 연대에 관해서는 당시 진(晉)과 삼연의 국제관계와 결부지어 모모사키 유우스케(桃崎祐輔)가 이미 검토한 적이 있다. 이를 참고하면 모용황은 317년 6월 동진 사마예(司馬睿)의 황제 즉위 권진(勸進)에 이름을 올리고 337년에 전연을 건국한다. 341년에 동진으로부터 연왕위(燕王位)를 수여 받은 후 345년에는 동진의 연호 사용을 중지하지만 동진황제의 종주권을 인정하고 계속해서 연황(燕王)으로 신종(臣從)한다. 그러나 348년 모용황이 죽고 모용준(慕容儁)이 즉위하자 상황이 일변한다. 모용준은 352년 11월 중산(中山)에서 황제로 즉위하고 원새(元壐)라는 연호를 사용하고 백관(百官)을 설치함으로써 동진의 책봉체제에서 탈피한다. 위와 같은 역사적 사건에 주목한 모모사키 유우스케는 동진전기의 대장식구로 추정되는 라마동ⅡM275호묘 출토품의 상한연대를 317년으로, 하한연대를 345년~352년으로 보았다(桃崎祐輔 2006). 그리고 그보다 후행할 것으로 보이는 원대자벽화묘, 십이대향전창고88M1호묘, 라마동ⅡM196호묘, 요이영자M9001호묘, 서구촌묘 등 선비화된 중원식대장식구를 352년 이후의 소산으로 평가하였다. 결국, 선비식 대장식구의 상한을 전연이 동진의 책봉체제에서 자립한 352년, 즉 4세기 중엽으로 보고 하한을 북연이 북위

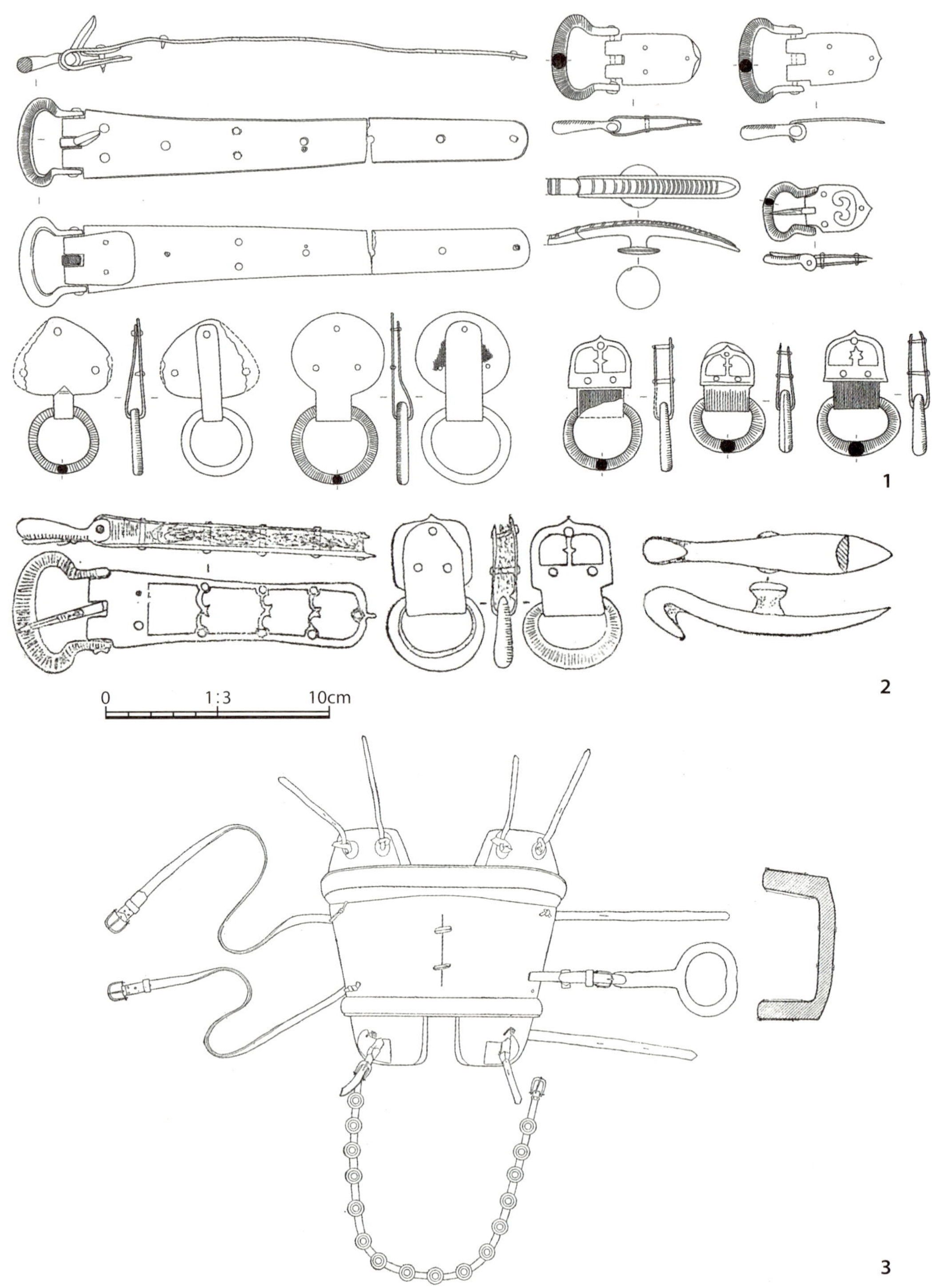

그림 7-5 후연·북연의 대구(帶具)와 마구

1. 북표 풍소불묘 | 2. 조양 팔보촌M1호묘 대구 | 3. 안양 효민둔154호묘 마구 복원도

공격으로 고구려에 망명한 436년과 천왕풍홍(天王馮弘)이 살해되어 멸망한 438년, 즉 5세기 전엽으로 비정한 것이다(桃崎祐輔 2005). 문헌 기록을 중시한 모모사키 유우스케의 견해는 언뜻 보아 정합성이 높아 보인다.

다만 스스로 밝혔듯이 라마동ⅡM101호묘 출토품을 동진 전기로 보는 연대관은 실은 공반된 안교를 5세기로 비정하는 후지이 야스타카의 중원식대장식구 연대관에 기초한다(桃崎祐輔 2005: 179). 표면에 남은 조금기술의 가공흔적을 기준으로 설정한 후지이 야스타카의 중원식대장식구 연대관에 재검토의 여지가 있다는 점(**제6장 참조**)은 차치한다고 하더라도 앞서 언급한 것처럼 라마동ⅡM275호묘 출토품이 광주 대도산진묘 출토품(324년)보다 문양과 제작기술로 보아 선행하므로 서진제(西晉製)일 가능성이 크다는 점을 고려하면 문헌을 기준으로 설정한 352년 전후라는 획기는 좀 더 소급되어야 마땅하다.

2) 전개와 특질

삼연1단계에는 서진에서 제작된 중원식대장식구를 모용선비가 수용한다. 삼연2단계가 되면 이 중원식대장식구를 모티브로 전연에서 자체적으로 대장식구를 생산한다. 앞서 살펴본 것처럼 중원식대장식구를 그대로 모방하되 문양과 크기, 재질을 일부 바꾼 '모방 제1유형'과 초엽문(草葉文)을 기본 모티브로 하는 '모방 제2유형'이 그것이다.

문양에 주목하여 삼연2단계 대장식구의 특질에 대해 생각해보고자 한다. '모방 제1유형'의 특질과 관련해 주목되는 것은 공반된 장식마구와의 관계이다(**그림 7-6**). 라마동M101호묘에서 출토된 금동제안교가 중원식대장식구를 본보기로 제작되었을 것이라는 지가 히사시의 지적이 타당하다면(千賀久 2007: 383) 재질과 문양이 유사한 삼연 고분 출토 대장식구와 장식마구는 매우 가까운 환경(동일 공인 또는 동일 공방)에서 생산되었을 가능성이 크다. 마치다 아키라는 '모방 제1유형'에 관해 한왕조(漢王朝)를 굴복시킨 자신감을 배경으로 모용선비가 창출한 것으로 보았으며 기마민족의 지보(至寶)라고도 할 수 있는 마구와 함께 중원의 관제(官制)에 따라 제도화한 복식구(服飾具)(町田章 2006: 60)로 평가하였다. 나아가 대장식구와 마구에 대하여 '북방민족과 접촉하는 과정에서 위진(魏晉)의 제실(帝室)이 의도적으로 설정한 관직제도에서 유래된 일종의 훈장이며 한인의 전통적인 세계관을 나타냈던 정치색을 농후하게 띤 위신재(町田章 2011: 480)'로 보았다.

이처럼 '모방 제1유형', 그리고 이와 공반된 장식마구는 모용선비가 전연 건국을 전후로 한 시기에 제작한 초기의 금공품으로 중국의 관위제도(官位制度)에 대응하기 위해 제작된

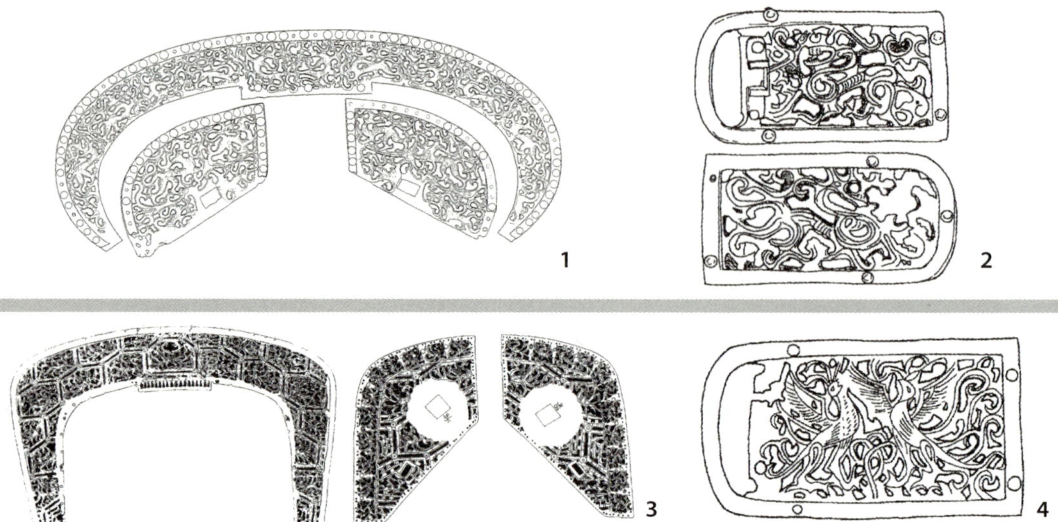

그림 7-6 삼연 대장식구의 특질(모방 제1유형)
1·2. 조양 라마동 II M101호묘 | 3·4. 조양 십이대향전창88M1호묘(1·3은 S=1/8, 2·4는 S=1/2)

것으로 보인다(諫早直人 2012: 295). '전연 왕권이 왕을 정점으로 안정된 신분 질서를 구축하기 위해 중국 왕조의 여러 제도를 받아들이는 가운데 복식과 세트로 정비된 매우 정치성이 높은 기물'이라는 삼연의 장식마구에 대한 평가(諫早直人 2012: 296)는 삼연2단계의 '모방 제1유형'의 대장식구에도 동일하게 적용할 수 있다.

이는 과판과 대선금구의 크기를 통해서도 방증된다. 언급한 것처럼 '모방 제1유형' 중 일부의 과판과 대선금구는 그 길이와 폭이 중원식대장식구보다 크다. 이는 단순히 부품의 크기만이 아니라 여기에 매단 유기질제 허리띠의 폭도 함께 굵어진 것을 뜻한다. 정면에서 바라보았을 때 착용자 허리의 정중앙에 위치하여 시각적 효과가 가장 높을 것으로 생각되는 대선금구와 교구에 중원식대장식구에서 전혀 확인할 수 없는 독자적인 문양을 표현한 것은 중국의 제도를 받아들이면서도 전연의 독자성을 발현하기 위한 복식 세트로서 마구와 대장식구를 제작하는 과정에서 나타난 현상이 아닐까 추정된다. 이처럼 '모방 제1유형'을 통해 중원 지역의 복식제도를 적극적으로 받아들이려는 의도(千賀久 2007: 378)는 동일한 중원식대장식구가 이입되었음에도 이를 변용하거나 새롭게 가공한 흔적을 전혀 찾아볼 수 없는 백제, 신라, 왜(倭)와 확연히 다르다.

한편 초엽문을 모티브로 한 '모방 제2유형'의 특질과 관련하여 주목하고 싶은 것이 금제

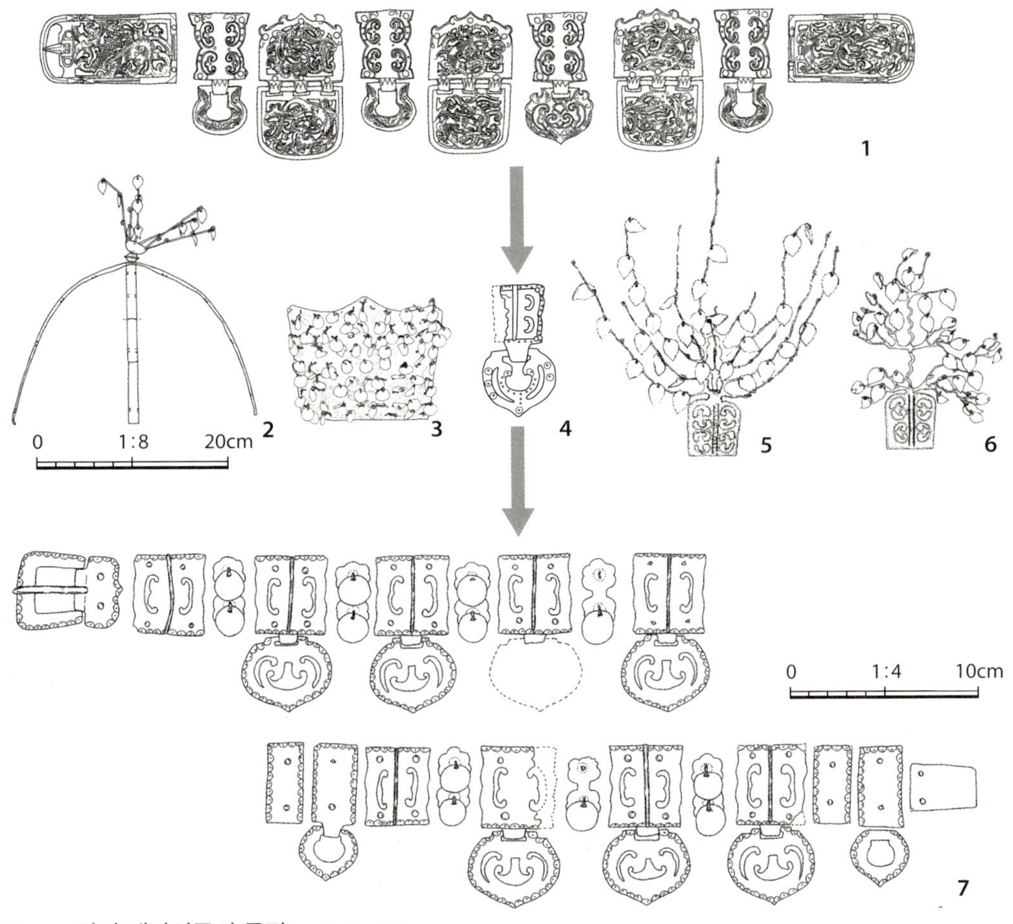

그림 7-7 삼연 대장식구의 특질(모방 제2유형)

1. 북표 라마동ⅡM275 | 2·3. 북표 풍소불묘 | 4. 환인 연강향19호묘 | 5. 요령 첨초구M1 | 6. 요령 첨초구M2 | 7. 북표 라마동ⅡM196

보요부금구(金製步搖付金具)이다. 모용선비가 보요를 사용한 것은 문헌 기록[6]에서도 확인된다(조윤재 2015). 금제보요는 모용선비의 중요한 복식품에 사용되었는데 공표된 것만 16점에 달한다. 특히 요서지역에서 출토된 금제보요관은 만흔(万欣)의 집성에 의하면 총 14점으로 그 가운데 12점은 3세기 중엽에서 4세기 초, 나머지 2점은 북연에 가까운 시기라고 한다(万欣 2003: 274). 이에 따르면 모용선비의 표지(標識)라 할 수 있는 보요는 전연이 건국되기 이전부

6 『晉書』108, 載記8, 慕容, 「曾祖莫護跋 魏初率其諸部入居遼西 從宣帝伐公孫氏有功 拜率義王 始建國於棘城之北 時燕代多冠步搖冠 莫護跋見而好之 乃斂髮襲冠 諸部因呼之爲步搖 其後音訛 遂爲慕容焉」.

터 대장식구가 제작되지 않은 북연까지, 여러 금동제품의 표면에 부착된 셈이다.

그 가운데 요령성(遼寧省) 방신촌(防身村)M2호(대소 2점), 첨초구(甜草溝)M1, 첨초구M2(그림 7-7-5~6), 십이대(十二台)M8713에서 출토된 금제보요관에는 삼엽문이 투조되었는데 그 배치와 문양이 대장식구의 과판과 흡사하여 주목된다. 금제보요관의 제작 연대를 3세기 말에서 4세기 초로 비정하는 만혼의 견해가 타당하다면 금제보요관의 문양이 '모방 제2유형' 대장식구에 영향을 끼쳤을 가능성도 부정하기 어렵다.

이와 관련하여 북표 라마동Ⅱ M196호분 출토 대장식구가 주목된다. 과판의 형태로 보아 라마동Ⅱ M275 → 환인 연강향19호묘 → 라마동Ⅱ M196 순으로 변화한 것으로 보이는데 (그림 7-7) 가장 퇴화한 라마동Ⅱ M196 과판에 보요가 부착되었기 때문이다. '모방 제2유형'을 창출하는 과정에서 별다른 기능이 없는 보요를 굳이 대장식구에도 매단 것은 자신들의 정체성을 대장식구에도 표현하고자 하는 모용선비의 의도가 강하게 반영된 결과로 해석할 수 있다.[7]

이상과 같이 '모방 제1유형'과 '모방 제2유형'은 모용선비가 중원식대장식구를 모티브로 자신들만의 독창적인 복식 세트를 만들어가는 과정에서 창출된 기물로 평가할 수 있다. 재질도 대부분 금동제이며 착장한 채 매납된 사례도 많아 대장식구에 대한 인식은 기본적으로 유사했을 것이다. 다만 '모방 제1유형'이 새로이 건국된 전연 왕권의 의도 아래 장식마구와 함께 제작된 것이라면 '모방 제2유형'은 모용선비 고유의 전통적 문양과 모티브가 강하게 반영되어 현지에서 새롭게 창출된 대장식구로 평가할 수 있다.

7 이처럼 전연에서 새로이 창출된 '모방 제2유형'이 동진(東進)하는 현상이 관찰되어 주목된다. 울산 하삼정115호 석곽묘에서는 금동제의 대장식구가 1식 출토되었다. 방형의 과판 중앙에 세로로 금속대를 부착한 점, 과판의 네 모퉁이에 못을 박아 띠와 연결한 점, 十자문 4개를 대칭적으로 표현한 점 등 삼연 대장식구와 관련성이 인정된다(김도영 2018; 土屋隆史 2020). 공반된 신라토기, 5세기 전~중엽의 신라계 성시구, 4세기 말~5세기 초의 왜계 장방판혁철단갑으로 보아 피장자는 국제 교섭에 종사한 인물일 가능성이 크다. 삼연계대장식구(藤井康隆 2003), 대가야계 이식, 한반도계 묘제가 동시에 확인된 효고현(兵庫縣) 미야야마(宮山)고분 피장자의 성격도 이와 유사할 것이다.

제4절 고구려 대장식구의 전개와 특질

고구려의 대장식구는 집안을 중심으로 본계, 환인, 평양 등에 분포한다. 현재까지 총 26기의 고분에서 32식의 대장식구가 보고되었다(표 7-2). 다만 대장식구의 구성품이 완벽하게 출토된 사례가 없고 착장 여부도 대부분 알 수 없어 그 전개 과정을 밝히기는 쉽지 않다. 다행히 앞서 살펴본 삼연과 빈번하게 이루어진 접촉과 대립, 교류로 인해 고구려 대장식구에서도 '삼연 문화(조윤재 2015: 98)'의 영향이 관찰되거나 고구려 대장식구만의 특질도 조금 간취된다. 여기서는 지금까지 보고된 대장식구를 집성하여 몇 가지 형식으로 분류하고 각 형식의 존속 시기와 특질에 대해 간략히 살펴본다.

표 7-2 고구려 고분 출토 대장식구

지역	고분	재질	형식
집안	산성하M152	금동	Ⅰ형식
집안	산성하M159	금동	Ⅰ형식
집안	우산하M3560	금동	Ⅰ형식
집안	산성하M332	금동	Ⅰ형식
평양	고산동9호분	금동	Ⅱ형식
집안	덕화리3호분	은	Ⅱ형식
집안	산성하M725	금동	Ⅱ형식
집안	우산하M3305	은	Ⅱ형식
집안	태왕릉	금동	Ⅱ형식
집안	칠성산96호분	금동	Ⅱ형식
집안	산성하M332	동	Ⅱ형식
집안	칠성산96호분	금동	Ⅲ형식
집안	우산하M3560	금동	Ⅲ형식
집안	우산하M3142	금동	Ⅲ형식
평양	고산동10호분	금동	Ⅲ형식
평양	호남리 사신총	금동	Ⅲ형식
집안	장천4호분	금동	Ⅲ형식
집안	산성하M873	금동	Ⅲ형식
자성	서해리2고분군제1호분	-	Ⅲ형식
집안	산성하M330	금동	Ⅳ형식
환인	연강향9호분	금동	Ⅳ형식
본계	소시진묘	-	Ⅳ형식
집안	산성하M725	은	Ⅳ형식
평양	호남리 금사총	금동	Ⅳ형식
집안	우산하M1080	금동	Ⅳ형식
집안	산성하M151	은	Ⅳ형식
집안	우산하M3162	금동	Ⅳ형식
집안	산성하M3296	철	Ⅳ형식
집안	산성하M3296	금동	Ⅳ형식
집안	우산하M3105	금동	Ⅳ형식
평양	토포리대총	-	Ⅳ형식
평양	고산동9호분	금동	Ⅳ형식

1) 형식 분류

형식 분류에 관해서는 아즈마 우시오(東潮 1997), 강현숙(2010), 장설암(2001), 이한상(2004)의 연구를 참고할 수 있다. 아즈마 우시오는 고구려 대장식구를 Ⅰ~Ⅴ형식으로, 강현숙은 Ⅰ~Ⅳ형식으로, 이한상은 Ⅰ~Ⅲ류로, 장설암은 대장식구의 구성품을 더욱 세분하였다.[8] 이 가운데 과판과 수하식을 조합 관계를 기준으로 한 강현숙의 분류안이 일목요연하고 간결하다. 다만 집성되지 않은 사례도 있고 우산하M3560 출토품을 모두 하나의 형식으로 분류하는 등 세부적인 조정이 필요하다. 강현숙의 분류안을 따르되 집성되지 않은 출토품[9]까지 모두 포함하여 대장식

8 류금대구(鎏金帶扣)(7식), 동(銅)·철대구(鐵帶扣)(6식), 대과(帶銙)(7식), 사미(鉈尾)(7식)으로 분류하였다.

9 집안 우산하M3560, 전둔(前屯)7호분에서 출토된 반원형금구는 대장식구로 확신할 수 없어 연구 대상

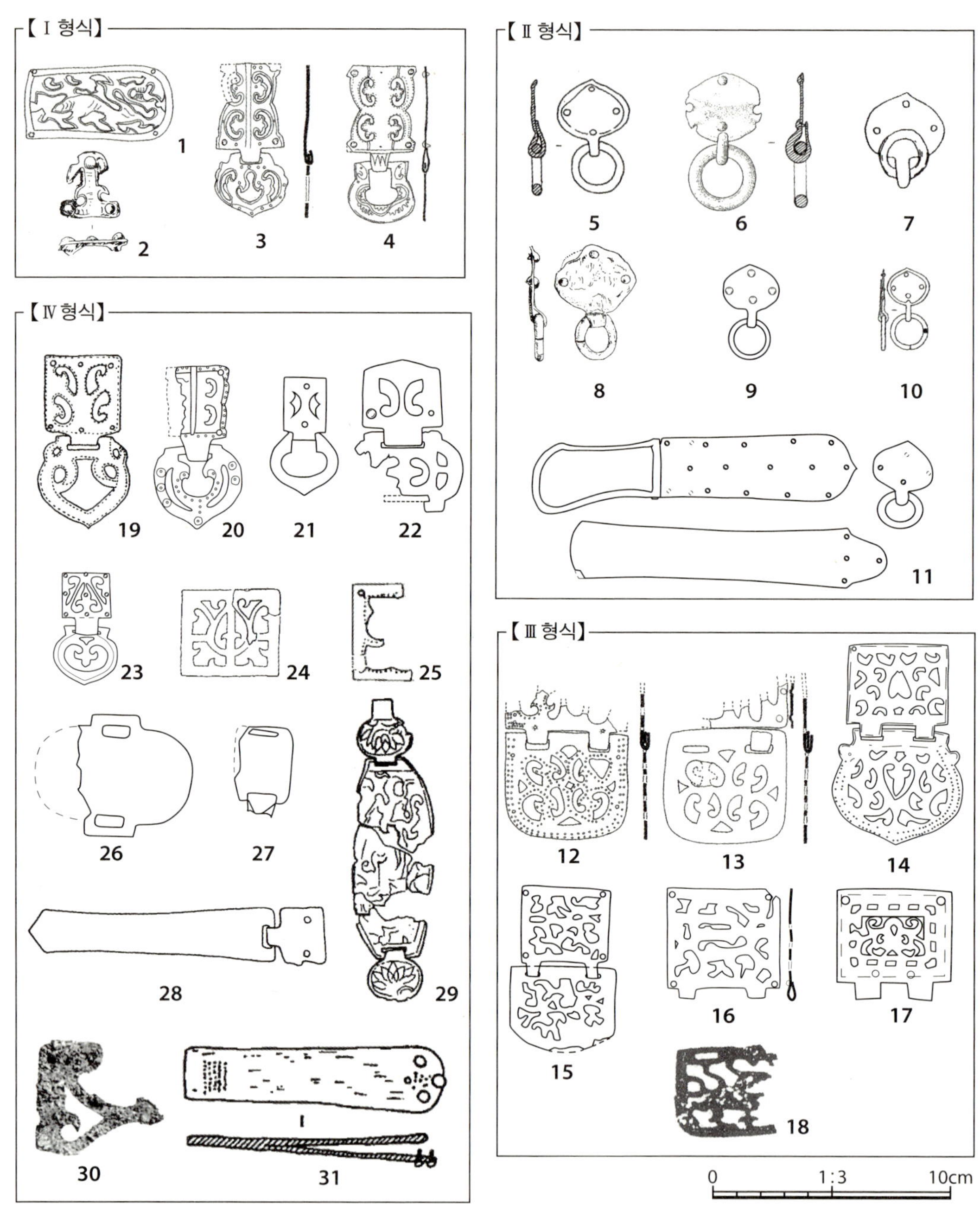

그림 7-8 고구려 고분 출토 대장식구

1. 집안 산성하M159 | 2·8. 집안 산성하M332 | 3·12. 집안 우산하M3560 | 4. 집안 산성하M152 | 5. 집안 우산하M3305 | 6. 집안 태왕릉 | 7·30. 평양 고산동9호묘 | 9·23. 집안 우산하M725 | 10·14. 집안 칠성산96호분 | 11. 평양 덕화리3호묘 | 13. 집안 우산하M3142 | 15. 평양 고산동10호묘 | 16. 집안 산성하M873 | 17. 평양 호남리 사신총 | 18. 자성 서해리 2고분군제1호분 | 19. 집안 산성하M330 | 20. 환인 연강향19호묘 | 21. 집안 우산하M151 | 22. 집안 우산하M3162 | 24. 평양 토포리대총 | 25. 평양 호남리 금사총 | 26·31. 집안 우산하M3296 | 27. 집안 우산하M3105 | 28. 본계 소시진묘 | 29. 집안 우산하M1080(7·16·17·24·25·30·31은 축척부동)

구를 다시 분류하였다. 각 형식은 아래와 같다(그림 7-8).

Ⅰ형식 : 중원식대장식구이다.

Ⅱ형식 : 역심엽형대장식구로 역심엽형과판에 둥근 고리를 연결하였다.[10]

Ⅲ형식 : (장)방형 과판에 말각방형 또는 심엽형의 수하식을 2개의 고리로 연결하였다. 과판과 수하식에는 용문(?) 또는 초엽문을 투조하였다.

Ⅳ형식 : 초엽문이 있는 종장형 또는 방형 과판과 심엽형의 수하식을 1개의 고리로 연결하였다. 요패와 대선금구 역시 이 형식에 해당한다.

2) 존속 시기

(1) Ⅰ형식

집안 산성하M159에서는 중원식대장식구 3단계의 대선금구가 출토되었다(제6장 참조). 삼연에서 유입되었다는 견해(藤井康隆 2003)도 있으나 서진에서 이입되었을 가능성이 크다(姜賢淑 2010).

집안 산성하M332에서는 중원식대장식구 과E가 출토되었다. 유사한 부품이 광주 대도산진묘(324년), 무한시(武漢市) 한양현(漢陽縣) 웅가령진묘(熊家嶺晋墓)에서 확인된다(東潮·田中俊明 1995).

집안 우산하M3560에서 중원식대장식구 과(銙)B가 1점 출토되었다. '동진 것과 닮았으나 세부 상황이 다르며 수식이 현저히 퇴화되어 삼연에서 모방되었을 가능성'을 지적하고 355년~370년으로 시간적 범위를 좁히는 견해(桃崎祐輔 2009)도 있으나 과B는 중원식대장식구의 출현부터 소멸까지 지속되므로 연대를 비정하는 결정적 근거로 보기는 어렵다.

집안 산성하M152호분에서는 중원식대장식구 과C가 1점 출토되었다. 과판의 삼엽문, 수하식이 양진의 것과 같아 이미 지적된 것처럼(千賀久 1984; 姜賢淑 2010; 김지현 2012) 중원에

에서 제외하였다.

10 Ⅱ형식을 모두 대장식구로 단정할 수 있는지는 신중할 필요가 있다. 형태는 백제, 신라의 대장식구와 같으나 고구려 고분에서는 과판 1점만 보고된 사례가 대부분이기 때문이다. 또 집안 마선구1호분에서는 성시구의 부속품으로, 평성 지경동고분에서는 마구의 부속품으로 역심엽형금구가 사용되었다. 다만 평양 덕화리3호분 사례처럼 대장식구의 부품으로 역심엽형금구가 사용된 사례가 명백히 존재하므로 여기서는 역심엽형대장식구를 허리띠를 장식하는 대장식구로 간주하되 향후 자료가 증가한다면 재검토하고자 한다.

서 제작된 것이 고구려로 이입된 것으로 볼 수 있다.

이상 고구려고분에서 출토된 Ⅰ형식(중원식대장식구)은 종래의 연대관을 고려한다면 4세기 전엽~중엽으로 보아 무방할 것이다. 그렇다면 Ⅰ형식이 부장된 무덤의 축조연대는 이와 같거나 이보다 약간 후행한다.

(2) Ⅱ형식

Ⅱ형식(역심엽형대장식구)은 자체적인 변화 과정이 인지되지 않아 고분의 축조연대를 참고할 수밖에 없다.

상한 연대와 관련해서 Ⅰ형식(중원식대장식구)과 Ⅱ형식이 공반된 집안 산성하M332에 주목할 수 있다. Ⅰ형식의 제작 연대를 중시한다면 Ⅱ형식 역시 4세기 전엽에는 출현한 것으로 볼 수 있다.

Ⅲ형식과 Ⅱ형식이 공반된 집안 칠성산96호분은 후술하듯이 5세기 전엽으로 비정된다.

집안 태왕릉에서도 Ⅱ형식이 1점 출토되었다. 태왕릉의 피장자는 고국양왕(391년 沒), 광개토대왕(413년 沒), 장수왕(491년 沒)으로 비정된다. 피장자가 누구이든 늦어도 5세기대에 고구려에서 Ⅱ형식이 제작된 것은 변함없다.

평양 고산동9호묘에서 Ⅱ형식이 1점 출토되었다. 무덤의 구조, 벽화의 주제로 보아 5세기 후반에 축조된 것으로 보인다(전호태 2011).

평양 덕화리3호분에서 역심엽형과판과 함께 대선금구, 교구가 출토되어 원래 1식의 대장식구가 부장된 것으로 생각된다. 유사한 대선금구와 교구는 신라에서 성행하는데 신라제로 확정하기는 어렵다. 고분의 연대에 관해서는 인근에 있는 덕화리1, 2호분의 축조 시기를 5세기 말로 보는 견해(전호태 2011)가 참고된다.

집안 산성하M725에서 Ⅱ형식의 대장식구가 1점 출토되었다. 후술하듯이 공반된 Ⅳ형식으로 보아 그 연대는 5세기 말~6세기 초로 비정된다.

이상 Ⅱ형식이 출토된 고분의 연대관을 고려한다면 그 존속 시기는 대략 4세기 전엽부터 6세기 전엽 이후로 비정할 수 있을 것이다.

(3) Ⅲ형식

Ⅲ형식 가운데 연대를 추정할 수 있는 대장식구로 집안 우산하M3560, 칠성산96호분, 평양 호남리 사신총 출토품을 들 수 있다.

집안 우산하M3560에서는 앞서 4세기 전엽~중엽으로 비정한 Ⅰ형식(중원식대장식구)과 함께 Ⅲ형식이 출토되었다. 이로 보아 Ⅲ형식 역시 늦어도 4세기 전엽에는 출현하였을 것으로 보인다.

집안 칠성산96호분 출토 대장식구는 과판에 불규칙적으로 표현된 초엽문, 수하식의 외연으로 보아 경주 황오동4호분 출토품과 유사하다. 적석목곽묘 가운데 고식으로 분류되는 황오동4호분의 연대에 관해서는 대부분 5세기 전엽 이전에 축조된 것으로 이해한다. 이는 칠성산96호분의 연대가 4세기 중엽일 가능성이 크되 그 상한이 4세기 초까지 올라갈 수 있을 것으로 본 보고서의 견해(集安県文物保管所 1979)를 포함하여 마구를 검토하여 고분의 연대를 4세기 후엽(李熙濬 1995), 4세기 말~5세기 초(諫早直人 2012), 5세기 전엽(東潮 1997; 桃崎祐輔 2006)으로 비정하는 견해와도 정합적이다. 5세기 중엽으로 비정되는 황남대총 남분의 대장식구를 고려한다면 5세기 전엽으로 볼 수 있을 것이다.

사신도가 그려진 평양 호남리 사신총은 규모와 입지로 보아 고구려왕릉으로 비정된다. 피장자는 안원왕(545년 沒, 기경량 2017) 또는 양원왕(599년 沒, 東潮 1997)으로 비정된다.

한편 아즈마 우시오는 집안 산성하M873, 평양 고산동10호분을 후기Ⅰ기(5세기 중엽)로, 양원왕릉(545~599)으로 비정한 평양 호남리 사신총과 호남리 금사총을 후기Ⅳ기(6세기 후엽)로 비정하였다.

이상 Ⅲ형식이 출토된 고분의 연대관을 고려한다면 그 존속 시기는 대략 5세기 전엽부터 6세기 후엽 이후로 비정할 수 있을 것이다.

(4) Ⅳ형식

Ⅳ형식 가운데 연대를 추정할 수 있는 대장식구로 환인 연강향19호묘, 집안 산성하M725, 평양 토포리대총 출토품을 들 수 있다.

환인 연강향19호묘에서는 금동제의 과가 1점 출토되었다. 과판에는 삼엽문을 4개를 대칭으로 배치하였으며 심엽형 수하식에는 초엽문을 표현하였다. 금동제인 점, 수하식과 과판 주위를 조각끌로 시문 한 점, 과판(銙板)의 중앙부에 금구를 세로로 부착한 점 등 앞서 '모방제2유형'으로 분류한 북표 라마동ⅡM196 출토품과 흡사하다.[11] 북표 라마동ⅡM196의 연대를 고려하면 연강향19호묘는 4세기 중엽을 전후한 시기로 비정할 수 있을 것이다.

11 고구려제로 보는 견해도 있으나(東潮 1997: 404; 姜賢淑 2010) 라마동ⅡM196와 유사성을 고려하면 연강향19호묘 출토품은 중원식대장식구를 모티브로 삼연에서 제작된 후 고구려로 이입되었을 가능성이 크다(藤井康隆 2003; 조윤재2015).

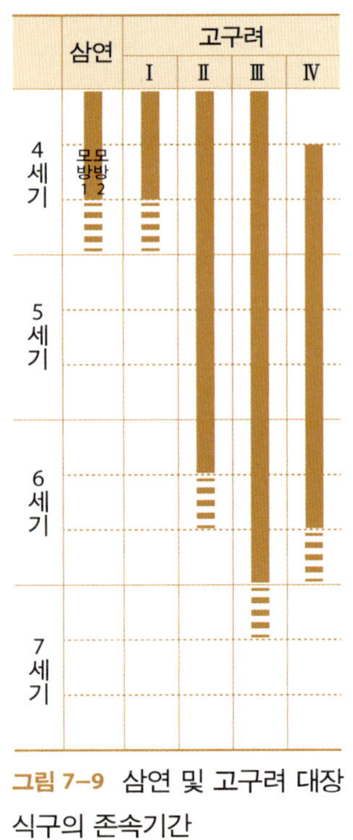

그림 7-9 삼연 및 고구려 대장식구의 존속기간

집안 산성하M725에서는 은제의 초엽문대장식구가 1점 출토되었다. 유사한 문양과 재질의 대장식구는 낙동강 이동지역에서 다수 확인되며 특히 경주 서봉총 출토품과 흡사하다. 서봉총에서는 IV기의 신라 대장식구가 출토되어 5세기 말~6세기 초로 비정된다(제8장 참조).

평양 토포리대총에서 출토된 파편은 복원도로 보아 초엽문을 모티브로 한 대장식구일 가능성이 크다. 유사한 문양의 대장식구는 경주 천마총에서 확인할 수 있다. 천마총에서는 V期의 신라 대장식구가 출토되어 6세기 전엽으로 비정된다(제8장 참조). 이는 입지와 규모로 보아 왕릉일 가능성이 큰 토포리대총의 피장자를 문자명왕(519년 沒)(東潮 1993: 48), 안장왕(531년 沒)(趙俊杰 2009; 기경량 2017) 등 6세기 전반의 왕으로 추정하는 견해와도 크게 모순되지 않는다.

이상 Ⅳ형식이 출토된 고분의 연대관을 고려한다면 그 존속 시기는 대략 4세기 중엽부터 6세기 중엽 이후로 비정할 수 있을 것이다. 앞서 검토한 삼연을 포함하여 고구려 대장식구의 존속 시기를 정리하면 **그림 7-9**와 같다.

3) 전개와 특질

고구려의 대장식구는 구성품이 완전한 세트로 출토된 사례가 없어 단계를 설정하기 쉽지 않다. 다만 각 형식의 출현과 소멸 시기를 기준으로 한다면 크게 2단계로 나누어 볼 수 있을 듯하다.

(1) 고구려1단계

고구려에서 대장식구가 처음 등장하는 시기로 4세기 전엽에 해당한다. Ⅰ형식, Ⅱ형식, Ⅲ형식이 출현한다.

중원식대장식구인 Ⅰ형식(집안 산성하M159, 산성하M152)에 대해서는 중국제품을 고구려에서 모방하였다는 견해(町田章 1987: 89)도 있으나 형태로 보아 양진에서 제작된 후 고구려로 이입되었을 가능성이 크다. 모두 고구려의 전통 묘제인 적석총에서 출토된 것으로 보아 고구려 지배층은 중원식대장식구를 적극적으로 소유하고자 했을 것이다. 이입 경로는 단언할 수 없으나 앞서 살펴본 삼연을 경유하였을 가능성도 충분하다.

Ⅱ형식은 아직 중원과 삼연에서 보고된 사례가 없다. 현재까지 보고된 자료에 의한다면 역심엽형과판에 둥근 고리를 연결한 Ⅱ형식은 고구려에서 처음으로 개발되었을 가능성이 크다. 5세기 이후 한반도 남부지방에 등장하는 역심엽형대장식구의 원류는 현재까지 자료로 보아 고구려에서 구할 수 있다.

한편 평면 (장)방형의 과판에 동물(용)문을 투조하고 수하식을 2개의 고리로 연결한 Ⅲ형식 역시 현재까지 고구려에 집중된다. 과판, 수하식의 문양과 결구 방식으로 보아 Ⅱ형식과 마찬가지로 고구려에서 창출되었을 가능성이 커 보인다(姜賢淑 2010).

예를 들어 우산하M3560의 초엽문수하식의 외형은 기본적으로 중원식대장식구 과A와 유사하다. 다만 수하식의 외연에 금속테를 두르지 않았으며 중원식대장식구에는 보이지 않는 점열문이 시문되어 그 차이도 분명하다. 한편 투조한 엽문(葉文)이 삼연의 금제관장식에서 확인되므로 삼연제(三燕製)의 가능성을 제기하면서 고국원왕이 삼연에게 굴복한 355년 이후 하사, 전진에게 삼연이 멸망하는 370년을 하한으로 보는 견해도 있다(桃崎祐輔 2009). 다만 삼연에서 동일한 결구 방법과 문양의 대장식구는 아직 확인되지 않는다. 제작기술과 문양이 흡사한 대장식구가 우산하M3142에서 출토된 사실을 중시한다면 우산하M3560을 비롯하여 유사한 문양과 결구 방식의 Ⅲ형식은 고구려의 독창적인 대장식구로 평가해야 할 것이다. 평양 호남리 금사총, 호남리 사신총 출토품으로 보아 남천(南遷) 이후에도 고구려의 지배층은 다양한 문양을 모티브로 한 Ⅲ형식의 대장식구를 지속적으로 사용한 것으로 보인다. 다만 자료의 한계로 인해 구체적인 실상은 알기 어렵다.

한편 Ⅰ·Ⅱ·Ⅲ형식의 대장식구는 이른 시기 신라의 무덤에서도 확인된다. 경주 쪽샘 L17호묘에서 Ⅰ형식이, 경주 황오동4호분에서 칠성산96호분과 유사한 Ⅱ·Ⅲ형식의 대장식구가 공반되었다. 이른 시기의 경주 출토 대장식구의 제작지는 특정하기 어렵지만 적어도 신라에서 대장식구 문화가 성행하게 된 계기로 고구려의 영향은 충분히 상정해봄 직하다.

(2) 고구려2단계

4세기 중엽 이후로 비정된다. Ⅰ·Ⅱ·Ⅲ형식이 지속된다. 실물은 출토되지 않았으나 357년 축조된 안악3호분에 그려진 장하독(帳下督)이 착장한 대장식구가 중원식대장식구 3단계(제6장 참조)로 비정되는 과D와 흡사(그림 7-10-1)한 것으로 보아 고구려2단계에도 Ⅰ형식이 지속되었음을 알 수 있다(尹善姬 1987). 그 배경과 관련하여 336년, 343년 두 차례에 걸쳐 고구려가 東晉으로 견사한 사실에 주목하는 견해가 주목된다(桃崎祐輔 2006: 179).

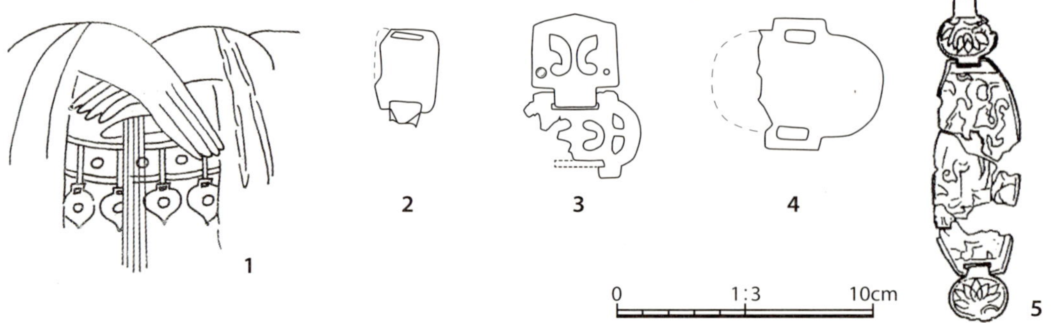

그림 7-10 장하독의 과대(1)와 요패(2~5)

1. 안악3호분 벽화중 장하독의 과대 착용 세부 실측도(윤선희 1987: 307) | 2. 집안 우산하M3105 | 3. 집안 우산하M3162 | 4. 집안 우산하M3296 | 5. 집안 우산하M1080

한편 고구려2단계에는 새롭게 Ⅳ형식이 출현한다. 특히 주목되는 것은 요패이다(그림 7-10-2~5). 집안 우산하M3105, 우산하M3162, 우산하M3296, 우산하M1080에서는 양진과 삼연에서 확인되지 않는 요패가 처음으로 확인되었다. 형식은 다양하나 양단에 별개의 금구를 연결할 수 있도록 구멍을 뚫은 점은 동일하다. 이는 단순히 금구의 변화만 의미하는 것이 아니다. 양단의 구멍을 통해 여러 개의 수하식을 하단으로 길게 늘어뜨린 모습은 당시 중국과 삼연에 존재하지 않았던 사용 방식으로 고구려에서 처음 나타났을 가능성이 크다(이한상 2004).

이 가운데 집안 우산하M3162에서 출토된 대장식구의 문양은 삼연의 '모방 제2유형'과 흡사하고 우산하M3296에서 출토된 타원형요패는 낙동강 이동지역, 즉 신라 고분에서 자주 확인된다. 이처럼 요패만 본다면 고구려에서 출토된 대장식구는 마치 삼연과 신라를 연결하는 가교역할을 담당한 것처럼 보인다. 이는 집안 우산하M3142, 산성하M330, 연강향19호묘, 우산하M151에서 삼연과 관련 있는 것으로 보이는 초엽문의 대장식구가, 집안 우산하M725, 평양 덕화리3호묘에서 신라 대장식구와 유사한 사례가 출토된 것에서도 방증된다. 대장식구에서 확인되는 이러한 양상은 삼연과 신라를 연결하는 고구려의 지정학적 입지를 고려한다면 어찌 보면 당연한 결과일지도 모른다. 그뿐만 아니라 앞서 지적한 것처럼 신라가 중원의 새로운 선진 문물을 도입하는 데 북방의 고구려가 창구 기능을 담당한 것으로 추정할 수 있다.

한편 평양 천도 후, 고구려가 멸망하는 7세기까지 계속해서 대장식구를 제작, 사용, 폐기하였을 것으로 생각된다. 아쉽게도 자료의 제약으로 인해 구체적인 실상은 알기 어렵다.

제5절 맺음말

기마민족에 의해 개발된 대장식구가 정형화된 형태로 동아시아 전역에 확산된 계기는 양진 왕실(兩晉王室)에서 제작된 중원식대장식구였다. 인접한 삼연과 고구려는 물론 백제와 신라, 가야, 일본열도까지 확산된 중원식대장식구는 동아시아에서 허리띠를 장식하는 문화를 성행시킨 계기였다.

이후 여러 지역의 각 정치체는 대장식구를 제작하기 시작한다. 다만 중원식대장식구를 모든 정치체가 동일한 의도로 도입한 것은 아니었다. 인접한 모용선비는 양진에서 이입된 중원식대장식구를 모티브를 이용하여 그대로 모방 제작하거나 자신들의 전통적 문양과 정체성이 강하게 반영된 독창적인 대장식구를 제작한다. 삼연의 대장식구는 현지로 이입된 중원식대장식구를 모델로 하여 모용선비가 자신들만의 독창적인 복식 세트를 만들어가는 과정에서 창출된 정치색 짙은 기물로 평가할 수 있다. 동일한 중원식대장식구가 이입되었음에도 이를 변용하거나 새롭게 가공한 흔적을 전혀 찾아볼 수 없는 백제, 신라, 왜의 양상과는 확연히 다르다.

삼연의 대장식구는 인접한 고구려에도 영향을 끼쳤다. 중원과 삼연에서 보이지 않는 다양한 형식의 고구려 대장식구는 현재까지 자료로 보아 대부분 고구려에서 창출되었을 가능성이 크다. 그뿐만 아니라 고구려의 대장식구에서는 삼연과 신라 대장식구의 요소가 함께 확인된다. 특히 요패를 사용하여 수하식을 아래로 길게 연결하는 방식은 중원과 삼연에서 확인되지 않지만, 신라에서는 성행한다. 이러한 양상은 삼연과 신라를 연결하는 고구려의 지정학적 입지를 고려한다면 어찌 보면 당연한 결과일지도 모른다. 신라가 중원의 새로운 선진 문물을 도입하는 데 북방의 고구려가 창구 기능을 담당한 것으로 추정할 수 있다.

5세기 이후 한반도 중남부의 백제와 신라, 바다 건너 일본열도의 왜에서 대장식구가 성행할 수 있었던 계기는 본장에서 분석한 것처럼 중국대륙과 한반도 남부를 잇는 삼연과 고구려의 대장식구에서 찾을 수 있다.

다음 장에서는 삼연과 고구려의 영향을 받아 성립된 것으로 추정되는 신라의 대장식구에 대해 살펴본다.

참고문헌

국문

강현숙, 2006, 「고구려 고분에서 보이는 중국 三燕 요소의 전개과정에 대하여」, 『韓國上古史學報』第51號, 韓國上古史學會.

姜賢淑, 2010, 「帶金具 副葬 高句麗 古墳의 考古學的 含意」, 『韓國古代史研究』59, 韓國古代史研究會.

기경량, 2017, 「평양 지역 고구려 왕릉의 위치와 피장자」, 『한국고대사연구』88, 한국고대사학회.

김지현, 2012, 「古代 東亞細亞 出土 晉式帶金具의 成立과 展開」『韓國上古史學報』第75號, 韓國上古史學會.

桃崎祐輔, 2009, 「고구려 왕릉 출토 기와·부장품으로 본 편년과 연대」, 『고구려 왕릉 연구』, 동북아역사재단.

오진석, 2019, 「삼연문화 연구의 현황과 과제」, 『高句麗渤海研究』第65輯, 高句麗渤海學會.

尹善姬, 1987, 「三國時代 銙帶의 起源과 變遷에 관한 研究」, 『三佛金元龍教授 停年退任紀念論叢』Ⅱ, 三佛金元龍教授 停年退任紀念論叢刊行委員會.

李漢祥, 1995, 「5~6世紀 新羅의 邊境支配方式 -裝身具分析을 중심으로-」, 『韓國史論』33, 서울大學校國史學科.

李漢祥, 1997, 「裝飾大刀의 下賜에 반영된 5~6世紀 新羅의 地方支配」, 『軍事』35, 國防部軍史編纂委員會.

이한상, 2004, 『황금의 나라 신라』, 김영사.

이한상, 2009, 『장신구 사여체제로 본 백제의 지방지배』, 서경문화사.

이한상, 2011, 「허리띠 분배에 반영된 고대 동북아시아의 교류양상」, 『동북아역사논총』33, 동북아역사재단.

李熙濬, 1995, 「경주 皇南大塚의 연대」, 『嶺南考古學』第17號, 嶺南考古學會.

張雪巖, 2001, 「集眼市 發掘 高句麗 허리띠꾸미개(帶飾)研究」, 『高句麗研究』第12集, 高句麗研究財團.

전호태, 2011, 「고구려 평양권 벽화고분의 현황과 과제」, 『蔚山史學』제15집, 울산대학교 사학회.

조윤재, 2015, 「考古資料를 통해 본 三燕과 高句麗의 문화적 교류」, 『先史와 古代』第43號, 한국고대학회.

趙俊杰, 2009, 「대동강유역 고구려봉토석실묘의 등급과 계층」, 『高句麗渤海研究』35輯, 고구려발해학회.

중문

吉林省文物考古研究所·集安市博物館, 2004, 『集安高句麗王陵—1990~2003年集安高句麗王陵調查報告—』, 文物出版社

万欣, 2003, 「鮮卑墓葬 三燕史迹与金步摇飾的發現与研究」, 『遼寧考古論集』.

辛發·魯宝·吳鵬, 1995, 「錦州前燕李廆墓清理簡報」, 『文物』1995年第6期, 文物出版社.

王仁湘, 1986, 「帶扣略論」, 『考古』1986年第1期.

遼寧省文物考古研究所, 2002, 『三燕文物精粹』, 遼寧人民出版社.

遼寧省博物館, 2015, 『北燕馮素弗墓』, 文物出版社.

張柏忠, 1989, 「內蒙古科左中旗六家子鮮卑墓群」, 『考古』1989年第5期.

田立坤, 1994, 「朝陽前燕奉車都尉墓」, 『文物』1994年第11期, 文物出版社.

田立坤, 1996, 「論帶扣的形式及演变」, 『遼寧文物學刊』1996年第1期.

田立坤, 1998, 「三燕文化与高句麗考古遺存之比較」, 『青果集 吉林大學考古系建系10周年記念論集』, 知識出版社.

田立坤, 2001, 「三燕文化墓葬的類型與分期」, 『漢唐之間文化藝術的互動與交融』, 文物出版社.

田立坤, 2002, 「袁台子壁画墓的再認識」, 『文物』2002年第9期, 文物出版社.

中國社會科學院考古研究所技術室, 1983, 「安陽晋墓馬具復元」, 『考古』1983年第6期, 中國社會科學院考古研究所.

陳大為·李宇峰, 1982, 「遼寧朝陽後燕崔遹墓的發現」, 『考古』1982年第3期, 中國社會科學院考古研究所.

集安県文物保管所, 1979, 「集安縣兩座高句麗積石墓的清理」, 『考古』1979年第1期, 中國社會科學院考古研究所.

일문

諫早直人, 2012, 『東北アジアにおける騎馬文化の考古學的研究』, 雄山閣.

國立歴史民俗博物館, 2012, 『古墳關聯資料』, 國立歴史民俗博物館資料圖録8.

桃崎祐輔, 2005, 「七支刀の金象嵌技術にみる中國尙方の影響」, 『文化財と技術』第4號, 工藝文化財研究所.

桃崎祐輔, 2006, 「馬具からみた古墳時代會年代論—五胡十六國·朝鮮半島三國伽耶·日本列島の比較の視点から—」, 『日韓古墳時代の年代觀』, 國立歴史民俗博物館·釜山大學校博物館.

東潮, 1993, 「朝鮮三国時時代における横穴式石室墳の出現と展開」, 『國立歴史民俗博物館研究報告』第47集.

東潮·田中俊明, 1995, 『高句麗の歴史と遺跡』, 中央公論社.

藤井康隆, 2003, 「三燕における帶金具の新例をめぐって」, 『立命館大學考古學論集』Ⅲ-2, 立命館大學考古學論集刊行會.

藤井康隆, 2006 「晋式帶金具補考」, 『古代』第119號, 早稲田大學考古學會.

飛鳥資料館, 2009, 『北方騎馬民族のかがやき 三燕文化の考古新發見』.

小池伸彦, 2006, 「遼寧省出土の三燕の帶金具について」, 『東アジア考古學論叢-日中共同研究論文集-』, 奈良文化財研究所.

町田章, 1987, 「匈奴式帶金具の變遷」, 『東アジアの裝飾墓』, 同朋舍出版.

町田章, 2006, 「鮮卑の帶金具」, 『東アジア考古學論叢-日中共同研究論文集-』, 奈良文化財研究所.

町田章, 2011, 「前燕高橋鞍の檢討」, 『勝部明夫先生喜寿記念論文集』, 勝部明夫先生喜寿記念論文集刊行會.

千賀久, 1984, 「日本出土帶金具の系譜」, 『橿原考古學研究所論集』第6, 吉川弘文館.

千賀久, 2007, 「中國遼寧地方の帶金具と馬具」, 『日中交流の考古學』, 同成社.

土屋隆史, 2020, 「蔚山下三亭ナ地區115 號墓出土の晋式帶金具とその意義」, 『柳本照男さん古希紀年論集 - 忘年之交の考古學 - 』, 柳本照男さん古希紀年論集刊行會.

제8장 신라(新羅) 대장식구(帶裝飾具)의 전개(展開)와 의미(意味)

제1절 머리말

중국 양진(兩晉)에서 제작된 진식대장식구가 한반도와 일본열도로 이입된 후 고구려, 백제, 신라, 왜에서도 대장식구가 제작되기 시작한다. 그중에서도 가장 다양한 형식의 대장식구를 제작하고 사용한 지역이 신라이다. 신라의 대장식구는 금은(金銀)과 같은 귀금속으로 제작되며 금동관, 이식, 장식대도, 식리와 함께 피장자에게 착장된 상태로 출토되는 사례가 많아 마립간 시기 신라의 지방 지배와 관련된 위세품, 나아가 복식의 일종으로 여겨진다(李熙濬 2002). 이 글의 목적은 현재까지 신라 고분에서 출토된 대장식구를 분석하여 그 전개 과정을 명확히 하고 그것이 갖는 역사적 의미를 해석해 내는 데 있다.

본론에 들어가기에 앞서 연구 대상의 시간적 범위와 대장식구의 분류 및 명칭에 대하여 언급해둔다. 주지하듯이 경주 일대의 사로국으로 출발한 신라는 시간의 경과와 함께 영역이 점차 확대되었으며 삼국을 통일할 때쯤에는 한반도 중남부 전역을 차지했다. 따라서 신라의 대장식구라고 하면 원삼국시대의 호형·마형대구는 제외하더라도 신라가 성립된 이후 멸망하는 10세기까지 한반도 중남부에 등장하는 대장식구를 연구 대상에 포함하는 것이 마땅하다.

다만 그렇게 되면 '당식대구'(山本孝文 2004)만이 아니라 소위 '누암리형대장식구'(李漢祥 1996)와 '황룡사형대장식구'(李漢祥 1999)와 같이 통일신라시대에 제작된 대장식구까지 분석 대상에 포함시켜야 하므로 시공의 범위가 광대해진다. 따라서 이 글에서는 마립간 시기의 대표적인 대장식구로 평가되는 초엽문(이엽문·삼엽문)대장식구와 역심엽형대장식구가 등장하는 시점부터 소위 누암리형대장식구가 출현하는 6세기 중엽까지를 시간적 범위로 한정하고자 한다. 누암리형대장식구가 등장하면서 이전까지 존재한 다양한 형식의 대장식구가 점차 제작되지 않기 때문에 신라 대장식구 변천 과정에서 누암리형대장식구의 등장은 큰 획기로 간주되기 때문이다(李漢祥 1996).

이상과 같이 시간적 범위를 좁히면 당시 신라에 존재한 대장식구는 몇 가지로 한정된다. 분류 기준은 다양하겠으나 대장식구를 이루는 구성품 가운데 과판의 외형과 문양에 주목하여 크게 세 가지로 나누어 볼 수 있다. 과판에 용문을 투조한 용문투조대장식구, 과판에 이엽문 혹은 삼엽문을 투조한 초엽문대장식구, 과판의 외형이 역심엽형을 띠는 역심엽형대장식구이다. 대장식구의 분류와 부품의 세부 명칭은 **그림 8-1**을 따른다.

논지의 전개 순서는 다음과 같다. 우선 제2절에서는 연구사를 검토하여 지금까지 이루어진 연구 동향과 문제의 소재를 명확히 한다. 제3절에서는 대장식구를 분석한다. 특히 출토

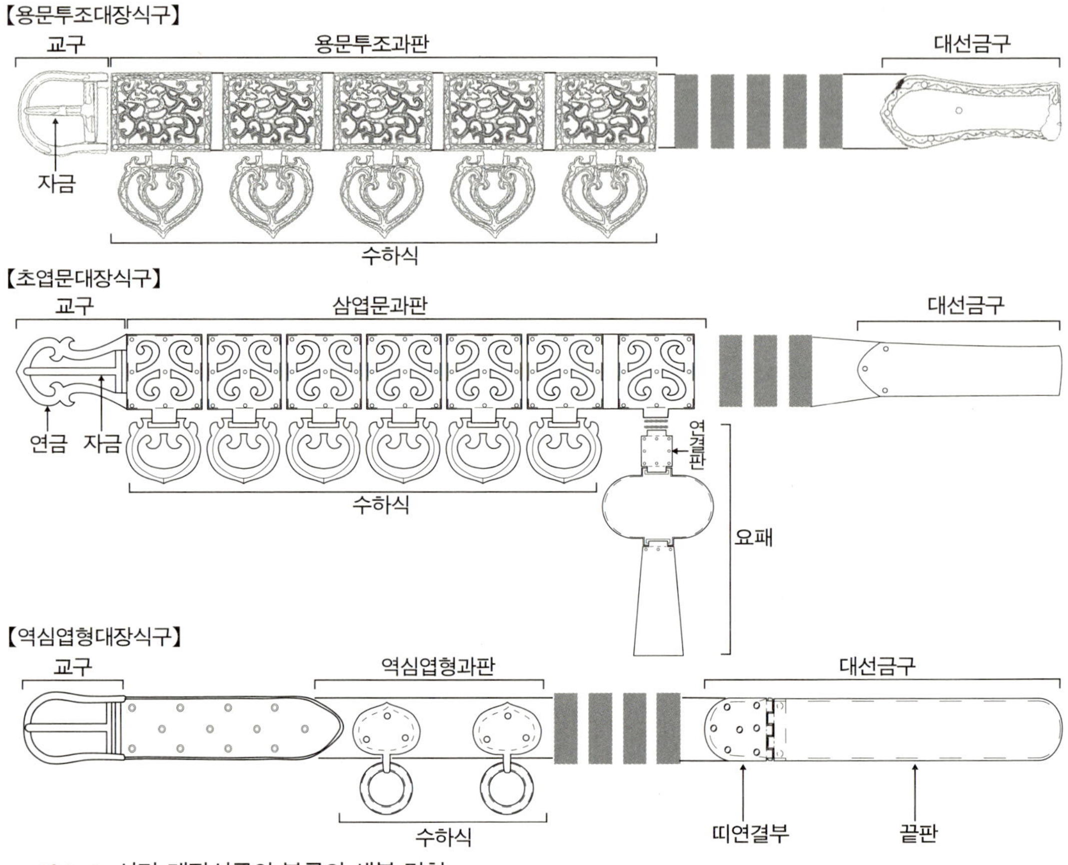

그림 8-1 신라 대장식구의 분류와 세부 명칭

사례가 풍부한 초엽문대장식구와 역심엽형대장식구의 부품을 분류하고 각 부품의 선후 관계를 예상한다. 그리고 시간성을 반영하는 것으로 추정되는 부품을 기준으로 각 대장식구를 배열하고 획기를 추출하여 단계를 설정한다. 마지막으로 대장식구의 변천을 공반 유물로 검증한 후 각 단계에 역연대를 부여한다. 제4절에서는 이렇게 파악한 신라 대장식구의 전개가 어떠한 역사적 의미가 있는지에 대하여 해석한다.

제2절 연구사 검토와 문제의 소재

1) 연구사

신라 대장식구에 관한 연구는 일제 강점기에 이루어진 경주 고분의 발굴로 일찍이 일본인 연구자들에 의해 이루어졌다. 일본열도에서 발굴된 유물 가운데 대륙문화의 강한 영향을 받은 것으로 추정되는 유물을 소개하는 과정에서 신라 고분에서 출토된 대장식구가 언급된 이래(高橋健自 1924), 대장식구의 패용과 착장(齋藤忠 1941), 한반도 출토 당초문계대장식구의 변천(樋口隆康 1950)이 지적되었다. 광복 이전 이루어진 신라 대장식구에 관한 연구는 일본열도에서 출토된 대장식구가 대륙의 강한 영향을 받은 문물이라는 점을 명확히 하였으며(齋藤忠 1964) 동시에 일본열도의 특수성을 증명하는 기물로 인식한다는 점에서 공통적이다.

대장식구에 관한 이와 같은 인식은 광복 후에도 이어진다. 고훈시대 대장식구의 역사적 의미 혹은 고대 한일관계를 이해하는 데 하나의 수단으로 신라의 대장식구를 이용하였다(宇野眞敏 1996; 町田章 1970). 1970년대 이후에는 신라 고분의 발굴이 활발해지면서 고분을 편년하기 위한 도구의 하나로 초엽문대장식구에 주목하기 시작한다(尹世英 1974; 李仁淑 1974; 崔秉鉉 1981; 毛利光俊彦 1983; 穴澤咊光 1972). 토기와 적석목곽묘의 구조 이외에 금동관, 이식, 그리고 대장식구와 같은 금공품의 형식 변화에 주목함으로써 고분의 변천을 증명하는 소재로 장신구를 이용한 것이다.

이후 적석목곽묘의 편년을 검증하기 위한 수단이 아니라 대장식구 자체에 관한 본격적인 분석이 시도된다. 특히 당시까지 출토된 대장식구를 집성하고 그 기원과 변천과정을 종합적으로 분석한 윤선희의 연구는 삼국시대 대장식구의 기본적인 연구의 틀을 마련하였다는 점에서 특기할만하다(尹善姬 1987).

1990년대 이후 자료 수가 증가한 신라 대장식구는 이한상이 체계적으로 정리해 갔다. 대장식구의 부품을 과판, 수하식, 교구로 분류하고 투조 문양과 형태의 변화를 기준으로 초엽문대장식구를 크게 Ⅰ류~Ⅳ류(李漢祥 1995), Ⅰ류~Ⅵ류(李漢祥 1998), A~D군(이한상 2004)으로 나눈 뒤 편년과 변천을 분석했다.

초엽문대장식구의 편년과 변천은 현재까지도 통용되는 중요한 업적으로 평가할 수 있다. 대장식구의 기초적인 분석만이 아니라 공반된 금동관, 이식, 장식대도를 시공적으로 분석하여 신라 중앙이 지방을 통제하는 하나의 방식으로 복식에 해당하는 금공품을 사여했을 것이라는 적극적인 해석도 시도된다(李漢祥 1995, 1997a). 대장식구와 요패가 경주에서 생산되어 일괄적으로 지방으로 분배되었을 것이라는 위의 견해와 달리 초엽문대장식구의 지역색과 피장자의 성격 문제(朴普鉉 1991), 요패 연결금구의 제작기법에 주목하여 지역차를 강조하는 견해도 제기되었다(朴普鉉 1997). 이 외에 삼국시대에 출토된 대장식구의 형식분류와 문양의 기원에 대한 고찰도 이루어졌다(盧仁姬 1994).

최근에는 경주 고분에서 출토된 대장식구의 부장 양상을 몇 가지 유형으로 나누고 각 유형에 피장자의 위계와 제의 행위가 반영되었으며 대장식구가 비실용적인 점을 들어 망자의 성복(盛服)을 위한 부장 전용품으로 추정하는 연구도 있다(김재열 2014).

이상에서 언급한 연구는 피장자가 착장한 사례가 많은 초엽문대장식구를 주로 다루지만 앞서 언급한 것처럼 당시 신라에는 용문투조대장식구와 역심엽형대장식구도 공존했다. 그러나 초엽문대장식구에 비해 양자의 연구 성과는 현저히 저조하다. 이유는 과판의 개체 수가 적어 출토 사례가 풍부하지 않으며 피장자에게 착장된 상태로 출토되는 사례도 드물어 초엽문대장식구보다 상대적으로 주목을 받지 못했기 때문이다.

역심엽형대장식구는 누암리형대장식구의 일부로 다루어져 분류와 편년이 시도되었다(李漢祥 1996). 그리고 제작 연대를 추정할 수 있는 백제지역의 출토품과 비교하여 신라 고분의 연대를 추정하기 위한 근거로 이용된 적도 있다(尹相悳 2010; 李漢祥 2003; 咸舜燮 1996).

한편 용문투조대장식구에 관한 연구는 국내보다 일본에서 활발하다. 고훈시대 중기가 되면 일본열도 각지에서 용문투조대장식구가 출토되는데 그 계보와 제작지, 공인의 동향 등을 파악하기 위해 한반도 출토품에 대한 분석이 필수였기 때문일 것이다.

고하마 세이(小浜成)는 용문투조대장식구를 형식학적으로 분석하고 과판의 용문이 퇴화해 가는 원인을 문양을 정확하게 인식한 공인군과 그렇지 않은 공인군이 존재했기 때문으로 추정하였다. 나아가 수하식에서 자체적인 변천 과정이 인정되므로 일본열도 내에서 출토된 용문투조대장식구를 재지에서 제작된 것으로 파악하였다(小浜成 2002). 유사한 용문양이 투조된 마구와 대장식구를 비교하는 관점은 당시 금공품을 제작한 공인의 실태를 추정하는 데 시사하는 바가 크다(小浜成 2006). 이처럼 용문투조대장식구는 신라만이 아니라 왜에서도 출토되어 당시 신라와 왜의 교섭을 뒷받침하는 기물로 자주 언급되었으며(박천수 2007; 高田貫太 2014; 上野祥史 2012) 고대 금동제품의 제작기술을 일단을 밝히는 소재로도 이용된다(岩本崇 2015).

이 외에도 과판에 표현된 용문양을 자세히 비교하여 용문투조대장식구의 계보와 편년, 제작지를 추정하거나(李漢祥 2017; 高田貫太 2013; 早乙女雅博 2007; 千賀久 1984) 고분 축조의 선후관계를 결정하는 수단으로 용문투조대장식구를 언급하기도 한다(朴天秀 2006; 최병현 2014a, 2014b).

2) 문제의 소재

연구사 검토를 토대로 신라 대장식구 연구의 몇 가지 문제점을 다음과 같이 지적할 수 있다. 첫째, 대장식구의 편년과 연대 비정에 관한 문제이다. 지금까지 신라 대장식구의 편년은 출토 사례가 풍부한 초엽문대장식구를 중심으로 이루어졌다. 연구사 검토에서 언급하였듯이 이한상이 제시한 초엽문대장식구의 편년과 변천 과정은 초엽문의 형식 변화가 모순되지 않으며 토기로 바탕으로 한 고분의 편년안과 크게 어긋나지 않아 정합적이다.

다만 현재까지 보고된 초엽문대장식구가 모두 집성된 것은 아니며 대장식구의 구성품인 대선금구, 요패는 분석대상에서 제외되었다. 따라서 대장식구의 모든 부품을 종합적으로 검토할 필요가 있다. 초엽문·역심엽형대장식구를 구성하는 부품을 분류하고 선후관계를 예상한 뒤 병행관계를 파악하여 획기를 추출해야 할 것이다.

둘째, 역심엽형대장식구 연구의 필요성을 지적할 수 있다. 피장자에게 착장되는 빈도가 높은 초엽문대장식구에 연구가 집중되어 그동안 역심엽형대장식구에 대한 연구는 저조했다. 역심엽형대장식구에 대해서는 삼국시대 초기에 물건을 매다는 용도로 사용되다가 후기로 가면서 대장식구로 사용한 것으로 보기도 하지만(尹善姬 1987) 경주 미추왕릉 전지역D지구1호분 1주곽, 경주 계림로14호분, 경산 조영E Ⅰ-1호분, 대구 가천동86호묘, 의성 대리리45호분과 같이 역심엽형대장식구를 착장한 사례도 있어 이른 시기부터 역심엽형대장식구로 기능하였을 것이다.[1]

후술하듯이 역심엽형대장식구의 경우 과판의 개수가 대부분 5개 이하인 점을 고려하면 이른 시기의 적석목곽묘인 경주 황남리109호분 1곽, 황남동110호분 출토품과 같이 1, 2점만 확인되는 역심엽형과판도 대장식구로 이용하였을 가능성은 충분하다(尹世英 1974; 李仁淑 1974). 초엽문대장식구와 역심엽형대장식구를 함께 검토함으로써 신라 대장식구의 전개 과정과 역사적 의미를 해석할 필요가 있다. 용문투조대장식구 또한 신라 대장식구의 변천이라는 큰 흐름 속에서 이해해야 할 것이다.

셋째, 대장식구의 역사적 의미와 해석에 관한 문제이다. 대장식구는 신라 중앙이 지방을 통제하기 위해 사용한 복식 혹은 착장형 위세품 가운데 하나로 경주에서 제작한 후, 지방으로 분여한 것으로 보는 시각이 일반적이다(李漢祥 1995; 李熙濬 1996; 朱甫暾 1996; 崔種圭 1983).

1 이 외에 청도 봉기리11-1호묘, 창녕 동리11호 목곽묘 출토 역심엽형대장식구도 매장주체부의 중앙에서 출토되어 착장되었을 수 있다.

이러한 해석은 대장식구를 비롯한 금공품과 토기, 고총 등 고고자료를 종합적으로 검토하여 내린 결론으로 그 타당성은 매우 높다. 이를 더욱 뒷받침하기 위해 대장식구의 부장 양상, 재질, 분포를 분석하고 그 결과를 더욱 설득력 있게 제시할 필요가 있다. 또 신라와 인접한 고구려, 백제, 가야, 왜에서도 신라 대장식구가 출토된다. 당시의 국제 정세와 신라의 대외교섭을 고려하여 신라 대장식구의 전개 과정과 역사적 의미를 파악해야 할 것이다.

본격적인 분석에 앞서 이 글에서 전제로 삼는 몇 가지 사항을 언급해둔다.

연구 대상은 기본적으로 신라 고분[2]에서 출토된 대장식구로 한정한다. 다만 용문투조대장식구와 일부 초엽문대장식구는 고구려, 백제, 가야, 왜에서도 출토된다. 비교 검토가 필요한 경우에는 신라 이 외의 지역에서 출토된 대장식구도 참고 자료로 활용한다. 그리고 단각고배와 공반된 철제 및 청동제의 방형·반원형대장식구에 대해서는 자세한 분석을 시도하지는 않지만 대장식구의 전개과 의미를 이해하는 데 중요하다고 판단되므로 필요에 따라 언급하도록 하겠다.

한편 역심엽형대장식구를 분석할 때 주의해야 하는 것이 유사한 과판이 사용된 성시구와 대장식구를 어떻게 구별하는가이다. 성시구는 대장식구와 달리 역심엽형과판 이 외에도 산형금구, 곡옥형금구, 적수금구, 철촉이 공반되는 경우가 많다(金玉年 1992). 따라서 피장자의 허리측에 착장되거나 과판과 교구만 공반된 경우는 성시구가 아닌 대장식구로 간주한다.

이 외에 과판에 직접 투공을 한 뒤 별도의 금속대를 사용하여 환을 고정하는 장식구도 고분에서 출토된다. 이러한 형태의 장식구는 역심엽형과판과 흡사하여 대장식구로 사용했을 수도 있다. 그러나 피장자의 허리에 착장되어 대장식구임을 분명히 알 수 있는 사례는 현재까지 강릉 병산동11호분 출토품 이 외에는 확인되지 않는다. 그 외의 사례[3]는 허리에 착장되

2 신라의 시간적 범위 대해서는 진·변한을 신라와 가야의 전사(前史)로 보는 입장에서 사로가 주변의 여러 국을 통합해 나가는 4세기 이후로, 그리고 공간적 범위에 대해서는 소위 신라 토기가 출토되는 낙동강 이동지역으로 규정한다(李熙濬 1997b). 일찍이 지적된 것처럼 위세품과 토기, 고총 등의 고고 자료가 경주 지역을 구심점으로 하면서 낙동강 이동지역의 고분과 연계되어 있고 그 정형성(李熙濬 1996)이라는 것도 현 시점에서 보아 매우 타당성이 높다고 판단되기 때문이다. 따라서 이 글에서 다루는 신라 고분이라 함은 4세기 이후 낙동강 이동지역에 축조된 고분을 일컫는다. 다만 신라가 가야지역으로 본격적으로 진출하는 6세기 중엽 이후가 되면 낙동강 서안과 한반도 중부지역에서도 대장식구가 출토되므로 이 시기의 대장식구도 연구 대상에 포함하도록 한다.

3 경주 보문리고분, 경주 신원리2호분, 대구 죽곡리2호분, 대구 가천동201호묘, 왜관 낙산동Ⅱ-6호묘, 의성 학미리1호분, 의성 학미리2호분, 의성 대리리45호분, 의성 대리리47-3호, 의성 후평리1호분, 울산 하삼

지 않고 마구 주변에서 발견되는 사례가 많아 허리띠를 꾸미는 대장식구가 아닌 것으로 간주한다. 마지막으로 여러 개의 부품으로 이루어진 대장식구는 그 일부가 유실되는 경우가 많다. 이를 감안하여 대장식구의 부품 중 일부만 출토되더라도 당시에는 완전한 부품이 세트로 부장된 것으로 간주한다. 그리고 대장식구를 세는 단위로 옷을 세는 단위인 '벌'을 대신하여 '식(式)'을 사용한다.

제3절 신라 대장식구의 단계 설정과 연대

이상과 같은 문제의식과 전제사항을 바탕으로 Ⅲ장에서는 신라 고분에서 출토된 대장식구의 분석을 시도한다. 현재까지 보고된 신라의 대장식구는 초엽문대장식구 108식, 역심엽형대장식구 72식, 용문투조대장식구 5식에 달한다.[4]

이 가운데 출토 사례가 가장 많으며 형식학적인 다양성도 풍부해 그 변화과정을 추적하기 용이한 것이 초엽문대장식구와 역심엽형대장식구이다. 양자는 공반된 경우가 많으며 동일한 형태의 대선금구를 공유하기도 하므로 비교적 가까운 제작환경에서 생산된 것으로 추정된다. 따라서 우선 양자를 분석하여 추출한 획기를 기준으로 대장식구를 몇 가지 단계로 나누고 그 변천 과정이 타당한가를 공반 유물로 검증한다. 그다음 용문투조대장식구의 상대적 위치를 파악하여 신라 대장식구의 변천 과정을 종합하고 마지막으로 이렇게 파악한 각 단계에 역연대를 부여하도록 하겠다.

1) 초엽문대장식구 · 역심엽형대장식구의 배열과 단계 설정

대장식구를 초엽문과판, 역심엽형과판, 수하식, 대형요패, 대선금구, 교구로 나누고 각 부품의 선후관계를 예상한다. 역심엽형과판은 과판과 수하식(환)을 합쳐 하나의 부품으로 간주한다.

정1호묘, 울진 덕천리21호묘, 울산 조일리4-1호묘, 울산 조일리68호묘, 울산 조일리78-1호묘, 포항 대보리 50호묘, 창녕 계성Ⅲ지구1호묘, 청도 성곡리74호묘, 영주 읍내리5호분, 영주 읍내리14호분, 강릉 병산동14호분에서 확인된다. 모두 대장식구로 간주하지 않는다.

4 경주 황오리고분 북곽, 황오리5호묘는 피장자의 허리 부위에 유기질 혹은 금박 흔적으로 보아 대장식구를 부착하지 않고 허리띠만 착장한 것으로 보인다. 다만 이런 사례는 현재까지 두 사례에 지나지 않아 일단 연구 대상에서 제외시켰다.

(1) 부품의 유형

• 초엽문과판

이엽문(A)과 삼엽문(B~D)으로 양분할 수 있다. 초엽문의 배치, 볼륨감을 기준으로 아래와 같이 세분한다.

- ○ A – 이엽문을 표현한 것
- ○ B1 - 삼엽문이 과판의 절반 이상을 넘은 것
- ○ B2 - 삼엽문이 과판의 절반 이상을 넘지 않는 것
- ○ B3 - 초엽문과판B2에 작은 삼각문이 추가된 것
- ○ B4 - 초엽문과판B2에 표현된 엽문을 원문으로 표현한 것
- ○ C1 - 초엽문과판B2와 유사하나 삼엽문에 볼륨감을 더한 것
- ○ C2 - 초엽문과판C1과 유사하나 삼엽문이 과판의 절반 이상을 넘은 것
- ○ C3 - 초엽문과판C2와 유사하나 삼엽문이 상하로 길게 늘어난 것
- ○ D1 - C1과 유사하나 상·하단에 엽문을 추가적으로 배치한 것
- ○ D2 - D1과 유사하나 상·하단의 엽문에 볼륨감을 더한 것
- ○ D3 - D2와 유사한 과판의 가운데 삼엽문이 사라지고 엽문만 표한한 것
- ○ D4 – D3와 유사하나 엽문의 표현이 더욱 퇴화된 것

• 수하식

수하식의 내, 외에 표현된 엽문과 표현 방법을 기준으로 아래와 같이 세분한다.

- ○ a1 – 타원형수하식의 외부와 내부의 상단에 엽문을 2개씩 표현한 것
- ○ a2 - a1과 유사하나 외부의 엽문을 삭제한 것
- ○ a3 - a1과 유사하나 내부의 엽문을 하단에 표현한 것
- ○ a4 - a1과 유사하나 내부에 4개의 엽문을 표현한 것
- ○ b1 – a1과 유사하나 내부의 엽문을 원문으로 표현한 것
- ○ b2 - a1과 유사하나 외부의 엽문을 원문으로 표현한 것
- ○ b3 - b2과 유사하나 내부의 엽문을 원문으로 표현한 것
- ○ b4 - b2과 유사하나 외부의 원문을 삭제한 것
- ○ c1 - a1과 유사하나 내부의 엽문 주위를 대로 감싼 것
- ○ c2 - a1과 유사하나 상·하단을 엇갈린 엽문으로 이어 표현한 것

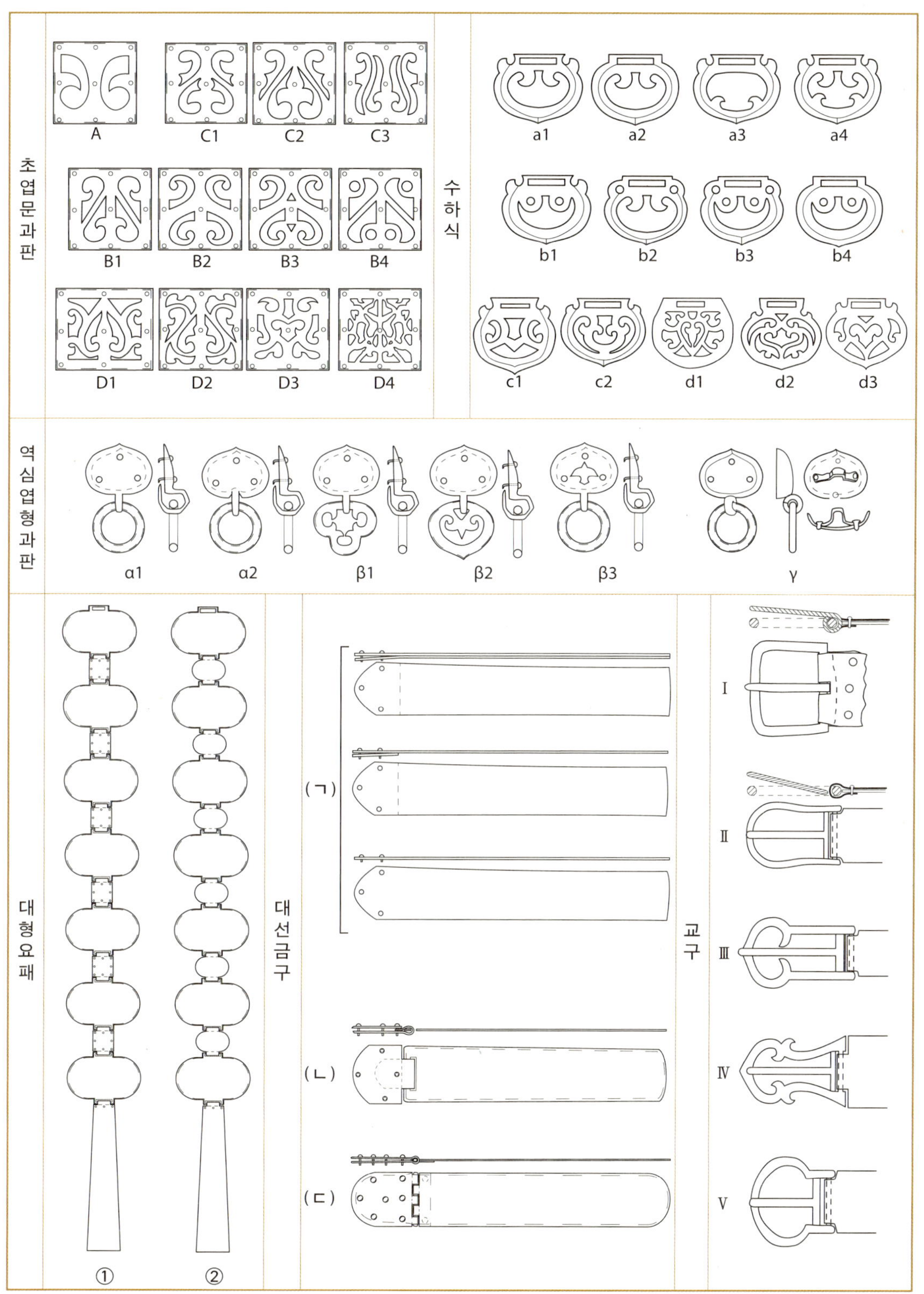
초엽문과판
A
C1
C2
C3
B1
B2
B3
B4
D1
D2
D3
D4
수하식
a1
a2
a3
a4
b1
b2
b3
b4
c1
c2
d1
d2
d3
역심엽형과판
α1
α2
β1
β2
β3
γ
대형요패
①
②
대선금구
(ㄱ)
(ㄴ)
(ㄷ)
교구
Ⅰ
Ⅱ
Ⅲ
Ⅳ
Ⅴ

그림 8-2 부품의 유형

○ d1 - 내부를 엽문으로 표현하고 가운데 삼엽문을 배치한 것

○ d2 - d1과 유사하나 가운데 삼엽문이 사라지고 엽문으로만 표한한 것

○ d3 - d2와 유사하나 엽문이 간략화 된 것

• 역심엽형과판

과판과 수하식의 형태, 허리띠와 연결 방법을 기준으로 아래와 같이 세분한다.

○ α1 - 역심엽형과판에 둥근 고리를 매달고 띠와 못으로 고정한 것

○ α2 - α1과 유사하나 역심엽형과판의 아래 부분이 약간 들어간 것

○ β1 - 수하식에 삼루장식을 매단 것

○ β2 - 수하식에 삼엽장식을 매단 것

○ β3 - 과판에 문양을 표현한 것

○ γ - 과판 뒷면에 「Ω」자상의 연결구를 부착한 것

• 대형요패

타원형판을 연결하는 연결구의 형태를 기준으로 아래와 같이 세분한다.

○ ① - 연결구가 방형인 것

○ ② - 연결구가 원형인 것

• 대선금구

대선금구의 형태, 허리띠와 연결 방법을 기준으로 아래와 같이 세분한다.

○ (ㄱ) - 1매 혹은 2매의 금속판을 사용한 것

○ (ㄴ) - 띠연결부와 끝판을 경첩식으로 연결한 것

○ (ㄷ) - 띠연결부와 끝판을 짧은 봉으로 연결한 것

• 교구

자금의 형태가 '一'자인 것과 'T'자인 것으로 대별할 수 있다. 자금 'T'자는 상·하연금을 기준으로 세분할 수 있다.

○ Ⅰ - 자금이 '一'자인 것

○ Ⅱ - 자금이 'T'자이며 상·하연금이 직선 혹은 약간 굴곡진 것

○ Ⅲ – 자금이 'T'자이며 연금의 전방부가 심엽형을 이루는 것

○ Ⅳ – 자금이 'T'자이며 상·하연금이 S자로 연결된 것

○ Ⅴ – 자금이 'T'자이며 연금이 전체적으로 둥근 것

(2) 부품의 선후관계

• 초엽문과판

초엽문과판B1와 B2는 유사하여 문양만으로 선후관계를 판단하기는 어렵다. 다만 B2에서 삼각문이 추가되거나(B3) 삼엽문이 퇴화되어 원문으로 변화(B4)해 가는 방향성을 인정할 수 있다면 B1에서 B2로 변화된 것으로 예상된다. 이 추측이 타당하다면 B1 → B2 → B3·B4로 변화한 것으로 상정할 수 있다.

초엽문과판C류는 볼륨감이 있는 삼엽문의 길이가 전체적으로 길어지거나 혹은 반대로 짧아지는 변화가 간취된다. C1 → C2 → C3 혹은 그 반대의 변화를 상정할 수 있다. 초엽문과판B류의 변화를 고려한다면 초엽문과판C는 C1 → C2 → C3순으로 변화한 예상해볼 수 있다.

초엽문과판D류는 과판의 가운데 볼륨감이 있는 삼엽문을 표현한 D1에서 삼엽문이 점차 퇴화되어 문양을 정확히 알 수 없는 D4로 변화하거나 혹은 그 역의 변화를 예상할 수 있다. 볼륨감이 있는 삼엽문을 과판 중앙에 배치하는 모티브는 기본적으로 초엽문과판C류와 유사하므로 초엽문과판D류는 C류에서 파생되었을 가능성이 크다. 한편 이엽문이 표현된 A류와 B~D류의 선후관계는 엽문만으로 판단하기 어렵다. 다만 실제로 출토된 과판의 사례를 고려한다면 가장 전형적인 초엽문과판B류에서 C·D류가 파생되었을 가능성이 크다.

• 수하식

수하식a류는 외부와 내부에 엽문을 2개씩 표현한 수하식a1을 기본으로 한다. 내부에 엽문을 추가하거나 삭제되는 변화를 상정한다면 a1 → a2·a3·a4로 변화를 상정해 볼 수 있다. a2·a3·a4 사이의 방향성은 뚜렷하지 않아 선후관계는 불분명하다.

수하식b류는 엽문의 일부를 둥글게 표현하므로 수하식a류에서 파생되었을 가능성이 크다. 엽문의 표현이 남아 있는 b1·b2에서 엽문을 둥글게 표현한 b3·b4로 변화된 것으로 예상된다.

수하식c류는 외부에 표현된 엽문으로 보아 기본적으로 수하식a류와 관련성이 인정된다. 수하식d류가 과판 내부의 전체를 엽문으로 표현하는 것을 고려한다면 수하식a·b류에서 수하식d류로 변화하는 과도기적 단계로 파악할 수 있다. c1은 내부에 추가된 문양으로 보아

a1에서 파생되었을 가능성이 크다. 다만 c2는 후술하는 용문투조대장식구의 수하식에도 이용된다. c1과 c2의 선후관계는 뚜렷하지 않다.

수하식d류는 가운데 볼륨감이 있는 삼엽문을 표현한 d1에서 표현되지 않은 d2, d3로 변화하거나 혹은 그 역의 변화를 예상할 수 있다.

• 역심엽형과판

간소화된 것에서 장식성이 증가하는 방향으로 변화한 것으로 가정한다면 기본형으로 생각되는 역심엽형과판α류에서 삼루·삼엽장식을 매달거나(β1·β2) 역심엽형과판에 문양을 표현(β3)하는 변화를 예상할 수 있다. 한편 허리띠와 대장식구를 못인 아닌 「Ω」자상의 연결구로 고정하는 역심엽형과판γ는 연결방식의 변화라는 측면에서 α·β류와 어느 정도 시간을 두고 출현하였을 것으로 예상된다.

• 대형요패

대형요패 ①과 ②의 선후관계에 대하여 연결구의 형태가 고식이 방형, 신식이 원형이라는 견해가 있다(이한상 2010: 258). 이 견해가 타당하다면 대형요패①이 등장한 후 대형요패②가 출현한 것으로 예상할 수 있다.

• 대선금구

허리띠를 연결하기 위해 사용하는 띠연결부의 유무를 기준으로 (ㄱ) → (ㄴ)·(ㄷ) 혹은 그 반대의 방향성을 예상할 수 있다. 그리고 띠연결부와 끝판을 고정하기 위한 기능을 향상시키기 위해 경첩식의 대선금구(ㄴ)에서 봉을 사용한 대선금구(ㄷ)가 파생되었다고 본다면 (ㄱ) → (ㄴ) → (ㄷ)순으로 변화한 것으로 상정할 수 있다.

• 교구

자금의 형태를 기준으로 '一'자상 자금의 교구Ⅰ에서 'T'자상 자금의 교구Ⅱ·Ⅲ·Ⅳ·Ⅴ로, 혹은 그 반대의 순으로 변화를 예상할 수 있다. 교구Ⅱ·Ⅲ·Ⅳ·Ⅴ의 경우 'T'자상의 자금을 공유하지만 상·하연금이 간소화된 것에서 장식성이 증가하는 방향성이 인정되므로 이미 지적된 것처럼 Ⅱ에서 Ⅲ·Ⅳ를 거쳐 Ⅴ로 변화의 방향성이 인정된다(李漢祥 1998). 따라서 교구는 Ⅰ → Ⅱ → Ⅲ·Ⅳ → Ⅴ라는 변화를 상정할 수 있다.

(3) 부품의 배열

대장식구의 배열을 시도한다. 초엽문대장식구가 과판, 수하식, 교구, 대선금구와 같이 다양한 부품이 조합된 것을 고려하면 배열에 적합한 부품의 우선순위를 정할 필요가 있다. 주지하듯이 여러 부품 가운데 과판과 수하식의 출토가 압도적이다. 양자는 변화의 다양성이 풍부하여 선후관계를 파악하기 용이하므로 부품을 배열하는 데 첫 번째 기준으로 설정할 수 있다.

과판과 수하식 다음으로 주목할 수 있는 부품이 교구이다. 교구는 과판과 수하식 다음으로 출토 사례가 많다. 뿐만 아니라 '一'자상의 자금을 사용한 것에서 'T'자상의 자금을 사용한 것이 발생하고 그 후 상·하연금의 장식성이 증가하는 방향성이 인정된다. 그 변화에는 시간성이 민감하게 반영된 것으로 이해되므로(李漢祥 1998) 과판과 수하식에 이어 부품을 배열하는 데 두 번째 기준으로 설정한다.

마지막으로 대선금구와 요패에 주목할 수 있다. 대선금구는 초엽문대장식구만이 아니라 역심엽형대장식구에도 채용되어 양자의 병행관계를 유추하는 데 유효한 속성이다. 요패는 초엽문대장식구에 한정되고 출토 사례도 많지는 않으나 연결판 형태의 변화에 시간성이 반영되어 있을 가능성이 크다(이한상 2010). 교구에 이어 대선금구와 요패를 배열의 마지막 속성으로 간주한다.

이상에서 설정한 속성을 기준으로 우선 초엽문대장식구를 배열하여 각 단계를 설정하고 단계 설정이 불가능한 사례들은 따로 집성하였다.

초엽문과판A를 채용하는 대장식구는 경산 조영EⅢ-2호분, 황남동95-6번지 2호묘, 경산 북사리1호분 출토품을 들 수 있다(**표 8-1-A**). 이 외에 경주 황남리82호분 동총 출토품 또한 과판에 이엽문의 모티브를 사용하여 함께 배열하였다. 초엽문과판A를 채용하는 대장식구는 총 4단계로 나눌 수 있다. 1단계는 초엽문과판A, 수하식a1, 교구Ⅰ이 출현한다. 교구Ⅰ을 채용하는 초엽문대장식구는 현재까지 경산 조영EⅢ-2호분 출토품뿐이다. 후술하듯이 '一'자상의 자금을 사용한 교구Ⅰ는 삼연 고분에서 출토된 대장식구에서 확인된다. 2단계에는 교구Ⅱ, 대선금구(ㄱ)이, 3단계에는 2단계의 부품이 지속되는 가운데 수하식b1, 교구Ⅲ, 대형요패①, 4단계에는 대선금구(ㄴ), 대형요패②가 출현한다. 한편 경주 황오리4호분, 황오리16호분8곽 주실에서는 초엽문과판은 출토되지 않았으나 황남동95-6번지 2호묘에서 출토된 교구Ⅲ이 확인되므로 동일한 단계로 설정하였다. 논지 전개의 편의를 위해 위에서 나눈 네 단계를 [초엽문과판A-▲단계]로 약칭한다.

다음으로 출토 사례가 풍부한 초엽문과판B류는 B1에서 B4를 나누어 배열을 시도한다.

우선 초엽문과판B1을 채용한 대장식구는 크게 2단계로 나눌 수 있다(표 8-1-B). 1단계에는 초엽문과판B1과 함께 수하식a1, 교구Ⅱ, 대선금구(ㄱ), 대형요패①이 등장한다. 2단계에는 1단계의 부품이 지속되는 가운데 수하식b4, 교구Ⅳ, 대형요패②가 출현한다. 이 또한 논지 전개의 편의를 위해 각 단계를 [초엽문과판B1-1단계]와 [초엽문과판B1-2단계]로 약칭한다.

출토 사례가 가장 풍부한 초엽문과판B2는 크게 3단계로 나눌 수 있다(표 8-1-C). 1단계는 초엽문과판B2와 함께 수하식a1, 교구Ⅱ, 대선금구(ㄱ), 대형요패①이 등장한다. 2단계에는 1단계의 부품이 지속되는 가운데 교구Ⅳ가 새로이 출현한다. 3단계에는 수하식a2, a3, a4, 대선금구(ㄷ), 대형요패②가 등장한다. 각 단계를 [초엽문과판B2-▲단계]로 약칭한다. 창녕 교동7호분③은 초엽문과B2가 공반되지 않았으나 수하식a4가 천마총의 것과 동일하여 초엽문과판B2로 배열하였다.

초엽문과판B3를 채용한 대장식구는 부품을 배열하여 단계를 설정하기가 어렵다(표 8-2-A). 출토품의 제작 시기는 크게 떨어지지 않은 것으로 추정할 수 있다. [초엽문과판B3-1단계]로 약칭한다.

초엽문과판B4를 채용한 대장식구 또한 부품을 배열하여 단계를 설정하기가 어렵다(표 8-2-B). 의성 대리리48-1호 주곽에서는 초엽문과판이 확인되지 않으나 수하식b3가 출토되어 초엽문과판B4로 배열하였다. 각 사례의 제작 시기는 가까운 것으로 추정할 수 있다. [초엽문과판B4-1단계]로 약칭한다.

초엽문과판C류를 채용한 대장식구는 크게 두 단계로 나눌 수 있다(표 8-2-C). 1단계는 초엽문과판C1, C2, 수하식a1, 교구Ⅱ, 대선금구(ㄱ)이 출현한다. 2단계에는 1단계의 부품이 지속되는 가운데 초엽문과판C3, 수하식c1, c2, 교구Ⅳ, 대형요패①이 등장한다. [초엽문과판C류-▲단계]로 약칭한다.

초엽문과판D류를 채용한 대장식구는 부품을 배열하여 단계를 설정하기가 어렵다(표 8-2-D). 울산 하삼정21호 석실에서 수하식d1이 출토되어 초엽문과판D류로 분류하였다. D류는 제작 시기는 비교적 가까운 것으로 추정되므로 [초엽문과판D류-1단계]로 약칭한다.

이상으로 초엽문과판과 수하식, 교구, 대선금구와 요패를 기준으로 대장식구를 배열하고 각 대장식구를 몇 개의 단계로 나누었다.

한편 역심엽형대장식구는 부품이 완전한 세트를 이루어 출토된 사례가 드물어 배열이 용이하지 않다. 역심엽형과판을 기준으로 α류, β류, γ류로 나눈 후 시간성을 반영하는 속성인 대선금구를 우선시하여 우선 단계를 설정해둔다. 이에 따르면 역심엽형과판α류와 β류를

표 8-1 초엽문과판을 채용한 대장식구의 배열(1)

A: 초엽문과판A를 채용한 대장식구의 배열

단계	지역	고분명	재질	초엽문과판												수하식													교구					대선금구			요패		공반관계	
				A	B1	B2	B3	B4	C1	C2	C3	D1	D2	D3	D4	a1	a2	a3	a4	b1	b2	b3	b4	c1	c2	d1	d2	d3	Ⅰ	Ⅱ	Ⅲ	Ⅳ	Ⅴ	ㄱ	ㄴ	ㄷ	①	②	이식	마구
1	경산	조영EⅢ-2호분	금동	○												○													○										—	경산Ⅲ단계(전)
2	경주	황남리82호분 동총	은	○																										○				○					3기	경주Ⅳ단계
3	경주	황남동95-6번지 2호묘	은	○																○											○			○					—	—
		황오리16호분8곽 주실	은																												○			○			○		—	경주Ⅴ단계
		황오리4호분	은																												○			○			○		4, 5기	경주Ⅴ단계
4	경산	북사리1호분	은	○																										○					○			○	5기	—

B: 초엽문과판B1을 채용한 대장식구의 배열

단계	지역	고분명	재질	초엽문과판												수하식													교구					대선금구			요패		공반관계	
				A	B1	B2	B3	B4	C1	C2	C3	D1	D2	D3	D4	a1	a2	a3	a4	b1	b2	b3	b4	c1	c2	d1	d2	d3	Ⅰ	Ⅱ	Ⅲ	Ⅳ	Ⅴ	ㄱ	ㄴ	ㄷ	①	②	이식	마구
1	경주	황오리14호분1곽	은		○											○														○									1기	경주Ⅲ단계(전)
	경주	금척리고분	은		○											○														○				○			○		3기 이후	—
	창녕	교동 주차장 조성부지유적	은		○											○														○				○			○		—	—
	창녕	송현동6호분	은		○											○																							—	—
	경산	임당2호분 북호 주곽②	금동		○																									○									—	경산Ⅴ단계
2	경주	금관총③	은		○											○																○		○				○	3, 4기	경주Ⅳ단계
	경주	노서리138호분	은		○																			○						○				○			○		5기	경주Ⅴ단계

C: 초엽문과판B2를 채용한 대장식구의 배열

단계	지역	고분명	재질	초엽문과판												수하식													교구					대선금구			요패		공반관계	
				A	B1	B2	B3	B4	C1	C2	C3	D1	D2	D3	D4	a1	a2	a3	a4	b1	b2	b3	b4	c1	c2	d1	d2	d3	Ⅰ	Ⅱ	Ⅲ	Ⅳ	Ⅴ	ㄱ	ㄴ	ㄷ	①	②	이식	마구
1	경주	황남대총 남분①	금			○										○														○				○			○		1, 2기	경주Ⅲ단계(후)
	경주	황남대총 남분②	은			○										○														○				○					1, 2기	경주Ⅲ단계(후)
	경주	황남대총 남분③	은			○										○														○				○					1, 2기	경주Ⅲ단계(후)
	경주	황남대총 남분④	은			○										○														○									1, 2기	경주Ⅲ단계(후)
	경산	조영CⅠ-1호분	은			○										○														○				○			○		—	경산Ⅲ단계(후)
	경주	인왕동C군1호분	은			○										○														○				○			○		—	—
	대구	달서55호분	은			○										○														○				○			○		4기	—
	경산	조영EⅡ-1호분	은			○										○														○				○					1기	—
	대구	달성 문산리4-1호분	은			○										○														○				○					—	—
	의성	탑리고분2곽	은			○										○														○				○					3기	—
	의성	대리리3호분 2곽주곽	은			○										○														○				○					—	—
	경주	황오리16호분6곽 주실	은			○										○														○							○		3기	—
	의성	탑리고분1곽	금동			○										○														○									—	—
2	경주	황남대총 북분①	금			○										○																○		○			○		3기	경주Ⅲ단계(후)
	경주	황남대총 북분②	은			○										○														○				○					3기	경주Ⅲ단계(후)
	경주	황남대총 북분③	은			○										○														○				○					3기	경주Ⅲ단계(후)
	경주	황남대총 북분④	은			○										○														○				○					3기	경주Ⅲ단계(후)
	경주	황남대총 북분⑤	은			○										○														○				○					3기	경주Ⅲ단계(후)
	경주	노동리4호분	은			○										○														○				○			○		—	경주Ⅳ단계
	영주	태장리1호분	금동			○										○														○							○		—	—
	대구	달서34호분 1곽	은			○										○																○		○			○		4, 5기	—
	대구	달서51호분 제2석곽	은			○										○																○		○			○		—	—
	의성	대리리46-2호 주곽	은			○										○																○		○					—	—
	경주	호우총	동지은장			○										○																○					○		—	경주Ⅵ단계
	경주	황오리33호분 동곽	은			○										○																○							3기	경주Ⅳ단계
3	경산	임당6A호분	은			○										○														○				○				○	5기	경산Ⅴ단계
	양산	부부총(주인)	은			○										○														○				○				○	5기	—
	성주	성산동1호분	은			○										○														○						○			3, 4기	—
	경주	황오리34호분 3곽	은			○										○														○						○		○	4, 5기	—
	경주	천마총①	금			○										○																○		○				○	4기	경주Ⅴ단계
	경산	대동57-1번지유적	은			○										○																○		○				○		
	경주	식리총	은			○											○	○												○									4기	경주Ⅳ단계
	경주	천마총②	은			○													○													○							4기	경주Ⅴ단계
	창녕	교동7호분③	금동																○																				4, 5기	—
불명	창녕	송현동7호분	은			○																												○					4, 5기	—
	영주	읍내리14호분	은			○																																	2, 3기	—
	창녕	교동7호분②	은			○																																	4, 5기	—
	창녕	교동89호분	은			○																								○				○			○		3, 4기	—
	창녕	계남리1호분	은			○																								○				○					—	—
	함안	도항리(현)8호분	은			○										○																		○					—	—
	경주	금관총⑤	은			○										○																							3, 4기	경주Ⅳ단계
	대구	구암동1호분	은			○										○																							—	—
	대구	구암동56호분	금동			○										○																							—	—
	대구	달서59호분①	은			○										○																							—	—
	창녕	교동3호분(동)	은			○										○																							—	—

표 8-2 초엽문과판을 채용한 대장식구의 배열(2)

A: 초엽문과판B3을 채용한 대장식구의 배열

단계	지역	고분명	재질	초엽문과판												수하식													교구					대선금구			요패		공반관계	
				A	B1	B2	B3	B4	C1	C2	C3	D1	D2	D3	D4	a1	a2	a3	a4	b1	b2	b3	b4	c1	c2	d1	d2	d3	Ⅰ	Ⅱ	Ⅲ	Ⅳ	Ⅴ	ㄱ	ㄴ	ㄷ	①	②	이식	마구
1	창녕	교동7호분①	은				○																							○				○					4, 5기	—
	양산	부부총(부인)	은				○									○					○									○				○				○	5기	—
	경주	금관총④	은				○															○												○					3, 4기	경주Ⅳ단계
	창녕	교동9호분	은				○																																—	—

B: 초엽문과판B4를 채용한 대장식구의 배열

단계	지역	고분명	재질	초엽문과판												수하식													교구					대선금구			요패		공반관계	
				A	B1	B2	B3	B4	C1	C2	C3	D1	D2	D3	D4	a1	a2	a3	a4	b1	b2	b3	b4	c1	c2	d1	d2	d3	Ⅰ	Ⅱ	Ⅲ	Ⅳ	Ⅴ	ㄱ	ㄴ	ㄷ	①	②	이식	마구
1	경주	금령총①	금					○														○								○				○				○	3, 4기	경주Ⅴ단계
	경주	금령총②	은					○														○								○									3, 4기	경주Ⅴ단계
	경산	임당2호분 북호 주곽①	은					○														○								○									—	경산Ⅴ단계
	의성	대리리48-1호 주곽	금동																			○								○				○					—	—

C: 초엽문과판C류를 채용한 대장식구의 배열

단계	지역	고분명	재질	초엽문과판												수하식													교구					대선금구			요패		공반관계	
				A	B1	B2	B3	B4	C1	C2	C3	D1	D2	D3	D4	a1	a2	a3	a4	b1	b2	b3	b4	c1	c2	d1	d2	d3	Ⅰ	Ⅱ	Ⅲ	Ⅳ	Ⅴ	ㄱ	ㄴ	ㄷ	①	②	이식	마구
1	경주	쪽샘유적B1호묘	은						○							○																		○					—	—
	창녕	교동12호분	은							○						○														○									4기	—
2	경주	서봉총①	금							○														○								○		○			○		3, 4기	—
	경주	서봉총②	은							○														○								○		○			○		3, 4기	—
	경주	금관총②	은								○														○									○					3, 4기	경주Ⅳ단계
	경주	금관총①	금								○														○							○		○			○		3, 4기	경주Ⅳ단계

D: 초엽문과판D류를 채용한 대장식구의 배열

단계	지역	고분명	재질	초엽문과판												수하식													교구					대선금구			요패		공반관계	
				A	B1	B2	B3	B4	C1	C2	C3	D1	D2	D3	D4	a1	a2	a3	a4	b1	b2	b3	b4	c1	c2	d1	d2	d3	Ⅰ	Ⅱ	Ⅲ	Ⅳ	Ⅴ	ㄱ	ㄴ	ㄷ	①	②	이식	마구
1	경주	천마총③	은									○														○							○						4기	경주Ⅴ단계
	울산	하삼정21호 석실	은																							○													—	—
	양산	금조총	은										○														○						○		○				5기	—
	포항	냉수리고분	은											○														○											—	—
	김해	봉황동11호묘	금동												○																			○					—	—

E: 단계 설정이 불가능한 초엽문대장식구

단계	지역	고분명	재질	초엽문과판												수하식													교구					대선금구			요패		공반관계	
				A	B1	B2	B3	B4	C1	C2	C3	D1	D2	D3	D4	a1	a2	a3	a4	b1	b2	b3	b4	c1	c2	d1	d2	d3	Ⅰ	Ⅱ	Ⅲ	Ⅳ	Ⅴ	ㄱ	ㄴ	ㄷ	①	②	이식	마구
불명	경주	황남리151호분	은																																	○			4, 5기	경주Ⅵ단계
	경주	황남대총 북분⑥	금동																																		○		3기	경주Ⅲ단계(후)
	경주	황남리파괴고분 2곽	은																																		○		2, 3기	경주Ⅲ단계(후)
	대구	달서59호분②	금동																																			○	—	—
	경주	황오리1호분	은																													○							3, 4기	경주Ⅳ단계
	창녕	교동11호분	은																													○							—	—
	경주	황오리고분 남곽	은													○																							—	—
	경주	인왕동20호분	은													○																							4기	경주Ⅴ단계
	경주	황남동110호분	금동													○																							1기	경주Ⅲ단계(전)
	창녕	송현동15호분	은													○																							—	—
	울산	하삼정115호묘	금동																																				—	—
	경주	은령총	은																																				4, 5기	경주Ⅵ단계
	경주	미추왕릉 전지역C-11호분	은																																				4, 5기	—
	경주	황오리54호분(갑총)	은																																				—	—
	경주	황남리82호분 서총	?																																				—	경주Ⅵ단계
	경주	인왕동149호분	은																																				2기 이전	—
	대구	달성 문산리3-2호분	금동																																				—	—
	대구	죽곡리고분	금동																																				—	—
	대구	성산동1호분	금동																																				4기	—
	창녕	교동3호분(동)	은																																				—	—
	창녕	교동1호분(동)	은																																				—	—
	창녕	계성2호분	은																																				—	—
	경산	조영EⅠ-2호분	금동																											○				○					—	경산Ⅳ단계
	대구	달성 죽곡리고분군1실	금동																											○									—	—
	의성	대리리2호분B-1곽	금동																											○									—	—
	포항	용흥동 신라묘	금동																											○									—	—
	경주	황오리16호분1곽 주실	은																											○				○			○		4, 5기	경주Ⅵ단계
	경주	황오리16호분2곽 주실	은																											○				○			○		3기	경주Ⅴ단계
	경주	황오리16호분4곽 주실	은																													○					○		4기	경주Ⅴ단계
	경주	황오리16호분11곽	-																																				-	경주Ⅵ단계
	경주	황오리100번지2호묘	은																											○				○					4, 5기	—

표 8-3 역심엽형과판을 채용한 대장식구의 배열

A: 역심엽형과판 α류 채용 대장식구의 배열

단계	지역	고분	재질	역심엽형과판						대선금구			교구				공반관계	
				α1	α2	β1	β2	β3	γ	ㄱ	ㄴ	ㄷ	Ⅰ	Ⅱ	Ⅲ	Ⅳ	이식	마구
1	경산	임당6A호분①	은	○						○				○			5기	경산Ⅴ단계
	경산	임당6A호분②	금동	○						○				○			5기	경산Ⅴ단계
	경산	조영EⅠ-1호분	철지은장	○						○				○			—	—
	경산	조영CⅠ-1호분	은	○						○				○			—	—
	의성	대리리5호분1곽(경희대)	은	○						○				○			—	—
	양산	부부총①	은	○						○				○			5기	—
	부산	연산동103호 석곽묘	철지은장	○						○				○			—	—
	의성	대리리48-1호 주곽	철지은장	○						○				○			—	—
	경주	황남동95-6번지 1호묘	은	○						○				○			—	—
2	경주	황오리16호분 4곽	은	○							○			○			4기	경주Ⅴ단계
	창녕	교동 주차장 조성부지유적	철지은장	○							○						—	—
	안동	조탑동고분 서곽	은	○							○			○			—	—
	경주	계림로14호분	은	○							○			○			4, 5기	—
	대구	달서37호분 제2석곽	은		○						○			○			3기	—
	의성	대리리45호분	철지은장		○						○			○			—	—
	경주	보문리고분	은	○								○		○			5기	—
	대구	화원 성산리1호분 6곽	동지은장	○								○		○			4기	
	충주	누암리45호분	은	○								○					—	—
	창녕	계성Ⅲ지구1호분	은		○							○		○			4기	—

B: 역심엽형과판 β류 채용 대장식구의 배열

단계	지역	고분	재질	역심엽형과판						대선금구			교구				공반관계	
				α1	α2	β1	β2	β3	γ	ㄱ	ㄴ	ㄷ	Ⅰ	Ⅱ	Ⅲ	Ⅳ	이식	마구
1	경주	금관총①	은			○				○							3, 4기	경주Ⅳ단계
	경주	금관총②	은				○			○							3, 4기	경주Ⅳ단계
2	경주	천마총②	은					○									4기	경주Ⅴ단계
	김해	구산동고분	금동					○									—	—

C: 역심엽형과판 γ류 채용 대장식구의 배열

단계	지역	고분	재질	역심엽형과판						대선금구			교구				공반관계	
				α1	α2	β1	β2	β3	γ	ㄱ	ㄴ	ㄷ	Ⅰ	Ⅱ	Ⅲ	Ⅳ	이식	마구
1	고령	역사관부지내 지산동15호묘	은						○			○		○			—	—
	창녕	계성A지구1호묘2관	은						○								5기	—
	경산	임당C-Ⅰ-35호 석실	은						○								—	—

D: 단계 설정이 불가능한 역심엽형대장식구

단계	지역	고분	재질	역심엽형과판						대선금구			교구				공반관계	
				α1	α2	β1	β2	β3	γ	ㄱ	ㄴ	ㄷ	Ⅰ	Ⅱ	Ⅲ	Ⅳ	이식	마구
불명	성주	성산동57호분	철지은장	○						○							—	—
	의성	대리리49-1호 주곽	철지은장	○						○							—	—
	경주	호우총	은?	○										○			—	경주Ⅵ단계
	경주	쪽샘유적B1호묘	철지은장	○										○			—	—
	양산	부부총②	금동	○										○			5기	—
	대구	가천동86호 석곽묘	금동	○										○			—	—
	의성	대리리49-2호 주곽	철지은장	○										○			—	—
	영천	화남리23-2호 석곽	철지은장	○										○			—	—
	창녕	계성Ⅱ지구1호분	은	○										○			—	—
	경주	미추왕릉 전지역D-1호분1곽	은	○										○			4, 5기	—
	경주	황남동109호분1곽	철지은장	○													—	—
	경주	황남동110호분	철지은장	○													1기	경주Ⅲ단계(전)
	경산	조영EⅡ-1호분	철지은장	○													1기	—
	경주	황남대총 남분①	금동	○													1, 2기	경주Ⅲ단계(후)
	경주	황남대총 남분②	은	○													1, 2기	경주Ⅲ단계(후)
	경산	대동57-1번지유적	은	○													—	—
	경주	황남동95-6번지 2호묘	은	○													—	—
	창녕	송현동3호분	은	○													1, 2기	—
	경주	금령총	금동	○													3기	경주Ⅴ단계
	경주	금관총③	금동	○													3, 4기	경주Ⅳ단계
	경주	금관총⑥	금동	○													3, 4기	경주Ⅳ단계
	경주	서봉총	은	○													3, 4기	—
	경주	천마총①	금	○													4기	경주Ⅴ단계
	경주	천마총③	은	○													4기	경주Ⅴ단계
	경주	황오리4호분	은	○													4, 5기	경주Ⅴ단계
	창녕	교동7호분	철지동장	○													4, 5기	—
	창녕	송현동7호분	은	○													4, 5기	—
	경주	노서리138호분	은	○													5기	경주Ⅴ단계
	경산	북사리1호분	은	○													5기	—
	경주	황오리고분 남곽	철지은장	○													—	—
	칠곡	황상동1호분	은	○													—	—
	의성	대리리6호묘	철지은장	○													—	—
	의성	학미리1호분	철지은장	○													—	—
	창녕	교동11호분	은	○													—	—
	창녕	교동1호분(동)	철지은장	○													—	—
	창녕	동리11호묘	철지은장(?)	○													—	—
	양산	북정리 제8호분	철지은장(?)	○													—	—
	의성	대리리47-3호	동지은장	○													—	—
	강릉	병산동B-8호분	철지은장	○													—	—
	영주	읍내리14호분	철지은장	○													—	—
	경주	식리총	철지은장		○									○			4기	경주Ⅳ단계
	청도	봉기리11-1호묘	철지은장		○												—	—
	경주	황남대총 북분	금동		○												3기	경주Ⅲ단계(후)
	경주	금관총④	은		○												3, 4기	경주Ⅳ단계
	경주	금관총⑤	금동		○												3, 4기	경주Ⅳ단계
	문경	신현리2-1호 석실분	철지은장		○												—	—
	강릉	병산동11호분(강)	철지은장							○				○			—	—

채용한 대장식구는 크게 1~2단계, γ류를 채용한 대장식구는 1단계로 설정할 수 있다. 각 단계를 [역심엽형과판●류-▲단계]로 약칭한다(표 8-3).

(4) 병행관계와 단계 설정

초엽문대장식구의 부품 가운데 가장 출토 사례가 풍부한 것이 초엽문과판B2이므로 이를 중심으로 병행관계를 설정한다.

우선 앞서 언급한 것처럼 초엽문과판B2가 B3·B4로 변화한 것으로 상정할 수 있다면 [초엽문과판B3-1단계]와 [초엽문과판B4-1단계]는 초엽문과판B2의 후반 단계와 병행하는 것으로 볼 수 있다. 각 단계에 요패②가 등장하는 현상에 주목한다면 각 단계는 [초엽문과판B2-3단계]와 병행할 것이다. 이는 각 단계에 a2, a3, a4, b2, b3 등 다양한 형식의 수하식이 등장하는 것에서도 방증된다.

한편 초엽문과판B1에서 B2로 변화한 것으로 상정할 수 있다면 초엽문과판B1는 B2에 선행하여 등장한 것으로 볼 수 있다. [초엽문과판B1-2단계]가 B2의 어느 단계와 병행하는지 명확하지 않으나 교구Ⅳ, 요패②를 근거로 [초엽문과판B2-3단계]와 병행하는 것으로 보아 무방할 것이다.

다음으로 초엽문과판A를 채용한 대장식구에 주목해 보자. 부품의 선후관계에서 예상한 것처럼 유일하게 자금의 형태가 '一'자인 경산 조영Ⅲ-2호분 출토품은 'T'자형 자금을 채용하는 초엽문과판B2 대장식구보다 먼저 출현하였을 것이다. 따라서 [초엽문과판A-1단계]는 [초엽문과판B2-1단계]보다 선행하는 것으로 볼 수 있다. 그리고 교구Ⅲ, 요패②를 채용하는 [초엽문과판A-3단계]의 등장은 교구Ⅳ를 채용하는 [초엽문과판B2-2단계]와 병행하는 것으로 간주할 수 있다.

그 다음 초엽문과판C류를 채용한 대장식구에 주목해 보자. 앞서 예상한 것처럼 초엽문과판B류에서 C류가 파생되었다면 [초엽문과판C류-1단계]가 [초엽문과판B2-1단계]까지 소급되기는 어려워 보인다. 그리고 초엽문과판C1 → C2 → C3순으로 변화를 고려하면 초엽문과판C2·C3, 교구Ⅳ를 채용하는 [초엽문과판C류-2단계]는 [초엽문과판B2-3단계]와 일부 중복될 가능성이 크다면 [초엽문과판C류-1단계]는 [초엽문과판B2-2단계]와 병행하는 것으로 볼 수 있다.

마지막으로 초엽문과판D류를 채용하는 대장식구는 다른 초엽문대장식구와 공통되는 부품이 별로 없어 병행관계의 설정이 쉽지 않다. 다만 초엽문과판D류가 가장 퇴화형인 점,

천마총에서 초엽문과판D류와 [초엽문과판B2-3단계]의 대장식구가 공반된 점을 고려하면 [초엽문과판D류-1단계]는 [초엽문과판B2-3단계] 가운데서도 신식에 해당하는 것으로 볼 수 있을 것이다.

이상으로 초엽문대장식구의 병행관계를 설정하였다. 다음으로 역심엽형대장식구의 병행관계에 대해 살펴본다.

[역심엽형과판α류-1단계]와 [역심엽형과판α류-2단계]를 나누는 기준은 대선금구이다. 즉 1단계에는 대선금구(ㄱ)을, 2단계에는 대선금구(ㄴ)·(ㄷ)을 채용한다. 대선금구(ㄴ)은 [초엽문과판A-3단계], [초엽문과판D류-1단계]에서 확인되며 대선금구(ㄷ)은 [초엽문과판B2-3단계]에 확인된다. 이를 중시한다면 대략 [역심엽형과판α류-1단계]는 [초엽문과판B2-1·2단계]와, 그리고 [역심엽형과판α류-2단계]는 [초엽문과판B2-3단계]와 일부 중복될 것이다.

[역심엽형과판β류-1단계]와 [역심엽형과판β류-2단계]는 부품이 적어 병행관계를 설정하기 어렵다. 다만 [역심엽형과판β류-2단계]에 천마총 출토품이 확인되어 [초엽문과판 D류-1단계]와 병행하는 것으로 본다면 [역심엽형과판β류-1단계]는 그 이전 단계로 소급될 것으로 보아 무방하다.

한편 연결방식의 변화라는 측면에서 역심엽형과판γ이 α·β류와 어느 정도 시간을 두고 출현하였을 것으로 예상이 타당하다면 [역심엽형과판γ류-1단계]는 가장 늦게 출현한 것으로 볼 수 있다. 대선금구(ㄷ)를 채용하는 것을 고려하면 [초엽문과판B2-3단계]와 병행하거나 그 이후에 등장한 것으로 볼 수 있다.

이상으로 역심엽형대장식구의 병행관계를 설정하였다. 지금까지 분석한 대장식구의 병행관계와 각 부품의 존속 시기를 정리하면 **그림 8-3**과 같다. 신라 고분에서 출토된 초엽문대장식구와 역심엽형대장식구를 총 I期에서 VI期로 세분할 수 있다.

2) 변천의 검증

위에서 설정한 각 단계의 병행관계와 존속 시기는 부품의 선후관계를 예상하고 그 조합을 분석하여 얻은 결론이므로 가정에 지나지 않는다. 따라서 공반 유물을 분석하여 대장식구의 변천을 검증할 필요가 있다.

대장식구와 공반 빈도가 높은 유물 중 하나가 이단의 교호 투창이 뚫린 소위 신라 토기이다. 다만 전세 등의 이유로 대장식구와 같은 금공품의 편년이 토기를 기준으로 한 고분 편

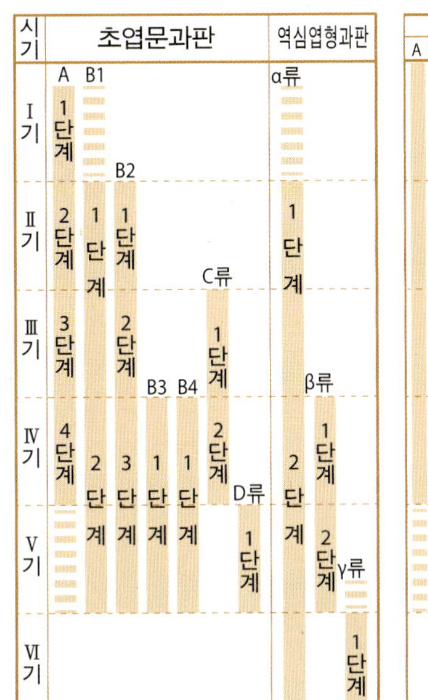

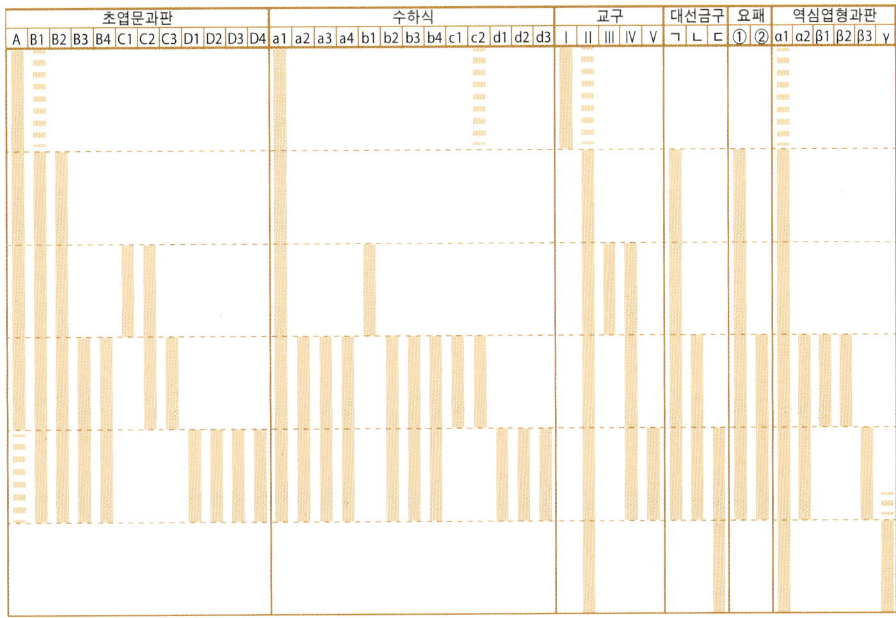

그림 8-3 병행관계와 각 부품의 존속 시기

년과 상당한 차이가 있다는 지적(李熙濬 1997a: 93)을 고려하면 대장식구의 변천을 검증하는 데 토기가 반드시 유효한 것만은 아니다. 여기서는 장식마구와 이식의 연구 성과를 참고하여 대장식구의 변천을 검증하고자 한다. 장식마구와 이식은 대장식구와 공반 빈도가 높으며 금은과 같은 귀금속을 고도의 금공기술로 가공한다는 점에서 비교적 가까운 제작 환경(공방)에서 생산된 것으로 예상되므로 대장식구의 변천을 검증하는 데 적합하다.

신라 고분에서 출토된 장식마구와 이식을 체계적으로 분석한 연구 결과(金宇大 2013; 諫早直人 2012)를 대장식구의 순서배열표에 정리하였다. 이 가운데 출토 사례가 가장 풍부한 [초엽문과판B2] 대장식구를 살펴보면(**표 8-1-C**) 1단계에는 주로 이식 1·2기와 마구 Ⅲ단계, 2단계에는 주로 이식 3기와 마구 Ⅲ-Ⅳ단계, 3단계에는 주로 이식 4·5기와 마구 Ⅳ·Ⅴ단계와 공반 비율이 높은 것을 알 수 있다. 이 외에 [초엽문과판B2-3단계]와 병행하는 것으로 파악한 [초엽문과판B3·B4]도 주로 이식 3·4·5기와 마구 Ⅳ·Ⅴ단계와 공반된다. 이처럼 앞서 설정한 대장식구의 단계와 공반 유물 사이의 역전 현상은 발견되지 않으므로 부품의 선후관계와 병행관계를 바탕으로 한 단계 설정은 정합적이라 판단할 수 있다.

다만 역심엽형대장식구의 배열은 공반 유물의 변천이 반드시 일치하지 않는다. 예를 들어 역심엽형과판*α*류의 경우 1단계와 2단계에 걸쳐 모두 이식 4·5기와 마구 Ⅴ단계가 공반된다. 그러나 이는 배열이 가능한 자료가 부족하기 때문에 나타난 현상으로 이해하는 편이 옳을 것이다. 토기, 이식, 마구의 분석 결과 비교적 이른 시기로 비정되는 신라 고분에서는 역심엽형과판 이 외의 부품이 확인되지 않아 배열이 불가능한 사례가 많다(표 8-3). 공반된 마구와 이식의 제작 연대를 참고로 역심엽형대장식구의 변천을 검증하는 것은 현재로서는 쉽지 않는 것이 사실이다. 이른 시기 적석목곽묘로 인정되는 황남동109호분 1곽, 황남동 110호분 출토품을 근거로 이미 Ⅰ期부터 역심엽형과판α류가 등장한 것이 분명하다는 것만 명기해둔다.

3) 용문투조대장식구의 단계 설정

마지막으로 용문투조대장식구의 단계를 비정한다. 용문투조대장식구는 경주 황남대총 남분 3식, 경산 임당7B호분 1식, 강릉초당동A-1호묘 1식이 출토되었으며 이 외에 정읍 운학리C호분, 연기 나성리 KM-004토광묘, 후쿠오카현(福岡縣) 쓰키노오카(月ノ岡)고분, 오사카부(大阪府) 시치칸(七觀)고분 제2곽, 나라현(奈良縣) 고죠네코즈카(五條猫塚)고분 등 한반도와 일본 열도 전역에 걸쳐 확인된다(그림 8-4). 제작의 선후관계에 대해서는 과판에 투조된 용문양에 주목하여 이미 여러 연구자가 지적한 바 있다. 선학들의 견해는 크게 세 가지로 나누어 볼 수 있다.

첫째, 황남대총 남분 출토품을 가장 선행하는 형식으로 보는 입장이다. 최병현은 과판에 표현된 봉황이나 용의 탈화(脫化), 문양의 간략화, 수하식의 진화과정에 주목하고 황남대총 남분 → 시치칸고분 제2곽 → 임당7B호분 주곽 출토품이라는 상대순서를 설정하였다(최병현 2014b: 202).

둘째, 황남대총 남분을 임당7B호분 주곽 출토품과 같은 단계로 비정하는 견해이다. 사오토메 마사히로(早乙女雅博)는 용문양을 비교하여 고죠네코즈카고분 → 시치칸고분 제2곽 → 임당7B호분 주곽·황남대총 남분 → 쓰키노오카고분 출토품으로 상대순서를 설정하였다(早乙女雅博 2007).

마지막으로 황남대총 남분 출토품을 가장 후행하는 것으로 보는 견해이다. 박천수는 시치칸고분 제2곽, 임당7B호분 주곽 출토품이 동일한 형식이며 황남대총 남분 출토품보다 형식학적으로 1단계 이상 선행하는 것으로 보았다(朴天秀 2006). 스즈키 가즈나오(鈴木一有)도 용문을 기준으로 크게 ①사지(四肢)가 명료하게 표현되고 이가 방형이며 선각된 것(고죠네코즈카고분), ②사지의 발, 발톱표현이 간략화되고 이가 방형 혹은 돌기로 표현된 것(시치칸고분제2곽,

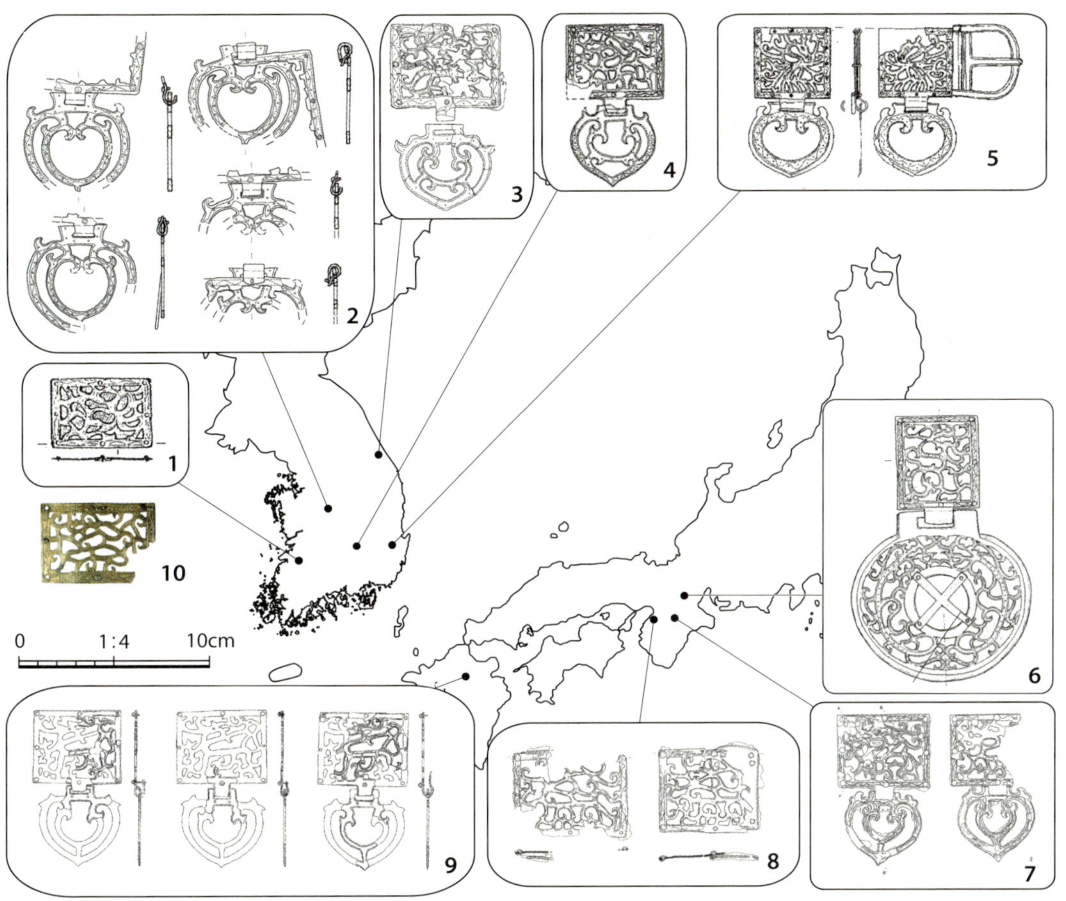

그림 8-4 한반도 및 일본열도의 용문투조대장식구

1. 정읍 운학리C호분 | 2. 연기 나성리KM-004 토광묘 | 3. 강릉 초당동A-1호묘 | 4. 경산 임당7B호분 주곽 | 5. 경주 황남대총 남분 | 6. 시가현(滋賀縣) 신카이(新開)1호분 | 7. 오사카부 시치칸고분제2곽 | 8. 나라현 고죠네코즈카고분 | 9. 후쿠오카현 쓰키노오카고분 | 10. 국은콜렉션(경주박물관소장품)(10은 축척부동)

임당7B호분 주곽), ③사지의 발, 발톱표현이 간략화되며 이가 독립된 돌기로 표현되지 않은 것(쓰키노오카고분), ④사지 전체에 당초문화가 현저하고 명확한 이가 표현되지 않은 것(황남대총 남분)으로 나눈 후, ①에서 ④로 변화한 것으로 이해하였다(鈴木一有 2014).

다카타 간타(高田貫太)는 과판의 투조 문양, 다리의 구성, 축조기법에 의한 세부 표현을 비교함으로써 용문의 퇴화를 제시하고 마구, 철촉, 토기 등 공반 유물과 정합성을 검토하여 용문투조제품을 총 3기로 편년하였다(高田貫太 2013). Ⅰ기는 고죠네코즈카고분, 초당동 A-1호묘, Ⅱ기는 시치칸고분 제2곽, 쓰키노오카고분, 임당7B호분 주곽, Ⅲ기는 황남대총 남분, 국은(菊隱)콜렉션이 해당된다. 최근 이한상도 용문투조대장식구의 문양을 분석하여 시치칸고분 → 임당7B호분 주곽 → 황남대총 남분 출토품 순으로 선후관계를 파악하였다(李漢祥 2017).

선학들의 견해를 참고로 하면 위의 세 가지 견해 가운데 황남대총 남분 출토품은 용문투조대장식구 가운데 가장 퇴화형일 가능성이 가장 큰 것으로 보인다. 주관적 요소가 개입될 소지가 많은 용의 퇴화라는 기준 이외에 부품의 조합관계로 보아도 황남대총 남분 출토품이 퇴화형임은 방증된다. 임당7B호분, 초당동A-1호묘에서 출토된 수하식은 앞서 분류한 c2와 흡사한데 이러한 형태의 수하식은 소위 진식대장식구의 그것과 유사하여 비교적 이른 시기의 요소를 지닌다.[5] 이에 반해 황남대총 남분의 수하식a1(금동제)은 삼엽문과판B2와 함께 이후 신라 고분에서 보편적으로 출토되는 형식이다. 남분의 수하식a1(금동제)에 용문투조대장식구에서 흔히 확인되는 축조기법이 확인되나 이후 단계의 고분에서 출토되는 수하식a1에는 축조기법이 보이지 않는 것으로 보아 황남대총 남분 출토품은 용문투조대장식구의 제작이 쇠퇴하고 초엽문대장식구가 본격적으로 제작되기 시작하는 과도기에 해당하는 것으로 볼 수 있다. 유일한 은제의 용문투조대장식구가 남분에서 확인되는 것 또한 과도기의 제작과 관련된 현상일 것이다.

이상에서 과판에 투조된 용문양과 부품의 조합 관계로 보아 신라 고분에서 출토된 용문투조대장식구의 선후관계는 초당동A-1호묘(Ⅰ기) → 임당7B호분 주곽(Ⅰ기) → 황남대총 남분(Ⅱ기) 순으로 판단할 수 있다. 상한연대가 어디까지 소급되는지는 알 수 없으나 늦어도 남분이 속하는 Ⅱ기 이전에 신라지역 내에 용문투조대장식구가 유통된 것은 틀림없다.

4) 연대 비정

호우총과 서봉총에서 대장식구와 기년명자료(금속제합)가 공반되나 전세의 가능성도 있어 연대 비정에 결정적인 근거는 되지 않는다. 절대 연대에 관한 정보가 부족한 이상 대장식구가 제작된 시점과 대장식구가 출토된 고분의 축조 시점의 관계에 대해 일관된 전제가 필요하다.

대장식구를 포함한 복식품은 속인적 성격이 강하며 착장한 사례도 많다. 누세대에 걸쳐 사용한 것으로 보기 어려우므로 대장식구가 제작된 후 사용을 거쳐 부장되기까지 한 세

5 이후 수하식c2가 다시 출현하는 것은 Ⅳ기로 비정한 경주 금관총 출토품뿐이다. Ⅰ기에 등장한 수하식 c2(임당7B호분, 초당동A-1호묘)가 시간적 공백을 두고 Ⅳ기에 다시 출현하는 현상을 해석하기 위해서는 앞으로 증가될 자료를 기다릴 수밖에 없다.

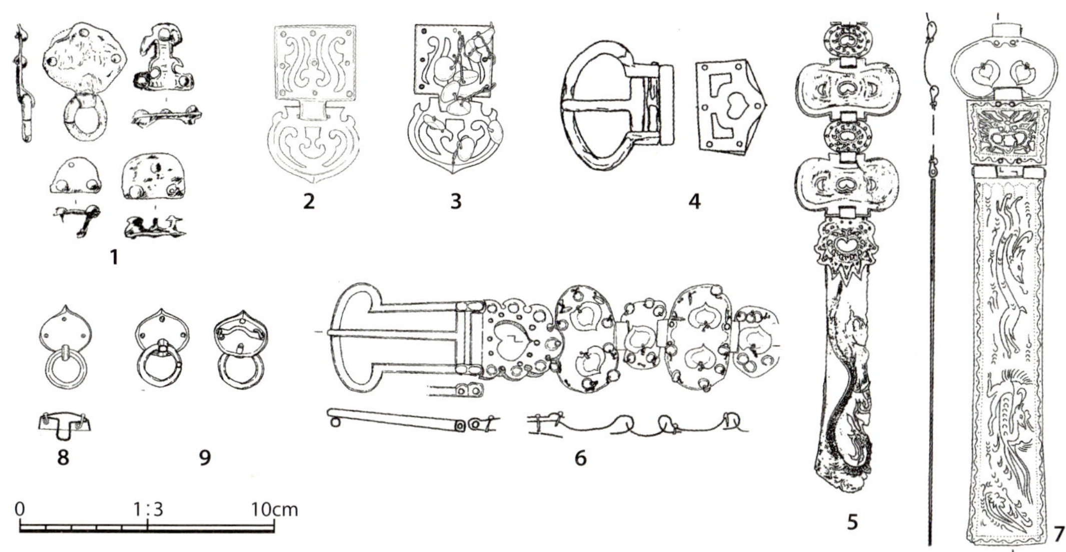

그림 8-5 연대결정 관련 대장식구

1. 집안 산성하M332 | 2. 공주 송산리4호분 | 3. 경주 금관총 | 4·5. 경주 천마총 | 6·7. 공주 무령왕릉 | 8. 부여 능산리사지목탑지 | 9. 고령 지산동15호 석실

대 이상의 큰 시간차를 두기는 어려울 것이다. 초엽문대장식구가 부장 전용품이라는 견해(김재열 2014)가 타당하다면 제작 후 부장까지 시간차는 더욱 좁혀진다. 결국 제작 시점을 의미하는 대장식구의 각 단계는 기본적으로 고분 축조와 연동되며 대장식구의 제작 시점은 고분 축조 시점과 같거나 약간 이르다고 볼 수 있다. 이상과 같은 전제를 바탕으로 여기서는 고분 출토 기년명자료, 천도와 같은 역사적 사건, 주변국에서 출토된 대장식구 등을 근거로 각 단계의 역연대를 부여하고자 한다.

Ⅰ기의 연대에 대해서는 역심엽형과판*a*를 주목할 수 있다. 역심엽형과판*a*는 집안지역의 고구려 고분에서 확인된다. 집안 산성하M332에서는 역심엽형과판*a*과 함께 진식대장식구의 수하식이 공반되었다(**그림 8-5-1**). 아즈마 우시오(東潮)는 진식대장식구의 수하식을 기준으로 산성하M332를 4세기 중엽으로 비정하였다(東潮 1997). 이 외에 고국양왕(384~391년) 혹은 광개토왕(391~412년)으로 비정되는 집안 태왕릉과 후술할 칠성산96호분에서도 역심엽형과판*a*가 출토되어 4세기 후엽부터 5세기 전엽에 걸쳐 고구려지역에 역심엽형과판*a*이 존재한 것은 틀림없다. Ⅰ기의 상한연대가 언제까지 소급되는지 명확하지 않지만 역심엽형과판*a*가 고구려로부터 입수 혹은 영향을 받아 제작된 것이라면 신라지역에는 늦어도 5세기 전엽 이전에 역심엽형과판*a*가 출현하였을 것이다.

Ⅱ기에 속하는 황남대총 남분의 축조연대에 대해서는 그 피장자를 내물왕 혹은 눌지왕으로 비정하는가에 따라 5세기 전엽으로 보는 입장과 중엽으로 보는 입장으로 나뉜다(金龍星 2003; 李熙濬 1995). Ⅰ기의 하한을 5세기 전엽으로 비정한다면 Ⅱ기의 상한연대는 5세기 중엽 이전으로 소급되기 어렵다.

Ⅳ기에 속하는 금관총에서는 삼엽문과판C3가 출토되었다(李漢祥 1997b; 崔種圭 1992). 동일한 도안의 과판은 공주 송산리4호분에서 확인된다(그림 8–5–2). 송산리고분군은 백제 웅진기의 왕릉군이다. 삼엽문과판B3가 출토된 송산리4호분은 방명 평면에 궁륭상천장을 한 횡혈식석실분으로 장방형 평면에 터널형 천정을 지닌 무령왕릉보다 일찍 축조된 것으로 이해되므로 Ⅳ기는 5세기말에서 6세기 초로 비정할 수 있을 것이다. 그렇다면 Ⅱ기와 Ⅳ기에 위치한 Ⅲ기는 5세기 후엽이 된다.

Ⅴ기에 속하는 경주 천마총 출토품은 무령왕릉 출토품과 비교할 수 있다. 모두 교구Ⅳ가 출토되었으며 요패, 대선금구에 심엽문을 투조하거나 심엽문의 보요를 부착하는 등 문양의 모티브가 유사하다(李漢祥 2003: 5). 대선금구에 용문을 표현한 것도 동일하다(그림 8–5–4~7). 무령왕릉의 축조 연대를 고려하면 6세기 초~전엽으로 비정할 수 있다.

Ⅵ기의 연대에 관해서는 역심엽형과판γ가 주목된다. 역심엽형과판γ는 부여 능산리목탑지하부에서 출토되었는데(國立扶餘博物館 2000) 공반된 창왕명사리감에 새겨진 명문[6]으로 보아 567년에 매납된 것으로 추정된다(李漢祥 2003: 9). 고령 지산동15호 석실(대가야역사관 신축부지내)에서도 역심엽형과판γ가 확인된다(그림 8–5–8~9). 공반된 인화문토기와 함께 역심엽형과판γ가 신라에서 유입되었다고 본다면 그 시기는 대가야 멸망(562년)이후로 볼 수 있다. 따라서 6세기 중엽 이후로 비정할 수 있다. 이상을 정리하면 Ⅰ기는 5세기 전엽 이전, Ⅱ기는 5세기 중엽, Ⅲ기는 5세기 후엽, Ⅳ기는 5세기 말~6세기 초, Ⅴ기는 6세기 전엽, Ⅵ기는 6세기 중엽 이후가 된다.

5) 개별 사례에 대한 검토

부품이 세트로 출토되지 않거나 명확하지 않아 단계 설정이 불가능한 대장식구(표 8–8 · 12) 가운데 연대를 비정할 수 있는 사례에 대해 검토한다.

6 百濟昌王十三季太歲在丁亥妹兄公主供養舍利.

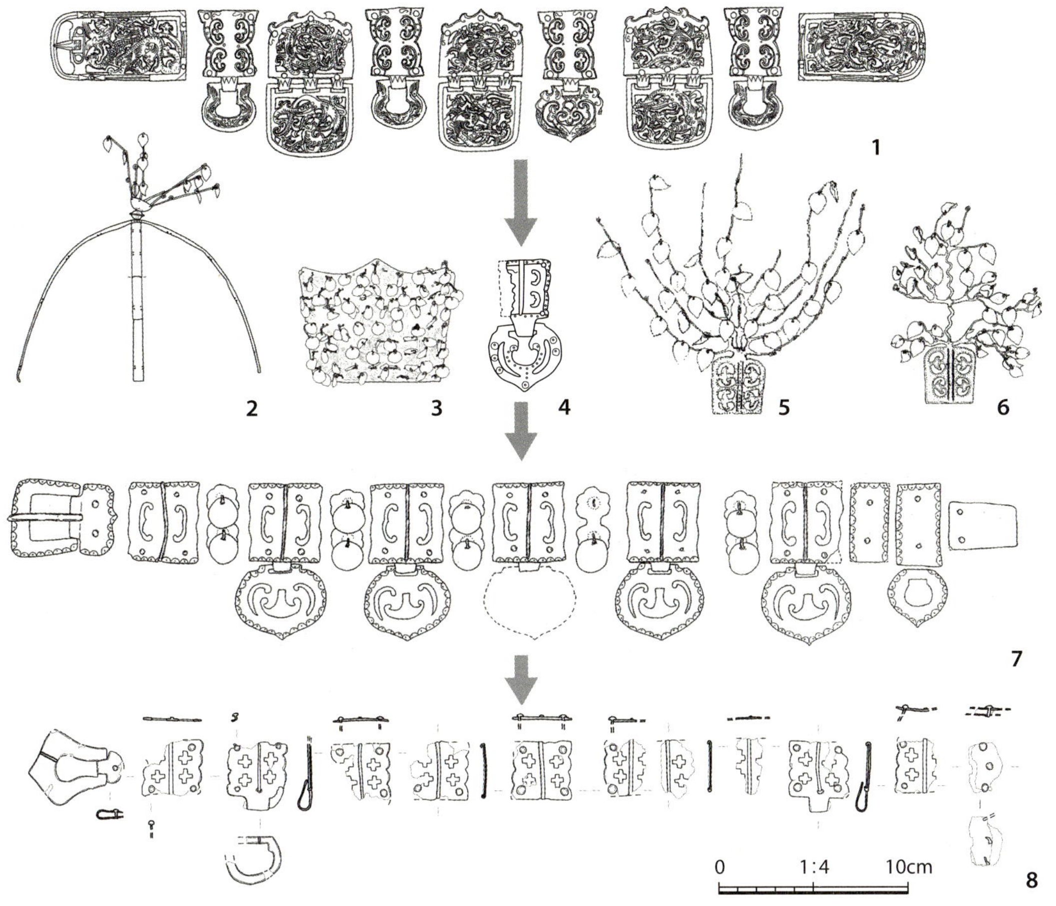

그림 8-6 삼연 대장식구의 변천

1. 북표 라마동ⅡM275 | 2·3. 북연 풍소불묘 | 4. 환인(桓仁) 연강향(連江鄕)19호묘 | 5. 요령(遼寧) 첨초구(甜草溝)M1 | 6. 요령 첨초구M2 | 7. 북표 라마동ⅡM196 | 8. 울산 하삼정115호석곽묘

(1) 울산 하삼정115호 석곽묘

금동제의 대장식구는 방형의 과판 중앙에 세로로 금속대를 부착한 점, 과판의 네 모퉁이에 못을 박아 띠와 연결한 점, '十'자문 4개를 대칭적으로 표현한 점 등 삼연 대장식구와 관련성이 인정된다(그림 8-6-8). 가장 퇴화된 형식 중 하나로 삼연에서 제작된 후 이입되었을 가능성이 크다. 삼연의 존속 시기(전연:337-370, 후연:384-407, 북연:407-436)를 고려한다면 Ⅰ기로 비정할 수 있다.

(2) 경주 황남동110호분

금동제로 특이한 형태의 과판과 수하식a1의 조형으로 보이는 수하식이 출토되었으며 비단벌레를 사용하였다(그림 8-8-8). 과판과 수하식의 외연에 파상열점문을 축조기법으로 표현하고 비단벌레를 사용한 사례는 황남대총 남분에서 확인되므로 Ⅱ기 이전으로 비정할 수 있다.

(3) 경주 황남리151호분

대선금구(ㄷ)만 출토되었다. 대선금구(ㄷ)는 Ⅳ기 이후에 등장한다.

(4) 대구 달서59호분②

대형요패② 출토되었다. 요패②는 Ⅳ기 이후에 등장한다.

(5) 경주 황오리1호분, 창녕 교동11호분

교구Ⅳ가 출토되었다. 교구Ⅳ는 Ⅳ기 이후에 등장한다.

(6) 경주 황오리16호분

경주 황오리16호분은 5개의 분구가 연접되었는데 호석의 중복 관계를 통해 분구 D → B → C → A → E순으로 축조되었음이 명확하다(有光教一·藤井和夫 2000). 분구마다 1~2기의 묘곽이 있는데 이 가운데 가장 먼저 축조된 분구 D의 8곽 주실 출토품이 Ⅲ기에 해당한다. 따라서 그 후에 매장된 1곽, 2곽, 4곽, 11곽에서 출토된 대장식구는 Ⅲ기 이후로 비정할 수 있다(그림 8-7).

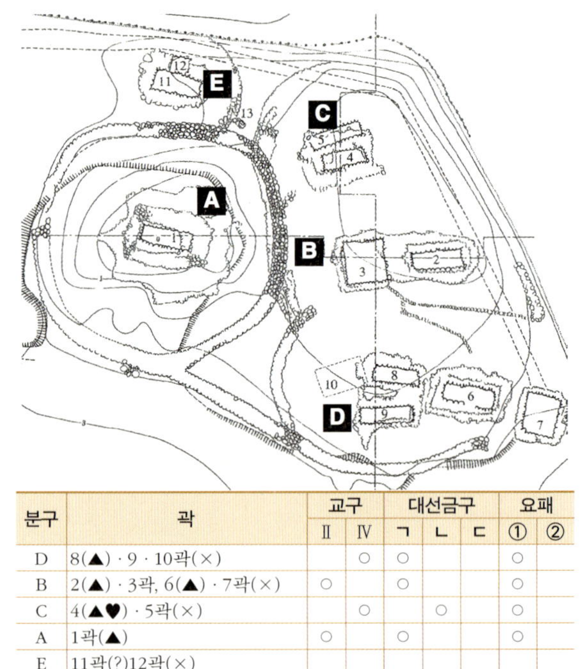

분구	곽	교구		대선금구			요패	
		Ⅱ	Ⅳ	ㄱ	ㄴ	ㄷ	①	②
D	8(▲) · 9 · 10곽(×)		○	○			○	
B	2(▲) · 3곽, 6(▲) · 7곽(×)	○		○			○	
C	4(▲♥) · 5곽(×)		○		○		○	
A	1곽(▲)	○		○			○	
E	11곽(?)12곽(×)							

▲: 초엽문대장식구 ♥: 초엽문대장식구 ?: 형식불명 ×: 출토되지 않음

그림 8-7 경주 황오리16호분과 대장식구의 부품

제4절 신라 대장식구의 전개와 의미

Ⅲ장에서 신라 대장식구의 부품을 분석하여 총 Ⅰ기에서 Ⅵ기로 나누었다. 여기서는 신라 대장식구의 전개와 그 의미를 크게 Ⅰ기, Ⅱ~Ⅲ기, Ⅳ~Ⅴ기, Ⅵ기로 나누어 살펴본다.

1) Ⅰ기 : 대장식구 문화의 수용

경주를 중심으로 신라에서 대장식구가 등장하는 시기이다. 허리띠를 착용하고 그 띠를 금속제의 장식구로 장식하는 대장식구 문화는 영천, 경주, 대구, 울산 등 원삼국시대 확인되는 마형, 호형대구로 보아 낙동강 이동지역에 일찍부터 존재했을 것이다. 용성에서 출토된 것으로 전해지는 진식대장식구(동경국립박물관 소장품)가 실제로 사용된 것이라면 신라 대장식구 문화의 기원은 원삼국시대 이래 지속적으로 이어진 것으로 볼 수 있다.

삼엽문대장식구는 경주 황오리14호분1곽 출토품이 대표적이다. 신라의 대장식구 가운데 가장 고식으로 이해된다(이한상 2004: 193). 유사한 형식의 은제 초엽문대장식구는 적석총 축조기법의 분석 결과 4세기 후엽에서 5세기 전반으로 비정(張桂倬 2016)되는 산성하0725호묘에서 확인된다(그림 8-8-3·7). 고분의 축조 연대를 고려하면 신라의 초엽문대장식구는 고구려로부터 수용된 것으로 볼 수 있다.

이후 김재열은 앞서 Ⅰ기로 비정한 경산 조영EⅢ-2호분 출토 이엽문대장식구(그림 8-8-11)를 황오리14호1곽 출토품보다 앞서는 현존 최고의 신라식 대장식구로 판단하면서 삼연에서 유입되었다기보다 재지화를 거쳐 신라에서 제작된 것으로 평가하였다(김재열 2011). 다만 자금이 '一'자인 교구Ⅰ과 이엽문을 모티브로 하는 과판이 세트로 공반된 사례는 조양(朝陽_왕자분산(王者墳山)M9001호묘, 북표(北票) 라마동(喇嘛洞) 서구촌묘(西溝村墓)와 같이 삼연의 고분에서 확인된다. 교구의 형태, 수하식의 형태와 과판에 사용된 못의 크기, 재질로 판단하건대 신라에서 제작되었다는 적극적인 근거는 현재로서 찾기 어렵다. 경산 조영EⅢ-2호분 출토품을 고구려-신라에서 계보를 구하는 견해도 있지만(高田貫太 2014) 전술한 울산 하삼정115호묘 출토품처럼 삼연제의 대장식구가 신라지역으로 이입되고 있었던 것이 분명해진 이상, 그 계보는 삼연에서 구해질 가능성이 크다. 하삼정115호묘에서 공반된 왜계갑주로 보아 효고현(兵庫縣) 미야야마(宮山)고분, 신카이(新開) 1호분 등 일본열도의 이엽문대장식구도 삼연에서 제작된 후 신라를 거쳐 왜로 건네졌을 것이다.

Ⅰ기에는 역심엽형대장식구도 등장한다. 그 기원은 현재까지 자료에 의하면 고구려에

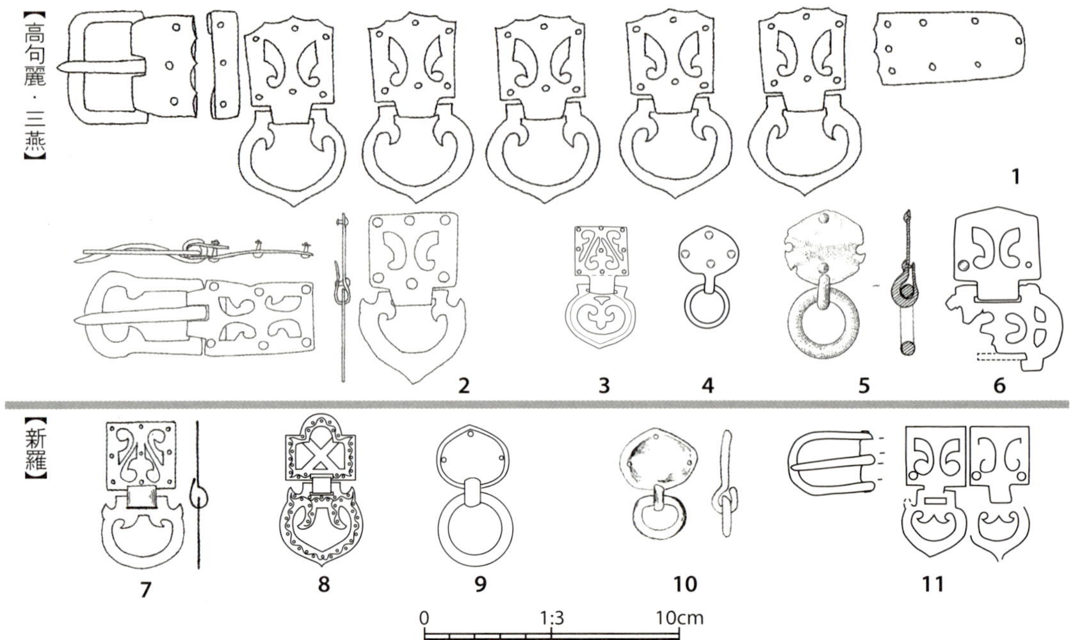

그림 8-8 Ⅰ기의 신라 대장식구와 관련제품

1. 조양(朝陽) 왕자분산(王者墳山)M9001호묘 | 2. 북표 라마동 서구촌묘(西溝村墓) | 3·4. 집안 산성하0725호묘 | 5. 집안 태왕릉 | 6. 집안 우산하3162 | 7. 경주 황오리14호분1곽 | 8·9. 경주 황남동110호분 | 10. 경주 황남리109호분 1곽 | 11. 경산 조영EⅢ-2호분

서 찾을 수 있다. 전술한 것처럼 집안 산성하M332에서 공반된 진식대장식구에 근거한다면 4세기대 고구려에 역심엽형대장식구가 사용된 것은 틀림없다. 산성하0725호묘, 태왕릉 등 Ⅰ기로 비정할 수 있는 고구려 고분에서 역심엽형대장식구가 확인된다. 경주 황남리109호분 1곽, 황남동110호분의 역심엽형대장식구(그림 8-8-9·10)가 고구려제인지 신라제인지 판단하기는 쉽지 않지만 일찍부터 고구려의 강한 영향을 받고 있었던 것은 역심엽형대장식구를 통해 알 수 있다.

한편 우산하3162에서 출토된 요패도 주목할 수 있다(그림 8-8-6). 수하식의 상부만이 아니라 하부에도 투공의 흔적이 남아 있다. 하부의 투공에 연결판을 이용하여 여러 개의 수하식을 연결하였다면 Ⅱ기부터 본격적으로 등장하는 신라 요패는 고구려의 영향을 받아 등장한 것으로 짐작해 볼 수 있다.

이 외에 강릉 초당동A-1호묘, 경산 임당7B호분 주곽 출토 용문투조대장식구와 유사한 문양의 모티브가 삼연 및 고구려지역의 마구와 금동장식제품에서 확인된다. 아직 보고된 사례는 없으나 용문투조대장식구 또한 삼연 및 고구려와 관련이 깊을 것이다(高田貫太 2014; 早乙女雅博 2007).

이처럼 Ⅰ기의 대장식구는 삼연에서 제작되어 신라로 이입되거나 고구려의 강한 영향을 엿볼 수 있는 것들이 많다. 신라 최고식으로 평가(이한상 2004)된 경주 황오리14호분1곽 출토품은 이런 의미에서 중요하다. 과판과 수하식의 투조 문양과 재질로 보아 Ⅰ기에 이미 신라의 독자적인 대장식구가 제작되기 시작했을 가능성이 크기 때문이다. Ⅰ기의 대장식구가 강릉을 제외하면 경주를 비롯한 울산, 경산과 같이 일찍부터 신라화된 지방에만 한정되는 사실 또한 간과해서는 안 된다. 복식의 한 요소로 평가되는 대장식구가 낙동강 이동의 전 지역에 걸쳐 출현하는 현상은 Ⅰ기에는 아직 나타나지 않은 것으로 보인다.

요컨대 삼연과 고구려로부터 대장식구 문화의 수용, 신라 내 자체적인 대장식구의 제작으로 요약할 수 있는 Ⅰ기가 내물마립간(재위 356~402년)에서 실성마립간(재위 402~417년)에 걸친 시기라는 사실은 결코 우연이라 할 수 없을 것이다. 이 시기에 신라는 고구려와 함께 377년, 382년 2차례에 걸쳐 전진에 견사하였다. 392년 고구려에 볼모로 간 실성마립간이 401년 귀국한 이듬해 즉시 즉위할 수 있었던 것도 고구려의 계획적인 의도로 이해된다(朱甫暾 1998). 경자년 고구려의 남정에서도 알 수 있듯이 당시 신라가 고구려의 강한 영향 아래 있었던 것은 분명하다. 신라에 대장식구 문화가 본격적으로 수용되고 자체적으로 제작될 수 있었던 계기는 이처럼 삼연과 고구려의 영향 및 대외 교섭이었을 것이다.

광개토왕비문으로 보아 당시 고구려에는 독자적인 질서 세계가 존재한 것으로 이해된다(李成市 1994). 신라를 동이라고 부르던 고구려가 자신들의 의복을 신라의 매금에게 사여함으로써 고구려의 정치 질서 내에 신라를 편입시키고자 한 것은 중원고구려비를 통해 알 수 있다(井上直樹 2000; 李成市 2002). 고구려가 신라에 복식을 사여하는 과정에서 대장식구를 사용하는 문화와 이를 제작하는 금공기술이 신라로 전파되었을 것이다.

한편 Ⅰ기에 경주를 중심으로 분포하는 대장식구와 관련하여 주목되는 것이 부산 복천동고분군을 조영한 세력의 정치적 성격이다. 이에 관해서는 이미 다양한 견해가 제시되었는데 복천동21·22호분에서 출토된 신라토기로 보아 늦어도 이 시기부터 신라가 강한 영향을 끼쳤다는 견해에 대해서는 대부분의 연구자가 동의한다. 다만 현재까지 부산에서는 Ⅱ~Ⅲ기로 비정한 연산동103호분 출토 역심엽형대장식구 1식을 제외하면 신라제로 생각되는 대장식구는 확인되지 않는다. 「복천동21·22호분 단계 이후 동래지역이 신라의 강한 통제 아래에 있었다기보다는 대외교류활동을 정치경제적인 기반으로 하면서 어느 정도 자율성을 유지하였을 가능성」(高田貫太 2014)은 대장식구로 보아 그 타당성이 높다. 적어도 현재까지 확인되는 신라 대장식구에 근거하는 한, 부산지역이 일찍부터 신라화되었다는 견해는 인정하기 어렵다.

2) Ⅱ～Ⅲ기 : 성립과 확산

Ⅱ~Ⅲ기가 되면 신라의 독자적인 대장식구 문화가 본격적으로 성립한다. 황남대총 남분에서는 착장한 금제의 삼엽문대장식구 1식 이 외에도 은제 삼엽문대장식구 3식, 금동제 및 은제 용문투조대장식구 3식, 금동제 및 은제 역심엽형과판 2식 등 최소 9식 이상의 대장식구가 부장되었다. 피장자의 지위와 성격이 착장한 대장식구에 반영되었다면 신라에서는 그 기능을 삼엽문대장식구가 담당한 것으로 보인다.

특히 Ⅱ기에 들어 주목되는 현상이 금제 대장식구의 출현이다. 금제의 대장식구는 이후 Ⅴ기까지 지속적으로 제작되는데 현재까지 자료에 의하면 경주지역에만 한정된다. 재질만이 아니라 수량 또한 Ⅱ기에 들어서 경주지역이 압도적임을 알 수 있다(그림 8-9). 신라 지방의 고총이 모두 발굴되지 않은 이상 단정하기는 이르나 현재까지 자료를 적극적으로 해석한다면 Ⅱ기 이후 신라의 대장식구는 기본적으로 신라 왕권에 의해 일원적으로 제작된 것으로 보는 것이 순리적이다.[7] 용봉문환두대도-삼루문환두대도-삼엽환두대도와 같이 환두부의 형태를 달리함으로써 나타내고자 했던 피장자의 사회적 지위와 서열은(穴澤咊光·馬目順一 1987), 대장식구의 경우 금-금동·은이라고 하는 재질로 규정된 것으로 보인다. 유사한 금공기술을 구사하여 제작한 금(동)관, 식리, 성시구는 대장시국와 공반되는 경우가 많아 신라 왕권에 의한 금공품의 제작 및 사여와 같은 관리 시스템은 Ⅱ기에는 완성되었을 것이다. 이처럼 신라 왕권 아래에서 일률적으로 창출, 제작된 것으로 보이는 대장식구가 경주를 중심으로 본격적으로 성립된 이후 낙동강 이동지역에 넓게 확산되는 현상은 Ⅰ기와 매우 대조적이다. 경주 인근을 넘어 경산, 대구, 창녕, 의성까지 신라의 대장식구가 확산되는 배경에 대해서는 신라의 복식체계와 관련지어 이해할 필요가 있다.

이미 지적된 것처럼 대장식구를 비롯해 관, 이식과 같은 장신구는「일반적인 의미의 치장구가 아니라 특수한 의미를 지닌 것으로 복식을 구성하는 금속품」(李漢祥 1995: 77)이며 복식의 분여는 신라 왕권이 실시한 지방지배의 한 측면을 보여주는 것으로 이해된다. 복식을 사여받은 지역의 지배층은 이전에 지녔던 독자성을 상실하는 대신 장신구 사여자인 신라왕과 정치적인 관계를 맺게 되는 것이다. 이처럼 대장식구를 포함한 금공품의 착장 정형과 공

---

7 다만 신라 고분에서 출토된 대장식구의 제작지를 모두 경주로 한정짓는 것은 아니다. 금공품의 제작지는 유물의 형식학적 분석만으로 결론지을 수 없다. 다양한 금공기술이 적용된 금공품의 제작지를 비정하기 위해서는 우선 제작 공정을 명확히 파악하고 사용된 공구를 분석하여 공인을 판별하는 등 별도의 방법론이 요구된다(제12장 참조).

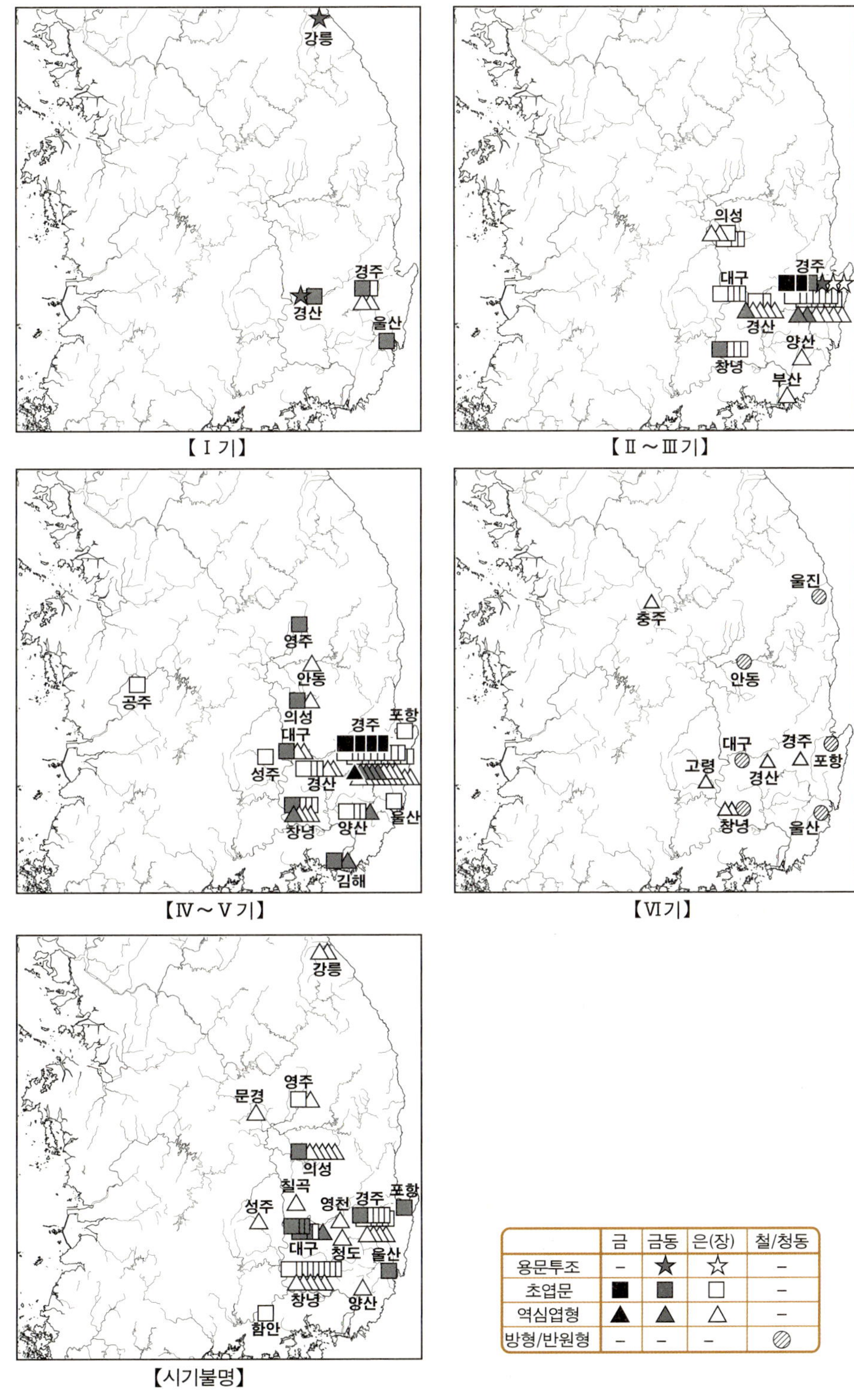

그림 8-9 신라 대장식구의 시기별 분포

반관계가 약 100년 이상 지속되므로 위세품의 사여 혹은 장신구의 하사라고 표현된 신라의 지방지배는 실은 복식의 분여였으며 고구려가 신라에 복식을 사여한 것을 모델로 삼아 신라 중앙도 지방 지배에 유사한 방식을 활용하였을 것이라는 견해(李熙濬 2002)는 Ⅱ기 이후 경주를 중심으로 확인되는 대장식구의 분포 상황을 이해하는 데 시사적이다.

요컨대 대장식구의 성립과 확산으로 요약할 수 있는 Ⅱ~Ⅲ기가 대체로 눌지왕의 치세 기간(재위 417~458)과 중복되는 사실 또한 간과하기 어렵다. 고구려의 군사적 압박을 받고 있던 신라는 450년대부터 탈고구려화를 시도함으로써 고구려의 종속으로부터 탈피하고자 한다(井上直樹 2000). 고구려부터 탈각(李成市 2002: 293)을 시도한 신라 왕권은 고구려의 지방 지배 방식을 참고로 하여 낙동강 이동지역의 간접 지배를 시도하였고 그 과정에서 경주를 중심으로 대장식구가 분포하게 되었을 것이다. 이처럼 Ⅱ~Ⅲ기가 고구려와 종속적인 관계를 벗어나기 위한 시기임을 고려하면 이미 지적된 것처럼 신라 왕권이 맹주적인 존재를 지향하는 움직임의 하나로 초엽문대장식구를 창출하였을 가능성은 충분하다(上野祥史 2012). 대장식구를 비롯하여 신라 고분에서 출토된 금공품은 신라 왕권의 이러한 의도가 반영된 기물이었을 것이다. 복식품의 사여를 통해 지방을 간접적으로 지배해 나가고자 한 눌지왕의 정치적 의도는 대장식구를 통해서도 읽어낼 수 있다.

신라 왕권의 대장식구 제작 및 유통과 관련하여 경주 황남동95-6번지 2호묘에서 출토된 은제 초엽문대장식구에 주목해 볼 수 있다(**그림 8-10**). 대부분의 과판에 이엽문이 표현되어 앞서 초엽문과판A로 분류하였으나 교구와 대선금구를 연결하는 과판 2개에는 용문이 표현된 독특한 사례이다. 용문은 퇴화가 현저하므로 Ⅱ기로 비정한 황남대총 남분 출토품보다 후행하며 교구Ⅲ이 현재 경주 시내에서만 확인되는 점까지 고려한다면 황남동95-6번지 2호묘 출토품은 Ⅲ기 이후까지 경주에 유통된 용문투조대장식구를 모델로 하여 신라에서 제작되었을 가능성이 매우 크다.

이처럼 경주를 중심으로 성립된 신라의 대장식구는 Ⅱ~Ⅲ기가 되면 낙동강 이동 지역을 넘어 합천 옥전M1호분, 후쿠오카현 하제야마(爐山)고분, 오사카부 우에노야마(上ノ山)고분, 나라현 니이자와센즈카(新澤千塚) 126호분, 시가현(滋賀縣) 신카이(新開) 1호분, 나가노현(長野縣) 아게미조텐진즈카(上溝天神塚) 등 가야와 일본열도까지 대장식구가 확산된다(**그림 8-11**). 다만 대장식구를 비롯한 복식은 공통된 정치와 사회적 맥락을 지닌 권역 안에서만 의미를 지니므로(李熙濬 2005: 12) 가야와 왜로 이입된 대장식구에 대하여 신라 왕권의 지방 지배와 같은 의도와 목적이 담겨진 것으로 보기는 어렵다. 띠와 여기에 결구된 대장식구의 수

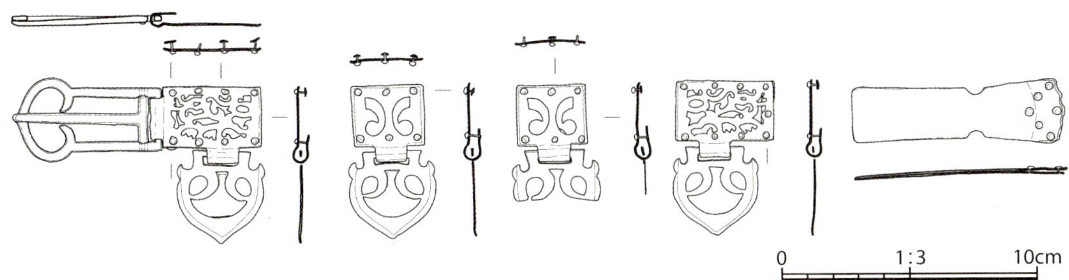

그림 8-10 경주 황남동95-6번지 2호묘 대장식구

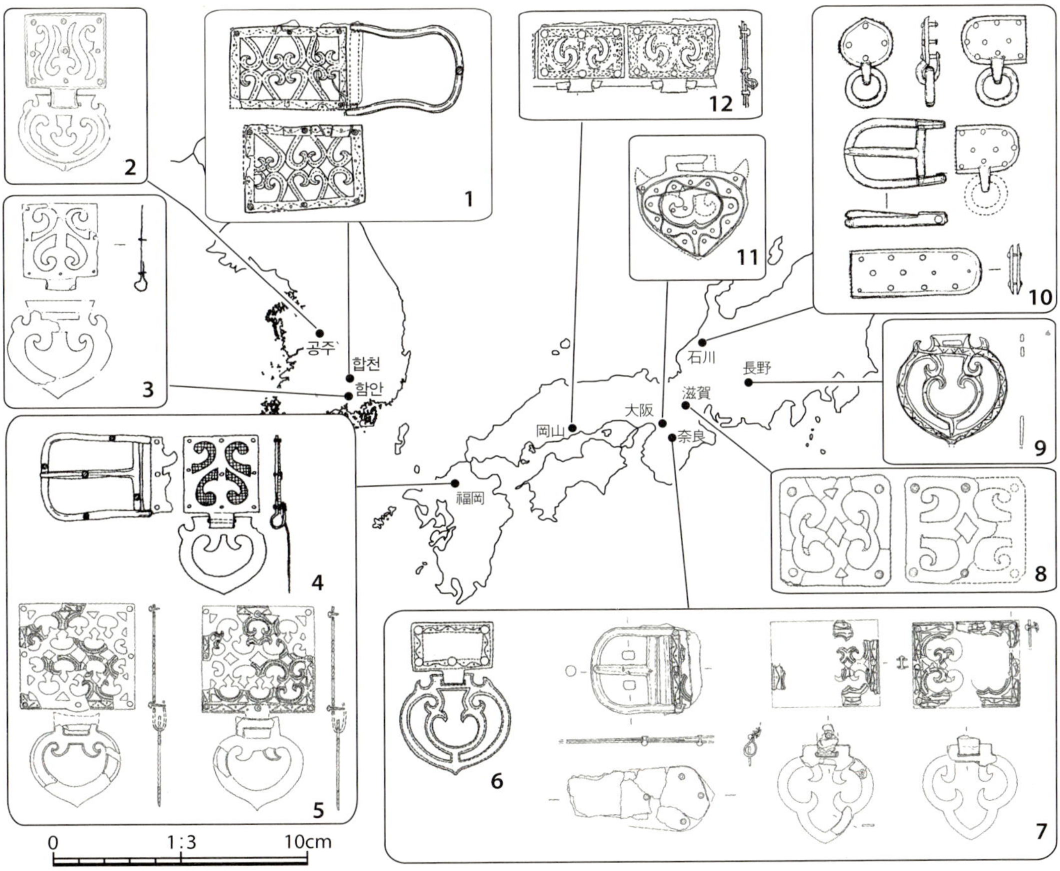

그림 8-11 신라권역 이 외에서 출토된 신라계 대장식구(Ⅱ~Ⅴ기)

1. 합천 옥전M1호분 | 2. 공주 송산리4호분 | 3. 함안 도항리(현)8호분 | 4. 후쿠오카현 하제야마고분 | 5. 후쿠오카현 쓰키노오카고분 | 6. 나라현 와키가미칸스즈카(掖上鑵子塚)고분 | 7. 나라현 니이자와센즈카126호분 | 8. 사가현 신카이1호분 | 9. 나가노현 아게미조텐진즈카 | 10. 이시카와현(石川縣) 기쓰네야마(狐山)고분 | 11. 오사카부 우에노야마고분 | 12. 오카야마현(岡山縣) 잇본마쓰(一本松)고분

수(授受)보다는 대장식구를 소유한 신라인의 이동에 의해 가야와 왜에 단발적으로 대장식구가 이입된 것으로 보는 것이 합리적이다.

한편 Ⅱ~Ⅲ기 이후 다양한 재질의 초엽문대장식구와 역심엽형대장식구이 한 고분 내에서 공반되는 사례가 증가한다. 양자가 공반되는 사례는 천마총에서도 확인되므로 늦어도 V期까지는 지속되었다. 당시 신라 사회 내에서 양자는 각각 어떤 역할을 담당하고 있었을까? 피장자가 착장한 대장식구에 주목함으로써 이를 추정해 볼 수 있다.

현재까지 역심엽형대장식구를 착장한 경우는 경주 미추왕릉 전지구D지구 제1호분 제1주곽, 계림로14호분, 경산 조영EⅠ-1호분, 대구 가천동86호분, 의성 대리리45호분, 청도 봉기리11-1호묘, 강릉 병산동11호분 등 6사례에 지나지 않는다. 이에 반해 초엽문대장식구를 착장한 사례는 총 40예에 달한다.[8] 특히 역심엽형대장식구와 초엽문대장식구가 공반된 고분의 피장자는 반드시 삼엽문대장식구를 착장하는 정형성이 확인된다(표 8-4). 후술하듯이 초엽문대장식구의 장식성이 증가하는 현상까지 고려하면 삼엽문대장식구는 매장 의례에 사용되었을 가능성이 크다.

그렇다면 당시 신라사회 내에서 역심엽형대장식구의 역할은 무엇이었을까? 역심엽형대장식구의 과판은 대부분 5개 이하[9]로 초엽문대장식구의 과판에 비해 현저히 개체수가 적다. 또한 마구와 공반되는 빈도가 높으며 양산 부부총과 경주 금관총에서는 무엇인가를 매단 끈 흔적이 수하식의 환에 그대로 남아 있는 사례도 확인된다(그림 8-12). 이상을 종합적으로 고려하면 역심엽형대장식구는 허리에 무언가를 매달기 위해 허리띠에 부착한 실용적인 대장식구이었을 것이다(尹善姬 1987: 328; 李漢祥 2001). 역심엽형대장식구의 기원을 기마문화의 복식에서 찾는 견해(山本孝文 2006)는 반드시 백제에 한정된 현상은 아니었을 것이다.[10]

8 경주 황오리14호분1곽, 황오리16호분1곽주실, 황오리16호분2곽주실, 황오리16호분4곽주실, 황오리16호분6곽주실, 황오리16호분8곽주실, 노서리138호분, 황오동33호분 동총, 황남동110호분, 황오리4호분, 황오리1호분 남곽, 황남대총 남분, 황남대총북분, 서봉총, 천마총, 금령총, 식리총, 금관총, 호우총, 노동리4호분, 인왕동C지구3호분, 쪽샘유적B1호묘, 인왕동20호분, 황남리82호분 동총, 황남동95-6번지 2호묘, 경산 임당6A호분, 조영EⅡ-1호분, 조영CⅠ-1호분, 북사리1호분, 임당2호분 북호주곽, 성주 성산동1호분, 양산 부부총(주인, 부인), 금조총, 대구 달서34호분, 달서55호분, 달성 문산리4-1호분, 의성 탑리고분1곽, 탑리고분2곽, 대리리3호분2곽주곽, 창녕 교동 주차장 조성부지유적출토품이 해당한다.

9 역심엽형과판이 5개 이상 출토된 고분은 천마총 3식(금제 14개, 은제 8개, 은제 12개), 식리총 1식(철지은장 10개), 경산 임당6A호분 1식(금동제 15개), 의성 대리리45호분(은제 6개), 대구 달성37호분 제2석곽(은제 6개)을 들 수 있다. 이 외의 고분에서 확인되는 역심엽형과판은 대부분 5개 이하로 한정된다.

10 한편 백제에서 출토된 역심엽형대장식구에 대해서는 최상위계층이 도입하여 신분 질서를 정리하

표 8-4 착장 대장식구의 형식과 재질

지역	고분명	과판		재질		
		초엽문	역심엽형	금	은(장)	금동
경주	황남대총 남분	○		○		
	황남대총 북분	○		○		
	금령총	○		○		
	금관총	○		○		
	천마총	○		○		
	서봉총	○		○		
	호우총	○			○	
	식리총	○			○	
	황남동110호분	○		—		
	황오리4호분	○			○	
	황오리1호분 남곽	○		—		
	황오동33호분 동총	○			○	
	황오동16호분4곽 주실	○			○	
	황남동95-6번지 2호묘	○			○	
	황남리82호분 동총	○(*)			○	
	노서리138호분	○			○	
	노동리4호분	○			○	
	쪽샘유적B1호묘	○			○	
	인왕동20호분	○			○	
경산	조영EⅡ-1호분	○			○	
	조영CⅠ-1호분	○			○	
	대동57-1번지	○			○	
	북사리1호분	○(*)			○	
	임당2호분 북호주곽	—			○	
	임당6A호분	○			○	
창녕	교동주차장조성부지	○			○	
	송현동7호분	—		—		
	교동1호분	○			○	
	교동7호분	—		—		
	교동11호분	—		—		
영주	순흥 읍내리14호묘	—		—		
의성	대리리48-1호	○				○
양산	부부총(주인)	○			○	
	부부총(부인)	○			○	

(*) : 이엽문 — : 확인불가

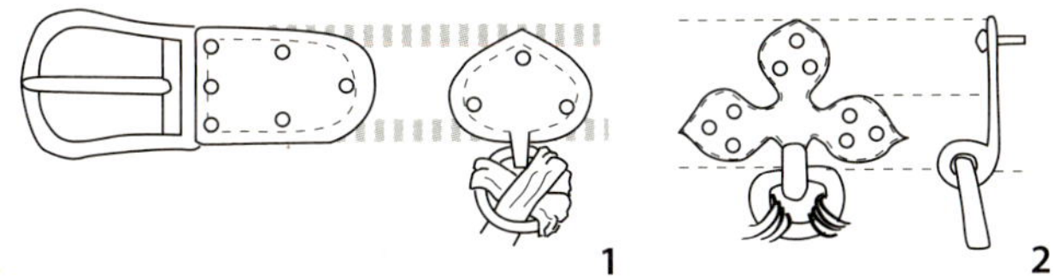

그림 8-12 수하식에 무엇인가를 매단 흔적

1. 양산 부부총 | 2. 경주 금관총

는 하나의 수단으로 사용되었기 때문에 백제 중앙의 집권화 의도를 엿볼 수 있다는 견해가 있다(山本孝文 2006). 다만 백제 역심엽형대장식구에 대한 이러한 평가를 신라에 그대로 적용하기는 어렵다. 5세기대 백제의 역심엽형대장식구가 확인되지 않는 단정할 수는 없지만 현재까지 자료에 근거하는 한 신라와 백제의 역심엽형대장식구 기능은 달랐을 가능성도 있다.

3) Ⅳ~Ⅴ기 : 장식성의 증가와 부품의 다양화

Ⅳ~Ⅴ기가 되어도 경주를 중심으로 대장식구가 분포하는 현상은 지속된다. 주목되는 것은 경주에서 출토된 초엽문대장식구를 중심으로 확인되는 장식성의 증가 현상이다. 현재까지 보요를 부착한 초엽문대장식구는 총 7식으로 금령총에서 출토된 은제 1식을 제외한 6식은 모두 착장된 상태로 출토되었다. 이 중 5식은 금제이며 금관도 공반된다(표 8-5, 그림 8-13). 출처가 불분명한 경주 교동68번지 출토 금관과 수식을 제외하면 현재까지 가장 이른 시기의 보요 부착 금공품은 황남대총 남분 금동관으로 생각된다. 즉 Ⅱ단계 금동관의 제작에 사용된 보요가 Ⅳ~Ⅴ기가 되면 대장식구까지 확대 적용된 것이다.[11]

황남대총 북분 출토품의 경우 대선금구에도 보요가 부착되어 있다. 보요가 부착된 대선금구는 교구를 관통할 수 없어 생전에 일상용 복식으로는 사용하기 어려웠을 것이다(권준희 2001: 63). 더욱이 보요를 부착한 대장식구는 대부분 그 길이가 1m를 넘어 실제 허리둘레보다 훨씬 길게 제작되었다. 대장식구의 일부를 길게 늘어뜨려 사용하거나 띠 일부를 겹쳐서 실생활에서 사용하였다기 보다는 앞서 추정한 것처럼 부장용, 즉 매장의례용으로 제작된 것으로 보는 것이 합리적이다. 이처럼 초엽문대장식구를 매장 의례품으로 볼 수 있다면 Ⅱ단계 이후 낙동강 이동의 전 지역으로 확산된 대장식구가 피장자에게 착장되는 현상은 대장식구를 착장한 피장자가 동일한 매장의례 혹은 장제를 지녔기 때문에 나타난 결과로 볼 수 있다. 모관이 일상용관, 대관이 의식용관이었던 것처럼(李漢祥 2000) 역심엽형대장식구는 실용적인 일상용, 초엽문대장식구는 부장 혹은 매장 의례에 사용되었을 것이다.[12]

한편 다양한 형태의 과판과 수하식이 동시다발적으로 제작되는 것도 Ⅳ~Ⅴ기에 확인된다. 초엽문대장식구의 경우 Ⅱ~Ⅲ기까지 제작된 초엽문과판B2, 수하식a1 이 외에 초엽문과판B3~D4, 수하식a2~d2가 출현한다. 장식성의 증가는 초엽문대장식구에 한정되지 않는다. Ⅳ단계의 금관총에서는 역심엽형과판α와 함께 삼엽문, 삼루문을 매단 β1, β2가 공반된다. 무엇인가를 매달기 적합한 환 형태의 수하식을 대신하여 삼엽문, 삼루문의 수하식을 채용한 것은

11 금(동)관의 장식성을 높이기 위해 사용되기 시작한 보요가 대장식구에 적용되기 시작한 것은 이미 삼연 고분에서 출토된 금동관과 대장식구에서 이미 확인된다.

12 실제 발굴에서 대장식구 과판이 2열로 포개진 상태로 출토된 사례가 확인된다. 이미 지적된 것처럼 이는 시신이 부패하면서 시신의 허리를 감싼 대장식구가 내려앉았기 때문에 나타난 결과일 것이다(김재열 2014: 283). 대장식구는 망자를 입힌 수의(壽衣) 허리춤을 두른 용도로 사용된 물품일 가능성이 크다.

표 8–5 보요가 부착된 초엽문대장식구

지역	고분명	재질	부품				시기	착장	보요부착				길이(cm)	금관
			교구	초엽문 과판	수하식	요패			과판	수하식	요패	대선 금구		
경주	황남대총 북분	금	Ⅲ	B2	a1	①	Ⅲ期	착	○	○	○	○	120	有
	노동리4호분	은	Ⅱ	B2	a1	①	Ⅲ期	착	○	○	○	×	-	無
	서봉총	금	Ⅲ	C2	c1	①	Ⅳ期	착	○	○	○	×	102	有
	금령총	금	Ⅱ	B4	b3	②	Ⅳ~Ⅴ期	착	○	×	○	×	-	有
		은	Ⅱ	B4	b3	-		착×	○	×	×	-	-	
	금관총	금	Ⅲ	C3	c2	①	Ⅳ~Ⅴ期	착	○	○	○	×	109	有
	천마총	금	Ⅲ	B2	a1	-	Ⅴ期	착	○	×	○	×	125	有

착:착장함 착×:착장하지 않음 ○:보요부착 ×:보요없음 -:확인불가 有:금관○ 無:금관×

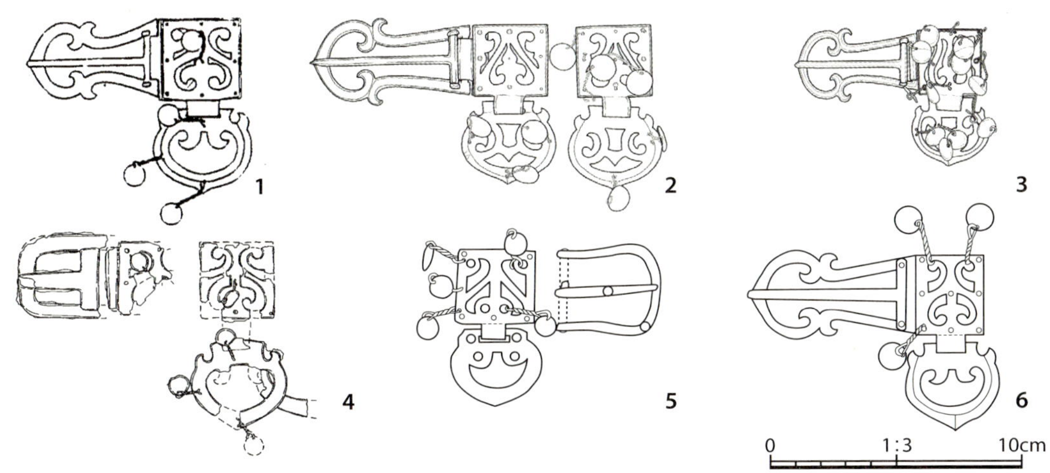

그림 8–13 보요를 부착한 초엽문대장식구

1. 황남대총 북분 | 2. 서봉총 | 3. 금관총 | 4. 노동리4호분 | 5. 금령총 | 6. 천마총

실용성보다 장식성을 중요하게 여겼기 때문에 일어난 현상으로 이해할 수 있다(그림 8–14–1).

Ⅴ기의 천마총에서는 과판에 문양을 투조하여 장식성을 증가시킨 역심엽형과판β3와 함께 신라 유일의 금제 역심엽형대장식구가 출토되었다(그림 8–14–2·3). 전술하였듯이 역심엽형대장식구가 대부분 5개 이하의 과판으로 구성된 것에 비해 천마총에서 출토된 금제의 역심엽형대장식구는 14개의 과판으로 이루어졌다. 실용성보다 장식성을 중요하게 여긴 결과일 것이다.

이처럼 장식성의 증가와 부품의 다양화는 주로 경주 고분에서 출토되는 대장식구에서 확인된다. 신라 왕권에 의한 금공품의 제작 및 사여와 같은 관리 시스템은 Ⅱ~Ⅲ기에 이어

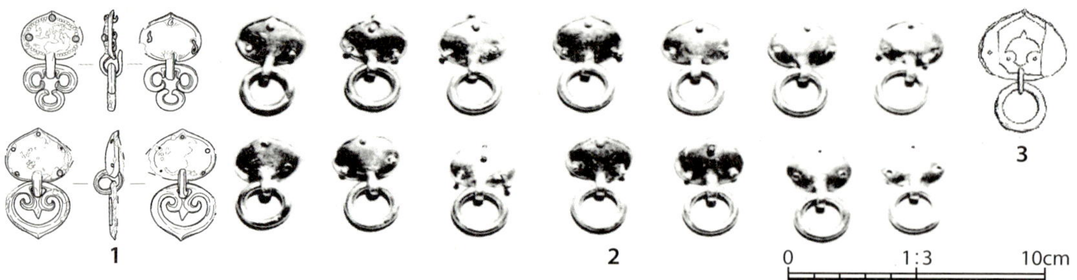

그림 8-14 역심엽형대장식구의 장식성
1. 경주 금관총 | 2·3. 경주 천마총(2는 금제, 축척부동)

이후 Ⅳ~Ⅴ기까지 지속되었을 것이다. 다만 대장식구의 제작지와 관련하여 주의해야 하는 지역이 창녕과 경산이다.

창녕에서는 19개의 고분에서 27식에 달하는 대장식구가 출토되었다(표 8-6). 이 중 교동 1·3·7·9·11·89호분, 계남리1호분, 송현동7호분에서는 독특한 형식의 대장식구가 출토되었다(그림 8-15-1~9). 창녕 이외의 지역에서 확인되지 않아 '창녕형'이라고도 부를 수 있는 이 대장식구가 재지에서 자체적으로 생산되었을 가능성에 대해서는 이미 지적된 적이 있다(이한상 2009, 金宇大 2017). 창녕지역에서만 확인되는 독특한 형식의 이식과 마구[13]는 창녕 제작의 가능성을 높여준다(이현정·류진아 2011; 李熙濬 2005). 변천 과정이 뚜렷하지 않아 형식학적 분석을 통한 단계의 비정이 쉽지는 않지만 토기와 마구 편년을 참고로 하는 한 '창녕형'대장식구가 부장된 고분은 Ⅲ~Ⅳ기를 크게 벗어나지 않는다. 형태를 근거로 창녕에서 제작된 것으로 본다면 비교적 짧은 기간에 창녕 내에 유사한 도안이 유통되었을 것이다.

지방에서 대장식구가 제작되었을 것이라는 견해는 경산지역 출토품을 근거로 제기된 적이 있다(金載烈 2007; 김재열·박세은 2010). 경산 임당6A호분, 북사리1호분에서 출토된 대장

13 지방제작과 관련하여 대장식구와 마구에 공통적으로 보이는 특수한 못의 사용 사례는 중요하다. 이현정에 의하면 창녕 교동7호 금동제용문투조안장의 내연금구에 총7개의 못 중 4개는 금동제 못을 실제로 박았으나 그 사이에 위치한 3개의 못은 실제로 못을 박지 않고 뒷면에서 타출하여 못 머리처럼 보이게 처리하였다고 한다(이현정 2015: 63-64). 금동제 못을 박을 수 있는 상황임에도 타출하여 처리한 것은 어떤 의미에서든지 당시 제작 공인의 의도가 내포된 것으로 볼 수 있는데 중요한 점은 유사한 사례가 송현동7호분 은제대장식구와 금동제좌목선금구에서도 확인되는 것이다. 독특한 못처리는 현재까지 창녕지역에서만 확인되며 이현정의 마구 편년 창녕Ⅲ~Ⅳ단계(5세기 후엽~6세기 전엽)의 고분 출토품에서만 한정적으로 보이는 현상이다. 창녕지역에서 거주한 공인이 마구만이 아니라 대장식구의 제작에도 참여한 것을 시사하는 사례로 주목된다.

표 8-6 창녕지역 출토 대장식구

고분명	재질	과판	수하식	토기	마구
교동7호분	은	초엽문B3	창녕형	-	창녕4단계
	은	초엽문B2	창녕형		
	철지동장	역심엽형과판α1			
	금동	-	수하식a4		
계남리1호분	은	초엽문B2	창녕형	8期	창녕1단계
교동89호분	은	초엽문B2	창녕형	-	창녕3단계
교동11호분	은	창녕형	창녕형	10期	창녕4단계
	은	역심엽형과판α1			
교동12호분	은	초엽문B2	수하식a1	-	창녕4단계
교동9호분	은	초엽문B3	창녕형	-	-
교동1호분(동)	철지은장	역심엽형과판α1		-	창녕3단계
	은	-	창녕형		
교동3호분(동)	은	초엽문B2	수하식a1	8期	창녕2단계
계성 계남 북5호분	은	-	-	-	-
계성A지구1호묘 2호관	은	역심엽형과판γ		12期	창녕5단계
계성Ⅱ지구1호분	은	역심엽형과판α1		-	-
계성Ⅲ지구1호분	금동	역심엽형과판α1?		12期	-
	은	역심엽형과판α2			
계성2호분	은	-		-	-
송현동3호분	은	역심엽형과판α1		-	-
송현동6호분	은	초엽문B2	수하식a1	-	창녕4단계
송현동7호분	은	초엽문B2	창녕형	-	창녕4단계
	은	역심엽형과판α1			
송현동15호분	은	-	수하식a1	-	창녕4단계
동리11호묘	은(?)	역심엽형과판α1		-	-
교동주차장조성부지유적	은	초엽문B2	수하식a1	-	창녕4단계
	철지은장	역심엽형과판α1			

-: 확인불가 | 토기: 朴天秀(2010) | 마구: 이현정(2015)

식구가 경산지역에서만 확인되는 타출기법과 문양이라는 점에서 재지에서 생산되었다는 것이다(그림 8-15-10·11). 북사리1호분과 동일한 재질과 문양의 과판이 경주 황남동95-6번지 2호묘에서 출토되어 실제로 경산지역에서 대장식구가 제작되었는가에 대해서는 재검토의 여지가 있다. 어쨌든 대장식구의 장식성이 증가하고 부품도 다양화되는 Ⅳ~Ⅴ기에 경주에서 보이지 않는 형식과 제작기법의 대장식구가 지방에서 출토되는 현상에는 충분히 주의할 필요가 있다.

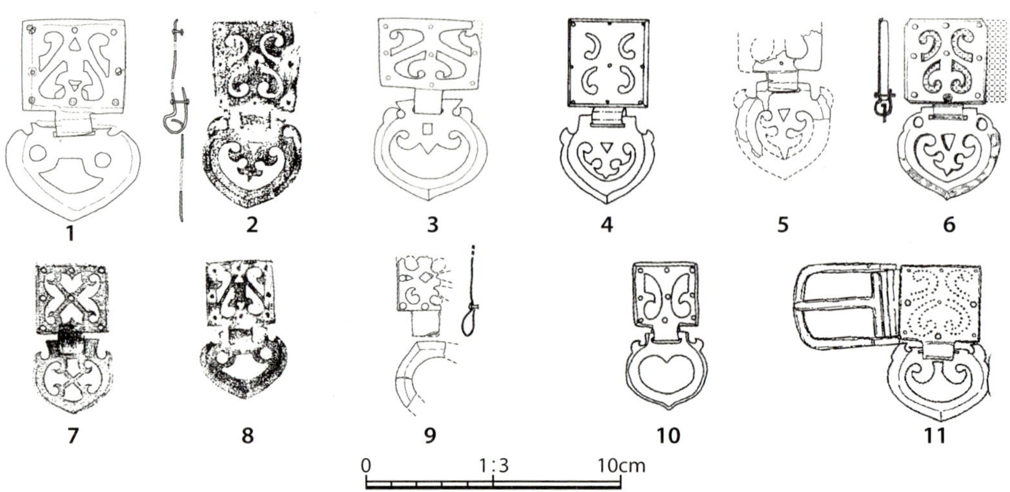

그림 8-15 지방에서 제작되었을 가능성이 있는 초엽문대장식구

1~2. 창녕 교동7호분 | 3. 창녕 송현동7호분 | 4. 창녕 계남리1호분 | 5. 창녕 교동1호분 | 6. 창녕 교동89호분 | 7. 창녕 교동11호분 | 8. 창녕 교동9호분 | 9. 창녕 교동3호분 | 10. 경산 북사리1호분 | 11. 경산 임당6A호분

한편 Ⅱ~Ⅲ기에 이어 Ⅳ~Ⅴ기에도 공주 송산리4호분을 비롯해 함안 도항리(현)8호분, 이시카와현(石川縣) 기쓰네야마(狐山)고분, 나가노현 아게미조텐진즈카 등 낙동강 이동 지역을 넘어 백제와 가야, 왜까지 신라 대장식구가 이입된다(그림 8-11). 이와 동시에 고구려부터 지속적인 영향도 확인된다. 경주 황오리4호분에서 역심엽형과판α와 함께 교구Ⅲ, 초엽문을 모티브로 한 장방형의 과판과 수하식이 3점 확인된다(國立博物館 1964). 일찍이 캄마형(李仁淑 1974)이라고 불린 이 대장식구와 유사한 구조는 집안 칠성산873호묘, 산성하3142호묘, 산성하873호묘, 우산하3560호묘, 장천4호분, 평양 고산리10호분, 호남리 사신총 등 고구려고분에서 집중적으로 출토된다(張雪巖 2001). 특히 집안 칠성산96호분 출토품은 과판과 수하식을 2개의 연결대를 사용하여 연결하며 수하식의 외형이 보주형인 점에서 경주 황오리4호분 출토품과 흡사하다(그림 8-16-4·7). 집안 칠성산96호분은 5세기 전엽 이전으로 비정되므로[14] 교구Ⅲ을 채용한 황오리4호분 출토품과 제작 시기의 차가 상정되나 이 시기까지도 고구려의

14 집안 칠성산96호분의 연대에 관해 보고서에서는 4세기 중엽일 가능성이 크며 상한은 4세기 초까지도 올라갈 수 있을 것으로 보았다(集安縣文物保管所 1979). 이후 풍소불묘(馮素弗墓)에서 출토된 등자보다 칠성산96호분 등자가 후행하므로 5세기 전반~중경으로 보는 견해(小田富士雄 1979)가 제시된 적이 있으나 공반된 청동용기와 마구의 검토를 통해 4세기 후엽(최병현 2014c; 李熙濬 1995), 4세기 후엽~5세기 초(諫早直人 2012), 5세기 전엽(桃崎祐輔 2006; 東潮 1997) 등 5세기 전엽 이전으로 비정하는 견해가 대세이다.

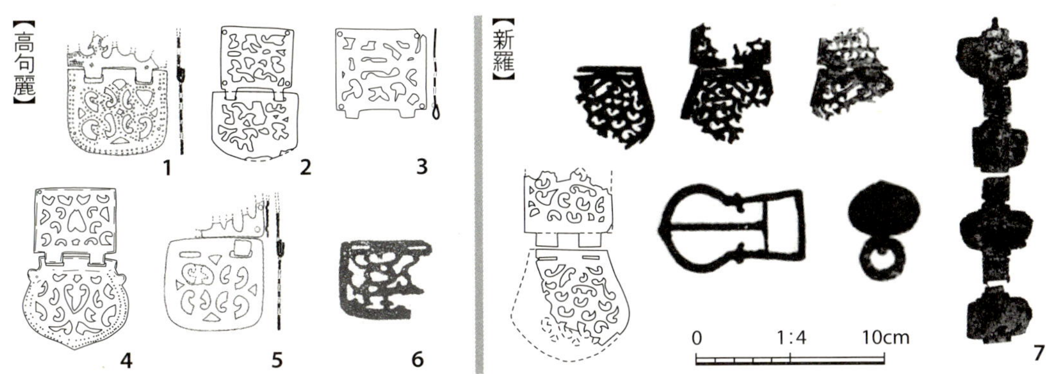

그림 8-16 경주 황오리4호분 출토 대장식구와 관련 고구려 대장식구
1. 집안 우산하M3560 | 2. 평양(平壤) 고산동(高山洞)10호묘 | 3. 집안 산성하M873 | 4 집안 칠성산96호분 | 5. 집안 우산하M3142 | 6. 자성(慈城) 서해리(西海里)2지점 제1호분 | 7. 경주 황오리4호분

영향 혹은 대장식구의 이입은 이루어졌을 것이다.

요컨대 Ⅳ~Ⅴ기가 되면 경주를 중심으로 대장식구의 장식성이 증가하고 다양한 형식의 대장식구가 제작된다. 동시에 지방에서 자체적으로 대장식구를 제작하며 백제와 가야, 왜로 신라의 대장식구가 이입되고 고구려부터 지속적인 영향을 받기도 한다. 이는 5세기 후엽부터 6세기 전엽에 걸쳐 신라 이식의 장식성이 최고조에 달하며 신라계 이식이 백제권역으로 유통되는 상황(金宇大 2013)과 궤를 함께 한다. 금공품을 매개로 한 각 국의 교류는 Ⅳ~Ⅴ기에 들어 활발하게 이루어졌을 것이다. 장식성의 증가와 부품의 다양화, 대장식구의 지방 제작은 이를 소유할 수 있는 계층이 그만큼 확대되었으며 동시에 복식의 서열화가 이루어진 것을 의미한다. Ⅳ~Ⅴ기는 경주 왕권을 중심으로 대장식구를 가장 활발히 제작하는 성행기로 파악할 수 있다.

4) Ⅵ기 : 새로운 양식의 대장식구 출현

Ⅵ기가 되면 초엽문대장식구가 급감한다. Ⅴ기로 비정한 포항 냉수리고분, 울산 하삼정21호 석실묘, 김해 봉황동11호 석실묘에서 가장 퇴화된 형식인 초엽문과판D류, 수하식d류가 부장되므로 Ⅵ기 이후 초엽문대장식구는 제작되지 않았을 가능성이 크다.

초엽문대장식구와 달리 역심엽형대장식구는 Ⅵ기에도 지속된다. 역심엽형과판α1은 경주 계림로14호분, 창녕 계성Ⅲ-1호분, 충주 누암리 가-45호분 등 공반된 토기와 묘제로 보아 Ⅵ기로 비정할 수 있는 고분에서 지속적으로 출토된다.

이 시기 새로이 등장하는 역심엽형과판γ는 경산 임당 C-I-35호 석실, 창녕 계성A지구 1호묘 2관, 고령 지산동15호분(역사관부지)에서 확인된다. 동일한 형식은 백제 고분에 집중하는데 「Ω」자상의 연결구에 쐐기를 세로로 박아서 과판을 고정시키는 방식에 주목한다면 신라와 백제 사이에 역심엽형대장식구를 제작하는 기술과 이를 사용하는 방법이 공유된 것은 틀림없다. 역심엽형과판γ의 초현이 신라인지 백제인지는 현재로서 단정할 수 없으나 창녕 계성A지구 1호묘 2관에서 출토된 교구와 대선금구가 사비기 대장식구와 흡사한 점, 부여를 중심으로 역심엽형과판γ이 집중적으로 분포하는 점을 고려하면(제9장 참조) Ⅵ기에 역심엽형과판γ이 등장하게 된 배경에는 백제의 영향을 상정할 수 있다.

한편 Ⅵ기에 등장하는 대표적인 대장식구가 소위 '누암리형대장식구'이다(李漢祥 1996). 6세기대의 전형적인 교구와 대선금구가 출토된 충주 누암리 유적 출토품을 지표로 명명되었는데 부품의 형태와 조합에 따라 크게 Ⅰ~Ⅲ형식으로 분류되는 것에서도 알 수 있듯이 형식은 일률적이지 않으며 다양하다.

누암리형대장식구는 일반적으로 6세기 중엽을 전후한 시기에 초엽문대장식구가 소멸하는 대신 새롭게 출현한 것으로 이해된다(李漢祥 2001: 447; 이한상 2004: 227). 다만 누암리형대장식구를 구성하는 개별 부품은 Ⅵ기 이전부터 확인되므로 주의할 필요가 있다. 예를 들어 6세기 초엽에서 중엽으로 비정되는 누암리형Ⅰ류의 과판은 역심엽형과판α1에 해당하는데 이미 Ⅰ기부터 존재한 것은 분명하다. 그리고 누암리형Ⅰa류에 사용된 대선금구(ㄷ)는 이미 황오리34호분 3곽, 성주 성산동1호분의 초엽문대장식구와 경주 보문리고분, 황남리151호분, 대구 성산리1호분 6곽 출토 역심엽형대장식구에 사용되므로 Ⅴ기에는 제작되기 시작했을 것이다. 누암리형대장식구Ⅰ류는 이처럼 초엽문·역심엽형대장식구의 제작 전통이 이어지는 가운데 부품들이 새롭게 조합되면서 등장한 대장식구로 평가해야 할 것이다.[15]

누암리형대장식구와 함께 Ⅵ기에는 철제 및 청동제대장식구가 등장한다. 방형 혹은 반원형의 과판과 교구로 구성된 이 대장식구는 7~8세기에 가장 활발히 제작되고 이후 9세기까지 존속한 것으로 이해되나 그 초현 시기는 이미 지적된 것처럼 6세기 전반까지 거슬러 올라간다(山本孝文 2004). 공반된 단각고배와 철기로 보아 Ⅴ~Ⅵ기로 비정할 수 있는 대장식구

15 한편 상, 하연금의 길이가 다른 말밥굽형교구와 버섯형교구, 방형과판으로 구성된 누암리형대장식구Ⅱ·Ⅲ류는 Ⅰ류와 형태만이 아니라 제작기술도 현저하게 다르다. Ⅰ~Ⅲ류를 '누암리형대장식구'라는 하나의 범주로 한정짓기는 어렵다. 누암리형대장식구의 세밀한 분류와 제작 연대, 역사적 의미 등에 관해서는 증가된 자료를 다각도로 분석하여 검토할 필요가 있을 것이다.

표 8-7 Ⅴ~Ⅵ기 철제 및 청동제대장식구

지역	고분명	재질	과판		착장
			형태	개수	
대구	죽곡리7-1호 석곽묘	철	방형/오각형	12/2	-
	가천동53호 석곽묘	철	방형/반원형	7/4	○
	가천동2지구10호 석곽묘	-	방형/반원형	8/3	○(?)
	시지지구8호 석실	철	-	-	-
	문양리154호 석곽묘	-	방형/반원형	3/3	-
창녕	계성B지구28-3호분	철	방형/반원형	4/5	×
안동	조탑리1-1호 석곽묘	철(?)	방형/반원형	2/1	-
울산	조일리26-1호분	청동	방형/반원형	4/3	-
울진	덕천리31호 석실묘	-	방형/반원형	2/2	○(?)
포항	학천리20호 석곽묘	철	방형	4	-

-:확인불가 | (?):불확실

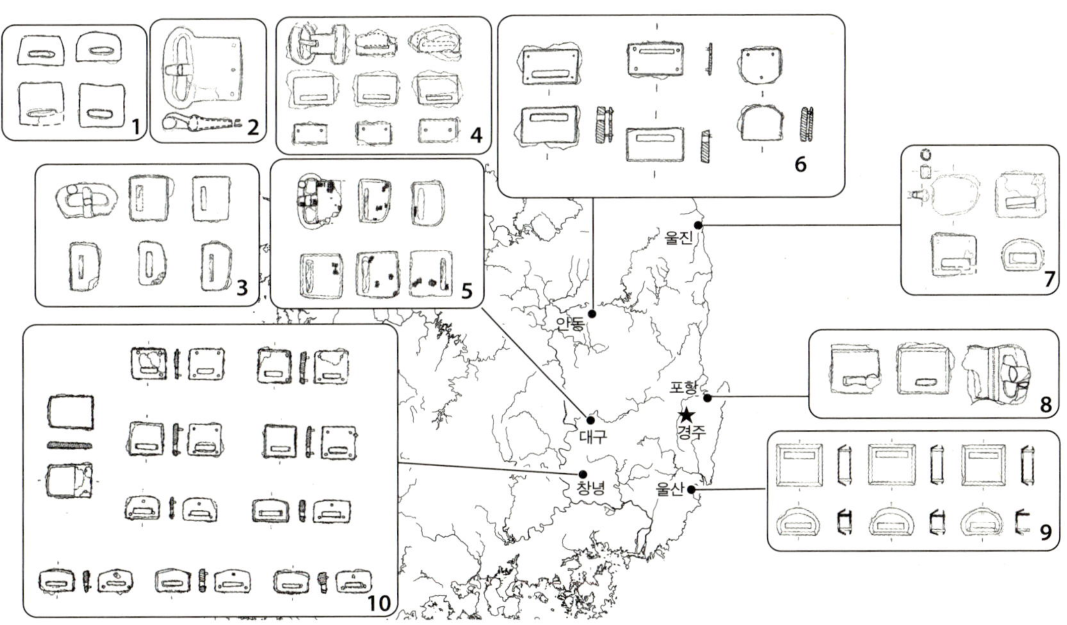

그림 8-17 Ⅴ~Ⅵ기 철제 및 청동제대장식구

1. 대구 문양리154호 석곽묘 | 2. 대구 시지지구 8호 석실묘 | 3. 대구 가천동2지구 10호 석곽묘 | 4. 대구 죽곡리7-1호묘 | 5. 대구 가천동53호묘 | 6. 안동 조탑리1-1호 석곽묘 | 7. 울진 덕천리 31호 석실묘 | 8. 포항 학천리20호 수혈식석곽 | 9. 울산 조일리26-1호분 | 10. 창녕 계성B지구28-3호분

는 야마모토 다카후미(山本孝文)가 지적한 대구 가천동53호분, 창녕 계성B지구 28-3호분, 울산 조일리26-1호분 이 외에 영남지방 전역에 걸쳐 출토된다(**표 8-7, 그림 8-17**).

이러한 재질과 형태의 대장식구는 중국 당에서 유행하는 대장식구와 유사하여 '유사 당식 대금구'(金載熱 2007) 혹은 '당식과대'(山本孝文 2004)로 불린다. 다만 VI기에는 당이 건국되기 이전에 해당하며 당 왕조 이전인 북조~수대에 이미 유사한 형태의 대장식구가 완성되었을 가능성이 큰 만큼(최정범 2017) VI기에 출현하는 철제 및 청동제대장식구를 굳이 '당식'으로 명명하기는 어려워 보인다. 그렇다고 하여 신라 왕권의 일원적인 제작으로도 보기 어렵다. 현재까지 자료로 보는 한 철제 및 청동제대장식구가 경주를 중심으로 분포하는 양상 또한 인정되지 않기 때문이다. 이 단계의 철제 및 청동제대장식구가 어떤 역사적 배경을 지니고 등장하였는가에 대해서는 향후의 연구과제로 삼을 수밖에 없다. 다만 이전까지 유행하는 초엽문대장식구가 급감하고 누암리형이라 지칭되는 역심엽형대장식구와 함께 청동, 철과 같은 새로운 재질의 대장식구가 출현한다는 점에서는 VI기를 신라 대장식구의 변천을 생각하는 데 하나의 큰 획기로 간주하여도 무방할 것이다.

이처럼 초엽문대장식구가 쇠퇴하고 새로운 양식의 대장식구 출현하는 VI기가, 지증왕 5년(504) 시행된 상복법의 시행[16]과 법흥왕7년(520)에 반포한 율령 및 새로이 제정된 복식제도[17]에 뒤이어 일어난 현상이라는 점은 결코 우연이라고 보기 어렵다(李漢祥 1996; 山本孝文 2004). 상복법의 구체적인 내용은 알 수 없으나 일단 장례에 관련된 일체의 사항이며 지방까지 시행되는 데 상당한 시간이 소요된 것으로 볼 수 있다면 앞서 매장의례와 관련된 것으로 추정한 초엽문대장식구가 VI기에 들어 급격히 쇠퇴하게 된 배경의 일단(一端)은 여기서 유추해 볼 수 있다. 더불어 이전시기까지 지속되던 역심엽형대장식구가 낙동강 이동을 넘어 중원에서 출토되는 것은 VI기가 신라 영토를 크게 확장시킨 진흥왕의 재위시기(540~576년)와 겹친다는 사실과 무관하지 않을 것이다.

한편 백관(百官)의 공복(公服)에 사용된 대장식구가 역심엽형대장식구의 전통을 이어받은 누암리형대장식구인지 혹은 철제 및 청동제대장식구인지는 단언할 수 없다. 다만「시제백관공복(始制百官公服)」에 나름대로 사실성이 내포되어 있다면(山本孝文 2004: 80) VI기의 획기를 복식제도기사와 관련지어 이해해도 큰 무리는 없을 것이다.[18] 위계를 정하는 데 사용된

16 『三國史記』新羅本紀 智證麻立干五年, 夏四月, 制喪服法頒行.

17 『三國史記』新羅本紀 法興王七年, 春正月, 頒示律令, 始制百官公服朱紫之秩.

18 신라 묘제의 변천 과정 가운데 획기로 평가할 수 있는 횡혈식석실이 이 시기 본격적으로 등장하는 것 역시 장제의 변화와 관련된 것으로 대장식구의 변화와 궤를 같이하는 현상일 것이다.

붉은 색과 자주색이 띠의 재질인지 아니면 띠에 고정시킨 대장식구의 재질인지는 증가한 자료를 토대로 분석할 필요가 있을 것이다.

Ⅵ기 이후 금동관, 이식, 장식대도, 식리와 같이 귀금속을 사용하여 피장자의 지위를 가시적으로 나타내는 금공품은 일제히 자취를 감추는 것과 달리 유일하게 대장식구만 잔존한다. 은, 철, 청동으로 간소하게 제작한 대장식구에는 피장자의 지위와 권위를 금공품을 소유함으로써 나타내고자 하였던 사회에서 정치제도에 의해 신분 질서가 규정되는 사회로 전환되었다는 의미가 내포되어 있다. 이는 웅진기까지 다양한 종류가 공존하던 대장식구가 사비기에 역심엽형대장식로 획일화되는 백제도 크게 다르지 않을 것이다.

이후 신라에는 교구, 과판, 대선금구를 동으로 주조한 황룡사형대장식구(李漢祥 1999)가 등장한다. 7세기 후반부터는 당으로부터 당식 대장식구를 받아들여 통일신라 이후에도 대장식구 문화는 지속된다. 통일신라시대 대장식구는 마립간기 대장식구와 달리 관복으로써 기능하였을 것이다.

제5절 맺음말

신라 고분에서 출토된 대장식구는 귀금속으로 제작되며 금동관, 이식, 장식대도, 식리와 공반되는 사례가 많아 복식의 일종으로 여겨진다. 특히 다른 장신구가 6세기대에 들어 급격히 쇠퇴하는 것에 비해 대장식구는 통일신라시대까지 지속되므로 그 변천과 전개 과정을 해석함으로써 역사적 의미를 도출해 낼 수 있다. 지금까지 마립간시기의 대장식구에 관해서는 여러 연구자가 다각도로 검토한 적이 있으나 자료 집성, 변천, 분포, 역사적 해석을 종합적으로 다루지는 못했다. 이러한 문제의식에서 이 글에서는 신라 고분에서 출토된 대장식구를 분석하고 그 전개 과정과 의미를 검토하였다.

신라에 대장식구 문화가 수용된 계기는 삼연과 고구려 사이에 이루어진 대외교섭이었다. 이후 신라 왕권 아래에서 제작된 대장식구는 여타의 금공품과 함께 지방 지배를 위한 도구로 활용된다. 실용적인 역심엽형대장식구와 함께 매장 의례에 사용된 초엽문대장식구는 점점 장식화가 증가되며 이웃한 백제와 가야, 왜로 이입되기도 한다. 6세기 전엽 이후 당시까지 활발하게 제작된 초엽문대장식구은 쇠퇴하고 누암리형대장식구, 철 및 청동제 대장식구가 출현하는 데 이는 지증왕5년(504) 시행된 상복법의 시행과 법흥왕7년(520)에 반포한 율령 및 새롭게 제정된 복식제도와 관련이 있다. 백제의 대장식구와 달리 출토 자료가 많이 확보된 신라의 대장식구를 분석함으로써 위와 같은 역사적 해석이 가능하다.

한편 본장에서는 대장식구를 신라 왕권 아래에서 일률적으로 제작된 것으로 해석하면서도 창녕, 경산의 사례를 예로 들어 그 제작지를 반드시 경주로 한정짓는 것은 아니라는 다소 모순된 입장을 취하였다. 각주 7에서도 언급한 것처럼 대장식구를 비롯한 금공품의 제작지는 유물의 형식학적 분석만으로 단정할 수 없다. 제작지를 비정하기 위해서는 우선 유물의 제작 공정을 명확히 파악하고 사용된 공구를 분석하여 공인을 판별하는 등 형식학적 검토와는 다른 별도의 방법론이 요구된다. 한반도와 일본열도의 넓은 지역에 걸쳐 분포하면서도 매우 정형화된 용문투조대장식구(그림 8-4)는 금공기술을 분석하여 제작지를 판단하는 데 적합한 연구 대상일 것이다(제Ⅲ부 제12장 참조).

참고문헌

국문

國立博物館, 1964, 『皇吾里四 · 五號古墳 · 皇南里破壞古墳發掘調查報告』.

國立扶餘博物館, 2000, 『陵寺』, 國立扶餘博物館 遺蹟調查報告書 第8冊.

권준희, 2001, 『新羅 服飾의 變遷 硏究』, 서울大學校大學院 博士學位論文.

金宇大, 2013, 「新羅 垂飾附耳飾의 系統과 變遷」, 『韓國考古學報』 第89輯, 韓國考古學會.

金龍星, 2003, 「皇南大塚南墳의 年代와 被葬者 檢討」, 『韓國上古史學報』 第42號, 韓國上古史學會.

金載熱, 2007, 『慶山地域 古墳의 裝身具 硏究』, 嶺南大學校大學院 碩士學位論文.

김재열, 2011, 「조영동 고총군 EIII-2호의 장신구」, 『압독국의 왕'干', 영원불멸을 꿈꾸다』, 경산시립박물관.

김재열, 2014, 「삼국시대 경주지역 고분 출토 대장식구의 부장양상 검토」, 『新羅史學報』 32, 新羅史學會.

김재열 · 박세은, 2010, 「경산 북사리 1호묘 허리띠 장식의 연대와 제작지」, 『계왕개래』 9, 영남대학교박물관 2009학년도연보.

盧仁姬, 1994, 『三國時代 帶金具 硏究』, 梨花女子大學校大學院 碩士學位論文.

朴普鉉, 1991, 「積石木槨墳文化地域의 帶金具」, 『古文化』 38, 韓國大學博物館協會.

朴普鉉, 1997, 「腰佩飾 連結金具의 製作技法과 地域差異」, 『科技考古硏究』 2, 아주대학교박물관.

朴天秀, 2006, 「新羅 加耶古墳의 編年 —日本列島 古墳과의 竝行關係를 中心으로—」, 『日韓古墳時代の編年觀』, 國立歷史民俗博物館 · 韓國國立釜山大學校博物館.

박천수, 2007, 『새로 쓰는 고대 한일교섭사』, 사회평론.

朴天秀, 2010, 『加耶土器』, 진인진.

山本孝文, 2004, 「韓半島의 唐式銙帶와 그 歷史的 意義」, 『嶺南考古學』 第43號, 嶺南考古學會.

山本孝文, 2006, 『三國時代 律令의 考古学的硏究』, 서경.

尹相悳, 2010, 「VII. 考察」, 『慶州 鷄林路 14號墳』, 國立慶州博物館.

尹善姬, 1987, 「三國時代 銙帶의 起源과 變遷에 관한 硏究」, 『三佛金元龍教授 停年退任紀念論叢』 II, 三佛金元龍教授 停年退任紀念論叢刊行委員會, pp. 303-345.

尹世英, 1974, 「古新羅 · 伽倻古墳의 編年에 關하여」, 『白山學報』 第17號, 白山學會.

李仁淑, 1974, 「古新羅期 裝身具에 대한 一考察」, 『歷史學報』 第62輯, 歷史學會.

李漢祥, 1995, 「5~6世紀 新羅의 邊境支配方式 —裝身具分析을 중심으로—」, 『韓國史論』 33, 서울大學校國史學科.

李漢祥, 1996, 「6世紀代 新羅의 帶金具 —'樓岩里型'帶金具의 設定—」, 『韓國考古學報』 35, 韓國考古學會.

李漢祥, 1997a, 「裝飾大刀의 下賜에 반영된 5~6世紀 新羅의 地方支配」, 『軍事』 35, 國防部軍史編纂委員會.

李漢祥, 1997b, 「5~7世紀 百濟의 帶金具」, 『古代硏究』 第5輯, 國立公州博物館

李漢祥, 1998,「金工品을 통해 본 5~6世紀 新羅墳墓의 編年」,『慶州文化硏究』1, 慶州大學校文化財硏究所.

李漢祥, 1999,「7世紀 前半 新羅 帶金具에 대한 認識 ―'皇龍寺型 帶金具'의 설정―」,『古代硏究』7, 國立公州博物館.

李漢祥, 2000,「新羅館 硏究를 위한 一試論」,『考古學誌』第11輯.

李漢祥, 2001,「昌寧 桂城III-1號墳 출토 裝身具의 年代」,『昌寧 桂城新羅高塚群』, 慶南考古學硏究所.

李漢祥, 2003,「5~6世紀 百濟 新羅 加耶墳墓의 交叉編年 硏究」,『國史館論叢』第101輯, 國史編纂委員會.

이한상, 2004,『황금의 나라 신라』, 김영사.

이한상, 2009,「金工品으로 본 5~6世紀 昌寧地域의 政治的 動向 ―金屬製 裝身具의 分析을중심으로―」,『한국고대사 속의 창녕』, 경북대학교 영남문화원 · 창녕군.

李漢祥, 2010,「의성지역 금공위세품의 제작기법과 연대」,『한국고대사 속의 召文國』, 경북의성군 · 경북대학교 영남문화연구원.

李漢祥, 2017,「燕岐 羅城里4號墓 帶金具의 龍文 復元과 豫察」,『考古學探究』第20號, 考古學探究會.

李熙濬, 1995,「경주 皇南大塚의 연대」,『嶺南考古學』第17號, 嶺南考古學會.

李熙濬, 1996,「낙동강 以東 지방 4, 5세기 고분 자료의 定型性과 그 해석」,『4, 5세기 한일고고학』, 영남구주학회 합동고고학대회.

李熙濬, 1997a,「토기에 의한 新羅 고분의 分期와 편년」,『韓國考古學報』36輯, 韓國考古學會.

李熙濬, 1997b,「新羅考古學 方法論 序說」,『韓國考古學報』37輯, 韓國考古學會.

李熙濬, 2002,「4~5세기 신라고분 피장자의 服飾品 着裝 定型」,『韓國考古學報』47輯, 韓國考古學會.

李熙濬, 2005,「4-5세기 창녕 지역 정치체의 읍락구성과 동향」,『嶺南考古學』37號, 嶺南考古學會.

이희준, 2016,「고고학 논문의 학술성 제고를 위하여」,『韓國考古學報』第100輯, 韓國考古學會.

이현정 · 류진아, 2011,「마구와 이식을 통해 본 창녕지역의 금공품 제작 가능성」,『경북대학교 고고인류학과 30주년 기념 고고학논총』, 경북대학교 고고인류학과 30주년기념 고고학논총 발행위원회.

이현정, 2015,「馬具로 본 昌寧地域의 馬事文化」,『비사벌, 가야에서 신라로』, 14~15년 특별전 '비사벌의 지배자' 개최기념공동심포지움, 국립김해박물관 · 우리문화재연구원.

張雪巖, 2001,「集安市 發掘 高句麗 허리띠꾸미개(帶飾)硏究」,『高句麗硏究』第12輯, 高句麗硏究財團.

張柱倬, 2016,『중국 집안지역 고구려 적석총 축조기법 연구』, 慶北大學校 文學碩士學位論文.

全玉年, 1992,「加耶의 金工品에 對하여 ―盛矢具硏究―」,『伽耶考古學論叢』1, 駕洛國史蹟開發硏究院, pp. 169-227.

朱甫暾, 1996,「麻立干時代 新羅의 地方統治」,『嶺南考古學』19號, 嶺南考古學會.

朱甫暾, 1998,「朴堤上과 5세기 초 新羅의 政治 動向」,『경북사학』21, 경북사학회.

崔種圭, 1983,「中期古墳의 性格에 대한 약간의 考察」,『釜大史學』7, 釜山大學校史學會.

崔種圭, 1992,「濟羅耶의 文物交流 ―百濟金工II―」,『百濟硏究』第23輯, 忠南大學校 百濟硏究所.

崔秉鉉, 1981, 「古新羅 積石木槨墳의 變遷과 編年」, 『韓國考古學報』 10 · 11, 韓國考古學會.

최병현, 2014a 「신라 적석목곽분과 마립간시기 왕릉 연구의 현황」, 『2014년 국립중앙박물관학술 심포지엄 금관총과 이사지왕』, 국립중앙박물관편, 국립중앙박물관 학술총서 제집, 국립중앙박물관.

최병현, 2014b, 「5세기 신라 전기양식토기의 편년과 신라토기 전개의 정치적 함의」, 『고고학』 13-3, 中部考古學會.

최병현, 2014c, 「초기 등자의 발전」, 『중앙고고연구』 제14호, 중앙문화재연구원.

최정범, 2017, 「中國 唐式 帶裝飾具의 登場과 展開」, 『중앙고고연구』 제22호, 중앙문화재연구원.

咸舜燮, 1996, 「大邱 達城古墳群에 대한 小考 —日帝强占期 調査內容의 檢討—」, 『碩晤尹容鎭敎授停年退任紀念論叢』, 碩晤尹容鎭敎授停年退任紀念論叢刊行委員會.

중문

集安縣文物保管所, 1979, 「集安縣兩座高句麗積石墓的清理」, 『考古』 1979年第1期, 中國社會科學院考古研究所.

일문

諫早直人, 2012, 『東北アジアにおける騎馬文化の考古學的研究』, 雄山閣.

高橋健自, 1924, 「上代遺物より見たる大陸文化の輸入」, 『考古學雜誌』 第14卷第15號, 考古學會.

高田貫太, 2013, 「古墳出土龍文透彫製品の分類と編年」, 『國立歷仕民俗博物館研究報告』 第178集.

高田貫太, 2014, 『古墳時代の日朝關係』, 吉川弘文館.

金宇大, 2017, 『金工品から讀む古代朝鮮と倭』, 京都大學學術出版部.

桃崎祐輔, 2006, 「馬具からみた古墳時代實年代論—五胡十六國 · 朝鮮半島三國伽耶 · 日本列島の比較の視点から—」, 『日韓古墳時代の年代觀』, 國立歷史民俗博物館 · 釜山大學校博物館.

東潮, 1997, 『高句麗考古學研究』, 吉川弘文館.

鈴木一有, 2014, 「七觀古墳出土遺物からみた鋲留技法導入期の實相」, 『七觀古墳の研究 - 1947年 · 1952年出土遺物の再檢討 - 』, 京都大學大學院文學研究科.

毛利光俊彦, 1983, 「新羅積石木槨墳考」, 『文化財論叢』, 奈良國立文化財研究所.

上野祥史, 2012, 「東アジアからみた倭と新羅」, 『新羅と倭の交流』, 경북대학교 · 일본 국립역사민속박물관 공동주최 국제학술대회.

小浜成, 2002, 「龍文系帶金具からみた日本出土帶金具の製作と變遷」, 『究班』 II, 埋藏文化財研究會25周年記念論文集編集委員會.

小浜成, 2006, 「帶金具の製作工人に關する予察—倭 · 韓の龍文透彫製品の樣相から—」, 『財團法人大阪府文化財センター · 日本民家集落博物館 · 大阪府立弥生文化博物館 · 大阪府立近つ飛鳥博物館 2004年度共同研究成果報告書』.

小田富士雄, 1979, 「集安高句麗積石墓遺物と百濟 · 古新羅の遺物」, 『古文化談叢』 第6輯, 九州古文化硏究會.

李成市, 1994, 「表象としての廣開土王碑文」, 『思想』 842, 岩波書店.

李成市, 2002, 「新羅の國家形成と加耶」, 『倭國と東アジア』 日本の時代史2, 吉川弘文館.

岩本崇, 2015, 「製作技術からみた龍文透彫帶金具の成立」, 『五條猫塚古墳の硏究』, 總括編, 奈良國立博物館.

宇野愼敏, 1996, 「日本出土裝身具から見た日韓交流」, 『4, 5世紀の日韓考古學』, 九州考古學會 · 嶺南考古學會.

有光教一 · 藤井和夫, 2000, 『朝鮮古蹟硏究會遺稿I —慶州皇吾里第16號墳 慶州路西里215番地古墳 發掘調査報告書—』, 유네스코東아시아문화연구센터.

齋藤忠, 1941, 「上代帶金具考 - 特に朝鮮古墳出土例との比較 - 」, 『考古學雜誌』 第31卷第6號, 日本考古學會.

井上直樹, 2000, 「高句麗の對北魏外交と朝鮮半島情勢」, 『朝鮮史硏究會論文集』 第38集, 朝鮮史硏究會.

町田章, 1970, 「古代帶金具考」, 『考古學雜誌』 第56卷第1號, 日本考古學會.

齋藤忠, 1964, 『古代の裝身具』, 搞書房.

早乙女雅博, 2007, 「裝身具からみた日韓の歷年代」, 『한일 삼국 · 고분시대의 연대관(II) 日韓古墳 · 三國時代の年代觀(II)』, 韓國 · 國立釜山大學校博物館, 日本國 · 國立歷史民俗博物館.

千賀久, 1984, 「日本出土帶金具の系譜」, 『橿原考古學硏究所論集』 第6, 吉川弘文館.

樋口隆康, 1950, 「東亞に於ける銙帶金具とその文化的意義」, 『史林』 第33卷第3號.

穴澤咊光, 1972, 「慶州新羅古墳の編年」, 『古代學』 第18卷第2號.

穴澤咊光 · 馬目順一, 1987, 「古新羅墳丘墓出土の環頭大刀」, 『朝鮮學報』 第122輯, 朝鮮學會.

제1절 머리말
제2절 연구사
제3절 백제 대장식구의 전개
1) 한성기
2) 웅진기
3) 사비기
제4절 가야의 대장식구
제5절 맺음말

제9장 백제(百濟) 대장식구(帶裝飾具)의 전개(展開)와 특질(特質)

제1절 머리말

삼국시대 고분에서 출토된 금공품 중 하나로 대장식구를 들 수 있다. 유기질제의 허리띠를 화려하기 장식하기 위한 대장식구는 대부분 금, 은, 동과 같은 귀금속으로 제작되며 피장자에게 착장된 채 매납된 사례도 있어 당시의 위세품 가운데 하나로 이해된다. 삼국시대에는 다양한 양식의 대장식구가 제작되어(上野祥史 2014) 각국 사이에서 이루어진 교류의 일단을 파악하는 데도 대장식구는 유리한 기물 중 하나이다.

본장에서는 백제 대장식구의 특질을 시기별로 정리하는 것을 목적으로 한다. 백제의 영역은 성립부터 멸망까지 고정불변한 것이 아니었다. 백제 영역은 수도를 기준으로 크게 달라지는 데 이 章의 전개 방식과 관련되므로 이에 대해 간단히 언급해 둔다.

백제의 성립은 몽촌·풍납토성의 축조, 가락동 2호분을 대표로 하는 대형 고분군의 등장, 특정 토기양식의 성립을 표지로 3세기 중후반을 그 기점으로 하는 견해가 통설이다(박순발 2001). 그러나 한반도 중부지역 토기의 연대관, 중국자기의 전세론, 그리고 마형대구를 근거로 백제의 성립 시기를 통설보다 100년 정도 늦추어 보는 견해도 꾸준히 제기된다(김일규 2007; 이창엽 2011; 李盛周 2015; 柳本照男 2012).

다행히 백제의 왕도인 몽촌, 풍납토성에서 중원식대장식구가 출토되어 한성기부터 대장식구가 존재했음을 알 수 있다. 공주 수촌리고분군의 발굴로 웅진, 사비기에 집중된 백제 대장식구의 공백도 메워졌다.

475년 백제는 수도를 웅진으로 옮긴다. 매장 연대를 알 수 있는 무령왕릉에서는 대장식구가 착장된 채 매납되었다. 이후 부여 능산리사지 목탑지(567년), 왕흥사지 목탑지(577년), 익산 미륵사지 서탑(639년)과 같이 연대를 추정할 수 있는 공양품 가운데 대장식구가 포함되어 웅진기에 이어 사비기까지 백제의 대장식구 문화가 지속되었음을 알 수 있다.

백제의 대장식구는 시기마다 수도를 중심으로 발견되며 기년명자료와 공반된 경우가 많아 제작 연대의 추정이 비교적 용이한 편이다. 그러나 보고된 사례는 현재까지 31곳의 유적에서 출토된 33식에 불과하며(**표 9-1**) 부족한 자료에 비하여 양식은 매우 다양한 편이다. 그러므로 현상(現狀)에서는 대장식구 자체의 분석만으로 백제 대장식구의 전개 과정과 특질을 체계적으로 이해하는 것은 쉽지 않다.

이상과 같은 이유로 본장에서는 현재 백제 고고학의 편년체계로 자주 이용되는 한성기, 웅진기, 사비기라는 시기 구분을 차용하여 백제 대장식구의 전개와 특질을 정리하고자 한다.

표 9-1 백제지역 출토 대장식구

단계	지역	유적명	대장식구(구성품)	재질	착장
한성기	서울	풍납토성	중원식대장식구(수식1)	금동	-
		몽촌토성	중원식대장식구(수식1)	금동	-
	화성	사창리10-1번지	중원식대장식구(수식1, 연금 등)	금동	-
	연기	나성리KM-004토광묘	용문투조대장식구(교구2, 과판3, 수하식7)	금동	?
	정읍	운학리C호분	용문투조대장식구(과판2)	금동	-
	청주	신봉동B-1호분	귀면문대장식구(과판2)	금동	-
	공주	수촌리Ⅱ-1호 토광묘	귀면문대장식구(과판7)	금동	○
		수촌리Ⅱ-4호 석실분	귀면문대장식구(교구1, 과판1)	금동	○
웅진기	공주	무령왕릉	대장식구A	은	○
			대장식구B (교구1, 역심엽형과판2)	교구-은, 과판-금	-
		송산리1호분	귀면문대장식구(교구1, 귀면문과판1)	금동	-
		송산리3호분	귀면문대장식구(귀면문과판2)	금동	-
		송산리4호분	삼엽문대장식구(과판2)	은	-
		송산리29호분	역심엽형대장식구(과판1)	은	-
		송산리수습품	무문대장식구(교구1, 과판4)	교구-철 과판-황동	-
사비기	나주	복암리3호분5호 석실	역심엽형대장식구? (교구1)	은	?
		복암리3호분6호 석실	역심엽형대장식구(과판1)	은	-
		복암리3호분7호 석실	역심엽형대장식구? (교구1, 대선금구1)	교구-청동제 대선금구-백동	○
	남해	남치리 백제석실	역심엽형대장식구? (교구1, 대선금구1)	청동	×
	부여	능산리사지 목탑지	역심엽형대장식구(교구1, 과판10, 대선금구1)	은	×
		왕흥사지목탑지 심초석주변	역심엽형대장식구(과판6)	은	×
		능안골50호분	역심엽형대장식구(과판2)	은	-
		능안골36호분(동편, 남)	역심엽형대장식구(교구1, 과판4, 대선금구1)	은	○
		능안골36호분(서편, 여)	역심엽형대장식구(교구1, 과판4, 대선금구1)	백동	○
		능안골44호분	역심엽형대장식구(교구1, 과판5, 대선금구1)	은	-
		염창리Ⅳ-62호분	역심엽형대장식구(과판1)	청동	-
		염창리Ⅴ-55호분	역심엽형대장식구(과판3)	청동	-
	대전	월평동유적E11호 저장공	역심엽형대장식구(과판1)	동	×
		용계동삼국5호 석곽묘	역심엽형대장식구? (대선금구1)	청동	-
	익산	미륵사지서탑	역심엽형대장식구(과판1, 대선금구1)	은	×
	장성	학성리A지구6호분	역심엽형대장식구(교구1, 과판5, 대선금구1)	청동	-
	논산	표정리A지구13호분	역심엽형대장식구? (교구1)	동지은장	-

○: 착장 | ×: 착장하지 않음 | ?: 가능성 있음 | -: 확인불가

특히 한성의 함락은 『삼국사기(三國史記)』만이 아니라 『일본서기(日本書紀)』에도 기록되어 있어 백제 고고자료 편년의 결정적인 획기로 여겨진다(白井克也 2011). 수도를 첫 번째 기준으로 한성기, 웅진기, 사비기로 나누되 필요에 따라 구체적인 분석을 더해 나가는 것이 현재로서는 백제 대장식구의 전개 과정을 이해하는 데 가장 적절한 방법이라 생각된다.

본격적인 분석에 앞서 전제로 해두는 몇 가지 사항을 언급해 둔다.

우선 대장식구의 제작 연대이다. 대장식구는 복식의 일종으로 피장자가 직접 사용하였으며 전세의 가능성은 작다. 따라서 대장식구의 제작 연대와 피장자의 매장 시점에 큰 시기차를 나지 않는 것으로 전제한다. 따라서 대장식구의 제작 연대는 고분의 축조 시기와 같거나 그보다 조금 이르다고 볼 수 있다.

다음으로 본장에서는 '용문투조대장식구', '무문대장식구', '귀면문대장식구', '삼엽문대장식구', '역심엽형대장식구'라는 명칭을 사용하기로 한다. 이는 어디까지나 대장식구를 이루는 여러 부품 가운데 과판의 문양에 중점을 둔 명칭이다. 과판은 대장식구를 이루는 부품 가운데 가장 많이 제작되어 출토 빈도가 높다. 특질을 파악하는 데 용이하다는 장점이 있다.

한편 백제 대장식구와 유사한 양식의 대장식구는 가야와 일본열도에서도 확인된다. 고훈시대 대장식구의 변천과 그 특질에 대해서는 다음 장에서 다루겠지만 가야의 대장식구와 일본열도의 귀면문대장식구는 백제 대장식구와 관련이 있으므로 본장에서 함께 다루기로 한다.

제2절 연구사

백제 대장식구에 대한 연구 성과는 그다지 많지 않다. 오카야마현(岡山縣) 우시부미차우스야마(牛文茶臼山)고분에서 출토된 귀면문대장식구의 기원을 고찰하면서 일찍이 일본인 연구자들이 공주 송산리고분군의 귀면문대장식구를 언급한 적이 있다(齋藤忠 1941; 町田章 1970, 樋口隆康 1950; 坂靖 1991). 이후 정읍 운학리C호분에서 용문투조대장식구 2점이 출토되었다(全榮來 1974). 그러나 '금도은제장구(金塗銀製裝具)'로 보고된 것에서 알 수 있듯이 당시까지만 해도 대장식구에 대한 인식은 충분한 것은 아니었다. 백제 대장식구에 대한 본격적인 연구는 공주 무령왕릉에서 출토된 대장식구가 정식으로 보고된 이후라고 해야 할 것이다(李漢祥 1993).

무령왕릉 대장식구가 보고된 이후 백제 대장식구의 변천은 이한상이 체계적으로 정리하였다(李漢祥 1997). 이에 따르면 백제에서는 5세기 후반부터 자체적으로 대장식구를 제작하였으며 6세기 중엽 이후 역심엽형대장식구로 정형화되고 6세기 후반 이후 정형화가 완성되었다고 한다. 정형화된 대장식구가 소멸되지 않고 계속 사용된 이유는 장신구의 일종인 대장식구가 관위 혹은 신분을 상징하는 것으로 성격이 변했기 때문으로 보았다.

이한상의 연구 성과를 계승한 야마모토 다카후미(山本孝文)는 대장식구가 장식품의 성격을 잃고 신분을 표현하기 위한 상징물로 변화하는 Ⅰ기에서 Ⅱ기로 변천이 중요한 획기임을 강조하였다. 그리고 이 획기를 기준으로 백제 대장식구를 제Ⅰ단계(웅진기)와 제Ⅱ단계(사비기)로 나누었다(山本孝文 2006). 이후 역심엽형대장식구[1]가 6세기 이후 백제와 신라 전역에 보급되었으며 대장식구를 착용한 인물의 신분(관위)에 따라 그 재질이 다른 것으로 추정하였다. 그리고 역심엽형대장식구에 이민족의 복장이라는 인식과 함께 백제가 중국 문물을 적극적으로 활용하려는 인식도 내재된 것으로 보았다(山本孝文 2007).

이상에서 알 수 있듯이 2000년대 중반까지 백제 대장식구에 관한 연구는 주로 웅진기와 사비기 출토품을 중심으로 이루어졌다. 그러나 1985년 몽촌토성의 성벽 정상부 평탄면에 위치한 1호 주거지 Ⅵ층에서 출토된 중원식대장식구로 보아 이미 한성기에도 대장식구가 존재한 것은 분명하다. 몽촌토성 출토품은 '이형금동제품(異形金銅製品)'로 보고(夢村土城發掘調査團 1985)되어 애초부터 중원식대장식구로 인식된 것은 아니다. 보고서가 간행된 직후 4세기 후반에서 5세기 전반에 걸쳐 백제에서 제작된 금속공예품이라는 견해가 제기된 적이 있지만(金元龍 1987) 이것이 중원식대장식구임이 밝혀진 것은 동일한 중원식대장식구가 웅가령진묘(熊家嶺晋墓)에서 출토된 것을 확인한 이후라고 할 수 있다(박순발 2004).

박순발은 몽촌토성 출토품을 남경대학(南京大學) 북원묘(北園墓), 광주(廣州) 대도산진묘(大刀山晋墓) 출토품과 비교하여 320-330년경에 제작된 것으로 보았다. 그리고 백제와 동진(東晉)의 최초 교섭으로 기록된 372년 이전에 이미 양국의 공식적인 조공과 책봉이 이루어졌을 가능성을 제기하였다. 아즈마 우시오(東潮)도 몽촌토성 출토품의 연대를 광주 대도산진묘 출토품(324년)과 근접한 시기로 파악하고 마한·백제가 대외교섭을 하는 가운데 중국에서 중원식대장식구가 유입된 것으로 추정하였다(東潮 2004). 이후 화성 사창리10-1번지 유적에서도 중원식대장식구가 확인되면서 한성기에 중원식대장식구가 존재한 것은 확실해졌다(권오영·권도희 2003; 권오영 2004).

1 야마모토 다카후미는 '환대(環帶)'라 부른다.

한편 공주 수촌리고분군의 발굴로 한성기에 중원식대장식구 외에 다양한 양식의 대장식구가 존재한 것을 수 있게 되었다(忠淸南道歷史文化硏究院 2007). 중원식대장식구와 웅진기 사이의 자료 공백도 메워졌다. 수촌리Ⅱ-1호 토광묘와 수촌리Ⅱ-4호 석실분에서 출토된 귀면문대장식구를 근거로 5세기 전반 중원식대장식구와 구별되는 백제 대장식구가 존재하며 한성기에 이미 관복 문화도 존재했을 것이라는 적극적인 주장도 제기되었다(이한상 2009a;이한상 2015a). 가야와 왜에서 출토된 귀면문대장식구의 변천과 계보에 대한 구체적인 검토가 최근 활발하게 이루어진 것도(山本孝文 2013; 山本孝文 2014) 수촌리고분군 발굴이 계기라 할 수 있다.

그리고 부여 능산리사지 목탑지심초석 발굴에 이어 2007년 왕흥사지, 2009년 익산미륵사지석탑에서 출토된 사리장엄구에서 역심엽형대장식구가 출토되면서 사비기에도 대장식구의 제작이 지속되었음을 알 수 있다(김낙중 2014; 이한상 2009b).

연구사 검토에서 알 수 있듯이 비록 출토 자료는 적지만 백제에서는 한성기부터 사비기까지 지속적으로 대장식구가 제작되었다. 다만 2000년대 중반 이후 증가한 한성기 자료를 포함하여 백제가 멸망하는 사비기까지 대장식구의 전개 과정과 특질이 체계적으로 정리된 것은 아니다. 특히 제작기술에 관해서는 아직까지 구체적인 검토가 이루어지지 않았다. 가야와 왜에서도 백제와 관련있는 대장식구가 출토되어 이를 포함한 종합적인 검토가 요구된다. 이상과 같은 연구 성과와 문제의식을 바탕으로 본장에서는 백제 대장식구의 변천을 크게 한성기, 웅진기, 사비기로 구분하고 시기별 특질에 대해 생각해보고자 한다.

제3절 백제 대장식구의 전개

1) 한성기

한성기의 대장식구는 현재까지 총 7곳의 유적에서 확인된다(그림 9-1). 출토 수량은 적지만 중원식대장식구, 용문투조대장식구, 귀면문대장식구와 같이 그 양식은 다양하다. 다만 대장식구를 구성하는 부품이 완전한 세트를 이루어 출토된 사례가 없으며 제작 연대에 대해서도 이견이 존재하여 한성기 대장식구의 실상에 대해서는 불분명한 점이 많다.

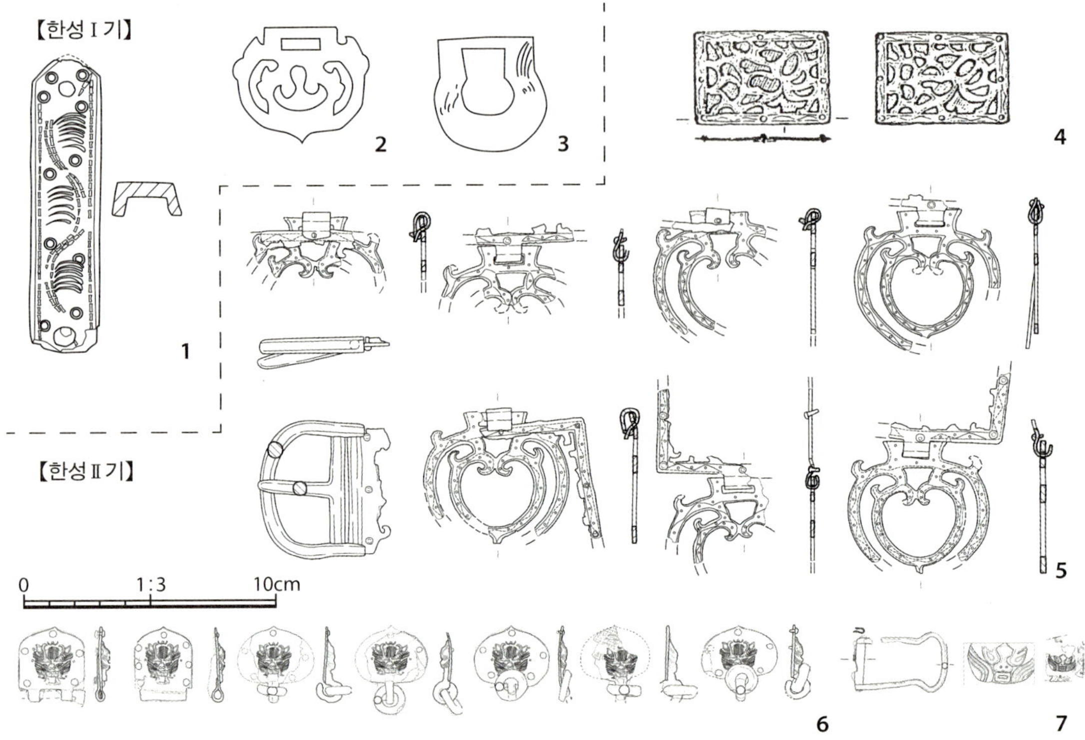

그림 9-1 한성기의 대장식구

1. 서울 몽촌토성 | 2. 서울 풍납토성 | 3. 화성 사창리10-1번지 | 4. 정읍 운학리C호분 | 5. 연기 나성리 KM-004 토광묘 | 6. 공주 수촌리1호 토광묘 | 7. 공주 수촌리4호 석실분(1은 1:1, 2·3은 축척부동)

(1) 중원식대장식구

전술한 것처럼 백제에 처음으로 등장하는 대장식구는 진(晋)에서 제작되어 이입된 중원식대장식구이다. 서울 몽촌토성, 풍납토성, 화성 사창리10-1번지에서 출토되었다.

이 중 몽촌토성 1호 주거지 Ⅵ층에서 출토된 과(銙)(그림 9-1-1)는 남경대학 북원묘, 웅가령진묘, 광주 대도산진묘 출토품과 유사하다. 제작 연대에 관해서는 4세기 전반을 내려오지 않거나(金元龍 1987), ‘太寧’2년(324)명 전묘가 출토된 광주 대도산진묘를 참고로 4세기 초에 제작되었으므로(박순발 2004) 서진제로 보는 견해가 다수이다. 이와 달리 4세기 중엽으로 비정할 수 있는 남경대학 북원묘 출토품보다 몽촌토성 출토품이 후행하며 북연(北燕) 풍소불묘(馮素弗墓) 출토 석제 벼루에 새겨진 문양이 몽촌토성의 출토품과 흡사한 것을 근거로 4세기 후반에서 5세기 전엽인 동진 중기~후기에 제작된 것으로 보는 견해도 있다(桃崎祐輔 2005). 양진에서 제작되어 백제로 이입된 후 매납까지 상당한 전세 기간을 상정한다고 하더라도 한성기에 이미 중원식대장식구가 백제에 존재한 것은 분명할 것이다.

(2) 용문투조대장식구

연기 나성리KM-004토광묘와 정읍 운학리C호분에서 출토되었다. 각각을 웅진기로 비정하는 견해(박보현 2016)도 있으나 동종(同種)의 대장식구를 분석하여 도출한 결론이라고 보기는 어렵다. 공반 유물을 통한 연대 비정도 쉽지 않기 때문에 신라 혹은 왜에서 출토된 용문투조대장식구와 선후 관계를 분석한 연구 성과를 참고로 하여 제작 연대를 추정할 필요가 있다. 출토지 불명인 국립경주박물관 소장 국은(菊隱)콜렉션을 포함한다면 현재까지 삼국, 고훈시대에 출토된 용문투조대장식구는 총 11식이다(목록과 도면은 제8 · 12장 참고).

고하마 세이(小浜成)는 과판에 새겨진 용문양에 주목하여 공인이 용문을 이해한 형식(고죠네코즈카(五條猫塚)고분, 초당동A-1호묘)에서 그렇지 못한 형식(시치칸(七觀)고분, 쓰키노오카(月ノ岡)고분, 임당7B호분 주곽)으로 퇴화한 것으로 보았다(小浜成 2002). 사오토메 마사히로(早乙女雅博)도 과판에 표현된 용문양을 분석하여 고죠네코즈카고분 → 시치칸고분 제2곽 → 임당7B호분주곽 · 황남대총남분 → 쓰키노오카고분로 상대 순서를 설정하였다(早乙女雅博 2007).

유사한 견해는 박천수와 다카타 간타(高田貫太)에 의해서도 제기된다. 박천수는 시치칸고분, 임당7B호분 주곽 출토품을 동일 단계로, 황남대총 남분 출토품은 이보다 형식학적으로 1단계 후행하는 것으로 보았다(朴天秀 2006). 대장식구를 비롯하여 용문이 투조된 마구와 대장식구를 Ⅲ기로 나눈 다카타 간타도 Ⅰ기에 고죠네코즈카고분, 초당동A-1호묘, Ⅱ기에 시치칸고분, 쓰키노오카고분, 임당7B호분 주곽, Ⅲ기에 황남대총 남분, 국은콜렉션을 비정하였다(高田貫太 2013). 세부적인 역전은 있으나 황남대총 남분 출토품을 형식학적으로 가장 후행하는 것으로 보는 점은 대다수의 연구자가 일치한다.

이와 달리 황남대총 남분 출토품을 이른 단계로 보는 견해도 있다. 투조문에 표현된 봉황이나 용의 탈화(脫化)와 문양의 간략화 과정, 그리고 수하식의 진화과정을 기준으로 황남대총 남분 출토품이 가장 이르고 시치칸고분, 임당7B호분 출토품이 이보다 후행하는 것으로 파악한 것이다(최병현 2014a; 최병현 2014b).

문양 퇴화의 판단에는 연구자의 주관이 개입될 소지가 많아 선후 관계를 단정하기는 쉽지 않다. 다만, 황남대총의 경우 과판에 용문만이 아니라 봉황문이 새롭게 추가된 점, 금동제 이외에 대형화된 은제품도 제작된 점, 수하식이 남분 축조 이후 신라에서 유행하는 삼엽문대장식구와 동일한 점에서 과도기적 요소를 많이 포함한다. 이를 감안하면 다수의 연구자가 지적한 것처럼 황남대총 출토품은 용문투조대장식구 중 형식학적으로 가장 후행할 가능성이 크다. 결국 신라와 왜에서 출토된 대부분의 용문투조대장식구는 황남대총 출토품보다 일찍 제작되었으며 시치칸고분, 쓰키노오카고분 출토품과 형식학적으로 유사한 나성리KM-004 수하식의 제작 연대도 황남대총 남분 출토품보다 이를 것으로 보인다.

황남대총 남분의 피장자는 내물, 실성, 눌지로 보는 견해로 나누어져 있다. 이 중 눌지왕릉설을 취한다고 하더라도 나성리KM-004 출토품이 5세기 중엽 이전에 제작된 것은 변하지 않는다. 이는 유사한 수하식이 출토된 시치칸고분이 기시모토 나오후미(岸本直文)의 고훈시대 편년 中3기(TK73형식기)로, 후쿠오카현 쓰키노오고분이 中4기(TK216형식기)로 비정되는 것에서도 방증된다(岸本直文 2011).

한편 정읍 운학리C호분에서는 과판 2점이 출토되었다. 실물 관찰 결과 파편을 이어 붙인 상태여서 제작 당시의 용문을 파악하기가 쉽지 않다. 다만 과판이 장방형인 점은 앞서 황남대총 남분 출토품보다 선행하는 것으로 파악한 신라, 왜의 출토품과 동일하기 때문에 제작 연대도 비교적 가까웠을 것이다.

신라와 왜에서 출토된 용문투조대장식구를 비교하면 백제지역에서 출토된 용문투조대장식구는 한성기에 속할 가능성이 크다. 여기서는 한성기를 크게 Ⅰ기와 Ⅱ기로 나누고 한성Ⅰ기(4세기)에 중원식대장식구, 한성기Ⅱ기(5세기 전엽)에 용문투조대장식구가 존재한 것으로 파악해둔다.

(3) 귀면문대장식구

한성기 대장식구의 일단이 공주 수촌리고분군에서 출토된 귀면문대장식구의 발굴로 분명해진 것은 전술한 바와 같다. 수촌리 출토품을 비롯하여 가야와 왜에서 출토된 귀면문대장식구의 계통에 대해서는 과판의 귀면문양을 분석하여 이미 상세히 검토된 적이 있다(山本孝文 2013; 山本孝文 2014). 종래 연구 성과를 바탕으로 대장식구의 제작기술을 함께 분석하여 귀면문대장식구의 제작 연대와 계통에 대해 생각해 보고자 한다. 지금까지 귀면문대장식구는 백제와 가야, 왜를 중심으로 총 15개[2]의 고분에서 확인된다(**표 9-2**).

분류와 변천 귀면문대장식구의 분류와 변천 양상은 대장식구를 구성하는 각 부품을 종

---

2 이 외에 도쿄국립박물관에서 소장중인 오구라(小倉)콜렉션에도 (전)거창 출토로 전해지는 귀면문대장식구가 있다.

표 9-2 삼국·고훈시대 출토 귀면문대장식구

지역	고분	대장식구	과판형태	귀면	재질	과판크기	제작기법	出土位置
공주	수촌리Ⅱ-1호분	귀면문과판(7)	오각형 역심엽형	A	금동	30×26 32×29	주조	피장자 허리 부근
	수촌리Ⅱ-4호분	교구(1) 귀면문과판(1)	방형(?)	B	금동	30×36	-	피장자 허리 부근
	송산리3호분	귀면문과판(2)	방형	B	금동	34×30	타출	-
	송산리1호분	교구(1) 귀면문과판(1)	방형	B	금동	33×28	타출	-
고령	지산동47호분	귀면문과판(9)	오각형 방형	B	금동	33×33	타출(?)	-
	지산동75호분	귀면문과판(2)	오각형	A	은	23×40	주조	-
합천	옥전M1호분	귀면문과판(3)	장방형 역심엽형	A	금동	25×20	주조	-
	옥전M3호분	귀면문과판(6)	방형	B	금동	25×20	타출(?)	피장자 머리 부근
함안	도항리54호분	귀면문과판(4)	원형	B	금동	24×27	타출(?)	성시구 주변
청주	신봉동B-1호분	귀면문과판(2)	역심엽형	-	금동	26(?)	타출(?)	-
岡山縣	牛文茶臼山古墳	교구(1) 귀면문과판(13)	방형	B	금동	33×27	타출	-
福井縣	十善ノ森古墳	귀면문과판(2)	방형 반타원형	B	금동	20×27	타출	-
長野縣	八丁鎧塚2號墳	귀면문과판(3)	방형	B	금동	33×28	주조	-
鳥取縣	高山古墳	귀면문과판(4)	방형	B	금동	-	-	-
奈良縣	眞弓鑵子塚古墳	귀면문과판(4)	방형	B	금동	17.5×17.5	주조	-
(傳)거창	小倉콜렉션	귀면문과판(5)	방형	B	금동	21×20	타출	-

과판크기의 단위는 mm | -: 분석 불가 | (?): 추정

합적으로 분석하는 것이 바람직하다. 그러나 과판 이 외에 교구, 대선금구가 공반된 사례가 매우 드물기 때문에 현재로서는 과판에 표현된 귀면문을 분석의 기준으로 삼을 수밖에 없다. 이미 지적된 것처럼 과판의 가운데 표현된 귀면문은 크게 A류와 B류로 나눌 수 있다(山本孝文 2013; 山本孝文 2014). 귀면의 문양이 제작 순서의 선후 관계를 반영한다는 가정하에 각각의 변천에 대해 언급해두고자 한다.

우선 A류는 사실적인 귀면문을 표현한 것이다. 가장 고식은 공주 수촌리Ⅱ-1호 토광묘 출토품이다. 귀면문은 역대형이며 눈과 코, 입을 모두 따로 표현하였다. 이마와 볼은 갈귀로 채웠으며 이마 위에 짧은 호문이 있다. 유사한 귀면문은 합천 옥전M1호분 출토품에서 확인

된다. 눈이 간략화 되었으나 이마와 볼을 갈기로 채우고 있고 이마 위에 짧은 호문이 그대로 남아 있어 양자의 제작 시기는 비교적 가까웠을 것이다.

A류 가운데 가장 퇴화한 사례는 고령 지산동75호분 출토품이다. 눈, 코는 흔적만 남아 있고 이마 위의 호문은 사라졌다. 이마와 볼을 갈기로 표현한 점, 수하식으로 환을 사용하는 점은 수촌리 출토품과 공통적이다. 귀면문을 기준으로 공주 수촌리Ⅱ-1호묘 → 합천 옥전 M1호분 → 고령 지산동75호분의 선후 관계를 상정할 수 있다.

B류는 A류에 비해 추상화된 것이다. 이마에 수직으로 표현된 갈기, 대각선으로 올라간 눈, 8자형의 코, 방형의 입, S자상으로 표현한 볼이 특징적이다. 출토품마다 차이는 있으나 눈, 코, 입의 문양과 배치가 유사하기 때문에 기본적으로 동일한 도안이 사용되었을 것이다. 공주 수촌리Ⅱ-4호분, 오구라(小倉)콜렉션, 고령 지산동47호분, 합천 옥전M3호분, 오카야마현 우시부미차우스야마고분, 나라현(奈良縣) 마유미칸스즈카(眞弓鑵子塚)고분, 돗토리현(鳥取縣) 다카야마(高山)고분 출토품이 B류에 속한다.

야마모토 다카후미는 청주 신봉동B-1호분, 함안 도항리54호분, 공주 송산리3호분, 오카야마현 우시부미차우스야마고분, 나가노현(長野縣) 핫쵸요로이즈카(八丁鎧塚) 2호분 출토품을 중간형으로 설정하고 A류와 B류의 과도기적인 상황을 보여주는 것으로 평가하였다(山本孝文 2013). 다만 스스로 지적하듯이 신봉동 출토품은 B류와 유사하며 이 외의 사례들도 대각선으로 올라간 눈, 8자형의 코의 특징적인 표현이 기본적으로 B류와 닮았다. 귀면문을 기준으로 한다면 야마모토 다카후미가 설정한 중간형은 B류에 속하며 B류 내에서의 자체적인 형식 변화가 진행되는 가운데 출현한 것으로 보아야 할 것이다.[3]

그렇다면 B류의 선후 관계는 어떻게 설정할 수 있을까? 귀면의 문양을 기준으로 크게 3단계로 분류할 수 있다. 공주 수촌리Ⅱ-4호분, 돗토리현 다카야마고분 출토품, 오구라콜렉션은 이마에 수직으로 표현된 갈기, 대각선으로 올라간 눈, 8자형의 코, 방형의 입, 그리고 볼을 S자상으로 표현하는 B류의 특징이 가장 명확하다. 귀면문을 정확하게 인식한 고식으로 분류할 수 있어 귀면문B1단계로 설정해둔다. 고령 지산동47호분 출토품도 유사한 단계의 귀면문으로 비정할 수 있을 것이다.

3 야마모토 다카후미가 B류로 분류한 후쿠이현(福井縣) 주젠노모리(十善ノ森)고분 출토품도 중간형에 속할 것이다.

합천 옥전M3호분, 오카야마현 우시부미차우스야마고분 출토품[4]은 귀면문B1단계의 귀면문 배치가 그대로 유지되나 눈, 코, 입 등 세부 표현에서 사실성이 떨어져 후행할 가능성이 크다. 귀면문B2단계로 설정해두고자 한다.

공주 송산리1호분, 송산리3호분, 함안 도항리54호분, 나가노현 핫쵸요로이즈카 2호분, 후쿠이현 주젠노모리고분 출토품은 귀면문의 변화가 현저해진다. 대각선으로 치켜 올라 간 눈은 수평으로 표현되고, 방형의 작은 입은 긴 장방형으로 바뀌며 이빨도 표현된다. 8자의 코는 없어지거나 알아볼 수 없게 표현되며 S자상으로 표현한 볼의 표현도 사라진다. 이 외에 수직으로 빽빽하게 표현된 이마의 갈기는 귀면 주위를 둘러가면서 확인된다. 귀면 주위를 갈기로 표현하는 특징은 A류와 유사하여 특히 주의할 필요가 있다. 이처럼 귀면문의 변화가 가장 심한 사례를 귀면문B3단계로 분류해 둔다(그림 9-2).

이상에서 분류한 A류와 B류를 야마모토 다카후미는 제작 시기차로 이해하고 A류가 백제에서 출현한 이후 과도기적 제품을 거쳐 B류가 성립한 것으로 보기도 한다(山本孝文 2013; 山本孝文 2014). 타당성이 높다고 생각되나 양자를 연결하는 귀면문의 뚜렷한 퇴화 요소는 확인되지 않아 애초부터 다른 도안이 사용되었을 가능성도 염두에 둘 필요가 있다.

연대 A류와 B류의 제작 연대를 공반 유물을 참고로 하여 추정해보고자 한다.

A류 귀면문대장식구의 상한 연대는 고식으로 분류한 공주 수촌리Ⅱ-1호묘에서 출토된 유개사이호(有蓋四耳壺)로 추정할 수 있다. 유사한 형식의 사이호는 동진 永和7년(351)에서 남송 元嘉10년(433) 사이에 들어가는 형식인 점에서 대부분의 연구자가 4세기 후반에서 5세기 초(朴天秀 2010; 成正鏞 2006; 成正鏞 2010) 혹은 4세기 4/4분기(李漢祥 2007)에 제작된 것으로 이해한다. 사이호는 전세되지 않았을 가능성이 높지만 전세를 인정한다 하더라도 고분은 늦어도 5세기 전엽 이전에 축조되었을 것이다. 수촌리Ⅱ-1호묘가 이한상의 백제장신구 편년 한성Ⅰ기(5세기1/4분기)에 해당하며(이한상 2009b) 여기서 출토된 마구가 이사하야 나오토(諫早直人)의 백제 마구 편년 Ⅲ단계 전반(5세기 전엽)에 비정되는 것(諫早直人 2012)으로 고려하면 5세기 전엽에 이미 A류 귀면문대장식구가 백제에 등장했을 가능성이 크다.

A류의 하한 연대는 고령 지산동75호분을 참고할 수 있다. 가야고분의 축조 연대에 대해

---

4 13점이 출토되었으나 도면으로 확인할 수 있는 귀면문대장식구의 과판은 3점뿐이다. 한 세트 내에도 문양이 다른 귀면문이 존재하므로 이미 지적된 것처럼 먼저 제작된 과판을 모방하여 다른 과판이 제작되었을 수도 있다(山本孝文 2013).

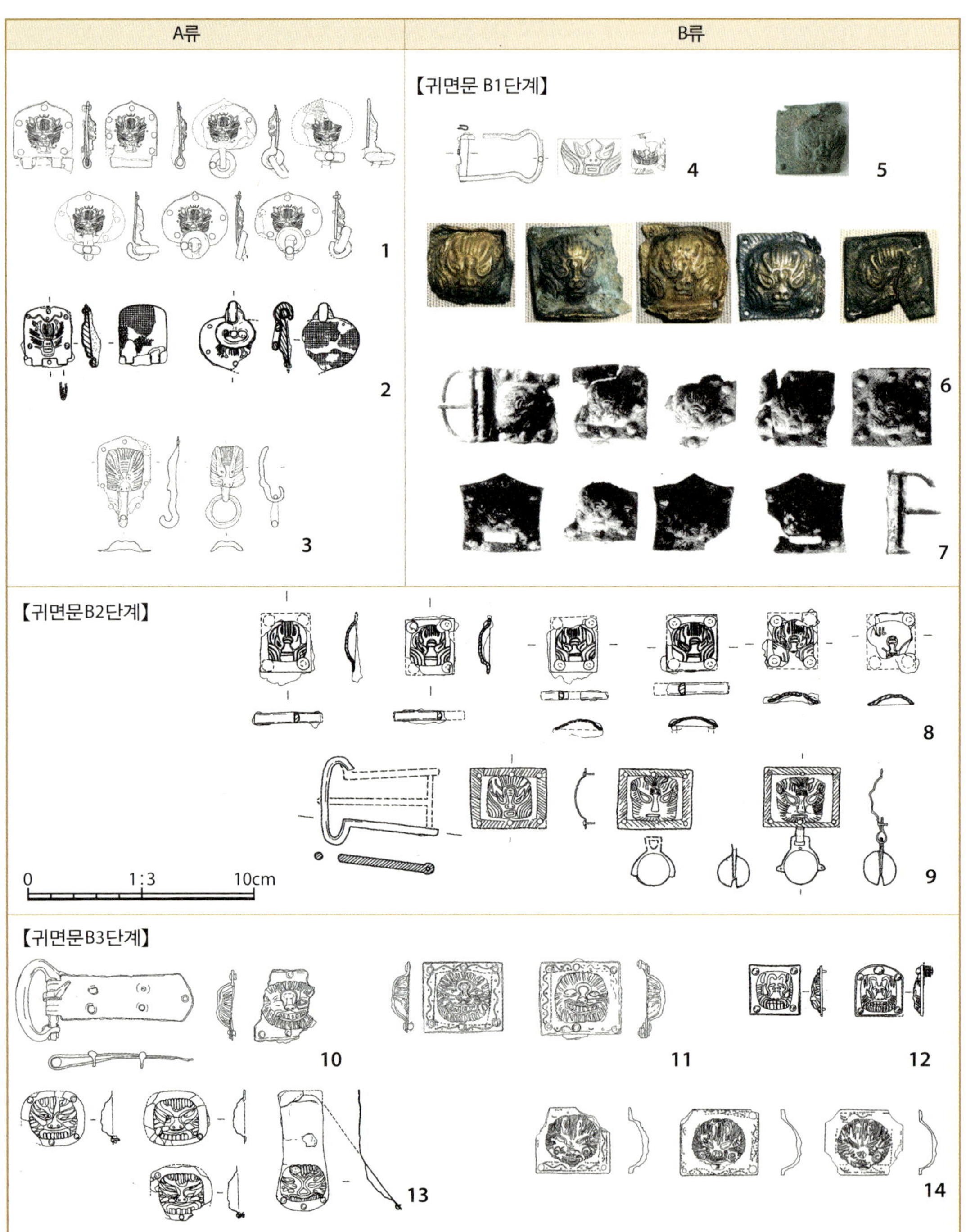

그림 9-2 귀면문대장식구의 분류와 변천

1. 공주 수촌리1호 토광묘 | 2. 합천 옥전M1호분 | 3. 고령 지산동75호분 주곽 | 4. 공주 수촌리Ⅱ-4호 석실분 | 5. 돗토리현 다카야마고분 | 6. 오구라콜렉션(傳거창출토) | 7. 고령 지산동47호분 | 8. 합천 옥전M3호분 | 9. 오카야마현 우시부미차우스야마고분 | 10. 공주 송산리1호분 | 11. 공주 송산리3호분 | 12. 후쿠이현 주젠노모리고분 | 13. 함안 도항리54호분 | 14. 나가노현 핫쵸요로이즈카2호분(5·6·7은 축척부동)

서는 이미 다수의 연구 성과가 있다. A류가 출토된 지산동75호분은 지산동고분군 내에서 비교적 일찍 조영된 대형고총 중 하나라는 점은 대부분의 연구자가 동의한다. 4세기 말에서 5세기 초(이희준 2015; 木村光一 2012), 5세기 전엽(朴天秀 2009)에 축조된 것으로 이해되므로 부장된 귀면문대장식구도 늦어도 5세기 전엽 이전에는 제작되었을 것이다. 현재까지 자료로 보는 한 A류 귀면문대장식구의 존속 시기는 비교적 짧았던 것으로 판단된다.

한편 B류 귀면문대장식구의 상한 연대는 고식으로 비정한 공주 수촌리Ⅱ-4호분 대장식구와 공반된 흑유계수호를 참고할 수 있다. 이 흑유계수호는 강소(江蘇) 무석(無錫) 태화太和5년 출토품(370년)과 유사해 4세기의 늦은 시점에서 400년을 전후한 시기(朴淳發 2005), 혹은 동진 義熙2년 사온묘(謝溫墓)(406년) 출토품과 유사하여 4세기 말에서 5세기 초로 비정된다(朴天秀 2010; 成正鏞 2010). 흑유계수호의 전세를 인정한다고 하더라도 고분의 축조는 늦어도 5세기 중엽 이전에 이루어졌을 것이다. 수촌리Ⅱ-4호분이 이한상의 백제 장신구 편년 한성2기(5세기2/4분기)에 해당하며 공반된 마구가 백제마구편년 Ⅲ단계 후반(諫早直人 2012, 5세기 중엽)으로 비정되는 것을 고려하면 B류 귀면문대장식구도 5세기 전엽에는 등장했을 것이다.

B류의 하한 연대는 가장 신식으로 분류한 귀면문B3단계의 공주 송산리1호분과 송산리3호분 출토품을 참고하여 추정할 수 있다. 양 고분은 이한상의 백제장신구 편년 웅진2기로 비정된다. 주지하듯이 송산리고분군의 웅진기 백제 왕릉이라는 점에서 475년 천도 이후에도 백제중앙에서 귀면문대장식구를 사용한 것은 틀림없다.

A류와 B류의 존속 시기를 이상과 같이 파악한다면 귀면문대장식구 A류와 B류는 앞서 살펴 본 용문투조대장식구가 존재한 한성Ⅱ기(5세기 전엽)와 큰 시기 차를 두지 않고 출현한 것으로 볼 수 있다. 다만 A류는 출현 후 비교적 일찍 소멸하며 분포도 백제와 가야에만 한정된다. 이에 반해 B류의 경우 귀면문B3단계인 공주 송산리출토품에서 알 수 있듯이 자체적으로 형식이 변화하여 웅진기까지 제작된 것으로 보인다. 백제와 가야만이 아니라 일본열도에서도 확인되어 A류에 비해 그 분포 범위도 넓다. 따라서 귀면문B2단계를 한성기Ⅱ기보다 후행하는 한성Ⅲ기로, 송산리고분 출토품인 귀면문B3단계를 웅진Ⅰ기로 비정해둔다.

제작 기술 제작기술에 주목하여 A류와 B류의 관계를 파악해보고자 한다. 우선 A류로 분류한 공주 수촌리Ⅱ-1호묘에서는 역심엽형의 귀면문과판(5점)과 보주형의 귀면문과판(2점)이 공반되었다. 이 과판은 어떻게 제작되었을까? 대장식구를 관찰하여 확인할 수 있는 사실을 정리하면 아래와 같다.

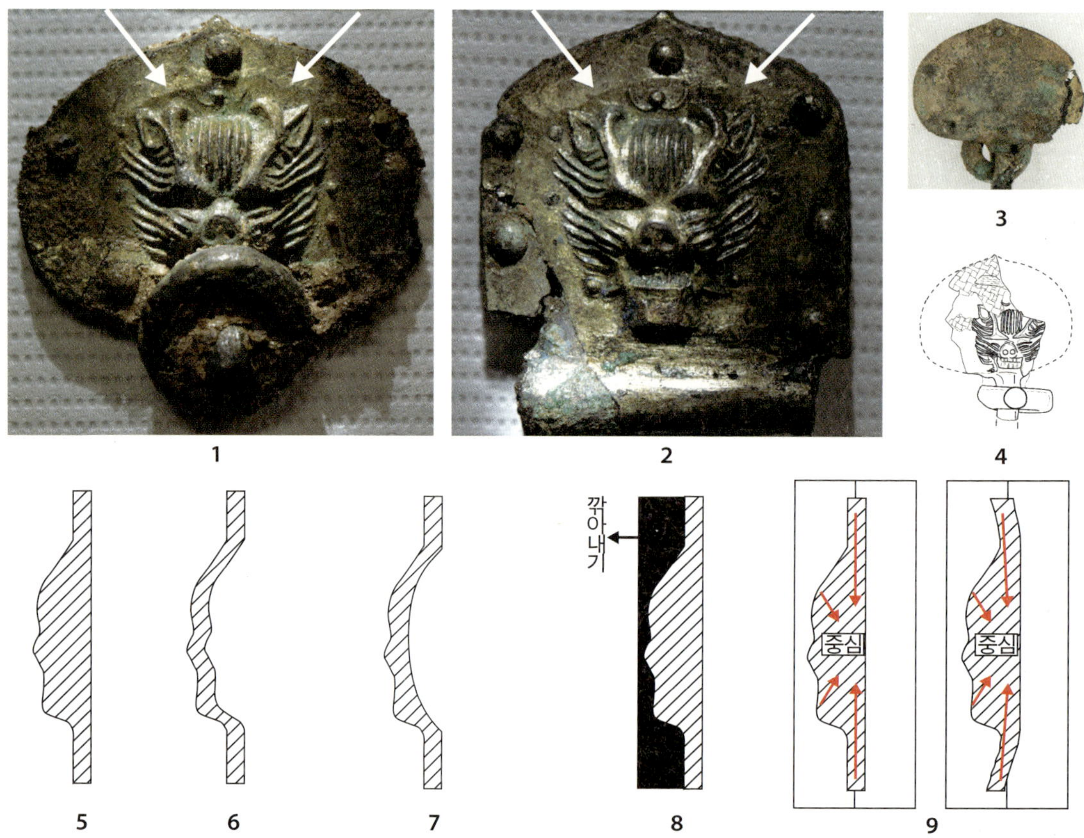

그림 9-3 귀면문대장식구의 제작 기법 추정

1~4. 공주 수촌리1호묘 | 5. 주조 | 6. 타출 | 7. 핫쵸요로이즈카2호분 출토품 | 8. 반육조(掘り崩し) | 9. 금속의 응고와 수축현상

① 과판의 외연은 보주형과 역심엽형으로 다르지만 중앙에 표현된 귀면문은 동일하다 (그림 9-3-1, 2).

② 귀면문은 대부분 그림 9-3-1, 2과 같이 과판의 중앙에 위치하나 그림 9-3-4와 같이 과판의 한 쪽에 치우쳐져 표현된 사례도 있다.

③ 귀면문의 주위에 단차가 귀면문 주위를 돌아가며 확인된다(그림 9-3-1, 2). 이 단차의 내측에 위치하는 귀면문은 단차의 외측에 위치하는 주연부보다 높게 형성되었다.

④ 과판의 이면은 편평하다(그림 9-3-3).

우선 과판의 이면이 편평하다는 점(④)에 주목할 수 있다. 만약 타출에 의한 제작이라면 과판의 이면은 그림 9-3-6과 같이 움푹 팬 형태로 완성되는 것이 일반적이다. 이에 반해 주조제의 이면은 편평하게 완성된다(그림 9-3-5). 과판의 이면으로 판단한다면 수촌리Ⅱ-1호분의 귀면문과판은 보고서에서 지적한 것처럼 주조로 제작되었을 가능성이 크다.

다음으로 귀면문의 주위를 따라가며 확인되는 단차에 주목할 수 있다. 앞서 추정한 것과 같이 과판이 주조제라면 이 단차의 흔적은 이미 거푸집에 형성된 것이 대장식구에도 그대로 반영된 것이다. 그리고 과판의 외연이 보주형과 역심엽형으로 다름에도 중앙에 표현된 귀면문이 동일하다는 점(①)은 과판 외연의 형태를 결정하는 거푸집 제작과정과 귀면문의 거푸집 제작과정이 다르기 때문에 나타난 현상으로 생각된다. 그림 9-3-4와 같이 귀면문이 과판의 중앙에서 많이 벗어난 사례는 이 같은 추정을 뒷받침한다. 귀면문을 표현한 거푸집을 외연 제작에 사용한 거푸집의 정 중앙에 위치시키지 못했기 때문에 나타난 현상일 것이다.

이상의 관찰 결과를 토대로 공주 수촌리Ⅱ-1호 토광묘 출토 귀면문대장식구의 주조 공정은 다음과 같이 상정할 수 있다(그림 9-4).

① 귀면문의 원형(재질:나무? 금속?)을 만든다.
② 귀면문의 원형을 본떠 거푸집(A1, A2, A3···)을 만든다.
③ 거푸집(B1, B2, B3···)에 제작하고자 하는 대장식구의 외연(보주형, 역심엽형)을 파낸다.
④ 거푸집(B1, B2, B3···)에 귀면문 원형이 표현된 거푸집(A1, A2, A3···)을 삽입할 공간을 파낸다.
⑤ 거푸집(B1, B2, B3···)의 공간에 거푸집(A1, A2, A3···)을 집어넣는다.
⑥ 거푸집(B1, B2, B3···)과 거푸집(A1, A2, A3···)의 경계인 간극을 매우고 정리한다.
⑦ 거푸집(B1, B2, B3···)과 거푸집(上型)을 합친 후 녹인 금속을 주입한다.
⑧ 완성

귀면문 주위에 나타난 단차는 거푸집A와 거푸집B의 경계부에 해당하며 그 경계부가 귀면문 주위의 희미한 단차로 남았을 것이다.[5] 수촌리Ⅱ-1호묘 출토품과 유사한 귀면문이 표

5 거푸집에 새로운 거푸집을 삽입하는 주조 방식을 일본 주조학회에서는 이케코미(埋け込み)주조라 부른다. 이케코미 주조방식은 중국 한대에 개발되었으며 통일신라시대 범종의 표면에 글씨를 나타내기 위해 흔히 사용되었다. 수촌리에서 출토된 대장식구의 출토로 이 주조 기술이 삼국시대에 이미 존재했다는 것을 알 수 있다.

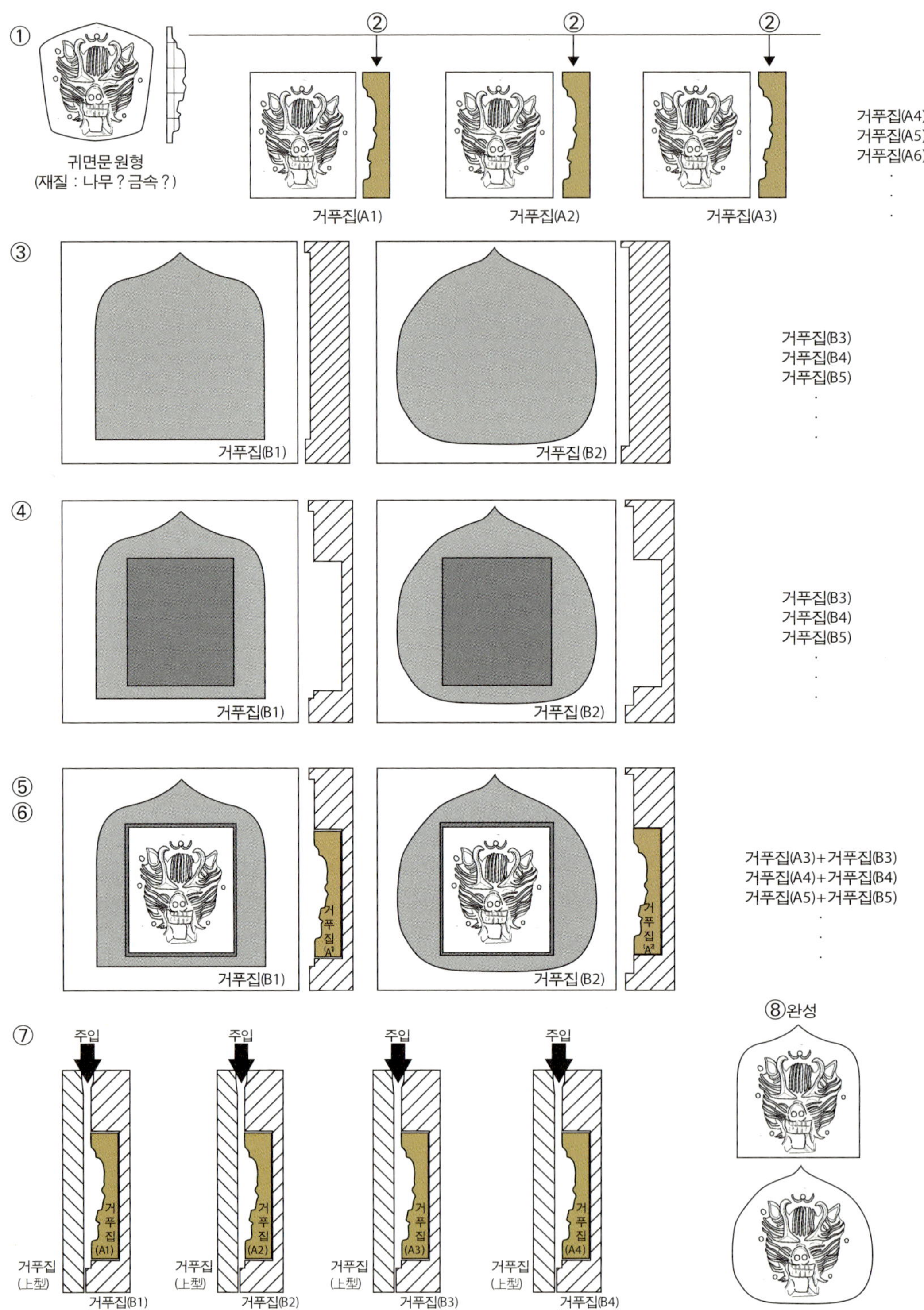

그림 9-4 공주 수촌리Ⅱ-1호묘 출토 귀면문과판의 제작공정

현된 합천 옥전M1호분 출토품을 타출로 제작된 것으로 보는 견해[6]도 있지만 과판에 표현된 귀면문이 모두 동일한 점, 과판의 이면이 평평한 점을 고려하면 수촌리Ⅱ-1호묘 출토품과 동일한 주조 공정을 거쳐 제작되었을 것이다. 고령 지산동75호분 출토품은 실견조사가 필요하지만 기본적으로 A류는 주조로 제작된 것으로 보인다.

이에 반해 B류는 주로 타출로 제작된 사례가 많다. 과판마다 귀면문이 조금씩 다르거나 과판의 이면이 움푹 팬 경우는 이면을 단조하는 타출에 의한 제작이다. B류 가운데 가장 고식으로 분류한 오구라콜렉션은 과판마다 미묘한 차이를 확인할 수 있어 한 점씩 타출로 제작된 것을 알 수 있다. 이 외에 합천 옥전M3호분, 공주 송산리1호분, 송산리3호분[7], 함안 도항리54호분, 오카야마현 우시부미차우스야마고분 출토품과 같이 과판의 이면이 움푹 들어간 사례도 타출에 의해 제작일 것이다. 즉 귀면문을 기준으로 분류한 A류와 B류는 주조와 타출이라는 제작 기법과도 연동된다.

이처럼 타출로 제작된 B류 귀면문대장식구 중 주목되는 것이 나가노현 핫쵸요로이즈카 2호분 출토품이다(그림 9-5). 타출(국립공주박물관 2004; 田中史子 1998), 주조(町田章 1970; 山本孝文 2014), 반육조 등 제작 기법에 관하여 다양한 견해가 제기되었기 때문이다.

일반적인 타출에 의한 제작이라고 한다면 그림 9-3-6과 같이 과판의 이면이 귀면문을 따라 그대로 들어가게 된다. 그러나 핫쵸요로이즈카 2호분 출토품은 타출제의 B류 대장식구와 달리 이면에 귀면문의 흔적이 남아 있지 않고 비교적 부드러운 반구형을 이룬다(그림 9-3-7). 이 같은 단면을 지닌 동판(귀면문대장식구)은 일반적인 타출로 제작하기 어렵다.

타출 이 외에 일정한 두께의 동판에서 귀면문만 남겨두고 나머지 금속을 깎아 내는 반육조기법(그림 9-3-8)을 상정하는 견해(小林宇壱 2007)도 있다. 만약 반육조기법에 의한 제작이라고 한다면 과판을 하나씩 제작해야 하므로 과판마다 표현된 귀면문의 형태에 조금씩 차이가 발생한다. 그러나 3개의 과판에 표현된 귀면문의 형태는 매우 유사하다(그림 9-5). 무엇보다 과판의 이면이 움푹 들어가 있어 반육조기법에 의해 제작으로도 보기 어렵다.

과판의 이면에 귀면문 흔적이 남아 있지 않고 이면의 단면이 부드러운 반구형을 이루고 있는 점, 3점의 과판에서 공통적으로 확인되는 주조 땜질의 흔적을 보아 야마모토 다카후미(山本孝文)가 지적한 것처럼 핫쵸요로이즈카 2호분 출토품은 주조로 제작되었을 것이다.

---

6 李漢祥(1997, p.150)은 압출이라고 표현하였다.

7 공주 송산리 출토품을 압출에 의한 제작으로 보는 견해(朴普鉉 2004)도 있다.

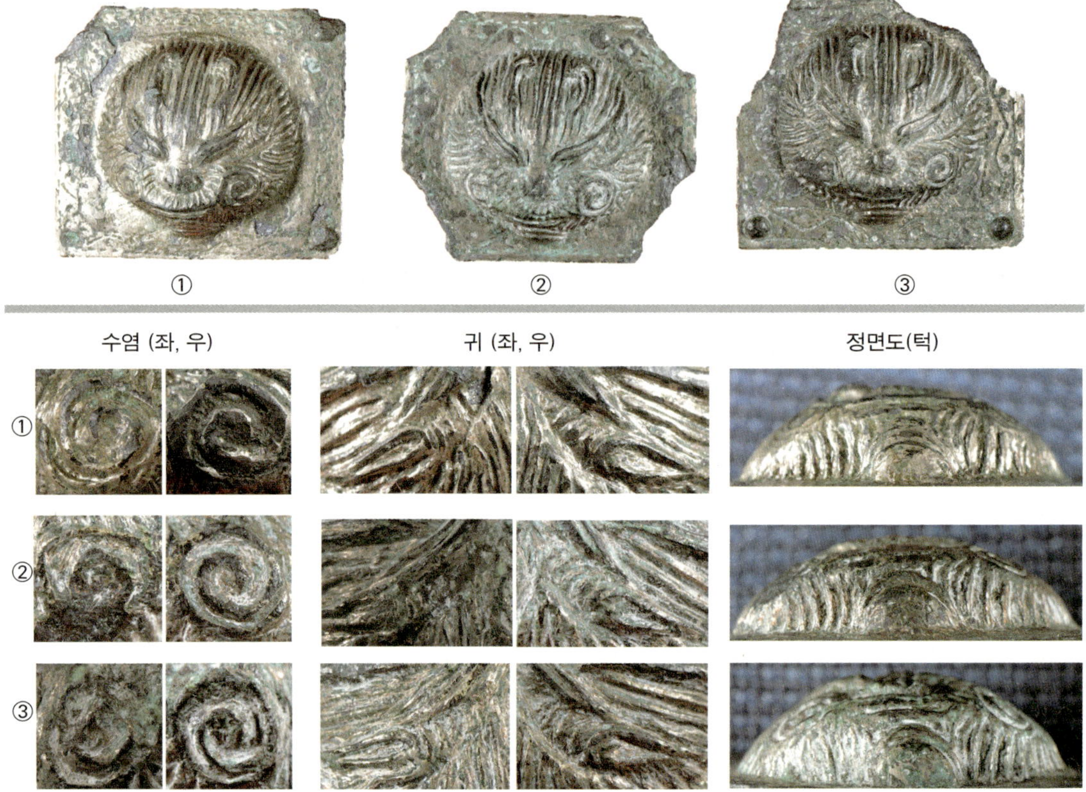

그림 9–5 나가노현 핫쵸요로이즈카 2호분 출토 귀면문대장식구

그렇다면 동일한 주조제임에도 수촌리Ⅱ-1호묘와 핫쵸요로이즈카 2호분 출토품의 단면 형상이 다른 이유는 무엇일까? 이는 주조공정에서 발생하는 금속의 수축 현상으로 설명할 수 있다. 금속의 주조 시 금속이 거푸집 속에서 응고되면서 질량이 가장 많은 중심으로 그 주변의 금속이 수축되는 현상이 발생한다(그림 9–3–9). 수촌리Ⅱ-1호묘에서 출토된 과판 가운데 단면이 휘어진 사례는 용해된 청동이 응고되면서 과판의 중심을 향해 수축되었기 때문에 발생된 현상일 것이다. 이러한 수축현상을 방지하기 위해서 주조 공인은 주조품의 두께를 균일하게 제작하는 것이 일반적이다. 핫쵸요로이즈카 2호분 출토품이 주조로 제작되었음에도 그림 9–3–7과 같이 그 두께가 일정한 것은 주조 과정에서 일어나는 수축 현상을 주조 공인이 숙지하고 이를 방지하기 위해 고안해 결과였을 것이다.[8]

8 한편 핫쵸요로이즈카 2호분 출토품의 특징 중 하나로 귀면문을 제외환 여백부분의 폭이 과판마다 다른 것을 근거로 하여 귀면문이 베풀어진 중앙부분의 문양 돌기 부분과 주연의 평탄부가 따로 제작된 후 접합된

이처럼 타출제가 많은 B류 귀면문대장식구에 핫쵸요로이즈카 2호분 출토품과 같이 주조제의 귀면문대장식구도 포함된 것은 중요하다. 앞서 지적한 것처럼 핫쵸요로이즈카 2호분 출토품은 B류 가운데 신식이며, 귀면 전체를 갈기로 표현하는 특징은 A류와 유사하다는 점에서 문양만이 아니라 제작기술 교류의 일단도 엿볼 수 있기 때문이다.

핫쵸요로이즈카 2호분 출토품에 대하여 「한반도에서 직접 박재된 것으로 단정할 수 없으며일본 국내의 영향」을 강조하는 견해(小浜成 2003)가 있다. 그러나 정밀 주조 기술로 제작된 것이 분명해진 이상, 제작지의 첫 번째 후보로 백제를 염두에 두어야 할 것이다. 백제에서 제작된 대장식구가 일본으로 이입되었거나 백제 공인이 일본열도로 건너 와 현지에서 대장식구를 제작했을 것이다. 최근 백제계로 추정되는 유물에서 자주 확인되는 정밀 주조 기술(鈴木勉 2013a; 鈴木勉 2013b)을 고려한다면 백제에서 제작되어 일본열도 내로 이입되었을 가능성이 가장 크다. 핫쵸요로이즈카 2호분 귀면문대장식구 주연부에 시문된 파상열점문이 공주 송산리1호분, 송산리3호분 출토품에서 확인되는 것도 이를 방증한다.

(4) 한성기 대장식구의 특질

이상에서 알 수 있듯이 한성기에는 중원식대장식구, 용문투조대장식구, 귀면문대장식구 등 여러 종류의 대장식구가 공존하였다. 고구려, 신라의 대장식구가 대부분 단조제임에 비해 백제에는 주조제와 타출제의 귀면문대장식구도 유행하였다. 중원식대장식구와 구별되는 백제의 대장식구가 5세기 전반에 성립되었다는 견해(이한상 2009b, 2015b)는 제작 기술로 보아도 타당하다.

한성기에 등장한 주조제 귀면문대장식구와 관련하여 주목되는 것이 마형대구이다. 동을 주조하여 제작한 마형대구는 지금까지 한성기 대장식구의 공백으로 인해 백제가 성립되기 이전인 마한과 관련된 기물로 인식되었다.

사실 마형대구의 제작 연대는 유물 자체에 대한 분석보다 공반된 토기의 연대관을 근거로 비정되는 경우가 많았다. 특히 다수의 마형대구가 출토되어 주목된 청당동분묘군의 조성

것으로 보기도 한다(山本孝文, 2014, 앞의 논문, p.27). 그러나 공주 수촌리Ⅱ-1호묘 출토품의 제작공정에서도 알 수 있듯이 이케코미주조에 의한 제작이라고 한다면 동일한 귀면문은 반드시 과판의 중앙에 배치되는 것은 아니다. 귀면문이 베풀어진 중앙부분의 문양돌기부분과 주연의 평탄부가 따로 제작된 후 접합되었는지는 아직 단정하기 어렵다.

시기는 마형대구의 제작 연대에도 큰 영향을 끼쳤다(咸舜燮 1995). 청당동분묘군은 2세기 후반에서 3세기 후반에 걸쳐 조성된 것으로 보고되었으며 여기서 출토된 마형대구의 제작 연대 또한 이 시기로 수렴되었다. 250년을 전후하여 중서부지역에 마형대구가 등장한다는 견해(金邱軍 2000)에서 알 수 있듯이 마형대구의 연대관은 이후에도 지속된다. 마형대구를 마한 제국의 성쇠와 백제국가의 형성과정과 관련된 것으로 보는 견해(東潮 2003)에도 동일한 연대관을 확인할 수 있다.

그러나 토기 자료를 분석하여 청당동분묘군의 조성 시기와 여기서 출토된 마형대구의 제작 연대를 1세기가량 늦추어 보는 견해(金成南 2006)가 제시된 이래, 청당동 출토품의 제작 연대를 늦추어 보려는 견해가 지속적으로 제기된다(이창엽 2011, 柳本照男 2012). 150점이 넘는 마형대구의 제작기술과 형식학적 검토를 참고로 하면 현재 중서부지역의 마형대구는 4세기 이후의 한성기까지 지속된 것으로 이해된다(김성욱 2010; 龜田修一 2004; 竹谷俊夫 1997a; 竹谷俊夫 1997b).

결국 한성기에는 중원식대장식구, 용문투조대장식구, 귀면문대장식구에 더하여 전통적으로 제작된 마형대구도 공존한 셈이다. 그렇다면 이 4종류의 대장식구는 어떤 관계였을까? 공반된 사례가 없어 그 관계를 단정할 수 없으나 분포와 공반 유물로 약간의 추정은 가능하다.

중원식대장식구의 성격에 대해서는 진의 사례를 참고할 수 있다. 『진서(晉書)』주처전(周處傳)에 의하면 중원식대장식구를 소유한 주처는 오국(吳國) 출신으로 서진에 출사(出仕)한 인물로 296년 건위장군(建威將軍)으로 임명된 후, 297년에 전사하였다. 그 후 사평장군(西平將軍)으로 추증되고 고향인 의흥(宜興)으로 귀장과 함께 전장군(前將軍)으로 가증되었다고 한다(町田章 1970). 문헌 기록에 근거하면 주처묘에서 출토된 중원식대장식구는 전장군과 사평장군, 혹은 사평장군과 건위장군(朴淳發 2004)과 관련된 복식품으로 볼 수 있다. 주처만이 아니라 중원식대장식구를 소유한 피장자들은 황제에서 교위에 이르기까지 중국 내에서도 높은 고위의 계급이었던 것으로 이해된다(김지현 2012). 중원식대장식구는 현재까지 서울과 화성 등 백제의 중앙과 그에 인접한 지역에서 한정되어 발견된다(제6장 참조).

한편 나성리KM-004토광묘에서는 용문투조대장식구와 함께 위세품으로 생각되는 금동제의 식리와 성시구, 금박을 입힌 구슬이 공반된다. 공반 유물은 불분명하지만 정읍 운학리C호분으로 보아 중원식대장식구보다 분포 범위가 넓다.

귀면문대장식구는 중원식대장식구와 용문투조대장식구에 비하여 출토 범위가 한층 넓어진다. 공주 수촌리유적에서 중국자기, 금동관, 장식대도, 금동식리와 같은 위세품이 공반

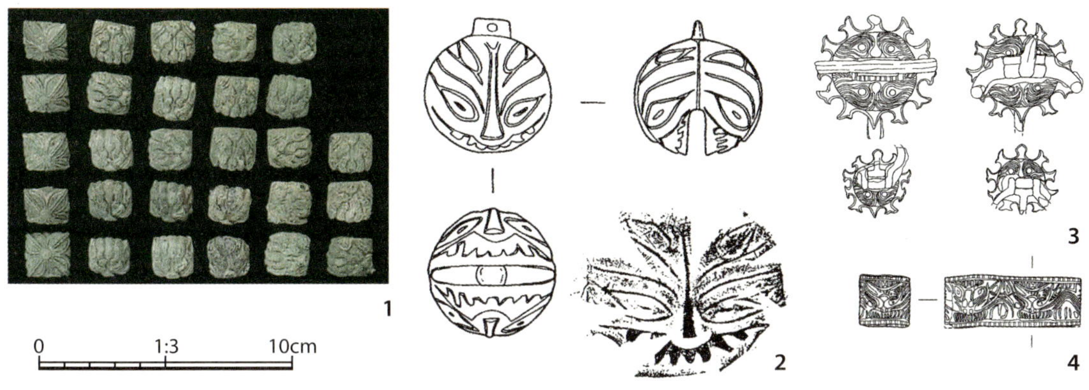

그림 9-6 귀면문 관련 제품

1. 경주 인왕동C-1호분 마구 | 2. 합천 반계제 가A호분 마령 | 3. 경주 계림로14호분 좌목선교구 | 4. 합천 옥전12호분 장식도자 (1은 축척부동)

되고 이후 웅진기의 왕릉인 공주 송산리고분군에서도 확인된다. 고령 지산동47호분, 지산동75호분, 합천 옥전M1호분, 옥전M3호분 등 가야에서는 수장층으로 보이는 고분에만 한정되어 발견된다. 마지막으로 마형대구는 귀면문대장식구보다 분포 범위가 넓고 주로 토기와 소수의 철제품과 공반되는 경우가 많다.

이처럼 한성기 대장식구는 서로 공반된 사례가 없어 상호 관계에 대해서는 구체적으로 추론하기 어렵다. 다만 위에서 살펴 본 대장식구의 분포와 공반 유물로 보아 소유자의 신분 혹은 위계에 따라 서로 다른 형식의 대장식구를 소유하였을 가능성도 하나의 가설로 제시할 수 있을 것이다.

한편 연기 나성리KM-004토광묘[9], 공주 수촌리Ⅱ-1호 토광묘, 수촌리Ⅱ-4호 석실분의 대장식구는 모두 피장자의 허리 부근에서 출토되었다. 착장된 상태로 출토되었기 때문에 한성기 백제의 관복과 관련된 것으로 이해하기도 한다. 그러나 고령 지산동47호분, 합천 옥전M3호분, 함안 도항리54호분, 청주 신봉동B-1호분, 나라현 마유미칸스즈카고분, 후쿠이현 주젠노모리고분에서 출토된 귀면문대장식구는 과판의 크기가 작아 허리띠를 장식하는 기능이 아니라 호록이나 마구(이한상 2015b; 山本孝文 2013; 小浜成 2003), 혹은 무구류의 띠를 장식(朴普鉉 2004)하는 데 사용되었을 수도 있다. 실제로 귀면문 모티브는 장식도자나 마구에도 보여 (그림 9-6) 한성기 관복 문화의 실상에 대해서는 앞으로 자료 증가를 기다릴 수밖에 없다.

9 보고서 고찰에서는 '허리를 두를 정도로 길지 않아 착장하여 부장한 것은 아닌 듯하다(162쪽)'고 보고 있으나 목관의 중앙 부근에서 출토된 점을 고려하면 착장되었을 수도 있다.

2) 웅진기

웅진기에는 송산리 수습품을 포함하여 총 7식의 대장식구가 출토되었다. 귀면문대장식구, 역심엽형대장식구, 삼엽문대장식구가 확인된다. 7식 모두 왕릉인 송산리고분군에서 출토되어 백제의 왕족이 대장식구를 본격적으로 사용하기 시작하였음을 알 수 있다. 그러나 지방의 출토 사례가 없으며 무령왕릉 이외에는 대부분 도굴되어 출토 정황은 물론 그 특질도 파악하기 쉽지 않다.

한성이 몰락한 이후에도 지속해 제작된 귀면문대장식구에 주목할 수 있다(그림 9-7-1, 2). 귀면문B3단계가 출토된 공주 송산리1호분[10], 송산리3호분은 궁륭식의 석실분으로 묘제의 구조와 사용된 재료로 보아 전축분인 무령왕릉과 송산리6호분보다 축조 시기가 선행할 가능성이 크다(이남석 2002). 전술하였듯이 웅진 I 기(5세기 후엽)로 비정해 둔다.

한성의 함락에 대해서는 백제의 일시적인 멸망이며 이를 계기로 토기, 기와는 물론이고 금공품의 생산기반이 완전 붕괴된 것으로 보기도 한다(權五榮 2011). 그러나 한성 II 기에 등장한 귀면문대장식구의 제작이 웅진기까지 이어진 것은 분명하다. 귀면문대장식구를 기준으로 한다면 한성 함락과 금공품 생산기반의 완전 붕괴라는 가설은 쉽게 인정하기 어렵다.

공주 송산리4호분에서는 5세기 말에서 6세기 초로 비정되는 경주 금관총 출토품과 동일한 문양의 은제 삼엽문대장식구(그림 9-7-3)가 출토되어(崔種圭 1992) 신라에서 이입된 것으로 보인다.

무령왕릉에서는 최소 2식의 대장식구가 출토되었다.[11] 대장식구A는 웅진기의 대장식구 중 유일하게 착장된 상태로 발견되었다(그림 9-7-7). 대장식구에 부착된 보요는 백제 대장식구 가운데 유일한 사례로 5세기 후엽 이후 신라 대장식구에 자주 확인되는 요소이다.[12] 대장식구B로 보고된 금제의 대장식구(그림 9-7-6)는 현재까지 확인된 백제의 역심엽형대장식구 중 최고(最古)의 자료이다(山本孝文 2007). 금제의 역심엽형대장식구는 무령왕릉 이외에 경주 천마총에서 확인되므로 역시 신라 대장식구와 관련성을 엿볼 수 있다. 무덤의 구조로 보아

---

10 공주 송산리1호분에서 출토된 교구는 동시기 한반도와 일본열도에서 확인되지 않는다. 형태로 보아 마구의 부속품일 가능성도 있다.

11 무령왕릉 출토품의 추가 보고에서는 총 3식으로 보고되었지만(李漢祥 1993), 이 중 은제 교구 1식과 금제의 역심엽형과판 1식을 하나의 세트로 보아 총 2식으로 이해된다(李漢祥 1997b).

12 현재까지 보요가 부착된 신라 대장식구는 황남대총 북분(금), 서봉총(금), 노동리4호분(은), 금관총(금), 천마총(금), 금령총(금, 은)에서 확인된다.

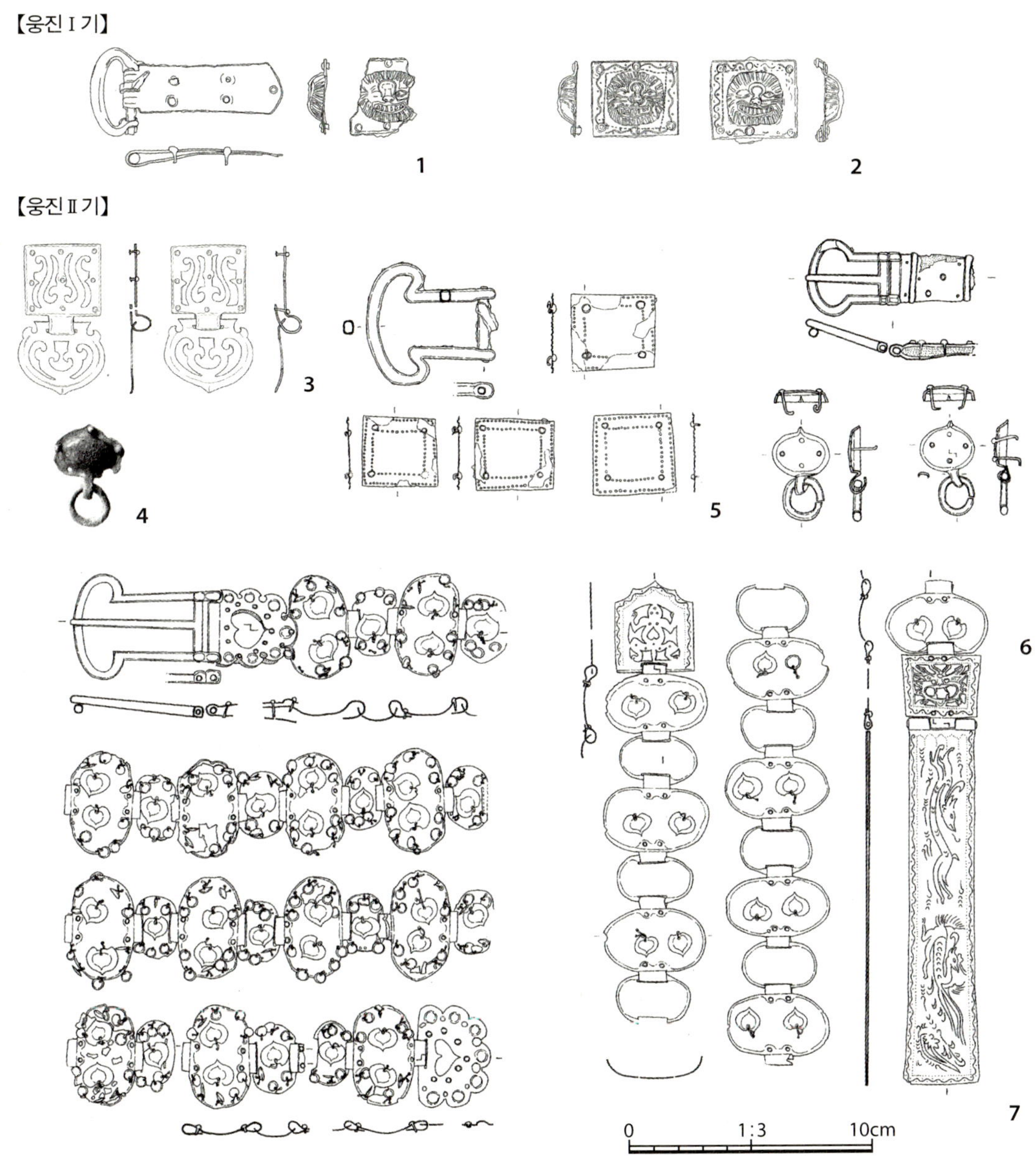

그림 9-7 웅진기의 대장식구

1. 공주 송산리1호분 | 2. 공주 송산리3호분 | 3. 공주 송산리4호분 | 4. 공주 송산리29호분 | 5. 공주 송산리수습품 | 6·7. 공주 무령왕릉(4는 축척부동)

무령왕릉보다 후행하는 것으로 보이는 공주 송산리29호분(이남석 2002)에서도 역심엽형대장식구가 확인되므로(그림 9-7-4) 웅진기에는 본격적으로 제작했을 것이다. 경주 황남동 109호분, 110호분, 황오동4호분 등 이른 시기의 적석목곽묘에서 역심엽형대장식구가 출토되는 것을 고려하면 백제에서 역심엽형대장식구가 등장하게 된 계기 중 하나로 신라의 영향을 고려해 볼 수 있다. 송산리에서 수습된 과판은 백제 대장식구 가운데 유일한 무문이다. 교구는 선단부를 둥글게 표현한 것으로 무령왕릉 출토품과 유사하여 제작 시기도 가까웠을 것이다. 공주 송산리4호분, 송산리29호분, 공주 송산리수습품, 무령왕릉 출토품을 웅진Ⅱ기(6세기 전엽)로 비정해 둔다.

3) 사비기

사비기가 되면 한성기와 웅진기에 존재한 다양한 양식의 대장식구는 더 이상 확인되지 않고 웅진Ⅱ기에 등장한 역심엽형대장식구만 제작된다. 현재까지 총 17곳의 유적에서 역심엽형과판과 교구, 대선금구가 확인되었다. 사비기의 대장식구는 고분 이 외에 저장공이나 사지의 목탑지의 진단구로서 공양된 사례도 있어 반드시 허리띠를 장식하는 기능만 지녔던 것은 아니다. 여기서는 출토 사례가 가장 풍부한 과판을 기준으로 사비기 대장식구의 변천 과정과 그 특질에 대하여 생각해 보고자 한다.

(1) 역심엽형과판의 변천과 연대

역심엽형과판은 무령왕릉 출토품을 비롯하여 13곳의 유적에서 확인된다. 과판과 대를 결합하는 방법에 주목하여 역심엽형과판을 총 7개의 형식으로 분류할 수 있다(그림 9-8).

역심엽형과판A – 역심엽형과판과 대를 못으로 고정한 것.

역심엽형과판B – 역심엽형과판과 Ω형 고정용금구를 못으로 고정한 것.

B1 – 역심엽형과판과 Ω형 고정용금구를 못으로 고정한 것. 못의 끝을 말아서 Ω형금구를 고정한 것.

B2 – 역심엽형과판과 Ω형 고정용금구를 리벳으로 고정한 것.

B3 – 역심엽형과판과 타원형의 은판을 리벳으로 고정한 것. 타원형의 은판에 구멍을 뚫어 고정용금구를 통과시킨 뒤 빠지지 않게 한 것.

B4 – 역심엽형과판과 타원형의 은판을 리벳으로 고정한 것. 타원형의 은판에 고정용금구를 땜질하여 붙인 것.

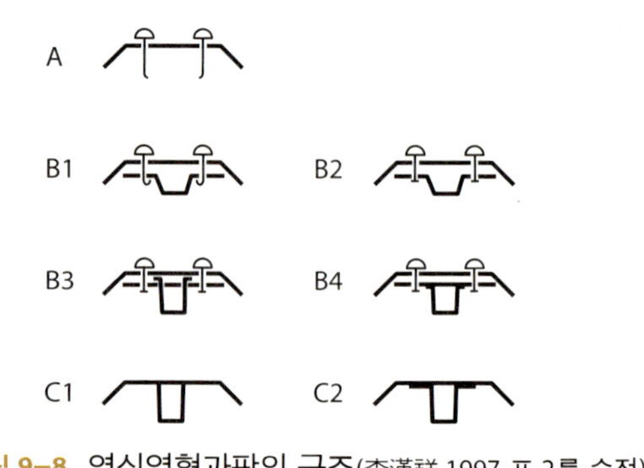

그림 9-8 역심엽형과판의 구조(李漢祥 1997 표 2를 수정)

역심엽형과판C – 못을 사용하지 않고 역심엽형과판과 고정용금구를 부착한 것.

C1 – 역심엽형과판과 고정용금구를 한번에 주조한 것.

C2 – 역심엽형과판과 고정용금구를 땜질하여 부착한 것.

이 중 부장 연대를 알 수 있는 공주 무령왕릉(525년)에서 역심엽형과판A, 부여 능산리목탑지(567년경) 역심엽형과판B1, B2, B4, 부여 왕흥사지 목탑지(577년)에서 역심엽형과판B4, 익산 미륵사지서탑(639년)에서 역심엽형과판C2가 출토되어 과판의 변천 과정을 추정할 수 있다. 즉 과판을 대에 고정하기 위해 직접 못을 사용하는 역심엽형과판A에서 과판과 고정용금구를 못이나 리벳을 사용하는 역심엽형과판B, 고정용금구를 과판에 직접 땜질하거나 주조한 역심엽형과판C로 변화한다.

역심엽형과판A가 출토된 공주 무령왕릉은 앞서 웅진Ⅱ기로 비정하였다. 역심엽형과판B가 출토된 부여 능산리목탑지(567년), 왕흥사지 목탑지(577년경), 능안골36호분, 능안골50호분 출토품은 사비Ⅰ기(6세기 중엽~후엽)으로 비정할 수 있다. 이 외에 역심엽형과판C가 출토된 대전 월평동유적E11호 저장공, 장성 학성리A지구6호분, 부여 염창리V-55호분, 익산 미륵사지서탑(639년), 나주 복암리3호분 6호석실 출토품은 사비Ⅱ기(7세기 이후)로 비정할 수 있다.

역심엽형과판이 출토되지 않은 나주 복암리3호분 5호석실, 복암리3호분 7호석실, 용계동삼국5호 석곽묘, 표정리A지구 13호분, 능안골44호분은 공반된 교구와 대선금구로 연대를 추정할 수 있다. 능안골44호분의 대선금구는 허리띠 끝이 삽입되는 연미형 부분에 5개의 못을 박았으며 빗장을 꽂는 고정용금구의 하단에 은판을 사용한 점에서 사비Ⅰ기인 능안골36호분 출토품과 흡사하다. 능안골44호분에서 출토된 교구도 띠연결부에 다수의 못을 사용하였으며 빗장을 꼽기 위한 고정용금구를 2개 설치한 점은 나주 복암리3호분 5호 석실 출토품과 동일하다. 논산 표정리A지구13호분 출토 교구에도 다수의 못이 사용되어 제작 시기는 가까웠을 것으로 추정된다. 이상에서 부여 능안골44호분, 나주 복암리3호분 5호 석실, 논산 표정리A지구13호분 출토품도 사비Ⅰ기로 비정해둔다.

이 외 나주 복암리3호분 7호석실, 대전 용계동 삼국5호 석곽묘, 남해 남치리 백제고분 출토품은 허리띠 끝이 삽입되는 연미형 부분의 폭이 좁아지며 못이 사용되지 않는 점이 공통적이다. 장성 학성리A지구 6호분 출토품도 유사하므로 사비Ⅱ기로 비정할 수 있다.

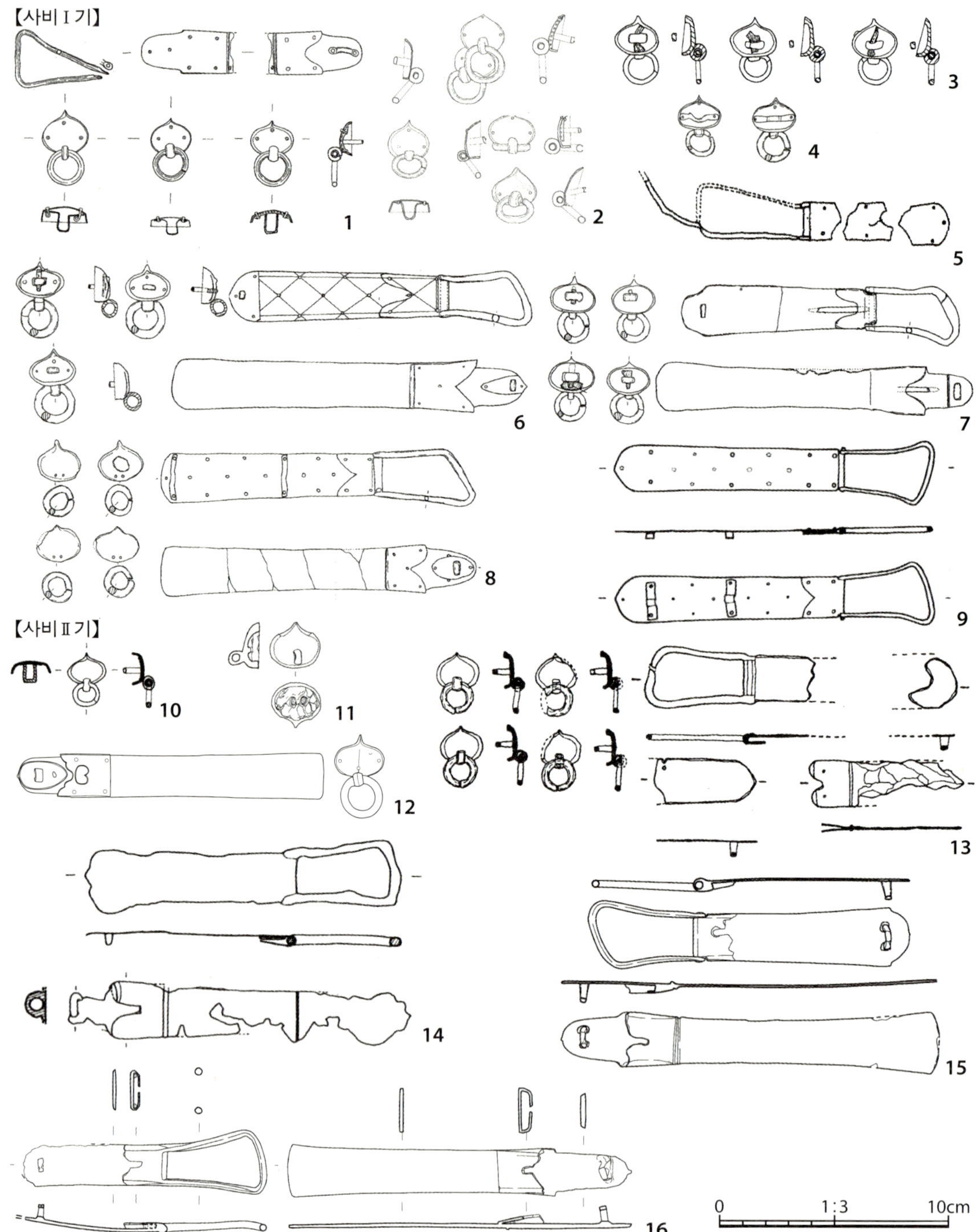

그림 9-9 사비기의 대장식구

1. 부여 능산리목탑지 사지 | 2. 부여 왕흥사지 목탑지 | 3. 부여 염창리V-55호분 | 4. 부여 능산리50호분 | 5. 논산 표정리13호분 | 6. 부여 능산리36호분(좌측) | 7. 부여 능산리36호분(우측) | 8. 부여 능산리44호분 | 9. 나주 복암리3호분5호석실 | 10. 나주 복암리3호분6호석실 | 11. 대전 월평동유적E11호 저장공 | 12. 익산 미륵사지서탑 | 13. 장성 학성리A지구6호분 | 14. 나주 복암리3호분7호석실 | 15. 대전 용계동삼국5호 석곽묘 | 16. 남해 남치리백제고분

(2) 사비기 대장식구의 특질

사비기 대장식구의 특질은 크게 2가지로 요약해 볼 수 있다. 첫째 한성, 웅진기와 달리 과판의 형식이 모두 역심엽형으로 한정되는 점이다(그림 9-10). 한성기와 웅진기에 존재한 다양한 양식의 대장식구는 사라지고 역심엽형대장식구만 잔존한다. 이미 지적된 것처럼 사비기가 되면서 대장식구가 장식품으로서의 성격을 잃고 신분을 표현하기 위한 기능적인 상징물로 변화한 것을 의미할 것이다(山本孝文 2007). 다만 사비기의 역심엽형대장식구에 대하여 국내(지방) 통치를 위한 수단으로 중국적 관료기구의 도입과 함께 역심엽형대장식구를 비롯한 복식제가 들어온 것으로 보는 것에 대해서는 약간의 의문도 남는다. 북방계 이민족의 허리띠에서 파생된 것으로 생각되는 역심엽형과판은 남조에서는 아직 발견되지 않았으며 현재까지 자료로 보는 한 고구려와 신라에서 역심엽형대장식구를 먼저 사용한 것은 분명하기 때문에 그것을 전수한 주체를 반드시 중국으로 단정할 수 없기 때문이다.

둘째 이처럼 양식적으로 통일된 대장식구는 사비를 중심으로 영산강유역과 멀리 남해까지 확인된다(그림 9-11). 한성기와 웅진기의 대장식구 분포가 서울과 공주 등 중앙에서 한정적으로 출토되는 것과 비교하면 매우 대조적이다. 이처럼 넓은 범위에서 확인되는 사비기의 대장식구는 진단구로서 공양되는 경우도 있지만 주로 능산리형석실에 매납되며 은화관식과 공반되는 사례가 많다. 『주서(周書)』, 『북사(北史)』의 기록에서 알 수 있듯이 사비기의 대장식구는 관인의 상징물로 관복의 부속품일 가능성이 크다(이한상 2009b). 백제의 관복 문화의 일단은 대장식구로 보는 한 이처럼 사비기에 들어 비로소 구체적으로 복원할 수 있다. 또 금-은-백동-청동 순으로 위계화된 된 백제 대장식구(김낙중 2014; 山本孝文 2007)도 사비기에 한정된 현상으로 볼 수 있다.[13]

한편 영산강유역이 백제로 편입된 시기에 대하여 이미 다양한 견해가 제기되었지만 적어도 본장에서 검토한 대장식구로 본다면 이 지역이 백제의 완전한 직접지배를 받게 된 것은 사비기 이후라 해야 할 것이다.

---

13 사비1기에 은제가, 사비2기에 청동제가 많이 제작되어 대장식구의 재질에 시기의 차를 고려하는 견해(이한상 2009b: 219, 각주152)도 주목된다.

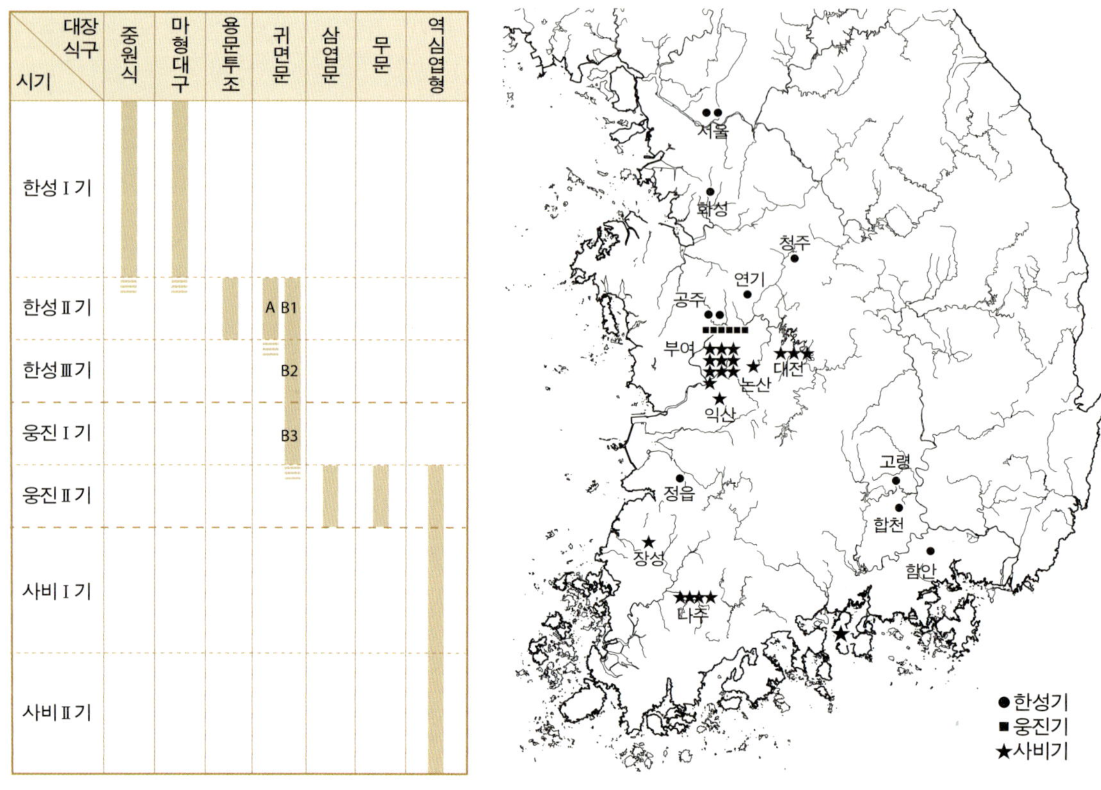

그림 9-10 백제 대장식구의 변천

그림 9-11 백제 대장식구의 분포

제4절 가야의 대장식구

본장에서는 가야지역에서 출토된 대장식구에 대해서 간단히 살펴보고자 한다. 현재까지 가야지역에서는 총 9기의 고분에서 10식의 대장식구가 출토되었다(표 9-3, 그림 9-12).

가장 이른 시기의 대장식구는 김해 대성동고분군에서 출토된 중원식대장식구이다. 공반된 마구를 근거로 삼연과 관련성이 지적된다. 다만 풍납토성, 몽촌토성, 사창리10-1번지에서 중원식대장식구가 확인되므로 백제를 경유하여 이입되었을 가능성도 배제할 수 없다.

고령 지산동47호분, 지산동75호분 주곽, 합천 옥전M1호분, 옥전M3호분, 함안 도항리54호분에서 출토된 귀면문대장식구는 앞서 살펴 본 것처럼 백제와 관련성이 인정된다. 가야지역에서 출토된 귀면문대장식구는 한성기부터 웅진기에 걸쳐 이루어진 백제와 교섭 속에서 이입되었을 것이다. 다만 착장된 사례가 없어 허리띠가 아닌 성시구로 보는 견해도 있다

표 9-3 가야지역 출토 대장식구

지역	고분명	대장식구	재질	착장	그림
고령	지산동47호분	교구(2), 귀면문과판(9)	금동	-	그림 2-7
	지산동75호분 주곽	귀면문과판(2)	은	-	그림 2-3
김해	대성동88호분	중원식대장식구	금동	-	그림 12-1
	대성동70호분 주곽	중원식대장식구	금동	-	그림 12-2
합천	옥전M1호분	귀면문과판(3)	금동	×	그림 12-3
		초엽문과판, 교구, 대선금구	금동	×	그림 12-5
	옥전M3호분	귀면문과판(6)	금동	×	그림 2-8
	옥전M11호분	교구(1) 대선금구?(1)	은	-	그림 12-6
함안	도항리54호분	귀면문과판(4)	금동	×	그림 2-13
의령	경산리2호분	교구(1) 대선금구?(1)	은	가	그림 12-4

-: 확인불가 | ×: 착장하지 않음 | 가: 가능성 있음

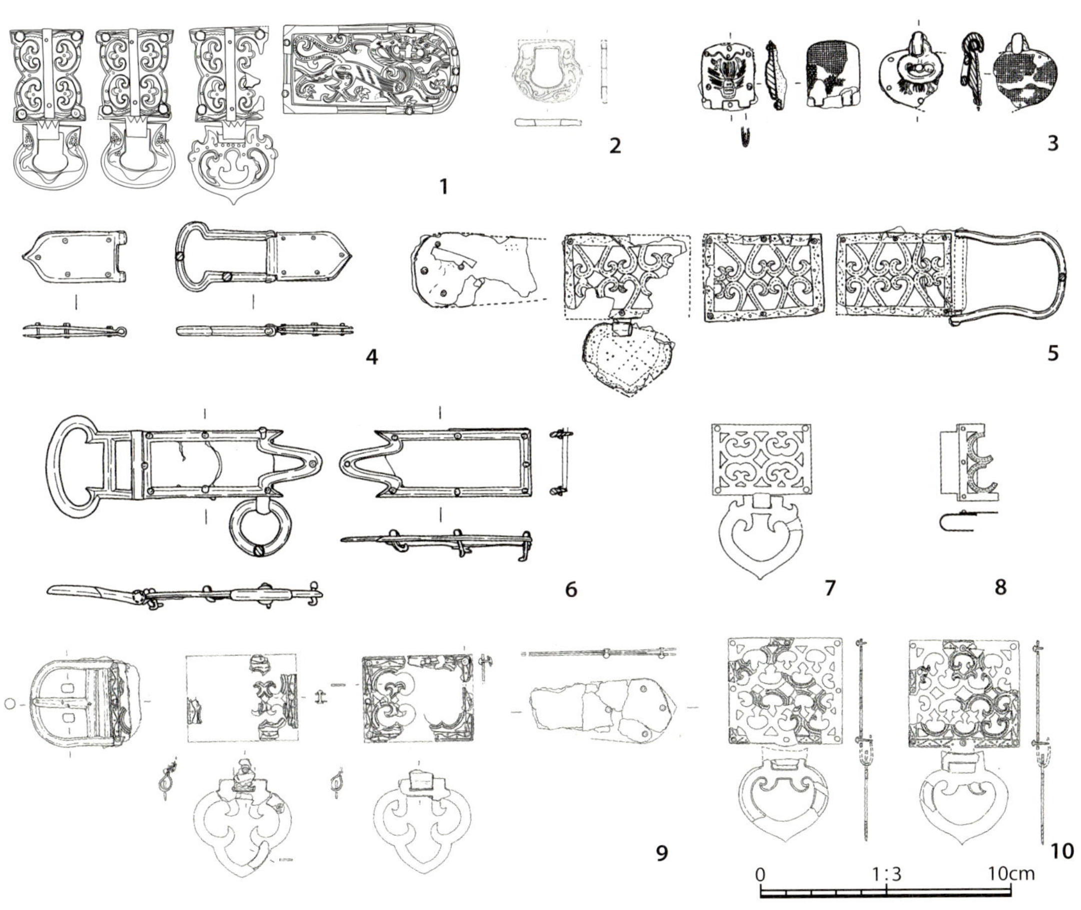

그림 9-12 가야지역 출토 대장식구와 관련 제품

1. 김해 대성동88호분 | 2. 김해 대성동75호분 주곽 | 3·5. 합천 옥전M1호분 | 4. 의령 경산리2호분 | 6. 합천 옥전M11호분 | 7. 오구라콜렉션 | 8. 오사카부 곤다마루야마고분 | 9. 후쿠오카현 쓰키노오카고분 | 10. 나라현 니이자와센즈카126호분

(이한상 2015b).

한편 합천 옥전M1호분에서는 귀면문대장식구와 함께 초엽문이 투조된 금동제대장식구가 출토되어 주목된다(그림 9-12-4). 유사한 모티브가 적용된 대장식구는 일본 오사카부(大阪府) 곤다마루야마(譽田丸山)고분, 후쿠오카현(福岡縣) 쓰키노오카(月ノ岡)고분, 나라현 니이자와센즈카(新澤千塚) 126호분에서 출토되었으며 동경박물관 소장 오구라콜렉션에도 확인된다. 이 중 니이자와센즈카 126호분 출토품은 피장자의 허리 위치에서 출토되어 착장한 채 매납하였음을 알 수 있다. 공반된 금동제장신구로 판단하건데 피장자는 신라에서 건너간 인물로 보이므로(高田貫太 2014) 초엽문이 투조된 금동제대장식구도 신라에서 그 계보를 구할 수 있다. 따라서 옥전M1호분 초엽문대장식구도 신라에서 제작된 후 이 지역으로 이입된 것으로 보는 것이 현재로서는 합리적이다. 공반된 로만글라스와 편원어미형행엽도 초엽문대장식구와 함께 신라에서 이입되었을 것이다. 즉 옥전M1호분 피장자는 백제계의 귀면문대장식구와 신라계의 초엽문대장식구를 동시에 소유했으며 양국과 교섭을 담당한 인물로 추정된다. 백제와 신라 사이에서 이루어진 가야의 활발한 대외교섭은 대장식구를 통해서도 엿볼 수 있다.

제5절 맺음말

본장에서는 백제 대장식구의 전개와 그 특질에 대해서 살펴보았다. 그 내용을 요약하면 다음과 같다.

한성기에는 중원식대장식구와 함께 용문투조대장식구, 귀면문대장식구, 그리고 원삼국시대부터 제작된 마형대구가 공존하였다. 이 중 중원식대장식구는 晋에서 이입되었으며 용문투조대장식구는 신라 혹은 왜와 관련이 깊다. 타출과 정밀 주조 기술로 제작된 귀면문대장식구는 현재까지 확인된 자료로 보는 한 백제에서 가장 먼저 출현한 후 가야와 왜에 완제품이 이입된 것으로 보인다. 귀면문모티브는 대장식구만이 아니라 장식도자나 마구에도 보이므로 한성기의 관복 문화의 실상에 대해서는 앞으로 자료 증가를 기다릴 필요가 있다.

한성기에 공존한 다양한 형식의 대장식구는 서로 공반된 사례가 없어 상호 관계에 대한 구체적인 추론은 쉽지 않지만 대장식구의 분포와 공반 유물로 보아 소유자의 신분 혹은 위계에 따라 소유되었을 가능성을 제시할 수 있다.

웅진기의 대장식구는 현재까지 왕릉으로 비정되는 송산리고분군에서만 확인된다. 백제의 왕족이 대장식구를 본격적으로 사용하기 시작했음을 알 수 있다. 한성기에 제작된 귀면문 대장식구가 웅진기에도 지속적으로 확인되므로 한성기의 금공품 생산기반은 웅진기까지 지속되다. 송산리4호분의 은제 삼엽문대장식구는 신라와 교섭 속에 백제로 이입되었을 것이다.

사비기가 되면 대장식구는 역심엽형과판과 교구, 대선금구로 간략화된다. 관인의 상징물로 관복의 부속품일 가능성이 큰 사비기의 대장식구는 부여를 중심으로 영산강유역까지 넓게 분포하므로 백제왕권의 지방지배와 관련된 것으로 이해할 수 있다.

참고문헌

국문

金邱軍, 2000, 「虎形帶鉤의 形式分類와 編年」, 『慶北大學校 考古人類學科 20周年 紀念論叢』慶北大學校 人文大學 考古人類學科.

김낙중, 2014, 「고고학적 성과 및 의의」, 『익산 미륵사지 석탑 사리장엄』, 국립문화재연구소.

金成南, 2006, 「百濟 漢城時代 南方領域의 擴大過程과 支配形態 試論」, 『百濟硏究』第44輯, 忠南大學校 百濟硏究所.

김성욱, 2010, 『한반도 마형대구의 편년과 지역상』, 고려대학교대학원 석사학위논문.

金元龍, 1987, 「서울 夢村土城出土의 金銅具에 대하여」, 『韓國美術史硏究』, 一志社.

김일규, 2007, 「漢城期 百濟土器 編年再考」, 『先史와 古代』27, 韓國古代學會.

김지현, 2012, 「古代 東亞細亞 出土 晉式帶金具의 成立과 展開」, 『韓國上古史學報』第75號, 韓國上古史學會.

권오영 · 권도희, 2003, 「사창리 산10-1번지 출토 유물의 소개」, 『길성리토성』, 한신대학교박물관.

권오영, 2004, 「晉式帶具의 南과 北」, 『加耶, 그리고 倭와 北方』, 第10回 加耶史國際學術會議 김해시.

權五榮, 2011, 「漢城百濟의 時間的 上限과 下限」, 『百濟硏究』第53輯, 忠南大學校 百濟硏究所.

柳本照男, 2012, 「漢城百濟期 編年 再考」, 『百濟硏究』第55輯, 忠南大學校 百濟硏究所.

夢村土城發掘調査團, 1985, 『夢村土城發掘調査報告』.

朴普鉉, 2004, 「百濟 熊津期의 帶金具에 대한 斷章」, 『科技考古硏究』第10號, 아주대학교 박물관.

박보현, 2016, 「燕岐 羅城里4號 木棺墓 出土 龍文透彫帶金具의 年代」, 『百濟文化』第55輯, 公州大學校 百濟硏究所.

박순발, 2001, 『漢城百濟의 誕生』, 서경문화사.

박순발, 2004, 「漢城期 百濟 對中交涉 一例-夢村土城 出土 金銅銙帶金具 追考-」, 『湖西考古學』第11輯, 湖西考古學會.

朴章鎬, 2011, 『原三國期 動物形帶鉤의 전개와 의미』, 嶺南大學校大學院 文化人類學科碩士學位論文.

朴天秀, 2006, 「新羅 加耶古墳의 編年 - 日本列島 古墳과의 竝行關係를 中心으로 - 」, 『日韓古墳時代の編年觀』 國立歷史民俗博物館 · 韓國國立釜山大學校博物館.

朴天秀, 2009, 「5~6세기 大加耶의 發展과 그 歷史的 意味」, 『高靈 池山洞44號墳 -大加耶王陵-』, 慶北大學校博物館 · 慶北大學校考古人類學科 · 高靈郡大加耶博物館.

朴天秀, 2010, 「新羅 加耶古墳의 曆年代」, 『韓國上古史學報』第69號, 韓國上古史學會.

山本孝文, 2006, 『三國時代 律令의 考古學的硏究』, 서경.

山本孝文, 2007, 「百濟의 環帶에 대하여」, 『湖西考古學』16卷, 湖西考古學會.

山本孝文, 2013, 「水村里古墳群 出土 帶金具의 系統」, 『수촌리유적의 고고학적 성과와 의미』, 공주 수촌리유적 발굴10주년 기념국제학술대회.

成正鏞, 2006, 百濟地域의 年代決定資料와 年代觀, 日韓古墳時代의 年代觀 , 國立歷史民俗博物館國立釜山大學校博物館.

成正鏞, 2010, 백제 관련 연대결정자료와 연대관 , 湖西考古學 第22輯, 湖西考古學會,

이남석, 2002, 『백제의 고분문화』, 서경.

李盛周, 2011, 「漢城百濟 形成期 土器遺物群의 變遷과 生產體系의 變動 -實用土器 生產의 專門化에 대한 檢討-」, 『韓國上古史學報』第71號, 韓國上古史學會.

李盛周, 2015, 「風納土城 土器遺物群의 年代와 百濟土器 漢城樣式의 成立」, 『湖南考古學報』49輯, 湖南考古學會.

이창엽, 2011, 「청당동분묘군 편년의 재검토」, 『국가형성기 한성백제의 고고학적 검토』(제1회 한국상고사학회워크숍 발표요지문), 한국상고사학회.

李漢祥, 1993, 「武寧王陵 出土品 追報(1)-帶金具-」, 『考古學誌』第5輯, 韓國考古美術硏究所.

李漢祥, 1997, 「5~7世紀 百濟의 帶金具」, 『古代硏究』第5輯, 國立公州博物館.

李漢祥, 2007, 「5~6世紀 金屬裝身具의 年代論」, 『考古學探究』創刊號, 考古學探究會.

이한상, 2009a, 「미륵사지 석탑 출토 은제관식에 대한 검토」, 『新羅史學報』16, 新羅史學會, 119-147쪽.

이한상, 2009b, 『장신구 사여체제로 본 백제의 지방지배』, 서경문화사.

이한상, 2015a, 「水村里古墳群에서 본 百濟 金工樣式의 발현과 전개」, 『百濟文化』第52輯, 공주대학교 백제문화연구소, 149-170쪽.

이희준, 2015, 「지산동고분군과 대가야」, 『고령 지산동 대가야고분군』, 대가야박물관.

全榮來, 1974, 「井邑, 雲鶴里　古墳群」, 『全北遺蹟調查報告』第3輯, 全羅北道博物館.

최병현, 2014a, 「신라 적석목곽분과 마립간시기 왕릉 연구의 현황」, 『금관총과 이사지왕』, 2014년 국립중앙박물관 학술 심포지엄, 국립중앙박물관.

최병현, 2014b, 「5세기 신라 전기양식토기의 편년과 신라토기 전개의 정치적 함의」『고고학』13-3, 中部考古學會.

崔種圭, 1992, 「濟羅耶의 文物交流 -百濟金工Ⅱ-」, 『百濟硏究』第23輯, 忠南大學校 百濟硏究所.

忠淸南道歷史文化硏究院, 2007, 『公州 水村里遺跡』, 遺蹟調查報告 第40冊.

咸舜燮, 1995, 「原三國時代　墳墓」, 『青堂洞Ⅱ』, 국립박물관 고적조사보고 제27책.

일문

龜田修一, 2004, 「五世紀の吉備と朝鮮半島 ―造山古墳·作山古墳の周邊を中心に―」, 『吉備地方文化硏究』14號.

諫早直人, 2012, 『東北アジアにおける騎馬文化の考古學的硏究』, 雄山閣.

高田貫太, 2013,「古墳出土龍文透彫製品の分類と編年」,『國立歷史民俗博物館研究報告』第178集, 國立歷史民俗博物館.

高田貫太, 2014,『古墳時代の日朝關係』, 吉川弘文館.

桃崎祐輔, 2005,「七支刀の金象嵌技術にみる中國尙方の影響」,『文化財と技術』第4號, 工藝文化財硏究所.

東潮, 2004,「晋式帶金具と馬韓・百濟」,『地域と古文化』, 地域と古文化刊行會.

鈴木勉, 2013a,「朝鮮半島三國時代の彫金技術　その4　飾履塚古墳出土金銅製飾履の製作技術」,『文化財と技術』第5號, 工藝文化財硏究所.

鈴木勉, 2013b,「朝鮮半島三國時代の彫金技術　その6　玉田3號墳龍文裝頭頭大刀の精密鑄造技術」,『文化財と技術』第5號, 工藝文化財硏究所.

木村光一, 2012,「韓國慶尙北道 高靈池山洞古墳群の硏究」,『古代文化』第64卷第3號, 古代學協會.

白井克也, 2011,「東アジア實年代論の現狀」,『古墳時代史の枠組み』古墳時代の考古學1, 同成社.

上野祥史, 2014,「龍鳳透彫帶金具の受容と創出－新羅と倭の相互交涉－」,『七觀古墳の硏究－1947年・1952年出土遺物の再檢討－』, 京都大學大學院文學硏究科.

山本孝文, 2014,「初源期獅嚙文帶金具にみる製作技術と文樣の系統」,『日本考古學』第38號, 日本考古學協會.

小林宇壱, 2007,「八丁鎧塚と本郷大塚古墳について」,『北信濃の古墳文化と大陸文化』平成18年度　特別展・歷史講座記念シンポジウム, 須坂市立博物館.

小浜成, 2002,「龍文系帶金具からみた日本出土帶金具の製作と變遷」,『究班』Ⅱ, 埋葬文化財硏究會, 25周年記念論文集編集委員會.

小浜成, 2003,「帶金具 -その文樣と技術からみた東アジアの中の日本-」,『黃泉のアクセサリー　－古墳時代の裝身具－』, 大阪府立近つ飛鳥博物館.

岸本直文, 2011,「古墳編年と時期區分」『古墳時代史の枠組み』古墳時代の考古學1, 同成社.

早乙女雅博, 1990,「政治的な裝身具」,『古墳時代の工藝』古代史復元7, 講談社.

早乙女雅博, 2007,「裝身具からみた日韓の歷年代」,『한일 삼국・고훈시대의 연대관(Ⅱ), 日韓古墳・三國時代の年代觀(Ⅱ)』韓國・國立釜山大學校博物館, 日本國・國立歷史民俗博物館.

齋藤忠, 1941,「上代帶金具考－特に朝鮮古墳出土例との比較－」,『考古學雜誌』第31卷第6號, 日本考古學會.

田中史子, 1998,「古代時代の帶金具」,『考古學硏究』第45卷第2號, 考古學硏究會, p.83-103.町田章, 1970,「古代帶金具考」,『考古學雜誌』第56卷第1號, 日本考古學會.

竹谷俊夫, 1997a,「朝鮮半島出土の靑銅製馬形帶鉤について」,『堅田直先生古希記念論文集』堅田直先生古希記念論文集刊行会編, 眞陽社.

竹谷俊夫, 1997b,「馬形帶鉤補遺」,『天理參考館報』第10號, 天理大學付屬天理參考館.

樋口隆康, 1950,「東亞に於ける銙帶金具とその文化的意義」,『史林』第33卷第3號, 史學硏究會.

坂靖, 1991,「帶」,『古墳時代の硏究』第8卷(古墳Ⅱ 副葬品), 雄山閣.

제10장 고훈시대(古墳時代) 대장식구(帶裝飾具)의 전개(展開)와 특질(特質)

제1절 머리말

중국 남북조시대와 한반도 삼국시대에 활발히 제작되어 유행한 대장식구는 고훈시대 일본열도까지 확산된다. 중국대륙 및 한반도와의 관계를 생각하는 데 중요한 유물로 평가된 고훈시대의 대장식구는 일본 고고학계에서 일찍부터 주목을 받은 유물 가운데 하나이다. 1886년에 발견된 나라현(奈良縣) 신야마(新山)고분의 중원식대장식구는 중국에서 제작된 대장식구가 일본열도까지 이입된 것을 알려주는 증거임과 동시에 고분의 연대를 결정하는 하나의 기준이었다(梅原末治 1964; 樋口隆康 1950). 이후 한반도의 대규모 발굴 조사를 통해 고훈시대 대장식구가 중국만이 아니라 한반도와도 밀접한 관련을 맺고 있음이 명확해졌다(제6~9장 참조).

본장에서는 이처럼 중국대륙 및 한반도와 관련 있는 일본열도의 대장식구를 분석하고 그 전개와 특질에 대해 살펴보고자 한다. 제6장~제9장의 연구 성과를 토대로 아시아의 동단(東端)에 위치하여 대장식구 문화의 종착지라고 할 수 있는 일본열도 대장식구를 검토한다면 고대 한일교섭사의 일단을 밝힐 수 있으리라 기대된다.

제2절 연구사 및 문제 제기

1) 연구사

연구사를 시대순으로 개관한다. 1924년 발표된 논문「上代遺物より見たる大陸文化の輸入」은 고훈시대 대장식구 연구의 효시이다(高橋健自 1924). 다카하시 겐지(高橋健自)는 고대 동아시아에서 출토된 대장식구를 집성한 후, 과판의 장식이 적어 실용적인 것에서 장식이 풍부한 것으로 변화한다고 보았다. 이후, 사이토 다다시(齋藤忠)는 고훈시대 대장식구를 Ⅰ형식~Ⅳ형식으로 나누고 중국대륙으로부터 현저하게 영향을 받은 물품이라는 것을 강조하였다(齋藤忠 1941). 그러면서도 고훈시대 출토된 대장식구가 모두 이식·모방된 것이 아니므로 왜(倭)에서 제작된 대장식구의 특수성도 명확히 하였다.

다카야스 히구치(樋口隆康)는 사이토 다다시가 실시한 형식분류의 문제점을 지적하면서 동아시아에서 출토된 대장식구를 총 6종류로 나눈 후 그 의의에 대하여 검토하였다(樋口隆康 1950). 고훈시대에 출토된 모든 대장식구가 중국대륙에서 제작된 것으로 판단하고 사이토 다다시가 강조한 일본적인 요소는 확인되지 않는다고 주장하였다. 한편, 우메하라 스에지(梅原

末治)는 나라현 신야마고분에서 출토된 중원식대장식구를 분석하여 그 구성을 복원하고 일본열도 출토품과의 관계에 대해 언급하였다(梅原末治 1964). 1960년대까지 고훈시대의 대장식구는 주로 중국과 역사적 관계를 이해하는 산물이었다.

1970년대 이후, 고훈시대 대장식구에 관한 연구가 본격화된다. 그 획기가 마치다 아키라(町田章)의 연구이다(町田章 1970). 마치다 아키라는 선진(先秦)시대, 한대(漢代), 진대이강(晋代以降)(삼국·고훈시대) 등 고대의 대장식구를 개관하고 그 구성에 초점을 두어 분류와 편년을 시도하였다. 그리고 이렇게 분류한 대장식구의 역사적 의의를 문헌 기록을 참고로 검토하였다. 지금까지도 통용되는 대장식구의 기본적 분류안이 이 연구로 정립되었다고 평가해도 과언은 아니다.

오노야마 세쓰(小野山節)은 고훈시대의 대장식구가 갑주 등 주로 무구와 공반되므로 한반도에서 출토된 대장식구처럼 신분을 표상하는 기능이 없다고 지적하였다(小野山節 1975). 또 6세기에 들어 대장식구를 대신하여 등장하는 관과 이식을 새로운 지배체제 즉, 관료화와 관련된 장신구로 평가하였다.

지가 히사시(千賀久)는 중국, 한국의 대장식구를 검토하고 일본열도 대장식구의 역사적 배경과 의미를 검토하였다(千賀久 1984). 특히 '피장자의 신분을 상징하며 중국에서 일본으로 전달된 것(町田章 1970: 48)'으로 평가된 나라현 신야마고분 출토품에 대하여 백제에서 모방제작 혹은 중국에서 백제를 경유하여 이입되었을 가능성을 지적한 것이나 고훈시대의 대장식구가 한반도 서남부지역과 교섭을 통해 이입되었을 가능성을 지적한 점은 중요하다.

1990년대에 들어 위의 연구 성과에 기초한 새로운 형식분류가 시도된다. 사오토메 마사히로(早乙女雅博)는 과판의 문양에 주목하여 고훈시대의 대장식구를 Ⅰ~Ⅶ류로 나눈 후 Ⅰb류와 Ⅰc류를 야마토정권의 정치적 색채가 강하게 반영된 것으로 이해하였다(早乙女雅博 1990).

반 야스시(坂靖)는 교구, 사미 등 부품의 조합 관계를 기준으로 대장식구를 A~G류로 나누고 각 대장식구의 계보와 성격을 고찰하였다(坂靖 1991). 고훈시대 중기에 집중하는 대장식구는 각지에서 다양한 루트를 통해 수입되었으며 신분을 상징하는 본래의 의미는 완전히 잃어버린 것으로 결론지었다.

우노 마사토시(宇野愼敏)도 한국과 일본에서 출토된 대장식구의 형식분류와 편년을 시도하였다(宇野愼敏 1996). 다른 장신구와 달리 대장식구의 존속 시기는 삼국시대와 시기적으로 병행하며 단순한 의례용 장신구와 달리 정치적 역할을 강하게 띠고 있는 것으로 이해하였다.

이후 고훈시대 대장식구에 대한 종합적인 연구는 다나카 후미코(田中史子)에 의해 이루어졌다(田中史子 1998). 다나카 후미코는 교구와 과판의 주연문양을 기준으로 대장식구를 분류하고 그 가운데 대장식구의 특수성을 나타내는 Ⅱ류와 Ⅲ류에 주목하여 Ⅱ류를 모즈(百舌鳥)·후루이치(古市)세력이 배포에 깊게 관여한 것, Ⅲ류를 유랴쿠천황(雄略天皇)의 국내장악과 관련된 것으로 해석하였다. 한편 고하마 세이(小浜成)는 고훈시대 중기에 일어난 기술혁신에 주목하고 대장식구를 비롯한 금공품이 일본열도 내에서 제작되었을 가능성을 제기하였다(小浜成 1998).

대장식구와 갑주의 관련성에 관한 연구도 시작되었다. 하시모토 타쓰야(橋本達也)와 우치야마 도시유키(内山敏行)는 고훈시대 중기 도래계의 금공기술을 재검토하고 갑주의 제작에 도래계 금공기술자들이 참여하였을 가능성을 언급하였다(内山敏行 2008; 橋本達也 1995).

2000년대 이후에는 대장식구에 관한 분석이 더욱 다각도로 시도된다. 특히 용문반육조대장식구와 용문투조대장식구의 분류와 편년, 변천 과정에 대한 분석은 주목할만하다. 또 대장식구의 표면에서 확인되는 조금(彫金)기술을 분석하는 등 제작기술에 대한 자세한 분석(鈴木勉 2004)과 이를 통해 알 수 있는 제작 공인에 관한 연구도 이루어졌다(岩本崇 2015).

최근 우에노 요시후미(上野祥史)는 고훈시대에 출토된 용문투조대장식구와 삼엽문대장식구가 신라와 왜의 교섭에서 지닌 의미를 고찰하였다(上野祥史 2014). 공주 수촌리고분군의 발굴을 계기로 그동안 부진했던 귀면문대장식구의 제작기술, 변천과 계통에 관한 연구도 이루어졌다(山本孝文 2014).

2) 문제 제기

이상의 연구사 검토를 토대로 문제점을 지적하면 아래와 같다.

첫째, 대부분 연구자가 인정하듯이 고훈시대의 대장식구가 한반도와 깊은 관련이 있다고 인정하면서도 정작 중국과 한반도 대장식구의 분석은 이루어지지 않고 있다. 그런 점에서 앞서 살펴본 제6장~제9장의 성과는 고훈시대 대장식구를 이해하는 데 유용한 정보를 제공한다.

둘째, 대장식구의 연대와 전개 과정에 관한 문제이다. 고훈시대 대장식구의 소장(消長)에 대해서는 치밀하게 이루어진 고훈시대의 편년 연구 성과를 기반으로 어느 정도 파악되어 있다. 다만 대장식구 가운데 일부는 한반도에서 생산된 후 이입된 것도 있으므로 대장식구의 제작연대와 부장 연대가 반드시 일치하는 것은 아니다. 또 그 전개 과정과 역사적 의미를 명시적으로 정리한 연구도 눈에 띄지 않는다. 첫 번째 문제 제기와도 관련되지만 고훈시대 대장식구의 제작연대, 전개 과정, 역사적 의미를 검토하기 위해서는 삼국시대 자료와 적극적인 비교·검토가 필요하다.

마지막으로 연구 대상의 편향성이다. 지금까지는 특정 대장식구만 집중적으로 연구된 경향이 있다. 고훈시대 대장식구의 전개와 그 특질을 제대로 이해하기 위해서는 현재까지 보고된 자료를 편향되지 않은 관점에서 전체적으로 분석할 필요가 있다.

이상과 같은 문제점을 토대로 본장에서는 우선 현재까지 출토된 고훈시대 대장식구를 집성한 후 한반도 대장식구의 연구 성과를 참고로 그 제작연대를 비정한다. 다음으로 한일교섭이라는 시각에서 그 전개 과정과 특질을 정리하고 역사적 의미에 대해 생각해보고자 한다.

제3절 단계 설정과 연대 비정

제3절에서는 대장식구의 단계를 설정한 후 연대를 비정한다.

고훈시대에 출토된 대장식구(표 10-1)는 여러 양식으로 분류할 수 있는데(그림 10-1) 다양한 양식에 비하여 각각의 개체 수는 그다지 많지 않아서 개별 양식마다 형식학적 검토를 통한 변천 과정을 추적하기가 쉽지 않다. 따라서 대장식구의 단계 설정과 제작연대를 비정하기 위해 중국과 한반도 대장식구의 제작연대를 적극적으로 참고하고자 한다. 또 후술하겠으나 현재까지 중국이나 한반도에서 출토되지 않은 용문반육조대장식구에 대해서는 지금까지의 연구 성과와 비교적 안정된 고훈시대의 연대관도 함께 참고하도록 하겠다.

1) 중원식대장식구

중원식대장식구는 나라현 신야마고분, 나라현 고죠네코즈카(五條猫塚)고분, 효고현(兵庫縣) 교자즈카(行者塚)고분에서 출토되었다. 연구자마다 제작연대에 관해서 약간의 차이는 있으나 중국 강소(江蘇) 의흥(宜興) 주처묘(周處墓), 광주(廣州) 대도산묘(大刀山墓)에서 기년명 자료가 출토되어 신야마고분, 교자즈카고분 출토품(그림 10-2-1~2)을 3세기 말에서 4세기 전엽으로 비정한다(김지현 2012; 藤井康隆 2002, 藤井康隆 2013).

한편 고죠네코즈카고분에서 출토된 수하식 3점(그림 10-2-3)만으로 그 제작연대를 비정하기는 어렵다. 다만 중원식대장식구의 하한 연대가 대체로 4세기 중엽을 넘지 않는다는 것

표 10-1 고훈시대의 대장식구 일람

양식		지역	고분	재질	착장	단계	참고연대	비고
중원식대장식구		효고현	교자즈카고분	금동	×	왜 I 단계	-	
		나라현	신야마고분	금동	×	왜 I 단계	-	
		나라현	고죠네코즈카(A)	금동	×	왜 I 단계	-	석실 외 출토
		出·不	교토대학종합박물관소장	금동	—	왜 I 단계	-	
		出·不	국립역사민속박물관①	금동	—	왜 I 단계	-	
		出·不	국립역사민속박물관②	금동	—	왜 I 단계	-	
		出·不	국립역사민속박물관③	금동	—	왜 I 단계	-	
		出·不	국립역사민속박물관④	금동	—	왜 I 단계	-	
		出·不	이데미쓰미술관	금동	—	왜 I 단계	-	
		出·不	아이즈야이치기념박물관소장	금동	—	왜 I 단계	-	
		出·不	덴리대학부속덴리참고관소장	금동	—	왜 I 단계	-	
		出·不	개인소장 (마유야마 준키치(繭山順吉)씨)	금동	—	왜 I 단계	-	
		出·不	기요노켄지콜렉션	금동	—	왜 I 단계	-	
용문투조대장식구		나라현	고죠네코즈카(B)	금동	×	왜 II 단계	신라 I 기	석실 외 출토, 소찰 부착
		오사카부	시치칸고분제2곽	금동	×	왜 III 단계	신라 I 기	단갑 부착
		후쿠오카현	쓰키노오카고분(A)	금동	×	왜 III 단계	신라 I 기	나가모치형석관에서 출토
		오사카부	나가모치야마고분	금동	?	왜 II ~ III 단계		괘갑 부착
		나가노현	아게미조텐진즈카고분	금동	×	왜 III 단계	신라 I 기	
초엽문 대장식구	이엽문	시가현	신카이1호분남곽	금동	×	왜 II 단계		
		효고현	미야야마고분제2주체부	금동	?	왜 II 단계		
		오사카부	곤다마루야마고분	금동	?	왜 III 단계		
		후쿠오카현	쓰키노오카고분(B)	금동	?	왜 III 단계		
		오카야마현	잇본마쓰고분	금동	×	왜 III 단계		갑주 파편에 병유
		나라현	니이자와센즈카126호분	금동	○	왜 III 단계		
		出·不	오구라콜렉션	금동	—	왜 III 단계		
	삼엽문	후쿠오카현	하제야마고분	금동	?	왜 V 단계	신라 III 기	
		오사카부	조노야마고분	금동	—	왜 II 단계		
	무문	효고현	나카무라5호분제1주체부	철지은장	×	왜 V 단계		
		아이치현	시다미오오쓰카고분	철지금동장	×	왜 IV 단계	신라 II 기	목관 내 출토
		나라현	와키가미칸스즈카고분	금동	×	왜 III 단계	신라 I 기	괘갑 부착
역심엽형대장식구		이시카와현	기쓰네야마고분	은	?	왜 V 단계		
용문반육조대장식구		교토부	고쿠즈카고분	금동	×	왜 IV 단계	半肉彫 I 단계	석실 외 출토, 방울○, 상감○
		와카야마현	오타니고분(A)	금동	×	왜 V 단계	半肉彫 III 단계	목관 내 출토
		와카야마현	오타니고분(B)	금동	×	왜 V 단계	半肉彫 III 단계	
		후쿠이현	니시즈카고분	금동	×	왜 V 단계	半肉彫 III 단계	석실 외 출토, 방울○
		구마모토현	에타후나야마고분	금동	?	왜 V 단계	半肉彫 III 단계	상감○
		사이타마현	이나리야마고분	금동	○	왜 V 단계	半肉彫 III 단계	방울○, 상감○
		아이치현	아오쓰카고분	금동	?	왜 IV 단계	半肉彫 II 단계	
		오사카부	곤신즈카고분	금동	?	왜 IV 단계	半肉彫 I 단계	
		出·不	오구라콜렉션	금동	—	왜 IV 단계	半肉彫 II 단계	
		出·不	충남대학교소장품	금동	—	왜 IV 단계	—	
		出·不	기요노켄지콜렉션	금동	—	왜 IV 단계	半肉彫 I 단계	
귀면문대장식구		돗토리현	다카야마고분	금동	?	왜 II 단계	한성2기	
		오카야마현	우시부미차우스야마고분	금동	?	왜 II ~ III 단계	한성3기	방울○
		후쿠이현	주젠노모리고분	금동	×	왜 V 단계	웅진1기	호록 가능성
		나가노현	핫쵸요로이즈카2호분	금동	?	왜 V 단계	웅진1기	적석총
		出·不	오구라콜렉션	금동	—	왜 II 단계	한성2기	

出·不: 출토지불명 | ?: 확인불가 | ○: 있음 | —: 없음 | 半肉彫: 용문반육조대장식구

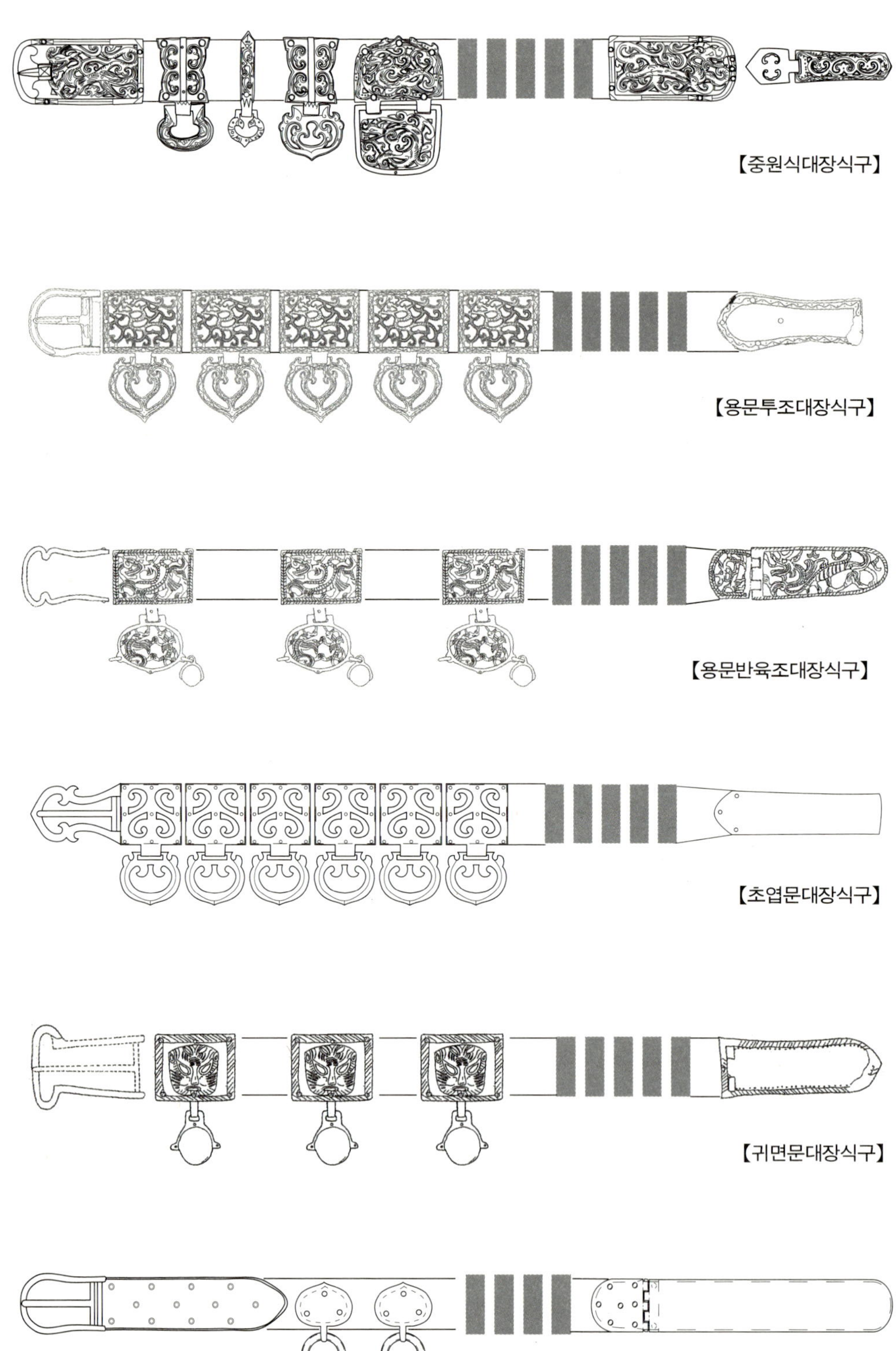

그림 10-1 고훈시대 대장식구의 양식

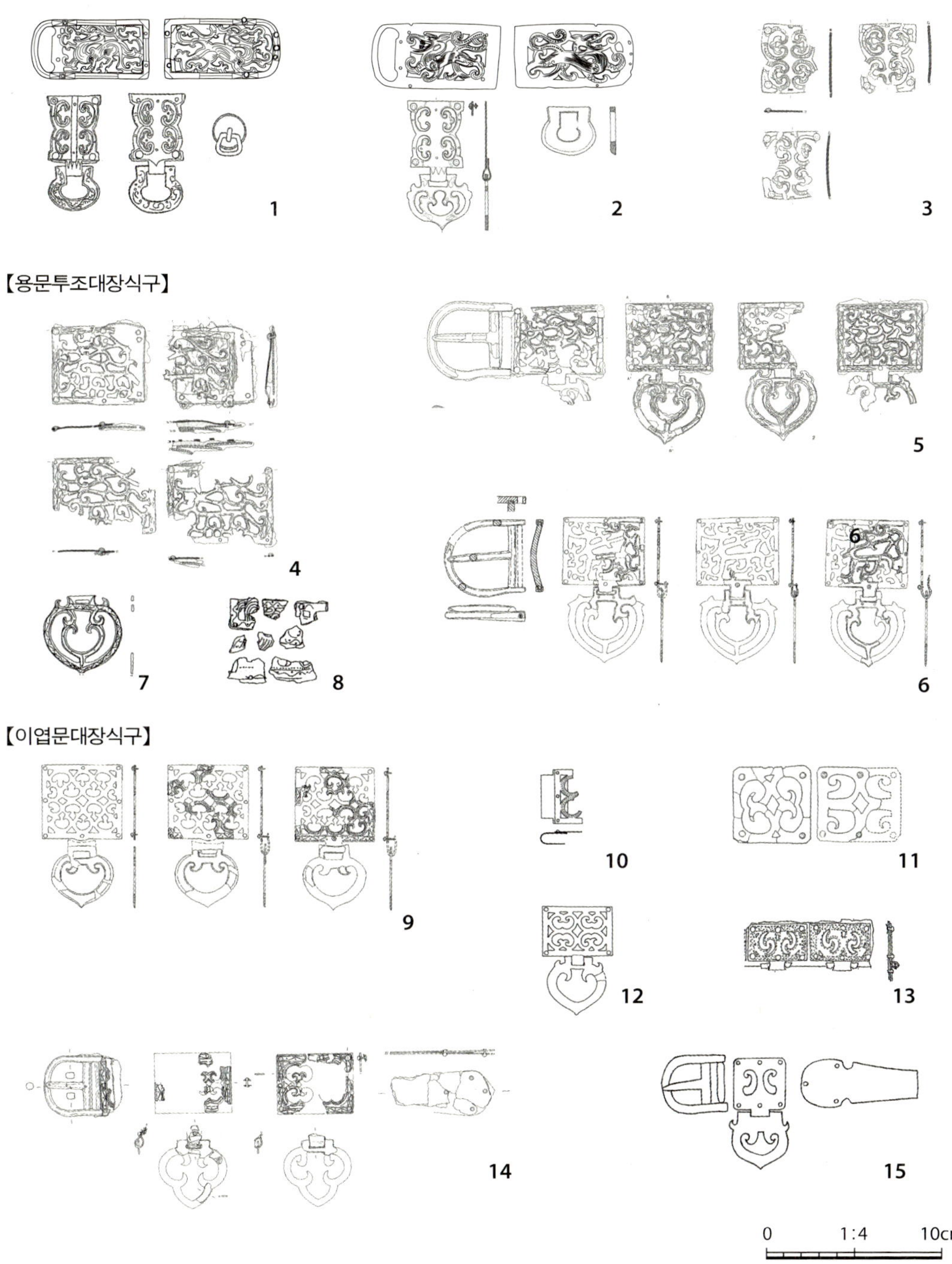

그림 10-2 고훈시대의 대장식구(1)

1. 나라현 신야마고분 | 2. 효고현 교자즈카고분 | 3·4. 나라현 고죠네코즈카고분 | 5. 오사카부 시치칸고분 제2곽 | 6·9. 후쿠오카현 쓰키노오카고분 | 7. 나가노현 아게미조텐진즈카 | 8. 오사카부 나가모치야마고분 | 10. 오사카부 곤다마루야마고분 | 11. 시가현 신카이 1호분 남곽 | 12. 오구라 콜렉션 | 13. 오카야마현 잇본마쓰고분 | 14. 나라현 니이자와센즈카 126호분 | 15. 효고현 미야야마고분 제2주체부

을 고려하면 고죠네코즈카고분 출토품도 늦어도 4세기 중엽 이전에 제작되었을 가능성이 크다. 이 자료가 언제 일본열도로 이입되었는가는 명확하지 않다. 다만 신야마고분, 나라현 고죠네코즈카고분, 교자즈카고분이 4세기 말에서 5세기대로 비정되는 것을 고려하면 중국에서 제작된 후 상당 기간 사용 혹은 전세된 후 무덤에 매납된 것으로 보아야 할 것이다. 현재까지 발견된 고훈시대의 대장식구 가운데 가장 이른 시기에 해당하므로 우선 왜 I 단계로 분류하며 고훈시대 전기와 대체로 병행하는 시기로 파악해둔다.

이 외에 교토대학종합박물관(京都大學綜合博物館), 국립역사민속박물관(國立歷史民俗博物館), 이데미쓰미술관(出光美術館), 아이즈야이치(會津八一)기념박물관, 덴리대부속덴리참고관(天理大學付屬天理參考館), 기요노켄지(清野謙次)콜렉션 등 출토지 불명품도 대부분 왜 I 단계로 비정할 수 있다.

2) 용문투조대장식구

용문투조대장식구는 나라현 고죠네코즈카고분, 오사카부(大阪府) 시치칸(七觀)고분 제2곽, 후쿠오카현(福岡縣) 쓰키노오카(月ノ岡)고분에서 출토되었다. 경산 임당7B호분 주곽, 강릉 초당동A-1호묘, 정읍 운학리C호분, 연기 나성리KM-004토광묘, 경주 황남대총 남분 등 신라와 백제 출토품과 비교를 통해 5세기 중엽 이전에 제작되었을 가능성이 큰 것으로 여겨진다(高田貫太 2013).

각각의 선후 관계에 관해서는 신라지역 출토품을 참고할 수 있다. 신라지역에서 출토된 용문투조대장식구는 강릉 초당동A-1호묘 → 경산 임당7B호분 주곽 → 경주 황남대총남분 출토품 순으로 이해된다(高田貫太 2013). 귀, 입, 이빨, 동체부 등 투조 문양과 축조와 열점문에 의한 세부표현에 주목하면 나라현 고죠네코즈카고분 출토품(그림 10-2-4)은 가장 이른 강릉 초당동A-1호묘 출토품과, 오사카부 시치칸고분(그림 10-2-5) 및 후쿠오카현 쓰키노오카고분 출토품(그림 10-2-6)은 경산 임당7B호분 주곽 출토품과 병행하는 단계로 볼 수 있다(高田貫太 2013). 이는 세 사례 가운데 후쿠오카현 쓰키노오카고분 출토품을 가장 간략화된 것으로 보거나(千賀久 1984) 대장식구 제작 공인의 용문 인식이라는 점에 주목하여 용문을 확실히 인식한 것으로 생각되는 나라현 고죠네코즈카고분 출토품을 고식으로, 그렇지 않은 후쿠오카현 쓰키노오카고분, 오사카부 시치칸고분 출토품을 신식으로 파악하는 견해(小浜成 2002)와도 모순되지 않는다.[1]

---

1 용문투조대장식구의 선후 관계에 대하여 본장의 입장과 달리 오사카부 시치칸고분 → 나라현 고죠네코

뿐만 아니라 나라현 고죠네코즈카고분, 오사카부 시치칸고분 제2곽 출토품을 중3기로, 후쿠오카현 쓰키노오카고분을 중4기로 보는 기시모토 나오후미(岸本直文)와 스즈키 가즈나오(鈴木一有)의 고훈시대 중기 연대관과도 정합적이다(鈴木一有 2014; 岸本直文 2011). 종래의 고분 연대관을 참고로 이른 단계로 해당하는 나라현 고죠네코즈카고분 출토품을 왜Ⅱ단계로, 경산 임당7B호분 주곽과 병행하는 후쿠오카현 쓰키노오카고분 및 오사카부 시치칸고분 출토품을 왜Ⅲ단계로 비정할 수 있다. 각 단계는 TK73형식기와 TK216형식기에 대체로 병행한다.

이 외 나가노현(長野縣) 아게미조텐진즈카(上溝天神塚)에서 출토된 수하식(그림 10-2-7)도 용문투조대장식구의 부속품일 가능성이 크다. 후쿠오카현 쓰키노오카고분과 오사카부 시치칸고분 출토품과 동일한 수하식인 점에서 왜Ⅲ단계로 비정해두나 공반 유물로 보아 6세기 전반에 축조된 것으로 생각되므로 전세의 가능성이 크다.

한편 오사카부 나가모치야마(長持山)고분 출토품(그림 10-2-8)은 현재까지 확인된 용문투조대장식구 중 유일하게 과판의 이면에 동판을 덧댄 독특한 기법으로 제작되었다. 과판의 대부분이 결실되어 문양의 구체적인 양상을 파악할 수 없으므로 왜Ⅱ~Ⅲ단계로 비정해둔다.

3) 초엽문대장식구

(1) 이엽문대장식구

이엽문대장식구는 시가현(滋賀縣) 신카이(新開) 1호분 남곽, 효고현 미야야마(宮山)고분 제2주체부, 오사카부 곤다마루야마(譽田丸山)고분, 후쿠오카현 쓰키노오카고분, 오카야마현(岡山縣) 잇본마쓰(一本松)고분, 나라현 니이자와센즈카(新澤千塚) 126호분에서 출토되었으며 오구라(小倉)콜렉션에도 확인된다.

후쿠오카현 쓰키노오카고분 출토 이엽문대장식구(그림 10-2-9)는 앞서 언급한 용문투조대장식구를 기준으로 왜Ⅲ단계로 비정한다.

시가현 신카이 1호분 남곽에서 출토된 이엽문대장식구(그림 10-2-11)의 제작연대는 공반된 경판(그림 10-6-8)에 표현된 용문을 참고로 비정할 수 있다. 용문의 분석을 통해 후쿠오카현 쓰키노오카고분과 오사카부 시치칸고분 출토품과 유사한 단계로 보기도 하지만(高田貫太

즈카고분(B) → 후쿠오카현 쓰키노오카고분(A)로 파악하는 후지이 야스타카의 견해도 있지만 뚜렷한 근거는 제시되어 있지 않다.

2013) 뚜렷하게 표현된 용의 이빨과 눈, 발의 세부표현 등으로 보아 제작연대는 소급될 가능성이 크다. 양자의 제작 시기가 크게 떨어지지 않았다면 이엽문대장식구는 왜Ⅱ단계로 비정할 수 있을 것이다.

효고현 미야야마고분 제2주체부 출토품(그림 10-2-15)은 삼연에서 제작된 후 신라를 통해 왜로 이입되었을 가능성이 크다(藤井康隆 2002). 제작 시기는 4세기 후엽까지 올라갈 가능성도 없지 않으나 부장은 5세기 이후의 가능성이 커 왜Ⅱ단계로 비정해 두기로 한다.

오카야마현 잇본마쓰고분에서 출토된 이엽문대장식구(그림 10-2-13)는 유례가 적어 다른 자료와의 비교가 어렵다. 동일한 문양은 고훈시대 중기 미비부주의 미비에 표현된 문양과 흡사하여 연대 비정에 참고할 수 있다. 잇본마쓰고분의 대장식구에 베풀어진 이엽문은 가나가와현(神奈川縣) 조코지하라(朝光寺原) 1호분에서 출토된 미비부주의 미비에 표현된 문양과 동일하다. 하시모토 타쓰야에 의하면 가나가와현 조코지하라 1호분 출토품은 미비부주의 제작 2단계에 해당한다(橋本達也 1995). 제작2단계는 TK216형식기에서 TK208형식기로 비정되며(橋本達也 2012) 그 가운데서도 가나가와현 조코지하라 1호분 출토품은 고식으로 평가된다(川畑純 2015). 대장식구와 미비부주에 동일한 문양이 가까운 제작 시기를 의미하는 것으로 인정할 수 있다면 오카야마현 잇본마쓰고분에서 출토된 이엽문대장식구는 TK216형식기와 대체로 병행하는 왜Ⅲ단계로 비정할 수 있을 것이다.

오사카부 곤다마루야마고분, 나라현 니이자와센즈카 126호분 출토품과 유사한 모티브의 이엽문대장식구는 합천 옥전M1호분에서 확인된다(제9장 참조). 옥전M1호분은 황남대총 남분과 병행하는 단계로 5세기 3/4분기(朴天秀 2010; 조영제 2007), 혹은 5세기 4/4분기 전반(金斗喆 2001)으로 비정된다. 대장식구의 제작은 그 보다 소급될 가능성도 있어 여기서는 일단 TK216형식기와 대체로 병행하는 왜Ⅲ단계로 비정해둔다. 유사한 문양이 베풀어진 오구라 콜렉션도 같은 단계로 비정해둔다.

이상에서 이엽문대장식구는 주로 왜Ⅱ단계와 왜Ⅲ단계로 비정된다.

(2) 삼엽문대장식구

삼엽문대장식구는 후쿠오카현 하제야마(爐山)고분에서 출토되었다(그림 10-3-1). 금동제로 초엽문과판 B2와 수하식 A1의 조합(제8장 참조)이다. 신라에서 출토된 삼엽문대장식구 중 가장 많은 비율을 점하는 조합인 점을 감안하면 하제야마고분 출토품도 신라에서 제작된 후 이입되었을 것이다. 출토 사례가 많은 만큼 존속 시기도 길어 과판과 수하식의 문양만으로 연대

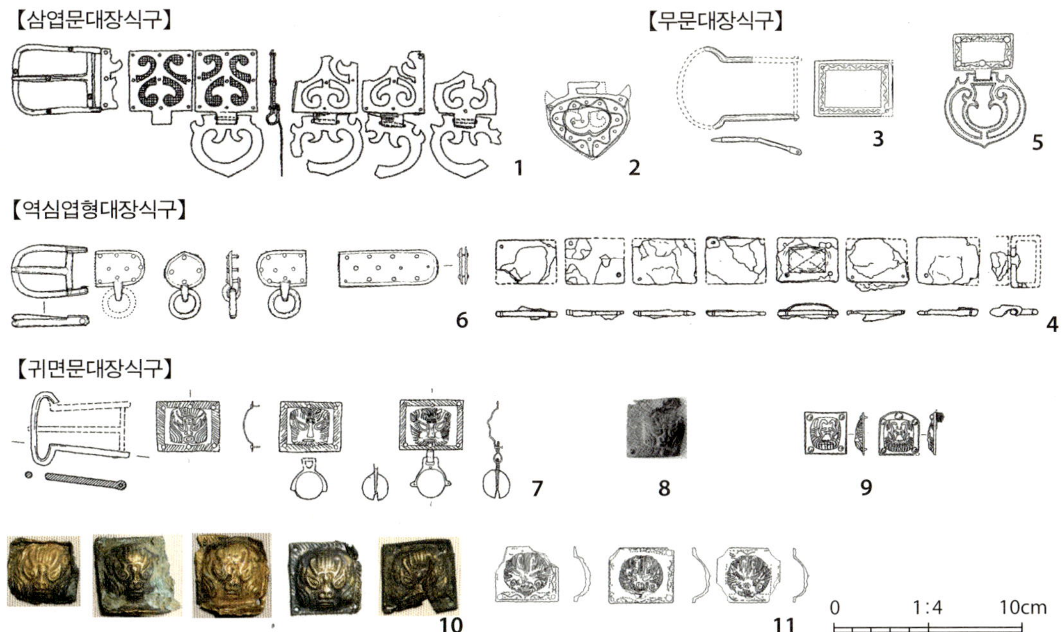

그림 10-3 고훈시대의 대장식구(2)

1. 후쿠오카현 하제야마고분 | 2. 오사카부 조노야마고분 | 3. 아이치현 시다미오오쓰카고분 | 4. 효고현 나카무라5호분 제1주체부 | 5. 나라현 와키가미칸스즈카고분 | 6. 이시카와현 기쓰네야마고분 | 7. 오카야마현 우시부미차우스야마고분 | 8. 돗토리현 다카야마고분 | 9. 후쿠이현 주젠노모리고분 | 10. 오구라콜렉션 | 11. 나가노현 핫쵸요로이즈카 2호분(2·8·10은 축척부동)

를 비정하기 쉽지 않다.

주목할 수 있는 점은 대장식구의 재질이다. 제8장의 연구 성과에 의하면 초엽문과판 B2와 수하식 A1의 조합으로 이루어진 대장식구 가운데 금동제는 주로 신라3~5기에 집중된다(표 10-2). 하제야마고분에서 출토된 대장식구가 신라에서 제작된 후 이입된 것이 타당하다면 그 제작연대 또한 신라3기(5세기 후엽)에서 신라5기(6세기 전엽)에 수렴될 가능성이 크다. 공반된 유물도 6세기 전반대로 비정된다(嶋田光一 1991). 이미 언급된 것처럼 하제야마고분이 470~480년대에서 6세기초에 조영된 것(小野山節 1975)이라면 신라에서 이입된 후 매장까지 그리 오랜 시간이 걸리지 않았던 것으로 판단할 수 있다. 이상에서 하제야마고분 출토품은 왜Ⅴ단계로 비정해둔다.

한편 오사카부 조노야마(城ノ山)고분에서는 유례를 찾을 수 없는 수하식이 1점 출토되었다(그림 10-3-2). 과판이 출토되지 않아 구체적인 양상을 알 수 없다. 신라Ⅱ기의 황남대총 남분 출토품과 비교하는 견해(小林牧人 2015)도 있지만, 형태와 조금(彫金)기술을 보면 신라1기

표 10-2 신라지역 출토 금동제 삼엽문대장식구

지역	고분	재질	초엽문과판	수하식	교구	대선금구	요패	착장	연대
경주	황남대총 북분	금동	삼엽문?	-	-	-	①	×	신라3기
경산	임당2호분 북호 주곽	금동	삼엽문B2?	-	Ⅱ	-	-	×	신라4~5기
	조영EⅠ-2호분	금동	삼엽문?	-	-	ㄱ	-	×	-
대구	문산리3-2호분	금동	삼엽문?	-	-		-	×	-
	구암동56호분	금동	삼엽문B2	A1	-	-	-	-	-
	달서59호분	금동	삼엽문B2	-	-	-	②	-	-
	성산동1호분 주곽	금동	-	-	Ⅱ	-	-	-	신라4~5기
의성	탑리고분1곽	금동	삼엽문B2	A1	Ⅱ	-	-	×	신라2기
영주	순흥 태장리1호분	금동	삼엽문B2	A1	Ⅱ	-	①?②?	×	신라3기
창녕	교동7호분	금동	-	A2	-	-	-	-	신라4~5기
포항	용흥동 신라묘	금동	삼엽문?	-	Ⅱ	-	-	-	-
후쿠오카현	하제야마고분	금동	삼엽문B2	A1	Ⅱ	-	-	×	왜Ⅴ단계

? : 추정 | -: 없음

로 비정한 경주 황남동110호분 수하식과 더욱 유사하다. 심엽형수하식의 내·외부에 2개의 엽문을 표현하고 축조끌을 사용해 파상열점문을 시문하는 점이 동일하기 때문이다. 신라2기 이후에는 수하식에 조금기술이 확인되는 경우는 급감하므로 오사카부 조노야마고분 출토품도 신라1기(5세기 전엽 이전)에 제작되었을 가능성이 크다. 따라서 오사카부 조노야마고분 출토 수하식은 왜Ⅱ단계로 비정해 둘 수 있다.

4) 무문대장식구

무문대장식구는 나라현 와키가미칸스즈카(掖上鑵子塚)고분, 아이치현(愛知縣) 시다미오오쓰카(志段味大塚)고분, 효고현 나카무라(中村) 5호분 제1주체부부에서 출토되었다.

나라현 와키가미칸스즈카고분 출토 수하식(그림 10-3-5)은 용문투조대장식구와 유사하다. 동일한 수하식이 오사카부 시치칸고분 제2곽, 후쿠오카현 쓰키노오카고분에서 확인되어 왜Ⅲ단계로 비정할 수 있다.

아이치현 시다미오오쓰카고분 출토 과판(그림 10-3-3)도 무문이라는 점에서는 그 제작 시기를 왜Ⅲ단계로 비정할 수 있다. 그러나 신라2기의 황남대총 남분에서도 무문대장식구가 확인되므로 그 제작은 왜Ⅳ단계까지 지속되었을 가능성이 있다. 공반된 교구는 연금이 둥근 것으로 주로 신라5기 이후에 출현하여 후행하는 요소를 지니고 있으므로 여기서는 왜Ⅳ단계로 비정하기로 한다.

효고현 나카무라 5호분에서는 철지은장의 무문대장식구가 출토되었다(그림 10-3-4). 한반도에서도 유례를 찾을 수 없어 연대 비정이 어렵다. 분구에서 출토된 스에키가 5세기 말에서 6세기 초에 제작되었다는 견해(小林牧人 2015)를 참고로 왜Ⅴ단계로 비정해 둔다.

5) 귀면문대장식구

귀면문대장식구는 오구라콜렉션을 포함하여 돗토리현(鳥取縣) 다카야마(高山), 오카야마현 우시부미차우스야마(牛文茶臼山)고분, 후쿠이현(福井縣) 주젠노모리(十善ノ森)고분, 나가노현 핫쵸요로이즈카(八丁鎧塚) 2호분에서 출토되었다.

이 중 오구라콜렉션(그림 10-3-10), 다카야마고분 출토품(그림 10-3-8)은 귀면문B1단계, 우시부미차우스야마고분 출토품(그림 10-3-7)은 귀면문B2단계, 후쿠이현 주젠노모리고분(그림 10-3-9), 나가노현 핫쵸요로이즈카 2호분 출토품(그림 10-3-11)은 귀면문B3단계에 비정할 수 있다(제9장 참조). 각 단계는 한성2기(5세기 전엽), 한성3기(5세기 중엽), 웅진1기(475년 이후, 5세기 후엽)와 병행(제9장 참조)하므로 왜Ⅱ단계에서 왜Ⅴ단계에 걸쳐 제작된 것으로 이해해두고자 한다.

6) 역심엽형대장식구

심엽형대장식구는 이시카와현(石川縣) 기쓰네야마(狐山)고분에서 출토되었다(그림 10-3-6). 역심엽형대장식구의 제작, 사용, 부장이 가장 활발하였던 곳은 신라였다. 기쓰네야마고분 출토품도 신라에서 제작된 후 이입되었을 가능성이 크다.

제작연대에 관해서는 비교적 초기의 자료로 보는 견해도 있지만(高田貫太 2014) 제8장의 연구 성과에 의하면 은제의 역심엽형(逆心葉形)A는 신라2기부터 신라5기까지 확인되어 제작연대를 비정하기가 쉽지 않다.

주목하고자 하는 것은 과판의 개수이다. 기쓰네야마고분에서는 총 9개의 과판이 출토되었는데(그림 10-4) 이는 신라 고분에서 출토된 대장식구

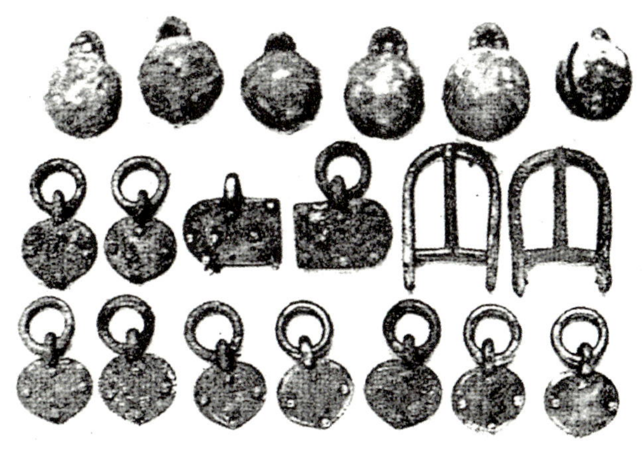

그림 10-4 이시카와현 기쓰네야마고분 역심엽형대장식구

표 10-3 신라지역 출토 역심엽형대장식구(과판 수 10개 이상)

지역	고분	재질	형식	과판 개수	마구공반	착장	단계
경주	천마총	금동	역심엽형α	14	○	×	신라5기
		은	역심엽형β3	8		×	
		은	역심엽형α	12		×	
	식리총	철지은장	역심엽형α2	10	○	×	신라4기
	계림로14호분	은	역심엽형α	9	○	○	신라5기
경산	임당6A호분	금동	역심엽형α2	15	-	-	신라4기
이시카와현	기쓰네야마고분	은	역심엽형α	9	×	×	왜V단계

-: 확인불가

중에서도 많은 과판을 지닌 사례에 해당한다. 역심엽형 과판이 8개 이상 출토된 사례는 모두 신라4기(5세기 말~6세기 초)와 신라5기(6세기 전엽)에 속하는 점(**표 10-3**)을 고려하면 기쓰네야마고분 출토품도 5세기 후엽 이후에 제작되었을 가능성이 크다. 고분의 조영 시기를 5세기 후엽으로 보는 견해도 참고된다(박천수 2011). 여기서는 왜V단계로 비정해 둔다.

7) 용문반육조대장식구

용문반육조대장식구는 출토지 불명인 오구라콜렉션, 기요노켄지콜렉션을 비롯하여 교토부(京都府) 고쿠즈카(穀塚)고분, 와카야마현(和歌山縣) 오타니(大谷)고분, 후쿠이현 니시즈카(西塚)고분, 구마모토현(熊本縣) 에타후나야마(江田船山)고분, 사이타마현(埼玉縣) 이나리야마(稲荷山)고분, 아이치현 아오쓰카(青塚)고분, 오사카부 곤신즈카(荒神塚)고분에서 출토되었다.[2] (전)한국 출토로 전하는 오구라콜렉션을 제외하면 모두 일본열도에서 확인된다. 고훈시대 대장식구 연구사의 검토를 통해 제작 단계에 대해 살펴보고자 한다.

용문반육조대장식구의 변천에 관해서는 마치다 아키라, 다나카 후미코, 후지이 야스타카(藤井康隆), 고하마 세이의 연구 성과를 참고할 수 있다(藤井康隆 2001; 小浜成 2002; 小浜成 2003; 小浜成 2006; 田中史子 1998; 町田章 1980).

마치다 아키라는 아이치현 아오쓰카고분, 후쿠이현 니시즈카고분, 사이타마현 이나리야마고분 출토 과판의 용문이 사실적이므로 용과 호랑이 표현이 치졸한 교토부 고쿠즈카고분 출토품보다 고식(古式)으로 보았다(町田章 1980).

2 이외에 충남대학교 소장품 가운데 용문반육조대장식구가 있다고 전해지나 정식으로 보고되지 않았으며 도록에서도 확인할 수 없어 연구 대상에서 제외하였다.

다나카 후미코는 과판에 표현된 용문의 사지(四肢) 표현에 주목하고 교토부 고쿠즈카고분, 오구라콜렉션, 와카야마현 오타니고분, 구마모토현 에타후나야마고분 출토품을 유각(有脚)타입으로, 후쿠이현 니시즈카고분 출토품을 무각(無脚)타입으로 분류하였다. 그리고 유각타입의 용문이 무각타입의 용문보다 선명하다는 점을 근거로 전자와 후자의 시기 차를 상정하였다(田中史子 1980).

후지이 야스타카는 과판의 문양과 제작기술을 기준으로 제1단계(교토부 고쿠즈카고분, 아이치현 아오쓰카고분 출토품)와 제2단계(오사카부 곤신즈카고분, 후쿠이현 니시즈카고분, 구마모토현 에타후나야마고분, 사이타마현 이나리야마고분, 와카야마현 오타니고분 출토품)로 나누었다(藤井康隆 2001).

고하마 세이는 과판에 표현된 용체(龍體)의 표현에 주목하고 공인이 용체를 인식하고 제작한 대장식구와 그렇지 않은 대장식구를 분류하였다(小浜成 2002; 小浜成 2003; 小浜成 2006). 용체를 잘 인식하여 역S자상으로 표현된 교토부 고쿠즈카고분 출토품에서 오구라콜렉션을 거쳐 용체가 붕괴되어 역C자상으로 표현된 후쿠이현 니시즈카고분, 사이타마현 이나리야마고분 출토품으로 변화된 것으로 이해하였다. 그리고 이렇게 추정한 대장식구의 변천 과정을 용체에 표현된 비늘의 위치를 통해 검증하였다.

이상의 연구는 용문의 퇴화를 기준으로 고식과 신식을 분류한다는 점에서 동일하다. 용문반육조대장식구의 선후 관계를 파악하는 데 용문은 유효한 기준이라고 할 수 있을 것이다. 다만 모든 연구자가 그 퇴화 정도를 동일하게 인식하는 것은 아니다. 예를 들어 마치다 아키라는 교토부 고쿠즈카고분 출토품에 대하여 용과 호랑이의 표현이 치졸하므로 신식으로 분류하였으나 다나카 후미코, 고하마 세이, 후지이 야스타카는 공인이 용문을 잘 인식한 것으로 이해하고 고식으로 분류하였다.

위의 선행연구 가운데 특히 고하마 세이의 견해는 용문 표현, 비늘 위치 등을 분석하여 그 퇴화과정을 설득력 있게 설명하므로 타당성이 가장 높다. 용문도 교토부 고쿠즈카고분 과판에 표현된 역S자상이 중원식대장식구 교구의 용문과 유사하므로 고식으로 판단할 수 있다. 여기서는 고하마 세이와 다나카 후미코의 연구 성과를 수용하여 용문반육조대장식구의 변천을 다음과 같이 3단계로 구분하여 변천 과정을 이해하고자 한다.

1단계는 용문이 가장 잘 표현된 단계이다. 용체는 역S자상이며 등에 비늘이 표현되었다. 용의 눈, 입, 발이 뚜렷하다. 기요노켄지콜렉션, 오사카부 곤신즈카고분, 교토부 고쿠즈카고분 출토품이 1단계에 속한다.

2단계는 1단계에 비하여 용문의 퇴화가 확인된다. 용체는 역S자상이나 용의 눈, 발, 입

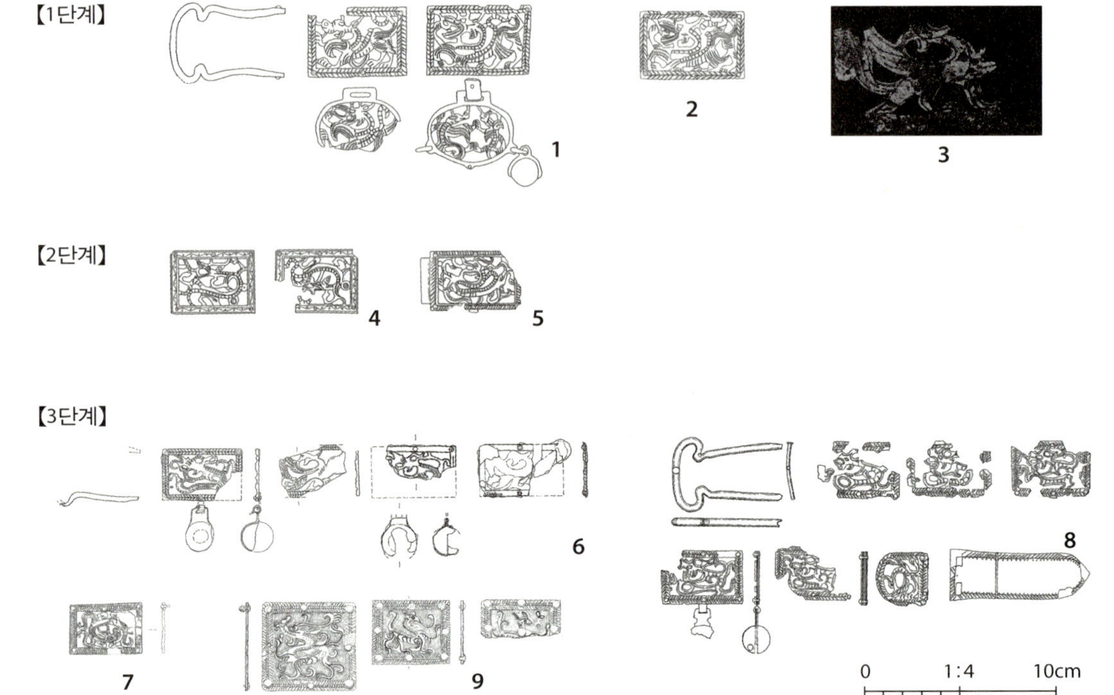

그림 10-5 용문반육조대장식구의 변천

1. 교토부 고쿠즈카고분 | 2. 기요노켄지콜렉션 | 3. 오사카부 곤신즈카고분 | 4. 아이치현 아오쓰카고분 | 5. 오구라콜렉션 | 6. 후쿠이현 니시즈카고분 | 7. 구마모토현 에타후나야마고분 | 8. 사이타마현 이나리야마고분 | 9. 와카야마현 오타니고분 (3은 축척부동)

의 표현이 명확하지 않다. 아이치현 아오쓰카고분, 오구라콜렉션이 2단계에 속한다.

3단계는 용문이 가장 심하게 퇴화된다. 용체는 역C자상이며 발의 표현은 생략되어 공인이 용문을 제대로 이해하지 못했을 가능성이 크다. 후쿠이현 니시즈카고분, 구마모토현 에타후나야마고분, 사이타마현 이나리야마고분, 와카야마현 오타니고분 출토품이 3단계에 속한다.

각 단계의 연대에 관해서는 3단계에 속하는 사이타마현 이나리야마고분 을 참고할 수 있다. 여기서 출토된 辛亥(신해)명철검이 471년에 제작된 것이라면 3단계의 대장식구도 471년을 전후하여 제작되었을 가능성이 크다. 왜V단계로 비정할 수 있을 것이다.

문제는 1, 2단계가 어디까지 소급되는가이다. 이와 관련하여 오사카부 곤신즈카고분 출토품에 주목할 수 있다. 오사카부 곤신즈카고분 출토품은 과판에 표현된 용문을 기준으로 1단계로 비정하였는데 보고된 사진에서도 알 수 있듯이(그림 10-5-3) 과판 주연에 축조와 원문끌이 확인된다. 유사한 조금기술은 2단계의 아이치현 아오쓰카고분 출토 과판에서도 확인된

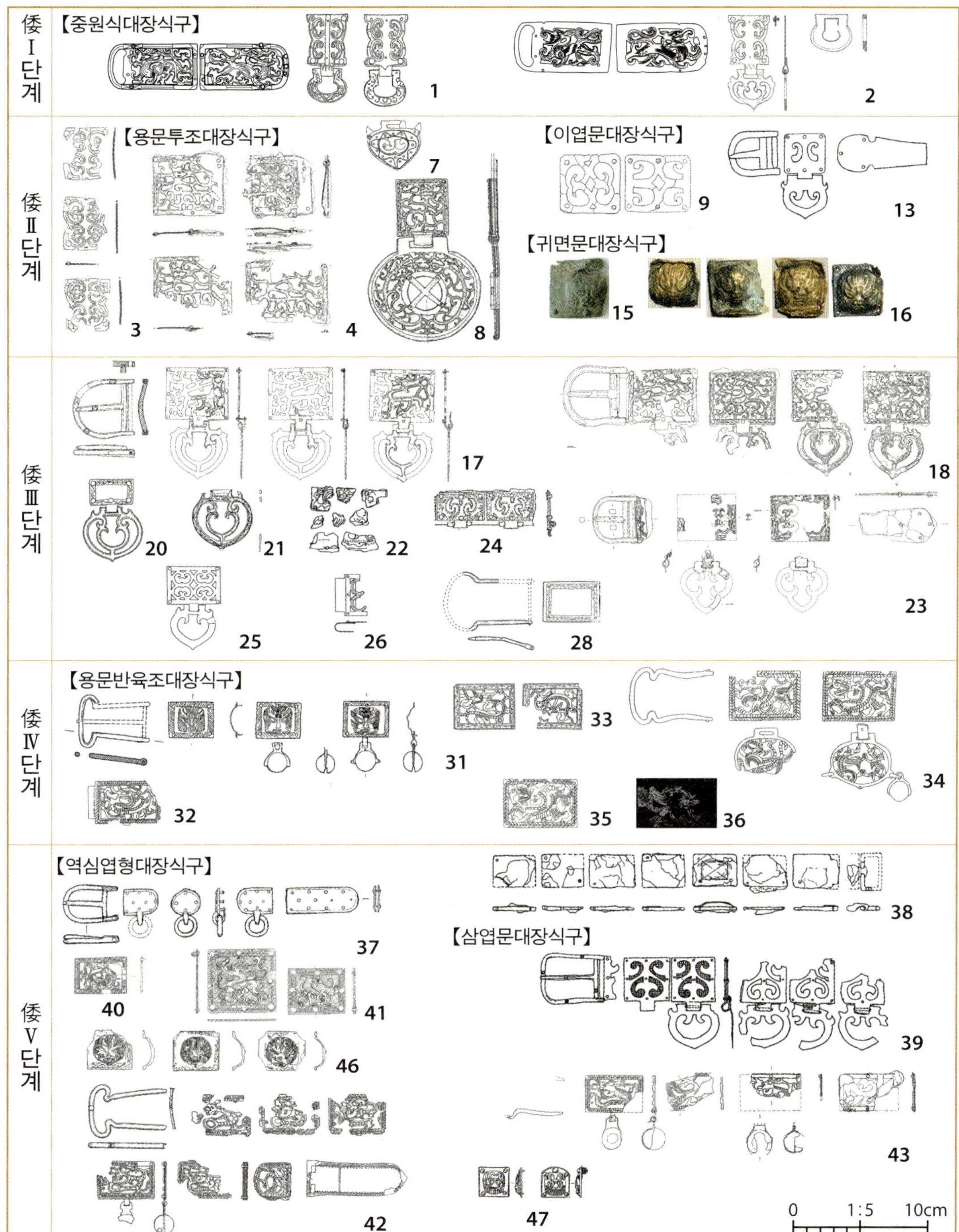

그림 10-6 고훈시대 대장식구의 변천

1. 나라현 신야마고분 | 2. 효고현 교자즈카고분 | 3·4. 나라현 고죠네코즈카고분 | 7. 오사카부 조노야마고분 | 8·9. 시가현 신카이1호분 남곽 | 13. 효고현 미야야마고분제2주체부 | 15. 돗토리현 다카야마고분 | 16. 오구라콜렉션 | 17. 후쿠오카현 쓰키노오카고분 | 18. 오사카부 시치칸고분제2곽 | 20. 나라현 와키가미칸스즈카고분 | 21. 나가노현 아게미조텐진즈카고분고분 | 22. 오사카부 나가모치야마고분 | 23. 나라현 니이자와센즈카126호분 | 24. 오카야마현 잇본마쓰고분 | 25. 오구라콜렉션 | 26. 오사카부 곤다마루야마고분 | 28. 아이치현 시다미오오쓰카고분 | 31. 오카야마현 우시부미차우스야마고분 | 32. 오구라콜렉션 | 33. 아이치현 아오쓰카고분 | 34. 교토부 고쿠즈카고분 | 35. 기요노켄지콜렉션 | 36. 오사카부 곤신즈카고분 | 37. 이시카와현 기쓰네야마고분 | 38. 효고현 나카무라5호분제1주체부 | 39. 후쿠오카현 하제야마고분 | 40. 구마모토현 에타후나야마고분 | 41. 와카야마현 오타니고분 | 42. 사이타마현 이나리야마고분 | 43. 후쿠이현 니시즈카고분 | 46. 나가노현 핫쵸요로이즈카2호분 | 47. 후쿠이현 주젠노모리고분 (7·15·16·33은 축척부동)

다(그림 10-5-4). 이러한 조금기술은 지금까지 왜Ⅱ~Ⅲ단계로 비정한 용문투조대장식구에서 주로 확인된다. 즉, 1~2단계의 조금기술은 용문투조대장식구 제작에 사용된 조금기술을 수용하는 과정에서 나타난 현상 가운데 하나일 것이다. 여기서는 용문반육조대장식구1~2단계를 왜Ⅳ단계로, 용문반육조대장식구3단계를 왜Ⅴ단계로 비정해두고자 한다.

지금까지 고훈시대에 출토된 대장식구의 연대를 왜Ⅰ~Ⅴ단계로 나누었다. 정리하면 그림 10-6과 같다.

제4절 전개와 특질

제4절에서는 고훈시대 대장식구를 크게 왜Ⅰ단계, 왜Ⅱ~Ⅲ단계, 왜Ⅳ~Ⅴ단계로 구분하고 한일교섭이라는 관점에서 그 전개 과정과 그 특질을 정리한다.

1) 전개

(1) 왜Ⅰ단계

고훈시대 전기에 중국에서 제작된 중원식대장식구가 일본열도로 이입된다. 일본열도에서 출토된 중원식대장식구의 이입 경로에 대해서는 중국에서 직접 이입된 것으로 보는 견해(町田章 1970), 중국과 왜 사이에 신라, 가야를 개입시키는 견해(宇野愼敏 1996), 중국에서 제작된 후 백제를 경유하거나 백제에서 모방되었다는 견해(町田章 2006; 千賀久 1984), 금관가야를 경유한 것으로 보는 견해(박천수 2007; 申敬澈 2013) 등 다양하다. 그리고 중원식대장식구의 이입 배경에 대해서는 고급무관과 같은 생전 신분을 상징하는 물품(町田章 1970; 町田章 1997), 야마토 정권을 구성하는 호족이 중국대륙 및 한반도와 독자적으로 교섭한 결과 입수한 것(早乙女雅博 1990), 4세기대 왜왕권이 해외와 직접 교섭하는 가운데 수입된 물건(板靖 1991: 119), 양진 왕조와 동아시아 각국의 책봉관계에 의한 정치적 산물의 가능성(金智鉉 2012; 李漢祥 2011)이 지적되었다.

다만 4세기대 국제정세를 너무 고려한 나머지 중원식대장식구를 조공, 책봉관계의 산물로만 보는 것에 대해서는 신중할 필요가 있다. 실제로 효고현 교자즈카고분에서는 파형동기, 철정, 모루, 철복, 주조철부, 마구 등 한반도와 깊은 관련이 있는 유물들이 공반되었다. 공반

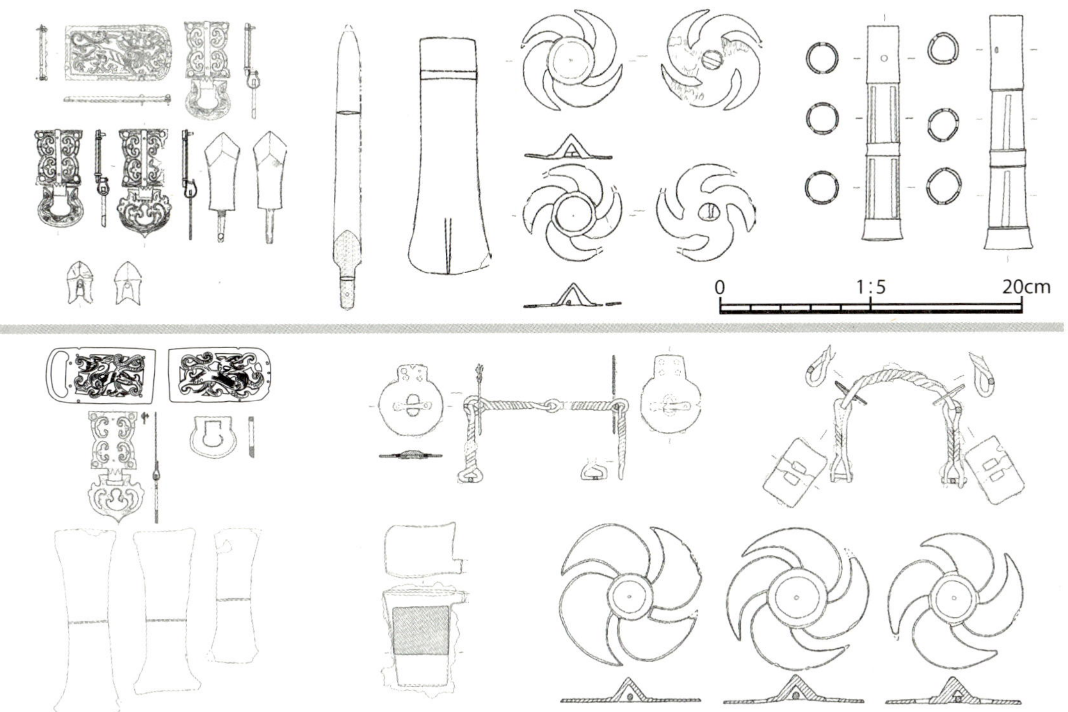

그림 10-7 김해 대성동88호분(상)과 효고현 교자즈카고분(하) 출토품(철창, 철정, 마구, 모루=1/12)

유물로 보는 한 중원식대장식구를 소유한 교자즈카고분 피장자를 중국의 고급무관과 같은 특정 신분과 관련짓기는 쉽지 않다. 유사한 양상은 금관가야의 고지인 김해 대성동고분에서도 확인된다. 대성동88호분에는 중원식대장식구 외에도 재지계의 토기와 일본열도로부터 이입된 것으로 생각되는 창(槍), 동촉, 통형동기, 파형동기, 동모 등이 공반되었다(그림 10-7).

이처럼 한일 양국에서 같은 시기에 중원식대장식구를 부장한 고분에서 재지계 유물과 함께 한일, 더 구체적으로 본다면 금관가야와 왜의 교류를 시사하는 외래계 물품이 부장되는 경향이 강하다. 중원식대장식구를 晉의 고급무관을 상징하는 물품으로 단정할 수 없는 현재, 이미 지적된 것처럼 '중국 왕조로부터 (중원식대장식구를) 직접 사여받았을 가능성'(千賀久 1984)은 낮을지도 모른다.

삼연(三燕) 고분에서 출토된 중원식대장식구와 달리 중원에서 이입된 중원식대장식구를 모방 제작하는 현상이 확인되지 않는 백제와 가야, 왜의 중원식대장식구를 근거로 중국왕조의 정치, 외교적인 동향과 삼국과 가야, 왜를 연결 짓고 나아가 과도한 정치적 의미를 부여하는 것(藤井康隆 2013)에는 주의가 필요하다.

이상과 같이 왜Ⅰ단계는 일본열도는 물론 한반도에서도 중원식대장식구 이외의 대장식구는 확인되지 않는다. 본격적인 대장식구 문화가 등장하기 이전으로 평가할 수 있을 것이다.

(2) 왜Ⅱ~Ⅲ단계

기시모토 나오후미의 고훈시대 중3기에서 중4기에 해당한다. 일본열도 내에서 본격적으로 대장식구 문화가 전개되는 시기이다. 다양한 양식의 대장식구가 등장하지만, 그중에서도 용문투조대장식구와 이엽문대장식구가 주류이다. 이 단계의 대장식구에 대해 제작지 및 계보, 배경, 성격으로 나누어 검토한다.

① 제작지 및 계보

용문투조대장식구의 제작지 및 계보에 관해서는 중국 남조제(藤井康隆 2001), 신라제(千賀久 2001), 고구려-신라계(高田貫太 2014), 일본열도제(小浜成 2006) 등 다양한 견해가 개진되어 있다.

이 중 남조제로 보는 견해는 일본열도만이 아니라 한반도 출토품도 모두 남조에서 제작된 후 이입된 것으로 간주한다. 그러나 용문투조대장식구에 베풀어진 용문양과 축조, 점문끌로 표현된 파상열점문, 도금, 투조 등의 제작기술은 공반된 성시구와 마구, 금공품에서도 확인되므로 이미 왜Ⅱ~Ⅲ단계에 금공품을 제작할 수 있는 기술은 한반도와 일본열도에도 갖추어져 있었던 것으로 생각된다. 현재까지 보고된 자료로 보는 한 일본열도에서 출토된 용문투조대장식구를 비롯하여 한반도 출토품의 제작지도 기본적으로는 고구려, 신라 그리고 일본열도 내에서 구하는 것이 타당할 것이다.

이와 관련하여 최근 한일 출토 용문투조대장식구의 제작기술을 자세히 분석하고 종래의 연구 성과를 참고로 일본열도에서 출토된 용문투조대장식구가 한반도에서 이입되었을 가능성을 제기한 연구 성과는 주목해볼 만하다(제12장 참조). 설령 그 제작지가 일본열도 내의 어느 곳이라 할지라도 당시 일본열도와 한반도 남부 세력 사이에 끊임없는 교섭이 이루어지고 있었던 것은 틀림없을 것이다.

초엽문대장식구도 왜Ⅱ~Ⅲ단계에 등장한다. 그 계보는 다양하다. 우선 효고현 미야야마고분 제2주체부 출토품(그림 10-2-15)은 집안(集安) 우산하(禹山下)M3162, 북표(北票) 라마동(喇嘛洞) 서구촌묘(西溝村墓) 출토품으로 보아 삼연에서 제작된 후 신라를 거쳐 일본열도로 이입되었을 가능성이 크다. 또 시가현 신카이 1호분 남곽 출토품(그림 10-2-11)도 유사한 모티브의 이엽문대장식구가 북표 라마동 서구촌묘, 집안 우산하M3162, 경주 황남동82호분 동총에서 확인되는 것을 보아 계보의 원류는 삼연지역에서 구할 수 있을 것이다.

한편 수식부이식, 금은제반지, 금은제팔찌로 보아 그 피장자가 신라에서 도래한 인물인 것으로 생각되는 나라현 니이자와센즈카 126호분 출토 초엽문대장식구(그림 10-2-14)는 신라에서 제작된 후 이입되었을 것이다. 오사카부 조노야마고분 대장식구(그림 10-3-2)도 형태와 제작기술이 경주 황남동110호분 출토품과 흡사하므로 신라에서 제작되었을 가능성이 크다.

이처럼 한반도에서 이입된 것 외에 일본열도 내에서 제작되었을 가능성이 있는 초엽문대장식구도 일부 존재한다. 오카야마현 잇본마쓰고분 출토품(그림 10-2-13)이다. 한반도에서도 유례가 없는 과판의 문양은 전술하였듯이 가나가와현 조코지하라 1호분 출토 미비부주와 흡사하다. 미비부주가 고훈시대 일본열도에서 제작되었을 가능성을 고려하면 이 대장식구의 디자인 설계에 갑주제작 공인의 영향을 상정할 수 있다.

이상과 같이 왜Ⅱ~Ⅲ단계에 등장하는 용문투조대장식구와 초엽문대장식구는 삼연, 고구려, 신라, 왜로 이어지는 교류 루트를 통해 일본열도로 대거 이입된 것으로 볼 수 있다. 이는 단야구, 금공품, 마구 등 한반도계로 생각되는 부장품과 대장식구가 유독 많이 공반되는 점을 통해서도 유추할 수 있다. 삼연제 대장식구와 왜계 장방판혁철단갑이 공반된 울산 하삼정115호 석곽묘 피장자는 삼연과 왜 등 국제 교류에 종사했던 인물이었을 것이다.

② 배경

그렇다면 왜Ⅱ~Ⅲ단계에 용문투조대장식구와 초엽문대장식구가 일본열도로 이입된 배경은 무엇일까? 이와 관련하여 4세기 후반 이후, 야마토정권의 한반도 군사개입과 군사적 성격을 표상하는 부장품 가운데 하나로 용문투조대장식구를 이해하는 견해가 있다(宇野愼敏 2004).

그러나 4세기 후반부터 5세기 전반 당시 야마토정권이 한반도에 적극적으로 군사를 개입한 것으로 볼 수 있는 고고자료는 적어도 현상(現狀)에서는 인정되지 않는다.

이입 배경과 관련하여 분포에 주목해 볼 수 있다. 출토 사례는 많지 않으나 용문투조대장식구와 초엽문대장식구는 절반 이상이 기내지역에 집중한다(그림 10-8). 이미 지적된 것처럼(早乙女雅博 1990) 용문투조대장식구는 '야마토정권의 정치적 색채를 강하게 지닌 것'이며 그 입수 주체와 부장 배경에는 왜왕권(모즈(百舌鳥)·후루이치(古市)세력)이 깊게 관여하고 있었을 가능성이 크다고 생각한다(田中史子 1998).

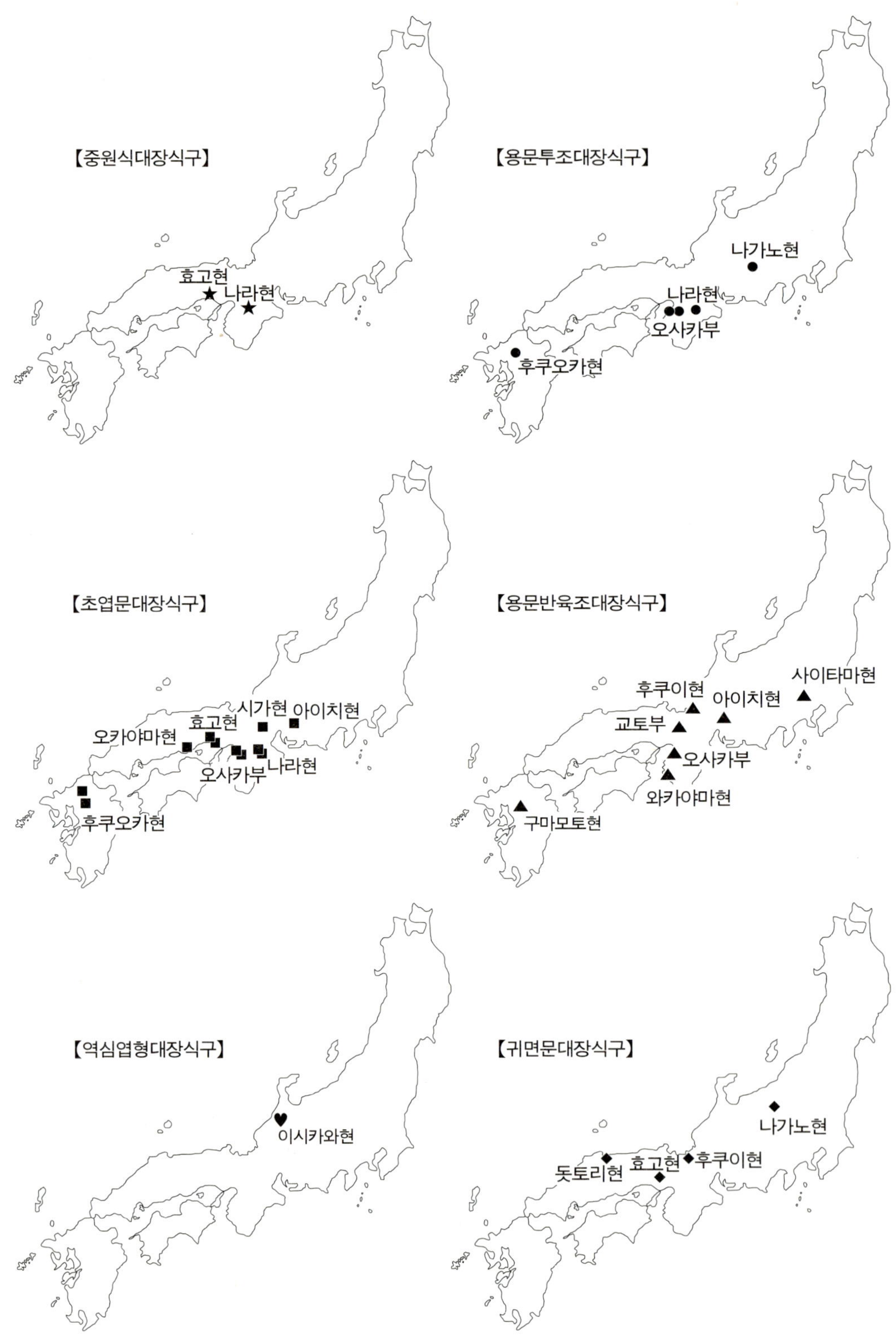

그림 10-8 고훈시대 대장식구의 분포

③ 성격

이처럼 야마토정권에 의해 이입되었을 가능성이 큰 왜Ⅱ~Ⅲ단계의 대장식구는 일본열도 내에서 어떤 성격을 지니고 있었을까? 한반도 대장식구의 출토상황과 비교를 통해 그 성격을 추정해 볼 수 있다.

예를 들어 신라의 초엽문대장식구는 등장 초기부터 피장자의 허리에 착장된 상태로 출토되는 경우가 일반적이다(제8장 참조). 삼연제의 가능성이 큰 울산 하삼정115호 석곽묘 출토품도 보고서에서는 언급하지 않았으나 출토 위치로 보아 피장자가 착장하였을 가능성이 크다. 또 금제 초엽문대장식구는 경주에서만 출토되며 지방에서는 은, 금동제의 대장식구가 출토되는 것으로 보아 피장자의 위계에 따라 대장식구의 재질에도 차이가 있었던 것으로 추정된다. 즉, 신라의 대장식구는 매장 의례에 사용된 복식품임과 동시에 중앙과 지방을 명확히 구분하는 정치성이 강한 물품이었던 것으로 추정할 수 있다.

한편 출토 사례가 적기는 하나 한성기의 공주 수촌리Ⅱ-1호 토광묘, 수촌리Ⅱ-4호 석실분, 웅진기의 무령왕릉, 사비기의 능안골36호분(동·서편), 나주 복암리3호분7호석실과 같이 출토 정황을 알 수 있는 백제의 대장식구 역시 피장자에게 착장되는 경우가 많다. 또 사비기에 한정되기는 하나 피장자 신분의 위계에 따라 대장식구의 재질이 달랐을 가능성도 크다(제9장 참조).

이에 반해 왜Ⅱ~Ⅲ단계의 대장식구는 갑주, 찰갑과 같은 무구에 부착되거나 관 밖에서 출토되는 경우가 많다(町田章 1970; 小野山節 1975; 千賀久 1984; 橋本達也 1995). 나가모치형석관(長持形石棺)에 매납된 쓰키노오카고분 출토품을 제외하면 고죠네코즈카고분, 시치칸고분 제2곽, 나가모치야마고분, 나가노현 아게미조텐진즈카 출토품은 모두 갑주 혹은 괘갑에 부착된 상태로 출토되었다. 무문대장식구와 이엽문대장식구로 분류한 오카야마현 잇본마쓰고분, 나라현 와키가미칸스즈카고분 출토품도 갑주의 파편과 괘갑 소찰편에 부착된 상태로 매납되었다(그림 10-9).

특히 고죠네코즈카고분 출토품은 석실 밖에서 출토된 괘갑의 소찰에 병유된 채 부착되었으며 잇본마쓰고분 출토품은 단갑의 파편으로 생각되는 철판에 병유된 상태로 출토되었다. 병유가 갑주공인에 의한 기술이라는 점을 고려하면(內山敏行 2008) 한반도로부터 입수한 대장식구는 이미 일본열도 사회 내에서 유통되고 있었으나 갑주에 비하여 위세품으로는 객체적 존재였을 것으로 추정해 볼 수 있다.

한편 왜Ⅱ~Ⅲ단계의 대장식구 가운데 출토상황을 알 수 있어 착장된 것이 분명한 사례

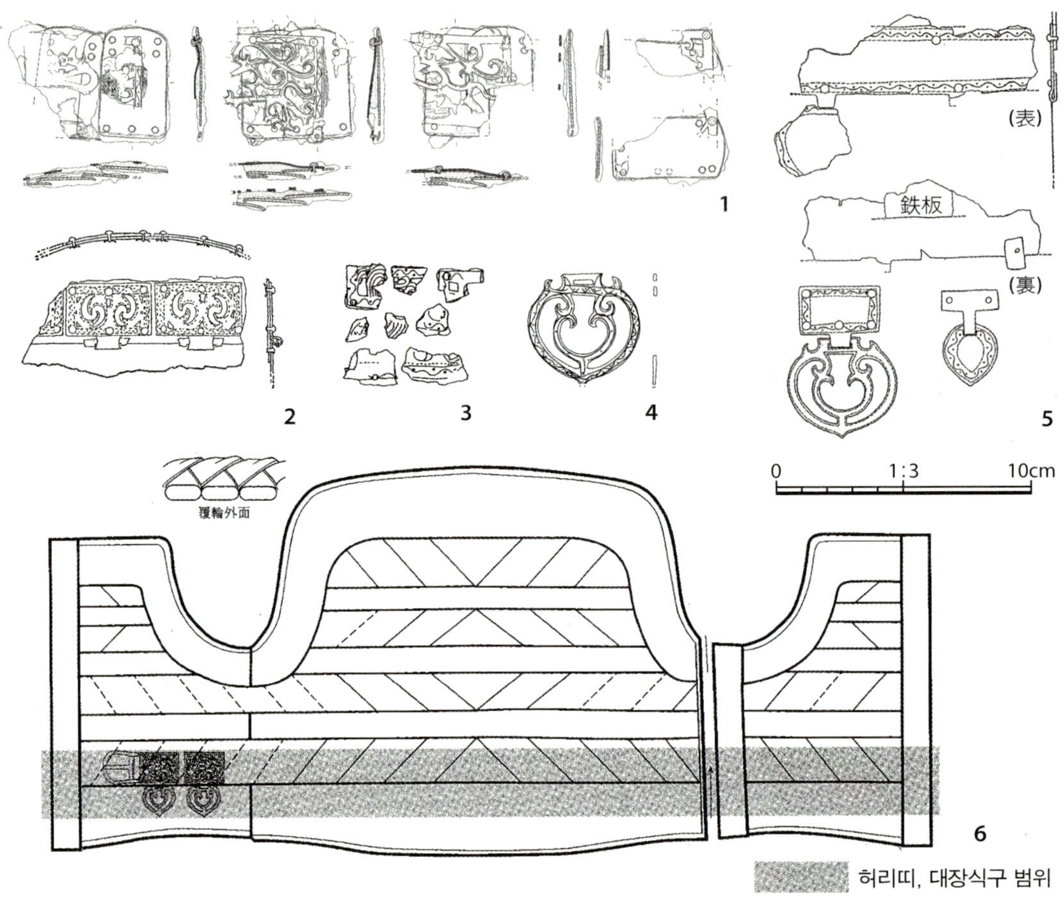

그림 10-9 무구에 부착된 대장식구

1. 나라현 고죠네코즈카고분 | 2. 오카야마현 잇본마쓰고분 | 3. 오사카부 나가모치야마고분 | 4. 나가노현 아게미조텐진즈카고분 | 5. 나라현 와키가미칸스즈카고분 | 6. 오사카부 시치칸고분 제2곽

는 니이자와센즈카 126호분 출토품뿐이다.[3] 또 이 단계의 대장식구 재질도 모두 금동제여서 피장자 신분에 따른 재질 차이도 확인할 수 없다.

즉, 무구와 공반 관계, 착장 여부, 재질로 판단하건대 왜Ⅱ~Ⅲ단계의 대장식구가 피장자의 사회적 신분이나 위계를 상징한다는 적극적인 근거는 찾기 어렵다(小野山節 1975; 千賀久 1984; 坂靖 1991). 어디까지나 보유와 수수에 큰 의의가 있었으며 당시 위세품이었던 무구(갑

3 효고현 미야야마고분 제2주체부 출토 이엽문대장식구에 대해서는 착장된 것으로 보는 다카다 간타(高田貫太)의 견해와 발치 주변에 매납된 것으로 보는 다나카 후미코의 견해가 있다.

주)와 깊게 관련된 부속구로 기능하였다고 보아야 할 것이다.[4]

한편 귀면문대장식구도 왜Ⅱ~Ⅲ단계에 등장한다. 돗토리현 다카야마고분에서 출토된 귀면문대장식구는 공주 수촌리Ⅱ-4호 출토품과 매우 흡사하여 백제에서 제작된 후 이입되었을 가능성이 크다. 다만 공반 유물이 불분명하여 일본열도로 유입된 경로와 시기를 정확하게 파악하기는 어렵다. 여기서는 왜Ⅱ~Ⅲ단계에 왜왕권을 중심으로 이루어진 고구려, 신라라는 교류의 루트 가운데 일부 백제와의 교섭을 시사하는 귀면문대장식구가 백제에서 이입되었을 가능성이 있다는 것만 지적해둔다.

(3) 왜Ⅳ~Ⅴ단계

기시모토 나오후미의 고훈시대 중5기에서 중6기에 해당한다. 왜Ⅱ~Ⅲ단계의 용문투조대장식구, 초엽문투조대장식구가 자취를 감추는 대신 용문반육조대장식구가 대거 등장한다. 기존의 양식을 대신하여 새로운 양식이 등장한다는 점에서 고훈시대 대장식구 변천 중 하나의 획기로 평가할 수 있다(宇野愼敏 2004; 田中史子 1998). 여기서는 용문반육조대장식구를 중점적으로 살펴보기로 한다.

① 제작지와 계보

용문반육조대장식구는 오구라콜렉션, 충남대학교 소장품을 제외하면 현재까지 일본열도에서만 출토되었다. 제작지에 대해서는 중국 남조(藤井康隆 2002), 백제(千賀久 1984), 대가야(朴天秀 2002), 일본열도(小浜成 1998; 小浜成 2003; 小浜成 2006; 田中史子 1998)로 나누어져 있다.

남조에서는 유사한 양식의 대장식구가 출토되지 않아 그 제작 실태는 알기 어렵다. 현재로서는 왜Ⅳ~Ⅴ단계에 집중적으로 부장된 용문반육조대장식구를 남조제로 보기는 어려울 것이다. 한편 백제에서도 용문반육조대장식구와 유사한 양식의 대장식구는 확인되지 않으며 가야에서는 대장식구 문화가 존재하였는지조차 불분명하다(제9장 참조). 제작지를 추정하기 위해 조금기술, 교구 형태, 수하식의 방울에 주목해보고자 한다.

우선 조금기술과 관련하여 아이치현 아오쓰카고분, 오사카부 곤신즈카고분 출토품에서 확인되는 축조, 원문끌이 주목된다(그림 10-10-1). 앞서 언급한 것처럼 축조, 원문끌은 왜Ⅱ~Ⅲ단계로 비정한 용문투조대장식구에서 주로 확인된다(田中史子 1998; 町田章 1980; 千賀久

4 마치다 아키라는 '장군호(將軍號)를 상징하는 복장(服章)의 하나'로 이해하고 있다.

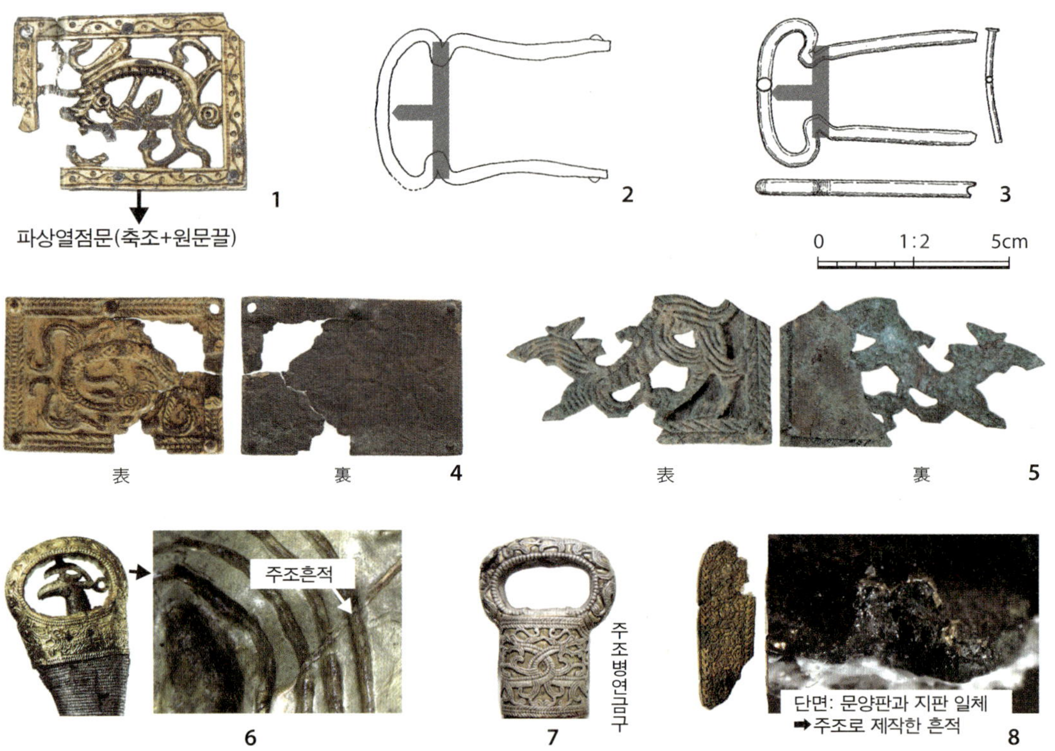

그림 10-10 용문반육조대장식구의 일본열도 제작 가능성(1~3)**과 삼국시대·고훈시대의 정밀주조기술 사례**(4~8)
1. 아이치현 아오쓰카고분 | 2. 교토부 고쿠즈카고분 | 3. 사이타마현 이나리야마고분 | 4. 구마모토현 에타후나야마고분 | 5. 교토부 고쿠즈카고분 | 6. 합천 옥전M3호분 | 7. 합천 옥전M3호분 | 8. 경주 식리총

2001). 용문반육조대장식구의 제작 공인이 조금기술을 직접 배워 새겼는지 아니면 조금공인이 대장식구 제작에 참여하였는지는 알 수 없지만, 입체적으로 표현한 대장식구에 조금기술이 베풀어진 사례는 용문반육조대장식구에서만 확인된다.

둘째, 교구 형태이다. 용문반육조대장식구는 용문투조·초엽문대장식구의 교구와 달리 자금이 없고 전방이 C자형을 띠고 있다. 이는 단순히 형태의 차이만을 의미하는 것이 아니다. 자금이 없는 대신 굴곡부를 이용하여 허리띠를 고정함으로써 전연(前緣)의 굴곡부보다 '뒤쪽으로 띠의 구멍을 이행시키지 않기 위해'(町田章 1980) 고안된 새로운 결구 방법이기 때문이다. 마치다 아키라가 지적한 대로 이 굴곡부에 별도의 T자형 자금이 부착(**그림 10-10-2~3**)되었는가에 대해서는 실물이 출토되지 않아 단정할 수 없으나 적어도 이러한 형태의 교구는 아직까지 한반도에서 확인되지 않는다.[5]

5 유일하게 공주 송산리에서 수습된 것으로 전해지는 교구가 유사하다.

셋째, 교토부 고쿠즈카고분, 후쿠이현 니시즈카고분, 사이타마현 이나리야마고분 수하식에 달린 방울이다(小浜成 1998). 수하식에 방울을 매단 사례도 아직까지 한반도에서 확인되지 않는다.

이상과 같이 원문끌 등 조금기술의 혼용, 한반도에서 확인되지 않는 새로운 형태의 교구 출현, 수하식에 방울을 매단 현상은 적어도 현재까지 보고된 삼국시대 대장식구에서는 확인되지 않는다. 이같은 사실을 중시한다면 왜Ⅳ~Ⅴ단계에 등장하는 용문반육조대장식구는 일본열도 내에서 제작되었을 가능성이 크다고 할 수 있다.

② 제작기술

그렇다면 용문반육조대장식구는 어떻게 제작되었을까? 여기서는 과판에 주목하고자 한다. 반육조라는 말에서 알 수 있듯이 과판(동판)에 표현된 용문은 입체감을 띠는 것이 특징이다.

일정한 두께의 동판을 입체감이 있는 동판으로 만들기 위해서는 다양한 방법을 상정할 수 있으나 삼국·고훈시대에 한정해보면 ①동판을 깎거나 ②주조의 가능성이 있다. 이 가운데 전자는 근대 이후에 자주 사용된 기법으로 고훈시대에 이용되었을 가능성도 물론 있다. 다만 당시의 금공기술 수준을 고려하면 후자의 가능성이 훨씬 큰 것으로 보인다. 실제로 에타후나야마고분, 니시즈카고분 출토품이주조로 제작되었다는 견해도 제기된 적이 있다(町田章 1970; 小浜成 1998). 아마도 과판과 동일한 형태로 밀랍제 모형을 만들고 이것을 토제범으로 씌운 후 녹인 동을 범 속에 부어 완성하였을 것이다. 두께 3mm가 채 되지 않은 동판을 주조한다는 의미에서 '정밀주조'라 불린다(鈴木勉 2013).

문제는 고쿠즈카고분 출토품에 관한 평가이다. 마치다 아키라는 얇은 동판을 뒤에 덧대어 부조(浮彫)의 효과를 낸 것으로 생각하여 일견 단조에 의한 제작을 상정하는 듯하다(町田章 1980). 그러나 고쿠즈카고분 대장식구 과판의 뒷면은 편평하며 동판을 덧댄 흔적도 보이지 않는다(그림 10-10-5). 고쿠즈카고분 출토품 역시 주조제의 가능성이 크다. 출토품마다 제작기법에 관한 조사와 분석이 이루어져야 하겠으나 용문반육조대장식구는 기본적으로 정밀주조로 제작된 것으로 판단해두고자 한다.[6]

6 사이타마현 이나리야마고분 출토품은 표면에서 확인되는 조각끌 흔적으로 보아 단조제의 가능성도 있다.

③ 배경

그렇다면 이처럼 정밀주조에 의해 제작된 대장식구가 왜Ⅳ~Ⅴ단계에 출현하게 된 배경은 무엇일까? 종래의 연구에서는 용문반육조대장식구의 등장 배경을 왜왕권과 관련지어 해석하였다. 예를 들어 사오토메 마사히로는 용문반육조대장식구가 간토(關東)에서 북부규슈(北部九州)까지 넓게 분포하게 된 배경에 '왜국왕이 통솔하는 지역의 확대'를 상정하였다(早乙女雅博 1990: 140). 우노 마사토시도 용문반육조대장식구를 '유라쿠조(雄略朝)에서 지방지배체제의 진전·강화, 한반도로 군사를 개입하고 이에 따른 정치적 변동으로 인해 백제·대가야계의 영향을 강하게 받은 것'으로 평가하고 '도카이(東海), 간토, 호쿠리쿠(北陸) 등 동일본까지 분포가 확대된 것은 유라쿠조에 이루어진 지방지배체제의 진전과 강화가 더욱 진전된 것을 뒷받침'하는 것으로 파악하였다(宇野眞敏 2004).

용문반육조대장식구도 기본적으로 기내를 중심으로 분포하므로 그 타당성은 인정된다 **(그림 10-8)**. 구마모토현 에타후나야마고분과 사이타마현 이나리야마고분 에서 공반된 상감대도의 명문까지 고려한다면 용문반육조대장식구는 왜왕권 아래에서 제작·배포된 정치적 기물로서 위세품의 성격도 지녔을 것으로 추정된다.

한편 일본열도 내에 용문반육조대장식구가 출현하게 된 배경을 한반도의 정세와 관련하여 이해하는 견해도 주목해 볼 필요가 있다. 다나카 후미코는 용문반육조대장식구의 출현이 유라쿠조의 정치적 활동 및 국내장악과 관련 있는 것으로 보고 그 배경으로 한반도의 정세에 주목하였다. 5세기 후반 금관가야에서 대가야로 이동한 정치적 변동이 고훈시대 대장식구의 변화와 관련된 것으로 보고 용문반육조대장식구 제작에 대가야계의 공인이 참여한 것으로 상정하였다(田中史子 1998).

박천수는 이전까지 신라에 의존해 온 일본열도 각지의 호족 세력이 쇠퇴하고 새로이 대가야와 결합한 신흥 호족이 대두되면서 대장식구를 비롯한 대가야산 마구와 철제 무기, 무구가 일본열도 내로 이입된 것으로 보았다. 그리고 일본서기 雄略(유라쿠)8(464)년 임나왕(任那王)이 선신반구(膳臣斑鳩) 길비신소이(吉備臣小梨) 난파길사적목자(難波吉士赤目子)를 보내 고구려를 공격하는 기사에 주목하고 대가야가 고구려와 신라의 군사적 진출에 대항하기 위해 왜왕권뿐만 아니라 각지 호족 세력의 군사력을 활용하고 반대급부로 문물을 제공한 것으로 추정하였다(朴天秀 2006).

이처럼 용문반육조대장식구의 등장을 한반도의 정세와 관련시켜 이해하는 견해는 제작기술로 보아도 신빙성이 높다. 합천 옥전M3호분 단봉문환두대도**(칼럼 3-1)**, 합천 옥전M3

호분 출토 용문장환두대도의 병연금구(鈴木勉 2013b)(그림 10-10-7), 식리총 출토 식리(鈴木勉 2013a)(그림 10-10-8) 등 정밀주조기술이 백제와 가야의 금공품에서 확인되기 때문이다.

이처럼 제작기술이라는 측면에서 보면 한반도에서도 유례를 찾을 수 없는 용문반육조대장식구가 왜Ⅳ~Ⅴ단계에 갑작스럽게 등장하는 배경의 하나로 이미 백제와 가야에 존재하고 있었던 정밀주조기술의 도입을 염두에 둘 필요가 있다. 용문반육조대장식구가 일본열도 내에서 제작되었을 것이라는 앞선 추정이 타당하다면 백제·가야계 도래인과 왜인 사이에 이루어진 정밀주조기술의 이전 역시 일본열도 내에서 이루어졌을 것이다.

이와 같은 추정은 상감유물을 통해서도 엿볼 수 있다. 교토부 고쿠즈카고분, 구마모토현 에타후나야마고분, 사이타마현 이나리야마고분 에서는 용문반육조대장식구와 함께 상감대도가 공반되었다. 한반도의 상감기술이 5세기 후반 백제와 가야지역에서 유행한 점을 고려하면(제4장 참조) 정밀주조기술, 상감기술 등 한반도 금공기술은 고훈시대 중기에 일본열도로 활발히 도입, 이전되었을 것이다. 그 계기로는 雄略의 치세라는 일본 국내적 상황 외에도 한성백제의 멸망, 5세기 후엽 대가야의 발전 등과 같은 한반도의 정세도 함께 고려할 필요가 있다.

④ 기능

사이타마현 이나리야마고분 대장식구는 피장자에게 착장된 상태로 매납되었다. 오타니고분, 고쿠즈카고분 대장식구도 각각 관내와 수혈식석실 내에서 발견되어 착장되었을 가능성이 있다(小浜成 2002). 용문투조대장식구와 달리 갑주에 부착된 사례도 확인되지 않으므로 용문반육조대장식구는 허리띠를 장식하는 용도로 사용되었을 가능성이 크다.

한편 왜Ⅳ~Ⅴ단계에는 용문반육조대장식구 이외에도 후쿠이현 주젠노모리고분, 나가노현 핫쵸요로이즈카 2호분에서 귀면문대장식구, 기쓰네야마고분에서 역심엽형대장식구, 하제야마고분에서 초엽문대장식구가 출토된다. 각 대장식구는 백제와 신라와의 교섭에 의해 일본열도로 이입되었을 가능성이 크다. 다만 모두 단발적으로 이입되었으므로 대장식구 자체의 분석만으로 구체적인 교섭의 주체와 이입 경로를 파악하기는 어렵다.

(4) 이후의 양상

왜Ⅳ~Ⅴ단계 이후인 고훈시대 후기가 되면 일본열도 내에서 대장식구는 더 이상 확인되지 않는다. 활발히 제작된 삼국시대의 대장식구도 일본열도로 반입되지 않는다. 주목할 수 있는

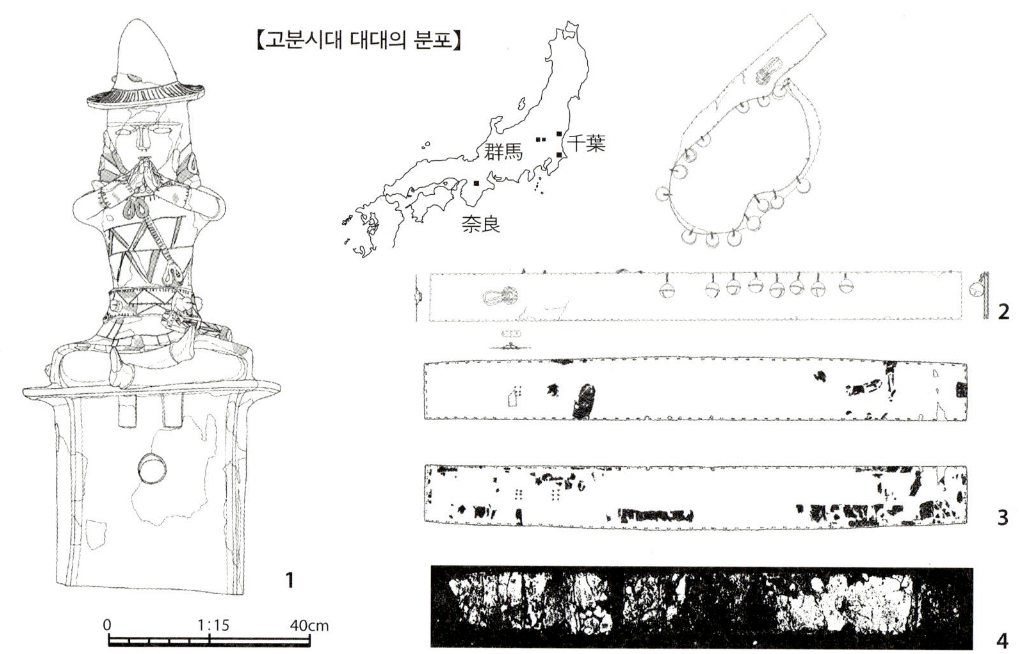

그림 10-11 고훈시대의 대대(大帶)

1·2. 군마현 와타누키간논야마고분 | 3. 나라현 후지노키고분 | 4. 군마현 긴칸즈카고분(4는 축척부동)

것은 고훈시대 후기에 일시적으로 등장하는 대대(大帶)이다(그림 10-11). 띠 모양의 동판(銅板)으로 제작된 대대는 군마현(群馬縣) 와타누키간논야마(綿貫觀音山)고분, 군마현 긴칸즈카(金冠塚, 산노후타고야마(山王二子山)고분, 나라현 후지노키(藤ノ木)고분, 지바현 긴칸즈카고분, 지바현(千葉縣) 도노베타(殿部田)고분에서 출토되었다. 대대는 아직까지 한반도에서 출토된 사례가 없어 그 계보는 일본열도에서 구할 수 있을 것이다. 군마현 와타누키간논야마고분 출토품과 같이 방울을 매다는 것도 앞서 일본열도에서 제작된 것으로 판단한 용문반육조대장식구에서 확인되며[7] 와타누키간논야마고분 주변에 세워진 하니와 가운데 실제로 폭이 넓은 띠를 허리에 맨 인물형하니와도 존재하므로(그림 10-11-1) 일본열도 내에서 제작되어 일시적으로 성행한 실용품으로 볼 수 있다. 고훈시대 후기가 되면 왜의 독자적인 가치가 반영된 장식대도, 이식, 식리가 국산화되는데 대대는 이 과정에 발맞추어 왜왕권에서 독자적으로 생산, 분배한 물품으로 평가할 수 있을 것이다.

---

7 나라현 후지노키고분의 대대에도 동일한 위치에 구멍이 뚫려 있어 원래 방울을 매단 것으로 보인다.

2) 특질

(1) 성행 시기

앞서 살펴본 것처럼 일본열도의 대장식구는 4세기 후반~5세기대에 중국대륙과 한반도로부터 대거 이입된 것을 알 수 있다. 그 가운데 중국에서 이입된 중원식대장식구를 제외하면 대장식구 문화의 성행 시기는 고훈시대 중기로 볼 수 있다. 이후 고훈시대 후기가 되면 대장식구는 더 제작, 사용되지 않는다. 이는 6세기 이후에도 대장식구의 제작, 사용, 부장이 활발하였던 한반도와 대조적이다.

(2) 계보와 제작지

왜Ⅱ~Ⅲ단계에는 한반도(고구려·신라)에서 계보를 구할 수 있는 용문투조대장식구와 초엽문대장식구가 일본열도로 유입된다. 왜Ⅳ~Ⅴ단계가 되면 용문반육조대장식구가 일본열도 내에서 도래계 기술로 제작되고 신라와 백제에서 완제품도 소수 이입된다. 이처럼 고훈시대의 대장식구는 한반도와 깊은 관련을 지닌 기물로 평가할 수 있다. 그 제작지를 일괄적으로 한반도로 한정할 수는 없으나 일본열도와 교섭한 주체가 5세기대 중엽을 기점으로 신라에서 대가야로 바뀐다는 견해(박천수 2007)는 적어도 대장식구의 분석을 통해 충분히 인정할 수 있다.

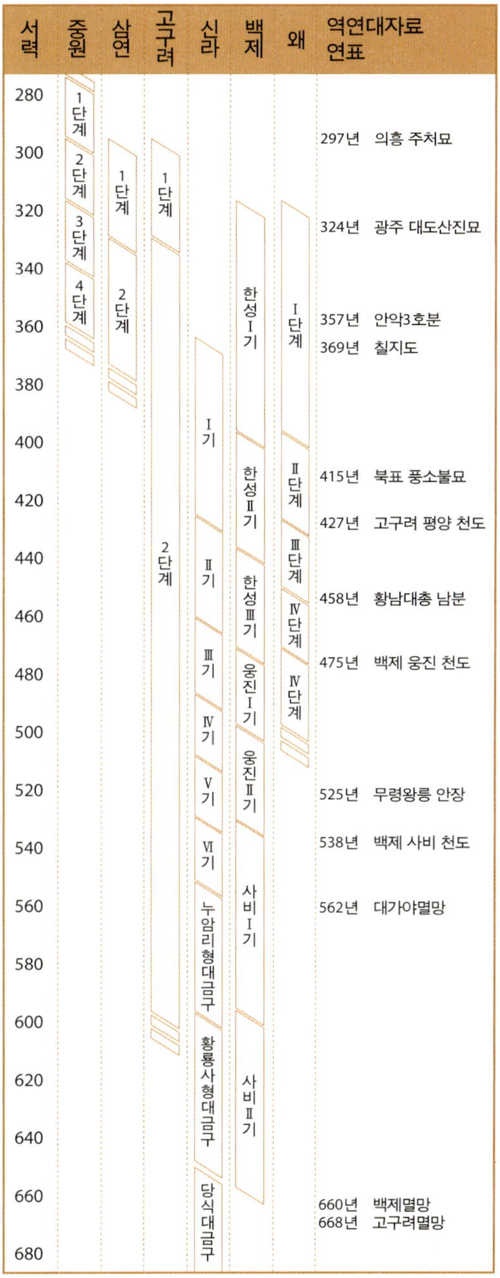

서력	중원	삼연	고구려	신라	백제	왜	역연대자료 연표
280	1단계						297년 의흥 주처묘
300	2단계	1단계	1단계				
320	3단계				한성Ⅰ기	Ⅰ단계	324년 광주 대도산진묘
340	4단계	2단계					
360				Ⅰ기			357년 안악3호분 369년 칠지도
380							
400					한성Ⅱ기	Ⅱ단계	415년 북표 풍소불묘
420			2단계	Ⅱ기		Ⅲ단계	427년 고구려 평양 천도
440					한성Ⅲ기	Ⅳ단계	458년 황남대총 남분
460				Ⅲ기	웅진Ⅰ기	Ⅳ단계	475년 백제 웅진 천도
480				Ⅳ기			
500				Ⅴ기	웅진Ⅱ기		525년 무령왕릉 안장
520				Ⅵ기			538년 백제 사비 천도
540				누암리형대금구	사비Ⅰ기		562년 대가야멸망
560							
580							
600				황룡사형대금구	사비Ⅱ기		
620							
640							
660				당식대금구			660년 백제멸망 668년 고구려멸망
680							

그림 10-12 3~6세기 동아시아 대장식구의 제작연대

(3) 착장

왜Ⅱ~Ⅲ단계에 피장자가 대장식구를 착장한 사례는 나라현 니이자와센즈카 126호분뿐이며

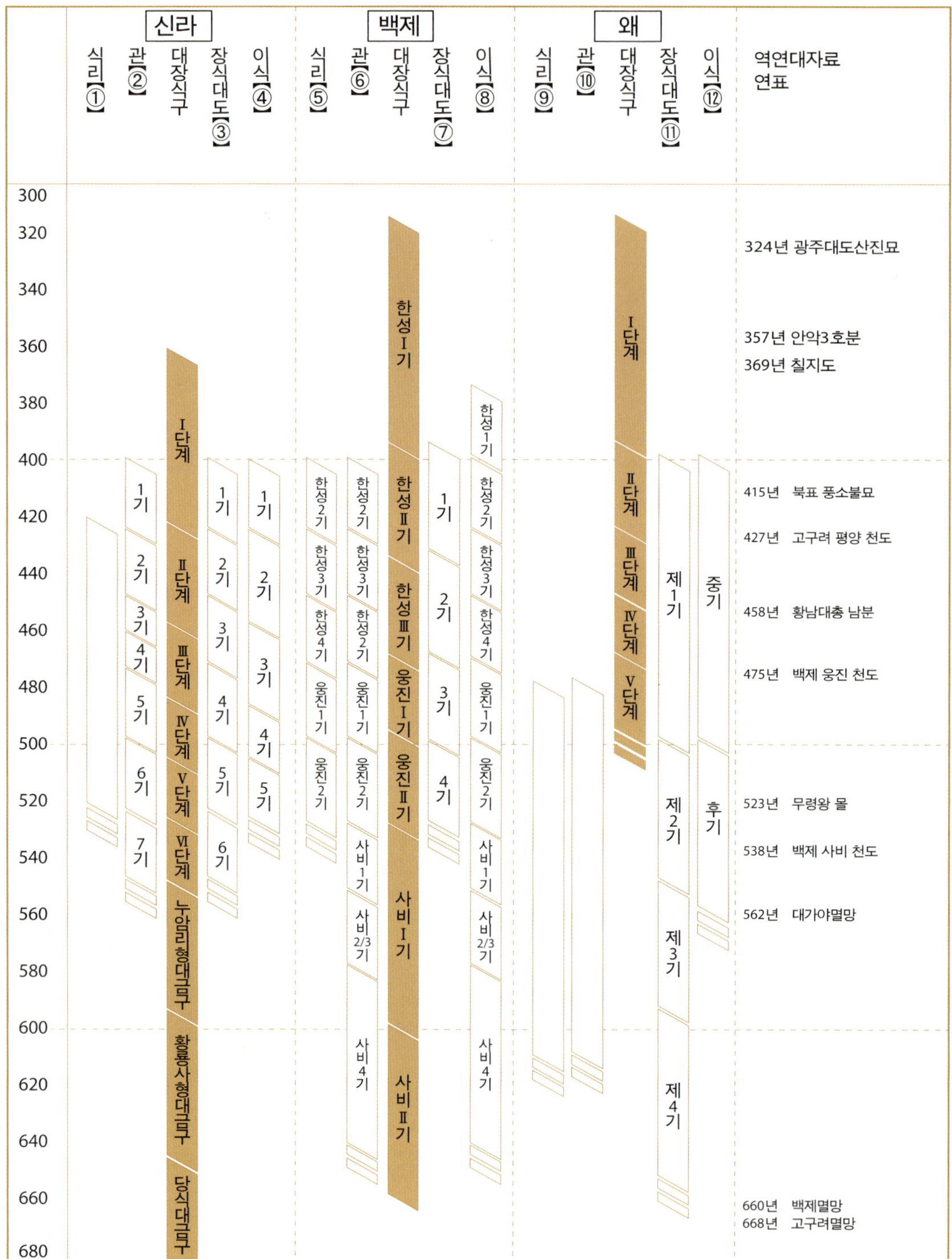

그림 10-13 신라·백제·왜의 금공품 존속기간

①·⑨ 土屋隆史(2013) | ② 李漢祥(2000a) | ③ 李漢祥(1997a) | ④ 金宇大(2013) | ⑤·⑥·⑧ 李漢祥(2009c) | ⑦ 金宇大(2011b) | ⑩ 岡本好作(1991) | ⑪ 橋本英將(2013) | ⑫ 金宇大(2015)

그 외에는 갑주에 부착되어 부속구로서의 기능이 강하다. 대장식구가 지닌 위세품적 성격도 추정해 볼 수 있으나 그것이 엄격한 신분 표상으로 이어지는가는 불분명하다. 이는 대장식구가 등장할 때부터 착장을 기본으로 한 고구려, 신라, 백제와는 대조적이다. 한편 왜Ⅳ~Ⅴ단계의 용문반육조대장식구는 사이타마현 이나리야마고분을 비롯하여 기본적으로 착장되어 본래의 기능을 유지한 것으로 추정된다.

(4) 재질

신라에서 이입된 것으로 생각되는 이시카와현 기쓰네야마고분 출토품(銀)과 아이치현 시다미오오쓰카고분 출토품(鐵地金銅張), 효고현 나카무라 5호분 제1주체부 출토품(鐵地銀張)을 제외하면 고훈시대 대장식구는 모두 금동제이다. 백제, 신라의 대장식구와 같이 피장자의 위계에 따른 재질의 차는 적어도 고훈시대 대장식구에서 확인할 수 없다.

(5) 성격

고훈시대 중기에는 대장식구와 함께 이식, 장식대도 등 한반도에서 이입된 금공품이 등장한다. 이후 후기가 되면 대장식구가 쇠퇴하는 반면 장식대도, 이식에 더하여 관, 식리 등 왜의 독자적 금공품이 생산되기 시작한다(高田貫太 2014; 橋本英將 2013; 金宇大 2017; 土屋隆史 2013; 土屋隆史 2015). 즉, 고훈시대 대장식구는 새로운 지배체제를 만들어가는 과정에서 '관료화'(小野山節 1975: 123)를 상징하기 위해 제작된 관, 이식, 장식대도와 같은 위세품과는 그 성격을 달리했을 가능성이 크다. 엄격한 신분 표상을 의미하는 금공품이라기보다는 어디까지나 보유와 수수에 의의가 있었던 위세품, 혹은 한반도와 유대를 표상하는 물건으로 평가해야 할 것이다.

제5절 맺음말

본장에서는 고훈시대에 출토된 대장식구를 집성하고 제작연대와 전개 및 그 특질에 대해 살펴보았다.

한반도의 대장식구와 달리 고훈시대 중기라는 한정된 시기에만 출현하는 일본열도의 대장식구는 왜왕권을 상징하는 갑주에 부착되거나 명문대도와 공반되어 위세품의 성격을 띠기도 하나 착장하지 않은 사례도 많아 그 취급 방법이 반드시 한반도와 같지는 않다. 재질도 대부분 금동제로 한정되므로 피장자의 위계에 따른 재질 차도 확인되지 않는다. 한반도에서 이입되거나 도래계기술로 제작되었음에도 이처럼 왜의 독자성이 간취되는 고훈시대의 대장식구에 삼국시대 대장식구와 동일한 역사적 의미를 부여하기는 어렵다. '막연하게 자신의 상하 관계를 나타낼 수는 있었어도 형태에 따라 관위와 같은 신분을 제도적으로 규제하는 징후는 볼 수 없다'는 마치다 아키라의 지적은 경청할만하다(町田章 1997: 80).

이상으로 제Ⅱ부에서는 중국 양진(兩晉)에서 제작된 대장식구가 동아시아 전역으로 확산된 후 각 지역에서 독자적으로 전개된 양상과 그 특질에 대해 살펴보았다. 착종(錯綜)된 상태로 된 출토된 대장식구를 분석한 결과 양진을 비롯하여 삼연, 고구려, 백제, 신라, 왜 등 여러 정치세력의 교섭 관계를 추정해 볼 수 있었다.

제Ⅱ부의 연구 성과를 바탕으로 제Ⅲ부에서는 대장식구 등 금공품을 만드는 제작기술, 그 중에서도 조금기술에 주목한다. 이를 통해 금공품의 생산과 유통, 특정 조금기술의 수용과 전개, 각명(刻銘)기술의 변천 등을 밝힐 수 있을 것으로 기대된다.

참고문헌

국문

金斗喆, 2001,「大加耶古墳의 編年 檢討」,『韓國考古學報』第45輯.

金智鉉, 2012,「古代 東亞細亞 出土 晉式帶金具의 成立과 展開」,『韓國上古史學報』第75號.

藤井康隆, 2013,「대성동 88호분의 진식대금구와 중국·왜」,『최근 대성동고분군의 발굴 성과』, 대성동고분박물관 10주년 기념 국제학술회의.

朴天秀, 2002,「考古資料를 통해 본 古代 韓半島와 日本列島의 相互作用」,『韓國古代史硏究』27.

朴天秀, 2006,「3~6世紀 韓半島와 日本 列島의 交涉」,『韓國考古學報』第61輯.

박천수, 2007,『새로 쓰는 고대 한일교섭사』, 사회평론.

朴天秀, 2010,『加耶土器』, 진인진.

박천수, 2011,『일본 속의 고대 한국 문화』, 진인진.

申敬澈, 2013,「大成洞 88, 91號墳의 무렵과 의의」,『考古廣場』13.

李漢祥, 2011,「허리띠 분배에 반영된 고대 동북아시아의 교류양상」,『동북아역사논총』33.

조영제, 2007,『옥전고분군과 다라국』, 혜안.

일문

高橋健自, 1924,「上代遺物より見たる大陸文化の輸入」,『考古學雜誌』第14卷第15號.

高田貫太, 2013,「古墳出土龍文透彫製品の分類と編年」,『國立歷史民俗博物館硏究報告』第178集.

高田貫太, 2014,『古墳時代の日朝關係』, 吉川弘文館.

橋本達也, 1995,「古墳時代中期における金工技術の變革とその意味－眉庇付冑を中心として－」,『考古學雜誌』第80卷第4號.

橋本達也, 2012,「東アジアにおける眉庇付冑の系譜」,『マロ塚古墳出土品を中心にした古墳時代中期武器武具の硏究』, 國立歷史民俗博物館硏究報告第173集.

橋本英將, 2013,「裝飾大刀」,『古墳時代の考古學4 副葬品の型式と編年』, 同成社.

金宇大, 2017,『金工品から讀む古代朝鮮と倭』, 京都大學學術出版部.

內山敏行, 2008,「古墳時代の武器生産—古墳時代中期甲冑の二系統を中心に—」,『地域と文化の考古學 II』, 六一書房.

嶋田光一, 1991,「福岡県櫨山古墳の再檢討」,『古文化論叢』, 兒嶋隆人先生喜壽記念論集 兒嶋隆人先生喜壽記念事業會.

藤井康隆, 2001,「古墳時代中期から後期における金工製品の展望－金工製品硏究の展望－」,『東海の後期古墳を考える代』, 第8回東海考古學フォーラム三河大會 東海考古學フォーラム三河大會執實行委員會.

藤井康隆, 2002,「晋式帯金具の製作動向について」,『古代』第111號.

鈴木勉, 2004,『ものづくりと日本文化』, 橿原考古學研究所附屬博物館.

鈴木勉, 2013a,「朝鮮半島三國時代の彫金技術 その4 飾履塚古墳出土金銅製飾履の製作技術」, 文化財と技術第5號.

鈴木勉, 2013b,「朝鮮半島三國時代の彫金技術 その6 玉田3號墳龍文裝頭頭大東の精密鑄造技術」,『文化財と技術』第5號.

鈴木一有, 2014,「七觀古墳出土遺物からみた鋲留技法導入期の實相」,『七觀古墳の研究 - 1947年·1952年出土遺物の再檢討 - 』.

梅原末治, 1964,「金銅透彫龍紋帶金具に就いて」,『考古學雜誌』第50卷第4號.

山本孝文, 2014,「初源期獅嚙文帯金具にみる製作技術と文様の系統」,『日本考古學』第38號.

上野祥史, 2014,「龍鳳透彫帶金具の受容と創出 - 新羅と倭の相互交渉 - 」,『七觀古墳の研究 - 1947年·1952年出土遺物の再檢討 - 』.

小林牧人, 2015,「堺市城ノ山古墳にみえる倭と朝鮮半島との交渉 - 同志社大學所蔵堺市城ノ山古墳出土遺物調査報告(3)にかえて - 」,『森浩一先生に學ぶ』同志社大學考古學シリーズXI.

小浜成, 1998.「金·銀·金銅製品生産の展開―帯金具にみる5世紀の技術革新の實態―」,『中期古墳の展開と變革 -5世紀における政治的·社會的變化の具體相(1)-』.

小浜成, 2003,「龍文系帯金具からみた日本出土帯金具の製作と變遷」,『究班』Ⅱ, 2002, pp.287-304; 小浜成,「帯金具 -その文様と技術からみた東アジアの中の日本-」,『黄泉のアクセサリー -古墳時代の装身具-』.

小浜成, 2006,「帯金具の製作工人に關する予察―倭·韓の龍文透彫製品の様相から―」,『財團法人大阪府文化財センター·日本民家集落博物館·大阪府立弥生文化博物館·大阪府立近つ飛鳥博物館 2004年度共同研究成果報告書』.

小野山節, 1975,「帶金具から冠へ」,『古代史發掘』6, 講談社.

岸本直文, 2011,「古墳編年と時期區分」,『古墳時代史の椊組み』, 同成社.

岩本崇, 2015,「製作技術からみた龍文透彫帯金具の成立」,『五條猫塚古墳の研究』.

宇野愼敏, 1996,「日本出土装身具から見た日韓交流」,『4, 5世紀の日韓考古學』, 九州考古學會·嶺南考古學會.

宇野愼敏, 2000,「龍文銙帶金具とその意義」,『紀伊考古學研究』第3號.

宇野愼敏, 2004,「龍文銙帶金具再考」,『島根考古學雜誌』第20·21集合併號.

田中史子, 1998,「古代時代の帶金具」,『考古學研究』第45卷第2號.

町田章, 1970,「古代帶金具考」,『考古學雜誌』第56卷第1號.

町田章, 1980,「埼玉稲荷山古墳の帯金具」,『埼玉稲荷山古墳』, 埼玉県教育委員會.

町田章, 1997,『日本の美術』第371號, 至文堂.

町田章, 2006,「鮮卑の帶金具」,『東アジア考古學論叢-日中共同研究論文集-』, 奈良文化財研究所.

齋藤忠, 1941,「上代帶金具考－特に朝鮮古墳出土例との比較－」,『考古學雜誌』第31卷第6號.

早乙女雅博, 1990,「政治的な装身具」,『古墳時代の工藝』, 講談社.

川畑純, 2015,『武具が語る古代史』, 京都大學學術出版部.

千賀久, 1984,「日本出土帶金具の系譜」,『橿原考古學研究所論集』第6.

千賀久, 2001,「古墳時代の龍文様」,『シルクロード學研究叢書』4, シルクロード學研究センター.

土屋隆史, 2013,「金銅製飾履の製作技法とその展開」,『古代文化』第64卷第4號.

土屋隆史, 2015,「古墳時代における廣帶二山式冠の出現とその意味」,『日本考古學』第40號.

樋口隆康, 1950,「東亞に於ける銙帶金具とその文化的意義」,『史林』第33卷第3號.

坂靖, 1991,「帶」,『古墳時代の研究』, 雄山閣.

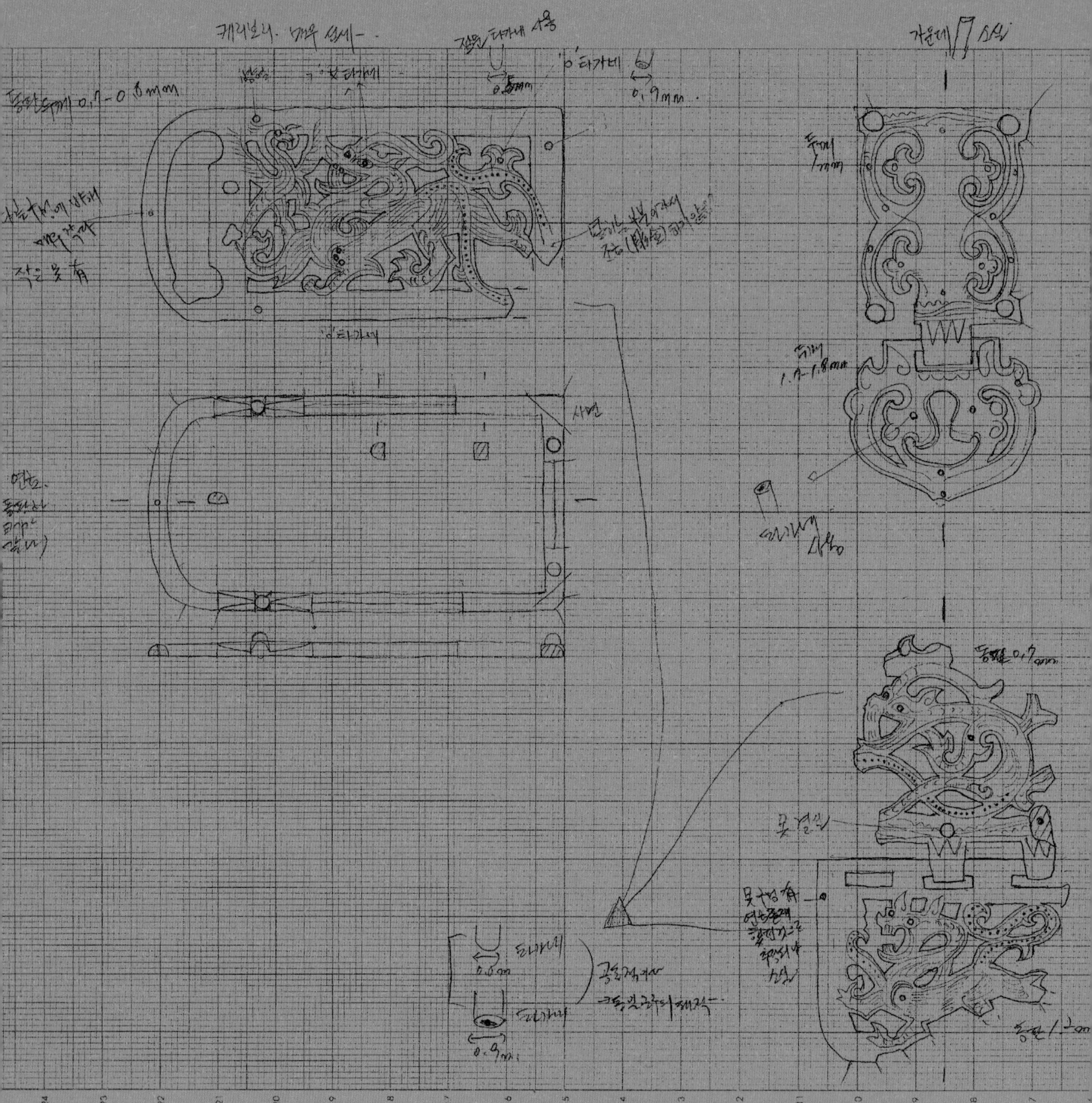

遺物　　觀察　　實測
유물의 관찰과 실측,
寫眞　　撮影
Column 2 그리고 사진 촬영

2022년 3월, 현재 필자는 경북대학교 인문학술원 HK교수로 근무하면서 매 학기 고고인류학과의 수업 '고고학실습'과 '야외고고학실습'을 담당하고 있다. 강의 시간에는 준비한 PPT를 학생들에게 보여주면서 유물 관찰과 실측의 중요성을 항상 강조한다.

수업을 듣는 학생들은 선배들이 답사하면서 수습한 삼국시대 토기와 실측용 기자재로 산 청동기, 철기를 직접 손으로 만지면서 자세히 관찰하고 이를 방안지 위에 옮긴다. 토기 구연단이 내만하는지 외반하는지, 뚜껑받이 턱이 어떻게 형성되었는지, 배신의 굴곡도는 어떤지, 대각의 투창은 어떻게 뚫렸는지, 태토는 어떠한지, 이기재와 이상재의 흔적은 없는지, 타날흔이 남아 있는지, 물레질을 통해 표면을 어떻게 처리하였는지, 소성 상태는 어떠하였는지를 직접 손으로 만지고 몰두하여 관찰한다. 직각자와 삼각자를 이용하여 측점을 잡고 디바이더로 구경을 재며 바디로 동체를 뜬다. 그렇게 토기 한 점을 그리기 위해 2~3시간 동안 몰두하다 보면 어느새 머릿속에 실측한 토기의 이미지가 선명하게 남는다. 심지어 공인이 어떤 의도로 토기를 만들었는지, 당시 공인의 몸짓이 어떠하였는지까지도 상상한다. 비단 토기 실측뿐이랴. 청동기, 철기, 그리고 금공품 역시 토기 실측과 별반 다르지 않다.

가끔 학생들 가운데 토기의 원래 형태를 있는 그대로 표현하는 것이 가장 훌륭한 도면이 아니냐는 질문을 받는다. 물론 답은 'YES!'이지만 그렇다고 언제나 'YES!'는 아니다. 형태 그대로 표현하는 것이 유물 실측의 목적이라면 사진 촬영을 하면 되지, 굳이 몇 시간을 허비하면서까지 실측할 이유는 없기 때문이다. 유물 관찰과 실측의 목적은 제작자의 의도를 잘 파악하고 이를 도면으로 표현함으로써 필요한 정보를 타인에게 빠짐없이 전달하는 데 있다. 보고서를 만드는 데 심혈을 기울여야 하는 이유이다.

그런데 연구자에게 필요한 모든 정보를 보고서에 담는다는 것이 말처럼 그렇게 간단치 않다. 발굴담당자는 자신이 조사한 내용과 정보를 가능한 한 보고서에 남기려고 노력한다. 그러나 그 방대한 유적과 유물의 정보는 고사하고 토기 한 점을 관찰하는데도 사람마다 시각이 제각각이니, 발굴 조사한 내용과 정보를 빠짐없이 보고서에 담는 것은 사실 애초부터 무리라 하겠다. 실물을 관찰하지 않고 보고서만 맹신하다가는 자칫 낭패를 보기 십상이다. 그런 점에서 학위 논문을 작성하기 위해 많은 유물을 실견해야 하는 석사과정 재학생들이 국립박물관에 소장된 유물을 실견할 수 없도록 만든 규정이나 전문 연구자가 1년 동안 실견할 수 있는 유물의 점수에 제한을 두는 규정은 시급히 개선해야 한다. 신진연구자에게 실물 자료를 관찰할 기회를 적극적으로 부여하지 않는 이상, 유물학의 발전도 기대할 수 없다.

觀察

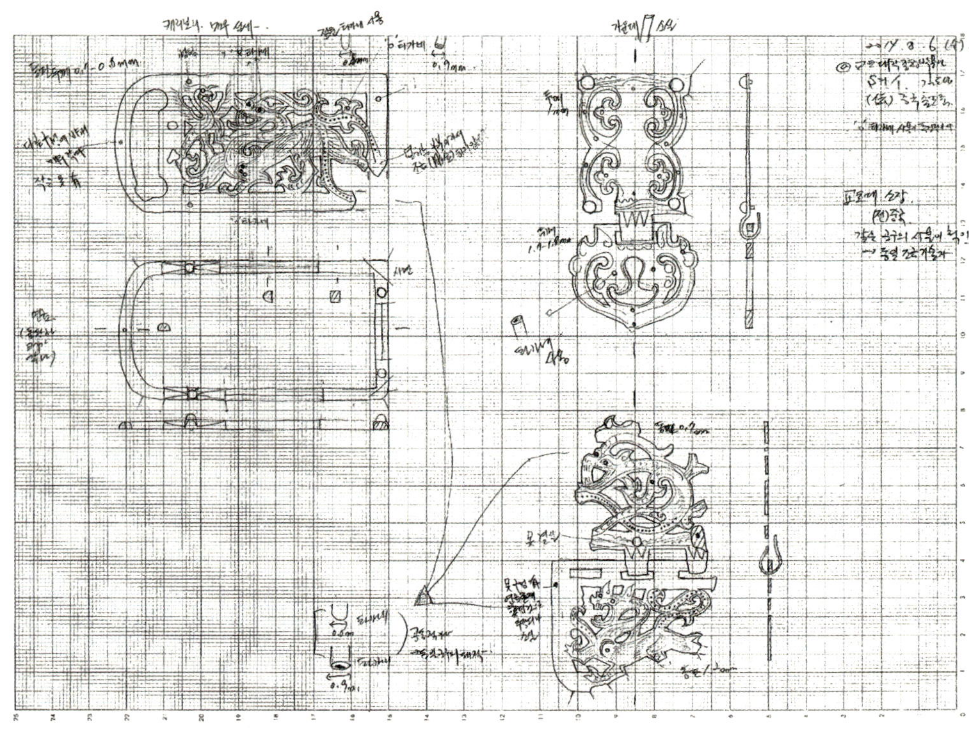

實測

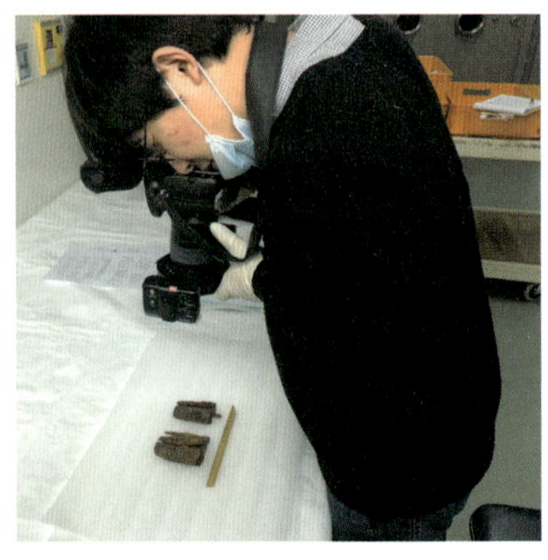

寫眞撮影

그림 1 유물의 관찰과 실측, 그리고 사진 촬영

유물의 관찰과 실측만큼 중요한 것이 바로 사진 촬영이다. 고화소의 디지털카메라가 일반화된 요즘, 박물관에 전시된 유물을 촬영하는 시민들을 흔히 볼 수 있다. 그러나 고고학자가 찍는 사진은 조금 특별하다. 기록으로 남기기 위해 전시실에서 찍는 스냅 사진이 아닌 이상, 고고학자는 대부분 일상생활에서 보기 어려운 큰 바디와 렌즈에 전문 기자들만 들고 다닐 법한 플래시를 합체시킨 후 셔터를 눌러댄다. 박물관에서 직접 유물을 꺼내주어 실견 조사를 할 때, 촬영 장비는 더욱 화려해진다.

고고학에서 촬영을 이유는 유물의 재질감, 입체감 등 도면으로 표현하지 못하는 것을 기록하기 위해서이다(栗山雅夫 2018). 특히 사진의 저력은 유기질, 석기, 금공품, 토기 등 유물 표면에 남은 공구의 미세한 가공 흔적을 관찰할 때 유감없이 발휘된다. 맨눈으로 관찰해도 알기 어려워 도면으로 표현하기 쉽지 않은 공구의 가공 흔적을 관찰할 때는 macro 렌즈를 이용한 접사 촬영이 유효하다. 그런데 접사 촬영에 빠져서는 안 되는 것이 있으니 그것은 바로 빛, 즉 충분한 광량이다. 가공 흔적을 찍기 위해 피사체(유물)에 카메라를 가까이 들이대면 자연적으로 렌즈를 통해 들어오는 빛의 양이 적어진다. 그래서 접사 촬영에는 충분한 광량의 플래시가 중요하다. 문제는 자료를 조사할 때 유물에 손상이 갈 수도 있다는 이유로 국립박물관에서 제공한 조명 외에 개인 연구자가 준비한 플래시를 사용할 수 없도록 제한한다는 점이다. 소중한 문화재를 보호하기 위한 국가 정책임은 충분히 이해가 가면서도 정작 필요한 자료를 조사할 수 없을 때, 아쉬운 마음이 큰 것 또한 솔직한 심정이다.

모름지기 유물과 유적을 분석하여 과거 문화를 복원하는 것이 고고학자의 임무라면 그 출발도 현장의 유적 · 유물에 관한 기초적인 분석에서 비롯되어야 한다. 역사적 맥락과 흐름을 강조하는 문헌사와 차별화할 수 있는 고고학만의 장점은 선조들의 손길이 묻어 있는 유물을 자세히 관찰하여 실측하고 좋은 사진을 촬영할 때 더욱 두드러진다. 끊임없이 관찰, 실측해야 하는 이유이다.

참고문헌

栗山雅夫, 2018, 「金工品 · 彫金技術の撮影」, 『古代東北アジアにおけ金工品の生産 · 流通構造に關する考古學的研究』, 平成26~29年度科學研究費(學術研究助成金(若手研究B)研究成果報告書.

고대(古代) 동아시아(東亞細亞)의 금공기술(金工技術)

제11장 한·일 모조의 전개와 특질

제12장 삼국·고훈시대 금공품의 생산과 유통

제13장 삼국~통일신라시대 각명기술의 특징과 변천

Column 3-1 실험고고학 ① 용봉문환두대도 외환의 제작 방법과 복원실험

Column 3-2 삼국시대 금공품 제작의 협업 체계

Column 3-3 실험고고학 ②: 황남대총 북분 출토 '夫人帶(부인대)'명의 선조기술

Column 3-4 삼국시대의 조금기술과 조각끌의 열처리

제11장 한·일 모조의 전개와 특질

韓 日 毛彫 展開 特質

제1절 머리말

한반도와 일본열도에서 제작된 단조제의 금공품은 ①동판의 제작, ②문양의 전사(傳寫), ③도금(鍍金), ④조금(彫金), ⑤투조(透彫), ⑥연마(硏磨), ⑦병류(鋲留) 공정을 거쳐 완성된다. 이 가운데 ④조금은 강철제 조각끌을 사용하여 금공품의 표면에 문양이나 문자를 새기는 기술을 말한다. 한반도의 삼국~통일신라시대, 그리고 일본열도의 고훈~나라시대에 제작된 금공품의 표면에 남은 가공 흔적으로 보아 당시 다양한 조금기술이 존재한 것은 분명하다.[1] 본장에서는 당시 존재한 여러 조금기술 가운데 '모조(毛彫)'라 불리는 특별한 조금기술에 주목하고 그 전개 과정과 특질에 대해 살펴보고자 한다.

삼국시대 연구는 물론 금공품을 전문으로 하는 분야에서도 '모조'와 같은 특정한 조금기술에 천착(穿鑿)한 연구 사례는 극히 드물다. 금공품을 실견하기가 쉽지 않을 뿐만 아니라 실견했다손 치더라도 macro 촬영이 현실적으로 어려우며 조금기술을 판단하는 데 필요한 경험과 식견도 충분치 않기 때문이다. 이는 반대로 실견 조사와 macro 촬영, 조금기술을 판단할 수 있는 경험과 식견만 겸비한다면 지금까지 접근하지 못한 새로운 연구 성과도 도출할 수 있다는 것을 뜻하기도 한다.

후술하듯이 모조는 동시대 사용된 다양한 조금기술보다 특별한 의미를 지닌다. 또 한반도뿐만 아니라 일본열도에서도 확인되므로 양국에서 출토된 자료를 집성하고 그 전개 과정을 밝히는 것은 한반도와 일본열도, 나아가 당시 동아시아 교섭사의 일단을 밝히는 의미 있는 작업이 될 수도 있다. 이상과 같은 문제의식을 바탕으로 본장에서는 아래와 같은 순서로 논지를 전개한다.

우선 제2절에서는 모조와 관련된 연구사를 정리한다. 일찍이 일본에서 정착된 모조의 개념은 한국학계에서도 자주 인용되는데 그 개념이 반드시 일치하지는 않는다. 연구사를 정리하여 모조의 개념을 명확히 한다. 다음으로 제3절에서는 모조끌을 제작하는 과정과 그 의의를 종래의 연구 성과를 참고로 상세히 설명한다. 마지막으로 제4절에서는 한반도와 일본열도에서 확인된 모조제품을 집성하고 그 전개 양상과 특질을 정리한다.

---

1 조금 가운데 선을 새기는 것을 선조(線彫)라 한다.

제2절 연구사

'모조'라는 명칭은 일찍이 일본의 금속공예사에 정착된 용어이다. 여기서는 일본의 대표적인 연구사를 시대순으로 정리한다.

관견일지 모르겠으나 모조의 정의는 가토리 호쓰마(香取秀眞)의 연구에서 처음 확인할 수 있다. 가토리 호쓰마는 '고분에서 발굴된 출토품에는 모조가 확인되는 유품이 다수 있다. 아스카(飛鳥)시대의 불상과 광배에 보이고 나라(奈良)시대 정창원 보물 중에도 다수 보인다'라고 하면서 '문자의 조각, 즉 불상의 광배와 청동판의 묘지명, 골각기 등도 모조'로 판단하였다. 특히 모조끌에 관해 '현대 우리가 사용하는 시부(シブ)끌[2]'로 금속판의 단면을 V자형 또는 U자형으로 들어가게 깎아내는 것'이라 하였다. 가토리 호쓰마가 주장한 모조의 최대 특징은 날카로운 조각끌로 소지금속을 깎아내는 데 있다(香取秀 1932).

이후 스가와라 쓰우사이(管原通濟)·구사야나기 다이조우(草柳大藏)·마에다 야스지(前田泰次)는 모조에 대해 '연속된 요선(凹線) 모양으로 파는 기법이며 사용하는 끌에는 선단이 원형인 것과 뾰족한 것이 있다'고 하면서 '조각끌의 선단을 (소지)금속 면에 깊게 넣거나 얕게 넣음으로써 선의 굵기를 조절하며 털붓으로 쓴 것 같은 부드러운 느낌도 낼 수 있다. 고훈시대(古墳時代)의 것이 단순히 얇은 선인 것에 반해 나라(奈良)·헤이안(平安)기의 모조는 억양이 있는 것이 많다'고 보았다. '털붓으로 쓴 것 같은', '억양이 있는' 이라고 설명한 것에서도 알 수 있듯이 모조의 특징을 다른 조금기술과 달리 선의 굵기를 조절할 수 있는 것으로 보았다(管原通濟·草柳大藏·前田泰次 1966).

이후 모조에 관한 정의는 금공사 연구에서 자주 확인된다. 금속공예가인 미즈노 다카히코(水野孝彦)는 모조끌의 제작 방법과 사용법을 그림으로 나타내고 현대에 사용되는 모조를 여러 종류로 나누었다. 나아가 모조끌의 제작 방법과 열처리, 조금 작업 시 주의할 점 등을 언급하였다(水野孝彦 1974).

아이다 도미야스(會田福康)는 모조가 현대 선조(線彫)의 근간이라고 하면서 일본에서는 나라시대부터 출현하는 것으로 보았다. 또 모조끌에 관해 앞서 언급한 연구성과를 받아들여 소지금속을 깎아내는 현대의 시부끌과 유사하다고 보았다(會田福康 1975).

가토리 마사히코(香取正彦)·이오 도시오(井尾敏雄)·이부세 게이스케(井伏圭介)는 모조의 종류

2 시부끌이란 금속을 새길 때 1/4씩 새긴다는 의미에서 유래되었다고 한다.

(丸毛彫り, 片切り彫り, 刀鏨)와 사용법, 끌의 제작 방법을 사진 자료를 통해 구체적으로 나타냈다. 또 조금은 '모조로 시작해서 모조로 끝난다'라고 하여 모조의 중요성을 재차 강조하였다. 소지금속이 깎여 찌꺼기가 생성되는 사진을 제시하면서 모조로 설명하여 앞서 언급한 모조의 개념을 충실히 따른다(香取正彦·井尾敏雄·井伏圭介 1986).

한편 스즈키 쓰토무(鈴木勉)는 고훈시대의 조금기술을 점타, 축조, 합인조, 모조로 분류하고 선조(線彫)기술에 고대사회의 변화가 반영된 것으로 이해하였다. 특히 모조에 관해서는 소재를 밀어 넣는 것이 아니라 깎아내기 때문에 찌꺼기가 나오는 것이 가장 큰 특징이라 강조하였다. 또 백제의 모조는 부여 능산리사지에서 확인된 금동대향로에서 처음으로 확인되며 일본열도에서는 나라현(奈良縣) 후지노키(藤ノ木)고분 마구, 나라현 다마키야마(珠城山) 3호분 행엽에서 처음으로 모조가 확인된다고 보았다. 나아가 한·일 모조기술의 원류에 대해서는 북조(北朝)에서 영향을 받았을 가능성을 언급하였다(鈴木勉 2013).

이상과 같은 금속공예의 연구 성과를 참고로 하여 고고학계에서도 모조에 주목하기 시작한다. 고훈시대 종말기 고분에서 출토된 마구에서 확인되는 모조에 처음으로 주목한 연구자는 사카모토 요시오(坂本美夫)이다. 사카모토 요시오는 모조가 시문된 마구를 처음으로 '모조마구(毛彫馬具)'라고 명하고 분류와 편년을 시도하였다. 모조가 확인된 마구를 문양과 간략화를 기준으로 총 4개의 군으로 분류하고 각각을 7세기 전엽에서 8세기 전엽으로 비정하였다(坂本美夫 1979).

이후 모조마구는 고훈시대 종말기를 대표하는 마구로 인식되었으며 여러 연구자가 모조마구의 편년을 시도한다. 다나카 신시(田中新史)는 간토(關東)지방을 중심으로 종말기고분에서 출토된 모조마구에 주목하고 '하트형 투조 주위에 보이는 호(弧)에 한 방향으로 그어진 단사선문 구성의 모조'를 '도상형모조(道上型毛彫)'로 명명하였다. 그리고 모조마구를 문양을 기준으로 3단계로 구분하고 각 단계를 7세기 전엽, 7세기 중엽, 7세기 4/4분기로 비정하였다. 그리고 한국의 모조제품을 검토하는 가운데 부여 능산리 중상총에서 출토된 장식금구를 600년경에 매장된 것으로 보고 일본열도에서 출토된 모조마구의 연대관을 생각하는 데 중요한 자료로 평가하였다. 또 중국의 금공품에 주목하고 도상고분(道上古墳)과 총산고분(塚山古墳) 출토 마구의 공인은 중국 수대(隋代) 공인으로부터 영향을 받은 것으로 보았다(田中新史 1980). 7세기대에 집중적으로 발견되는 모조마구에 관한 연구는 최근까지도 이어진다(高松由 2011).

이상과 같이 일본에서 모조에 관한 연구는 금속공예만이 아니라 고고학계에서 함께 이루어지는 것이 큰 특징이다. 또 모조의 가장 큰 특징으로 선을 새길 때 소지금속을 깎아내므로 찌꺼기가 나오는 것, 그리고 선의 굵기를 조절할 수 있다는 점에 금속공예가와 고고학자 모두 동의한다.

이처럼 오랜 기간 축적된 모조에 관한 일본의 연구 성과는 한국에도 도입된다. 모조를 '모각법(毛刻法)'이라고도 하여 가는 선을 조각하기 위해 단면을 V자형으로 새김으로써 '털처럼 가는 선을 파는 것'으로 이해하는 견해나(전용일 2006) 금속을 깎아내어 홈을 만듦으로써 선 주위에 금속판이 부풀어 오르지 않고 깨끗하고 섬세한 선을 새길 수 있다고 보는 견해(權香阿 2000)가 대표적이다. '금속면을 미세하게 파내어 가는 음각선을 표현'하는 것을 모조라고 칭하거나(周炅美 2003) 소재를 깎는 것으로 이해한 견해(박정현 2019) 역시 일본에서 정착된 모조의 개념을 받아들인 것이라 할 수 있다.

그러나 모조의 개념을 달리 이해하는 견해도 엄존한다. 관견이지만 모조라는 용어가 한국학계에 본격적으로 소개된 것은 이난영에 의해서인 듯하다. 이난영은 금속 표면에 새겨진 선조기술(line carving)을 크게 점선조기법, 모조기법, 축조기법으로 나누었다. 이 가운데 모조기법에 대하여 끝이 세모지고 뾰족한 '촛정', '삼각정', '모정'이라 불리는 끌을 이용하여 가늘고 섬세한 선을 그어서 표현하는 기법이라 설명하였다(李蘭暎 1992: 42). 일본학계에서 정의된 개념과 같이 금속을 깎으면서 동시에 찌꺼기가 나오는 것이 아니라 가늘고 섬세한 선을 긋는 것을 모조라고 정의한 것이다.[3] 유사한 인식은 청동기나 유기의 표면에 날카로운 정이나 끌을 이용하여 머리카락과 같이 가는 선을 긋듯이 얕게 새기는 기법을 모조라고 정의하는 견해(주경미 2014)에서도 알 수 있듯이 최근까지도 계속된다.

이처럼 일본학계에서 도입된 모조의 개념은 한국 내에서 완전히 일치하지는 않는다. 일본학계에서 먼저 정의된 전문 용어를 차용하는 과정에서 '털(毛)'과 같은 가는 선을 조각한다는 의미를 중시하면서 원래 의미가 약간 변용되면서 모조의 개념이 달라진 것으로 보인다. 물론 양국에서 사용하는 용어를 반드시 일치시켜야만 하는 것은 아니다. 다만 동일한 학술적 용어가 여러 가지 개념을 포함하게 되면 조금기술에 관한 일관된 기준을 적용하기 어려워 오해를 불러일으킬 소지가 다분하다. 본장에서는 일찍부터 제기된 개념을 받아들여 모조를 '소지금속을 깎아내면서 선을 조각하는 조금기술'로 정의하고자 한다. 모조에 관한 정의

3 그뿐만 아니라 백제 무령왕릉에서 출토된 은제요패에 처음으로 모조가 확인되며 이 외 고령에서 출토된 것으로 전해지는 안장에서 모조가 확인된다고 보았으나 후술하듯이 6세기 전반까지는 모조가 확인되지 않아 그 개념은 일치하지 않는다.

를 정확하게 설정해 둘 때 비로소 한일 모조제품에 대한 일관된 기준과 올바른 평가도 기대할 수 있다.

제3절 모조끌의 제작과 의의

1) 모조끌의 제작과 특징

금속의 가공은 크게 절삭가공과 소성가공으로 나뉜다. 절삭가공이란 다양한 공구로 소지금속을 자르거나 깎는 가공을 말한다. 소성가공이란 물체의 소성(塑性)[4]을 이용하여 소지금속을 변형시켜 원하는 형태로 만드는 가공을 의미한다. 이 정의에 따르면 모조는 소지금속을 '깎아내면서' 선을 조각하므로 절삭가공에 속한다. 후술하겠지만 모조가 등장할 즈음 금공품에서 확인할 수 있는 다양한 조금기술은 대부분 소지금속의 일부를 조각끌로 밀어 넣으면서 문양을 새기므로 소성가공에 속한다. 한반도에서 삼국시대부터 통일신라시대까지, 일본열도에서 고훈시대부터 나라시대까지 등장한 조금기술 가운데 유일하게 모조만 절삭가공인 셈이다.

그렇다면 절삭가공인 모조는 여타 소성가공의 조금기술과 무엇이 다를까. 우선 모조끌의 제작과정부터 살펴보자. 사실 소성가공에 사용된 조각끌과 모조끌의 제작 방법은 크게 다르지 않다. 유일하게 다른 곳은 조각끌의 선단부이다. 모조와 같이 소지금속을 깎아내면서 선을 새기기 위해서는 끌의 선단에 반드시 날을 만들어야 한다. 이를 위해 선단부는 삼각형으로 마무리하고 조각끌의 선단을 약간 잘라내 그 각도가 약 90도를 이루도록 만든다. 선단에 있는 삼각형의 양변이 날 역할을 하면서 소지금속을 깎아내는 것이다. 이렇게 만든 모조끌로 새긴 선의 특징을 정리하면 아래와 같다(그림 11-1).

첫째, 모조끌을 사용하여 새긴 선의 양단은 모두 뾰족한 형태이다. 조각끌의 선단이 삼각형이므로 선을 조각하기 시작하는 곳과 끝나는 곳 모두 뾰족하다.

둘째, 선의 굵기를 조절할 수 있다. 소도리(작은 망치)를 때리는 힘을 조절하면 조각끌이 소지금속에 들어가는 깊이가 달라지는데 이를 통해 선의 굵기를 조절할 수 있다.

---

4 고체가 외부에서 탄성 한계 이상의 힘을 받아 형태가 바뀐 뒤 그 힘이 없어져도 본래의 모양으로 돌아가지 않는 성질을 말한다.

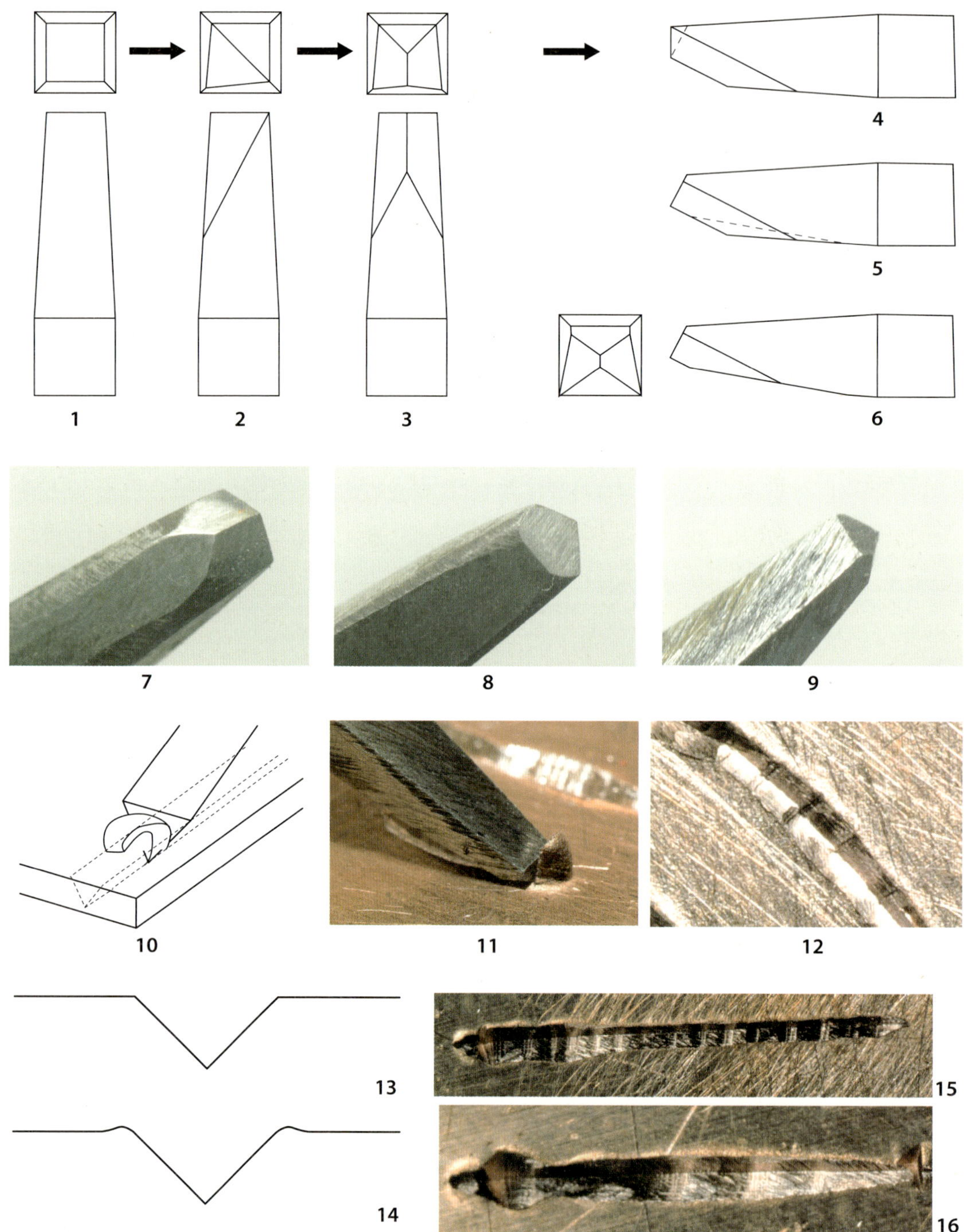

그림 11-1 모조끌의 제작과정과 특징

1~6. 모조끌의 제작 과정 | 7~9. 모조끌의 선단 | 10. 모조끌의 모식도 | 11. 모조끌의 절삭 (금속을 깎아 냄) | 12. 획 속에 있는 모조끌의 가공의 흔적(내려칠 때 생긴 단위가 확인) | 13. 모조(절삭가공)의 단면 | 14. 소성가공(합인조)의 단면 | 15~16. 모조끌로 새긴 선(선의 양단은 뾰족한 형태, 선의 굵기를 조절할 수 있음)

셋째, 홈 속에 조각끌의 가공 흔적이 남는다. 소도리로 모조끌의 두부(頭部)를 칠 때마다 소지금속이 잘려 나가는데 이때마다 모조끌의 흔적이 홈 속에 남는 것이다.[5]

넷째, 소지금속을 깎아내므로 선의 단면을 보면 그 주변이 부풀어 오르지 않으며 동시에 찌꺼기가 나온다. 이와 달리 소성가공은 소지금속을 밀면서 선을 조각하므로 단면을 보면 주변부가 부풀어 오르며 찌꺼기는 생성되지 않는다.

이상과 같은 모조의 특징은 육안관찰만으로는 판별하기 어렵다. 모조인지 아닌지를 판단하기 위해서는 실견 조사는 물론 macro 촬영을 통해 얻은 확대 사진을 유심히 관찰할 필요가 있다.

2) 의의

일견 조각끌의 선단을 삼각형으로 제작하여 날을 만든 모조끌과 소성가공에 사용된 조각끌의 기술적 수준 차이에 대하여 의문을 품을 수도 있다. 조각끌 선단의 형태만 약간 다르므로 이 정도의 차이는 공인(工人)의 개인 재량에 의해 얼마든지 제작할 수 있으리라 생각할 수도 있기 때문이다. 조각끌 제작의 기술 수준에 관해서는 스즈키 쓰토무의 연구 성과를 참조할 수 있다(鈴木勉 2014). 스즈키 쓰토무는 조각끌의 제작 원리를 여성이 신는 하이힐에 밟혀 본 경험을 빗대어 설명한다. 이를 인용해보자.

지하철이나 길거리에서 여성의 하이힐에 밟혀 본 사람이 있을 것이다. 그 고통은 이루 말할 수 없다. 하이힐에 밟혔을 때 발이 아픈 이유는 여성의 체중이 하이힐의 좁은 선단부에 모두 실렸기 때문이다. 이를 '응력집중'이라고 한다.

문제는 발을 밟혔을 때 그 고통의 크기도 실은 하이힐 선단의 면적에 따라 달라지는 데 있다. 예를 들어 체중이 50kg인 여성이 선단 면적이 $1cm^2$인 하이힐을 신었다고 가정해보자. 이때 하이힐 선단에 걸리는 힘은 $1cm^2$당 50kg이다($50kg/1cm^2$). 그런데 똑같은 체중(50kg)의 여성이 $0.5cm^2$로 선단 면적이 더 좁은 하이힐을 신었다고 가정해보자. 하이힐 선단에 걸리는 힘은 $0.5cm^2$당 50kg이다. 면적을 $1cm^2$로 환산하면 100kg($50kg/0.5cm^2=100kg/1cm^2$)이 되므로 전자의 약 2배가 되는 셈이다. 즉 하이힐 선단의 면적이 좁으면 좁을수록 힘이 더욱 집중되므로 동일한 체중이라고 하더라도 선단의 면적이 좁은 하이힐을 신은 여성에게 밟히는

---

5 소성가공의 조각끌도 때에 따라 가공 흔적이 홈 속에 남으므로 모조인지를 판단할 때는 다른 특징도 함께 고려할 필요가 있다.

그림 11-2 응력집중(鈴木勉 2014:72)

것이 상대적으로 고통이 심한 것이다.

하이힐에 밟힌 고통은 어디까지나 밟힌 사람의 입장일 뿐 이 하이힐을 만든 제작자의 처지에서 생각하면 전혀 다른 문제가 발생한다. 즉 제작자는 하이힐을 신고 한 걸음씩 걸을 때마다 신발에 집중되는 여성의 체중, 즉 응력을 모두 견딜 수 있을 만큼 튼튼한 하이힐을 만들어야 한다. 만약 집중된 응력을 견디지 못하고 하이힐이 부러지면 상품으로서 가치는 없어진다.

이 하이힐의 제작 원리는 사실 모조끌의 제작 원리와 같다. 하이힐의 선단은 조각끌의 선단에, 하이힐이 밟는 땅은 소지금속에 해당한다. 또 걸을 때마다 하이힐의 선단에 실리는 체중은 조각끌의 머리를 소도리로 내려칠 때마다 조각끌의 선단에 걸리는 응력에 비유될 수 있다. 앞서 언급한 것처럼 모조끌은 소지금속을 잘라내야 하므로 선단에 날카로운 날을 만들어야 한다. 하이힐 선단의 면적이 좁은 것처럼 모조끌의 선단과 소지금속이 닿는 면적도 매우 좁다. 이로 인해 하이힐의 선단에 체중이 집중되는 것과 같이 소도리를 내려쳤을 때 모조끌의 선단에 걸리는 응력이 매우 커진다.

이는 선단의 면적이 넓은 소성가공과 크게 다르다. 소성가공의 조각끌이 소지금속과 맞닿는 면적이 10이라고 한다면 선단에 날이 있는 모조끌은 소지금속과 맞닿는 면적이 그 1/10밖에 되지 않는다. 똑같은 힘으로 조각끌을 내려치더라도 선단의 면적이 좁은 모조끌에 10배의 응력이 집중되는 셈이다. 모조가 확인된다는 것은 소성가공에 사용된 조각끌보다 10배의 응력을 견딜 만큼 튼튼하고 경도가 큰 조각끌이 등장한 것을 뜻한다.

모조끌의 제작기술 수준을 위와 같이 이해하면 소성가공의 조각끌을 제작할 수 있는 공인이라고 하더라도 모조끌을 손쉽게 모방할 수는 없었을 것으로 생각된다. 이미 지적된 것처럼 모조는 '같은 선조(線彫)라고 할지라도 축조, 합인조와 전혀 원리가 다르며 그 뛰어난 표현 능력도 비약적으로 진화'(鈴木勉 2014)한 조금기술이 바로 모조인 셈이다.[6]

6 한편 모조끌과 같이 튼튼하고 경도가 큰 조각끌을 만들기 위해서는 강철의 입수, 담금질과 뜨임과 같은 열처리가 필요하다. 모조제품의 등장은 당시 공인이 강철을 입수하였으며 철의 열처리에 관한 전문적인 지

이처럼 높은 제작 수준의 모조끌이 후술하듯이 특정 문양과 세트로 확인되는 사례가 많은 것을 고려하면 모조끌은 기술적으로 유대성이 강한 공인들만이 공유하였던 특별한 공구였을 가능성이 크다. 이로 보아 모조끌의 제작기술은 단순히 흉내를 내는 것만으로 이전되지 않으며 그 전파와 전수는 스승과 제자, 아버지와 아들처럼 가까운 관계에서만 이루어진 것으로 추정된다. 고고학에서 시도하는 유물의 계보와 전파, 공인의 이동과 같은 연구 주제는 이처럼 기술에 관한 정확한 이해를 바탕으로 하였을 때 비로소 구체적으로 파악할 수 있다.

제4절 한 · 일 모조의 전개와 특질

1) 등장

한반도에서 모조는 언제 등장하였을까. 5세기부터 6세기 전반으로 비정되는 수많은 금공품의 문자와 문양을 조사해 본 결과, 조금기술은 대부분 소성가공임을 알 수 있었다.

우선 문자의 조금기술을 살펴보자(그림 11-3). 5세기 후엽으로 비정되는 경주 황남대총 북분에서 출토된 은제대장식구에는 ‘夫人帶(부인대)’라는 명문이 새겨져 있다. 획의 주변이 부풀어 올라 있는 것으로 보아 소성가공임을 알 수 있다. 복원 실험에 의하면 문자는 합인조끌을 손에 쥐고 직접 동판을 긁어서 획을 새겼을 가능성이 크다(칼럼 3-3 참조). 금관총에서 출토된 삼루환두대도, 경주 황오동16호분에서 출토된 청동초두, 서봉총에서 출토된 ‘延壽(연수)’명은합에 새겨진 명문 등 신라지역에서 확인되는 명문의 대부분은 합인조긁기에 해당한다. 절대연대를 알 수 있는 공주 무령왕릉 출토 다리작명 은제팔찌의 명문 역시 합인조로 소성가공에 해당한다.

다음 문양을 표현하기 위해 사용된 조각끌의 가공 흔적을 살펴보자. 일찍이 스즈키 쓰토무는 고훈시대의 선조를 4가지로 분류하였다(鈴木勉 2004). 그 후 자료조사를 거듭하면서 발견한 삼국시대의 조금기술 가운데 6세기 전반 이전으로 비정되는 것을 정리하였다(그림 11-4). 다양한 조금기술을 확인할 수 있는데 소지금속을 밀어 넣어 문양을 표현한다는 점에서 모두 소성가공으로 분류할 수 있다. 결국, 현재까지 보고된 삼국시대 금공품의 조금기술로 보는 한 늦어도 6세기 전반까지는 모조를 확인할 수 없다. 일본열도의 상황도 이와 다르지 않다.

식을 이미 습득한 것을 뜻한다.

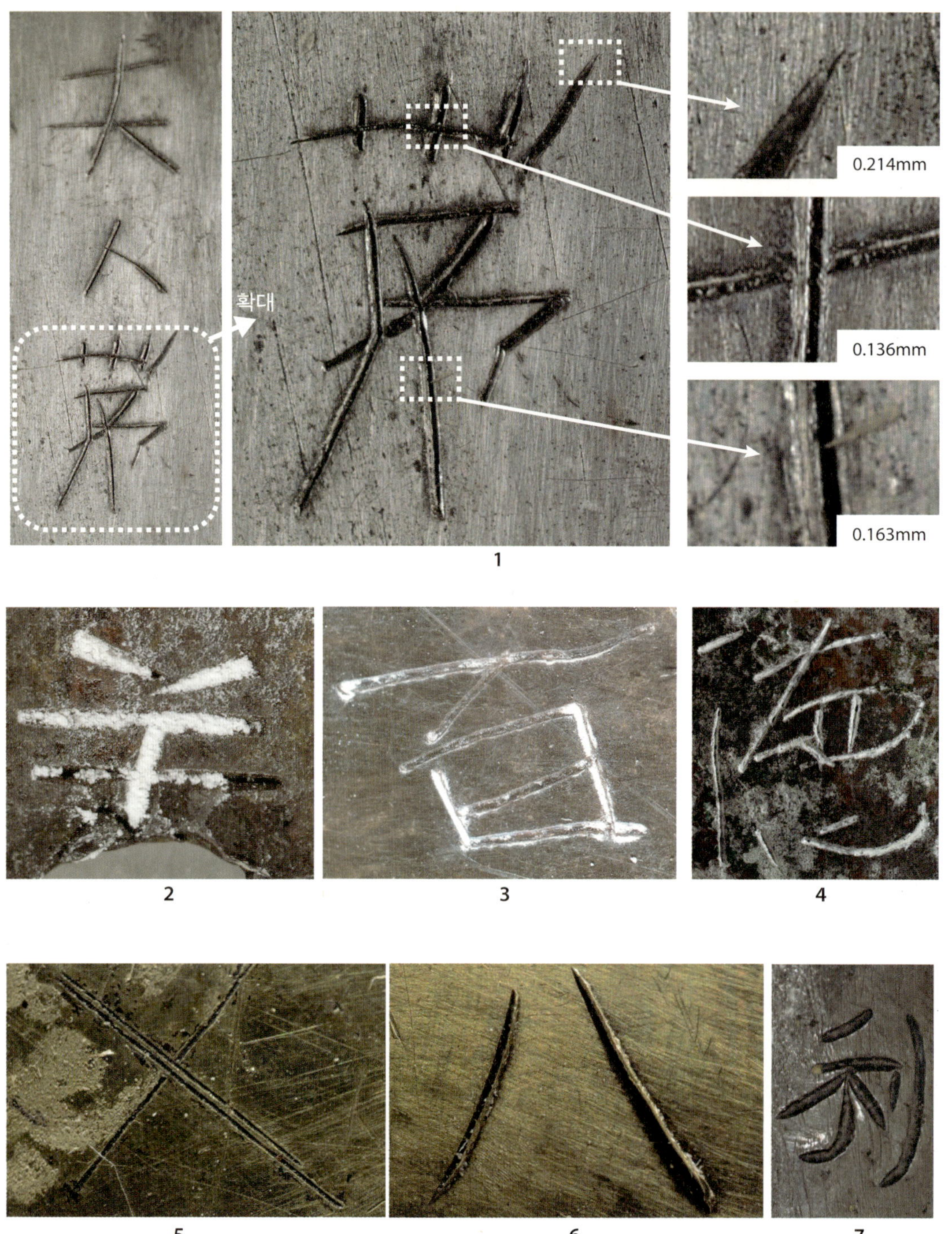

그림 11-3 삼국시대의 조금기술(문자: 소성가공)

1. 경주 황남대총 북분 출토 은제대장식구(夫人帶) | 2. 경주 황남대총 북분 은제관식 | 3. 경주 황남대총 북분 금동제품(百) | 4. 경주 황오동16호분 청동초두(德) | 5~6. 경주 금관총 '尒斯智王'명 삼루문환두대도(十, 八) | 7. 공주 무령왕릉 은제팔찌(利)

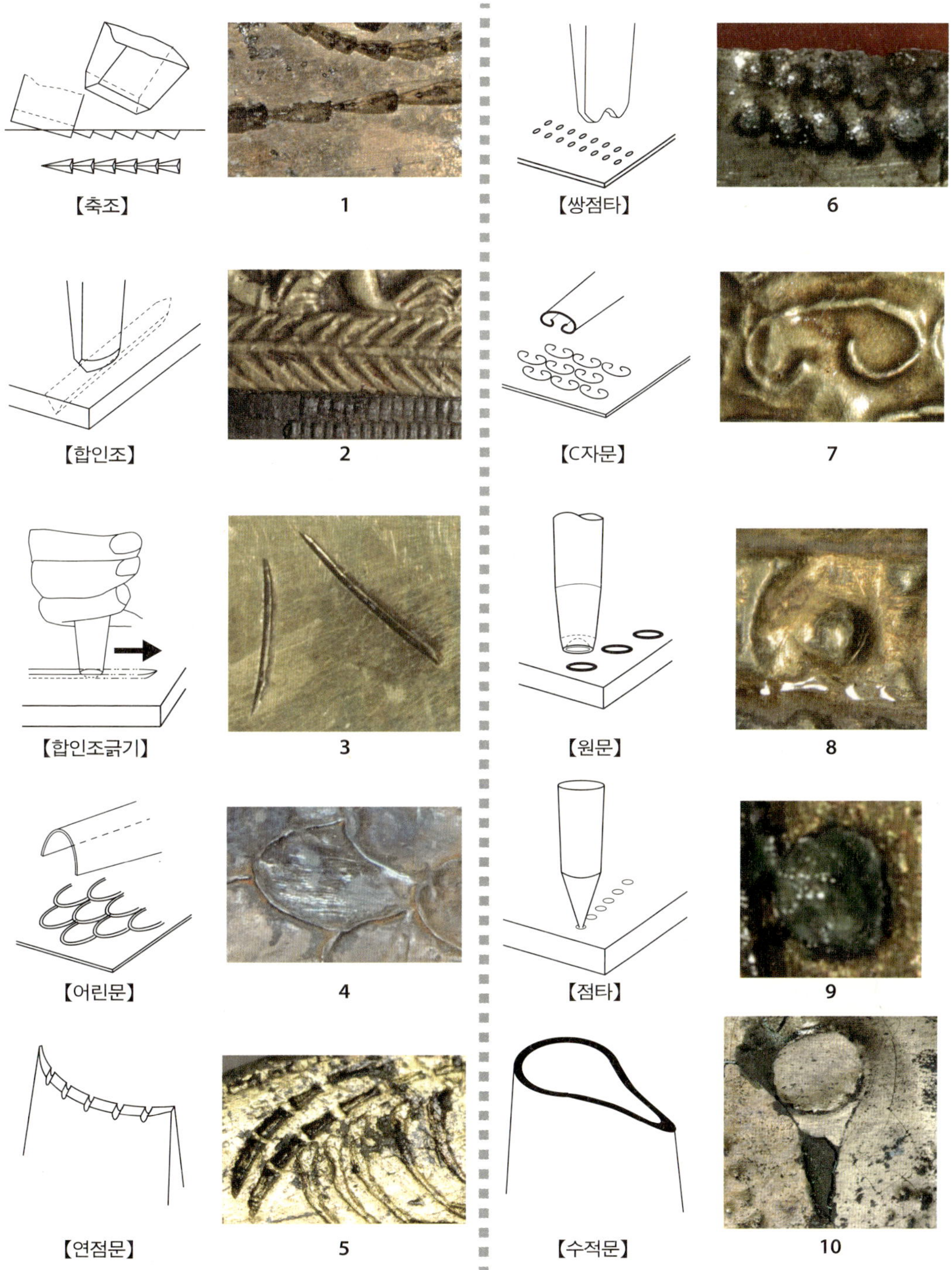

그림 11-4 삼국시대의 조금기술(문양: 소성가공)

1. 경산 임당7B호분 금동관 | 2. 합천 옥전M3호분 용문장환두대도 | 3. 경주 금관총 삼루환두대도 | 4. 함양 백천리1-3호분 장식대도 | 5. 서울 몽촌토성 중원식대장식구 | 6. 양산 금조총 금동관 | 7. 함안 마갑총 환두대도 | 8. 합천 옥전M11호분 초미금구 | 9. 강릉 초당동A-1호묘 대장식구 | 10. 안동 지동2호분 금동관

2) 전개

모조제품 가운데는 기년명 자료가 많아 연대를 구체적으로 추정할 수 있고 전개 과정도 비교적 명확하게 파악할 수 있다. 현재까지 한반도와 일본열도에서 확인된 모조제품은 출토지 불명품을 포함하여 97곳에서 보고되었다(그림 11-5~7). 지금까지 축적된 연구 성과와 기년명 자료를 참고로 모조의 전개 과정을 크게 3단계로 구분할 수 있다.

(1) Ⅰ단계

Ⅰ단계는 고구려와 백제에서 모조가 등장하는 시기로 6세기 후반에 해당한다. 백제에서 확인되는 모조 가운데 가장 이르고 분명한 것은 부여 왕흥사지에서 출토된 청동제사리기의 명문이다. 선을 확대하여 살펴보면 양단이 뾰족하며 홈 내부에서 모조끌의 가공 흔적이 확인된다. 선 굵기는 제각각 다르며 선 주변이 부풀지 않은 것으로 보아 모조임을 알 수 있다. 새겨진 '丁酉年'은 577년으로 비정되므로 6세기 중엽 백제에 모조가 등장한 것은 분명하다(그림 11-5-5).

사리기의 명문 중에 주목되는 것이 '王昌'이다. 창왕명은 인근의 능산리사지에서 출토된 석제사리감에서도 확인된다. 석제사리감에는 '昌王14년(567)'이라는 문자가 새겨져 있어 백제 사비기에 능산리사지가 조성된 것을 알 수 있다. 주목되는 것은 능산리사지에서 출토된 금동대향로의 모조이다. 향로의 몸체는 연꽃으로 표현되었는데 잎의 가장자리에 짧은 단사선문이 빼곡이 새겨져 모조로 새겨져 있다(그림 11-5-6). 금동대향로의 제작 시기에 관해서는 여러 견해가 있으나 석제사리감의 제작연대를 고려한다면 금동대향로도 6세기 후엽 무렵에 제작된 것으로 추정해 볼 수 있다(鈴木勉 2014).

이처럼 6세기 후반에 등장한 백제의 모조는 부여 능산리 중상총에서 출토된 유물에서도 확인할 수 있다. 백제의 혜왕(598-599) 혹은 법왕(599-600)의 묘로 비정되는 중상총(東潮 1993, 李南奭 2002)에서는 금동제관장식과 금동제투조금구가 출토되었는데 선을 확대해 보아 모조임을 알 수 있다(그림 11-5-7·8).

한편 영산강유역에서도 모조제품이 확인된다. 부장된 토기로 보아 6세기 말에서 7세기 초로 비정(서현주 2007)되는 나주 복암리3호분 5호 석실에서는 규두대도가 1점 출토되었는데 한반도에서는 유일한 형식의 장식대도이다(그림 11-5-12). 유사한 형식의 규두대도가 고훈시대 후기 일본열도의 관동지방을 중심으로 분포하므로 복암리 출토품에 대해 '일본열도 출토 사례의 조형이라 할 수 있을 정도로 연대가 이르지 않고 한국에서 출토 사례가 이외에 존재

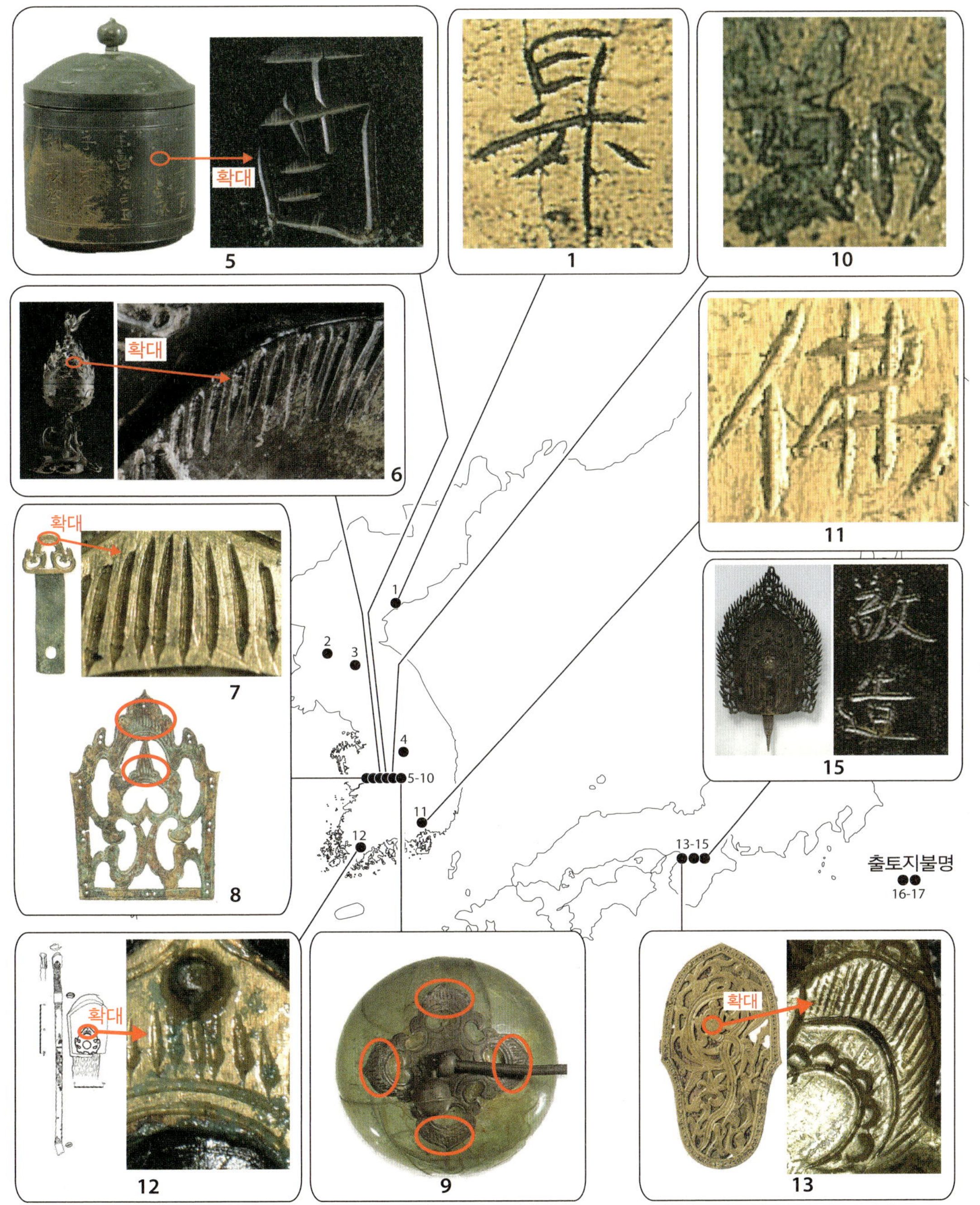

그림 11-5 I 단계 모조제품(6세기 후반)

1. 신포 절골유적 금동명문판 | 2. 평양 고구려폐사지 永康7년명 금동광배(551년) | 3. 황해도 곡산군 금동辛卯명 삼존불(571년) | 4. (전)충주 建興5년명 금동석가삼존불광배(536년 또는 596년) | 5. 부여 왕흥사지 청동제사리기(577년) | 6. 부여 능산리사지 금동대향로 | 7~8. 부여 중상총 금동제관장식·금동제투조금구 | 9. 부여 하황리 은제병유리구금구 | 10. 부여 부소산성 '鄭智遠'명 금동삼존불입상 | 11. (전)의령 延嘉7년명 금동여래입상(539년) | 12. 나주 복암리3호분5호석실 규두대도 | 13. 나라현 후지노키(藤ノ木)고분 용문장식금구 | 14. 나라현 다마키야마3호분 인동당초문경판 | 15. 나라현 호류지 甲寅년 석가상광배명(594년) | 16. 나라현 금동 癸未명 삼존불(563년) | 17. 甲午명 금동삼존불(574년)(축척부동)

하지 않는 현재로서는 오히려 왜(倭)에서 박재되었을 가능성'을 지적하는 견해도 있다(菊池芳郎 2010). 그러나 면판장식에 명확히 남은 모조만이 아니라 문양도 앞서 언급한 부여 능산리 중상총 금동제투조금구, 금동제관장식, 부여 하황리 은제병 유리구금구와 흡사하다. 지금까지'삼릉심엽형장식'(한정호 2005) 또는 '짧은 선이 채워진 연화문'(김낙중 2007, 2015)이라고 소개된 이 문양은 모조와 세트를 이루는 사례가 많으며 백제의 중앙과 지방의 고분에서 출토된 장식금구에서 자주 확인된다. 이를 근거로 이 문양이 있는 장식금구를 백제 왕권 아래의 공인이 제작한 것으로 보는 견해도 있다(김낙중 2015). 왜보다 백제에서 먼저 모조가 등장한 것을 중시한다면 나주 복암리3호분 5호 석실에서 출토된 규두대도는 왜에서 박재되었다기보다 백제계 공인이 한반도 내에서 제작하였을 가능성이 클 것이다.

제작연대에 관해서는 논란이 있지만 대략 6세기 후반으로 비정되는 백제지역 출토 금동소불에서도 모조를 확인할 수 있다. 부여 부소산성 출토 정지원명불상의 명문**(그림 11-5-10)**은 문자 획의 양단이 뾰족하고 획의 굵기가 변화하는 것으로 보아 모조임이 분명하다. 제작연대가 기록되어 있지 않아 북조제(北朝製)로 보는 견해(성윤길 2013)도 있으나 대부분 연구자가 6세기 후엽 백제에서 제작된 것으로 본다. 이외에 갑오명금동삼존불(574년), 금동계미명삼존불입상(563년), 도쿄박물관에 소장된 호류지 갑인명석가상광배명(法隆寺甲寅年釋迦像光背銘)(594년) 등 금동소불의 광배에서 모조로 새긴 문자가 확인된다.

이 무렵 고구려의 금동소불에서도 모조를 확인할 수 있다. 경남 의령에서 출토된 것으로 전해지는 연가7년명금동여래입상(延嘉七年銘金銅如來立像)(539년)**(그림 11-5-11)**이 대표적이다. 새겨진 '高麗國(고려국)'으로 보아 고구려와의 관련성을 엿볼 수 있는데 문자 획의 양단이 뾰족하고 획의 굵기가 변화하는 것으로 보아 모조임을 알 수 있다. 이외에 고구려제의 가능성이 큰 평양 평천리 폐사지 출토 영강7년명금동광배(永康七年銘金銅光背)(551년), 황해도 곡산군 화촌명 봉산리 출토 금동신묘명삼존불(金銅辛卯銘三尊佛)(571년), (전)충주시 노은면 출토 건흥5년명 금동석가삼존불광배(536년 또는 596년)에서도 모조가 확인된다. 함경남도 신포시 오매리의 절골 유적에서 발견된 금동명문판 탑지(塔誌) 역시 문자의 획으로 보아 모조로 새긴 것으로 보인다.[7]

한편 일본열도에서도 I단계에 해당하는 모조제품이 소수 확인된다. 나라현 후지노키고분 출토 용문장식금구(龍文裝飾金具)**(그림 11-5-13)**, 나라현 다마키야마 3호분 인동당초문경

7 연대에 관해서는 영양왕 즉위 15(604)년으로 보는 견해도 있다(이승호 2015).

판이다. 후술하는 것처럼 일본열도에서는 모조제품이 7세기(Ⅱ단계) 이후에 증가하지만 Ⅰ단계의 모조제품도 확인되므로 모조라는 조금기술 자체는 이미 Ⅰ단계에 도입되었을 가능성이 크다. 또 Ⅰ단계의 한반도에서는 금동소불, 장식대도, 투조장식금구, 탑지 등 다양한 제품에서 모조가 확인되는 것과 달리 일본열도에서는 마구에서만 모조가 확인되어 대조적이다. 이 가운데 나라현 후지노키고분에서 출토된 마구의 제작지에 관해서는 중국제설, 신라제설, 백제제설 등 다양한 견해가 제시되었다. 유물의 제작지를 비정하기 위해서는 다양한 요소가 고려되어야 하겠지만 본장에서 주목하는 모조를 고려한다면 후지노키고분에서 출토된 마구를 제작하는 데 백제계 공인 또는 백제에서 왜로 도래한 공인이 참여하였을 가능성이 매우 크다.

이처럼 6세기 후반이 되면 고구려와 백제에서 모조제품이 대량으로 등장하기 시작하며 일본열도에서도 일부 확인된다. 그렇다면 그 원류는 어디에서 구할 수 있을까? 현재까지 보고된 자료로 보아 한반도와 일본열도에 동시에 등장한 모조의 원류는 중국 산둥지역의 금동소불에서 구할 수 있다. 중국 산동(山東)지역의 박흥현(博興縣) 용화사지(龍華寺址)(李少南 1984), 곡부시(曲阜市) 승과사지(勝果寺址)(王思礼·楊子范 1959), 태안시(泰安市) 흥화촌(興華村)(吉爱琴 1989)에서 금동소불이 대량으로 출토되었다. 명문이 있어 제작된 연대를 명확하게 알 수 있는데 대부분 북위(北魏), 동위(東魏), 북제(北齊), 수대(隋代)에 제작된 북조의 금동소불에 해당한다. 일찍부터 이 금동소불의 대좌와 광배에 새겨진 명문의 내용은 알려졌으나 사진이 보고되지 않아 각명기술을 알 수 없었는데 최근 산동(山東)지역의 금동소불의 조사 결과(국립중앙박물관·산둥박물관 2017)가 공개되면서 각명기술도 명확히 파악할 수 있게 되었다. 공개된 사진으로 보아 북조시기 산둥지역에서 제작된 금동소불에 모두 모조로 문자를 새긴 것이 분명하다. 결국, 6세기 중엽 고구려와 백제에 갑자기 등장한 모조라는 조금기술 역시 북조의 금동소불 제작기술이 한반도로 전래되는 과정에서 함께 유입된 것으로 이해할 수 있다**(제13장 참조)**.

(2) Ⅱ단계

7세기 전반으로 비정되는 Ⅱ단계는 백제의 익산 미륵사지 석탑 출토 사리장엄구, 익산 왕궁리 5층석탑 사리장엄구를 제외하면 대부분 일본열도의 마구와 금동소불에서 확인된다.

익산 미륵사지 석탑에서 출토된 금제사리봉안기(金製舍利奉迎記)에는 己亥(을해)년(639년)에 사리를 봉안해 왕실의 안녕을 기원한다는 내용이 기록되어 있다. 문자 획의 굵기가 다양하며 홈 속에서 모조끌의 가공 흔적이 확인된다. 공반된 금제사리내호(金製舍利內壺)와 금동제사리호(金銅製舍利壺)의 표면에 앞서 언급한 문양인 '짧은 선이 채워진 연화문'이 확인되는데 역시 모조이다. 특정 문양과 결부된 Ⅰ단계의 전통이 Ⅱ단계까지 이어졌을 것이다(그림 11-6-18·20). 유사한 문양은 익산 왕궁리5층 석탑에서 발견된 사리장엄구에서도 확인된다(박정현 2019)(그림 11-6-21).

Ⅱ단계에는 일본열도의 금동소불과 마구에서 모조가 본격적으로 확인된다. 금동소불에 새겨진 대표적인 명문자료로 성덕태자에 의해 7세기 초 건립된 나라현 호류지(法隆寺) 보관의 금동소불을 들 수 있다. 호류지 丙寅년보살반가상명(丙寅年菩薩半跏像銘, 606년), 호류지 금당사좌상광배명(金堂師座像光背銘, 607년), 호류지 금당석가삼존상광배명(金堂釈迦三尊像光背銘, 623년)(그림 11-6-33), 호류지 戊子년석가·협시상명(戊子年釈迦·脇侍像銘, 628년)(그림 11-6-34), 호류지 辛亥년관음보살입상명(辛亥年觀音普薩立像銘, 651년)에 새겨진 문자는 획을 보아 모조임이 분명하다. 또 호류지 옥충주자(玉虫厨子)(그림 11-6-36)에는 '짧은 선이 채워진 연화문'을 모조로 새겨 백제와 강한 관련성을 엿볼 수 있다(伊東忠太 1929). 유사한 문양과 모조는 호류지의 화변형행엽(花弁形杏葉)과 헌납보물(獻納宝物)에서도 확인된다.

금동소불 외에 마구에서도 모조가 다수 확인된다. '모조마구'라 불리는 이 종류의 마구는 아직 한반도에서 확인되지 않아 일본열도에서 자체적으로 제작되었을 가능성이 크다. 모조마구의 등장과 관련하여 주목되는 것이 나가노현(長野縣) 히가시잇폰야나기(東一本柳)고분에서 출토된 화변형행엽이다(그림 11-6-38). 그전까지 파상열점문과 같은 소성가공만 시문되던 마구와 달리 히가시잇폰야나기고분 출토 화변형행엽에서는 파상열점문과 함께 처음으로 절삭가공인 모조가 확인되었기 때문이다(濱岡大輔 2003). 높은 수준의 제작기술이 요구되는 모조임을 고려한다면 히가시잇폰야나기고분 출토 화변형행엽이 제작된 시점부터 모조끌을 소유한 금동소불의 제작 공인(집단)이 본격적으로 마구 제작에 참여하기 시작한 것을 알 수 있다. Ⅱ단계로 비정되는 모조마구는 히가시잇폰야나기고분 출토품처럼 대부분 고분에서 출토된다는 공통점이 있다.[8]

금동소불과 모조마구 외에 대도의 부속구와 장식금구에서도 소수이기는 하나 모조가

8 (전)군마현 天理参考館所蔵品(A), 군마현 道上고분, 군마현 奈良고분군(古), 지바현 淺間山고분, 지바현 成田3호분, 아이치현 上向嶋2호분, 이바라키현 宮中野99-1호분, 아오모리현 鹿島沢고분, 군마현 若田B호분, 야마나시현 御崎고분, 군마현 御門1호분, 미에현 塚山고분, 시가현 坂本고분, 후쿠오카현 仙道2호분 출토품이 대표적이다.

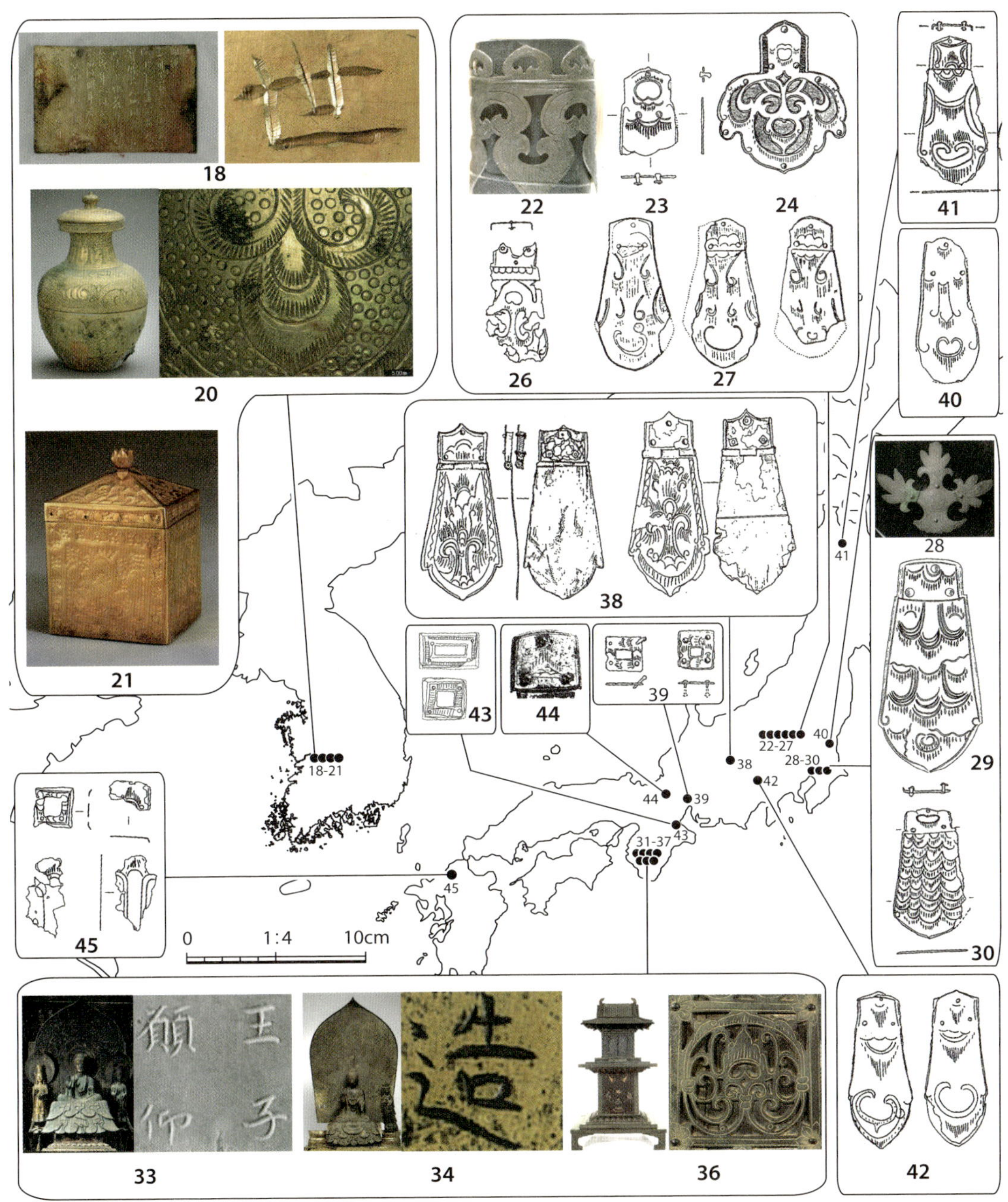

그림 11-6 Ⅱ단계 모조제품(7세기 전반)

18-20. 익산 미륵사지 금제사리봉안기/금제사리호/금동제사리호 | 21. 익산 왕궁리5층석탑 사리장엄구 | 22. 군마현 간논즈카고분 은제당초문칼집금구 | 23. 군마현 御門1호분 | 24. (전)군마현 덴리(天理)참고관소장품(A) | 25. 군마현 道上고분 | 26. 군마현 奈良고분군(古) | 27. 군마현 若田B호분 | 28. 지바현 긴레이즈카(金鈴塚)고분 | 29. 지바현 淺間山고분 | 30. 지바현 成田3호분 | 31. 나라현 호류지 丙寅(병인)년 보살반가상(606년) | 32. 나라현 호류지 금당사좌상광배명(607년) | 33. 나라현 호류지 금당석가삼존불광배명(623년) | 34. 나라현 호류지 戊子(무자)년 석가여래급협시상명(628년) | 35. 나라현 호류지 辛亥(신해)년관음보살입상명(651년) | 36. 나라현 호류지 玉蟲廚子 | 37. 나라현 호류지 화변형행엽 | 38. 나가노현 히가시잇폰야나기고분 | 39. 아이치현 上向嶋2호분 | 40. 이바라키현 宮中野99-1호분 | 41. 아오모리현 鹿島澤고분 | 42. 야마나시현 御崎고분 | 43. 미에현 塚山고분 | 44. 시가현 坂本고분 | 45. 후쿠오카현 仙道2호분

확인된다. 7세기 초로 비정(白石太一郎 2007)되는 지바현(千葉縣) 긴레이즈카(金鈴塚)고분 출토 은엽형식금구(銀葉形飾金具)(그림 11-6-28)에서는 짧은 선이 채워진 연화문을 모조로 표현하여 이미 지적된 것처럼 백제와 관련성을 엿볼 수 있다(三田覚之 2015). 긴레이즈카고분과 거의 동시기로 비정되는 군마현(群馬縣) 간논즈카(觀音塚古墳)고분 출토 은제당초문초금구(銀製唐草文鞘金具)(그림 11-6-22)에서도 모조가 확인되는데 나주 복암리3호분 5호 석실에서 출토된 장식대도와 함께 몇 안 되는 도장구(刀裝具)의 모조제품에 해당한다.

이상에서 알 수 있듯이 Ⅱ단계가 되면 한반도, 특히 백제에서 전파된 모조가 일본열도에서 정착하여 왜(倭)에서 본격적으로 모조제품이 제작되기 시작한다. 또 금동소불, 마구만이 아니라 대도의 부속구와 장식금구까지 다양한 유물에 모조가 활용되기 시작한다.

(3) Ⅲ단계

Ⅲ단계는 7세기 후반 이후로 비정한다. 한반도에서 확인되는 자료로 경주 월지에서 출토된 청동제합과 금동대접을 들 수 있다. 각각의 내면에 '仇(구)'자가 모조로 새겨져 있는데 획의 양단이 뾰족하며 획 주변이 부풀지 않았고 소지금속이 깎여 나간 것으로 보아 모조가 분명하다(그림 11-7-46). 청동합과 뚜껑의 제작 시점은 알 수 없지만 월지가 문무왕13년(674)에 조성된 인공 호수라는 것을 고려하면 Ⅲ단계로 보아도 무방할 것이다. 이외 황룡사에서 출토된 은제연당초문원합에도 연화문이 모조로 새겨져 있다(그림 11-7-48).

일본열도에서는 Ⅱ단계에 등장한 모조마구가 Ⅲ단계에도 지속된다. Ⅱ단계의 모조마구가 주로 고분에서 출토되었다면 Ⅲ단계에는 취락이나 관아유적에서 모조마구가 출토되며 일본열도 각지에서 확인되어 그 수가 증가한다. 유로에서 출토된 사례도 많아 정확한 연대비정은 쉽지 않지만 문양의 형식을 기준으로 설정한 모조마구의 연대관을 참고로 한다면 취락에서 출토된 모조마구[9]는 대략 7세기 후반으로 비정할 수 있다(千葉縣史料硏究財團 2002).

한편 Ⅲ단계가 되면 Ⅱ단계에 주로 확인된 금동소불과 모조마구만이 아니라 묘지, 조상기(造像記), 범종, 골각기에도 모조가 확인된다. 금동소불로는 오사카부 야츄지(野中寺) 미륵

---

9 대표적인 사례로 이바라키현 春内式竪穴工房跡 5호로(爐) 부근 피트 북측, 지바현 囲護台79호주거, 지바현 囲護台200호주거, 지바현 漆谷津132호주거, 지바현 大畑台213호주거, 도쿄도 樂川300호주거, 도쿄도 樂川379호주거, 가나가와현 小荷谷E3구 유구 외, 가나가와현 四之宮下鄉4구 19토광, 효고현 福成寺서지구1トレE지구, 히로시마현 西本6호 서변 내구(SD3) 출토품을 들 수 있다.

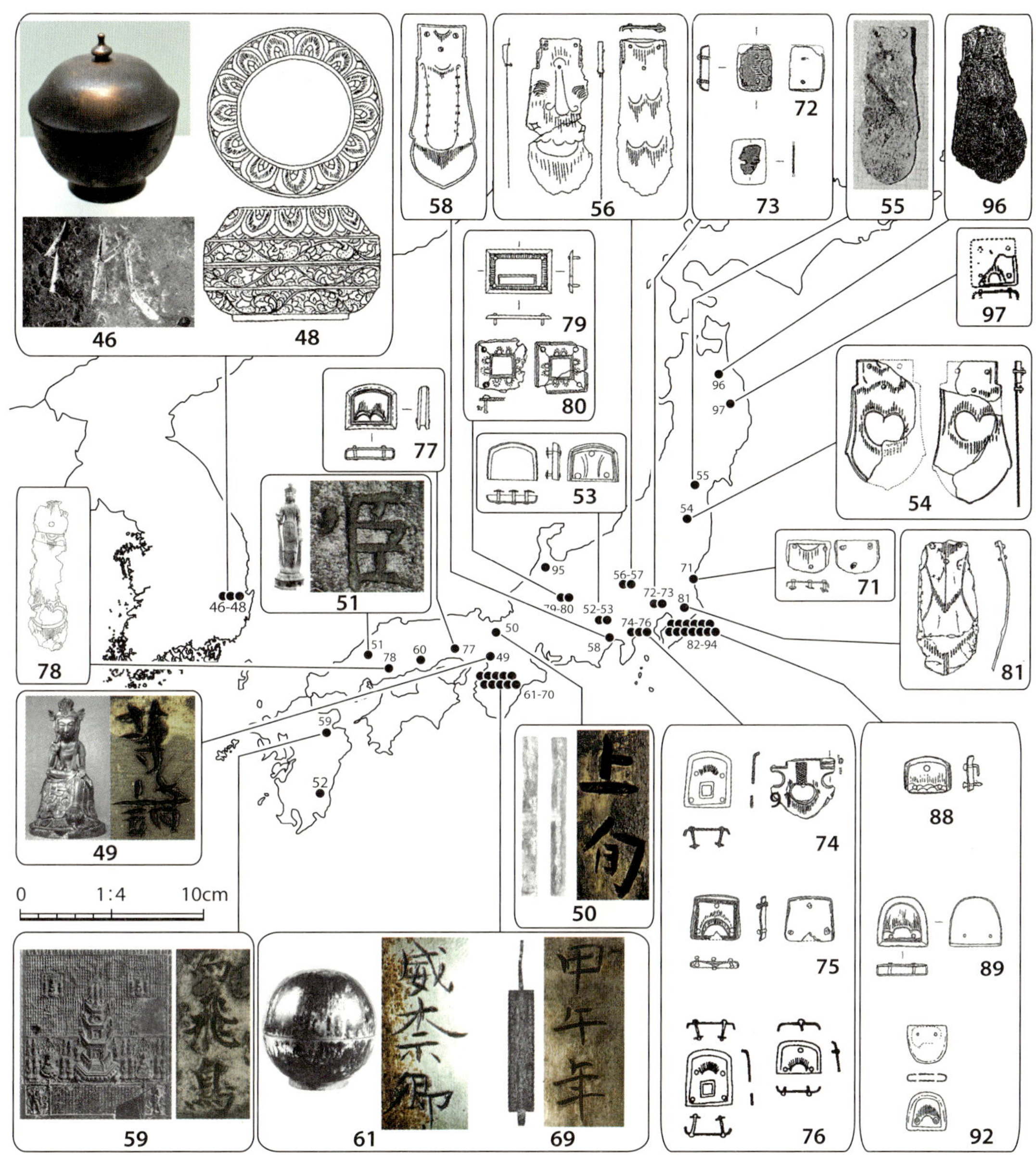

그림 11-7 Ⅲ단계 모조제품(7세기 후반 이후)

46. 경주 월지 청동제합 | 47. 경주 월지 금동대접 | 48. 경주 황룡사 은제연당초문원합 | 49. 오사카부 野中寺 미륵보살반가상(666년) | 50. 교토부 崇道神社 小野毛人묘지(677년) | 51. 시마네현 鰐淵寺 관음보살입상(692년) | 52. 야마나시현 竜王2호 | 53. 야마나시현 四ツ塚4호분 | 54. 후쿠시마현 清水1호횡혈묘 | 55. 미야기현 鳥屋八幡2호분 | 56. 군마현 奈良고분군(新) | 57. 군마현 鍛冶地2호분 | 58. 시즈오카현 御藏上3호분 | 59. 오이타현 長谷寺 법화설상(法華說相) | 60. 오카야마현 圀勝寺 下道圀勝圀依母 골장기명 | 61. 나라현 四天王寺 威奈大村 골장기명(707년) | 62. 나라현 興福寺 觀禅院 종명(727년) | 63. 나라현 薬師寺 동탑찰명(檫銘) | 64. 나라현 正倉院 태도(武王) | 65. 나라현 正倉院 태도(破陣樂甲) | 66. 나라현 正倉院 태도(破陣樂乙) | 67. 나라현 正倉院 正倉院 成武天皇 조서동판명(詔書銅板銘) | 68. 나라현 正倉院 正倉院 금동 진탁(鎭鐸)제2호 | 69. 나라현 호류지 동판조상기(694년) | 70. 나라현 平城宮 左京八条三坊동서소로 남측구 SD1155 | 71. 이바라키현 春内式 수혈공방적5호로(炉) 부근 피트 북측 | 72. 도쿄도 楽川300호주거 | 73. 도쿄도 楽川379호주거 | 74. 가나가와현 小荷谷E3구 유구 외 | 75. 가나가와현 四之宮下郷4구 19토광 | 76. 가나가와현 諏訪脇6호분 | 77. 효고현 福成寺 서지구1トレE지구 | 78. 히로시마현 西本6號 서변내구(SD3) | 79. 나가노현 桓川B구 1호공방 | 80. 나가노현 腰巻所在고분 | 81. 이바라키현 柴崎Ⅱ64호주거 | 82. 지바현 囲護台79호주거 | 83. 지바현 囲護台200호주거 | 84. 지바현 漆谷津132호주거 | 85. 지바현 大畑台213호주거 | 86. 지바현 山崎10호횡혈 | 87. 지바현 六孫王原고분 | 88. 지바현 中馬場41호주거 | 89. 지바현 鉤形C38호주거 | 90. 지바현 印内台9호주거 | 91. 지바현 印内台80호주거 | 92. 지바현 大綱山田台一本松41호주거 | 93. 지바현 北囲護台37호주거 | 94. 지바현 大北25호주거 | 95. 이시카와현 寺家SBT28 | 96. 아오모리현 八戶根城고분 | 97. 이와테현 五条丸72호분(46, 49, 50, 51, 55, 59, 61, 69, 96은 축척부동)

보살반가상명(弥勒菩薩半跏像銘, 666년)(그림 11-7-49), 시마네현 가쿠엔지(鰐淵寺) 관음보살립상명(観音菩薩立像銘, 692년)(그림 11-7-51), 조상기(造像記)로는 나라현 호류지(法隆寺) 동판(銅板) 조상기(694년)(그림 11-7-69)를, 묘지로는 교토부 스도신사(崇道神社) 오노노에미시묘지(小野毛人墓誌, 677년)(그림 11-7-50), 골각기로는 나라현 텐노오지(四天王寺) 이나노오무라(威奈大村) 골장기명(骨藏器銘, 707년)(그림 11-7-61), 오카야마현 고쿠쇼지(圀勝寺) 시모쓰미치노쿠니카쓰쿠니요리노하하(下道圀勝圀依母) 골장기명(骨藏器銘, 708년)을 들 수 있다. Ⅱ단계에 이어 문자의 조각에 여전히 모조가 활발히 사용되었다.

3) 특질

이상으로 기년명 자료와 마구의 연대관을 근거로 한반도와 일본열도에서 전개된 모조의 양상을 3단계로 구분하였다. 전개 과정에서 간취할 수 있는 세 가지 특질은 아래와 같다.

첫째, 소성가공이 주로 문양을 새기는 데 사용되었다면 절삭가공인 모조는 문양뿐만 아니라 문자를 새기는 데도 애용되었다. 이는 획의 굵기를 비교적 자유롭게 조절할 수 있는 모조끌의 특성과 관련 있다. 마치 붓으로 쓴 것과 같은 문자를 효과적으로 표현하기 위해 소도리를 내려치는 힘을 조절함으로써 획의 굵기를 조절할 수 있는 모조는 문자를 새기는 데 의도적으로 사용되었 것이다.

당시 한반도와 일본열도에 널리 보급된 한자 문화(朱甫暾 2001; 李成市 2003)로 보아 지식인들 사이에서 금속기의 표면에도 붓으로 쓴 것과 같은 동일한 시각적 효과를 원하는 시대적 요구가 싹트고 있었던 것이 아닐까?[10] 금판에 모조로 문자를 새기고 그 홈 속에 주칠을 하여 마치 빨간 묵으로 글씨를 쓴 것과 같은 효과를 노린 익산 미륵사지 석탑 출토 금제사리봉영기(金製舍利奉迎記)는 이와 관련하여 시사적이다.

둘째, 모조로 문자를 표현하는 방법이 점차 발전한다. 일본에 도입된 모조 문자의 전개 과정을 단조로운 직선이 조합된 '도입기', 기필(起筆)과 수필(收筆)에 모조끌의 방향을 바꾸어 붓의 움직임을 표현하려는 '진화기', 획의 비척(肥瘠)과 억양, 기세와 흐름을 모조로 표현할 수 있게 된 '완성기'로 구분한 연구 성과(鈴木勉 2013)에 따르면 모조로 새긴 획은 점차 붓글씨를 사실적으로 표현하는 방향으로 발전하였다고 한다.

각 단계의 대표적인 모조 문자를 비교해보자(그림 11-8). Ⅰ단계에는 획을 단순히 선으로

10 9세기가 되면 쌍구체법이라고 하여 붓글씨와 가장 유사한 각명기술이 등장한다(제13장 참조).

1(Ⅰ단계) 2(Ⅱ단계) 3(Ⅲ단계)

그림 11-8 모조로 새긴 문자의 단계별 발전 과정
1. 부여 왕흥사지 청동제사리기(577년) | 2. 나라현 호류지 戊子(무자)년석가·협시상명(628년) | 3. 오이타현 초코쿠지(長谷寺) 법화설상도(702년)

표현한 것에 그쳐 한자의 특징인 획의 삐침, 치킴, 파임은 거의 표현되지 않는다. 붓의 움직임을 모조끌로 표현하려는 공인의 의도는 읽을 수 없다. Ⅱ단계가 되면 기필과 수필에서 나타나는 획의 삐침, 치킴, 파임이 어느 정도 표현된다. 공인이 한자의 특징을 이해하고 이를 의도적으로 표현하기 시작한 것이다. 마지막 Ⅲ단계가 되면 모조로 새긴 문자는 실제 붓으로 쓴 것과 거의 다름없이 사실적으로 표현된다. 붓으로 쓴 한자의 특징을 모조로 최대한 유사하게 표현한 것으로 보아 공인 역시 한자의 특징을 충분히 이해하고 이를 충실히 나타내고자 하였을 것이다.

셋째, 모조는 특정 문양과 세트로 사용되는 사례가 많다. 한국에서 '삼릉심엽형장식'(한정호 2005) 또는 '짧은 선이 채워진 연화문'(김낙중 2007, 2015)이라 불리는 이 문양은 불교미술에서는 火炎文, 금공사에서는 연화문, 일본에서 道上型毛彫り文(田中新史 1997), 猪目形(山本忠尚 2002), 毛彫文(千葉縣史料硏究財團 2002) 등 다양하게 불린다. 심엽형과 원호문의 위아래에 단사선문을 여러 조 새긴 것이 이 문양의 특징인데 한 종류의 기물에만 한정되지 않고 대도 부속구를 비롯해 마구, 대장식구, 묘지, 범종, 불상, 관장식, 향로, 주자 등 여러 유물에서 폭

넓게 확인된다. 특히 사리와 같은 불교 관련 용품에 연화문을 모조로 표현한 것은 주목된다. 고대 동아시아 사회에서 불교를 수용하는 것이 곧 선진기술을 도입하는 척경이었던 것을 고려하면(石井公成 1996) 모조는 앞서 언급한 문자와 함께 불교, 연화문이라는 문화 요소들과 함께 중국 북조에서 백제로 도입된 후 이후 이내 일본열도까지 전파되었을 가능성이 크다.

『일본서기(日本書紀)』에 따르면 577년 11월, 백제는 왜로 경론(經論)과 율사(律師), 선사(禪師), 비구니(比丘尼), 주금사(呪禁師), 조불공(造佛工), 조사공(造寺工) 등 선진 불교 문물과 함께 6인의 전문 기술자를 파견한다(梁起錫 2003). 불상을 만드는 조불공이 습득한 기술 중 하나가 불상의 주조, 도금과 함께 모조와 같은 조금기술이었을 것이다. 백제에서 왜로 건너간 조불공, 조사공의 손에 당시까지 일본열도에 존재하지 않았던 모조끌이라는, 첨단의 공구가 쥐어진 모습을 상상해 볼 수 있다.

제5절 맺음말

속성을 분석하여 형식을 설정하고 이를 비교하거나 배열하는 고고학의 일반적인 연구 방법은 유물의 전개 양상이나 정치체의 발전 과정을 밝히는 데 충분히 유효하다. 다만 그러다 보니 특정 기종에 한정된 분석만 가능한 것 또한 사실이다. 이에 반해 유물을 만드는데 동원된 기술은 방대할 터이므로 그 가운데 특정 제작기술에 주목한다면 기종을 횡단한 연구도 가능해진다. 본장에서는 금공품의 표면에 문양과 문자를 새기는 조금기술 가운데 모조(모조)에 주목하고 모조가 확인된 다양한 유물의 전개 양상과 그 특질을 동아시아적인 관점에서 개관해 보았다.

모조는 삼국시대부터 통일신라시대, 고훈시대부터 나라시대 이후까지 제작된 금공품에 문양이나 문자를 새기기 위해 사용된 특수한 조각끌이었다. 소지금속의 일부를 직접 깎아내면서 동시에 찌꺼기가 나오는 것이 특징인 모조는 특정 문양과 자주 결부되었으며 문자를 새기는 데도 애용되었다. 6세기 후반, 중국 북조의 금동소불 제작기술이 한반도로 유입되면서 고구려와 백제를 중심으로 등장한 모조는 금동소불, 장식대도, 투조장식금구, 탑지 등 다양한 제품에서 확인된다. 7세기 이후 일본열도에서는 모조마구를 비롯하여 금동소불, 대도의 부속구와 장식금구, 묘지, 범종, 골각기 등 다양한 제품의 표면에 새겨진 문양과 문자를 새기는 데 모조가 사용되었다.

이같은 모조는 소성가공보다 선단에 더욱 큰 응력이 집중되어 강철 소재의 입수, 철의 열처리에 관한 전문적인 지식이 있어야만 비로소 만들 수 있으므로 단순히 타인의 제작기술을 흉내 내는 것만으로 이전될 수 없다. 스승과 제자, 아버지와 아들처럼 가까운 관계에서만 전수된 것으로 추정된 모조제품 사이에는 공인 간의 강한 유대관계를 상정할 수 있다.

자칫 무심코 지나칠 수 있는 공구의 미세한 가공 흔적에는 과거 공인의 의도가 숨겨져 있다. 유물을 실견 조사해야만 비로소 관찰할 수 있는 공구의 가공흔 분석은 이런 점에서 형식학적 연구 이상의 실증성을 담보하기도 한다. 속성과 형식을 위주로 시도된 금공품의 연구경향에서 탈피하여 유물의 표면에 남은 공구의 가공 흔적을 자세히 관찰하고 이를 통해 한일교섭, 나아가 동아시아 교섭사의 일단면을 밝히고자 한 것이야말로 본장의 의의라 하겠다.

참고문헌

국문

국립중앙박물관·산둥박물관, 2017, 『중국 산둥성 금동불상 조사 보고』.

權香阿, 2000, 「三國時代 金屬遺物의 線彫技法 樣相 -蹴彫技法을 중심으로-」, 『文物研究』4, 동아시아문물연구학술재단.

김낙중, 2007, 「6세기 영산강유역의 장식대도와 왜」, 『영산강유역 고대문화의 성립과 발전』, 학연문화사.

김낙중, 2015, 「규두대도를 통해 본 백제, 영산강 유역 세력, 왜의 관계」, 『삼국시대 국가의 성장과 물질문화 1』, 한국학중앙연구원.

鈴木勉, 2013, 「百濟の精密技術と모조り -南北朝·百濟から倭への技術移轉-」, 『백제금동대향로, 고대문화의 향을 피우다』, 제59회 백제문화제 국제학술대회.

박정현, 2019, 「제작 기술로 본 익산 왕궁리 사리장엄구 제작 시기 연구」, 『야외고고학』제36호, 한국매장문화재협회.

李蘭暎, 1992, 『韓國古代金屬工藝研究』, 一志社.

서현주, 2007, 「영산강유역 고분의 편년」, 『한일 삼국·고분시대의 연대관 Ⅱ』, 부산대학교박물관·일본국립역사민속박물관.

이승호, 2015, 「新浦市 절골터 金銅板 銘文 검토」, 『木簡과 文字』14, 한국목간학회.

성윤길, 2013, 「삼국시대 6세기 금동광배 연구」, 『美術史學研究』第277號, 美術史學研究會.

梁起錫, 2003, 「百濟 威德王代의 對外關係 -對中關係를 중심으로-」, 『先史와 古代』19, 韓國古代學會.

전용일, 2006, 『금속공예기법』, 미술문화.

주경미, 2014, 「신라의 금속공예」, 『신라고고학개론』, 중앙문화재연구원 학술총서20, 진인진.

朱甫暾, 2001, 「新羅에서의 漢文字 定着 過程과 佛教 受容」, 『嶺南學』創刊號, 慶北大學校嶺南文化研究院.

한정호, 2005, 「益山 王宮里 五層石塔 舍利莊嚴具의 編年 再檢討」, 『불교미술사학』제3집, 불교미술사학회.

중문

吉爱琴, 1989, 「泰安大汶口出土北朝铜鎏金莲花座等文物」, 『考古』1989年第6期.

王思礼·楊子范, 1959, 「曲阜勝果寺出土銅造象」, 『文物』1959年第6期.

李少南, 1984, 「山东博兴出土百余件北魏至隋代铜造像」, 『文物』1984年第5期.

일문

高松由, 2011, 「棘付花弁形杏葉の變遷と彫金技術—7世紀における新来技術の導入と定着」, 『待兼山論叢 -史學篇-』45, 大阪大學文學研究科.

菅原通濟 · 草柳大藏 · 前田泰次1966, 『日本の工芸3 金工』, 淡交社.

菊池芳郎, 2010, 「装飾付大刀の系譜とその展開」, 『古墳時代史の展開と東北社會』, 大阪大學出版會.

鈴木勉, 2004, 『ものづくりと日本文化』, 橿原考古學研究所附屬博物館.

鈴木勉, 2013, 『造像名 · 墓誌 · 鐘銘 美しい文字を求めて』, 雄山閣.

鈴木勉, 2014, 「金工技術からみた南北朝 · 百濟 · 倭の交渉 －百濟金銅大香爐 · 藤ノ木古墳出土馬具をめぐる技術移轉－」, 『文化財と技術』第6號, 工芸文化研究所.

濱岡大輔, 2003, 「花弁形杏葉について」, 『上5號墳一細川谷古墳群一』, 奈良県立橿原考古學研究所.

山本忠尙, 2002, 「飛鳥の紋樣」, 『季刊明日香風』, 飛鳥保存財團.

三田覚之, 2015, 「佛教美術を中心とする上代工芸作品から見た金鈴塚古墳出土金具」, 『金鈴塚古墳研究』3, 木更津市高度郷土博物館のすず.

石井公成, 1996, 「佛教受容期の國家と佛教－朝鮮 · 日本の場合－」, 『東アジア社會と佛教文化』, 春秋社.

水野孝彦, 1974, 『彫金教室』, 創元社.

伊東忠太, 1929, 「玉蟲厨子の文樣と其源流」, 『佛教美術』13, 佛教美術社.

李成市, 2003, 「漢字文化の傳播と受容」, 『東アジア文化圈の形成』, 山川出版社.

田中新史, 1980, 「東國終末期古墳出土の馬具一年代と系譜の檢討一」, 『古代探叢』, 瀧口宏先生古稀紀念考古學論集編輯委員會.

千葉県史料研究財團, 2002, 『印旛郡榮町淺間山古墳發掘調査報告書』.

坂本美夫, 1979, 「모조馬具の予察」, 『甲斐考古』16-2, 山梨県考古學史資料室.

香取秀眞, 1932, 『日本金工史』, 藤森書店.

香取正彦 · 井尾敏雄 · 井伏圭介, 1986, 『金工の傳統技法』, 理工學社.

會田福康, 1975, 『鋳金 · 彫金 · 鍛金』, 理工學社.

제12장 삼국(三國) · 고훈시대(古墳時代) 금공품(金工品)의 생산(生産)과 유통(流通)

제1절 머리말

금공품이란 금은(金銀)과 같은 귀금속을 고도의 금공기술을 구사하여 제작한 고대 액세서리의 총칭을 일컫는다. 삼국·고훈시대의 금공품은 단순히 신체를 치장, 장식하는 현대의 액세서리와 달리 특정 정치체의 정체성 혹은 피장자의 신분이나 지위를 나타냄으로써 사회적 역할과 기능을 동시에 담당한 위세품으로 이해된다. 고구려, 백제, 신라의 중앙 정치세력은 지방의 수장층에게 사회적으로 높은 가치를 지닌 금공품을 사여하여 자신들의 권력을 유지하고 이윽고 지방 지배를 달성한다. 이 같은 해석은 재료의 입수, 고도의 금공기술을 터득한 공인, 이를 관리하는 조직 체계와 강력한 통제세력이 존재하였을 것이라는 인식을 전제로 한다(崔鍾圭 1983).

실제로 고총의 축조, 신라양식토기와 함께 금공품의 부장이라는 정형성에 주목하고 경주를 구심점으로 하는 신라의 형성과 발전 과정 및 지방 지배를 논한 연구(李漢祥 1995; 이희준 2007)는 금공품의 생산과 유통을 생각하는 데 시사하는 바가 크다. 금(동)관, 관식, 이식, 대장식구, 장식대도, 식리와 같은 금공품은 현재까지 경주가 압도적이라서 신라 왕권에서 지방 수장층에게 금공품을 하사·사여하였을 것이라는 가설은 개연성이 크다. 금공품 하사설은 비단 신라에만 한정된 것은 아니다. 한성기의 백제중앙 역시 금공품의 하사를 기반으로 지방을 간접 지배한 것으로 이해되고 있기 때문이다(이한상 2009a).

다만 이와 같은 통설에 회의적인 시각을 보이거나 지방에서 자체적으로 금공품을 생산하였을 것이라는 견해도 꾸준히 제기되므로(金斗喆 2016; 金宇大 2017; 김재열·박세은 2010; 이현정·류진아 2011; 박보현 1987, 1990; 이한상 2001; 李熙濬 2005) 대부분의 금공품이 중앙 정치세력에 의해 제작, 사여된 것이라 단언하기는 쉽지 않다. 금공품의 제작지 비정은 중앙과 지방의 관계, 간접지배를 통한 국가의 성립과 깊이 연관된 중요한 문제이나 실제로 금공품이 어디에서, 어떻게 생산되고 유통·사용되며 고분에 매장(소비)되기까지 어떠한 과정을 거쳤는가에 관한 연구는 그다지 활발하지 않다. 생산지(가마)와 소비지(고분, 주거지)가 분명한 토기와 달리 공방이 발견되지 않는 금공품의 경우, 제작과 유통, 사용, 소비와 같은 유물의 '一生'에 대한 접근이 원천적으로 어렵기 때문이다. 금공품의 하사라는 가설은 어디까지나 고분에 부장된 소비 행위를 해석한 결과라는 점에 주의할 필요가 있다.

위와 같은 문제의식을 바탕으로 본장에서는 삼국·고훈시대에 제작된 금공품의 생산과 유통에 대해 접근해 보고자 한다. 논지의 전개 순서는 다음과 같다. 우선 제2절에서는 연구 방법, 그리고 연구 대상으로 용문투조대장식구를 선정한 소이를 밝힌다. 제3절에서는 용문투조대장식구의 제작기술을 분석한다. 제4절에서는 용문투조대장식구의 제작지와 관련하여 금공품의 생산과 유통에 대해 정리한다. 새로운 연구 방법론의 제시와 유물 관찰의 중요성을 부각시킨 점이야말로 이 논문이 지닌 의의라 할 수 있을 것이다.

제2절 연구사 검토 및 연구 대상

1) 연구사 검토 및 연구 경향

금공품의 생산과 유통에 대해서는 일본 고훈시대의 연구 성과를 참고할 수 있다. 미비부주(眉庇付冑)와 철판장목제안교(鐵板張木製鞍橋)에 동일한 틀(型)을 사용해 제작한 못이 사용되었으므로 동일 공방에서 제작된 것으로 보거나(塚本敏夫 1993), 고훈시대 중기의 갑주에서 확인되는 도래계 요소를 근거로 금공기술을 가진 도래공인이 왜(倭)의 갑주에 기술변혁을 일으켰다는 견해가 대표적이다(橋本達也 1995). 이 외에 마구에 사용된 못의 규격을 비교하여 고훈시대 장식마구의 국산화를 검토하거나(古川匠 2007) 고훈시대의 무구 생산에 금공 기술자의 협력을 상정하는 견해(內山敏行 2008) 또한 금공품의 생산과 유통을 생각하는 데 시사하는 바가 크다. 일본의 연구 성과는 금공품의 표면에 남은 흔적을 자세하게 관찰하고 사용된 특정 부품이나 기법에 주목한다는 점에서 유사하다.

최근에는 표면에 남은 조금(彫金)기술을 관찰, 분석하여 금공품의 생산과 유통에 관한 연구가 활발히 진행되고 있다. 특정 기법 혹은 부품의 사용 여부를 넘어 공구의 흔적을 관찰하고 공인의 행위(몸짓)를 복원한다는 점에서 분석의 단위는 종래의 연구와 일선(一線)을 달리한다. 귀금속으로 제작된 금공품의 경우, 철기와 달리 오랜 시간 매장되어도 부식되지 않기 때문에 제작되었을 당시 사용한 공구의 흔적이 표면에 고스란히 남아 있다는 장점을 적극적으로 활용한 것이라 할 수 있다.

삼국·고훈시대 조금기술에 관한 연구는 일본 나라현(奈良縣) 후지노키(藤ノ木)고분 출토품을 분석하면서 본격적으로 시작되었다고 할 수 있다. 스즈키 쓰토무 · 마쓰바야시 마사노리(松林正德)는 후지노키고분에서 출토된 금속제품의 금공기술을 복원하면서 고훈시대 선조(線彫)기술을 점타(点打ち), 축조(蹴彫), 합인조(なめくり), 모조(毛彫) 등 4가지로 분류하였다(鈴木勉·松林正德 1993). 조금기술에 대한 체계적인 분류가 시도된 점에서 중요한 연구사적 의미를 지닌다.

이 4가지 조금기술 가운데 축조에 주목한 권향아는 신라와 가야 고분에서 출토된 금공품을 관찰하고 축조를 여러 유형으로 분류하였다. 나아가 축조기법이 당시 공인집단의 기술 성향을 반영하며 제작지역이나 집단을 파악하는 수단이라는 점을 강조하였다(權香阿 2000). 내용의 타당성 여부는 차지하더라도 신라와 가야 금공품과 제작공인의 상호관계를 해석하고자 한 점은 당시 한국 고고학계에서 시도되지 않은 새로운 연구 경향으로 높이 평가할 수 있다. 이후의 연구들은 축조기법을 자세히 관찰하고 이를 금동관을 만든 공인의 실력과 관련지어 해석하는 경향이 두드러진다(金載烈 2010, 김재열 2011; 이한상 2009a, 李漢祥 2011).

다만 조금기술을 구체적으로 확인할 수 있는 확대 사진의 제시만으로는 금공품을 제작한 공인의 기술 수준을 바르게 평가하였다고 하기 어렵다. '기술적으로도 수준의 차이가 크다'(權香阿 2000: 140)라든가, '(조영동)CⅡ-1호 금동관 제작 공인의 실력이 7A호 금동관 제작 공인보다 높은 편'(金載烈 2010: 80)이라는 표현에서도 엿볼 수 있듯이 조금기술을 평가할 때는 관찰자의 주관이 쉽게 개입되기 때문이다.

이 같은 조금기술 연구의 문제점을 인식하고 막대한 자료의 계측과 분석에 근거하여 당시 금공품의 생산 체계를 명확히 하고자 한 최근의 연구 경향은 주목할만하다(諫早直人·鈴木勉 2015; 諫早直人 2016, 2018; 高田貫太·金跳咏 2016). 모든 사진에 스케일을 병기함으로써 평가의 객관성을 유지하고자 한 연구 자세는 조금기술 연구를 진일보시켰다고 하여도 과언이 아니다.

실제로 금공품의 표면에 남은 공구의 흔적을 관찰하면 당시 사용된 공구를 복원할 수 있고 공구를 사용한 공인의 작업 자세와 습관과 같은 다양한 정보를 읽어낼 수 있다. 그뿐만 아니라 성형(成形)과 소성(燒成)과 같이 비교적 간단한 공정으로 완성되는 토기와 달리 금공품의 제작에는 단조(鍛造), 투조(透彫), 조금, 도금(鍍金), 병류(鋲留) 등 다양한 공정이 포함되어 있어 각 공정을 분석함으로써 금공품 간의 제작 과정을 비교할 수 있다. 보고서에 실린 도면의 분석만으로 얻을 수 없는 이러한 정보는 실견 조사를 바탕으로 유물을 자세하게 관찰해야만 비로소 가능하다. 공구의 흔적을 관찰하여 분석하고 이를 바탕으로 그 제작공정 및 공인(집단)을 추정하는 작업은 생산지가 불분명한 금공품의 생산과 유통을 이해하는 데 중요한 분석 관점이 될 수 있다. 최근의 연구 경향은 크게 두 가지로 나누어진다.

첫째, 폐기의 동시성이 확보된 하나의 고분, 즉 일괄 유물을 대상으로 제작기술을 분석하고 그것이 동일 수준의 기술인가를 판단하는 연구이다. 이사하야 나오토(諫早直人)·스즈키 쓰토무는 후쿠오카현(福岡縣) 쓰키노오카(月ノ岡)고분 출토품의 조금기술을 상세하게 분석하고 각종 금공품의 조금기술에 개성(個性)이 존재함을 밝혔다. 그 가운데 일본 내에서 생산되었을 가능성이 큰 미비부주를 기준으로 이와 유사한 수준의 조금기술이 적용된 일군(一群)과 그렇지 않은 일군으로 나누었다. 전자에 대해서는 미비부주와 함께 일본열도에서 제작되었을 가능성을 지적하였으나 후자의 제작지에 대해서는 신중한 견해를 취한다(諫早直人·鈴木勉 2015). 후속 논고에서는 경주 황남대총에서 출토된 금공품(마구, 금동관, 장식마구)에 다양한 조금기술이 존재하는 것을 확인하고, 기술 수준이 다른 복수의 공인이 동일 공방에서 협력하였을 가능성을 지적하였다(諫早直人 2016).

둘째, 멀리 떨어져 출토되었음에도 불구하고 가까운 환경에서 제작된 것으로 보이는 금공품의 조금기술을 분석하는 연구이다. 고훈시대 전기에 동아시아에서 유행한 진식대장식구의 조금기술을 분석하는 사례가 대표적이다(諫早直人 2018). 경주 황남대총과 부산 복천동고분군에서 출토된 금공품의 조금기술을 비교하여 신라 중앙과 지방의 기술 수준차를 밝히거나(諫早直人 2016) 경산 임당7B호분과 오사카부(大阪府) 시치칸(七觀)고분에서 출토된 용문투조대장식구를 관찰하고 제작에 참여한 공인을 예찰하는 연구(高田貫太·金跳咏 2016) 또한 이에 해당한다. 이처럼 여러 기종에서 공통적으로 확인되는조금기술에 주목하고 이를 분석하는 최근의 연구 경향은 금공품의 생산과 유통을 생각하는 데 시사하는 바가 크다.

2) 연구 대상

'삼국·고훈시대 금공품의 생산과 유통'의 일단을 밝히기 위해 본장에서는 용문투조대장식구에 주목하고자 한다. 현재까지 출토된 용문투조대장식구는 출토지 불명품을 포함하여 총 11식이다. 이 중 경주 황남대총 남분에서 총 3식이 출토되었는데 은제 2식은 조금기술이 확인되지 않아 분석 대상에서 제외하고 남은 금동제 1식만 연구 대상에 포함한다. 이 외에 일본 시가현(滋賀縣) 신카이(新開) 1호분에서 출토된 방형구금구(方形鉤金具)에 용문투조대장식구와 동일한 문양과 제작기술이 확인된다. 마구로 분류되나 연구 대상에 포함하도록 한다. 연구 대상으로 용문투조대장식구를 선택하는 이유는 다음과 같다.

첫째, 대장식구를 구성하는 부품이 유사하며 정형화된 문양이 여러 개의 과판에 투조되어, 같은 공방 혹은 가까운 환경에서 단기간 내에 생산된 것으로 예상됨에도 불구하고 신라, 백제뿐만 아니라 일본열도까지 넓게 분포한다는 점이다(**표 12-1, 그림 12-1**). 후술하겠지만 출토 범위가 넓은 만큼 제작지에 관해서도 다양한 견해가 개진되어 있다. 용문투조대장식구의

표 12-1 한·일 고분 출토 용문투조대장식구 및 관련제품

지역		고분명	매장시설	착장여부	재질	끌		못	공반유물	그림
						축조	점문			
신라	강릉	초당동A-1호묘	수혈식석곽묘	可	금동	○	○	○	—	1-3
	경산	임당7B호분	암광목곽묘	×	금동	○	○	○	호록	1-4
	경주	황남대총 남분	적석목곽묘	×	금동	○	○	○	마구 관	1-5
					은	-	-	○		
					은	-	-	○		
백제	연기	나성리KM-004	목관	×	금동	○	○	○	—	1-2
	정읍	운학리C호분	수혈식석곽묘	可	금동	○	X	○	—	1-1
-	국은콜렉션(경주박물관소장)		-	-	금동	○	○	○	—	1-10
왜	나라현	고죠네코즈카(五條猫塚)고분	수혈식석곽	소찰부착	금동	○	○	○	식금구	1-8
	오사카부	시치칸고분	매장품수납시설	단갑부착	금동	○	○	○	—	1-7
	후쿠오카현	쓰키노오카(月岡)고분	수혈식석실	×	금동	○	○	○	갑, 경당(脛當)	1-9
	시가현	신카이1호분	목관	-	금동	○	○	○	—	1-6

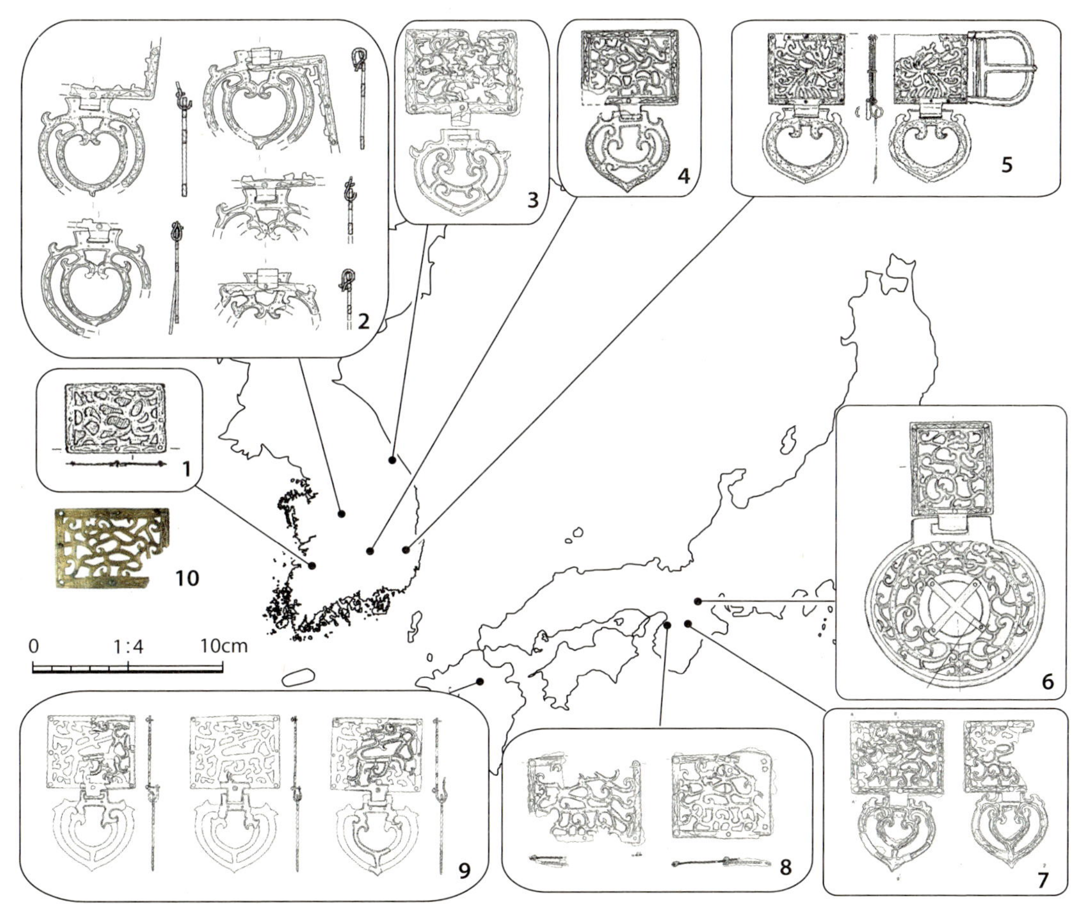

그림 12-1 삼국·고훈시대 출토 용문투조대장식구 및 관련자료

1. 정읍 운학리C호분 | 2. 연기 나성리KM-004 토광묘 | 3. 강릉 초당동A-1호묘 | 4. 경산 임당7B호분 주곽 | 5. 경주 황남대총 남분 | 6. 시가현 신카이1호분 | 7. 오사카부 시치칸고분제2곽 | 8. 나라현 고죠네코즈카고분 | 9. 후쿠오카현 쓰키노오카고분 | 10. 국은(菊隱)콜렉션(경주박물관소장품)(10은 축척부동)

제작기술을 분석하여 생산 공정과 제작지를 추정할 수 있다면 생산과 유통에 대한 접근도 가능할 것이라 기대된다.[1]

둘째, 이미 지적된 것처럼 형태와 크기, 재질이 사진 촬영에 적합하다는 점을 들 수 있다(諫早直人 2018: 2~3). 특히 주된 분석 대상인 과판은 가죽제 허리띠에 부착하기 위한 기능적인 제약으로 인해 대부분이 평평하게 제작된 탓에 왜곡이 없는 사진을 촬영할 수 있다. 이렇게 촬영한 고화소의 사진을 활용하여 조금기술, 못 머리의 크기 등 부품과 공구의 흔적을 세밀하게 계측함으로써 지금까지 '뛰어난', '고도의'와 같이 다소 막연하게 표현된 공인의 행위와 고대의 금공기술을 수치화하여 객관적인 데이터로 제시할 수 있다는 장점이 있다.

제3절 제작공정과 기술의 분석

제2절에서 언급한 문제의식과 연구 방법을 기초로 제3절에서는 지금까지 한반도와 일본열도에서 출토된 용문투조대장식구의 제작기술을 분석한다. 용문투조대장식구는 ①동판의 제작, ②문양 전사(傳寫), ③도금, ④조금, ⑤투조, ⑥연마(硏磨), ⑦병류 공정을 거쳐 완성된다. 다만 모든 대장식구가 동일한 공정을 거쳤는지, 각 공정마다 유사한 금공기술이 구사되었는지는 실견 조사를 바탕으로 직접 확인할 필요가 있다. 제작공정과 금공기술의 차이는 공인과 제작 환경(공방)을 추정하는 데 중요한 단서가 되기 때문이다. 여기서는 앞서 언급한 7가지 공정 가운데 비교가 가능한 아래의 4가지 항목에 주목하여 분석을 시도한다.

첫째, ②문양 전사

둘째, ③도금-④조금-⑤투조의 선후관계

셋째, ④조금기술

넷째, ⑦병류

1) 문양 전사

과판을 만들기 위해 가장 먼저 하는 작업이 두께 0.4~0.5mm의 동판에 과판 형태와 용문을 전사하는 것이다. 과판의 크기는 가로가 약 4cm에서 7cm까지 다양한데 크게 소형(A), 중형

1 가까운 환경에서 제작된 것으로 보아도 좋을 만큼 유사한 형태의 대장식구가 광범위한 지역에 걸쳐 출토된다는 점에서 본장의 분석 시점은 앞서 언급한 두 가지 연구 경향 가운데 후자에 해당한다고 볼 수 있다.

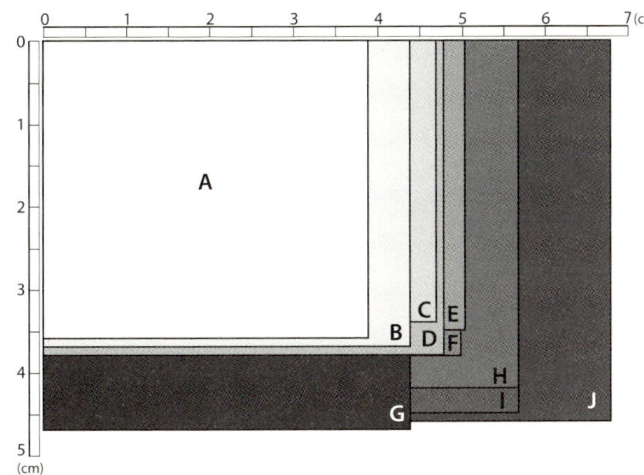

과판	고분명	크기	상대편년 (高田 2013)
A	황남대총 남분	소형	Ⅲ期
B	쓰키노오카고분	중형	Ⅱ期
C	운학리C호분	중형	
D	시치칸고분	중형	Ⅱ期
E	국은콜렉션	중형	Ⅲ期
F	임당7B호분	중형	Ⅱ期
G	신카이1호분	중형	Ⅱ期
H	고죠네코즈카고분	대형	Ⅰ期
I	초당동A-1호묘	대형	Ⅰ期
J	나성리KM-004	대형	Ⅰ期

그림 12-2 과판의 크기(S=1:1)와 상대 편년

(B~G), 대형(H~J)으로 나눌 수 있다. 주목되는 것은 과판의 크기가 대장식구의 제작 연대와 연동된다는 점이다. 과판에 표현된 용문양을 분석하여 대장식구의 상대 편년안을 제시한 연구 결과(高田貫太 2013)를 과판의 크기와 비교해 보면 소형은 Ⅲ기, 중형은 주로 Ⅱ기, 대형은 Ⅰ기에 속하는 것을 알 수 있다(그림 12-2). 고식의 용문이 표현되어 Ⅰ기로 비정할 수 있는 나성리KM-004에서 가장 대형의 과판(J)이 출토된 것을 고려하면(李漢祥 2017) 초기에는 대형의 과판이 제작되다가 시간이 지나면서 점점 소형화되었을 것이다. 과판의 용문양이 점점 퇴화되면서 동시에 크기가 축소되는 경향성을 띠는 것으로 보아 제작 공방 사이에 과판 크기 및 용문 디자인에 관한 정보를 서로 공유한 것으로 추정할 수 있다.

2) 도금-조금-투조의 선후관계

③도금-④조금-⑤투조의 선후관계는 이미 여러 연구자에 의해 언급된 적이 있는데 크게 아래와 같이 몇 가지 견해로 정리할 수 있다.[2]

- ▷ 고바야시 겐이치(小林謙一 1982)·이와모토 다카시(岩本崇 2015) : ③도금 → ④조금 → ⑤투조
- ▷ 스기야마 신사쿠(杉山晋作 1991) : ④조금 → ③도금 → ⑤투조
- ▷ 무라카미 류(村上隆 1997)·권향아(權香阿 2000) : ③도금 → ④조금

2 무령왕릉 왕비 식리, 서산 부장리 금동관모 등 백제고분에서 출토된 금공품은 투조한 후 아말감도금한 것으로 확인된다(鄭光龍 2001; 鄭光龍·李壽熙·宋賢貞 2006).

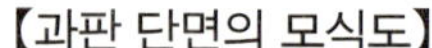

【과판 단면의 모식도】

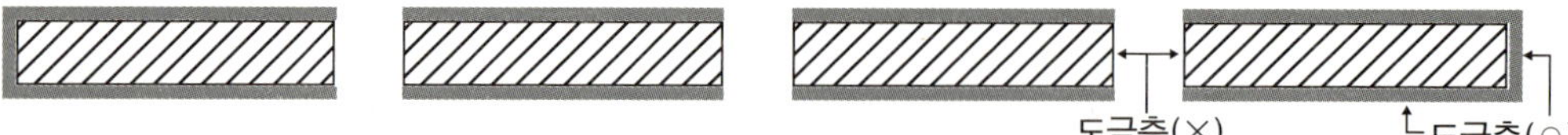

【과판 외측 단면에 남아 있는 도금층】

경산 임당7B호분

강릉 초당동A-1호분

정읍 운학리C호분

오사카부 시치칸고분

【잔존하는 도금층 여부】

도금층	신라			백제		왜				불명
	임당 7B호분	초당동A-1 호분	황남 대총	운학리 C호분	나성리 KM-004	시치칸 고분	고죠네코즈카 고분	신카이 1호분	쓰키노오카 고분	국은 콜렉션
외측단면	○	○	-	○	-	○	-	-	-	○
내측단면	-	-	-	-	-	-	-	-	-	-

○: 도금층 있음 | -: 도금층 확인 불가

그림 12-3 과판 내·외측 단면의 도금 여부

▷ 우에노 요시후미(上野祥史 2014) : ⑤투조 → ③도금 → ④조금

다양한 견해가 제시된 것은 그만큼 각 공정의 선후 관계를 파악하기가 어렵다는 것을 의미한다. 공정의 선후 관계를 추정하는 데 유효한 것이 투조된 내·외측 단면에 남아 있는 도금층이다. ⑤투조한 후 ③도금을 했다면 과판의 단면에도 도금층이 남아 있어야 하기 때문이다. 실견 조사 결과, 외측 단면에 도금층이 확인되는 사례는 있으나 내측 단면에 도금층이 확인되는 사례는 단 한 점도 발견할 수 없었다(그림 12-3). 이를 근거로 한다면 우선 동판을 만든 다음 ③도금을 실시하는 과정에서 외측 단면에 도금층이 남게 되고 그 후 동판을 ⑤투조하였기 때문에 내측 단면에 도금층이 남지 않게 된 것으로 추정할 수 있다.

한편 ③도금과 ④조금의 선후 관계는 유물 관찰만으로 판단하기 어렵다. 유일하게 선후 관계를 판단할 수 있는 사례가 시치칸고분 출토품이다. 벗겨진 도금판 위에 축조끌을 사용한 삼각형 흔적이 그대로 남아 있어 ③도금 후 ④조금 작업을 실시한 것이 분명하다(그림 12-3). 삼국·고훈시대의 도금이 아말감을 사용한 것, 연마과정 중 흐트러진 아말감입자가 조금 작업에 의해 움푹 들어간 부분에서 확인되는 것(村上隆 1997)으로 보아 동판을 아말감으로 ③도금한 후 ④조금 작업을 하였을 가능성이 매우 크다.

마지막으로 ④조금과 ⑤투조의 선후관계 또한 유물 관찰만으로 판단하기 어렵다. 대장

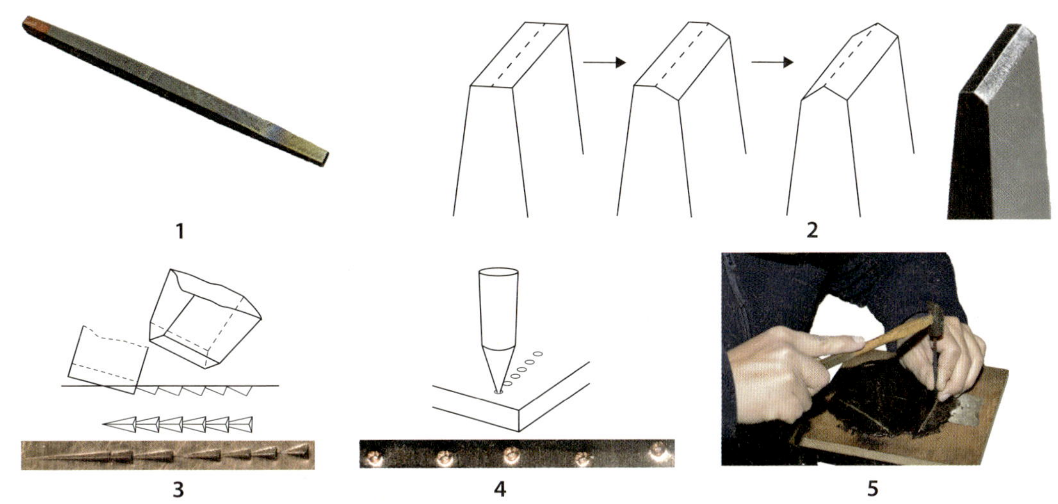

그림 12-4 끌의 제작과 조금(彫金)작업의 자세
1. 축조끌 | 2. 축조끌의 제작 공정 | 3. 축조끌의 모식도와 흔적 | 4. 점문끌의 모식도와 흔적 | 5. 조금 자세

식구를 비롯하여 금공품의 복원 실험을 참고로 하면 ④조금과 ⑤투조 작업은 반복적으로 이루어지는 경우가 많으며 삼국·고훈시대에도 실제로 그러하였을 개연성은 충분하다.

이상에서 공통적으로 확인되는 몇 가지 현상에 주목하여 한반도와 일본열도에서 출토된 대부분의 용문투조대장식구는 아말감으로 ③도금한 후 ④투조 및 ⑤조금 작업을 번갈아 가며 완성된 것으로 판단해둔다.

3) 조금기술

과판과 수하식에 다양한 축조끌, 점문끌을 사용하여 용문 혹은 파상열점문을 새긴다. 축조끌의 제작 순서는 (그림 12-4-2)와 같다(鈴木勉 2004). 선단은 맞배지붕의 형상을 띠는데 이 부분을 동판에 비스듬하게 대고 끌의 머리를 내려 치면 삼각형의 흔적이 남는다. 점문끌은 축조끌과 유사하나 선단의 형태만 다르다(그림 12-4-4).

조금 작업의 기본적인 자세는 (그림 12-4-5)와 같다. 왼손에 쥔 끌의 머리를 오른손으로 쥔 작은 망치로 일정한 리듬을 타며 내려친다. '가공피치는 조금기술자의 고유의 리듬감에 의존'(鈴木勉·松林正德 1993: 86)하게 되므로 가공피치 분석이 기술자를 분간하는 하나의 기준이 될 수 있다(鈴木勉·松林正德 1996: 11, 鈴木勉 1997: 20). 즉, 조금 작업은 단시간 내에 연속적, 반복적, 무의식적으로 이루어지기 때문에 공인의 개성적인 행위가 동판에 그대로 반영되는

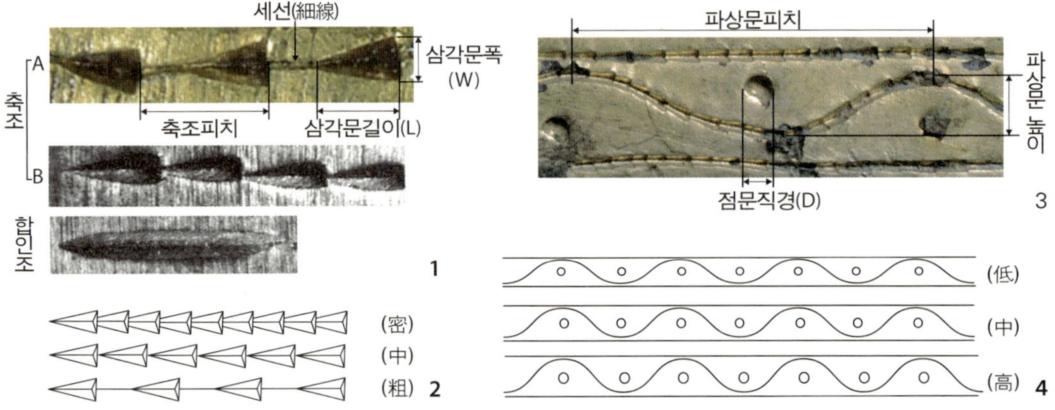

그림 12-5 조금의 계측부위와 방법

1. 선조(線彫)종류와 계측 부위 | 2. 축조피치의 밀도 | 3. 파상열점문의 계측 부위 | 4. 파상문비

것이다.

이렇게 남은 흔적을 수치화함으로써 공인의 행위를 객관적인 데이터로 표현할 수 있다. 따라서 금공품의 표면에 남은 조금기술의 관찰과 분석은 삼국·고훈시대 금공품을 제작한 공인의 행위를 복원하는 것과 동일한 의미를 지닌다. 다만 동일한 공구라 하더라도 공인의 작업 자세에 의해 동판에 남은 흔적이 변하는 경우도 있으며 또 한 명의 공인이 반드시 하나의 공구만 사용하였다고 단언할 수도 없다. 그러므로 금공품의 표면에 남은 조금기술의 분석은 공구 형상의 분석과 함께 공인 행위에 대한 분석을 동시에 진행할 필요가 있다. 계측 부위와 방법은 선행연구(諫早直人·鈴木勉 2015)를 참고로 **그림 12-5**와 같이 설정하였다.[3]

○ 끌의 형상 - 명확한 삼각문을 띠는 것(A)과 횡타원형(B)을 띠는 것으로 분류한다. 이 외에 합인조끌에 의한 조각도 확인된다.

○ 삼각문의 길이와 폭 - 축조끌을 동판에 새겼을 때 생긴 삼각문의 길이를 (L), 폭을 (W)로 표시한다. 동일한 끌을 사용하더라도 때리는 힘과 끌의 기울기에 따라 삼각문의 길이와 폭은 변한다. 이 가운데 조금기술이 무의식적, 반복적으로 이루어지는 것을 고려하면 끌에 가해진 힘은 비교적 일정하였을 가능성이 크다. 다만 끌의 기울기에 따라 길이가 변하므로 삼각문의 종횡비(L/W)는 공인이 작업 자세와 관련있다(諫早直人·鈴木勉 2015: 160).

3 출토품 가까이에 자를 두고 함께 접사 촬영(Nikon800, AF-S Micro NIKKOR 60mm f2/2.8G)을 한 후 포토샵 프로그램을 사용하여 계측을 실시하였다.

○ 축조 피치 - 삼각문과 삼각문 사이의 거리를 축조 피치(P)라고 한다. 조금 작업이 반복적으로 이루어지는 것을 고려하면 축조 피치 또한 공인의 개성이 드러난다.

○ 축조 피치의 밀도 - 축조 피치(P)를 삼각문의 길이(L)로 나눈 수치가 축조 피치의 밀도(P/L)이다. 축조 피치가 삼각문길이보다 길면 **그림 12-5-2(粗)**와 같이 성기게 새긴 것을, 삼각문보다 짧으면 **그림 12-5-2(密)**와 같이 촘촘히 새긴 것을 의미한다. 0.60미만을 (密), 0.60~1.00 사이를 (中), 1.00 이상을 (粗)로 구분한다.

이상에서 언급한 삼각문의 길이와 폭, 축조 피치는 동일 공인이 같은 공구를 사용한다고 하더라도 직선부와 곡선부에 차이가 생긴다. 곡선부는 비교적 촘촘하게 새겨야 선이 이어지기 때문이다. 따라서 곡선부와 직선부를 구분하여 계측할 필요가 있다.

○ 세선(細線) - 삼각문과 삼각문 사이를 연결하는 세선이 있으면 (○), 없으면 (×)로 구분한다. 세선은 삼각문을 한 번 새기고 그 다음 삼각문을 새기는 사이에 축조끌이 동판을 긁으면서 남게 되는 경우가 많다.[4] 따라서 세선이 확인되지 않는 것은 세선이 남지 않도록 의식하여 조금작업을 진행한 것을 의미한다.

○ 점문직경 - 점문의 직경을 (D)라고 한다.

○ 파상문비 - 파상문피치와 파상문 높이의 비율이다. (파상문 높이 / 파상문피치)×100을 산출한 수치로 나타낸다. 값이 클수록 파상문의 높이가 크고 값이 작을수록 파상문의 높이가 낮다. 파상문비가 25 이상인 것을 (高), 20~24를 (中), 20미만을 (低)로 구분한다(**그림 12-5-4**).

○ 계측횟수 - 위의 7개 항목에 대한 계측의 신뢰도는 표본 수가 많을수록 높아진다. 계측횟수를 (N)으로 표기한다.

이상에서 언급한 계측방법과 부위를 기준으로 각 용문투조대장식구의 조금기술을 분석하였다. 그 결과는 다음과 같다.

---

4 금관총 출토 금관처럼 삼각문을 직선에 맞추어 새기기 위해 미리 세선을 그어 놓는 경우도 있다(李漢祥 2011).

(1) 경주 황남대총 남분

조금기술을 잘 확인할 수 있는 대표적인 과판 2개를 분석하였다. 과판①과 과판② 모두 용문과 파상열점문에 축조A가 확인된다. 삼각문길이가 직선부와 곡선부에서 0.6~0.7mm, 삼각문폭이 0.25~0.27mm로 매우 유사하다. 삼각문의 종횡비도 모두 2.5~3.0 사이로 수렴한다. 따라서 과판①과 과판②에는 동일한 축조끌이 사용되었으며 조금 공인의 작업 자세 또한 유사한 것으로 추정할 수 있다. 점문끌의 직경은 0.58mm, 0.57mm로 동일한 공구로 보아 무방하다. 파상문비의 경우 모두 낮은 파문(低)을 이루며 세선이 공통적으로 확인된다.

육안관찰에 의하면 나머지 과판의 조금기술 또한 과판①, ②와 다르지 않다. 기본적으로 황남대총 남분 출토품은 한 사람의 공인에 의해 조금작업이 이루어졌을 가능성이 크다.

(2) 경산 임당7B호분

보고된 교구, 수하식1점, 과판1점(①) 외 영남대학교 박물관에서 소장 중인 과판1점(②)을 함께 관찰하였다. 과판①과 ②에는 축조A, 수하식에는 축조B가 확인된다. 과판①과 ②에서 확인되는 삼각문길이(L), 삼각문폭(W), 삼각문의 종횡비(L/W)가 유사하므로 동일 공구와 비슷한 작업 자세로 조금작업이 이루어진 것으로 추정할 수 있다. 과판①과 수하식에는 각각 직경 직경 0.8mm, 0.91mm의 점문이 확인되어 동일한 끌이 사용되었다. 파상문비의 경우 계측할 수 있는 곳이 적으나 과판①이 높은 파문(高)임에 반해 수하식은 낮은 파문이다. 세선은 과판①에서만 확인된다.

이상의 분석 결과로 보아 과판①과 과판②는 같은 공인에 의해 조금작업이 이루어진 것으로 보아도 좋을 것이다. 한편 수하식의 조금 작업까지 동일 공인에 의해 이루어진 것으로 단정하기는 어렵지만 유사한 작업 자세와 동일한 점문끌을 사용한 것으로 보아 매우 가까운 제작 환경(동일 공방)에서 제작되었을 가능성이 크다.

(3) 강릉 초당동A-1호묘

보고된 과판 1점과 수하식 1점의 조금기술을 확인할 수 있다. 끌은 축조보다 합인조에 가깝다. 삼각문의 종횡비는 각각 4.68, 6.17로 긴 이등변삼각형을 띤다. 따라서 과판과 수하식에는 같은 축조끌이 사용되었을 가능성이 크다. 점문의 직경 또한 0.8, 0.94이므로 같은 끌이 사용된 것으로 생각된다. 직선부의 축조 피치는 각각 1.10, 1.09로 공인은 동일한 공구를 가지고 유사한 동작으로 과판과 수하식의 조금 작업을 진행하였을 것이다.

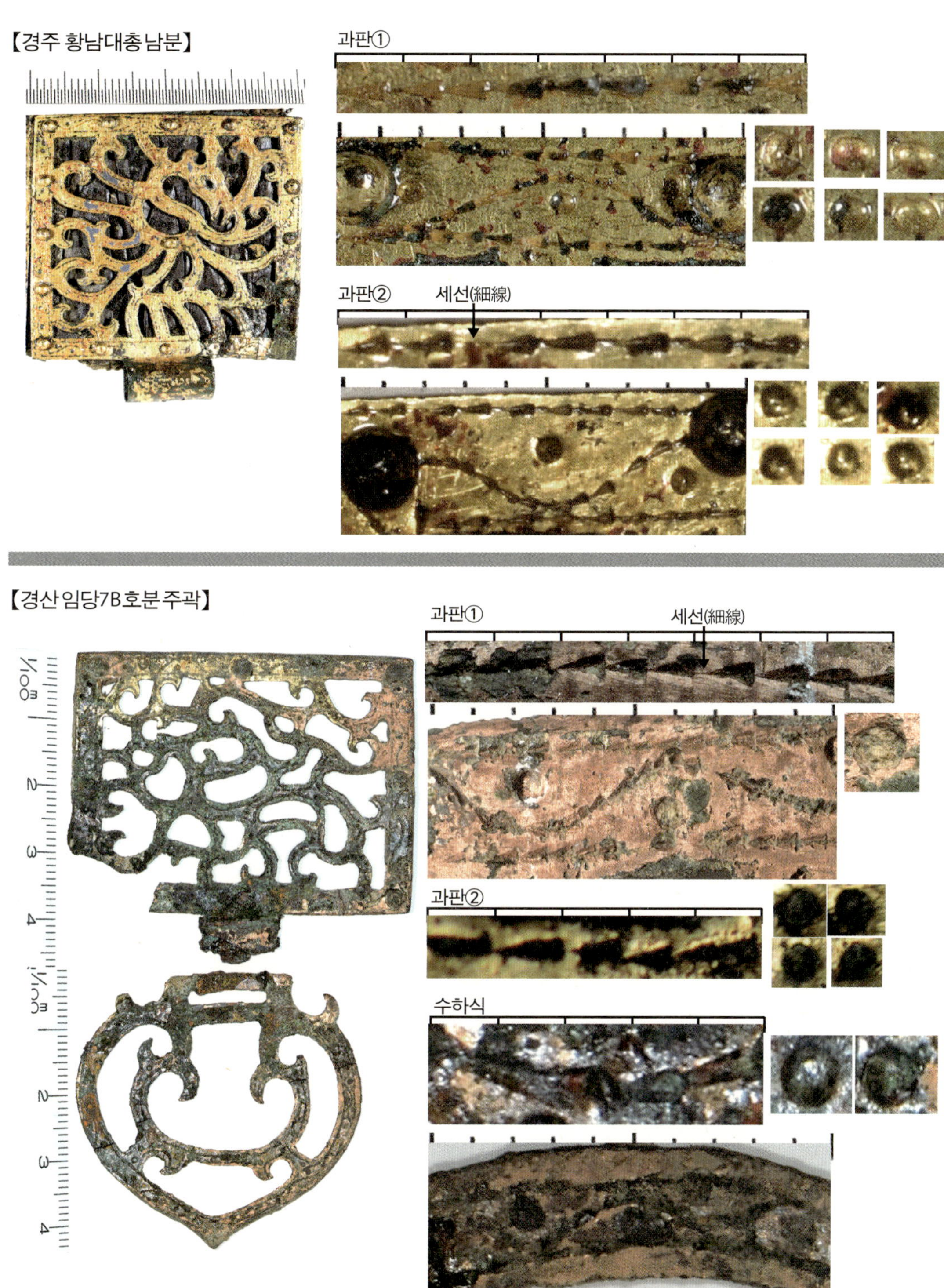

그림 12-6 용문투조대장식구의 조금기술①(대장식구=1:1, 축조·점문=10:1, 파상열점문=6:1)

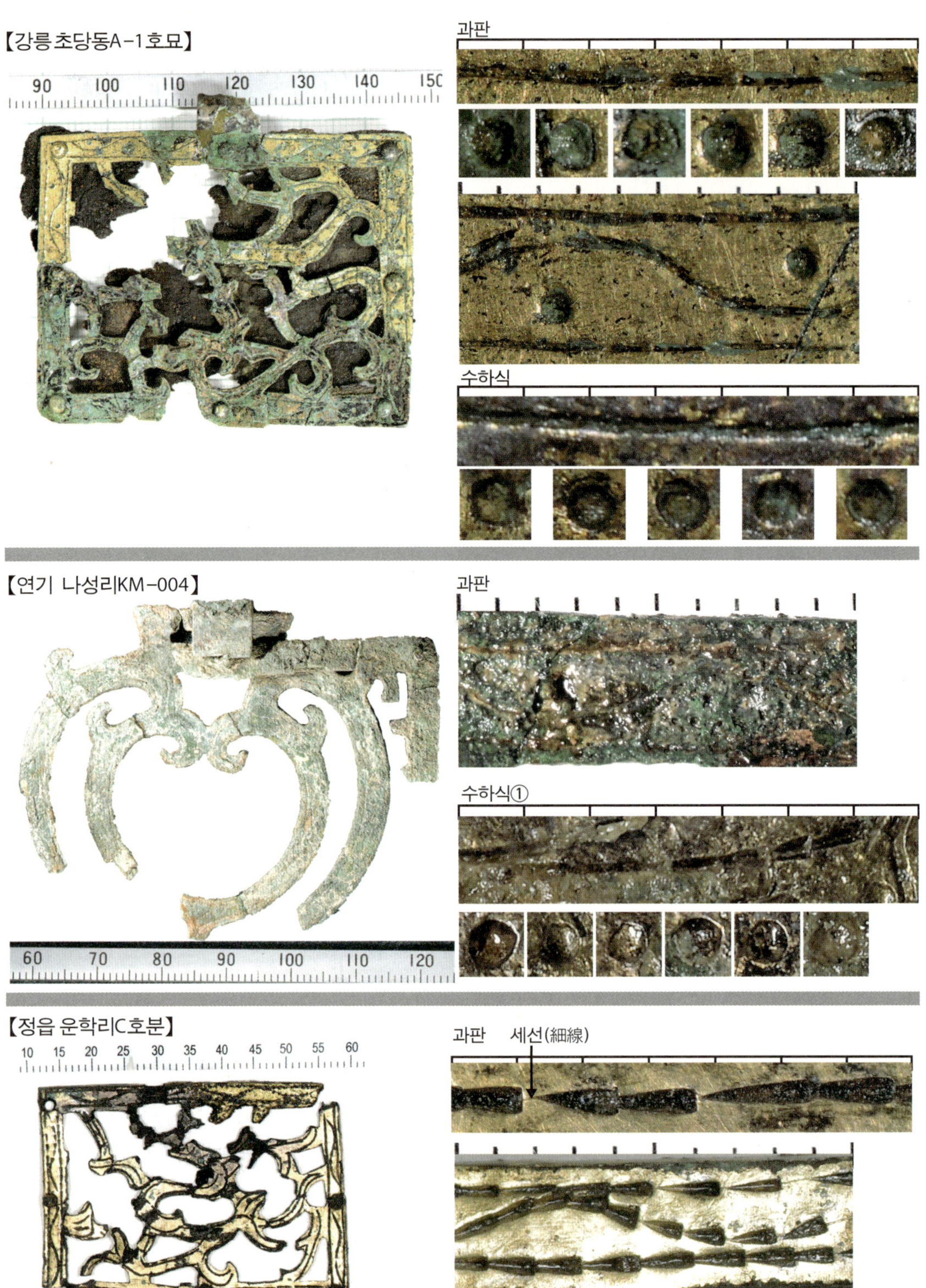

그림 12-7 용문투조대장식구의 조금기술②(대장식구=1:1, 축조·점문=10:1, 파상열점문=6:1)

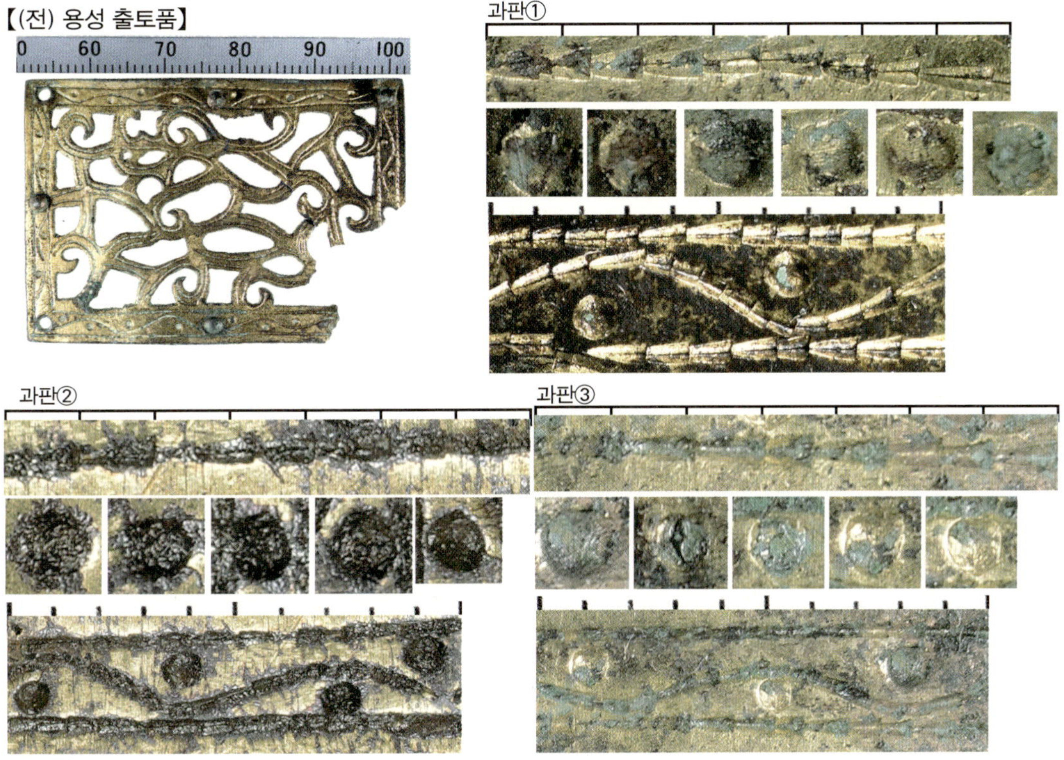

그림 12-8 용문투조대장식구의 조금기술③(대장식구=1:1, 축조·점문=10:1, 파상열점문=6:1)

(4) 연기 나성리KM-004

보고서 415페이지(도면 319-7)의 과판과 수하식의 조금기술을 실견 관찰하였다. 과판의 축조 흔적이 뚜렷하지 않으나 수하식의 축조와 매우 유사하므로 축조A로 볼 수 있다. 동일한 끌이 사용되었을 것이다. 점문 직경 또한 각각 0.74mm, 0.67mm로 같은 끌이 사용되었다. 나성리KM-004의 과판과 수하식은 한 명의 공인이 동일 공구를 사용하여 조금 작업을 하였을 가능성이 크다.

(5) 정읍 운학리C호분

보고된 2점의 과판 가운데 실물을 관찰할 수 있는 것은 1점뿐이었다. 축조의 형상은 A이며 세선이 확인된다. 삼각문의 종횡비는 3.67로 비교적 긴 이등변삼각형이다. 파상열점문에는 점문끌을 사용하지 않았다. 파상문비는 낮은 파문을 이룬다.

(6) 국은콜렉션

경주박물관에 소장된 과판 가운데 조금기술을 확인할 수 있는 3점을 분석하였다. 끌은 모두 축조A이다. 삼각문의 종횡비는 각각 2.88, 2.58, 2.50로 기울어진 끌의 각도가 유사하다. 점문직경은 각각 0.97mm, 0.9mm, 0.89mm로 과판에 동일한 점문끌이 사용되었다. 축조 피치의 밀도는 모두 (中)으로 과판의 조금 작업은 모두 유사한 리듬의 동작으로 이루어졌다. 파상문비는 모두 (低)이다. 이상으로 보아 국은콜렉션 과판의 조금 작업은 기본적으로 한 사람에 의해 이루어진 것으로 볼 수 있다.

(7) 나라현 고죠네코즈카(五條猫塚)고분

과판①, ②, ④, ⑥의 축조 형상은 모두 합인조에 가까워 동일한 공구가 사용되었을 가능성이 크다. 점문직경 또한 모두 0.5~0.6mm이므로 동일한 점문끌이 사용된 것으로 보인다. 파상문비도 낮은 파문으로 동일하다. 삼각문의 흔적은 모두 이어져 있어 세선은 확인되지 않는다. 이상을 종합하면 과판의 조금 작업은 한 사람에 의해 이루어졌을 가능성이 크다.

(8) 후쿠오카현 쓰키노오카고분

실견한 5점 가운데 조금기술을 확인할 수 있는 것은 보고서 21페이지의 과판 2점(보고서 제13도-6·7)뿐이다. 사용된 끌은 모두 합인조에 가깝다. 2점의 과판 모두 단위가 명확하지 않다는 점에서 유사한 합인조끌이 사용된 것으로 보인다. 이 외의 과판에 사용된 점문끌의 직경은 모두 0.7~0.8mm로 동일하다. 조금 작업은 한 사람이 같은 공구를 사용하여 이루어졌을 가능성이 크다.

(9) 오사카부 시치칸고분

과판③, 과판⑤, 과판⑥, 수하식③, 수하식④에서 모두 합인조가 확인된다. 삼각문길이(L)는 0.92~1.31mm, 삼각문폭(W)은 0.22~0.27mm로 매우 유사하다. 모두 동일한 합인조끌이 사용되었을 가능성이 크다. 이에 반해 대선금구에는 뚜렷한 축조A가 확인된다. 과판과 수하식 모두 직경 0.6mm의 점문이 확인되며 과판③ 이 외에 직경 1.2mm의 점문끌이 추가로 사용되었다. 과판, 수하식, 사미에서 세선은 확인되지 않는다. 파상문비는 과판③, 과판⑤, 과판⑥, 수하식③, 수하식④, 사미 모두 낮은 파문을 이룬다. 다만 사미는 다른 부품에 비해 파상문의 폭이 넓다.

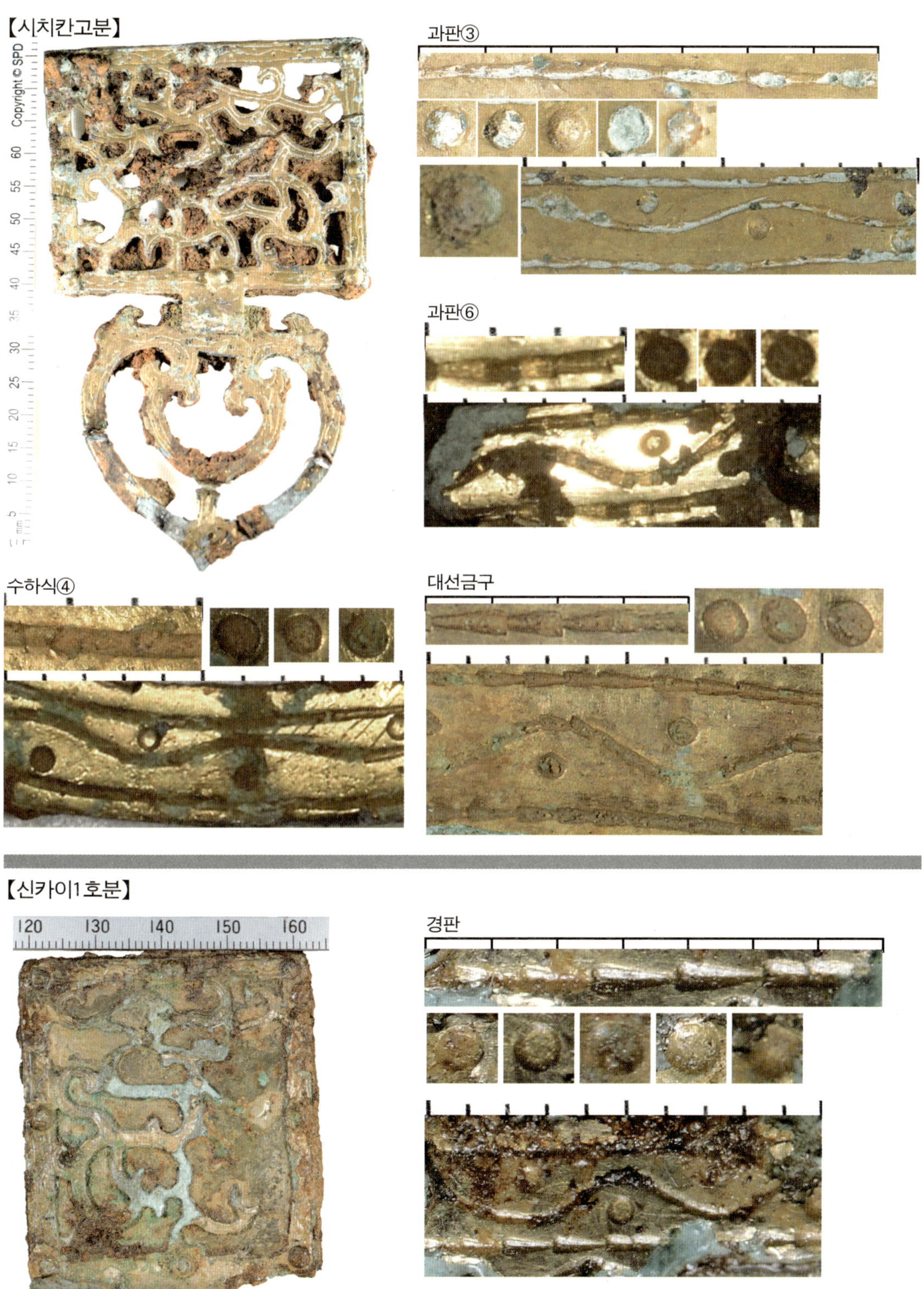

그림 12-9 용문투조대장식구의 조금기술④(대장식구=1:1, 축조·점문=10:1, 파상열점문=6:1)

이상에서 과판과 수하식에 동일한 축조끌와 점문끌이 사용된 것으로 볼 수 있다. 작업 자세도 일치하기 때문에 동일 공인에 의한 조금으로 보아 무방할 것이다. 다만 사미에는 과판과 수하식에 사용된 합인조가 아닌, 축조A가 사용되었다. 유사한 기술 수준을 가진 두 명의 공인이 각자 담당한 부품에 조금하였거나(高田貫太·金跳咏 2016) 한 명의 공인이 자신이 소지한 여러 공구를 번갈아 사용하여 조금 작업을 실시한 것으로 추정된다. 전자와 같이 다른 공인에 의한 조금 작업이라 하더라도 공구 이외의 작업 자세, 파상문비, 축조 피치와 밀도가 유사한 것으로 보아 매우 가까운 제작 환경(동일 공방)에서 유사한 기술 전통을 지닌 공인이 제작한 것으로 볼 수 있다.

(10) 시가현 신카이 1호분

방형구금구와 경판에 축조A가 확인된다. 삼각문의 종횡비(L/W)가 각각 3.42, 3.55이므로 동일한 축조끌이 사용되었다. 점문의 직경은 각각 0.73mm, 0.8mm이므로 사용된 점문끌도 동일하다. 직선부의 축조 피치도 각각 0.62mm, 0.66mm이므로 조금 작업을 실시한 공인의 동작도 유사하다. 신카이 1호분의 경판과 방형구금구의 조금 작업은 동일한 공구를 소유한 한 사람의 공인에 의해 이루어진 것으로 볼 수 있다.

이상에서 분석한 계측 결과에 근거하면 백제, 신라, 왜에서 출토된 용문투조대장식구 및 관련제품의 조금기술에 다음과 같은 특징을 지적할 수 있다.

첫째, 수하식, 과판, 대선금구 등 여러 부품에서 확인되는 조금기술의 차이가 매우 작기 때문에 대장식구의 조금 작업은 기본적으로 한 사람에 의해 이루어졌을 가능성이 크다. 시치칸고분, 임당7B호분 사례는 부품마다 다른 공구가 사용되기도 하여 두 사람 이상이 조금 작업에 참여하였을 가능성도 있으나(高田貫太·金跳咏 2016) 이 역시 매우 가까운 제작환경(동일 공방) 혹은 유사한 기술 수준을 지닌 공인에 의해 제작된 것으로 이해해야 할 것이다.

둘째, 조금 작업을 진행한 공인이 작업 자세가 대부분 유사하다. 축조 피치의 밀도는 대부분 직선부보다 곡선부가 촘촘하며 끌은 직선부보다 곡선부에서 많이 기울었다. 이는 공인이 직선부를 새길 때는 비교적 재빠른 동작으로 작업을 진행했으나 곡선부를 새길 때는 선이 끊이지 않도록 촘촘하게 작업을 진행한 것을 의미한다. 유사한 자세가 모든 자료에서 일관되게 확인되는 점 또한 주의할 필요가 있다.

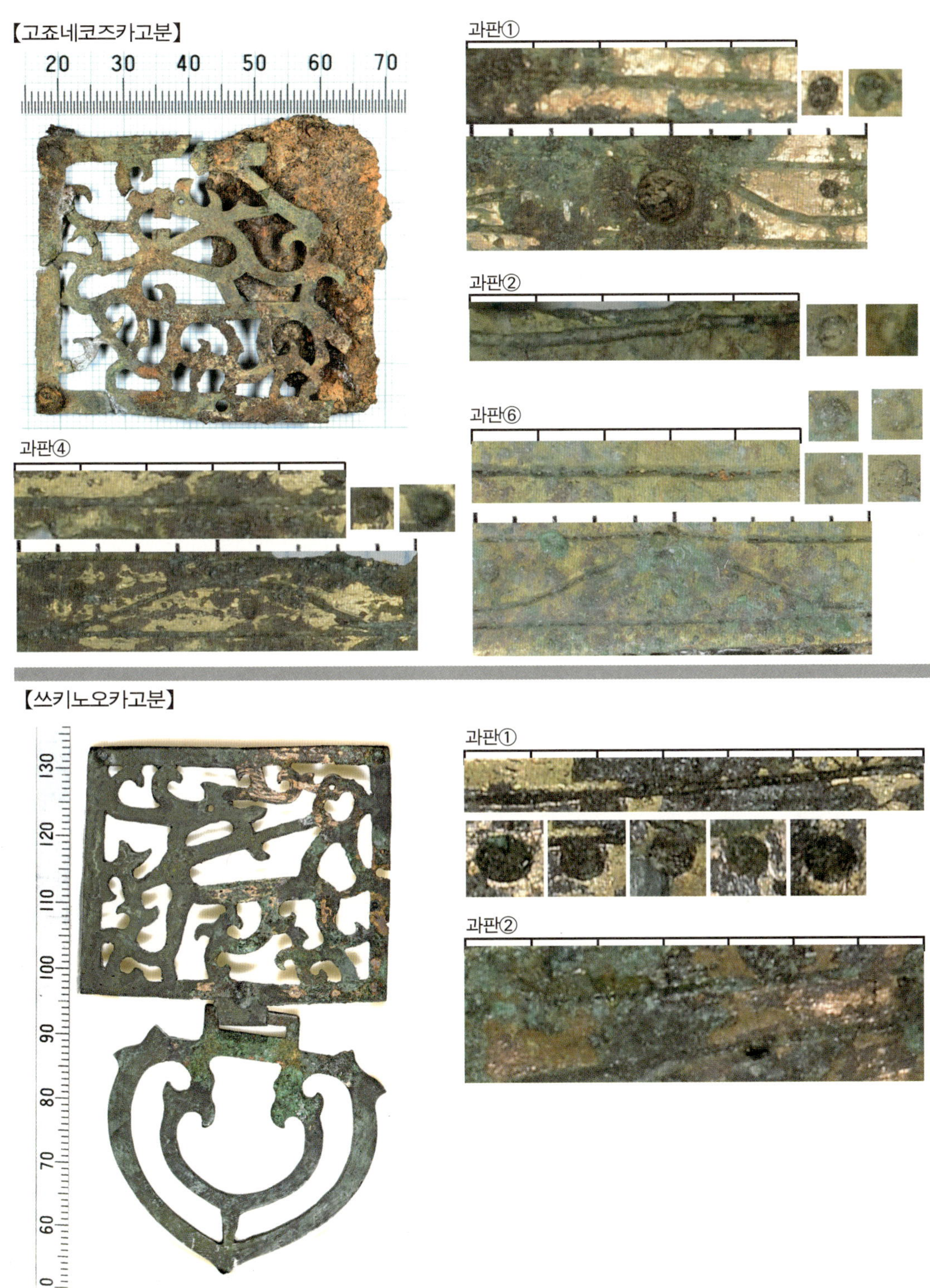

그림 12-10 용문투조대장식구의 조금기술⑤(대장식구=1:1, 축조·점문=10:1, 파상열점문=6:1)

표 12-2 조금기술의 계측치

지역	계측자료		끝의 형상	삼각문 길이(L)				삼각문 폭(W)				삼각문의 종횡비(L/W)				축조피치(P)				축조피치의 밀도(P/L)				점문직경		파상문비			세선	참고문헌
				직선부		곡선부		직선부		곡선부		직선부		곡선부		직선부		곡선부		직선부		곡선부								
				평	N	평	N	평	N	평	N	평	N	평	N	평	N	평	N	평	밀도	평	밀도	평	N	평	고저	N		
신라	경산 임당7B호분																													
	대장식구	과판①	축조A	0.71	16	0.55	9	0.33	16	0.34	9	2.15	16	1.62	9	0.66	1	0.52	1	0.93	中	0.95	中	0.80	13	26.70	高	2	○	嶺2005 도면68-114
		과판②	축조A	0.76	10	0.61	10	0.36	10	0.33	10	2.11	10	1.85	10	0.74	10	0.47	10	0.97	中	0.77	中	0.57	7	-	-	-	×	보고서 미발간
		수하식	축조B	1.40	10	0.89	7	0.51	10	0.46	7	2.75	10	1.93	7	0.83	2	0.71	1	0.59	密	0.80	中	0.91	14	17.44	低	2	×	嶺2005 도면68-114
	강릉 초당동A-1호분																													
	대장식구	과판	합인조	1.17	5	1.20	5	0.25	5	0.25	5	4.68	5	4.80	5	1.10	10	0.7	10	0.94	中	0.58	密	0.8	3	18.44	低	3	×	江2011 도면10
		수하식	합인조	1.11	5	-	-	0.18	5	-	-	6.17	5	-	-	1.09	10	-	-	0.98	中	-	-	0.94	5	-	-	-	×	江2011 도면10
	경주 황남대총 남분																													
	대장식구	과판①	축조A	0.79	10	0.68	10	0.27	10	0.26	10	2.93	10	2.62	10	0.57	10	0.51	10	0.72	中	0.75	中	0.58	10	19.31	低	3	○	文1993 도면44①
		과판②	축조A	0.79	10	0.62	10	0.26	10	0.25	10	3.04	10	2.48	10	0.77	10	0.51	10	0.97	中	0.82	中	0.57	10	19.35	低	3	○	文1993 도면44①
백제	연기 나성리KM-004																													
	대장식구	과판	축조A	-	-	-	-	-	-	-	-	-	-	-	-	-	-	-	-	-	-	-	-	0.74	1	18.35	低	2	×	韓2015 도면319-7
		수하식	축조A	1.11	5	0.57	5	0.26	5	0.35	5	4.27	5	1.63	5	0.90	10	0.50	10	0.81	中	0.88	中	0.67	6	-	-	-	×	韓2015 도면319-7
	정읍 운학리C호분																													
	대장식구	과판	축조A	1.43	10	1.10	10	0.39	10	0.32	10	3.67	10	3.44	10	1.25	10	0.5	10	0.87	中	0.45	密	-	-	13.11	低	3	○	全1974
-	국은콜렉션																													
	대장식구	과판①	축조A	1.07	10	0.91	10	0.48	10	0.46	10	2.23	10	1.98	10	0.82	10	0.71	10	0.77	中	0.78	中	0.97	10	17.11	低	3	×	보고서 미발간
		과판②	축조A	1.03	10	0.90	10	0.4	10	0.4	10	2.58	10	2.25	10	0.91	10	0.64	10	0.88	中	0.71	中	0.9	10	14.14	低	3	×	
		과판③	축조A	1	10	0.78	10	0.4	10	0.39	10	2.50	10	2.00	10	0.79	10	0.68	10	0.79	中	0.87	中	0.89	10	14.18	低	3	×	
왜	나라현 고죠네코즈카고분																													
	대장식구	과판①	합인조	-	-	-	-	0.2	5	0.2	5	-	-	-	-	-	-	-	-	-	-	-	-	0.56	3	12.44	低	2	×	奈2014 第82도면1
		과판②	합인조	-	-	-	-	0.2	10	0.2	10	-	-	-	-	-	-	-	-	-	-	-	-	0.55	2	-	-	-	×	奈2014 第82도면2
		과판④	합인조	-	-	-	-	0.2	10	0.2	10	-	-	-	-	-	-	-	-	-	-	-	-	0.6	1	15	低	2	×	奈2014 第82도면4
		과판⑥	합인조	1.00	6	-	-	0.2	6	0.2	6	5.00	6	-	-	-	-	-	-	-	-	-	-	0.55	2	13.89	低	3	×	奈2014 第82도면6
	오사카부 시치칸고분																													
	대장식구	과판③	합인조	1.31	10	0.97	10	0.24	10	0.3	10	5.46	10	3.23	10	0.8	2	0.71	2	0.61	中	0.73	中	0.63 1.2	31 1	13.30	低	4	×	京2014 第67도면1
		과판⑤	합인조	0.92	10	0.89	10	0.23	10	0.28	10	4.00	10	3.18	10	0.76	1	0.45	2	0.83	中	0.51	密	0.63	31	17.4	低	2	×	京2014 第67도면5
		과판⑥	합인조	0.93	10	0.93	7	0.25	10	0.28	7	3.72	10	3.32	7	0.83	1	0.50	2	0.89	中	0.54	密	0.67	15	17.9	低	2	×	京2014 第67도면5
		수하식③	합인조	0.98	8	0.75	7	0.22	8	0.25	7	4.45	8	3.00	7	0.90	1	0.62	1	0.92	中	0.83	中	0.63	11	10.36	低	2	×	京2014 第67도면1
		수하식④	합인조	-	-	-	-	0.27	10	0.27	10	-	-	-	-	-	-	-	-	-	-	-	-	0.64	16	9.75	低	3	×	京2014 第67도면2
		사미	축조A	1.25	10	0.87	10	0.37	10	0.33	10	3.38	10	2.64	10	1.10	2	0.53	2	0.88	中	0.61	中	0.74	41	19.88	低	3	×	京2014 第71도면
	시가현 신카이1호분																													
	마구	방형구금구	축조A	1.3	5	0.56	5	0.38	5	0.33	5	3.42	5	1.70	5	0.80	10	0.38	10	0.62	中	0.68	中	0.73	5	22.8	並	3	×	滋1961
		경판	축조A	1.1	4	0.75	4	0.31	4	0.31	4	3.55	4	2.42	4	0.73	4	0.44	4	0.66	中	0.59	密	0.8	5	-	-	-	×	滋1961
	후쿠오카현 쓰키노오카고분																													
	대장식구	과판	합인조	-	-	-	-	-	-	-	-	-	-	-	-	-	-	-	-	-	-	-	-	0.70	1	-	-	-	×	諫2015
		과판	합인조	-	-	-	-	-	-	-	-	-	-	-	-	-	-	-	-	-	-	-	-	0.88	6	-	-	-	×	諫2015
		과판	합인조	-	-	-	-	-	-	-	-	-	-	-	-	-	-	-	-	-	-	-	-	0.70	1	-	-	-	×	諫2015
		과판	합인조	-	-	-	-	-	-	-	-	-	-	-	-	-	-	-	-	-	-	-	-	0.85	5	-	-	-	×	諫2015

· 삼각문길이(L), 폭(W), 축조피치, 점문직경의 단위는 mm.
· 평 : 평균치, n : 계측자료수, 삼각문의 종횡비 : 삼각문폭 / 삼각문 길이, 축조의 밀도 : 축조피치 / 삼각문 길이, ○: 세선있음, ×: 세선없음

참고문헌

滋1961 - 滋賀縣教育委員会, 1961, 『滋賀縣史蹟調査報告』第12册, 滋賀縣教育委員会事務局.
全1974 - 全榮來, 1974, 「井邑, 雲鶴里 古墳群」, 『全北遺蹟調査報告』第3輯, 全羅北道博物館.
文1993 - 文化財管理局 文化財研究所, 1993, 『皇南大塚(南墳)』.
嶺2005 - 嶺南大學校博物館, 2005, 『慶山 林堂地域 古墳群Ⅷ -林堂7號墳-』, 學術調査報告 第48册.
江2011 - 江陵原州大學校博物館, 2011, 『江陵 草堂洞 古墳群 - 江陵 草堂洞129-5番地 現代아파트 新築敷地 內 發掘調査 報告書-』.
奈2014 - 奈良國立博物館, 2014, 『五條猫塚古墳の研究』, 報告編.
京2014 - 京都大學大學院文學研究室, 2014, 『七観古墳の研究-1947·1952年出土遺物の再檢討-』.
諫2015 - 諫早直人·鈴木勉, 2015, 「古墳時代の初期金銅製品生産-福岡縣月岡古墳出土品を素材として-」, 『古文化談叢』第73集, 九州古文化研究會, pp.147-209
韓2015 - 韓國考古環境研究所, 2015, 『燕岐 羅城里遺蹟 -本文1-』, 韓國考古環境研究所 研究叢書 第63輯.

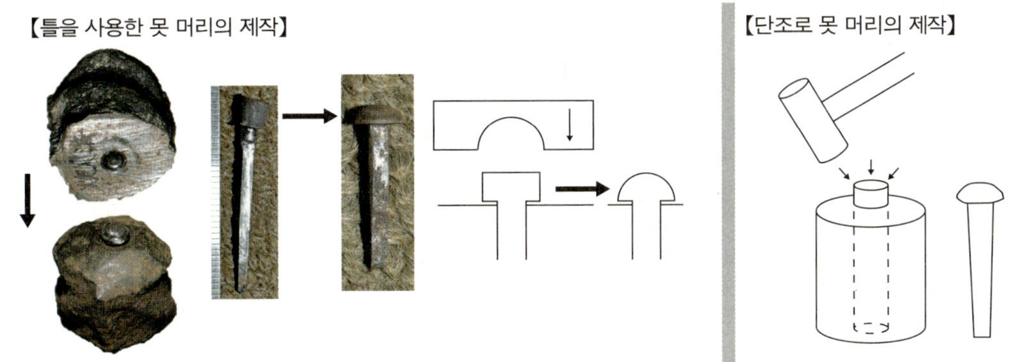

그림 12-11 삼국시대 못 머리의 제작방법

4) 병류기법

완성된 과판을 가죽제 허리띠에 부착하기 위하여 주연부에 구멍을 뚫고 못으로 고정한다. 이를 병류기법이라고 한다. 과판 1개당 총 8개의 못을 사용하므로 19개의 과판이 보고된 시치칸고분 출토품에는 총 152개의 못이 필요하다. 황남대총 출토품과 같이 과판 1개당 16개의 못을 사용할 경우 사용된 못의 개수는 훨씬 증가한다. 대량의 못을 어떻게 생산하였는가는 당시의 제작 환경을 유추하는 데 중요한 관점이다.

삼국·고훈시대에 한정한다면 못의 제작은 틀과 같이 못을 전문적으로 생산하는 공구를 사용하는 방법과 못을 하나씩 단조하여 제작한 후 못 머리만 연마하는 방법으로 나눌 수 있다(그림 12-11). 전자는 전용 공구인 틀을 사용하여 못 머리를 찍어내기 때문에 직경 및 높이가 동일하다. 이는 못을 대량으로 생산하기 위해 전용 공구를 사용한 전문적인 공인(집단)의 존재를 시사한다.[5]

한편 후자의 경우 못을 하나씩 단조로 제작한 후 못 머리를 연마하여 완성하므로 아무리 동일한 크기로 제작하려 하더라도 못 머리의 크기는 어쩔 수 없이 다양해진다. 못만 생산

---

5 일견 손쉽게 제작할 수 있을 것으로 생각되는 틀을 근거로 전문적인 공인집단의 존재를 상정하는 것에 대하여 의문을 지닐 수도 있다. 그러나 틀이 철제라는 점을 고려하면 이를 곧 전문 공인집단의 존재로 환치하여도 무방할 듯하다. 철제의 틀을 제작하기 위해서는 풀림, 담금질, 뜨임과 같은 열처리를 거친 강철제 공구(끌)로 철판에 못 머리와 동일한 모양의 홈을 가공해야 하기 때문이다. 상감기술로 대표되듯이 당시의 철 가공기술은 철제품의 표면에 약간의 홈을 새길 수 있을 정도의 수준이었다(제4장 참조). 이를 고려하면 철판에 못 머리 형태와 동일한 홈을 가공하여 틀을 제작하는 기술은 당시로서는 매우 고난이도의 철 가공기술이었던 것으로 추정할 수 있다.

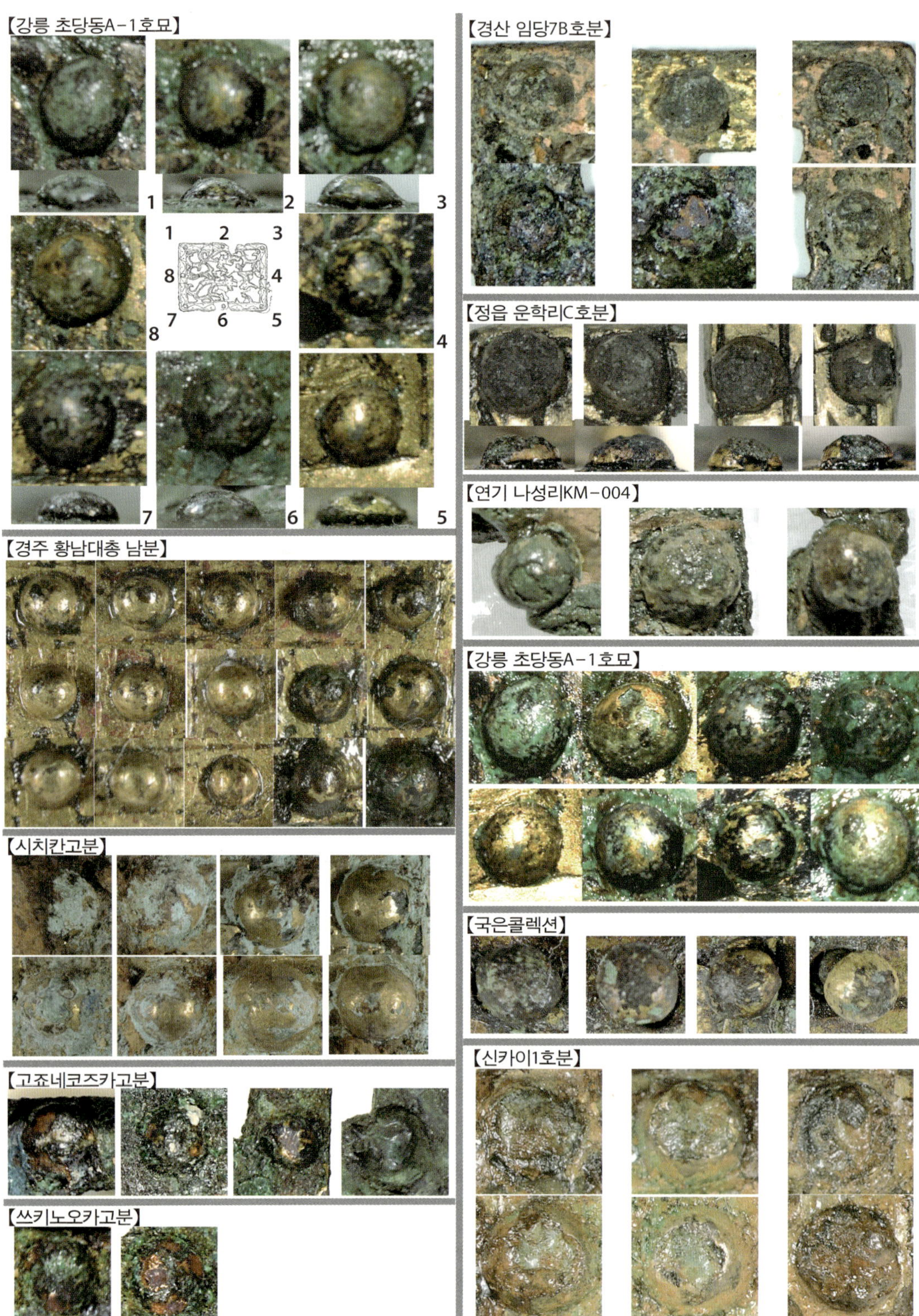

그림 12-12 과판에 사용된 못 머리의 비교(S=5:1)

하는 전문적인 공인(집단)의 존재는 상정하기 어렵다. 아마도 대장식구 제작 공인의 보조적인 작업 중 하나였을 것이다.

이처럼 못 머리의 크기는 못의 생산체제를 유추하는 데 중요한 관점이므로 각 과판에 사용된 못 머리의 직경 및 높이를 계측하여 비교할 필요가 있다. 이를 위해 못 머리를 직상방과 정면에서 촬영한 뒤 같은 비율로 확대하였다(그림 12-12). 이 가운데 초당동A-1호묘 과판에 사용된 8개의 못을 살펴보자. 언뜻 보아도 못 머리 2, 4, 5의 직경이 작은 반면 3, 6, 7, 8은 큰 것을 알 수 있다. 못 머리의 단면에서 확인할 수 있는 높이도 일정하지 않다. 정확한 비교를 위해 각 과판에 사용된 못 머리의 직경을 계측한 결과, 크기가 일정하지 않다는 것을 알 수 있었다(그림 12-13). 초당동A-1호묘 이 외의 사례도 틀을 사용하였다고 할 만큼의 규격성은 인정되지 않는다. 결국, 못 머리를 제작하기 위해 틀과 같은 전용 공구가 사용된 것으로 보기는 어렵다. 아마도 하나씩 성형한 후 연마하여 생산한 것으로 생각된다. 이처럼 용문투조대장식구에 사용된 못이 모두 유사한 방법으로 제작된 것을 통해 공방 간의 친연성을 인정할 수 있다.

제4절 금공품의 생산과 유통

이상으로 한반도와 일본열도에서 출토된 용문투조대장식구의 제작기술 가운데 ②문양 전사, ③도금-④조금-⑤투조의 선후관계, ④조금기술, ⑦병류(못 머리의 제작)기법을 분석하였다. 결과를 정리하면 다음과 같다.

우선 문양 전사의 경우, 과판의 용문양이 점점 퇴화되면서 동시에 크기가 축소된다. 이는 제작 공방 사이에 과판의 크기와 용문의 디자인에 관한 정보가 서로 공유된 것을 나타낸다. 다음으로 대부분의 용문투조대장식구는 ③도금-④조금-⑤투조라는 동일한 공정을 거쳐 완성되었다. 그리고 조금 작업에는 기본적으로 한 명 혹은 유사한 기술을 체득한 두 명의 공인이 참여하였다. 마지막으로 대부분의 공방에서는 과판과 허리띠를 고정하는 데 사용하는 못을 하나씩 단조하여 생산하였을 가능성이 크다.

유물의 표면에 남은 공구의 가공 흔적과 못의 제작 방법, 공정의 순서로 판단하건대 신라, 백제, 왜에서 출토된 용문투조대장식구는 매우 유사한 환경 속에서 생산된 것으로 생각된다. 제작기술의 친연성으로 보아 제작 공인(공방) 사이에서 금공기술에 대한 정보 교환은

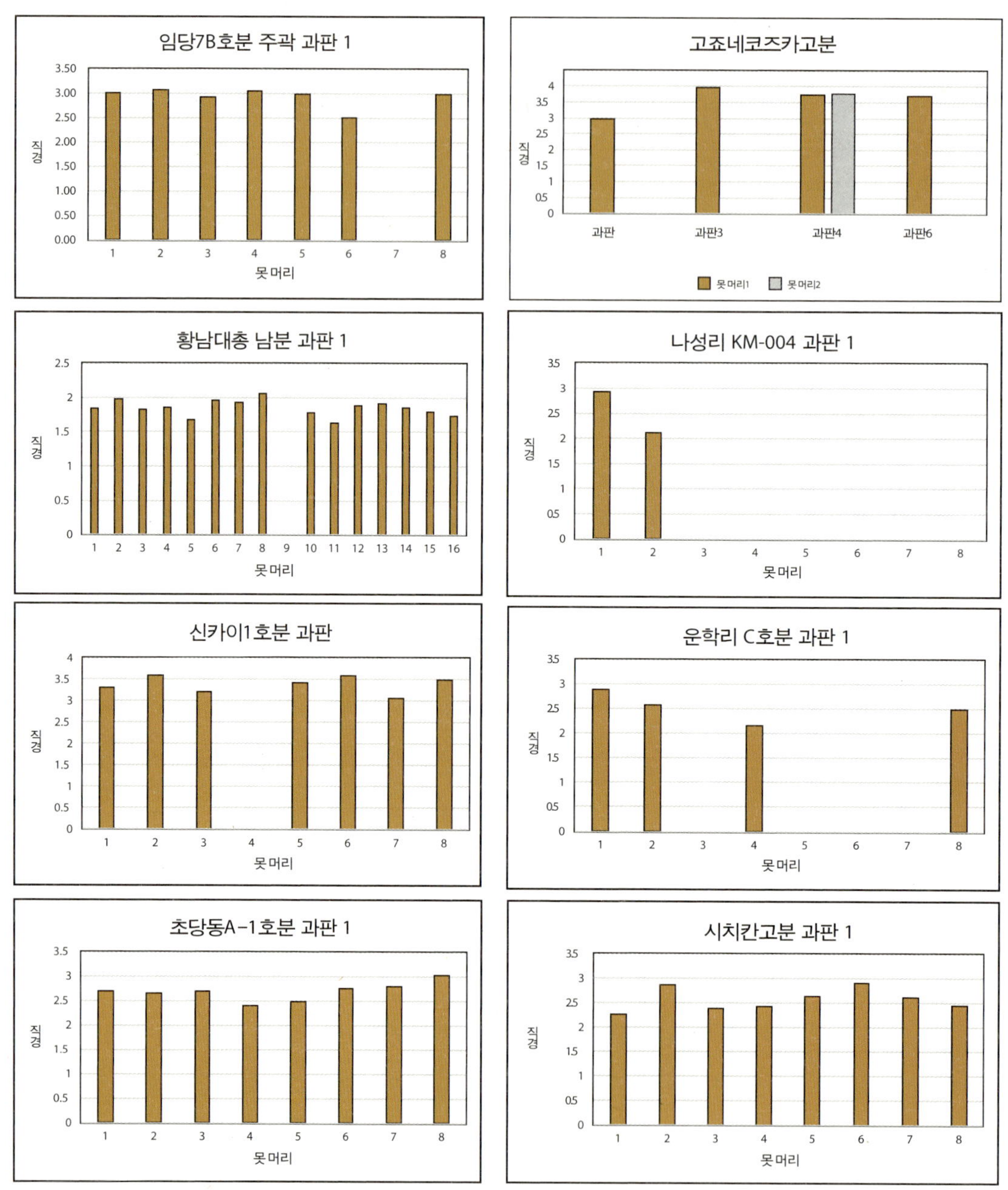

그림 12-13 과판에 사용된 못 머리의 직경 수치

활발히 이루어졌으며 공방 간 거리도 비교적 가까운 것으로 추정해 볼 수 있다. 용문투조대장식구가 5세기 전엽에서 중엽[6]이라는 비교적 짧은 기간 내에만 출현하는 것도 이와 관련될

6 연기 나성리 용문투조대장식구를 5세기 후반, 즉 웅진기로 보는 견해도 있다(박보현 2016).

것이다. 그렇다면 백제, 신라, 왜에서 출토된 용문투조대장식구는 어디에서 생산되고 어디까지 유통되었을까?

사실 제작기술을 분석하더라도 제작지를 특정하기란 쉽지 않다. 일본열도의 용문투조대장식구가 주로 신라 고분에서 출토되는 금공품과 공반되는 빈도가 높아 신라산(경주)으로 보는 견해(박천수 2007, 朴天秀 2016; 高田貫太 2003)가 우세하나 신라의 지방에서도 금공품이 제작되었을 수 있기 때문이다(이한상 2009b; 이현정·류진아 2011; 李熙濬 2005; 金宇大 2017). 연기 나성리에서 신자료가 출토되면서 백제에서 제작되었을 가능성도 제기되었으며(李漢祥 2017) 삼연과 고구려고분에서 유사한 모티브와 금공기술로 제작된 금동제안장, 경판, 호록금구까지 고려하면 제작지의 비정 문제는 더욱 복잡해진다. 다만 일본열도제의 가능성에 대해서는 아래의 몇 가지 사항들을 참고할 필요가 있다.

첫 번째, 후쿠오카현 쓰키노오카고분에서 출토된 유물의 조금분석 결과이다. 쓰키노오카고분에서는 일본열도제의 가능성이 큰 미비부주를 비롯하여 비갑, 행엽, 안금구, 호록금구, 용문투조대장식구, 쌍엽문투조대장식구와 같은 마구와 무구, 금공품이 대거 공반되었다. 금공품들의 표면에는 하나같이 축조기법을 사용한 조금기술이 확인되는데, 이를 분석한 이사하야 나오토 · 스즈키 쓰토무에 따르면 열도제의 가능성이 큰 미비부주의 조금기술과 밀접한 관계를 상정할 수 있는 일군과 그렇지 않은 일군으로 대별할 수 있다고 한다. 나아가 용문투조대장식구가 포함된 후자에 관해서는 국산품(일본열도제)으로 단정할 수 없으며 신라를 중심으로 출토되므로 박재품(舶載品)의 가능성도 충분히 염두에 두어야 한다고 지적하였다(諫早直人·鈴木勉 2015: 205). 한반도의 어디에서 제작되었는지에 관한 문제는 차치하더라도 일본열도에서 출토된 용문투조대장식구가 박재되었을 가능성을 지적한 것은 충분히 유의할 필요가 있다.

두 번째, 황남대총 남분 출토품에서 확인되는 비단벌레가 단서를 제공한다(그림 12-14-1·2). 비단벌레를 사용한 금공품과 마구는 황남대총 남분과 북분, 금관총 등 경주에 집중적으로 분포하여 신라 왕실의 직속 공방에서 제작된 것으로 이해된다(神谷正弘 외 2004). 물론 비단벌레는 한반도 동·남해안보다 일본열도에 많이 서식하기 때문에(그림 12-14-3) 일본열도에서 제작된 제품이 경주로 이입되었을 가능성도 완전히 배제할 수는 없다. 그러나 경주 고분에서 출토된 금동관과 마구에 일본열도산 비취와 청자고둥이 사용된 것을 고려하면 대장식구를 제작하는 데 필요한 재료인 비단벌레 자체가 이동한 것으로 보아도 큰 문제는 되지 않는다(諫早直人 2016: 107). 적어도 황남대총 남분에서 출토된 용문투조대장식구에 대해서는 기술 수준이 다른 여러 공인들이 모인 경주 내 공방에서 장식마구와 함께 제작된 것으로 보아 무

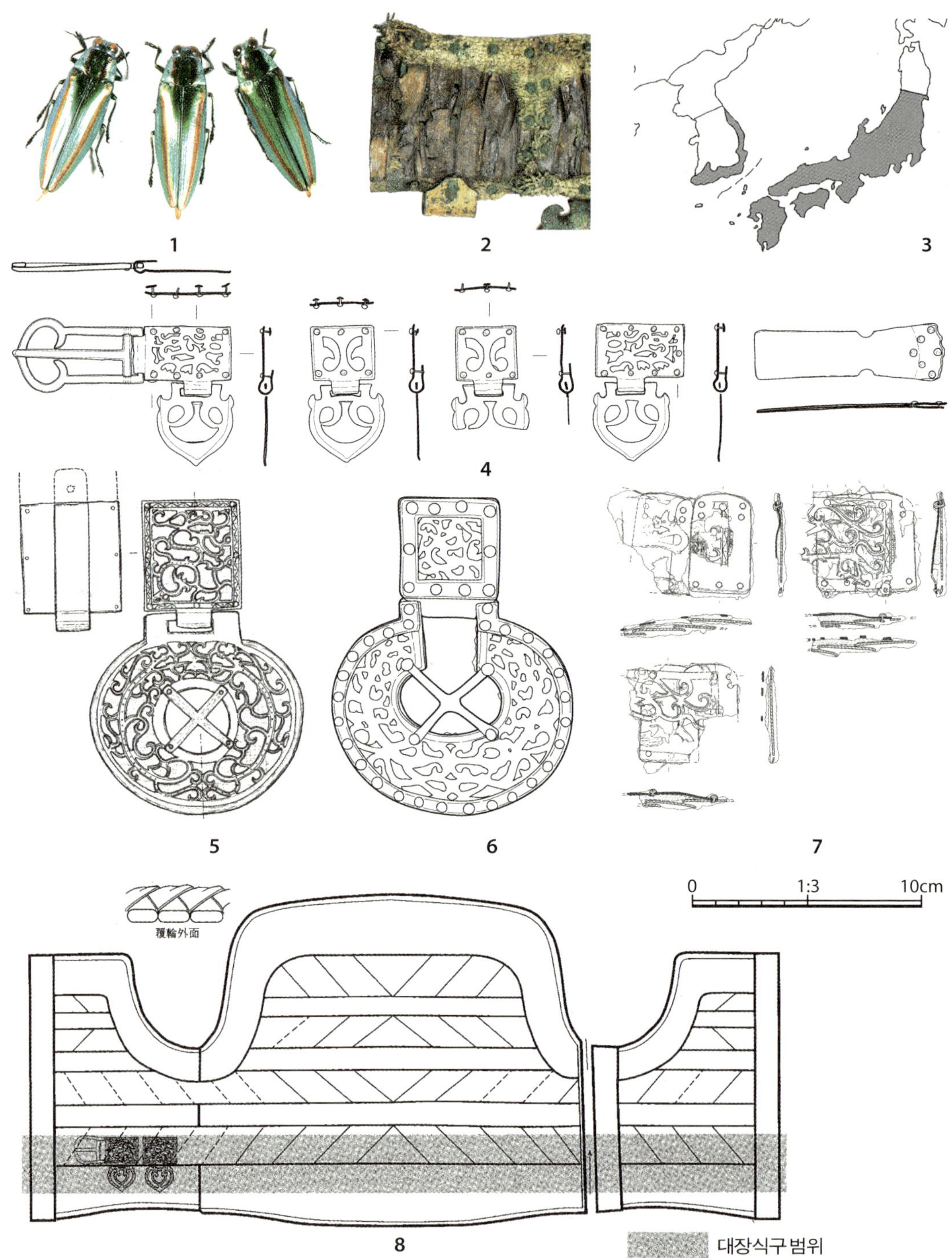

그림 12-14 용문투조대장식구의 제작지 추정 관련 자료

1. 비단벌레 | 2. 경주 황남대총 남분 용문투조대장식구의 비단벌레(국립경주박물관 2010) | 3. 비단벌레 생식 분포도(神谷正弘 외 2004: 213 수정) | 4. 경주 황남동95-6번지 2호묘 대장식구 | 5. 시가현 신카이1호분 경판비 | 6. 북표 라마동 II M16호분 경판비 | 7. 나라현 고죠네코즈카고분 | 8. 오사카부 시치칸고분(1, 2, 3, 8은 축척부동)

방할 것이다.

이와 관련하여 경주 황남동95-6번지 2호묘 출토 은제 대장식구에 주목해 볼 필요가 있다(그림 12-14-4). 대부분의 과판에 이엽문이 표현되어 있으나 교구와 대선금구를 연결하는 2개의 과판에 용문이 표현된 독특한 대장식구이다. 용문의 퇴화가 현저한 점과 전방부가 둥글게 제작된 독특한 형태의 교구가 현재까지 경주 고분에서만 확인되는 점을 고려한다면 황남동95-6번지 2호묘 출토품은 당시까지 경주에서 유통된 용문투조대장식구를 모델로 하여 신라에서 제작되었을 가능성이 크다(제8장 참조). 적어도 황남대총 남분에서 출토된 용문투조대장식구에 관해서는 신라의 공방에서 제작된 것이 틀림없을 것이다.

마지막으로 시가현 신카이 1호분 출토 경판의 계보이다. X자형함유금구를 부가하고 용문을 투조로 표현한 경판비는 북표(北票) 라마동(喇嘛洞) ⅡM16호분 출토품과 흡사하다(그림 12-14-5, 6). 그 계보를 삼연에서 구하거나(早乙女雅博 2007, 2010), 신라마구의 특징인 1조선인수를 중시하여 신라에서 삼연 제품을 모방하여 만든 것[7](中山清隆 1990: 63; 桃崎祐輔 2004: 139), 혹은 금관가야에서 일본열도로 전래된 마구(金斗喆 1997; 柳昌煥 2004)로 평가된다. 금공기술만이 아니라 마구의 계보를 보아도 용문이 투조된 방형구금구는 삼연 혹은 한반도제의 가능성이 크다.

지금까지 일본열도에서 출토된 용문투조대장식구의 제작지에 관해서는 중국 남조제(藤井康隆 2001), 중국대륙 혹은 일본열도제(小浜成 1993, 2006), 신라제(朴天秀 2007, 2016; 千賀久 2001), 신라 혹은 고구려제(高田貫太 2003), 일본열도제(橋本達也 1995; 勝部明生·鈴木勉 2003: 382; 宇野愼敏 2000; 田中史子 1998) 등 다양한 의견이 개진되어 있다. 여러 가지 정황증거가 있지만 제작지를 특정할만한 결정적인 근거가 제시된 것은 아니다.

다만 제작기술로 보아 대부분의 용문투조대장식구가 유사한 환경 속에서 제작되었을 것이라는 제3절의 분석 결과에 더하여 쓰키노오카고분 출토품이 한반도로부터 박재되었을 가능성, 경주에서 제작된 것이 거의 확실한 황남대총 남분의 사례, 삼연 혹은 신라에서 계보를 구할 수 있는 경판의 계보 등 여러 정황증거를 종합적으로 고려하면 일본열도에서 출토된 용문투조대장식구는 현지에서 제작된 것이라기보다 한반도로부터 제품 자체가 이동한 것으로 보는 편이 합리적이다. 특히 시치칸고분 출토품은 임당7B호분의 것과 과판의 크기만

7 경판에 설치된 방형구금구가 신라지역에서 확인되지 않으므로 신카이 1호분의 계보 및 제작지에 관해 신중한 견해를 취하는 입장도 존재한다(諫早直人 2012).

아니라 용의 문양, 사용된 공구와 공인의 동작까지 유사하여 동일 공방에서 생산된 후 일본열도로 이입된 것으로 평가된다(高田貫太 2013). 허리띠를 장식하는 대장식구가 원래의 기능을 상실하여 피장자에게 착장되지 않고, 단갑과 같은 무구에 부착되는 사례가 유독 일본열도에서만 확인되는 것 또한 용문투조대장식구의 착용법을 제대로 이해하지 못했기 때문에 나타나게 된 결과일 것이다(그림 12-14-7, 8). 한반도에서 생산된 용문투조대장식구는 대한해협을 건너 일본열도까지 널리 유통되었을 가능성이 매우 큰 것이다.

제5절 맺음말

시대와 유물의 종류를 막론하고 생산과 유통이라는 주제는 고고학계에서 자주 다루어진다. 그러나 제철 유구, 토기 가마와 같이 생산 유구가 전혀 확인되지 않는 '금공품의 생산과 유통'에 접근하기 위해서는 사용된 부품과 유물 표면에 남은 공구의 흔적을 면밀하게 분석하여 여러 가지 정보를 추출하고, 이를 기반으로 제작 환경(공방) 및 생산 체계를 예찰하는 작업이 선결되어야 한다.

이런 점에서 최근 금공품 표면에 남은 공구의 가공 흔적을 자세하게 확인할 수 있는 도면이 증가하는 것은 매우 고무적이다.[8] 그러나 가공 흔적의 관찰만으로 공인의 실력을 평가한다든지, 제작지를 비정하는 작업에는 충분히 주의할 필요가 있다. '위세품의 사여', '중앙에서 지방으로'라는 해석 틀이 확고하게 자리 잡은 삼국시대의 통념상, 정치한 조금기술이 확인되는 금공품의 제작지를 각 정치체의 중앙으로 비정하는 견해가 적지 않기 때문이다. 높은 수준의 조금기술이 확인되는 금공품이 대부분 중앙에서 제작되었을 것이라는 가설은 실은 선험적 추측에 기반한다. 지방의 공인이라고 해서 뛰어난 수준의 금공기술을 체득하지 못

8 吉井町教育委員會, 2005,『若宮古墳群Ⅲ』-月岡古墳- 吉井町文化財調査報告書, 第19輯; 國立春川博物館, 2008,『권력의 상징 관』; 慶山市立博物館, 2011,『압독국의 왕'干' 영원불멸을 꿈꾸다』; 國立公州博物館, 2011,『百濟의 冠』; 豊橋市美術博物館, 2011,『黃金の世紀』; 國立中央博物館, 2014,『慶州 瑞鳳塚 I (遺物篇)』, 日帝强占期 資料調査報告 13輯; 大成洞古墳博物館, 2015,『金海 大成洞古墳群 -85號墳~91號墳-』, 博物館學術叢書 第15册; 國立慶州博物館, 2016,『慶州 金冠塚(遺物篇)』, 日帝强占期 資料調査 報告 23輯 등 2000년대 이후 한국과 일본에서 발간된 도록과 보고서에는 축조기법과 같은 미세한 공구의 가공 흔적까지 관찰할 수 있는 도면이 수록되어 있어 공인과 공구에 대한 풍부한 정보를 제공한다.

했으리라고는 그 누구도 쉽게 예단할 수 없다. 금공품의 표면에 남은 공구의 흔적과 분석을 통해 우리가 알아낼 수 있는 것은 금공품의 제작지가 아니라 제작 과정에서 사용된 공구, 그리고 공구를 사용한 공인의 행위(몸짓)와 같은 일차적 정보라는 점을 다시 한번 강조해두고 싶다.

본장은 위와 같은 문제의식을 토대로 한일 양 지역에 걸쳐 출토된 용문투조대장식구를 실견, 분석하고 금공품의 생산과 유통이라는 주제에 필자 나름대로 접근하고자 한 시론적 성격의 글이다. 삼국·고훈시대의 용문투조대장식구는 한반도에서 생산되어 일본열도까지 유통되었을 가능성이 매우 크다는 다소 원론적인 결론밖에 도출해 낼 수 없었지만, 어찌 보면 그만큼 제작지 비정이 쉽지 않다는 것을 역설하는 결과일지도 모르겠다. 나아가 유물을 실견 조사하고 새로운 연구 방법론을 제시하고자 한 데 의의를 두고 싶다.

마지막으로 본장의 분석을 통해 마구로 분류한 일본 시가현 신카이 1호분 출토 용문투조방형구금구의 제작기술도 장신구와 별반 다르지 않은 수준으로 제작되었음을 알 수 있었다. 한 명의 공인이 마구와 장신구 제작에 동시에 참여하였을 가능성 이외에도 다양한 가설을 세울 수 있을 것이다. 특히 폐기의 동시성이 확보된 일괄 유물을 대상으로 본장에서 시도한 연구 방법을 다각도로 적용한다면 더욱 구체적인 금공품(장신구, 마구) 생산 시스템을 복원할 수 있을 것으로 기대된다.

참고문헌

국문

高田貫太, 2003, 「5, 6世紀洛東江以東地域과 日本列島의 交涉에 관한 豫察」, 『韓國考古學報』第50輯, 韓國考古學會.

權香阿, 2000, 「三國時代 金屬遺物의 線彫技法 樣相 —蹴彫技法을 중심으로 —」, 『文物硏究』4, 동아시아문물연구학술재단.

김도영, 2017, 「삼국 · 고분시대 상감기술의 전개와 한일교섭」, 『韓國考古學報』第104輯, 韓國考古學會.

김도영, 2018, 「신라 대장식구의 전개와 의미」, 『韓國考古學報』第107輯, 韓國考古學會.

金斗喆, 1997, 「前期加耶의 馬具」, 『加耶와 古代日本』, 第3回 加耶史 國際學術會議.

金斗喆, 2016, 「高塚古墳時代의 蓮山洞古墳群」, 『考古廣場』19, 부산고고학연구회.

金載烈, 2010, 「5~6세기 新羅 慶山地域 政治體의 冠」, 『新羅史學報』20, 新羅史學會.

김재열, 2011, 「조영동 고총군 EIII-2호의 장신구」, 『압독국의 왕'干', 영원불멸을 꿈꾸다』, 경산시립박물관.

김재열 · 박세은, 2010, 「경산 북사리 1호묘 허리띠 장식의 연대와 제작지」, 『계왕개래』9, 영남대학교 박물관, 2009학년도 연보.

朴普鉉, 1987, 「樹枝形立華飾冠의 系統」, 『嶺南考古學』第4號, 嶺南考古學會.

朴普鉉, 1990, 「心葉形杏葉의 型式分布와 多樣性」, 『歷史教育論輯』第13 · 14輯, 歷史教育學會.

박보현, 2016, 「燕岐 羅城里4號 木棺墓 出土 龍文透彫帶金具의 年代」, 『百濟文化』第55輯, 忠南大學校 百濟研究所.

박천수, 2007, 『새로 쓰는 고대 한일교섭사』, 사회평론.

朴天秀, 2016, 『신라와 일본』, 진인진.

李漢祥, 1995, 「5~6世紀 新羅의 邊境支配方式 —裝身具分析을 중심으로—」, 『韓國史論』33, 서울大學校國史學科.

이한상, 2001, 「황금장신구를 통해 본 신라와 신라인」, 『신비한 황금의 나라新 羅黃金』, 국립경주박물관.

이한상, 2009a, 『장신구 사여체제로 본 백제의 지방지배』, 서경문화사.

이한상, 2009b, 「金工品으로 본 5~6世紀 昌寧地域의 政治的 動向 金屬製 裝身具의 分析을중심으로」, 『한국고대사 속의 창녕』, 경북대학교 영남문화원 · 창녕군.

李漢祥, 2011, 「新羅金冠 製作工程 理解의 端緖」, 『考古學探究』 第9號, 考古學探究會, pp.87-98.

李漢祥, 2017, 「燕岐 羅城里4號墓 帶金具의 龍文 復元과 豫察」, 『考古學探究』 第20號, 考古學探究會.

이현정 · 류진아, 2011, 「마구와 이식을 통해 본 창녕지역의 금공품 제작 가능성」, 『慶北大學校 考古人類學科 30周年 記念 考古學論叢』, 慶北大學校 考古人類學科 30周年紀念 考古學論叢 刊行委員會.

李熙濬, 2005, 「4-5세기 창녕 지역 정치체의 읍락구성과 동향」, 『嶺南考古學』 37號, 嶺南考古學會.

이희준, 2007, 『신라고고학연구』, 사회평론.

鄭光龍, 2001, 「武寧王陵 王妃신발의 製作技法 硏究」, 『湖西考古學』 4·5, 湖西考古學會.

鄭光龍· 李壽熙·宋賢貞, 2006, 「서산 부장리 출토 금동관모의 보존」, 『충청학과 충청문화』5권 2호, 충청남도역사문화원.

崔鍾圭, 1983, 「中期古墳의 性格에 대한 약간의 考察」, 『釜大史學』 第7輯, 釜山大學校史學會.

일문

諫早直人·鈴木勉, 2015, 「古墳時代の初期金銅製品生産―福岡縣月岡古墳出土品を素材として―」, 『古文化談叢』第73輯, 九州古文化研究會.

諫早直人, 2012, 『東北アジアにおける騎馬文化の考古學的研究』, 雄山閣.

諫早直人, 2016, 「新羅における初期金工品の生産と流通」, 『日韓文化財論輯』 III, 奈良文化財研究所學報第95冊, 奈良文化財研究所.

諫早直人, 2018, 『古代東北アジアにおけ金工品の生産·流通構造に關する考古學的研究』, 平成26~29年度科學研究費(學術研究助成金(若手研究B))研究成果報告書.

高田貫太, 2013, 「古墳出土龍文透彫製品の分類と編年」, 『國立歷史民俗博物館研究報告』第178輯, 國立歷史民俗博物館.

高田貫太·金跳咏, 2016, 「裝身具生產」, 『季刊考古學』第137號, 特輯　古墳時代·渡來人の考古學, 雄山閣.

古川匠, 2007, 「6世紀における裝飾馬具の「國産化」について」, 『古文化談叢』 第57輯, 九州古文化研究會.

橋本達也, 1995, 「古墳時代中期における金工技術の變革とその意味－眉庇付冑を中心として－」, 『考古學雜誌』第80卷第4號, 日本考古學會.

金宇大, 2017, 『金工品から讀む古代朝鮮と倭』, 京都大學學術出版部.

內山敏行, 2008, 「古墳時代の武具生産―古墳時代中期甲冑の二系統を中心に―」, 『地域と文化の考古學 II』, 六一書房.

桃崎祐輔, 2004, 「倭の出土馬具からみた國際環境」, 『가야, 그리고 왜와 북방』, 제10회 가야사국제학술회의.

勝部明生·鈴木勉, 2003, 「藤ノ木古墳出土馬具の源流を辿る」, 『橿原考古學研究所論輯』第一四, 吉川弘文館.

藤井康隆, 2001, 「古墳時代中期から後期における金工製品の展開－金工生産研究の展望－」, 『東海の後期古墳を考える』, 第8回東海考古學フォーラム三河大會　東海考古學フォーラム三河大會執實行委員會.

鈴木勉·松林正德, 1993, 「石棺內出土金属製品の金工技術」, 『斑鳩藤ノ木古墳　第二·三次調查報告書』 分析と技術編, 奈良県橿原考古学研究所.

鈴木勉·松林正德, 1996, 「誉田丸山古墳出土鞍金具と5世紀の金工技術」, 『考古學論攷』 第20冊, 橿原考古學研究所紀要.

鈴木勉, 1997,「斑鳩·藤の木古墳出土鞍金具の金工技術と技術移転」,『考古學論攷』第21冊, 橿原考古學研究所紀要.

鈴木勉, 2004,『ものづくりと日本文化』, 橿原考古學研究所附屬博物館.

柳昌煥, 2004,「古代東アジア初期馬具の展開」,『福岡大學考古學論輯—小田富士雄先生退職記念』, 小田富士雄先生退職記念事業會.

朴天秀, 2007,「5-6世紀金工品の系譜と移入の背景」,『日韓交流展 王者の裝い』, 宮崎縣立西道原考古博物館.

杉山晋作, 1991,「金銅製品の製作技術」,『古代時代の研究』第5巻, 生産と流通II.

上野祥史, 2014,「第2槨(東槨)出土遺物」,『七觀古墳の研究 - 1947年·1952年出土遺物の再検討 - 』, 京都大學大學院文學研究科.

小林謙一, 1982,「金銅技術について—製作工程と技術の系譜—」,『考古學論考』, 小林行雄博士古稀記念論文輯發行委員會.

小浜成, 1993,「日本出土帶金具の變遷と製作—龍文系帶金具の國內製作について—」,『古墳時代における朝鮮文物の傳播』, 第34回 埋藏文化財研究輯會.

小浜成, 2006,「帶金具の製作工人に關する予察—倭·韓の龍文透彫製品の様相から—」,『財團法人大阪府文化財センター·日本民家輯落博物館·大阪府立弥生文化博物館·大阪府立近つ飛鳥博物館 2004年度共同研究成果報告書』.

神谷正弘·李午憙·鄭永東, 2004,「韓國慶州市皇南大塚出土玉虫裝杏葉の復元製作について」,『古文化談叢』第17輯, 九州古文化研究會.

岩本崇, 2015,「製作技術からみた龍文透彫帶金具の成立」,『五條猫塚古墳の研究』總括編, 奈良國立博物館.

宇野眞敏, 2000,「龍文銙帶金具とその意義」,『紀伊考古學研究』第3號, 紀伊考古學研究會.

早乙女雅博, 2007,「装身具からみた日韓の歷年代」,『한일 삼국·고분시대의 연대관(II) 日韓古墳·三國時代の年代觀(II)』, 韓國·國立釜山大學校博物館, 日本國·國立歷史民俗博物館.

早乙女雅博, 2010,『新羅考古學研究』, 同成社.

田中史子, 1998,「古代時代の帶金具」,『考古學研究』第45巻第2號, 考古學研究會.

中山清隆, 1990,「初期の馬具の系譜」,『季刊 考古學』第33號, 雄山閣.

千賀久, 2001,「古墳時代の龍文様」,『シルクロード學研究叢書』4, シルクロード學研究センター.

村上隆, 1997,「5世紀に作られた帶金具の製作技術を探す」,『王者の武裝-5世紀の金工技術』, 京都大學總合博物館.

塚本敏夫, 1993,「鋲留甲冑の技術」,『月刊 考古學ジャーナル』366.

제13장 삼국(三國)~통일신라시대(統一新羅時代) 각명기술(刻銘技術)의 특징(特徵)과 변천(變遷)

제1절 머리말

인간은 누구나 기록한다. 자신의 행동과 생각을 후손에게 전달하기 위해 발명된 문자는 종이가 발명되기 전까지 주로 점토판이나 일상 생활용품과 같은 사물에 기록되었다. 중국 은대(殷代)에 이미 동물의 뼈에 문자를 새기는 갑골문이 등장하였으며 이후 진한대(秦漢代)가 되면 청동제의 용기, 무기, 저울, 그리고 철제도검의 표면에 그것을 만드는 데 사용된 재료의 양이나 공인(공방)의 이름을 새겼다. 삼국시대 한반도에서 제작된 목간이나 비석과 같은 명문 자료로 보아 문자를 통해 후세에 무엇인가를 남기고자 하는 인간의 본성은 동서고금을 막론하고 다르지 않았다.

삼국시대 이후 문자를 기록하는 방법은 크게 ①각명(刻銘), ②주출(鑄出), ③묵서(墨書)로 나눌 수 있다. ①각명은 조각끌과 같은 공구를 사용하여 물체의 표면에 문자를 새기는 기술을 말한다. 비석이나 토기에 새겨진 문자가 대표적인 사례인데 바탕 금속의 재질에 따라 기술의 수준차도 크다. 삼국시대에는 철(대도, 자물쇠), 동(청동합, 불상, 인장, 팔찌, 허리띠, 사리), 돌(비석, 묘지), 흙(토기, 기와, 塼), 뼈(골각기) 등 다양한 재질의 표면에 문자를 새겼다. 다음으로 ②주출이란 녹인 금속을 거푸집에 부어 완성하는 주조제품의 표면에 글씨를 도드라지게 나타내는 기술을 말한다. 이를 위해 거푸집에 직접 글자를 새기기도 하고 밀랍제 원형에 글자를 부조로 표현하기도 한다. 경주 호우총에서 출토된 호우의 명문이나 화폐, 동경, 범종 등의 문자가 대표적인 주출 사례이다. 마지막으로 ③묵서는 나무, 칠기, 토기 등 물체의 표면에 붓으로 직접 글씨를 쓰는 것을 말한다. 고구려 벽화고분에 기록된 묵서명이나 신라·백제의 목간, 묵서토기가 대표적이다.

이처럼 문자를 기록하는 다양한 방법 가운데 본장에서는 금(청)동제품의 표면에 문자를 새기는 각명기술에 주목하고자 한다. 후술하듯이 금(청)동제품의 각명기술에는 금공기술사적인 의미만이 아니라 그 변천의 배경에 역사적 의미도 함께 깃들어 있다고 판단되기 때문이다.

논지의 전개 순서는 다음과 같다. 우선 제2절에서는 금동제품의 각명기술에 관한 연구사를 간단히 정리한다. 그리고 금(청)동제품의 각명기술에 대해 주목하는 이유를 설명함으로써 본장의 분석 시점을 명확히 한다. 제3절에서는 문자를 새기는 공인의 자세와 공구에 대해 살펴본다. 그리고 지금까지 실견한 자료에서 확인된 각명기술의 종류와 특징을 정리한다. 제4절에서는 삼국~통일신라시대에 확인되는 각명기술의 사례를 하나씩 분석한다. 제5절에서는 각명기술의 변천을 시공도(時空圖)로 정리하고 그 변천 과정에서 추출할 수 있는 몇 가지 획기를 설정한다. 마지막으로 그것이 지니는 역사적 의미를 국내 정세와 대외교섭이라는 관점에서 해석해본다.

제2절 연구사 및 문제 제기

1) 연구사

금(청)동제품의 각명기술에 관한 연구는 사실 국내에서 찾아보기 쉽지 않다. 지금까지 문자를 새기는 방법보다는 한자의 판독이나 석문에 연구자들의 관심이 집중되었기 때문이다. 그래서인지 도록이나 논문에 소개된 금(청)동제품의 각명기술에 관해서는 연구자의 관찰 소견으로 대신하거나 '문자가 음각되어 있다'는 식의 간단한 설명만 기술된 경우가 대부분이다.

다행히 최근 경주 금관총에서 출토된 이사지왕 대도를 필두로 문자를 새기는 데 사용한 공구에 주목한 연구가 눈에 띈다. 다만 '문자를 날카로운 도구로 새긴 것으로 판단'(김재홍 2014)하거나 '뾰족한 도구로 파서 만든 것'(이용현 2014)이라는 표현에서도 알 수 있듯이 명문을 자세하게 관찰하거나 복원실험을 바탕으로 하였다기보다 육안 관찰에 의지하여 각명기술을 직관적으로 추정한 느낌을 지울 수 없다.

백제사를 연구하는데 획기적인 발굴로 평가되는 익산 미륵사지 서탑 출토 금제사리봉안기 역시 마찬가지다. 봉안기에 새겨진 문자의 각명기술에 대해 연구자 대부분은 도자(刀子)로 새긴 것으로 이해한다(孫煥一 2009; 임혜경 2014). 즉 '도자를 오른손에 쥐고 왼손 엄지를 도자에 붙여서 힘을 주며 칼날을 자유롭게 하여 새긴 것'(權寧愛 2009: 44)으로 판단하여 마치 고무 판화에 그려진 그림을 조각도로 새기는 것처럼 상정한 것이다. 그러나 도자를 손에 쥐고 힘을 주어 표면을 깎아내는 행위는 바탕 소재가 건조되지 않은 흙(토기)이나 나무와 같이 부드러운 재질이라면 가능할지 몰라도 금속제품과 같이 높은 경도의 소재라면 물리적으로 불가능하다. 각명기술의 핵심이라 할 수 있는 공구를 추정할 때는 복원실험 결과를 근거로 신중하게 판단할 필요가 있다.

각명기술을 추정하는 연구 경향은 이외의 명문자료에서도 확인된다. 미륵사지 서탑 출토 금제소형판의 문자를 바늘로 긁어 쓰듯 새긴 것으로 이해(孫煥一 2009; 임혜경 2014)하거나 부여 왕흥사지 청동사리함에 새겨진 명문을 '도자를 사용하여 일획(一劃)을 일필(一筆)로 그어 쓰듯이 새긴 것'(손환일 2008; 안귀숙 2013)으로 판단하는 견해 역시 연구자의 머릿속에서 선험적으로 복원된 각명기술에 지나지 않는다.

그런 가운데 실체현미경과 주사현미경을 이용하여 금관총에서 출토된 '尒斯智王(이사지왕)'명 문자의 확대 사진을 게재한 연구성과(권윤미 2015)는 당시 사용된 공구를 객관적으로 추정할 수 있는 사진 자료를 제시하였다는 점에서 큰 의미를 지닌다. 삼국~통일신라시대 각명기술의 변천과 그 역사적 의미를 밝히기 위해서는 이러한 세심한 관찰과 기초적인 분석이 거듭되어야 한다.

2) 문제 제기

사실 어떤 내용을 전달하기 위해 그 물체의 표면에 문자를 표현하는 행위는 그것을 사용하는 것과는 별개의 문제이다. 그 물건을 사용하는 데 문자는 어떠한 영향도 끼치지 않는 요소이기 때문이다. 역으로 생각해보면 문자를 표현하는 행위에는 서사자(書寫者)의 의도가 깊게 반영되게 마련이다. 예를 들어 토기에 문자를 묵서하기 위해서는 별도로 먹, 붓, 벼루 등을 사전에 준비해야 한다(李東柱 2018). 또 토기 표면에 문자를 새긴다고 한다면 태토가 완전히 건조되기 전 단계, 즉 태토가 수분을 머금은 상태일 때 문자를 토기 표면에 새겨야 한다. 서사자는 남에게 무언가를 효율적으로 전달하기 위해 어떤 방법으로 물체의 표면에 문자를 표현할지 항상 고민한다. 이는 비단 토기 제작 공인에게만 한정되지 않는다.

그런 점에서 가장 효과적으로 문자를 표현하는 방법은 금(청)동제품의 표면에 새기는 것이라 하겠다. 예를 들어 토기에 문자를 쓰거나 새긴다고 가정해보자. 토기는 쉽게 깨질 수 있어 그 전달 효과가 금속제품보다 미비하다. 또 철기에 새긴 문자는 녹이 슬어 후대 사람들이 인식하기 어려울 뿐만이 아니라 문자를 새기기조차 쉽지 않다(제4장 참조). 이에 반해 금(청)동제품은 토기보다 경도가 훨씬 커 생존 확률이 높으며 철기보다는 문자를 새기기도 쉽다. 부식도 되지 않아 수백 년이 지나도 문자의 획이 변형되지 않은 채로 발견되는 사례가 많으므로 당시 사용된 공구를 고스란히 복원할 수도 있다. 무언가를 후세에게 전달하기 위해 탄생한 문자, 그 원래의 목적을 가장 충실하게 달성할 수 있는 기술 가운데 하나가 바로 금(청)동제품의 각명기술이었던 셈이다.

이런 금(청)동제품의 각명기술은 토기의 각명이나 묵서보다 훨씬 고차원적인 문자 표현 방법이기도 하다. 밑그림이나 문자를 쓰기 위해 먹, 붓, 벼루와 같은 문방구를 준비해야 할 뿐만 아니라 초안을 그대로 새기기 위해 조각끌, 소도리(작은 망치)와 같은 금속제 도구들도 사전에 함께 갖추어져야 하기 때문이다. 따라서 삼국~통일신라시대 금(청)동제품의 각명기술과 그 변천을 밝히는 작업은 철제 조각끌을 중심으로 한 당시 금공기술의 발전 과정을 밝히는 것과 같다. 후술하겠지만 그 이면에는 문자를 새긴 공인의 움직임만이 아니라 삼국시대 국제교류 관계를 엿볼 수 있는 요소까지 내포되어 있다.

제3절 각명기술의 자세와 종류

앞서 살펴본 것처럼 지금까지 각명기술은 연구자의 주관에 의해 비교적 간단히 치부되었다. 그러나 금(청)동제품의 표면에 문자를 새기기 위해서는 다양한 조건이 전제되어야 한다. 그 중에서도 가장 중요한 것은 문자를 새길 때 사용하는 공구, 즉 철제의 조각끌이다. 지금까지 새기거나 깎아 낸 것으로 보고되어 동일한 기술로 간주된 각명기술도 공구에 주목해보면 다양하게 분류할 수 있다. 다만 삼국~통일신라시대에 사용된 공구가 현재까지 전해지거나 실제로 발견된 사례는 없다. 결국, 당시의 각명기술을 복원하고 그 변천과 역사적 배경을 이해하기 위해서는 실견 조사를 통해 금(청)동제품의 표면에 남아 있는 문자의 획을 자세히 관찰하고 그 흔적을 토대로 공구를 복원하는 작업이 선행되어야 한다.

1) 자세와 공구

문자를 새기기 전에 서사자는 붓으로 금(청)동제품의 표면에 문자를 쓴다. 금(청)동제품에 새겨진 문자 하나의 크기가 대부분 한 변 2cm 내외의 정방형 내에 들어갈 만큼 작은 것으로 보아 세필(細筆)이 사용되었을 것이다.

이렇게 쓴 문자를 조금공인(彫金工人)이 조각끌을 사용하여 새긴다. 공인의 자세는 **그림 13-1-1**과 같다. 사용하는 공구는 조각끌과 소도리이다. 왼손에 쥔 조각끌의 두부(頭部)를 오른손에 든 소도리로 내려치면서 문자의 획을 새긴다. 조각끌의 두부에 충격이 가해지면서 금(청)동제품의 표면 일부가 패이거나 깎여 나간다. 소도리로 조각끌의 머리를 한 번 타격하여 새길 수 있는 획의 길이는 한정적이므로 문자를 조각하기 위한 타격은 반복적으로 이루어진다. 따라서 '도자를 오른손에 쥐고 왼손 엄지를 도자에 붙여서 힘을 주며 칼날을 자유롭게 하여 새긴 것'이라는 종래의 추정대로는 문자를 새길 수 없다. 소도리로 조각끌에 순간적인 타격을 가해야만 획을 새길 수 있기 때문이다. 각명기술 가운데 후술하는 합인조금기와 같이

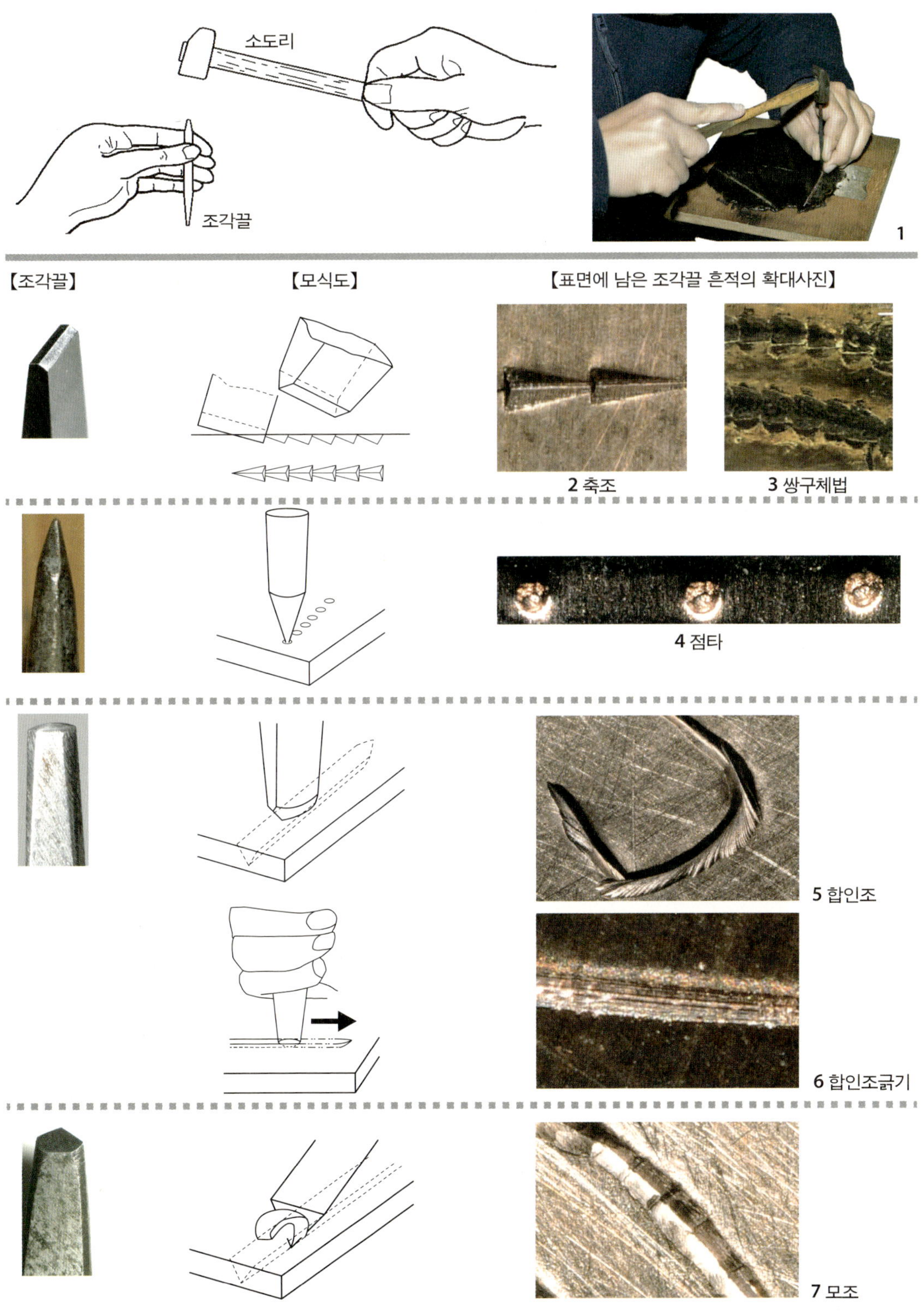

그림 13-1 각명기술의 자세(1:勝部明生·鈴木勉 1998)와 종류(2~7)

날카로운 도구로 금(청)동제품의 표면을 긁어서 아주 미세한 선을 남길 수는 있어도 손의 힘만으로 금(청)동제품에 획을 새기는 것은 불가능하다.

2) 종류

조각끌의 선단 형태에 따라 획에 남은 흔적도 달라진다. 이는 현재 남아 있는 획의 흔적을 '자세히 관찰'하면 역으로 당시 사용된 공구를 복원할 수 있다는 것을 의미한다. 여기서 말하는 '자세히 관찰'이란 박물관의 전시장 안에 진열된 금(청)동제품의 문자를 멀리서 떨어진 채 맨눈으로 살펴보는 수준의 관찰이 아니다. 실견 조사를 통해 금(청)동제품과 조사자 눈 사이의 거리가 약 10cm 내외로 가까워진 상태에서 조각끌의 흔적 하나하나를 세심하게 살피는 관찰을 말한다. 육안 관찰을 통해서도 각명기술을 확신할 수 없는 경우 마크로 렌즈를 사용하여 획의 접사 사진을 찍고 이를 확대, 분석해야만 당시 사용된 공구를 복원할 수 있다. 현재까지 조사한 문자의 획을 확대 관찰하면 삼국~통일신라시대에는 아래의 총 6가지 각명기술이 존재한 것으로 확인된다(鈴木勉 2004; 金跳咏·鈴木勉 2015).

(1) 축조(蹴彫, 그림 13-1-2)

맞배지붕을 거꾸로 한 형태의 조각끌 선단부를 비스듬하게 기울여 동판에 대고 소도리로 두부를 때리면 삼각형의 끌 흔적이 생긴다. 이것을 연속으로 내려치면 삼각형이 연속으로 이어져 마치 하나의 선처럼 보인다. 이 선으로 문자의 획을 표현한다. 바탕 금속을 깎아내지 않아 금속가공을 기준으로 본다면 소성가공에 해당한다. 축조는 문자의 획을 새길 때도 사용되지만 금동관, 대장식구, 식리와 같은 금공품의 표면에 문양을 새기기 위한 선조(線彫)기술로 더욱 많이 사용되었다(제12장 참조).

(2) 쌍구체법(雙鉤體法, 그림 13-1-3)

축조끌과 동일한 끌을 사용한다. 다만 위의 축조가 문자의 획을 하나의 선으로 표현한 것이라면 쌍구체법은 붓글씨로 쓴 획의 윤곽을 모두 축조로 새긴 차이가 있다. 두 개의 구를 새겼다고 하여 쌍구체법이라 불린다.

(3) 점타(點打, 그림 13-1-4)

가공원리는 축조와 같다. 다만 조각끌의 선단은 송곳처럼 원뿔 모양이다. 금(청)동제품의 표면에는 동그란 점문이 생성된다. 이 점문을 연속으로 새겨 문자의 획을 표현한다. 바탕 금속을 깎아내지 않아 금속가공을 기준으로 보면 역시 소성가공에 해당한다.

(4) 합인조(蛤刃彫, 그림 13-1-5)

일본에서 나메쿠리(なめくり)라고 불리는데 한국에서는 일찍이 이를 음독하여 합인조라고 번역한 사례가 있어(權香阿 2000; 鈴木勉 2013) 여기서도 이를 따른다.

조각끌 선단부는 두 개의 조개껍데기가 맞닿아 있는 형태이다. 조각끌의 선단부를 동판에 대고 소도리로 두부를 내려치면 타원형의 흔적이 하나 생긴다. 이 단위가 겹쳐지도록 한 후 연속으로 내려쳐 선을 새긴다. 이렇게 생긴 선으로 문자의 획을 표현한다. 기본적으로 직선을 새기는 데 유리하며 곡선을 새기면 그림 13-1-5와 같이 끌의 단위가 획 속에 남는다. 가공원리는 축조와 같으나 흔적은 전혀 다르다.

합인조는 후술하는 모조와 구분하기가 쉽지 않아 주의가 필요하다. 합인조는 금속을 깎아내지 않고 밀어 넣는다. 조각끌을 타격하면 바탕 금속의 일부가 양쪽으로 밀려 나가므로 가공한 획의 양옆으로 소재가 밀리면서 약간 부풀어 오르는 것이 특징이다. 바탕 금속을 깎아내지 않으므로 금속가공을 기준으로 본다면 소성가공에 해당한다. 합인조는 축조와 마찬가지로 금(청)동제품의 표면에 문양을 새기기 위한 선조기술로 많이 사용된다.

(5) 합인조긁기(그림 13-1-6)

사용된 조각끌은 합인조와 같으나 사용법이 다르다. 즉 소도리로 조각끌의 두부를 타격하는 것이 아니라 조각끌을 손에 쥔 채 금(청)동제품의 표면을 직접 긁어 획을 표현한다(金跳咏·鈴木勉 2015). 완성된 획은 매우 가늘며 획 속에 타격에 의한 조각끌의 흔적도 확인되지 않는다.

(6) 모조(毛彫, 그림 13-1-7)

조각끌의 선단에 날을 만든다. 선단의 날을 동판에 대고 소도리로 조각끌의 두부를 반복적으로 내려쳐 바탕 금속을 깎아내면서 선을 새긴다. 이렇게 생긴 선으로 문자의 획을 표현한다. 선을 새기기 위해 조각끌에 여러 차례의 타격이 반복적으로 가해지는데 타격 시 생긴 조각끌의 흔적이 홈 속에 고스란히 남아 자세히 관찰하면 몇 번을 타격하였는지도 알 수 있다. 또 바탕 금속을 깎아내면서 획이 생성되므로 획의 시작과 끝은 모두 뾰족하며 타격 시 힘을 조절하여 획의 굵기도 조절할 수 있다. 획의 단면은 선단에 있는 날의 형태를 따라 V자형 또는

U자형을 띤다. 바탕 금속의 일부가 깎이면서 동시에 찌꺼기가 생성되므로 획의 양옆은 부풀어 오르지 않는 것이 특징이다.

모조끌은 선단에 날을 만들어야 하므로 강철로 제작해야 한다.[1] 모조는 앞서 언급한 축조, 합인조, 점타와 같은 소성가공과 달리 바탕 금속을 깎아내므로 금속가공을 기준으로 본다면 각명기술 가운데 유일하게 절삭가공에 해당한다(제11장 참조).

제4절 삼국~통일신라시대의 각명기술

삼국시대부터 통일신라시대까지 제작된 금(청)동제품 가운데 표면에 문자가 새겨진 사례는 표 13-1과 같다.[2] 이 가운데 연대가 기록되어 있거나 연대를 추정할 수 있는 유구에서 출토된 사례가 많아 각명기술의 변천을 추정하는 데 유리하다. 제4절에서는 시대·국가별로 확인되는 각명기술을 자세히 관찰하고 분석한다.[3]

아래에서 분석한 사례들 가운데 실견 조사를 통해 각명기술을 분명하게 판단할 수 있는 사례에 대해서는 (실견)을, 공개된 사진 자료를 통해 각명기술을 파악할 수 있는 사례에 대해서는 (가능성↑)을, 공개된 사진 자료를 통해 각명기술을 추정한 사례에 대해서는 (추정)을 덧붙여 두었다.

---

1 모조끌의 제작과 강철 소재의 관계에 대해서는 스즈키 쓰토무(鈴木勉)의 논문(2005)을 참고할 수 있다.

2 본장의 연구대상은 문자를 '①새긴' '②금(청)동제품'이다. ①에 의해서 문자를 타출한 익산 왕궁리5층 석탑 순금금강경판, 주조하여 만든 것으로 생각되는 고창 오호리3호 석실분 청동인장과 통일신라시대의 여러 청동인장과 범종, ②에 의해서 경주 월지 출토 '辛作(신작)'명 철제도자(나무 손잡이)와 '東宮衙鎰(동궁아일)'명 철제자물쇠(철), 상감대도(철) 등은 연구대상에서 제외한다.

3 다만 아쉽게도 명문이 있는 금(청)동제품은 중요문화재로 지정된 사례가 많아 각명기술을 '자세히 관찰'하기 위한 필수 조건인 실견 조사가 어려운 경우가 대부분이다. 이런 경우에는 기존에 발간된 도록과 보고서의 사진 자료를 적극적으로 분석하여 각명기술을 판단하도록 한다. 다행히 중요문화재인 만큼 명문을 크게 확대하여 게재한 사진 자료들이 여럿 있다.

표 13-1 삼국~통일신라시대 명문이 새겨진 금(청)동제품

	지역	유적	유물	연대	재질	각명기술
고구려	집안	태왕릉	동령	391년	청동	합인조긁기?
	함경남도 신포	절골유적	금동명문판	546년 / 604년	금동	모조
	충주	-	건흥5년명금동석가삼존불광배	536년 / 571년 / 596년	금동	모조
	평양 평천리	폐사지	영강7년명 금동광배	551년	금동	모조
	황해도 곡산군 화촌면 봉산리	-	금동신묘명삼존불입상	571년	금동	모조
	(전)의령	-	연가7년명금동여래입상	479년 / 539년 / 599년	금동	모조
백제	공주	무령왕릉	은팔찌	520년	은	합인조
			은제화형장식	520년	은	합인조긁기
	부여	부소산성	동문지 금동광배	7세기 중엽(최웅천)	금동	합인조긁기
	부여	부소산성	정지원명불상	6세기 중/후엽	금동	모조
	(전)서산	-	갑오명금동삼존불	574년	금동	모조
	-	-	금동계미명삼존불입상	563년 / 623년	금동	모조
	-	-	갑인명금동광배	594년	금동	모조
	부여	왕흥사	청동사리외함	577년	청동	모조
	익산	미륵사지	금제사리봉안기	639년	금	모조
			청동합	639년	청동	합인조긁기
			금정1	639년	금	합인조긁기
			금정2	639년	금	합인조긁기
			금정3	639년	금	합인조긁기
신라	경주	황남대총 북분	은제대장식구	5세기 후엽	은	합인조긁기
			금동제품		금동	축조
			은제관식		은	합인조긁기
	경주	서봉총	은합	451년	은	합인조긁기
	경주	금관총	삼루환두대도	5세기 말	금동	합인조긁기
			삼루환두대도		금동	합인조긁기
			삼루환두대도		금동	합인조긁기
			대단금구		금동	합인조긁기
			장식도 금구		금동	합인조긁기
			장식도 금구편		금동	합인조긁기
			장식도 금구편		금동	합인조긁기
			초미금구		금동	합인조긁기
			장식도 금구편		금동	합인조긁기
	경주	천마총	대장식구 관련 부속구	6세기 초	은	합인조긁기
	경주	황오동16호분 제1곽	청동초두	5세기 후엽	청동	축조
			청동합	5세기 후엽	청동	?
	경주	-	청동합	-	청동	?
	경주	계림로14호분	청동합	6세기 초	청동	축조
	안동	임하동 I -11호분	청동띠 장식조각	7세기	청동	축조? 합인조?
통일신라	경주	동궁과 월지	금동합	통일신라	금동	모조
			금동대접	통일신라	금동	모조
			청동접시	통일신라	청동	합인조긁기
			청동접시	통일신라	청동	합인조긁기
			청동접시	통일신라	청동	합인조긁기
			청동숟가락	통일신라	청동	합인조긁기
			청동숟가락	통일신라	청동	합인조긁기
	경주	인왕동 왕경유적 1방 건물지	청동접시	752년~759년 또는 776~9세기 중엽	청동	?
	경주	월성해자	청동접시	통일신라	청동	축조
	경주	사천왕사	금동장식	679년 이후	금동	합인조? 모조?
	경주	황복사지 삼층석탑	사리외함	706년	금동	축조? 합인조?
	경주	감은사지	청동숟가락	통일신라	청동	점타
	함안	성산산성	청동그릇	통일신라	청동	축조?
	서울	호암산성 제2우물지	청동숟가락	8세기 중엽(757년 이전)	청동	합인조긁기
	경주	나원리 오층석탑	명문금동사리함	8세기 초	금동	축조
	광주	대쌍령리 9호 석곽묘	청동방울	7세기 후반~8세기 후반	청동	합인조? 합인조긁기?
	평창	상원사	범종	725년	청동	모조
	원주	흥법사지	염거화상탑지	844년	동	쌍구체기법
	경주	창림사지 삼층석탑	국왕경응조무구정탑원기	855년	금동	쌍구체기법
	경주	황룡사 구층목탑 사리공	금동사리내함	873년	금동	쌍구체기법
			금동사리기	883년	금동	쌍구체기법
			은판(2매)	872년	은	축조
	경주	광장과 도시유적 우물	청동접시	통일신라	청동	합인조긁기
	부여	부소산성	민명 청동정병	통일신라	청동	쌍구체기법
			청동오화형완	통일신라	청동	쌍구체 / 축조?
			청동접시	통일신라	청동	합인조긁기
			청동접시	통일신라	청동	합인조긁기
	경주	동천동유적 부근	청동용기 (수습품)	통일신라	청동	쌍구체기법
	-	무진사	범종	745년	청동	쌍구체기법

1) 고구려

(1) 建興5년명 금동석가삼존불광배

충주시 노은면에서 출토된 것으로 전해진다. 광배에 새겨진 문자 획의 양단이 뾰족하고 획의 굵기가 변화하는 것으로 보아 모조임을 알 수 있다(가능성↑). 建興5년에 대해서는 536년, 571년, 596년설이 있는데 596년에 제작된 것으로 보는 견해가 많다.

(2) 永康7년명 금동광배

평양 평천리 폐사지에서 출토되었다. 문자 획의 양단이 뾰족하고 획의 굵기가 변화하는 것으로 보아 모조임을 알 수 있다(가능성↑). 永康7년에 대해서는 다양한 설이 있는데 양원왕 7년(551)으로 보는 견해가 다수이다(양은경 2007).

(3) 금동신묘명삼존불입상

황해도 곡산군 화촌명 봉산리에서 출토되었다. 문자 획의 양단이 뾰족하고 획의 굵기가 변화하는 것으로 보아 모조임을 알 수 있다(가능성↑). 신묘년에 대해서는 자체와 자형의 분석을 통해 511년으로 보는 견해(許仙瑛 2014)도 있으나 고구려 평원왕 13년(571)으로 보는 견해가 다수이다(梁銀景 2005; 문명대 2007).

(4) 延嘉7년명 금동여래입상(그림 13-2-1)

의령에서 출토된 것으로 전해진다. 문자 획의 양단이 뾰족하고 획의 굵기가 변화하는 것으로 보아 모조임을 알 수 있다(가능성↑). 延嘉7년에 대해서는 479년, 539년, 599년 설이 있는데 이 가운데 539년설이 가장 많은 지지를 얻고 있다.

(5) 신포 절골유적 금동명문판(그림 13-2-2)

문자 획의 양단이 뾰족하고 획의 굵기가 변화하는 것으로 보아 모조임을 알 수 있다(가능성↑). '□和三年'에 대해서는 양원왕 2년(546)으로 보는 견해(이도학 1995)와 영양왕 15년(604)으로 보는 견해가 있다(이승호 2015).

(6) 집안 태왕릉 동령

세부 사진을 구할 수 없어 각명기술을 자세히 확인하기 어렵다. 보고서 도면을 보아 합인조

그림 13–2 고구려 및 백제의 각명기술

1. 연가7년명 금동여래입상 | 2. 신포 절골유적 금동명문판 | 3. 공주 무령왕릉 ‘多利作(다이작)’명 은제팔찌 | 4. 부여 부소산성 동문지 금동광배 | 5. 부여 부소산성 정지원명불상 | 6. 부여 왕흥사 청동사리외함 | 7. 익산 미륵사지 청동합 | 8. 익산 미륵사지 금제사리봉안기 | 9. 익산 미륵사지 금정

긁기로 보인다(추정). 제작 연대에 관해서는 391년, 451년, 511년 등 여러 설이 있으나 391년 설이 가장 유력해 보인다.

2) 백제

(1) 공주 무령왕릉 은제팔찌(그림 13-2-3)

왕비가 착장한 은제팔찌이다. 팔찌 내부에 새겨진 날짜, 사용된 재료와 양, 장인의 이름 등이 새겨져 있다. 명문을 확대해 보면 조각끌 선단의 흔적이 확인되어 합인조끌이 사용된 것을 알 수 있다(실견). '庚子年'은 520년이다.

(2) 공주 무령왕릉 은제화형장식

은제화형장식에 '一百卅'이 새겨져 있다. 공객된 사진 자료로 보아 '합인조긁기'로 보인다(가능성↑).

(3) 부여 부소산성 동문지 금동광배(그림 13-2-4)

획이 매우 가늘다. 획 속에 타격에 의한 조각끌의 흔적도 확인되지 않는 것으로 보아 합인조긁기로 보인다(가능성↑). 연대와 관련해서는 금동광배에 새겨진 문양의 분석을 통해 금동대향로와 비슷한 시기에 제작된 것으로 보고 7세기 중엽으로 비정하는 견해를 참고할 수 있다(金容民 1996; 최응천 1999).

(4) 부여 부소산성 정지원명불상(그림 13-2-5)

문자 획의 양단이 뾰족하고 획의 굵기가 변화하는 것으로 보아 모조로 보인다(가능성↑). 제작 연대가 기록되어 있지 않으나 북조제(北朝製)로 보는 견해(성윤길 2013)도 있으나 대부분 연구자가 6세기 후엽 백제에서 제작된 것으로 본다.

(5) 갑오명금동삼존불

서산에서 출토된 것으로 전해진다. 공개된 사진이 뚜렷하지 않으나 문자 획의 양단이 뾰족하고 획의 굵기가 변화하는 것으로 보아 모조로 보인다(가능성↑). 甲午년은 514년, 574년에 해당하는 데 이 중 후자의 가능성이 커 보인다(鄭永鎬 2011).

(6) 금동계미명 삼존불입상

출토지를 알 수 없다.[4] 입수한 수장가의 증언에 따르면 일본 강점기에 호남지역에서 출토된 후 상경하였다고 한다(鄭永鎬 2011). 문자 획의 양단이 뾰족하고 획의 굵기가 변화하는 것으로 보아 모조로 보인다(가능성↑). '癸未'는 563년설, 623년설이 있으나 延嘉7년명 금동여래입상과 유사하므로 563년에 제작되었다는 견해가 다수이다(문명대 2007).

(7) 갑인명금동광배

도쿄박물관에 소장된 호류지(法隆寺) 헌납보물 196호 금동광배이다. 문자 획의 양단이 뾰족하고 획의 굵기가 변화하는 것으로 보아 모조로 보인다(가능성↑). 제작지에 관해서는 고구려로 보는 견해(郭東錫 1993)와 백제로 보는 견해(蘇鉉淑 2009)로 나누어져 있다. 또 명문의 분석을 통해 834년 이후 고구려에서 제작된 금동불에 명문을 새긴 것으로 보는 견해도 있으나(金昌鎬 1994) 대부분의 연구자가 甲寅년을 594년으로 비정한다(성윤길 2013; 蘇鉉淑 2009, 2011).

(8) 부여 왕흥사 청동사리외함(그림 13-2-6)

획의 시작과 끝이 모두 뾰족하다. 획 속에 남아 있는 끌의 흔적으로 보아 모조끌이 사용된 것을 알 수 있다(실견). '丁酉年'은 577년이다.

(9) 익산 미륵사지 청동합(그림 13-2-7)

명문을 확대해 보면 완성된 획이 매우 가늘다. 획 속에 타격에 의한 조각끌의 흔적도 확인되지 않는 것으로 보아 합인조긁기임을 알 수 있다(가능성↑).

(10) 익산 미륵사지 금제사리봉안기(그림 13-2-8)

명문을 확대해 보면 획의 시작과 끝이 모두 뾰족하다. 획 속에 남아 있는 끌의 흔적으로 보아 모조끌이 사용된 것을 알 수 있다(실견). '己亥年'은 639년이다.

(11) 익산 미륵사지 금정(그림 13-2-9)

3점의 금정에서 명문이 확인되는데 각명기술은 동일하다. 명문의 획이 매우 가늘다. 획 속에

4 고구려제로 보는 견해도 존재한다(문명대 2007).

타격에 의한 조각끌의 흔적도 확인되지 않는 것으로 보아 합인조금기임을 알 수 있다(가능성↑).

3) 신라

(1) 경주 황남대총 북분 은제대장식구(그림 13-3-1)

‘부인대(夫人帶)’가 확인된다. 완성된 획이 매우 가늘다. 획 속에 타격에 의한 조각끌의 흔적도 확인되지 않는 것으로 보아 합인조금기임을 알 수 있다(실견). 복원실험 결과(金跳咏·鈴木勉 2015)가 이를 뒷받침한다. 황남대총 북분은 5세기 후엽으로 비정된다.

(2) 경주 황남대총 북분 은제관식(그림 13-3-2)

‘夫’, ‘百’이 새겨져 있다. 완성된 획이 매우 가늘다. 획 속에 타격에 의한 조각끌의 흔적도 확인되지 않는 것으로 보아 합인조금기임을 알 수 있다(실견).

(3) 경주 황남대총 북분 금동제품(그림 13-3-3)

패인 획 안에 분필이 남아 있어 획을 관찰하기 쉽지 않다. 삼각형의 흔적이 확인되는 것으로 보아 축조임을 알 수 있다(실견).

(4) 경주 서봉총 은합(그림 13-3-4)

획이 매우 가늘다. 획 속에 타격에 의한 조각끌의 흔적도 확인되지 않는 것으로 보아 합인조금기로 보인다(가능성↑). 연수7년에 대해서는 451년설이 가장 많은 지지를 얻고 있다.

(5) 경주 금관총 삼루환두대도 외 부속구(그림 13-3-5)

금관총에서는 명문이 새겨진 삼루환두대도 외 부속구가 총 9점 출토되었다(김대환 2017). 모두 삼루환두대도의 부속구로 생각되며 각명기술은 모두 동일하다. 문자를 확대해 보면 획이 매우 가늘다. 획 속에 타격에 의한 조각끌 흔적이 확인되지 않는 것으로 보아 합인조금기임을 알 수 있다(실견). 금관총은 5세기 말로 비정된다.

(6) 경주 천마총 금동제품

‘十’자가 확인되는데 공개된 도면(이용현 2014)으로 보아 대장식구 관련 부속구로 생각되며 합

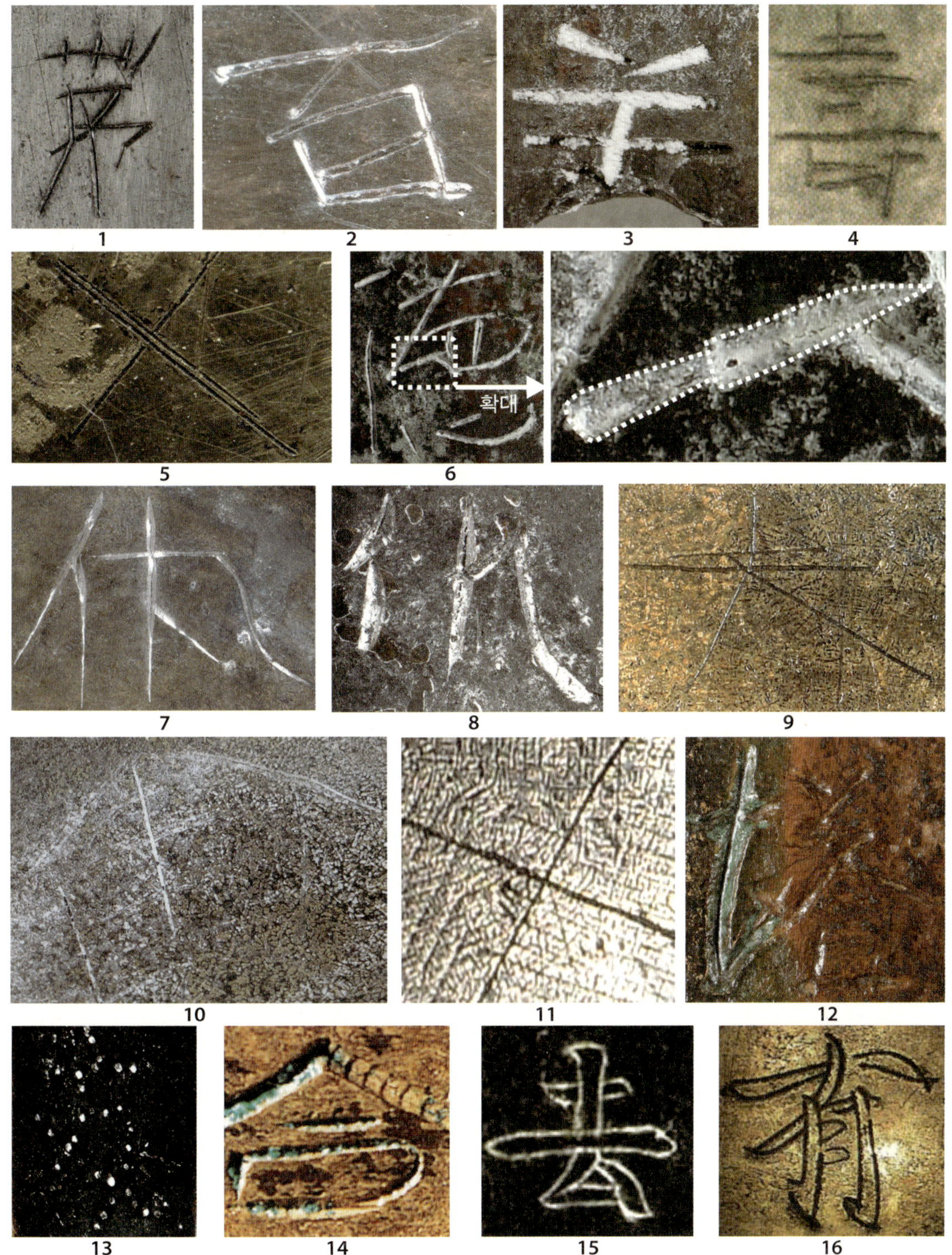

그림 13-3 신라~통일신라의 각명기술(1)

1. 경주 황남대총 북분 은제대장식구 | 2. 경주 황남대총 북분 은제관식 | 3. 경주 황남대총 북분 금동제품 | 4. 경주 서봉총 은제합 | 5. 경주 금관총 삼루환두대도 | 6. 경주 황오동16호분 청동초두 | 7. 경주 월지 금동합 | 8. 경주 월지 금동대접 | 9. 경주 월지 청동접시(大租) | 10. 경주 월지 청동접시(舍人) | 11. 경주 월지 청동접시(十伍人) | 12. 경주 사천왕사 금동제 금구 | 13. 경주 감은사지 청동숟가락 | 14. 경주 나원리5층석탑 금동사리함 | 15. 원주 흥법사지 염거화상탑지 | 16. 경주 창림사지 국왕경응조무구정탑원기

인조금기로 보인다(가능성↑). 천마총은 주로 6세기 초로 비정된다.

(7) 경주 황오동16호분 제1곽 청동초두(그림 13-3-6)

초두 손잡이에 '古德興'이 새겨져 있다. 주조하기 전 밀랍제 원형에 글자를 미리 새겨둔 것으로 보는 견해가 있으나(이용현 2014) 실물을 관찰한 결과 주조 후 초두 표면에 조각끌을 사용하여 문자를 새긴 것을 확인하였다. 획에 삼각형의 끌 흔적이 남아 있는 것으로 보아 축조임을 알 수 있다(실견). 출토된 토기로 보아 황오리16호분 제1곽은 5세기 후엽으로 비정할 수 있다.

(8) 경주 황오동16호분 제1곽 청동합

바닥에 '万年'이 새겨져 있다고 하나 사진이 공개되지 않아 각명기술을 알 수 없다. 판단을 보류한다.

(9) 大富명 청동합

미추왕릉에서 도굴된 후 압수되었다는 설도 있고 황오동고분 출토품이라는 설도 있어 출토지가 명확하지 않다. 형태로 보아 신라지역에서 출토되었을 가능성이 크다. '大富'가 바닥에 새겨져 있는데 획을 확대한 사진을 확보하지 못하여 각명기술에 대해서는 보류해둔다.

(10) 경주 계림로14호분 청동합

보고서에 게재된 명문의 확대 사진을 보면 획 속에 축조끌의 흔적을 확인할 수 있다(추정). 보고서에 따르면 계림로 14호분의 축조연대는 6세기 초이다.

(11) 안동 임하동 I-11호분 청동대장식구

'處郞'이 새겨져 있다. 보고서에 실린 사진을 보면 축조 또는 합인조로 생각되나 단정하기는 어렵다(추정). 공반된 토기로 보아 고분은 7세기에 축조된 것으로 생각된다.

4) 통일신라

(1) 경주 월지 금동합(그림 13-3-7)

완의 바닥과 뚜껑 내면에 각각 '仇'자가 새겨져 있다. 획의 시작과 끝이 모두 뾰족하고 획 속에 남아 있는 끌의 흔적으로 보아 모조끌이 사용된 것을 알 수 있다(실견). 월지는 문무왕14년(674)에 완성된 이후 신라가 고려에 투항한 935년까지 360년간 왕궁의 원지로 이용되었다. 7세기 이후의 유물로 볼 수 있다.

(2) 경주 월지 금동대접(그림 13-3-8)

대접의 바닥에 '仇'자가 새겨져 있다. 획의 시작과 끝이 모두 뾰족하고 획 속에 남아 있는 끌의 흔적으로 보아 모조끌이 사용된 것을 알 수 있다(실견).

(3) 경주 월지 청동접시(그림 13-3-9)

바닥에 '大租'가 새겨져 있다. 획이 매우 가늘다. 획 속에 타격에 의한 조각끌의 흔적도 확인되지 않는 것으로 보아 합인조긁기임을 알 수 있다(실견).

(4) 경주 월지 청동접시(그림 13-3-10)

바닥에 '舍人'이 새겨져 있다. 획이 매우 가늘다. 획 속에 타격에 의한 조각끌의 흔적도 확인되지 않는 것으로 보아 합인조긁기임을 알 수 있다(실견).

(5) 경주 월지 청동접시(그림 13-3-11)

바닥에 '十伍人'이 새겨져 있다. 획이 매우 가늘다. 획 속에 타격에 의한 조각끌의 흔적도 확인되지 않는 것으로 보아 합인조긁기임을 알 수 있다(실견).

(6) 경주 동궁과 월지 청동숟가락

'漢丙伊'가 새겨져 있다. 보고서에 게재된 사진으로 판단하건대 합인조긁기로 보인다(가능성↑). 보고서에서는 공반된 와전류를 7세기 중후반으로 비정한다.

(7) 경주 동궁과 월지 청동숟가락

'東伊'가 새겨져 있다. 보고서에 게재된 사진으로 판단하건대 합인조긁기로 보인다(추정).

(8) 경주 인왕동 왕경유적 1방 청동접시

청동접시 바닥에 '辛番東宮洗宅'이 새겨져 있다. 보고서에 공개된 도면만 보아서는 각명기술을 판단하기 어려워 보류하고자 한다. 통일신라시대 '세택(洗宅)'이 사용된 시기는 경덕왕18년(759) 이전, 그리고 혜공왕12년(776)부터 9세기 중엽(855년~872년)으로 크게 두 시기로 나누어진다(李基東 1979). 따라서 8세기 중엽부터 9세기 중엽에 제작된 것으로 볼 수 있다.

(9) 경주 월성해자 청동접시

'咸'가 새겨져 있다. 공개된 사진 자료를 관찰해보면 여러 개의 삼각형의 흔적이 이어져 획을 이루어 축조임을 알 수 있다(가능성↑). 공반관계가 명확하지 않아 제작 연대는 보류해둔다.

(10) 경주 사천왕사 금동제금구(**그림 13-3-12**)

'東塔西'가 새겨져 있다. 합인조 또는 모조로 보이나 보존처리로 인해 획을 자세히 관찰하기 어렵다(실견). 사천왕사가 문무왕19년(679)에 창건된 것으로 보아 금동제금구의 제작 연대는 7세기 후반을 상한으로 한다.

(11) 경주 황복사지 삼층석탑 사리외함

문자의 획을 확인하기 어렵다. 다만 사리외함의 안쪽에 새긴 문자가 전사되어 바깥쪽까지 나온 것으로 보아 축조 또는 합인조의 가능성이 크다(추정). 성덕왕이 神龍2년(706)에 불사리, 아미타상, 무구정광대다라니경을 석탑에 안치하였다는 명문의 내용을 통해 706년 이후에 제작된 것을 알 수 있다.

(12) 경주 감은사지 청동숟가락(**그림 13-3-13**)

'友清'이 새겨져 있다. 명문을 확대해 보면 획이 점으로 이어져 있어 점타임을 알 수 있다(실견). 감은사의 창건연대(682년)를 고려하면 8세기 이후에 제작되었을 가능성이 크다.

(13) 함안 성산산성 청동그릇

'珎上'이 바닥에 새겨져 있다. 보고서에 실린 사진으로 보아 축조로 보인다(가능성↑). 부엽층에서 출토되어 제작 연대는 파악하기 어렵다.

(14) 서울 호암산성 제2우물지 청동숟가락

'仍伐内'가 새겨져 있다. 공개된 사진이 흐릿하여 명확하지는 않으나 '날카로운 도구를 이용하여 얄게 긁어 새긴 것'이라는 보고서의 기술(서울대학교박물관 1990)과 공개된 사진으로 합인조긁기로 보인다(가능성↑). 잉벌내(仍伐內)가 지명으로 사용되던 시기가 경덕왕16년(757) 이전이라는 점을 고려하면 청동숟가락의 제작 연대는 8세기 중엽 이전으로 비정할 수 있다.

(15) 경주 나원리 오층석탑 명문금동사리함(그림 13-3-14)

사리함의 측면과 뚜껑에 '盒(합)'을 새겼다. 획을 확대해 보면 삼각형의 흔적이 연속으로 이어져 있어 축조임을 알 수 있다(가능성↑). 사리함 내측에 붙은 지류(紙類) 편은 『무구정광대다라니경』의 사경 편임이 밝혀졌는데 704년에 당(唐)에서 한역되자 바로 우리나라로 수입되어 석탑에 봉안된 초기의 사경(朴相國 1998)이라고 한다면 금동사리함도 8세기 초 즈음에 제작된 것으로 추정할 수 있다.

(16) 광주 대쌍령리 9호 석곽묘 청동방울

'南漢山助舍(남한산조사)'이 새겨져 있다. 보고서에서는 모조로 추정하나 공개된 사진으로 보아 합인조 또는 합인조긁기로 보인다(추정). 남한산이라는 지명이 사용된 시기가 670년부터 757년이므로(皇甫慶 2009) 제작 연대를 7세기 후반~8세기 전반으로 볼 수 있다.

(17) 원주 흥법사지 염거화상탑지(그림 13-3-15)

석탑 내에 염거화상의 사망일을 기록한 탑지이다. 획의 윤곽을 축조로 새긴 쌍구체법이다(가능성↑). 최초의 승려 탑지로 會昌(회창)4년은 844년이므로 제작 연대를 알 수 있다.

(18) 경주 창림사지 국왕경응조무구정탑원기(그림 13-3-16)

획의 윤곽을 축조로 새긴 쌍구체법이다(가능성↑). 명문의 내용을 통해 855년 이후 제작된 것을 알 수 있다.

(19) 경주 황룡사 구층목탑 사리공 금동사리내함(그림 13-4-1)

사리를 넣은 금동사리내함으로 외면에 『찰주본기』가 새겨져 있다. 획의 윤곽을 축조로 새긴 쌍구체법이다(가능성↑). 경문왕 12년(872)에 황룡사 탑을 새로 수리하고 나서 그 경위를 작성한 것으로 제작 연대를 추정할 수 있다.

(20) 경주 황룡사 구층목탑 사리공 금동사리기(그림 13-4-2)

도굴된 황룡사탑 사리장치를 회수하면서 함께 회수되어 황룡사 구층목탑의 사리공에 안치되었는지는 불분명하다. 획의 윤곽을 축조로 새긴 쌍구체법이다(가능성↑). '仲和三年更復'이라는 명문을 통해 883년 이후 제작된 것을 알 수 있다.

(21) 경주 황룡사 구층목탑 사리공 법사리(그림 13-4-3)

찰주본기에 기록된 법사리 2종이 이 은판으로 비정[5]된다(한정호 2019). '諸法因緣生'이 새겨져 있는데 확대 사진으로 보아 긴 삼각형의 조각끌 흔적이 확인되므로 축조로 분류해둔다(가능성↑). 『찰주본기』의 기록으로 보아 872년 이전에 제작된 것을 알 수 있다.

(22) 경주 황룡사 광장과 도시유적 청동접시(그림 13-4-4)

우물에서 '達溫心村主'가 새겨진 청동접시가 출토되었다. 공개된 사진을 보면 완성된 획이 매우 가늘다. 획 속에 타격에 의한 조각끌의 흔적도 확인되지 않는 것으로 보아 합인조긁기로 보인다(가능성↑). 제작 연대는 비정하기 어려우나 공반된 토기 대부분이 통일신라 말기로 비정되는 것을 고려하면 하한연대를 9세기대로 볼 수 있다.

(23) 부여 부소산성 청동정병(그림 13-4-5)

바닥에 '民'자가 새겨져 있다. 획의 윤곽을 축조로 새긴 쌍구체법임을 알 수 있다(가능성↑). 기형으로 보아 통일신라 후기에 제작된 것으로 보인다.

(24) 부여 부소산성 청동접시①

'能金'이 새겨져 있는데 합인조긁기로 보인다(가능성↑). 도록 『文子로 본 新羅』를 참고로 소장 기관에 문의한 결과 유물 번호가 잘못 기재된 것으로 보인다는 답변을 받았다. 보고서(國立夫餘文化財硏究所 1997)의 도면45 ④~⑦ 청동접시와 유사하기도 하지만 구연부가 달라 출토지 및 정황을 현재로서 알 수 없다. 연대 비정은 보류한다.

---

5 두 은판의 서체가 다르므로 문자를 새긴 공인이 다른 것으로 보는 견해(한정호 2019: 669)가 있다. 다만 사용된 공구를 분석해보면 완전히 일치하므로 새긴 사람은 같을 가능성이 크다. 서체가 다른 이유는 초안을 쓴 사람이 다르기 때문일 것이다.

그림 13-4 신라~통일신라의 각명기술(2)

1. 경주 황룡사 구층목탑 사리공 금동사리내함 | 2. 경주 황룡사 구층목탑 사리공(?) 금동사리기 | 3. 경주 황룡사 구층목탑 사리공 법사리 | 4. 경주 황룡사 광장과 도시유적 청동접시 | 5. 부여 부소산성 청동정병 | 6. 부여 부소산성 청동오화형완 | 7. 경주 동천동유적 청동용기

(25) 부여 부소산성 청동접시②

도록 『文子로 본 新羅』의 설명(p.307)에 따르면 '笠称', '土, 卒, 斤'이 새겨져 있다고 한다. 합인 조금기로 보인다(가능성↑). 위에서 언급한 청동접시①과 같은 이유로 연대 비정을 보류한다.

(26) 부여 부소산성 청동오화형완(그림 13-4-6)

도록 『文子로 본 新羅』의 설명(p.307)에 따르면 바깥쪽 바닥에 쌍구체로 '會'자가 새겨져 있고 그 옆에 선각으로 된 '會'자가 있다고 한다. 선각으로 된 '會'자는 확대된 사진으로 보아 축조로 보인다(가능성↑). 보고서에서 확인할 수 없어 연대 비정은 보류한다.

(27) 무진사종

일본 대마도 고쿠부하치만구(國府八幡宮)에 소장되어 있었으나 소실되어 실물을 관찰할 수 없다. 탑본(搨本)이 전해지는데 획의 윤곽을 축조로 새긴 쌍구체법임을 알 수 있다(가능성↑). 명문 가운데 '天寶四年'이 새겨져 있어 745년 이후에 제작된 것을 알 수 있다.

(28) 경주 동천동유적 부근 청동용기(그림 13-4-7)

'大寺元盡(대사원진)'이 새겨져 있는데 획의 윤곽을 축조로 새긴 쌍구체법임을 알 수 있다(가능성↑). 수습품이므로 제작 연대를 비정할 수 없다.

(29) 평창 상원사 범종

공개된 탁본으로 보아 모조의 가능성이 크다(추정). 명문을 통해 성덕왕24년(725)에 제작된 것을 알 수 있다.

제5절 획기와 의미

1) 획기

제4절의 분석 결과를 시공도로 나타내면 그림 13-5와 같다.[6] 가로축에 지역을, 세로축에 시기를 나타내고 그 위에 앞에서 분석한 각명기술을 시기와 국가에 맞추어 표시하였다. 이를 통해 삼국~통일신라시대 각명기술의 몇 가지 획기를 설정할 수 있다.

첫 번째 획기는 한반도에 본격적으로 각명기술이 등장하는 5세기 후엽이다. 신라를 중심으로 축조 및 합인조금기로 문자를 새긴 금(청)동제품이 등장한다. 두 번째 획기는 한반도에 모조가 등장하는 6세기 중엽이다. 고구려와 백제에 모조로 문자를 새긴 금(청)동제품이 등장한다. 세 번째 획기는 통일 직후인 7세기 후엽~8세기 전반으로 여러 각명기술이 동시에 확인된다. 네 번째 획기는 이전까지 한반도에서 확인되지 않던 쌍구체법이 등장하는 시기이다. 쌍구체법은 8세기에 처음 등장한 후 9세기대에 성행하며 불교관련 제품에서 확인된다. 이상에서 설정한 각명기술의 네 가지 획기에 대하여 국내 정세와 대외교섭이라는 관점에서 해석한다.

---

6 앞선 분석에서 연대를 비정할 수 없는 사례(경주 인왕동 왕경유적 1방 청동접시, 경주 황오동16호분 제1곽 청동합, 출토지 불명 청동합, □부여 부소산성 청동접시(能金), □부여 부소산성 청동접시(笠, 土, 卒, 斤), =경주 동천동유적 부근 청동용기(수습품), ▲=부여 부소산성 청동오화형완, ▲경주 월성해자 청동접시)는 시공도에서 제외하였다.

시기	시대	고구려	백제	신라
4세기	삼국시대	□1		
5세기	삼국시대			□20 □21 □22 ▲23 ▲24 □□□25-27
6세기	삼국시대	★2 ★3 ★4 ★5 ★6	■7 □8 ★9 ★10 ★11 ★12 ★13	□28 ▲29
7세기	삼국시대		★14 □15 □□□16-18 □19	▲■(?)30
7세기	통일신라	668 고구려 멸망	660 백제 멸망	□■(?)31
8세기	통일신라	▲■(?)32 ▲38 연대비정 불가 ▲53	●33 〓39	★34 ★35 ★36 ■★(?)37 □40 □□□ □□ 41-45
9세기	통일신라		▲48 □50	〓46 〓47 〓49 〓51 〓52

1. 집안 태왕릉 동령
2. 연가7년명금동여래입상
3. 신포 절골유적 금동명문판
4. 영강7년명 금동광배
5. 금동신묘명삼존불입상
6. 건흥5년명금동석가삼존불광배
7. 공주 무령왕릉 은제팔찌
8. 공주 무령왕릉 은제화형장식
9. 정지원명불상
10. 갑오명금동삼존불
11. 부여 왕흥사 청동사리함
12. 금동계미명삼존불입상
13. 갑인명금동광배
14. 익산 미륵사지 금제사리봉안기
15. 익산 미륵사지 청동합
16-18. 익산 미륵사지 금정(1, 2, 3)
19. 부여 부소산성 동문지 금동광배
20. 경주 서봉총 은합
21. 경주 황남대총 북분 은제관식
22. 경주 황남대총 북분 은제대장식구
23. 경주 황남대총 북분 금동제품
24. 경주 황오동16호분 청동초두
25-27. 경주 금관총 삼루환두대도
28. 경주 천마총
29. 경주 계림로14호분
30. 안동 임하동 I-11호분 청동띠장식조각
31. 광주 대쌍령리 9호 석곽묘 청동방울
32. 경주 황복사지 삼층석탑 사리외함
33. 경주 감은사지 청동숟가락
34. 경주 월지 금동합(仇)
35. 경주 월지 금동대접(仇)
36. 평창 상원사 범종
37. 경주 사천왕사 금동장식
38. 경주 나원리 오층석탑 명문금동사리함
39. 무진사종
40. 서울 호암산성 제2우물지 청동숟가락
41. 경주 동궁과 월지 청동숟가락(漢丙伊)
42. 경주 동궁과 월지 청동숟가락(東伊)
43. 경주 월지 청동접시(大租)
44. 경주 월지 청동접시(舍人)
45. 경주 월지 청동접시(十伍人)
46. 원주 흥법사지 염거화상탑지
47. 경주 창림사지 삼층석탑 국왕경응조무구정탑원기
48. 경주 황룡사 구층목탑 사리공 은판(2매)
49. 경주 황룡사 구층목탑 사리공 금동사리내함
50. 경주 황룡사 광장과 도시유적 청동접시
51. 경주 황룡사 구층목탑 사리공(?) 금동사리기
52. 부여 부소산성 청동정병
53. 함안 성산산성 청동그릇

▲ 축조 ● 점타 ■ 합인조 □ 합인조긁기 ★ 모조 〓 쌍구체법

그림 13-5 삼국~통일신라시대 각명기술의 시공도(時空圖)

2) 의미

(1) 첫 번째 획기 : 5세기 후엽 – 신라에서 합인조긁기(□) 및 축조(▲)의 등장

문자를 새긴 금(청)동제품이 한반도에서 처음 출현하는 시기는 4~5세기이다. 특히 신라 고분에서 많이 출토되었는데 대부분 합인조긁기와 축조이다.

우선 합인조긁기로 새긴 문자를 새긴 금(청)동제품이 5세기 후엽 경주의 대형분에서 집중적으로 발견된 점이 주목된다. 경주 황남대총 북분, 금관총, 천마총에서 출토된 금(청)동제품의 문자는 그 크기와 서체는 물론 사용된 공구까지 유사하다. 문자를 새기는 공인의 행위(움직임) 역시 비슷하였을 것이다. 동일 공방(공인)에서 새긴 문자로 보아도 무방할 정도이며 설령 다른 공방(공인)에서 제작되었다고 하더라도 문자를 새기는 데 필요한 조각끌(공구)의 제작과 공인의 움직임과 같은 지식체계는 공유된 것으로 보아야 한다. 결국 합인조긁기는 마립간기 신라에 등장한 특별한 각명기술 중 하나로 평가할 수 있다. 5세기 후엽 신라에 합인조긁기의 각명기술이 등장한 계기는 무엇이었을까.

그 원류를 생각하는 데 서봉총 출토 연수명은합에 주목해 볼 수 있다. 은합에서도 경주에서 발견된 금(청)동제품의 각명기술과 매우 유사한 합인조긁기가 확인되기 때문이다. 문자의 크기와 서체, 사용된 조각끌도 경주 출토품과 같다. 중요한 점은 많은 연구자들이 연수(延壽)라는 명문으로 보아 이 은합이 고구려에서 제작되었으며 신묘년(辛卯年)을 451년[7]으로 비정한다는 것이다(이용현 2014). 따라서 연수명은합이 451년 고구려에서 제작된 후 경주로 반입되었을 것이라는 종래의 견해가 타당하다면 5세기 후엽 경주를 중심으로 확인되는 합인조긁기의 계보는 현재로서는 고구려에서 구해도 무방할 것으로 생각된다.

문제는 고구려에서 합인조긁기로 문자를 새긴 명문 자료가 아직 확인되지 않는 것이다. 이와 관련해 앞서 제4절에서 합인조긁기로 추정한 집안 태왕릉 동령이 중요하다. 세부 사진을 구할 수 없어 동령에 새겨진 문자의 획을 자세히 살펴볼 수는 없지만, 문자의 크기, 서체, 획의 표현 방법은 경주에서 발견된 금(청)동제품의 각명기술과 흡사하다(趙宇然 2017). 동령에 새겨진 신묘년을 391년으로 비정하는 견해(백승옥 2005; 李熙濬 2006; 趙法鍾 2004)가 타당하다면 동령이 제작된 4세기 말부터 서봉총의 연수명은합이 제작된 5세기 중엽까지 고구려에는 합인조긁기 각명기술이 존재한 셈이다. 결국 고구려의 각명기술이 5세기 후엽 신라까지 전파된 것으로 이해할 수 있다. 고구려에서 제작된 물건의 이입, 또는 고구려계 공인의 이동을

7 511년으로 보는 연구자(朴光烈 1999)도 은합의 계보를 고구려에서 구하는 점은 같다.

상정해볼 수 있겠다.

고구려로부터 신라로 각명기술이 전해진 이 시기가 왜의 침입으로 이루어진 고구려 남정 이후라는 것은 결코 우연이라고 보기 어렵다. 경자년 이후 신라가 고구려로부터 많은 간섭을 받게 된 사실은 익히 알려져 있다(朱甫暾 1998). 호우총 출토 호우를 비롯하여 고구려계의 이식과 식리 등 월성북고분군에서 출토된 고구려계 문물이 이를 방증한다. 5세기 신라의 한문자 수준이 급속하게 향상된 배경을 고구려의 영향에서 구하는 견해(朱甫暾 2001) 역시 이와 관련 있을 것이다.

요컨대 당시 국제정세로 보아 신라에서 합인조긁기의 각명기술이 등장한 계기는 고구려의 영향으로 볼 수 있다. 고구려 남정 이래 많은 금(동)제품이 고구려에서 신라로 이입되는 가운데 각명기술도 함께 전해졌을 것이다.

한편 축조로 문자를 새긴 금(청)동제품이 황남대총 북분과 황오동16호분에서 확인된다. 특히 황오동16호분 출토 청동초두는 손잡이에 새겨진 '古德興'이라는 문자가 세련되었다는 이유로 고구려제로 보기도 한다(이용현 2014). 물론 개연성이 높으나 당시 신라에서 활발하게 제작된 금공품의 선조기술 가운데 가장 대표적인 것이 축조라는 점을 고려한다면(諫早直人 2016; 제12장 참조) 금공품을 제작한 신라 공인이 축조로 문자를 새겼을 가능성도 염두에 두어야 할 것이다.

(2) 두 번째 획기 : 6세기 중엽 – 고구려와 백제에서 모조(★)의 등장

6세기 중엽이 되면 고구려와 백제에서 각명기술을 확인할 수 있는 금(청)동제품이 등장한다. 무령왕릉에서 출토된 은제팔찌와 은제화형장식을 제외하면 이 시기의 각명기술은 모두 모조이며 주로 금동소불의 광배에서 확인된다. 문자를 단순히 선으로 표현하는 5세기대의 각명기술에 비해 획의 굵기를 조절할 수 있는 모조는 앞 단계보다 발전된 각명기술로 평가할 수 있다.

이 시기 등장한 모조와 관련하여 고구려와 백제의 금동소불이 중국 산동(山東)지역 금동소불과 유사한 점에 주목할 필요가 있다(문명대 2007; 성윤길 2013; 梁銀景 2005, 2006; 양은경 2007). 유사한 각명기술이 확인되기 때문이다.

중국 산동지역의 박흥현(博興縣) 용화사지(龍華寺址)(李少南 1984), 곡부시(曲阜市) 승과사지(勝果寺址)(王思礼·楊子范 1959), 태안시(泰安市) 흥화촌(興華村)(吉爱琴 1989)에서 금동소불이 대량으로 출토되었다. 명문이 있어 제작된 연대를 명확하게 알 수 있는데 대부분 북위(北魏),

동위(東魏), 북제(北齊), 수대(隋代)에 제작된 북조(北朝)의 금동소불에 해당한다. 대표적인 금동소불로 북위대의 박홍현 용화사지 太和2년(478) 금동석가다보이불병좌상, 태안시 흥화촌 太和18년(494) 금동광배, 박홍현 용화사지 普泰2년(532) 금동미륵삼존불입상, 박홍현 용화사지 仁壽원년(601) 금동관세음삼존불입상, 동위대의 박홍현 용화사지 금동불입상과 금동반가사유상, 북제대의 박홍현 용화사지 天保5년(554) 금동보살입상, 곡부시 승과사지 天保7년(556) 금동석가삼존불입상, 박홍현 용화사지 河淸3년(564) 청동미륵교각상, 곡부시 승과사지 武平3년(572) 금동관세음삼존불입상, 수대의 박홍현 용화사지 仁壽원년(601) 금동관세음삼존보살입상을 들 수 있다. 일찍부터 이 금동소불의 대좌와 광배에 새겨진 명문의 내용은 알려졌으나 사진이 보고되지 않아 각명기술을 알 수 없었는데 최근 산동지역의 금동소불의 조사 결과(국립중앙박물관·산둥박물관 2017)가 공개되면서 각명기술도 명확히 파악할 수 있게 되었다. 공개된 사진으로 보아 북조시기 산동지역에서 제작된 금동소불에 모두 모조로 문자를 새긴 것이 분명하다(그림 13-6-上).

한편 중국 강소성(江蘇省) 남경시(南京市) 덕기광장(德基廣場)[8] 출토 금동소불의 광배에 모조로 보이는 명문이 새겨져 있다. 大通원년(527)이라는 명문으로 보아 남조(南朝) 양대(梁代)에서 제작된 것으로 보이며 이외에 남경시박물관(南京市博物館)에 소장된 출토지 불명 금동소불 2점도 명문은 없으나 남조제(南朝製)로 생각된다(鄭永鎬 2011). 그러나 남조의 금동소불은 출토지가 불분명할 뿐만 아니라 각명기술을 확인할 수 있는 사례도 적다.

결국, 현재까지 보고된 자료로 볼 때 고구려와 백제의 금동소불의 원류는 중국 남조(蘇鉉淑 2009; 鄭永鎬 2011)보다 북조시기의 산동지역에서 구할 수 있다고 본다.[9] 그렇다면 6세기 중엽 고구려와 백제에 갑자기 등장한 모조라는 각명기술 역시 북조의 금동소불 제작기술이 한반도로 전래되는 과정에서 함께 유입된 것으로 이해할 수 있다(鈴木勉 2013). 백제시대 명문의 서체가 북조체(北朝體)와 관련깊다는 서예사의 연구도 이를 방증한다(孫煥一 2009).

백제지역의 모조는 부여 왕흥사 청동제 사리외함(577년), 익산 미륵사지 서탑 출토 금제 사리봉영기(639년)에도 확인된다. 즉 금동소불의 문자만이 아니라 불교 관련 제품의 문자를 조각하는 데도 이용된 것이다. 그뿐만 아니라 능사의 금동대향로, 능산리 중상총 금동제관장

8 출토지에 관해서는 신가구(新街口)의 오래된 우물로 보는 의견(양은경 2009)도 있다.

9 강소성 남경시 덕기광장에서 출토된 금동소불과 유사한 양식의 보살삼존상이 양양 진전사 터에서 출토되었다. 남조와 교섭도 당연히 이루어졌을 것이다.

그림 13-6 북위 산동성의 불상과 사비기 백제의 모조제품

1. 곡부시 승과사지 天保7년(556) 금동석가삼존불입상 | 2. 박흥현 용화사지 普泰2년(532) 금동미륵삼존불입상 | 3. 박흥현 용화사지 仁壽원년(601) 금동관세음삼존보살입상 | 4. 永安2년(529) 금동광배 | 5. 부여 능산리사지 금동대향로 | 6. 부여 능산리 중상총 금동제관장식 | 7. 부여 능산리 중상총 금동제투조금구 | 8. 부여 하황리 은제병유리구금구

식과 금동제투조금구, 하황리 은제병유리구금구, 나주 복암리3호분 5호 석실 규두대도에서 확인되는 '단선문과 화염문의 조합 문양'[10]이 모두 모조로 새겨진 것으로 보아**(그림 13-6-下)** 백제 공인은 애초에 문자를 새기는 기술로 도입된 모조를 문양을 조각하는 데까지 사용한 것을 알 수 있다.

중요한 점은 백제에서 모조가 등장하고 얼마 지나지 않아 왜에서도 곧바로 모조제품이 대량으로 등장하고 8세기 이후까지 지속되는 것이다. 일본열도에서 처음으로 확인되는 모조제품은 6세기 후엽으로 비정되는 나라현 다마키야마(珠城山) 3호분 경판과 행엽, 후지노키(藤ノ木)고분의 금동장용문식금구(金銅裝龍文飾金具)이다(鈴木勉 2004). 이후 성덕태자(聖德太子)에 의해 7세기 초 건립된 나라현 호류지 금동불상에서 모조를 확인할 수 있으며 이 외에 호류지 甲寅년석가상광배명(594년), 丙寅년보살반가상명(606년), 금당사좌상(金堂師座像)광배명(607년), 금당석가삼존상광배명(623년), 戊子년석가여래급협시상명(628년), 辛亥년관음보살입상명(651년)에 새겨진 문자 역시 모두 모조이다. 특히 호류지 옥충주자(玉虫廚子)는 모조로 문양을 새겼을 뿐만 아니라 앞서 언급한 '단선문과 화염문'이 조합된 문양까지 흡사하여 백제와 강한 관련성을 엿볼 수 있다**(그림 13-7)**.

이처럼 일본열도의 모조는 불교와 관련된 제품의 명문만이 아니라 마구와 장식금구, 대도의 부속구에서도 확인된다. 모조제품의 수량 또한 방대하여 고구려·백제보다 훨씬 더 활발히 모조를 이용한 것을 알 수 있다. 특정 문양을 모조로 새겼다고 하여 '모조마구(毛彫馬具)'라고까지 명명된 7세기대의 마구가 일본 전역에서 확인되는 것은 이를 방증한다(田中新史 1997; 坂本美夫 1979). 이후 묘지와 범종을 중심으로 9세기까지 일본열도에서 모조가 사용되어 한반도와는 매우 대조적인 양상을 띤다(鈴木勉 2013).

이상과 같이 북조의 금동소불에서 확인되는 모조기술이 한반도의 고구려와 백제, 그리고 일본열도에서 큰 시차를 두지 않고 등장하는 현상에 대해서는 당시의 국제정세를 통해서도 어느 정도 짐작해 볼 수 있다.

6세기 전반, 빈번하게 이루어진 고구려와 북위의 교섭은 520년대 일시적으로 단절되기도 하였으나(金鎭漢 2007) 560년 평원왕이 북제(北齊) 폐제(廢制)의 책봉을 받은 것에서 알 수

10 지금까지 '삼릉심엽형장식'(한정호 2005) 또는 '짧은 선이 채워진 연화문'(김낙중 2015)이라고 표현되었다. 특히 후자에서는 이 문양이 확인되는 백제지역의 장식금구와 일본열도 출토품을 백제왕권과 관련된 공인이 제작한 것으로 이해하여 매우 주목할만하다.

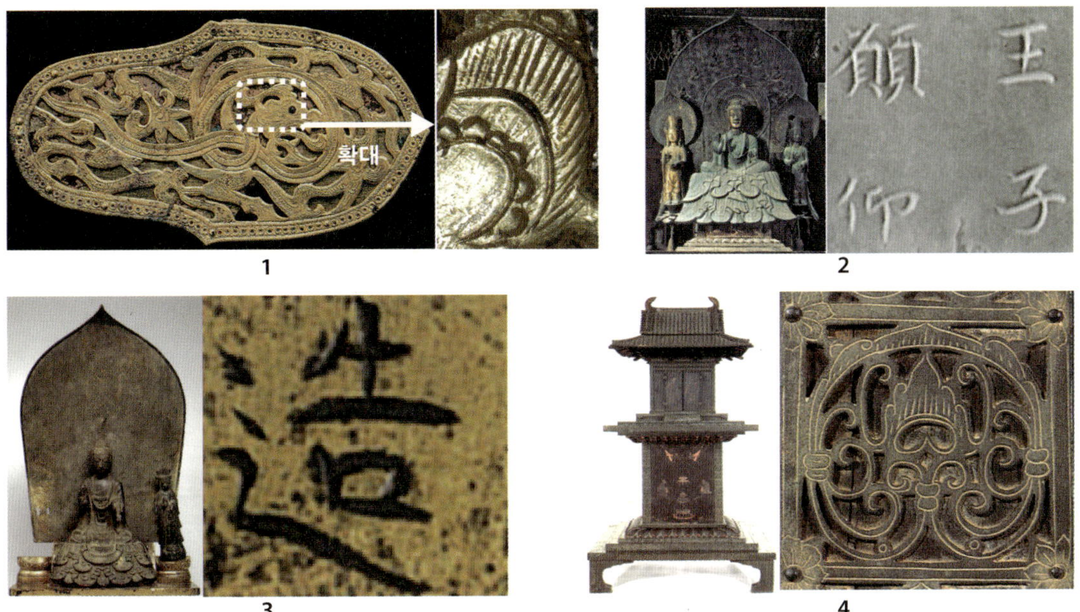

그림 13–7 **일본열도의 모조제품**

1. 후지노키고분 금동장용문식금구 | 2. 금당석가삼존상광배명(623년) | 3. 戊子년석가여래급협시상명(628년) | 4. 호류지 옥충주자

있듯이 6세기대에도 지속된다.

한편 그동안 남조 일변도였던 백제도 567년 북제와 교류를 재개한다. 신라와 고구려가 백제보다 앞서 북조와 교류를 시작하면서 한반도 내에서 백제가 고립되자 위덕왕은 대외교섭을 통해 이를 타개하고자 한다(박윤선 2006). 백제사상 가장 많은 대외교섭 기록이 위덕왕대라는 것을 이를 방증한다(梁起錫 2003). 북조 국가와 교류를 재개하는 이 시기가 모조로 문자를 새긴 금동소불이 백제에서 등장하는 시기와 겹치는 것은 단순한 우연이라고 보기 어렵다.[11]

백제는 북조와 교섭을 재개하면서 동시에 왜(倭)와도 교섭한다. 575년 왜에 사신을 파견하는 데 이어 577년 11월에는 경론(經論)과 율사(律師), 선사(禪師), 비구니(比丘尼), 주금사(呪禁師), 조불공(造佛工), 조사공(造寺工) 등 선진 불교 문물과 함께 6인의 전문 기술자를 파견한

11 각명기술 외에도 능사 백제창왕명석조사리감, 장경병, 부여 정림사지 북조(北朝)계 인물두상, 공양인상, 호법상, 능산리사지 소조보살상, 중상, 호법상, 익산 왕궁리 청자병 편, 태안 마애삼존불상, 서산 마애삼존불상(노중국 2014; 梁起錫 2003) 등 위덕왕대에는 북조(北朝)계 문물이 여럿 확인된다.

다(梁起錫 2003). 불상을 만드는 조불공이 습득한 기술 중 하나가 청동의 주조, 도금과 함께 모조와 같은 각명기술이었을 것이다(鈴木勉 2013).

요컨대 백제와 북조의 교섭이 이루어지면서 다양한 물질문화와 고등종교인 불교가 한반도로 전파되는 가운데 금동소불에 문자를 새기는 모조도 백제로 유입된 것으로 보인다. 확보된 자료가 많지 않아 고구려의 실상을 밝히기는 어렵지만, 국제정세로 추정컨대 백제와 크게 다르지 않았을 것이다. 이처럼 문자를 새기는 기술로써 유입된 백제의 모조는 특정 문양과 결합하면서 다양한 금(청)동제품에도 이용되었으며 이내 일본까지 전해진다. 북조와 왜를 잇는 국제 가교역할을 충실하게 해낸 백제의 모습을 엿볼 수 있다. 나아가 산동지역에서 시작된 모조기술이 큰 시차를 두지 않고 한반도와 일본열도에서 이용된 현상을 통해 고대 동아시아 사회에서 금공기술의 동진(東進)이 지체없이 이루어진 것도 알 수 있다.

(3) 세 번째 획기 : 7세기 후엽~8세기 전엽 – 다양한 각명기술 혼재

삼국통일 직후에는 그동안 존재한 다양한 각명기술이 혼재하는 양상을 볼 수 있다. 예를 들어 백제에서는 이전에 존재하지 않은 합인조긁기가 익산 미륵사지 금정과 청동합, 부여 부소산성 금동광배에서 확인된다. 신라에서도 이전까지 없었던 모조가 경주 월지 금동합과 금동대접, 상원사 범종에서 보인다. 이외에 감은사지 청동숟가락의 문자는 삼국~통일신라를 통틀어 유일하게 점타로 표현되었으며 현재 남아 있지 않으나 무진사종에서는 쌍구체법까지 확인된다.

이처럼 혼재된 양상을 보이는 각명기술을 당시 혼란했던 통일 전후의 한반도 정세와 곧바로 직결시키는 데는 주의가 필요하다. 예를 들어 합인조긁기가 소도리를 사용하지 않는 각명기술로 전문적인 능력과 특별한 공구 없이도 가능하다는 것을 고려하면 이 시기 백제에서 등장한 합인조긁기를 반드시 외부(신라)로부터 이입된 것으로는 보기 어려울 것 같다. 다만 강철의 입수와 철의 열처리가 필요하여 특수한 각명기술로 평가되는 모조가 이전까지 백제를 중심으로 확인된 점을 고려하면 이 시기 신라에 등장한 모조에 관해서 만큼은 백제로부터 강한 영향을 상정할 필요가 있다. 백제 공장(工匠) 아비지가 황룡사를 건립하는 데 주도적인 역할을 한 것에서도 알 수 있듯이 불교 관련 건축과 제품을 만드는 선진기술이 백제에서 신라로 전해졌으며 그 가운데 문자를 새기는 모조기술도 포함된 것으로 생각된다.

(4) 네 번째 획기 : 9세기 – 통일신라에서 쌍구체법(=)의 등장과 성행

한반도에 이전에 없던 쌍구체법이 성행하는 시기이다. 쌍구체법은 무진사종(745년)에서 처음 확인되어 8세기대에 등장한 것으로 보이나 성행한 것은 9세기에 들어서이다. 원주 흥법사지 염거화상탑지(844년)를 비롯하여 경주 창림사지 삼층석탑 국왕경응조무구정탑원기(855년), 경주 황룡사 구층목탑 심초석 사리공 사리기내함(872년), 경주 황룡사 목탑지 사리공 중화3년 금동사리기(883년)에서 쌍구체법이 확인된다. 이처럼 탑지를 비롯하여 불교와 관련된 동판사리기, 종명(鐘銘)에 쌍구체가 주로 사용되었다(정현숙 2016).

쌍구체법에 사용된 공구는 Ⅲ장에서 언급한 것처럼 축조끌이다. 사용된 공구와 공인의 움직임도 같아 기술 수준이라는 측면에서 보면 쌍구체법을 축조의 발전이라고는 보기 힘들다. 다만 축조는 새긴 선 하나가 그대로 획이 되는 것에 반해 쌍구체법은 붓글씨로 쓴 획의 윤곽을 축조로 새겨[12] 획의 비척(肥瘠)까지 사실적으로 표현할 수 있다. 지금까지 등장한 여러 각명기술 가운데 문자의 형태를 가장 충실하게 재현할 수 있으므로 공인(工人)의 의도가 가장 잘 반영된 각명기술로 평가할 수 있다. 그뿐만 아니라 끌 흔적의 중복관계를 분석해 보면 획순을 지키면서 조각한 것을 알 수 있는데 이는 서사자는 물론 문자를 새긴 공인 역시 획순을 정확히 이해할 만큼 문자에 관한 지식을 이미 보유한 것을 뜻한다.

이처럼 문자를 문자답게 표현한 통일신라시대 쌍구체법의 원류는 어디에서 구할 수 있을까. 이와 관련하여 당대(唐代) 금속공예품에 주목할 필요가 있다(안귀숙 2013). 당대에는 인쇄기술이 없었으므로 명가의 작품을 남기기 위해 그 위에 투명한 종이를 대고 윤곽을 그대로 따라 그려 친필에 가깝게 쓰는 공심자(空心字) 서법이 유행하였다**(그림 13–8–1)**. 이런 서법이 금속공예품의 각명에도 도입되는데 측천무후의 제죄금간(700년) 외에 섬서성 부풍현 법문사 탑 지궁 중실 출토 은제봉진신보살상(銀製捧眞身菩薩像)(871년)이 대표적이다. 이후 조양 북탑 출토 금은경탑과 금은다라니경, 내몽고 경주 백탑 복발 중상륜당의 무구정경다라니 등 요대(遼代)의 금속공예품에서도 쌍구체법이 확인된다**(그림 13–8)**. 이로 보아 당대에 시작된 쌍구체법이 이후 요대까지 이어졌으며 그 과정에서 통일신라에도 도입된 것으로 이해할 수 있다.

화폐, 청자, 장기, 당삼채, 대장식구, 석인 등 경주에서 출토된 수많은 당의 유물로 보아

---

12 이와 관련하여 경주 인왕동 왕경유적 3방 1호 우물에서 출토된 東宮衙(동궁아)명대부호가 주목된다. 일반적인 명문토기와 달리 이 대부호에는 한자의 윤곽을 파내어 표현한 '東宮衙(동궁아)'라는 명문이 새겨져 있다. 東宮衙는 경덕왕11년(752) 설치된 관아이므로 8세기대에 이미 공심자 서법이 유행한 것으로 추정할 수 있다.

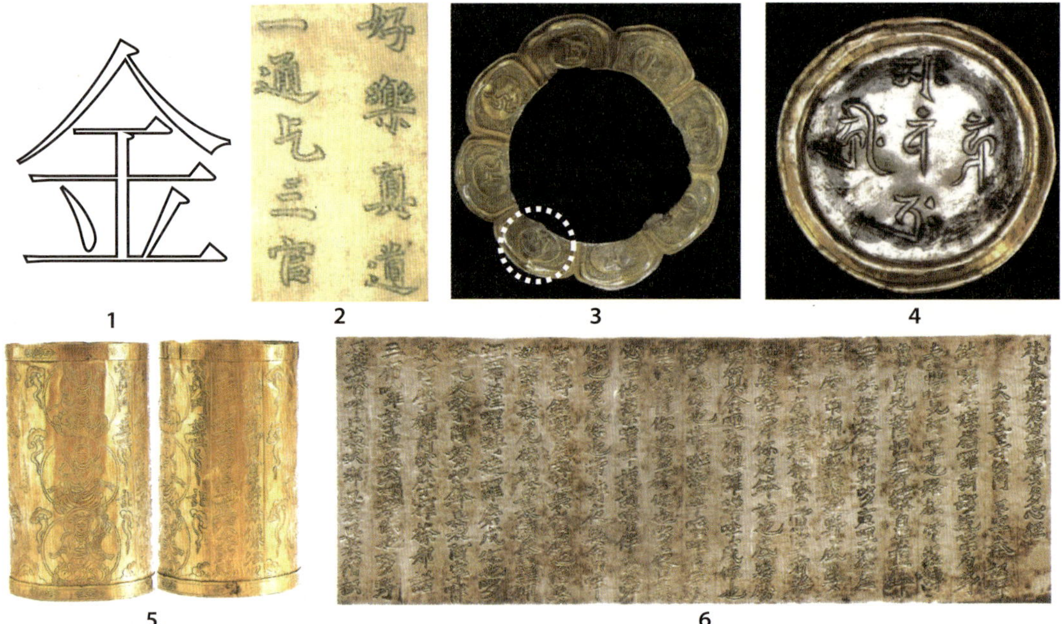

그림 13-8 당~요대의 쌍구체법

1. 공심자 서법 | 2. 측천무후 제죄금간(700년) | 3. 은제봉진신보살상 대좌 상면(871년) | 4. 은제봉진신보살상 대좌 중대(871년) | 5. 요대 조양 북탑 금은경탑(1044년) | 6. 요대 조양 북탑 은제다나리경권(1044년)

당시 신라와 당의 교류가 활발하였던 것은 의심의 여지가 없다(강현숙 2020). 특히 애장왕부터 문성왕까지 이어지는 9세기 전반 신라와 당의 교류는 문헌만이 아니라 쌍구체법이라는 각명기술을 통해서도 방증된다. 8~9세기 무렵 당(唐)에 '군자지국(君子之國)'으로 불릴 정도로 신라가 뛰어난 문화 수준을 유지할 수 있었던 배경에는 당(唐)의 문화를 끊임없이 받아들이고 이를 소화해낸 통일신라의 국제성과 유연성에 있었다고 보아야 할 것이다.

이상에서 정리한 내용을 요약하면 다음과 같다(그림 13-9).

5세기 신라에서 확인되는 금(청)동제품의 합인조긁기는 문자의 획을 선으로 표현하는 단순한 수준에 머무른다. 각명기술이 등장할 수 있었던 배경에는 고구려의 영향을 상정할 수 있다.

이후 6세기 중엽이 되면 고구려와 백제를 중심으로 모조끌로 새긴 문자가 등장한다. 획의 굵기를 조절할 수 있어 전 단계에 비해 문자를 표현하는 데 유리한 모조는 중국 산둥지역을 중심으로 한 북조의 금동소불 제작기술이 이입되면서 한반도에 등장하였다. 백제에 이입된 모조는 큰 시차 없이 일본열도까지 전해진다.

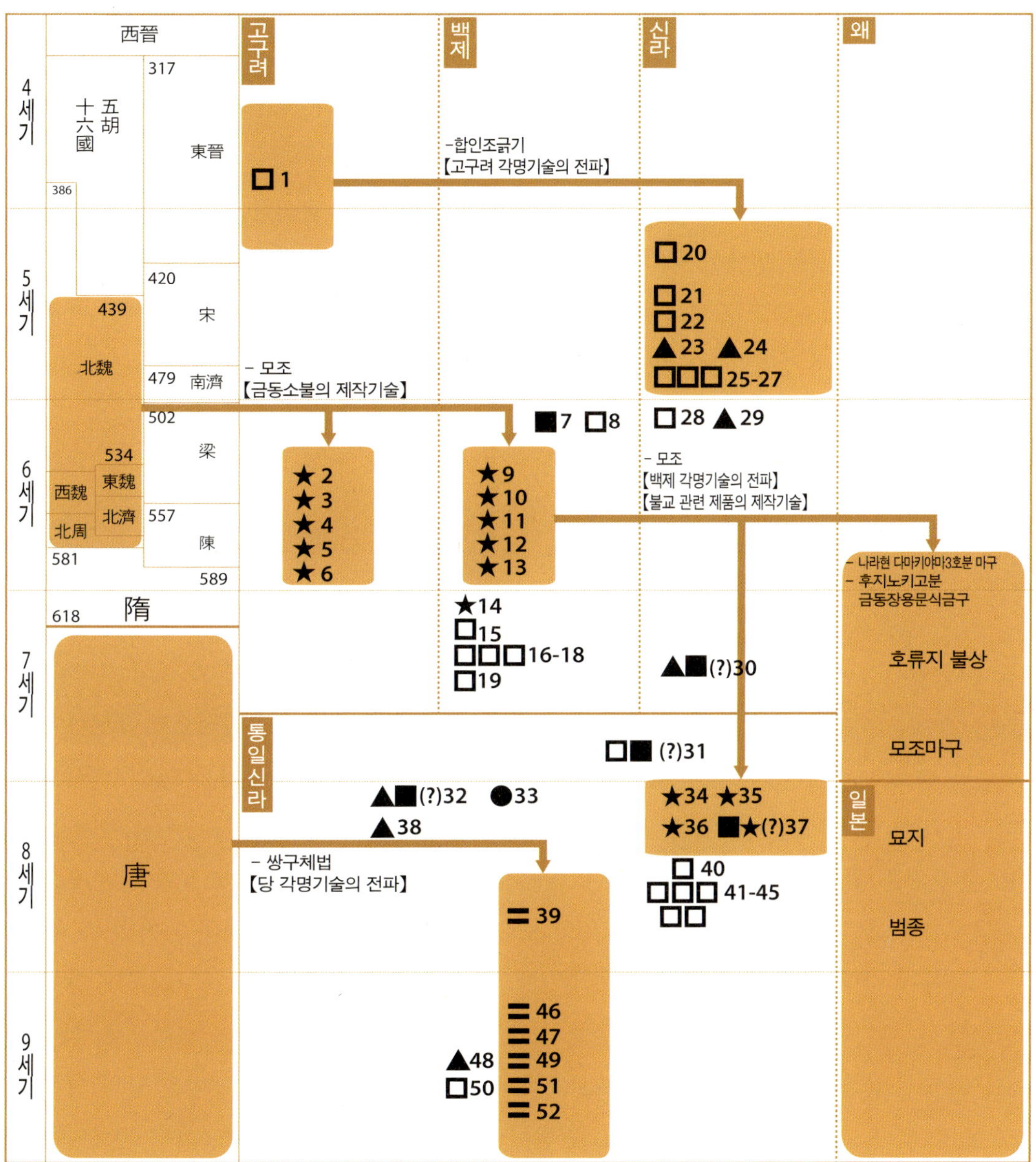

그림 13-9 삼국~통일신라시대 각명기술의 변천

1. 집안 태왕릉 동령 | 2. 연가7년명금동여래입상 | 3. 신포 절골유적 금동명문판 | 4. 영강7년명 금동광배 | 5. 금동신묘명삼존불입상 | 6. 건흥5년명금동석가삼존불광배 | 7. 공주 무령왕릉 은제팔찌 | 8. 공주 무령왕릉 은제화형장식 | 9. 정지원명불상 | 10. 갑오명금동삼존불 | 11. 부여 왕흥사 청동사리함 | 12. 금동계미명삼존불입상 | 13. 갑인명금동광배 | 14. 익산 미륵사지 금제사리봉안기 | 15. 익산 미륵사지 청동합 | 16-18. 익산 미륵사지 금정(1, 2, 3) | 19. 부여 부소산성 동문지 금동광배 | 20. 경주 서봉총 은합 | 21. 경주 황남대총 북분 은제관식 | 22. 경주 황남대총 북분 은제대장식구 | 23. 경주 황남대총 북분 금동제품 | 24. 경주 황오동16호분 청동초두 | 25-27. 경주 금관총 삼루환두대도 | 28. 경주 천마총 | 29. 경주 계림로14호분 | 30. 안동 임하동I-11호분 청동띠장식조각 | 31. 광주 대쌍령리 9호 석곽묘 청동방울 | 32. 경주 황복사지 삼층석탑 사리외함 | 33. 경주 감은사지 청동순가락 | 34. 경주 월지 금동합(仇) | 35. 경주 월지 금동대접(仇) | 36. 평창 상원사 범종 | 37. 경주 사천왕사 금동장식 | 38. 경주 나원리 오층석탑 명문금동사리함 | 39. 무진사종 | 40. 서울 호암산성 제2우물지 청동순가락 | 41. 경주 동궁과 월지 청동순가락(漢丙伊) | 42. 경주 동궁과 월지 청동순가락(東伊) | 43. 경주 월지 청동접시(大租) | 44. 경주 월지 청동접시(舍人) | 45. 경주 월지 청동접시(十伍人) | 46. 원주 흥법사지 염거화상탑지 | 47. 경주 창림사지 삼층석탑 국왕경응조무구정탑원기 | 48. 경주 황룡사 구층목탑 사리공 은판(2매) | 49. 경주 황룡사 구층목탑 사리공 금동사리내함 | 50. 경주 황룡사 광장과 도시유적 청동접시 | 51. 경주 황룡사 구층목탑 사리공(?) 금동사리기 | 52. 부여 부소산성 청동정병

삼국통일 직후에는 다양한 각명기술이 동시에 등장한다. 이러한 양상을 당시 국내 정세와 결부시키는 데는 주의가 필요하다. 다만 신라에 등장한 모조와 관련해서 만큼은 백제로부터 강한 영향이 상정된다.

이후 8세기에 도입된 쌍구체법은 9세기에 성행한다. 획의 윤곽을 새겨 문자의 형태를 가장 충실하게 재현한 점에서 공인의 의도가 가장 충실하게 반영된 것으로 평가할 수 있는 쌍구체법은 금속공예품으로 보아 당과 신라의 인적·물적 교류 속에서 도입되었다. 이처럼 삼국~통일신라시대 각명기술의 변천을 분석함으로써 당시 동아시아에서 공유한 문화 중 하나인 각명기술 역시 끊임없이 동진(東進)한 것을 알 수 있다.

제6절 맺음말

삼국~통일신라시대 각명기술의 변천을 위와 같이 정리하면 그 특징은 다음과 같이 지적할 수 있다. 첫째는 시대가 지나면서 붓으로 쓴 문자의 원래 형태를 최대한 사실적으로 표현하고자 하는 방향으로 각명기술이 점차 발전해 나간 점이다. 획을 단순히 하나의 선으로 표현한 합인조(긁기)에 이어 획의 굵기를 조절할 수 있는 모조가 등장하고 그 후 획의 윤곽을 새겨 붓으로 쓴 문자를 최대한 사실적으로 표현한 쌍구체법이 등장한다**(그림 13-10)**. 문자를 문자답게 표현하고자 했던 과거 각명공인(刻銘工人)의 노력과 의도를 유물을 관찰하여 읽어낼 수 있다.

둘째는 각명기술의 변천과 발전의 배경에 항상 중국대륙과 중국 동북부지역의 영향을 상정할 수 있다는 점이다. 신라에 등장한 합인조긁기의 출현을 고구려의 영향으로, 백제·고구려에 등장한 모조를 북조의 영향으로, 통일신라에서 확인되는 쌍구체법을 당의 영향으로 볼 수 있다. 육지로 이어진 지리적 조건만이 아니라 가까운 해로를 활용하여 중국대륙에서 한반도로 문자 문화가 동진하는 가운데 각명기술까지 함께 이전되었을 것이다. 이는 6세기 중엽 백제로부터 전해진 모조가 9세기 이후까지 지속된 왜의 상황과 매우 대조된다. 동아시아 문화권의 동단(東端)에 위치하여 불교, 유교 문화의 종착점이라고 할 수 있는 일본에서 6세기 한반도로부터 전래된 모조기술이 중세까지 이어진 것은 일본 각명기술의 독자적인 특징으로 평가해야 할 것이다.

새로이 발굴된 물질자료에 문자가 발견되는 순간, 이를 역사학의 연구대상으로만 간주하는 고고학자들의 자세를 가끔 본다. 그러나 본장에서 살펴보았듯이 각명기술과 같은 주제

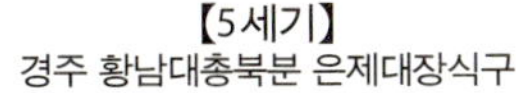

【5세기】
경주 황남대총북분 은제대장식구

【7세기】
익산 미륵사지 금제사리봉안기

【9세기】
경주 황룡사 구층목탑 사리공 금동사리내함

그림 13-10 각명기술의 변천

는 물질자료를 연구대상으로 하는 고고학의 입장에서 오히려 다가서기 용이하다. 특히 역사시대를 전공하는 고고학자에게 더할 나위 없이 좋은 연구대상이라는 점에서 각명기술은 항상 관심을 두고 지켜볼 대상이라 하겠다.

지금까지 단편적으로 언급된 삼국~통일신라시대 각명기술의 특징과 변천을 정리하고 그 배경을 당시 국제정세와 국내 상황과 관련지어 해석함으로써 역사적인 해석을 시도하였다는 점이야말로 본장의 의의라 하겠다.

참고문헌

보고서 및 도록(본문 중 언급)

國立慶州博物館, 2001, 『文字로 본 新羅』.

國立夫餘文化財硏究所, 1997, 『扶蘇山城 -發掘調査中間報告 II -』, 國立夫餘文化財硏究所 學術硏究叢書 第14輯.

국립중앙박물관·산둥박물관, 2017, 『중국 산둥성 금동불상 조사 보고』.

서울대학교박물관, 1990, 『한우물 -虎岩山城 및 蓮池發掘調査報告書-』.

吉爱琴, 1989, 「泰安大汶口出土北朝铜鎏金莲花座等文物」, 『考古』1989年第6期.

李少南, 1984, 「山东博兴出土百余件北魏至隋代铜造像」, 『文物』1984年第5期.

王思礼·楊子范, 1959, 「曲阜勝果寺出土銅造象」, 『文物』1959年第6期.

국문

강현숙, 2020, 「新羅의 對唐交流에 대한 考古學的 檢討」, 『新羅文化』55, 東國大學校 新羅文化硏究所.

郭東錫, 1993, 「金銅性一光三尊佛 -韓國과 中國 山東地方을 中心으로-」, 『美術資料』51, 國立中央博物館.

權寧愛, 2009, 「百濟 彌勒寺址石塔 出土 金製舍利奉安記의 書體 考察」, 『韓國思想史學』第32輯, 韓國思想史學會.

권윤미, 2015, 「금관총 출토 '尒斯智王'명, '尒斯智王刀'명 대도의 제작기법 고찰」, 『考古學誌』第16輯, 國立中央博物館.

權香阿, 2000, 「三國時代 金屬遺物의 線彫技法 樣相 -蹴彫技法을 중심으로 -」, 『文物硏究』4, 동아시아문물연구학술재단 pp.109-164.

김낙중 2015 「규두대도를 통해 본 백제, 영산강 유역 세력, 왜의 관계」『삼국시대 국가의 성장과 물질문화1』 한국학중앙연구원

김대환, 2017, 「신라 마립간기 왕릉의 새로운 성과와 해석」, 『한국고대사연구』88, 한국고대사학회.

金容民, 1996, 「扶蘇山城 東門址 出土 金洞光背」, 『美術資料』第五七號, 國立中央博物館.

김재홍, 2014, 「'이사지왕'명 대도와 금관총의 주인공」, 『考古學誌』第20輯, 국립중앙박물관.

金鎭漢, 2007, 「6世紀 前半 高句麗의 政局動向과 對外關係」, 『軍史』第64號, 국방부군사편찬연구소.

金昌鎬, 1994, 「甲寅年銘釋迦像光背銘文의 諸問題 -6世紀 佛像造像記의 檢討와 함께-」, 『美術資料』53, 國立中央博物館.

노중국, 2014, 「죽은 왕자를 위해 원찰을 세운 창왕의 애도기, 왕흥사지 사리기 명문」, 『금석문으로 백제를 읽다』, 학연문화사.

문명대, 2007, 「고구려 금동불상과 중국 산동 금동불상 교류」, 『고구려 불상과 중국 산동 불상』, 동북아역사

재단 연구총서22.
朴光烈, 1999, 「新羅 瑞鳳冢과 壺杅塚의 絶對年代考」, 『韓國考古學報』第41輯, 韓國考古學會.
朴相國, 1998, 「사리신앙과 다라니경의 사경 편」, 『경주 나원리 오층석탑 사리장엄』, 국립문화재연구소.
박윤선, 2006, 「위덕왕대 백제와 남북조의 관계」, 『역사와 현실』61, 한국역사연구회.
백승옥, 2005, 「'辛卯年銘 청동 방울'과 太王陵의 주인공」, 『역사와 경계』56, pp.129-161.
성윤길, 2013, 「삼국시대 6세기 금동광배 연구」, 『美術史學研究』第277號, 美術史學研究會.
蘇鉉淑, 2009, 「法隆寺 獻納寶物 甲寅銘金銅光背 硏究」, 『韓國古代史研究』54, 韓國古代史學會.
蘇鉉淑, 2011, 「法隆寺獻納寶物 甲寅銘金銅光背 銘文 연구」, 『百濟文化』第44輯, 公州大學校 百濟文化研究所.
손환일, 2008, 「백제 王興寺址출토 青銅舍利函銘文의 書體」, 『韓國古代史研究』49, 韓國古代史學會.
孫煥一, 2009, 「百濟 彌勒寺址 西院 石塔 金製舍利奉安記와 金丁銘文의 書體」, 『新羅史學報』16, 新羅史學會.
梁起錫, 2003, 「百濟 威德王代의 對外關係 -對中關係를 중심으로-」, 『先史와 古代』19, 韓國古代學會.
안귀숙, 2013, 「〈國王慶膺造無垢淨塔願記〉; 秘藏과 出現의 神異」, 『國王慶膺造無垢淨塔願記-정밀 학술 조사보고서』, 문화재청 · (재)불교문화재연구소.
梁銀景, 2005, 「景四年辛卯銘 금동삼존불의 새로운 해석과 중국 불상과의 관계」, 『先史와 古代』23, 韓國古代學會.
梁銀景, 2006, 「중국 山東지역 불상과 한국 삼국시대 불상의 교류 관계」, 『강좌미술사』26, 한국불교미술사학회.
양은경, 2007, 「고구려 금동불 광배와 중국 산동지역 불상 광배」, 『고구려 불상과 중국 산동 불상』, 동북아역사재단 연구총서22.
양은경, 2009, 「梁 武帝시기 불교사찰, 불교조각과 사회변화」, 『미술사학』23, 한국미술사교육학회.
李基東, 1979. 「雁鴨池에서 出土된 新羅木簡에 대하여」, 『慶北史學』1, 慶北史學會.
이도학, 1995, 「新浦市 寺址 출토 고구려 金銅版 銘文의 검토」 『民族學研究』1, 韓國民族學會.
李東柱, 2018, 「新羅 月池 출토 墨書土器 명문의 의미」, 『震檀學報』131, 震檀學會.
이승호, 2015, 「新浦市 절골터 金銅板 銘文 검토」, 『木簡과 文字』14, 한국목간학회.
이용현, 2014, 「문자 자료로 본 금관총 출토 대도 명문의 '이사지왕'」, 『考古學誌』第20輯, 국립중앙박물관.
李熙濬, 2006, 「太王陵의 墓主는 누구인가?」, 『韓國考古學報』第59輯, 韓國考古學會 pp.74-117.
임혜경, 2014, 「彌勒寺址 출토 백제 문자자료」, 『木簡과 文字』13호, 한국목간학회.
鄭永鎬, 2011, 「百濟와 中國南朝의 金銅一光三尊象에 關한 試論」, 『文化史學』第35號, 韓國文化史學會.
정현숙, 2016, 「서예」, 『신라의 조각과 회화』, 신라 천년의 역사와 문화 연구총서19, 경상북도.
趙法鍾, 2004, 「중국 집안박물관 호태왕명문 방울」, 『韓國古代史研究』33, 한국고대사학회.
趙宇然, 2017, 「"太王教造":4~5세기 고구려 銘文 器物 재검토」, 『高句麗渤海研究』第57輯, 高句麗渤海學會.
朱甫暾, 1998, 「朴堤上과 5세기 초 新羅의 政治 動向」, 『慶北史學』21, 慶北史學會 pp.813-854.

朱甫暾, 2001, 「新羅에서의 漢文字 定着 過程과 佛教 受容」, 『嶺南學』創刊號, 慶北大學校嶺南文化研究院 pp.191-224.

최성은, 2007, 「고구려 불상과 산동지역의 북위 말~동위 불상」, 『고구려 불상과 중국 산동 불상』, 동북아역사재단 연구총서22.

최응천, 1999, 「百濟 金洞龍鳳香爐의 造形과 編年 -凌山里 출토유물의 비교를중심으로-」, 『東垣學術論文集』2, 韓國考古美術研究所.

한정호, 2005, 「益山 王宮里 五層石塔 舍利莊嚴具의 編年 再檢討」, 『불교미술사학』제3집, 불교미술사학회.

한정호, 2019, 「황룡사 구층탑 창건기 사리장엄구와 경문왕대의 공정」, 『불교미술사학』제28집, 불교미술사학회.

皇甫慶, 2009, 「광주 대쌍령리 고분 출토 '南漢山助舍'銘 청동제 방울 고찰」, 『文化史學』第32號, 韓國文化史學會.

許仙瑛, 2014, 「高句麗 金銅佛像 銘文」, 『文化史學』第41號, 韓國文化史學會.

일문

諫早直人, 2016, 「新羅における初期金工品の生産と流通」, 『日韓文化財論集』Ⅲ, 奈良文化財研究所學報第95冊, 奈良文化財研究所.

金跳咏·鈴木勉, 2015, 「皇南大塚北墳出土「夫人帶」銘銀製帶金具の線彫り技術について」, 『文化財と技術』第7號, 工藝文化研究所.

鈴木勉, 2004, 『ものづくりと日本文化』, 橿原考古學研究所附屬博物館.

鈴木勉, 2005, 「古墳時代の鐵事情から見た象嵌技術」, 『文化財と技術』第4號, 工芸文化財研究所.

鈴木勉, 2013, 『造像名·墓誌·鐘銘　美しい文字を求めて』, 雄山閣.

田中新史, 1997, 「道上型毛彫馬具の出現と展開」, 『西本6號遺跡發掘調査報告書2』, 東廣島市教育文化振興事業團.

勝部明生·鈴木勉1998, 『古代の技　藤ノ木古墳の馬具は語る』, 吉川弘文館.

坂本美夫, 1979, 「毛彫り馬具の予察」, 『甲斐考古』16-2, 山梨県考古學史資料室.

實驗考古學

실험고고학 ①:

龍鳳文環頭大刀 外環 製作 方法 實驗復原

Column 3-1 용봉문환두대도 외환의 제작 방법과 복원실험

삼국시대 대가야권역에서 발견된 용봉문환두대도의 외환을 자세히 관찰하면 그 제작 방법을 추정할 수 있는 주조 흔적이 확인된다(그림 1). 금속공학에서는 이 주조 흔적을 '사출선' 혹은 '분리선', 또는 'parting line'이라고 한다. parting line은 매우 희미하거나 미세하여 육안으로는 관찰하기 매우 어렵다. 실견 조사와 마크로 촬영이 필요하다.

parting line이 존재한다는 것은 외환을 주조, 특히 합범(合范)을 사용하여 제작한 것을 의미한다. 포개진 범 사이로 주물(鑄物)을 부어 외환을 만들 때 범 사이의 작은 틈으로 주물이 들어가 마치 물고기 비늘과 같은 주조의 흔적이 parting line으로 남게 된 것이다. 그런데 주조라고 할 때 흔히 상정하는 밀랍법으로는 parting line이 생성되지 않는다. parting line이 존재하는 것은 변하지 않는 사실이므로 제작공정의 어느 단계에 합범을 사용한 공정이 반드시 포함되어야 한다. 따라서 2개의 원형(1차 원형, 2차 원형)과 2개의 거푸집(1차 거푸집, 2차 거푸집)을 만드는 아래와 같은 방법으로 복원실험을 진행하였다(그림 2).

제1절 복원 공정

1) 1차 원형

① 단면 방형의 동봉(銅棒)(1cm×1cm)을 갈아 단면 반원형으로 만든다(그림 3-1).

② 동봉을 가열하여 망치, 모루를 이용해 타원형으로 만든다. 이때 동봉을 외환과 같은 타원형으로 만들기가 어려워 타원형 내부에 들어갈 철제 부품을 따로 제작하였다(그림 3-2~5).

③ 동봉에 용문양을 새겨 1차 원형을 완성한다(그림 3-6~10). 1차 원형의 재질은 동(銅)이다.

2) 1차 거푸집

① 틀(型)을 준비하고 그 속에 1차 원형을 매달아 둔다(그림 4-1).

② 한천[1]을 끓여 틀 속에 붓고 응고시킨다(그림 4-2~5).

---

1 한천은 우뭇가사리를 삶아 녹여 굳힌 우무를 얼린 다음 말린 식료품이다. 삼국시대에도 한천이 사용되었다고 단정할 수 없으나 충분히 가능성은 있다.

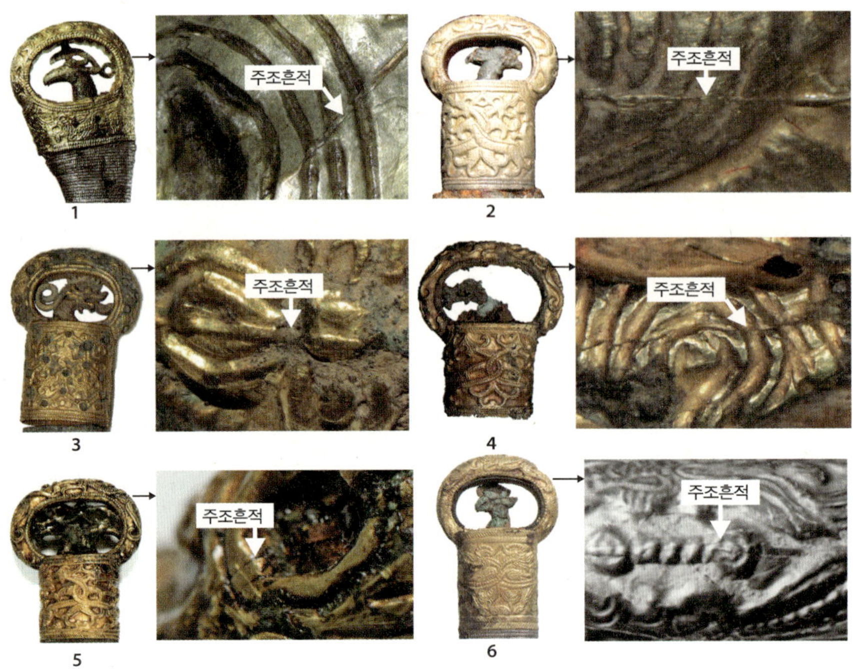

그림 1 외환에 parting line(주조흔적)이 남아 있는 삼국시대 용봉문환두대도

1. 합천 옥전M3호분 | 2. 합천 옥전M6호분 | 3. 고령 지산동47호분 | 4. 영남대학교박물관 소장품 | 5. 창녕 교동10호분 | 6. 오구라(小倉)콜렉션

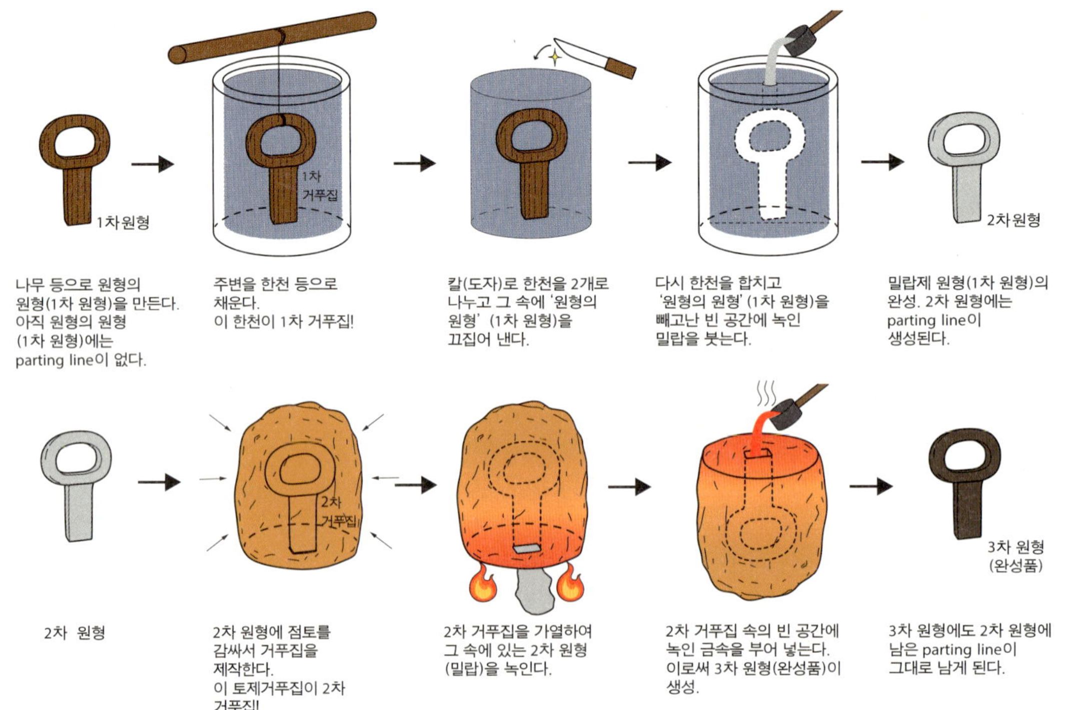

그림 2 parting line이 있는 외환의 제작 공정(金宇大 2019, p.6)

1 가열한 동봉(외환의 재료)

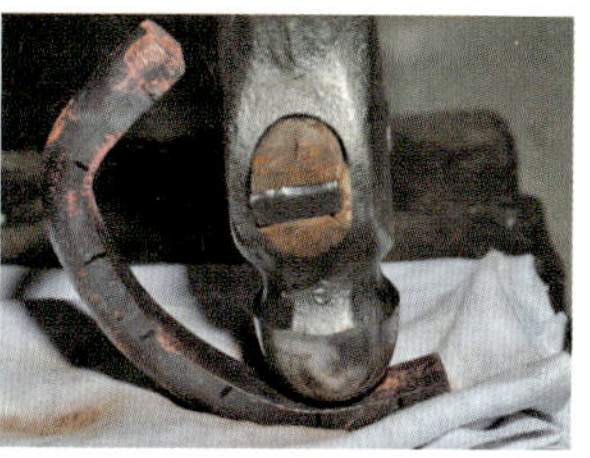

2 동봉을 망치를 이용하여 외환형태로 단조

3 제작 중인 외환

4 외환 형태를 잡기 위해 내부에 타원형 금속제품을 끼워 넣음

5 외환의 기본 형태 완성

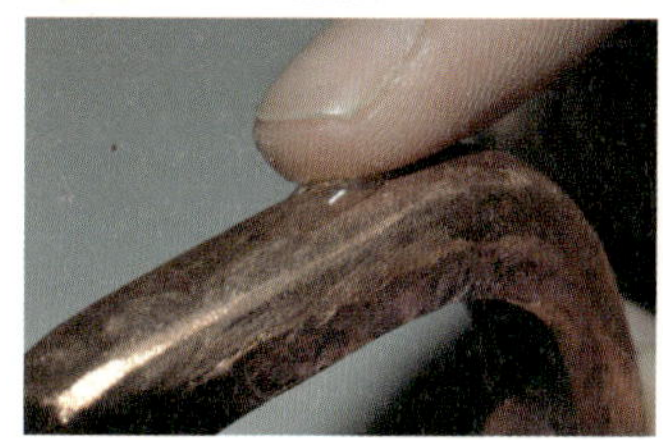

6 용문을 전사하기 위하여 접착제 사용

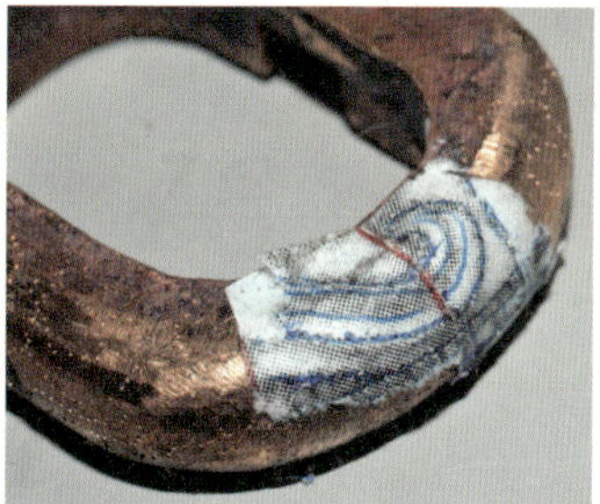

7 외환에 용문 부착

8 외환에 전사된 용문

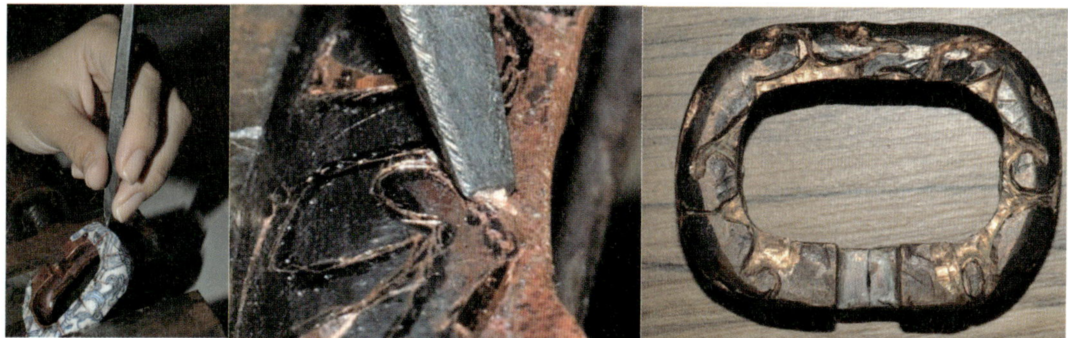

9 조각끌로 용문을 새김

10 완성된 1차 외환(나무? 금속?)

그림 3 외환의 복원 공정(1)

1 1차 외환을 통 속에 매달아 두기

2 1차 거푸집을 만들기 위한 재료(한천)

3 한천을 끓임

4 녹인 한천을 1차 외환을 넣은 통 속에 부은 후 식히기

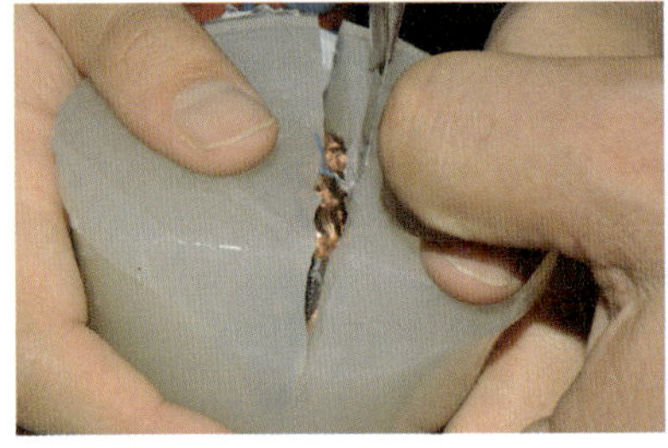

5 식힌 한천을 칼로 잘라 양분함. 이 때 자르는 선이 나중에 주입한 밀랍 표면의 parting line으로 남게 되는 것!

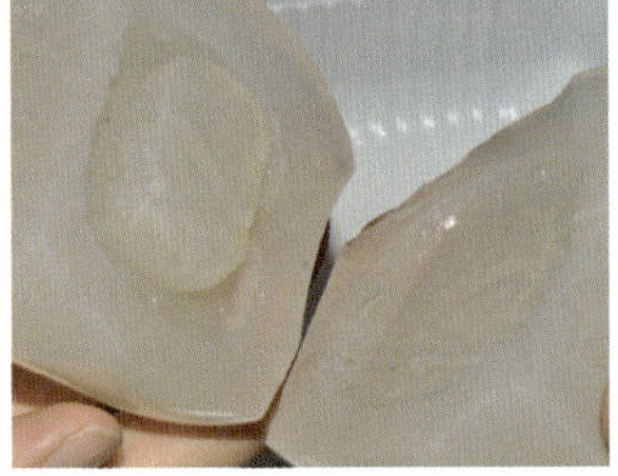

6 한천 속에 들어가 있던 1차 외환을 꺼내기

7 1차 외환을 꺼낸 후 양분된 한천을 다시 통 속에 넣기. 통 속에 넣은 이 한천이 곧 1차 거푸집이 됨.

8 양초(밀랍)을 녹임

9 녹인 양초(밀랍)을 1차 거푸집 속에 주입

10 양초(밀랍)를 식힌 후 1차 거푸집(한천)에서 꺼내기. 식힌 양초(밀랍)가 곧 2차 외환

11 완성된 2차 외환(밀랍제)

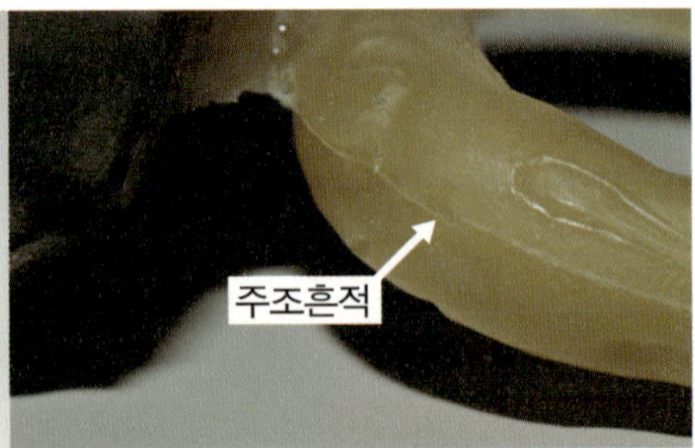

12 완성된 2차 외환(밀랍제)에서 출토품에서 확인되는 parting line과 동일한 흔적이 생성됨.

그림 4 외환의 복원실험공정(2)

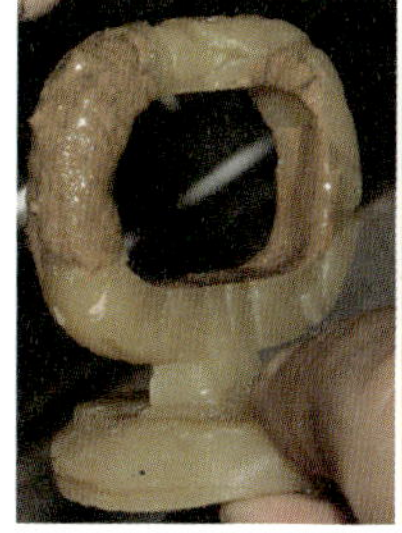
1 2차 외환 주변에 입자가 작은 점토 바르기

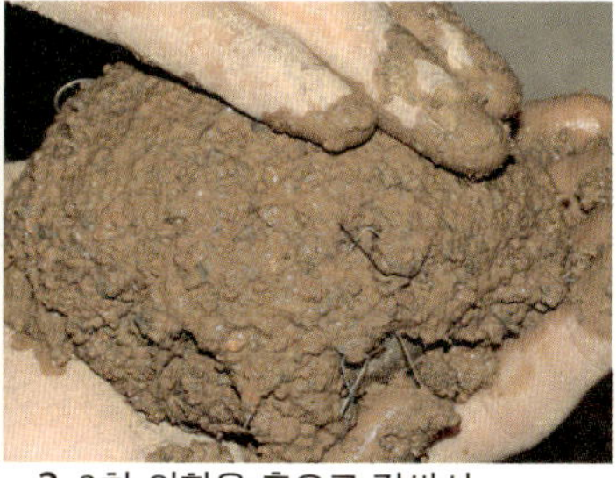
2 2차 외환을 흙으로 감싸서 거푸집을 만듦. 이 토제 거푸집이 곧 2차 거푸집이 되는 것!

3 2차 거푸집 속에 들어가 있는 2차 외환(밀랍제)

4 2차 거푸집을 가열하여 충분히 건조시킴

5 2차 거푸집(토제) 속에서 녹고 있는 2차 원형(밀랍제)

6 2차 원형(밀랍제)이 다 녹아 속이 텅 빈 2차 거푸집(토제)

7 주조를 위해 사용한 경납

8 경납을 녹임

9 녹인 경납을 2차 거푸집(토제) 속에 주입

10 주입한 후 경납의 모습

11 경납이 완전히 식은 후 거푸집에서 꺼내기

12 완성된 3차 원형(금속제)

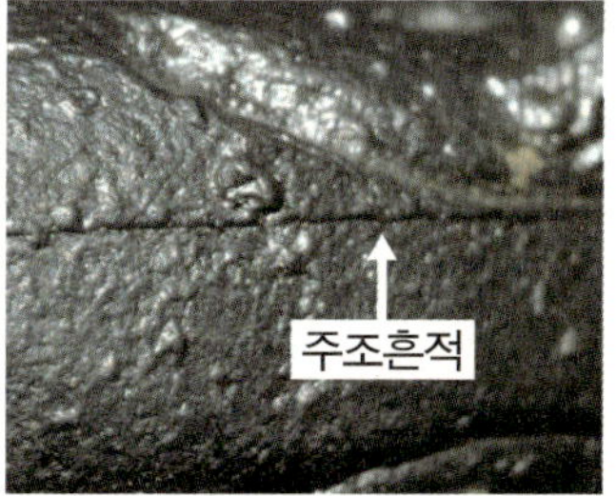

13 완성된 3차 외환(금속제)에도 2차 외환(밀랍제)에 생성된 parting ling이 그대로 남게 됨

그림 5 외환의 복원실험공정(3)

③ 응고된 한천을 칼로 이등분하고 한천 속의 1차 원형을 빼낸다(그림 4-6).

④ 한천을 합치고 다시 틀 속에 집어넣어 1차 거푸집을 완성한다(그림 4-7). 1차 거푸집의 재질은 한천이다.

3) 2차 원형

① 밀랍을 녹인 후 1차 거푸집에 주입한다(그림 4-8~9).

② 밀랍이 응고되면 1차 거푸집에서 2차 원형을 빼내어 완성한다. 2차 원형의 재질은 밀랍이다. 2차 원형에도 출토품에서 확인된 parting line을 확인할 수 있다(그림 4-10~12).

4) 2차 거푸집

① 2차 원형에 진흙을 덧발라 거푸집을 제작한다(그림 5-1~3).

② 거푸집을 충분히 건조한 후 2차 거푸집 속에 들어 있는 밀랍(2차 원형)을 가열하여 녹여 2차 거푸집을 완성한다(그림 5-4~7). 2차 거푸집의 재질은 토제이다.

5) 외환

① 경납[2]을 녹여 완성된 2차 거푸집에 주입한다(그림 5-8~10).

② 시간이 지나 거푸집이 식으면 망치를 사용하여 거푸집을 부수고 거푸집 속의 완성된 금속 외환을 빼낸다(그림 5-11~13). 완성된 금속 외환에서도 parting line을 확인할 수 있는데 출토품의 parting line과 매우 유사하다.

제2절 고훈시대 용봉문환두대도의 외환 관찰

parting line은 일본열도에서 출토된 용봉문환두대도에서도 관찰된다. 오카야마현(岡山縣) 이와타(岩田) 14호분, 오사카부(大阪府) 이치스카(一須賀) WA1호분 출토품은 형태가 무령왕릉 출토품과 유사하여 '무

2 실제 외환은 철지금동장이나 경납(硬船)의 녹는점이 260°로 낮아 복원실험에 이용하였다.

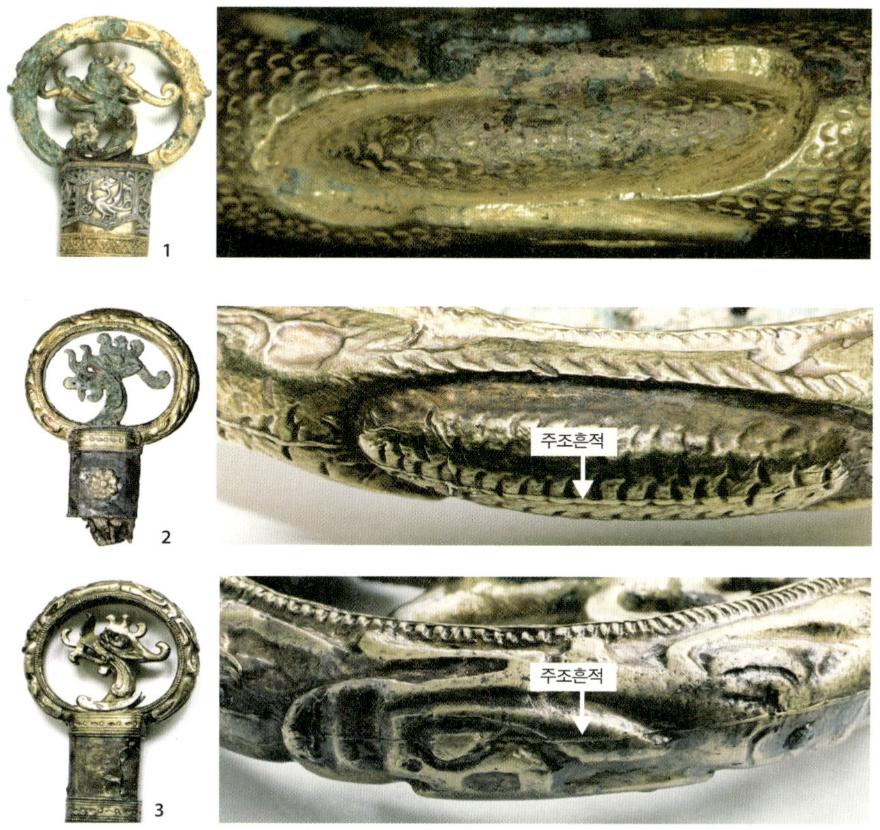

그림 6 무령왕릉 대도(1)와 무령왕릉계대도(2·3)
1. 공주 무령왕릉 | 2. 오사카부 이치스카 WA1호분 | 3. 오카야마현 이와타14호분

령왕릉계대도'로 일컬어진다(大谷晃二 2005). 측면에서 볼 때 외환에 표현된 2마리의 용이 서로의 꼬리를 삼키려고 이른바 식합형(喰合形)(穴澤和光·馬目順一 1976), 환내 장식이 단봉(單鳳)이면서 관모가 3가닥인 점, 머리 위에 표현된 뿔이 뒤로 길게 뻗어 있는 점, 벌린 입 사이로 뻗어 나온 줌 등 그 형태가 서로 유사한 것은 쉽게 알 수 있다.

주목되는 것은 parting line이 확인되지 않는 무령왕릉 대도의 외환과 달리 오카야마현 이와타14호분, 오사카부 이치스카 WA1호분 대도의 외환에서는 parting line이 뚜렷하게 관찰된다는 점이다(그림 6).

외환을 주조하는 방법만이 아니라 도금하는 방법 역시 다르다. 무령왕릉 대도가 밀랍으로 주조한

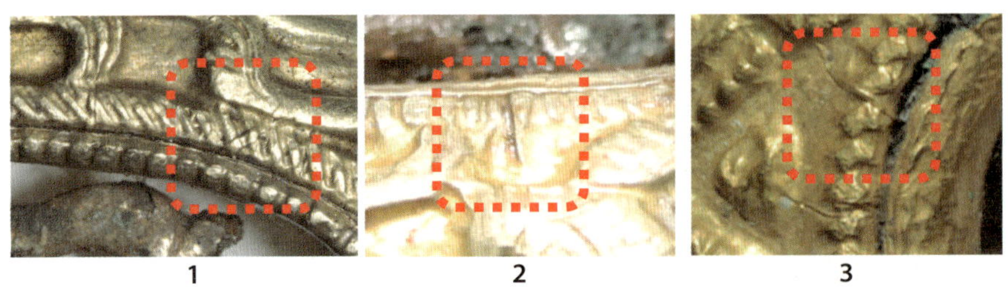

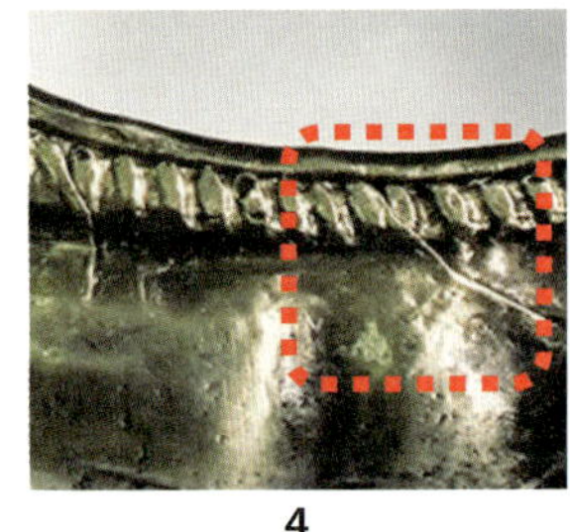

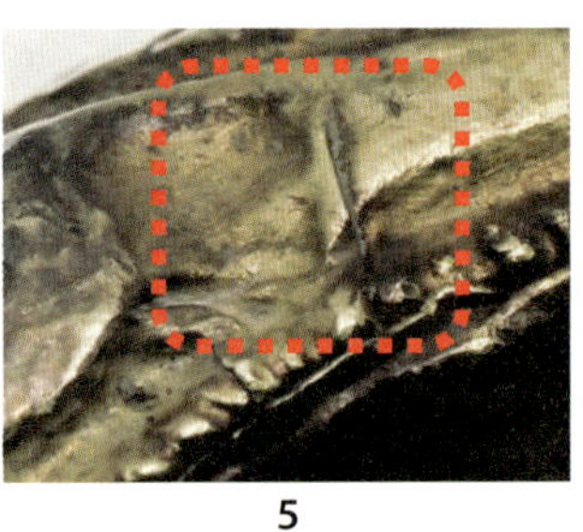

그림 7 외환에 씌운 금판 흔적

1. 합천 옥전M3호분 | 2. 합천 옥전M6호분 | 3. 고령 지산동69호분 | 4. 오카야마현 이와타14호분 | 5. 오사카부 이치스카 WA1호분

후 아말감도금한 것이라면 오카야마현 이와타 14호분, 오사카부 이치스카 WA1호분 출토품은 주조한 외환에 얇은 금판을 씌워 마무리하였다. 이는 앞서 대가야권역에서 용봉문환두대도와 동일하다(그림 7).

결국 오카야마현 이와타 14호분, 오사카부 이치스카 WA1호분에서 출토된 용봉문환두대도는 형태로 본다면 무령왕릉, 즉 백제와의 관련성을 상정할 수 있지만 parting line이 생성되는 주조공정과 외환을 얇은 금판으로 감싸는 마무리 작업 등 제작기술로 본다면 대가야권역에서 출토된 대도와 더욱 깊은 관련성을 지녔다고 보아야 할 것이다. 형태로 보아 '무령왕릉계대도'로 평가된 고훈시대의 금공품 제작에 대가야 공인이 직접 참여하여 왜인(倭人)에게 기술을 이전하는 모습을 상상해 볼 수 있다.

참고문헌

金宇大, 2019,「刀劍から讀む古代朝鮮と倭」,『刀劍が語る古代國家誕生』, 第4回 古代歷史文化講演會資料集 古代歷史文化協議會.

大谷晃二, 2005,「日韓の龍鳳文環頭大刀の展開」,『古墳出土金工製品の日韓比較硏究』(財)大阪府文化財センター.

穴澤咊光·馬目順一, 1976,「龍鳳文環頭大刀試論-韓國出土例を中心として-」,『百濟硏究』7, 忠南大學校 百濟硏究所.

금공품으로 본 고대 동아시아 세계

三國時代 金工品 製作

삼국시대 금공품 제작의

協業 體系

Column 3-2 협업 체계

삼국시대 고분에서 출토된 다종다양한 금공품. 이 많은 금공품을 한 명의 장인이 다 만들었을까? 유물 관찰을 통해 추정할 수 있는 금공품 제작의 협업 체계에 관해 몇 가지 사례를 소개한다.

합천 옥전M3호분에서는 여러 자루의 장식대도가 출토되었다. 그 가운데 단봉환두대도로 보고된 장식대도의 손잡이에는 각목문이 새겨진 은사(銀絲)가 촘촘히 감겨 있다. 언뜻 보아 한 줄의 은사를 연속해서 감은 것처럼 보이지만 확대해 보면 은사마다 새겨진 각목문의 형태가 달라 여러 개의 은사가 사용된 것을 알 수 있다. 각목문을 새긴 공구를 기준으로 은사는 총 5개의 단위로 나누어진다(그림 1).

1단위를 확대해 보면 각목문을 새기기 위해 새긴 공구의 선단이 '一'자형임을 알 수 있다. 유사한 공구 흔적은 2단위와 4단위 은사에서도 확인된다. 이에 반해 3단위는 선단이 '··'자형의 공구를, 5단위에는 선단이 'S'자형인 공구를 사용하여 각각 각목문을 새겼다.

한편 같은 공구를 사용하여 각목문을 새겼다 할지라도 기준 정도는 다르다. '기준 정도'란 공인이 공구를 무의식적이고 반복적으로 사용하는 가운데 유물 표면에 남게 된 가공 흔적의 치밀함을 뜻한다(鈴木勉 1998). 즉 사람마다 공구를 사용하는 리듬감이 다르므로 공인마다 1cm당 공구를 타격한 횟수도 달라진다. 이처럼 기준 정도는 수치화를 통해 당시 공인의 몸짓을 객관적으로 비교할 수 있다는 점에서 공인을 판단하기 위한 하나의 큰 기준으로 삼을 수 있다.

기준 정도라는 개념에 착안하여 단위마다 1cm당 몇 번의 각목문을 새겼는지 계측하였다. 특히 동일한 공구가 사용된 1·2·4단위는 1cm당 각목문을 새긴 횟수가 달라 주목된다. 즉 1·2단위의 평균 타격 횟수가 12~13회로 촘촘히 새긴 것에 비해 4단위는 9.8회로 1·2단위에 비하면 성기게 새긴 것이다. 기준 정도를 중시한다면 같은 공구가 사용되었다 할지라도 1·2단위를 새긴 공인과 4단위를 새긴 공인은 달랐다고 보아야 할 것이다.

각 단위에 새겨진 공구, 그리고 기준 정도(1cm당 공구의 타격 횟수)를 정리하면 표 1과 같다. 이처럼 은사에 각목문을 새기기 위해 사용한 공구, 그리고 기준 정도를 중시하면 1·2단위, 3단위, 4단위, 5단위를 만든 공인은 모두 달라 총 4명의 공인이 은사를 만드는 데 참여한 것으로 볼 수 있을 것이다.

금공품 제작의 협업 체계와 관련된 또 다른 사례를 살펴보자. 대가야의 무덤인 고령 지산동30호분에서는 1점의 금동관과 2세트의 성시구(A·B)가 출토되었다. 금동관과 성시구의 표면을 확대해서 관찰해보면 연속으로 이어진 이등변삼각문이 관찰된다. 문양을 표현하기 위해 대가야의 공인이 사용한 조각끌의 가공 흔적이 1500년이 지난 지금까지 그대로 남은 것이다. 특히 이런 이등변삼각문의 가공 흔적은 맞배지붕 모양을 거꾸로 한 형태의 조각끌을 동판에 대고 망치로 내리치면 생기는데 이를 금

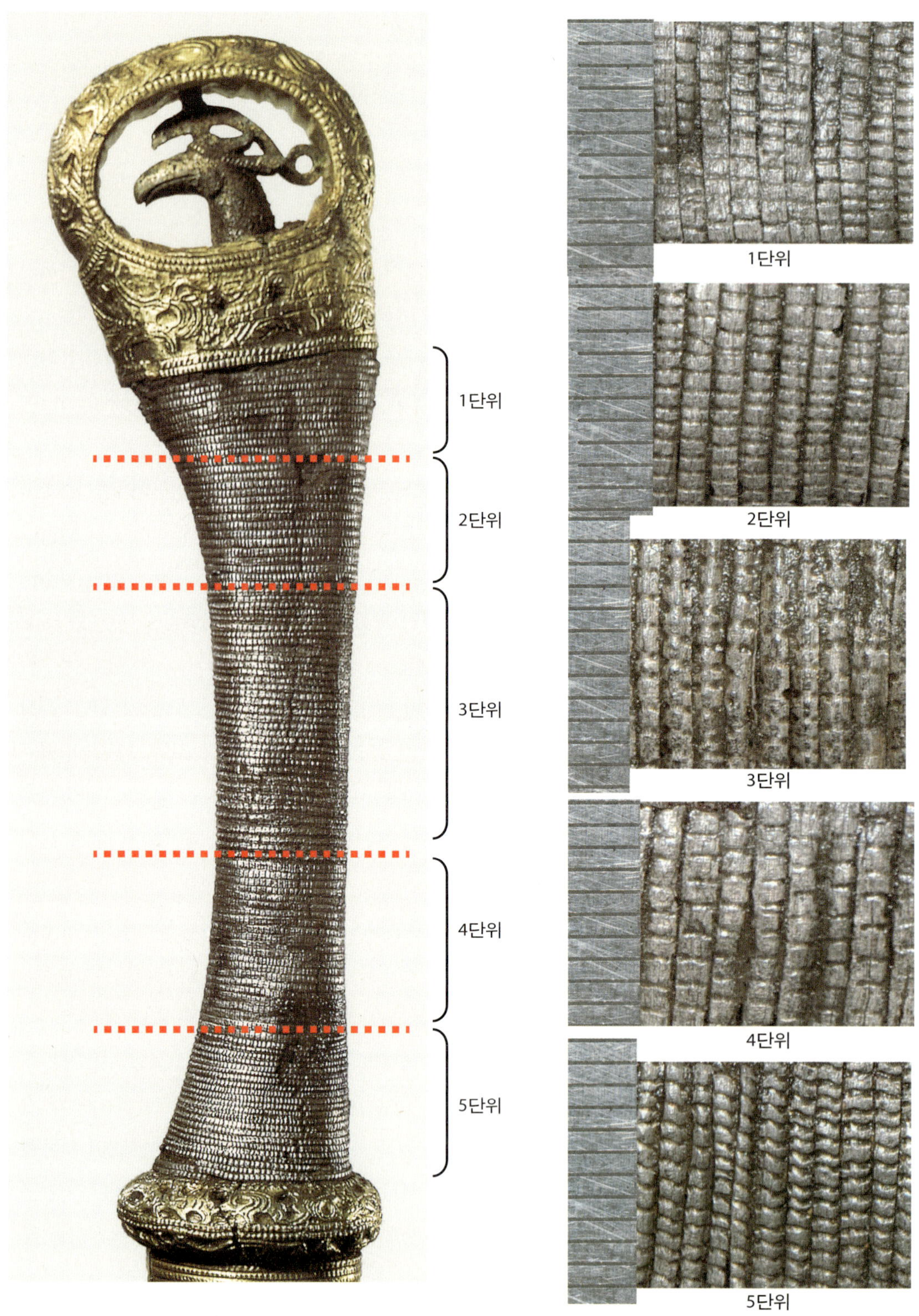

그림 1 합천 옥전M3호분 단봉환두대도와 은사의 확대 사진

표 1 은사에 사용된 공구의 선단 형태와 평균 타격 횟수

단위	공구의 선단 형태	1cm당 각목문을 새긴 횟수	기준 정도(평균 타격 횟수)
1단위	'一'자형	13회, 12회, 11회, 14회, 10회, 12회	12회
2단위	'一'자형	14회, 13회, 14회, 12회, 12회, 13회	13회
3단위	'··'자형	9.5회, 8회, 9.5회, 8.5회, 9회, 9회	8.8회
4단위	'一'자형	10회, 11회, 9회, 9회, 10회, 10회	9.8회
5단위	'S'자형	12.5회, 12.5회, 14회, 13.5회, 11회, 15회	13회

공사(金工史)에서는 축조(蹴彫)라고 부른다. 앞서 살펴본 은사의 각목문을 새기는 것과 마찬가지로 축조 역시 끌을 연속으로 새기는 조금(彫金)기술이므로 삼각문의 형태를 분석하면 당시 사용된 축조끌의 형태를 알 수 있고 또 삼각문 사이의 거리(축조 피치), 즉 기준 정도를 계측하면 당시 공인이 어떤 리듬감으로 조각하였는지 공인의 움직임까지 분석할 수 있다.

그럼 우선 금동관에 새겨진 축조의 흔적을 자세히 살펴보자. 삼각문의 세로 폭이 긴 데 반해 그 폭은 매우 좁아 세장한 형태의 이등변삼각형이 확인된다. 또 함께 사용된 원문끌의 흔적은 그 지름이 비교적 크다. 그러나 공반된 성시구에서는 금동관과 전혀 다른 축조기술이 확인된다. 2세트의 성시구(A·B) 모두 여러 부품으로 구성되어 있는데 A세트의 적수금구(A①~②)와 B세트의 적수금구(B①~②)에서는 삼각문의 폭이 넓고 높이가 낮아 상대적으로 몽퉁한 삼각문이 확인된다. 동판이 부풀어 올라와 있는 듯한 느낌 역시 같아 같은 공인이 만든 것으로 보아도 틀림없을 것이다. 반면에 A세트의 대장식구(A③·⑤)와 B세트의 대장식구(B③~⑤)에서는 폭이 좁고 높이가 큰 세장한 삼각문이 확인된다. 삼각문의 형태와 삼각문 사이의 거리(축조 피치)가 다르다는 것은 공인의 차이를 뜻하므로 결국 지산동30호분에서 출토된 금동관과 성시구의 조금(彫金)작업에는 최소 3명 이상의 공인이 참여한 것을 알 수 있다. 나아가 성시구는 여러 공인이 만든 여러 부품을 합쳐서 완성된 것으로 보아 당시의 협업체계까지도 엿볼 수 있다(그림 2). 유사한 분석 결과는 경산 임당7B호분에서 출토된 금공품에서도 확인된다(그림 3).

이처럼 공구와 기준 정도를 분석하면 삼국시대 금공품 제작의 협업 체계에 대해 알 수 있다.

참고문헌

鈴木勉, 1998,「古代史における技術移轉試論 I -技術評價のための基礎概念と技術移轉形態の分類-(金工技術を中心として)」,『橿原考古學研究所論集』13, 吉川弘文館.

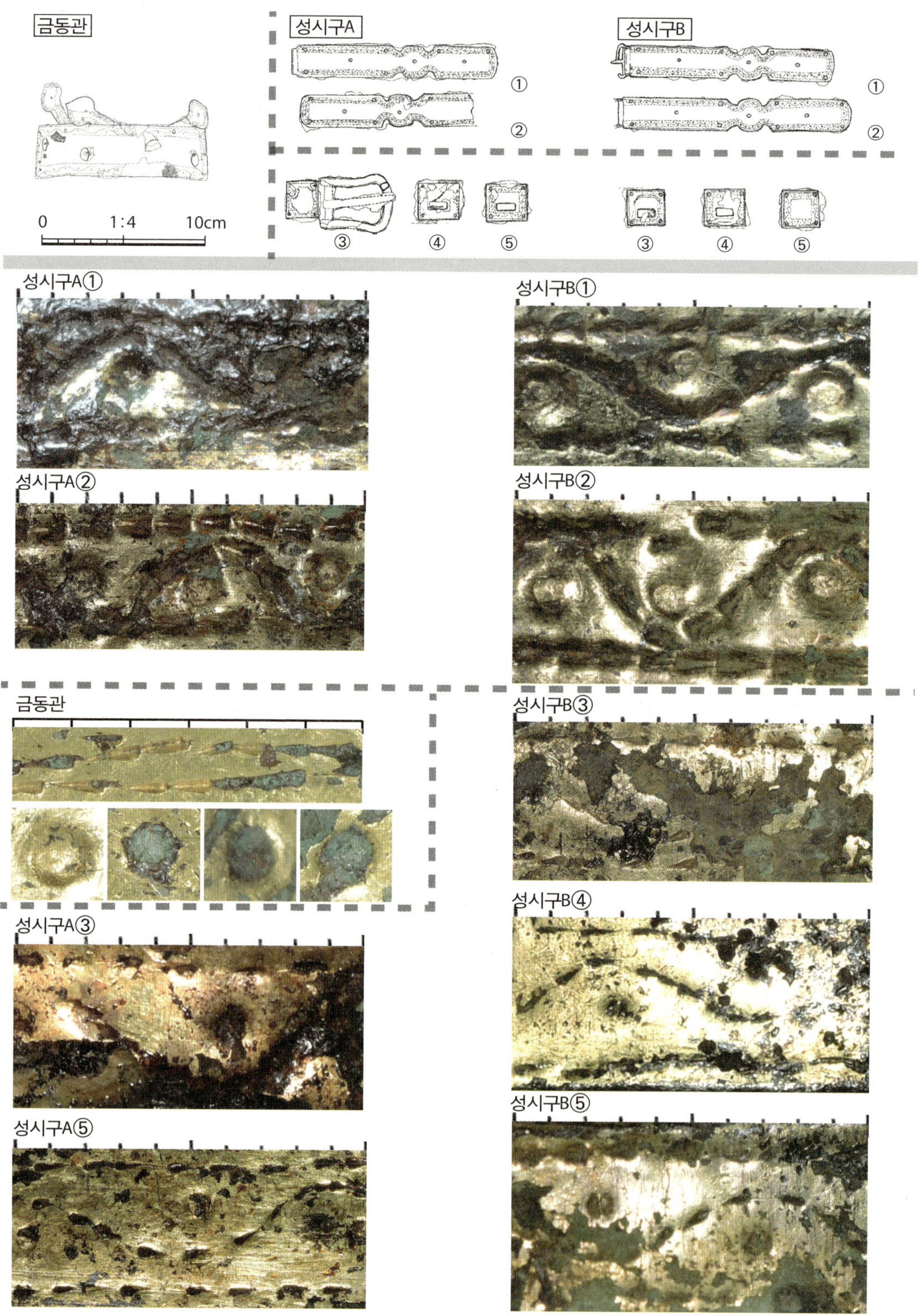

그림 2 고령 지산동30호분 출토 금공품의 조금기술

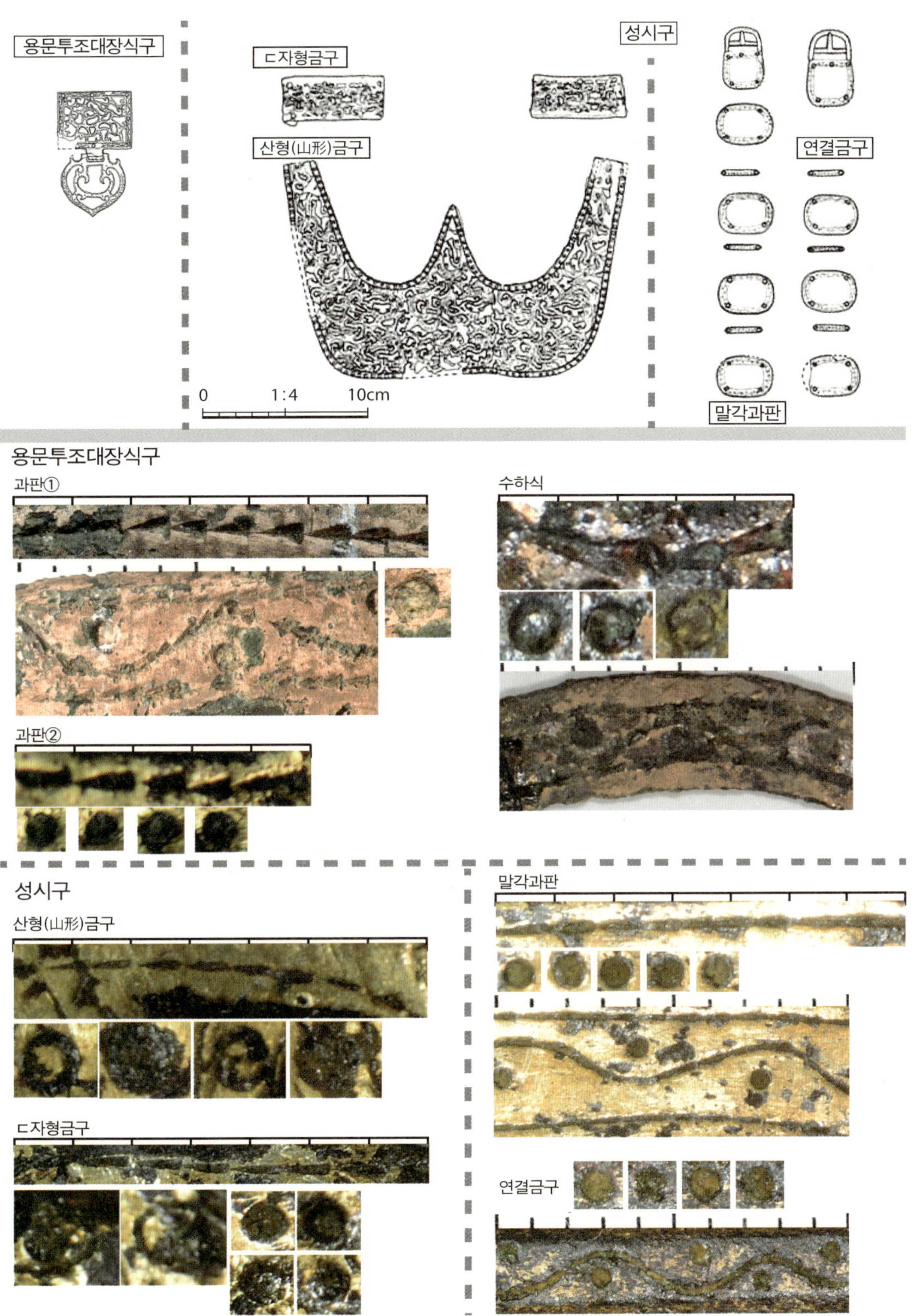

그림 3 경산 임당7B호분 출토 금공품의 조금기술

금공품으로 본 고대 동아시아 세계

實驗考古學

실험고고학 ②:

皇南大塚 北墳 出土 부인대 線彫技術

Column 3-3 황남대총 북분 출토 '夫人帶'명의 선조기술

경주시 대릉원에 위치한 황남대총은 전장 120m에 달하는 신라의 대표적인 표형분이다. 선축된 남분과 후축된 북분으로 이루어진 황남대총의 축조연대에 관해서는 연구자마다 견해가 다르지만 대부분 늦어도 5세기대에는 축조된 것으로 이해하고 있다. 분구의 크기로 보아 남분은 신라의 왕, 북분은 왕비의 무덤으로 추정된다.

남분과 북분에서는 금관과 금동관을 비롯해 다양한 금공품이 출토되어 늦어도 5세기대 신라에서 본격적인 금공품 문화가 시작된 것을 알 수 있다. 다양한 금공품 가운데서도 사람들의 이목을 끈 것은 북분에서 출토된 대장식구였다. 대선금구라고 불리는 허리띠끝장식에 '夫人帶'라고 추정되는 문자가 새겨져 있었기 때문이다. 신라 공인은 이 문자를 어떻게 새겼을까. 2015년 5월 18일. 아직 밝혀지지 않은 신라 선조기술의 중요한 획기를 이번 조사를 통해 알 수 있을지도 모른다는 설렘을 안고 경주국립박물관 수장고로 향했다.

전시장에서 꺼낸 '부인대'명은 생각보다 매우 작았다. 육안으로 충분히 관찰한 결과, '부인대'명은 현대의 조금(彫金) 가운데 모조끌과 유사한 공구를 사용하여 새겨졌을 것으로 추정할 수 있었다. 그러나 획이 아주 미세하여 그 특징을 뚜렷하게 파악하기 어려웠다. 육안 관찰과 추정만으로는 모조끌을 사용하였으리라 단정할 수 없었다. 모조라는 선조기술의 등장은 삼국시대 선조기술의 변천에서 매우 중요한 의미를 지니므로(제11장 참조) 상세한 자료 조사와 복원실험을 통해 '부인대'명의 선조기술(線彫技術)을 명확히 할 필요가 있었다.

제1절 복원실험

'부인대'명 가운데 획수가 많아 그 특징을 잘 알 수 있는 '帶'자를 자세히 살펴보자. 획의 특징은 아래의 4가지를 들 수 있다(그림 1-1).

① 획의 굵기는 대략 0.14~0.21mm로 매우 가늘다.

② 획 내부에는 조각끌을 소도리(작은 망치)로 내려쳤을 때 남는 가공 흔적이 보이지 않는다.

③ 획 주위가 약간 부풀어 있다. 이는 특히 획이 교차하는 곳에서 뚜렷하다.

④ 획의 끝이 뾰족하다.

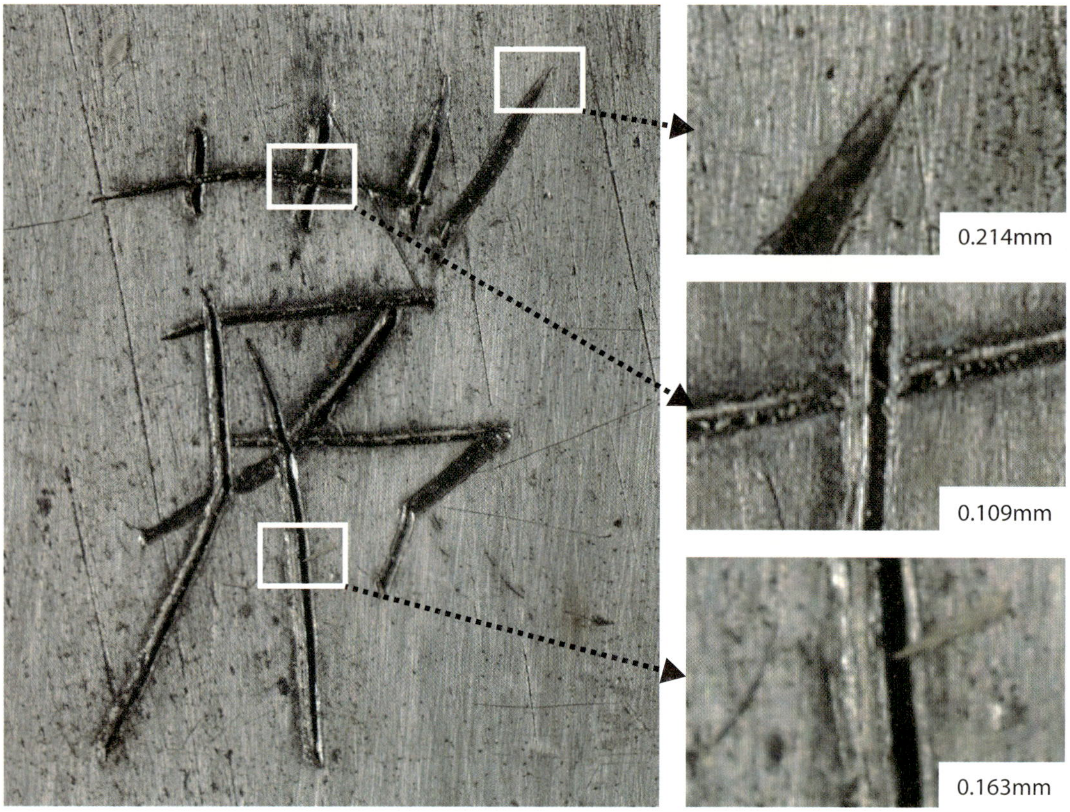

0.214mm

0.109mm

0.163mm

1

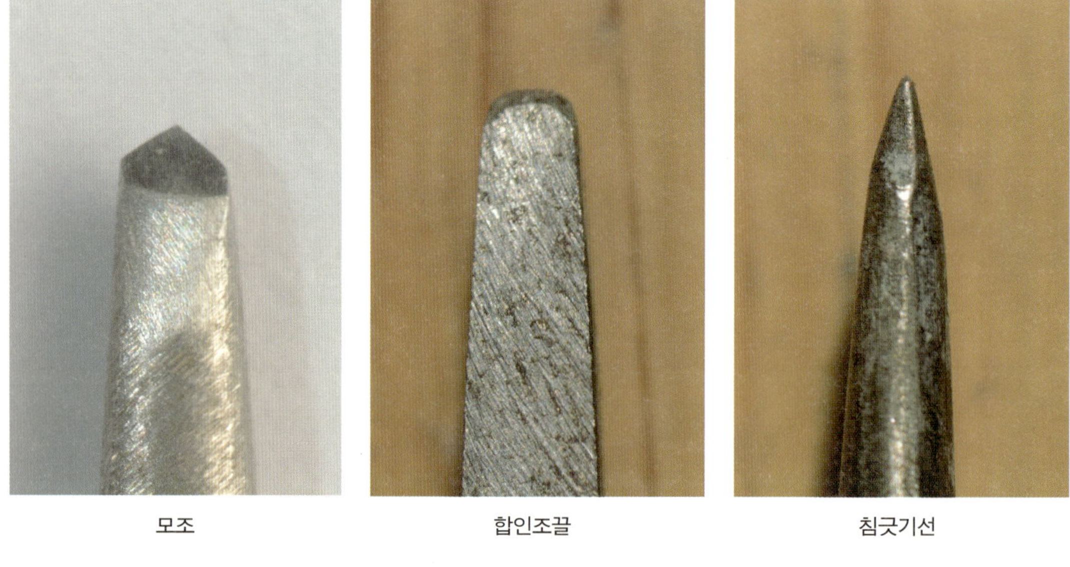

모조 합인조끌 침긋기선

2

그림 1 '부인대'명의 '대'자와 실험용 조각끌

이와 같은 특징은 어떤 조각끌을 사용했을 때 나타날까. 유사한 가공 흔적이 남을 것으로 예상되는 ①모조끌 외에 ②합인조, ③선긋기침도 준비하여 복원실험을 진행했다(그림 1-2). 그런데 '부인대'명은 획이 매우 가늘어 합인조끌의 경우 소도리로 내려치는 것만이 아니라 손으로 끌을 직접 쥐고 긁어서 문자를 새길 수 있을 것으로 판단되어 이 방법도 함께 시도하였다. 이를 ④합인조긁기라고 명명하였다. 동판에 미리 준비해둔 4개의 조각끌을 소도리로 내려치거나 손으로 긁어 문자를 새기고 이를 확대하여 출토품과 비교해 보았다. 복원실험 결과는 다음과 같다(그림 2).

우선 획 내부에 남은 조각끌의 흔적을 살펴보자. '부인대'는 획 내부에 조각끌의 가공 흔적이 확인되지 않는데 이는 합인조, 합인조긁기, 선긋기침도 동일하다. 이와 달리 모조는 획 내부에 조각끌의 가공 흔적이 그대로 남아 있다

다음으로 '부인대'는 조각끌로 획을 새길 때 그 주위로 금속이 밀려 올라가 주위가 부풀어 있다. 유사한 현상은 합인조긁기, 선긋기침에서 뚜렷하게 확인되며 합인조의 경우 아주 약간, 그리고 모조는 그런 현상이 거의 확인되지 않는다.

다음으로 획이 교차하는 곳을 살펴보자. '부인대'의 획은 선 주위가 부풀어 올라 교차하는 획 가운데 어느 획을 먼저 새겼는지까지 알 수 있다. 유사한 현상은 합인조, 합인조긁기, 선긋기침에서 확인할 수 있다. 그러나 모조는 획 주위가 부풀어 오르지 않으며 교차하지도 않아 획의 선후 관계를 알 수 없다.

마지막으로 '부인대'의 획 끝은 뾰족한 형상인데 모조, 합인조, 합인조긁기의 획 끝과 유사하지만 선긋기침은 획의 끝이 둥근 것을 알 수 있다.

이상의 복원실험 결과를 정리한 것이 표 1이다. 이로 보아 '부인대'명은 합인조긁기와 같은 방법으로 새겨졌을 가능성이 가장 큰 것이라 판단된다.

흔히들 복원실험이라고 하면 많은 인력과 적지 않은 비용이 들 것으로 생각한다. 물론 제철 실험과 같이 대규모의 인력과 비용이 드는 복원 연구도 있다. 그러나 조금기술처럼 간단한 도구만 있으면 큰 비용과 인력 없이도 할 수 있는 복원 연구 또한 얼마든지 있다. 삼국시대부터 통일신라시대까지 각명기술의 변천을 나름대로 정리할 수 있었던 배경(제13장 참조)에는 이처럼 비록 작고 소박한 복원실험이 있었다.

고고학의 궁극적인 목적이 결국 과거 사람을 이해하기 위한 것이라고 한다면 비록 간단한 복원실험이라도 그 연구의 가치는 충분하다. 앞으로 실험고고학의 연구 성과가 더욱 널리 인정되기를 기대한다.

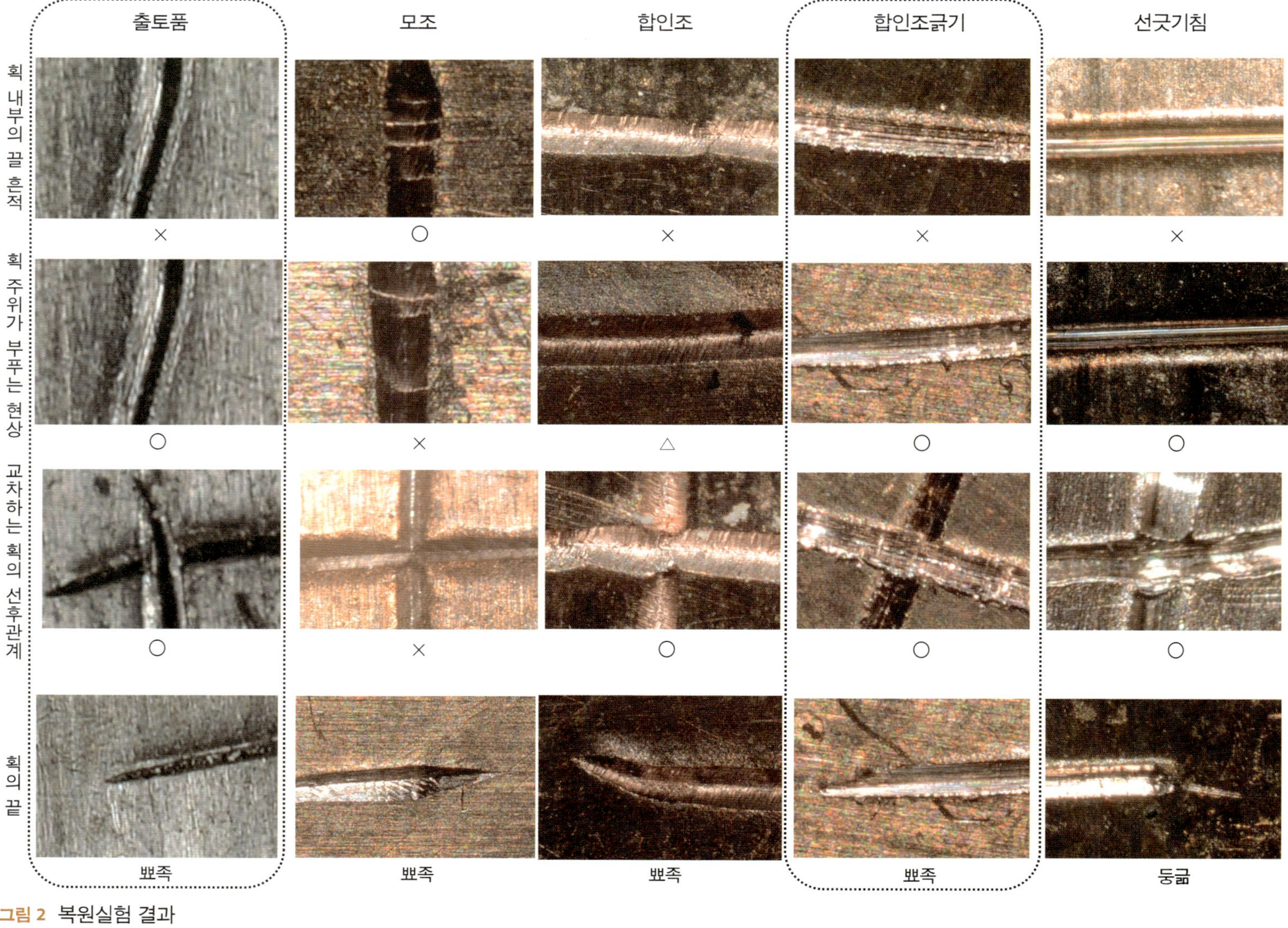

출토품
모조
합인조
합인조긁기
선긋기침
획 내부의 끌 흔적
× ○ × × ×
획 주위가 부푸는 현상
○ × △ ○ ○
교차하는 획의 선후관계
○ × ○ ○ ○
획의 끝
뾰족 뾰족 뾰족 뾰족 둥긂

그림 2 복원실험 결과

표 1 복원실험 결과

비교대상	출토품	모조	합인조	합인조긁기	선긋기침
획 내부의 끌 흔적	×	○	×	×	×
획 주위가 부푸는 현상	○	×	△	○	○
교차하는 획의 선후관계	○	×	○	○	○
획의 끝	뾰족	뾰족	뾰족	뾰족	둥글

금공품으로 본 고대 동아시아 세계

삼국시대(三國時代)의 조금기술(彫金技術)과

Column 3-4 조각끌의 열처리(熱處理)

삼국시대 금공품에는 다양한 문양과 문자가 새겨져 있다. 금공품 표면에 미리 그려둔 문양과 문자를 철제 조각끌과 소도리(작은 망치)를 사용해 새긴 것이다. 이를 조금기술(彫金技術)이라 한다. 은사(恩師)인 스즈키 쓰토무(鈴木勉)는 일찍이 고훈시대에 출토된 금공품의 조금기술[1]을 크게 4종류로 나누었다(鈴木勉 2004). 그 후 이루어진 조사에 의해 삼국시대에는 지금까지 알려진 것보다 훨씬 다양한 조금기술이 존재한 것으로 밝혀졌다. 여기서는 지금까지 확인된 삼국시대의 조금기술을 개관하고 조각끌의 열처리에 관해 살펴본다.

제1절 삼국시대의 조금기술

1) 축조

맞배지붕 모양의 끌을 제품의 표면에 비스듬하게 대고 소도리로 내려치면 이등변삼각형의 가공 흔적이 남는다. 이를 연속해서 새기면 마치 선처럼 보이는데 이를 축조(蹴彫)라고 한다. 5세기대 백제, 신라, 가야의 금공품에 공통적으로 확인된다(제12장 참조).

2) 합인조

조각끌의 선단이 마치 조개(蛤)의 날(刃)과 같다 하여 일본에서 '나메쿠리(なめくり)'라 불리는데 일찍이 합인조로 번역된 적이 있어 이를 따른다(권향아 2000). 축조와 가공 원리는 같지만 동판에 남은 가공 흔적은 전혀 다르다. 연속해서 끌을 새기면 마치 하나의 선처럼 보여 후술하는 모조와 비슷해 보일 때도 있다. 다만 모조가 바탕금속을 깎아내는 절삭가공이라면 합인조는 소성가공이므로 바탕금속을 밀어 넣음으로써 선을 새긴다. 따라서 새겨진 획의 주위로 금속이 밀려나면서 획의 양 주변이 부푸는 특징이 있다. 5세기대 금공품에서 많이 확인된다.

3) 합인조긁기

합인조끌을 소도리로 내려치는 것이 아니라 손으로 잡고 금공품의 표면을 긁듯이 선을 새긴다. 황남대

---

1 정확하게는 선을 새긴다는 의미에서 선조(線彫)라고 하였다.

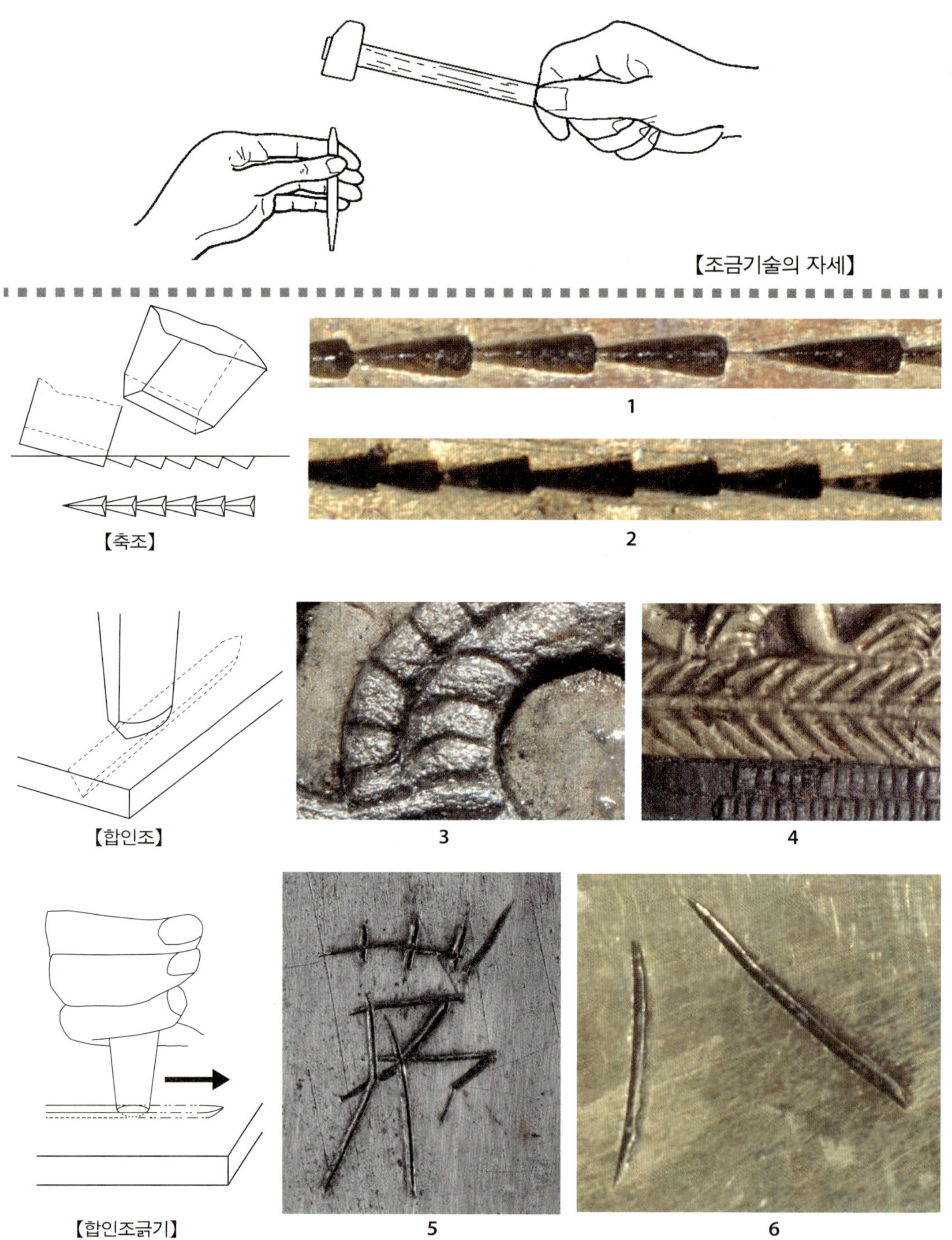

그림 1 조금기술의 자세와 삼국시대의 조금기술(1)

1. 경산 임당7A호분 금동관 | 2. 경산 임당7C호분 금동관 | 3. 합천 옥전M3호분 용문장환두대도 | 4. 합천 옥전M3호분 용봉문환두대도 | 5. 경주 황남대총 북분 은제대장식구 | 6. 경주 금관총 삼루환두대도

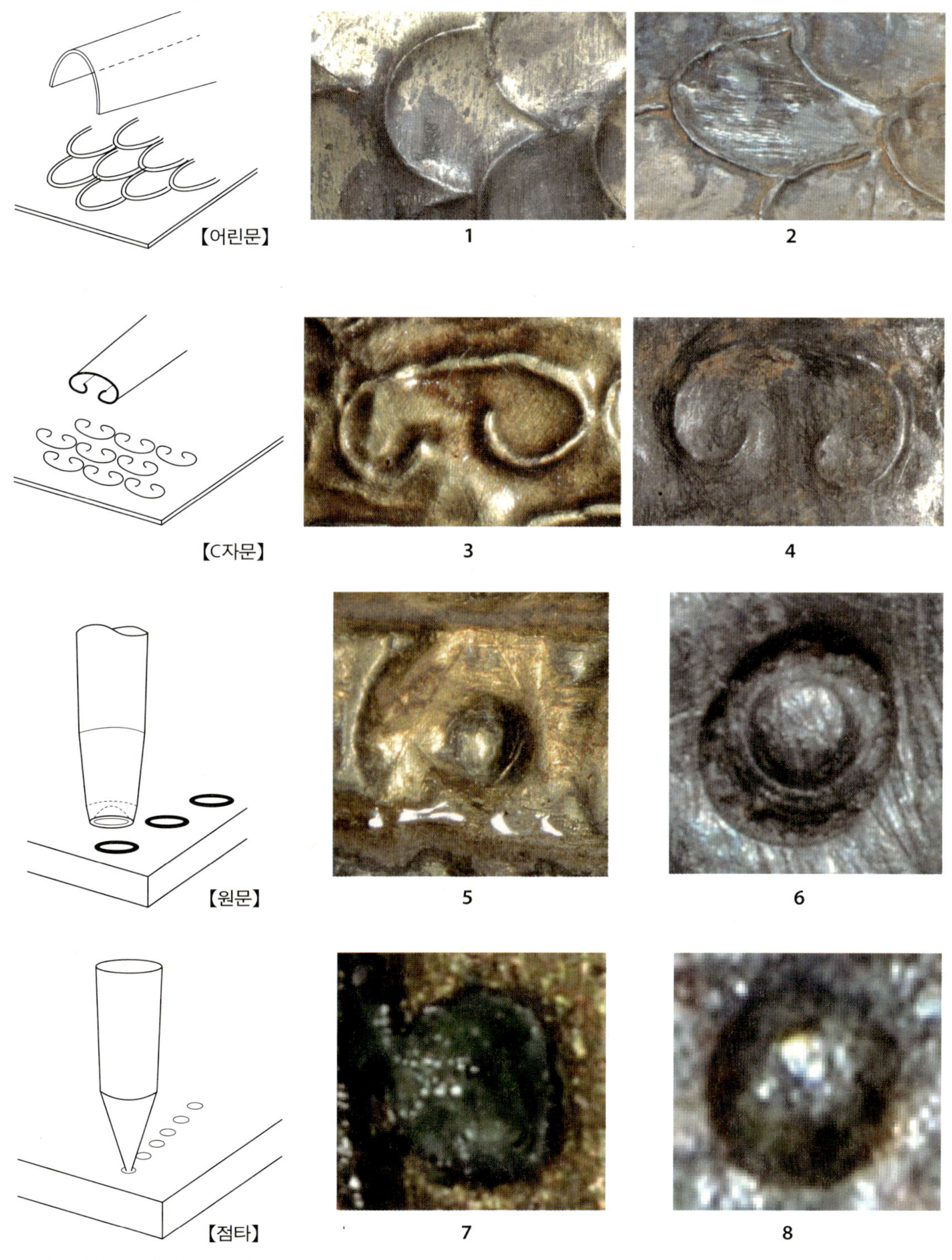

그림 2 삼국시대의 조금기술(2)

1. 양산 부부총 안금구 | 2. 함양 백천리1-3호분 소환두대도 | 3. 함안 마갑총 환두대도 | 4. 경산 조영E-1호분 소환두대도 | 5. 합천 옥전M11호분 대도 초구금구 | 6. 공주 무령왕릉 용봉문환두대도 | 7. 강릉 초당동A-1호묘 대장식구 | 8. 경산 임당7B호분 대장식구

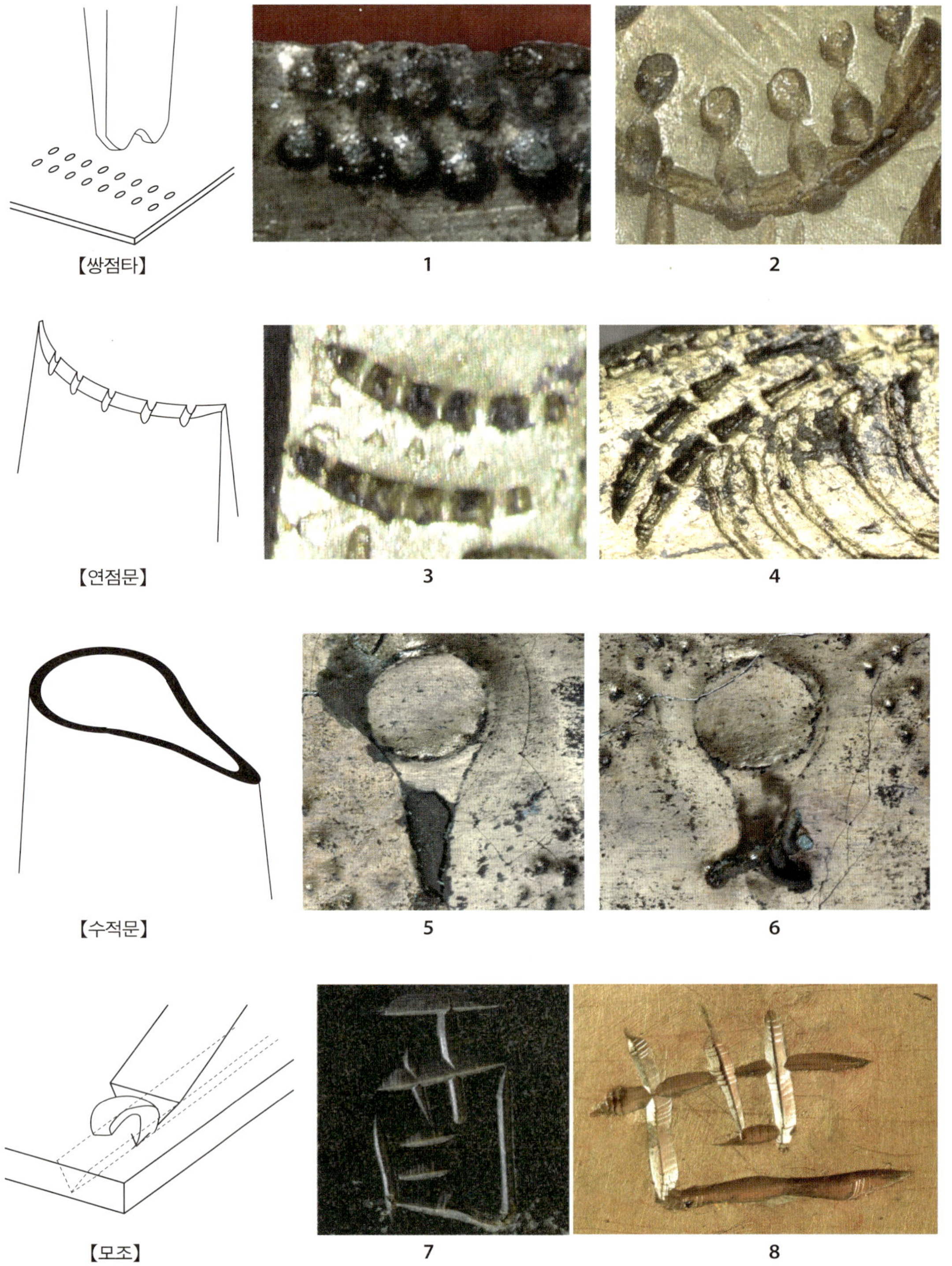

그림 3 삼국시대의 조금기술(3)

1. 양산 금조총 금동관 | 2. 공주무령왕릉 동탁은잔 | 3. 경주 식리총 안교 | 4. 서울 몽촌토성 중원식대장식구 | 5~6. 안동 지동2호분 금동관 | 7. 부여 왕흥사 청동사리외함 | 8. 익산 미륵사지 금제사리봉안기

총 북분 출토 '夫人帶(부인대)'명 은제대장식구 외에 금관총 출토 '尒斯智王(이사지왕)'명 삼루환두대도 등 5세기대 주로 신라에서 성행한 조금기술이다(Column 3-3).

4) 어린문 · C자문

삼루 · 삼엽문환두대도의 손잡이, 안교에서 확인할 수 있다. 복원 실험에 의하면 '철판을 둥글게 말아서 끌을 쥐고 얇은 은판을 꾹꾹 눌러 낸 문양'으로 생각된다(鈴木勉 2002). 철판을 마는 방법에 따라 어린문, C자문을 새길 수 있다.

5) 원문

외측이 둥근 원을 이룬다. 경주 식리총 안교, 공주 무령왕릉 대도에서 확인되어 주로 6세기대 유행한 조금기술로 생각된다.

6) 점타

송곳과 같은 조각끌로 금공품의 표면을 때리면 점과 같은 가공 흔적이 남는다. 축조와 함께 파상열점문을 새길 때 된다. 5세기부터 백제, 신라, 가야의 금공품에서 많이 확인된다.

7) 쌍점타

점타와 유사하지만 조각끌의 선단이 2개의 점으로 이루어져 있다. 경주 금관총 금관, 양산 금조총 금동관, 안동 지동2호분 금동관, 공주 무령릉 동탁은잔 등에서 확인된다. 5세기 말 이후에 성행한 것으로 보인다.

8) 연점문

조각끌의 선단이 복수로 나누어져 한번 타격할 때마다 여러 개의 가공 흔적이 동시에 남는다. 서울 몽촌토성 출토 중원식대장식구, 경주 식리총 출토 안교에서 확인된다.

9) 수적문

조각끌의 선단이 물방울 모양을 띠므로 한번 타격할 때마다 물방울의 가공 흔적이 생긴다. 안동 지동2

호분 출토 금동관에서 유일하게 확인되는 조금기술이다.

10) 모조

지금까지 위에서 언급한 조금기술이 모두 조각끌로 바탕 금속을 밀어 넣는 소성가공이라면 모조는 선단의 끝에는 날이 있어 유일하게 바탕 금속을 깎아내는 절삭가공에 해당한다(제11장 참조). 바탕 금속을 깎아내므로 획의 주변이 부풀어 오르지 않으며 획의 내부에서 타격 시 남은 조각끌의 가공 흔적을 확인할 수 있다. 또 소도리를 내려치는 힘을 조절함으로써 획의 굵기를 변화시킬 수 있으며 획의 양단은 뾰족하다.

제2절 조각끌의 열처리

위에서 보고한 삼국시대 조금기술은 사실 강철로 만든 조각끌의 열처리 기술이 없으면 존재할 수 없다. 예를 들어 앞서 언급한 원문을 새기는 데 필요한 조각끌은 아래와 같은 공정을 거친다.

① 강철로 끝이 뾰족한 송곳끌을 만든다.
② 송곳끌의 선단부를 열처리(담금질, 뜨임)하여 경도를 높인다.
③ 준비해둔 강철제 원문끌의 선단에 송곳끌을 내려쳐 원문을 새긴다. 이때 열처리(담금질, 뜨임)를 하지 않은 송곳끌이라면 경도가 크지 않으므로 내리치는 순간 끌이 부러진다. 따라서 원문을 새기기 위해 송곳끌은 반드시 열처리 과정을 거쳐야 한다.
④ 원문끌 선단의 외측을 열처리가 끝난 줄로 다듬어 원문끌을 완성한다.
⑤ 원문끌의 선단을 열처리(담금질, 뜨임)하여 경도를 높인다.
⑥ 원문끌로 금공품의 표면에 원문을 시문한다.

한편 쌍점타, 연점문, 수적문을 새기는 데 필요한 조각끌의 제작 공정도 사실 원문끌의 제작 과정과 크게 다르지 않다. 결국 금공품의 표면에 원하는 문양을 새기기 위해서는 적절한 탄소량이 함유된 강철제 공구가 필요하다. 문제는 이 강철제 공구는 열처리한 또 다른 강철제 공구로 다듬고 가공해야

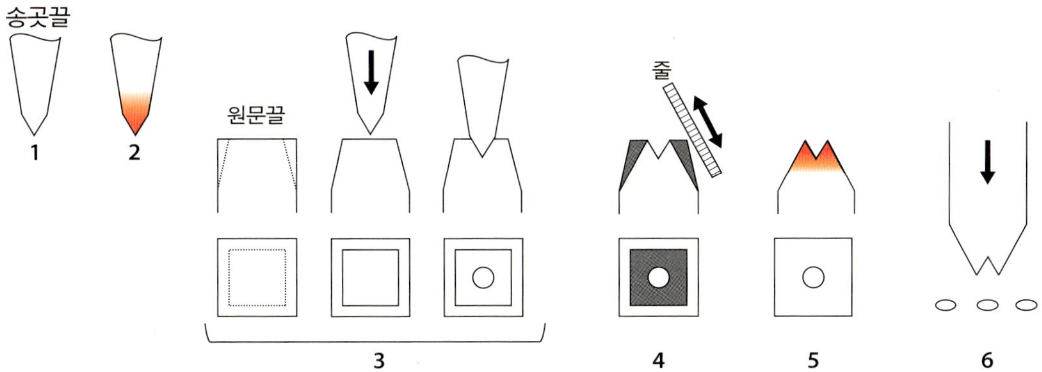

그림 4 원문끌의 제작 과정

만들 수 있다는 것이다. 반대로 이야기하면 열처리를 할 수 없어 공구를 만들지 못하면 금공품도 제작할 수 없다. 따라서 금공품의 표면에 다양한 조각끌을 사용한 조금기술이 확인된다는 것은 이미 당시의 공인이 철에 관한 열처리 기술을 충분히 습득하고 있었던 것을 뜻한다.

무덤에 묻힌 채 1500년이 지난 오늘날까지도 화려하게 빛나는 금공품. 삼국시대 금공품을 만들었던 조금공인(彫金工人)들이 항상 애썼던 것은 강철의 입수와 강철제 공구의 열처리였다. 금공품의 표면에 남은 다양한 조금기술은 이처럼 당시 공인들이 체득한 철에 관한 높은 열처리 지식을 여실히 보여준다.

참고문헌

權香阿, 2000,「三國時代 金屬遺物의 線彫技法 樣相 -蹴彫技法을 중심으로 -」,『文物研究』4, 동아시아문물연구학술재단.

鈴木勉, 2002,「金銅製品」,『季刊考古学』第81號, 雄山閣.

鈴木勉, 2004,『ものづくりと日本文化』, 橿原考古學研究所附屬博物館.

후기

화가가 꿈이었다. 흰 도화지 위에서는 오직 나만이 조물주였다. 내가 그린 그림 위에 내 마음대로 색을 입혔다. 하고 싶은 걸 하면서 살면 좋겠다고 그림을 그리면서 생각했다. 쉽지 않은 걸 알면서도 노력하지 않으니 부끄러울 따름이다. 대학에 입학한 지 어느덧 18년이 흘렀다. 강산이 두어 번 변했다. 2004년 봄날이 마치 어제 같다. 철이 없다는 주위 사람들의 핀잔이 틀린 말이 아닐 게다.

박사학위 논문을 뼈대로 지금까지 쓴 글들을 엉기성기 모아 한 권의 책으로 엮었다. 체계는 통일되지 않았고 내용은 부족하다. 책을 쓰면서 책 쓰는 방법을 배웠으니 어설픈 게 당연하리라 변명해본다. 하지만 이렇게 해서라도 자신을 위로하고 싶었다.

*

동해를 건너가 공부를 시작했다. 몸으로 고고학을 배웠다. 붉게 달군 쇠를 큰 망치로 힘껏 내려쳤다. 숯을 깨고 칼을 갈았다. 얼굴은 항상 숯검정이었다. 손에 잡힌 물집이 터져 검붉은 피가 흐르는데도 결과물을 보고 있자면 이상하리만큼 황홀했다. 아픔은 잠시였다. 철기(鐵器)를 보면서 '왜'라는 질문이 머릿속을 맴돌기 시작했다. 궁금한 게 많아졌고 책을 찾아보기 시작했다. 모든 건 경험해봐야 알 수 있다는 말을 체감한 뒤, 공인(工人)이 되고 싶어 금공품을 만들었다.

이 책은 그런 경험을 바탕으로 2018년에 제출한 박사학위논문에 지난 4~5년간 쓴 논문을 추가한 엮음집에 불과하다. 제대로 다루지 못한 '동아시아'를 과감하게 제명(題名)에 넣은 이유는 앞으로 반드시 그렇게 하리라는 나 자신과의 약속 때문이다. 지금까지 쓴 졸고(拙稿)를 책의 목차에 맞추어 정리하면 다음과 같다.

서장 2021, 「금공품 제작기술의 신동향」, 『고고학 연구법의 신동향』, 제30회 영남고고학회 정기학술발표회.

제 I 부 고대 철기문화의 전파와 동아시아

제1장 2015, 「동북아시아 철기문화의 전개와 限冶供鐵정책」, 『韓國考古學報』第94輯, 韓國考古學會.

제2장 2020, 「古代의 製鋼法에 대하여」, 『慶北大學校考古人類學科40周年記念論叢 유라시아歐亞 고고考古와 문화文化』

제3장 2015, 「일본 후쿠오카현 미야지다케(宮地嶽)고분 출토 대형 두추(頭椎)대도의 도신(刀身)복원 과정」, 『야외고고학』第24號

제4장 2019, 「원삼국~삼국시대 철제도검의 제작기술과 그 의미」, 『考古廣場』25권

제5장 2017, 「삼국 · 고분시대 상감기술의 전개와 한일교섭」, 『韓國考古學報』第104輯

Column1 新考

제 II 부 대장식구로 본 고대 동아시아

제6장 2020, 「동아시아 중원식대장식구의 전개와 의의」, 『韓國考古學報』第117輯

제7장 2021, 「삼연 · 고구려 대장식구의 전개와 특질」, 『동북아역사논총』73호

제8장 2018, 「신라 대장식구의 전개와 의미」, 『韓國考古學報』第107輯

제9장 2017, 「백제 대장식구의 전개와 특질」, 『百濟文化』第57輯

제10장 2020, 「고훈시대 대장식구의 전개와 특질」, 『韓日關係史研究』제67집

Column2 新考

제 III 부 고대 동아시아의 금공기술

제11장 2021, 「韓 · 日 毛彫의 展開와 特質」, 『韓國上古史學報』113號

제12장 2019, 「三國 · 古墳時代 金工品의 生産과 流通 -韓日古墳 出土 龍文透彫帶裝飾具를 중심으로-」, 『韓國考古學報』第110輯

제13장 2021, 「三國~統一新羅時代 刻銘技術의 特徵과 變遷」, 『嶺南考古學』第89號

Column3-1 2011, 「대가야 용봉문환두대도 외환의 제작방법과 복원실험」, 『慶北大學校考古人類學科30周年記念論叢』

Column3-2 2014, 「古代金工品製作における協業体制の一例－技術移転論における基準精度の有効性について－」, 『文化財と技術』第6號

Column3-3 2015, 「皇南大塚北墳出土「夫人帶」銘銀製帯金具の線彫り技術について」, 『文化財と技術』第7號

Column3-4 2015, 「新山古墳 · 大成洞古墳群88號墳出土金銅製帯金具などの円文たがね」, 『文化財と技術』第7號

*

주위에 본받을만한 사람이 많았다. 행운이었다. 그런 사람들을 마음속 깊이 동경했다. 나 역시 누군가에게 그런 사람이 되고 싶었다. 일일이 열거할 수 없어 죄송한 마음이 앞선다. 감사한 마음을 짧은 글로나마 전하고 싶다.

은사(恩師)이신 이백규, 이희준, 이성주, 박천수 선생님의 가르침이 없었더라면 이 책은 빛을 보지 못했을 것이다. 고고학의 기초, 이론, 태도, 열정을 가르쳐주신 은혜에 깊이 감사드린다.

일본에서 평생의 스승님을 만났다. 스즈키 쓰토무(鈴木勉) 선생님의 경이로운 연구 업적이 그 성품을 따라가지 못한다는 것은 당신을 만나 본 사람이라면 누구나 절로 알게 되리라. 학문에 대한 진지한 태도, 연구자로 사는 삶의 자세를 평생의 가르침으로 알고 본받고자 한다.

5년간의 일본 유학 생활을 무사히 마칠 수 있었던 것은 오롯이 다카타 간타(高田貫太) 선생님 덕분이다. 부탁하신 한일관계의 가교(架橋) 역할을 제대로 못 해 항상 죄송할 따름이다. 부디 건강하게 오래도록 함께 연구할 수 있기를 빈다.

부족한 박사학위 논문을 심사해주신 서울대학교 권오영 선생님, 일본 국립역사민속박물관(國立歷史民俗博物館)의 우에노 요시후미(上野祥史), 니토 아쓰시(仁藤敦史), 도쿄(東京)대학의 사오토메 마사히로(早乙女雅博), 센슈(專修)대학의 다카쿠 겐지(高久健二) 선생님께 감사드린다. 특히 도일(渡日) 전날 폐차를 시킬 만큼 큰 교통사고에도 필자의 학위 심사를 위해 일본으로 와주신 권오영 선생님 덕분에 가까스로 학위 논문이 통과될 수 있었다. 은혜에 꼭 보답하고 싶다.

유학하면서 일본의 여러 기관과 선생님들에게 고고학을 배우고 민폐를 끼쳤다. 일본어 실력이 부족함에도 군마현립역사박물관(群馬縣立歷史博物館)의 미기시마 가즈오(右島和夫) 선생님은 통역할 기회를 주셨다. 자신을 낮추고 어린 상대를 진심으로 대하는 자세를 선생님으로부터 배웠다. 학부생 시절부터 알고 지냈던 이사하야 나오토(諫早直人) 선생님을 비롯해 김우대(金宇大), 쓰치야 다카후미(土屋隆文) 씨는 훌륭한 선배와 친구이자 학문적으로 항상 자극을 주는 존재이다. 이노우에 지카라(井上主税), 야마모토 다카후미(山本孝文) 선생님께도 유학 중 많은 도움을 받았다.

마쓰도시립박물관(松戶市立博物館)의 고바야시 다카히데(小林孝秀) 선생님은 한국에서 온 낯선 후배를 마치 어제 만난 친동생처럼 항상 정겨이 대해주셨다. 상대의 마음을 진심으로 배려하는 태도와 흥건히 취한 술자리에서 한국을 생각하며 하염없이 흘렸던 눈물은 결코 잊을 수 없다.

2010년 생전 처음 경험해 본 도쿄 생활을 윤택하게 보낼 수 있었던 것은 메이지대학(明治大學)의 이시카와 히데지(石川日出志) 선생님의 배려 덕분이었다.

이창희 선생님 덕분에 매일같이 그리운 사쿠라(佐倉)에서 쾌적한 유학 생활을 시작할 수 있었다. 유학하면서 항상 필자를 신경 써준 김헌석 선생님께는 귀국 후 술 한잔 대접 못 해 죄송하다. 두 분께는 항상 감사할 따름이다.

공예문화재연구소의 마쓰바야시 마사노리(松林正德), 마스다 노부에(增田のぶえ) 씨에게는 유학 기간 내내 물심양면으로 큰 도움을 받았다. 모두 감사드린다. 마쓰바야시 선생님의 명복을 빈다.

매번 손수 쓰신 엽서와 논문을 보내주신 신경철 선생님을 비롯하여 김두철, 홍보식, 이현주, 이한상, 임지영, 이재환, 장윤정, 박형열, 박경민, 심현철, 임혜경, 장윤정, 임지나, 고경진, 김지호, 김성실 선생님, 고분문화연구회의 성정용, 조윤재, 김무중 선생님, 국립역사민속박물관에서 인연을 맺은 박진일, 정대봉, 이동규, 오용제 선생님께도 항상 감사한 마음을 갖고 있다.

힘든 일이 있을 때 좋은 조언을 해주신 정인성 선생님 덕분에 오늘날까지 연구에 매진할 수 있었다. 유학 기간 내내 도와주신 이영철 원장님은 번역총서에 이어 학술총서를 낼 수 있도록 또다시 기회를 주셨다. 깊이 감사드린다.

*

대학 생활이 수나롭지만은 않았다. 선후배들에게 수시로 생채기를 남겼다. 선배들을 위한다 했지만 뒤돌아보니 나만 챙겼다. 공부를 시작할 수 있게 도와주신 선배들에게 진심으로 감사하다고 인사드리고 싶다.

답사, 발굴, 실측을 알려준 오동욱, 우병철, 조효식, 김혁중, 남익희, 도영아, 김규운, 신동조, 김민철, 김은경, 황은경, 최윤선, 박영민, 김경환, 이현정, 정주희, 김준식, 권준현, 이하나 선배와 윤성록, 임동미, 강진아 동기 덕분에 고고학을 할 수 있었다. 김길식, 설병수, 이준원, 박경도 선배님의 관심 어린 조언과 매서운 채찍질 덕분에 부족하나마 한 권을 책을 낼 수 있었다.

누군가에게 자신이 경험한 것을 체감할 수 있도록 가르친다는 것은 적어도 나한테만큼은 너무나 어려운 일이다. 후배이자 제자들에게 부끄럽지 않은 선배가 되고 싶다. 위로와 존경은 위가 아니라 아래로부터 받을 때 진정한 가치가 있다고 배웠다. 술에 취한 선배를 매번 집까지 배웅해준 후배들에게 부끄럽지만 고맙다는 말을 전한다. 표현을 잘못하는 경상도 남자라는 어쭙잖은 변명을 둘러댄다. 고마움이 활자로 다 전달되지 않겠지만 그래도 진심은 통하리라 믿는다.

장기명, 서민혜, 박단아, 김양선, 이현주, 박지혜, 박정현, 임영재, 전세원, 이수정, 최견미, 설정환, 신상백, 장주탁, 정진, 최정범, 정현진, 전지현, 정지왕, 정승복 이외에 다 열거하지 못한 후배들과 대학원생들 모두 건투를 빈다. 특히 후배 정선운, 김동균은 거친 원고를 꼼꼼히 다듬어 주었다. 고민하는 것은 성장하고 있다는 증거라는 말의 가치를 믿고 후배들과 함께 나아가고자 한다.

*

유학을 마치고 돌아오니 새로운 인류학 선생님들이 와 계셨다. 학과를 위한 박충환, 안승택, 김희경 선생님의 노력이 학생들에게 고스란히 전달되는 거 같아 감사하다. 영남을 넘어 더 넓은 세계로 학생들을 이끌어주시는 곽승기 선생님께도 감사의 말을 전한다.

뒤늦게나마 인연을 맺게 된 경북대학교 인문학술원 윤재석 원장님을 비롯하여 윤용구, 김진우, 이용현, 하시모토 시게루(橋本繁), 오수문, 이동주, 오준석, 방국화, 금재원, 공하영, 서희주 선생님께는 문외한인 목간을 배운다는 핑계로 매일같이 신세만 지고 있다. 모든 것이 부족한데도 항상 너그럽게 봐주셔서 감사하다.

마지막으로 무뚝뚝한 막내아들 뒷바라지를 지금도 해주시는 부모님께 이 책을 바친다. 작년 초 평생 반려자가 되어준 아내 '은정'에게는 항상 고맙고 감사한 마음뿐이다. 가족 덕분에 이 책을 꿋꿋이 쓸 수 있었다.

2022년 3월 일청담에서

김도영